Elemente der Mathematik
EdM

Baden-Württemberg
6. Schuljahr

Herausgegeben von
Heinz Griesel
Helmut Postel
Friedrich Suhr
Werner Ladenthin
Matthias Lösche

Schroedel

Elemente der Mathematik

EdM

Baden-Württemberg 6

Herausgegeben von
Prof. Dr. Heinz Griesel, Prof. Helmut Postel, Friedrich Suhr, Werner Ladenthin, Matthias Lösche

Bearbeitet von
Lutz Breidert, Gabriele Dybowski, Dr. Beate Goetz, Reinhard Kind, Werner Ladenthin, Matthias Lösche, Kerstin Schäfer, Thomas Sperlich, Friedrich Suhr, Prof. Dr. Hans-Georg Weigand, Ulrike Willms

Für Baden-Württemberg bearbeitet von
Stefan Böckling, Kerstin Dambach, Bernhard Euler, Nicole Hamel, Prof. Bernd Hatz, Heike Homrighausen, Hanns Jürgen Morath, Matthias Taulien, Nina Vanek

Der Schülerband ist auch als digitales Schulbuch erhältlich: Best.-Nr. 85908
Für dieses Unterrichtswerk sind umfangreiche Unterrichtsmaterialien entwickelt worden:
Lösungen: Best.-Nr. 85909
Arbeitsheft: Best.-Nr. 85910
BiBox Best.-Nr. 85913
Übungsmaterial erhältlich unter www.edm-online-trainer.de

Druck A[1] / Jahr 2015
Alle Drucke der Serie A sind inhaltlich unverändert.

Redaktion: Lena Schenk, Claus Peter Witt
Umschlagentwurf: LIO Design GmbH, Braunschweig
Innenlayout: JANSSEN KAHLERT Design & Kommunikation GmbH, Hannover
Illustrationen: Dietmar Griese, Laatzen
Zeichnungen: Schlierf, Type & Design, Lachendorf; Langner & Partner, Hemmingen
Druck und Bindung: westermann druck GmbH, Braunschweig

ISBN 978-3-507-**85907**-4

Auf den Punkt gebracht   Im Blickpunkt

Auf den Punkt gebracht Im Blickpunkt

7. Rationale Zahlen ... 215

Anhang

Auf den Punkt gebracht   Im Blickpunkt

Über dieses Buch

Elemente der Mathematik ist auf der Basis des Bildungsplans 2016 für das Gymnasium in Baden-Württemberg entwickelt worden. Die Entwicklung der mathematischen Kompetenzen der Schülerinnen und Schüler erfolgt in enger Vernetzung zur Entwicklung ihrer Persönlichkeit sowie mit Bezug zu den Leitperspektiven Bildung für nachhaltige Entwicklung sowie für Toleranz und Akzeptanz von Vielfalt, Prävention und Gesundheitsförderung, Berufliche Orientierung, Medienbildung und Verbraucherbildung.
Die Lerninhalte werden so dargestellt, dass der Erwerb der prozessbezogenen und inhaltsbezogenen Kompetenzen in enger Verzahnung miteinander erfolgt; dabei werden vielfältige Möglichkeiten zur Differenzierung und Individualisierung im Unterricht angeboten. Elemente der Mathematik ermöglicht eine breite Palette unterschiedlichster schülerorientierter Unterrichtsformen: Beim gemeinsamen Entdecken, Erforschen, Beschreiben und Erklären erfahren die Schülerinnen und Schüler, dass nicht nur die Lösung eines Problems, sondern auch der Lösungsweg wichtig ist und dass dabei insbesondere die Analyse von Fehlern hilfreich ist. Stets werden den Unterrichtenden konkrete Hilfen an die Hand gegeben, um solche problem- und handlungsorientierte Lernsituationen zu schaffen, in denen die Lernenden altersangemessen ihr mathematisches Wissen möglichst eigenständig entwickeln und strukturieren können.

Zu den Lerninhalten

Aus den im Bildungsplan angegebenen prozess- und inhaltsbezogenen Kompetenzen, die am Ende von Klasse 6 erworben sein sollen, wurde folgende Themenabfolge in Klasse 6 entwickelt:

Kapitel 1 Dezimalzahlen – Leitideen „Zahl – Variable – Operation“
Die den Schülern aus dem Alltag geläufigen Dezimalzahlen werden über die Erweiterung der von den natürlichen Zahlen bekannten Stellentafel eingeführt und in die Bruchrechnung eingeordnet.

Kapitel 2 Symmetrie – Leitideen „Raum und Form“
Zunächst wird der Kreis betrachtet. Beim Winkel wird besonderer Wert auf den Aufbau einer inhaltlichen Grundvorstellung gelegt. Aus Formen in Natur, Technik und Kunst werden Achsen- und Punktsymmetrie, sowie die zugehörigen Abbildungen erarbeitet. Zum Abschluss des Kapitels werden die verschiedenen Darstellungsformen von Körpern thematisiert.

Kapitel 3 Multiplizieren und Dividieren von Brüchen – Leitideen „Zahl – Variable – Operation“
Das im Alltag wenig vorkommende Multiplizieren und Dividieren von Brüchen wird erarbeitet. Bei Zahltermen werden alle Rechenarten mit Brüchen und Dezimalzahlen verwendet.

Kapitel 4 Zuordnungen – Leitidee „Funktionaler Zusammenhang“
Ausgehend von aus dem Alltag bekannten Beschreibungsmöglichkeiten funktionaler Abhängigkeiten durch Tabellen, Graphen und auch Wortvorschriften wird die zugrunde liegende Struktur der Zuordnung erarbeitet. Eine besondere Rolle nimmt das Modellieren von Sachsituationen zu proportionalen und antiproportionalen Zuordnungen ein.

Kapitel 5 Statistische Daten – Leitideen „Daten und Zufall“
Ausgehend von einem Einblick in die Problemstellung der Stochastik werden Häufigkeiten, Diagramme sowie der Mittelwert behandelt. Besondere Wert wird auf einen sachgerechten Umgang sowie das Erkennen von Manipulationsmöglichkeiten gelegt.

Kapitel 6 Berechnungen an Vielecken und Kreisen – Leitideen „Messen"
Ausgehend vom Flächeninhalt des Dreiecks werden der Flächeninhalt von Parallelogramm, Trapez, beliebigen Vielecken und Kreisen in Anwendungssituationen behandelt.

Kapitel 7 Rationale Zahlen – Leitidee „Zahl – Variable – Operation"
Ausgangspunkt ist die einfachste Verwendung der rationalen (insbesondere der negativen) Zahlen in der Umwelt bei der Beschreibung von Zuständen und Zustandsänderungen. Die rationalen Zahlen und ihre Rechenoperatoren werden aus diesen Umweltbezügen herausgelöst.

Zum methodischen Aufbau

1. Jedes Kapitel beginnt mit einer **Einstiegsseite**, die an die Erfahrungen der Schülerinnen und Schüler anknüpft und erste Aktivitäten zur Thematik ermöglicht. Diese Seite eignet sich für einen offenen Einstieg und gibt einen Ausblick auf das Thema des Kapitels.
An die Einstiegsseite schließt sich ein **fakultatives Lernfeld** mit verschiedenen offenen und reichhaltigen Lerngelegenheiten an: In unterschiedlichen Problemsituationen können die Schülerinnen und Schüler zentrale Inhalte und Verfahren auf eigenen Lernwegen durch Anknüpfen an Alltags- und Vorerfahrungen selbstständig und häufig handlungsorientiert entdecken. Der Aufbau eigener Vorstellungen und die Bearbeitung einer Vielfalt von Lösungsansätzen werden gefördert durch die Anregung, diese Lernfelder in der Regel in Partner- und Gruppenarbeit zu bearbeiten. Der Austausch über das Problem mit dem Partner bzw. in der Gruppe sowie der Bericht über die Erfahrungen in der ganzen Klasse fördern insbesondere prozessbezogene Kompetenzen wie Problemlösen sowie Argumentieren und Kommunizieren.

2. Die folgenden **Lerneinheiten** bieten eine Möglichkeit zur systematischen Behandlung der Kapitelinhalte – je nach Vorgehen in der Lerngruppe können Teile davon auch in die Bearbeitung der Lernfelder integriert werden. Jede Lerneinheit beginnt mit einem offenen Einstieg (ohne Lösung im Buch), der die Schüler(innen) zu einer eigenständigen Problembearbeitung und -lösung anregt. Es kann sich eine Aufgabe mit Lösung oder eine Einführung anschließen, die alternativ oder ergänzend die Thematik bearbeiten. Durch ihre sorgfältige, schülergerechte Darstellung eignen sie sich sowohl zum eigenständigen Erarbeiten als auch zum Herausstellen von Problemlösestrategien. Der übersichtlichen Darstellung wegen folgen hier schon weiterführende Aufgaben, die im Unterricht in aller Regel erst nach einer erfolgten Festigung der zuerst behandelten Inhalte an einigen Übungsaufgaben thematisiert werden sollten. Sie dienen der Abrundung und Weiterführung der Theorie. Ihr Thema wird den Unterrichtenden in einer Überschrift genannt. In aller Regel sollten weiterführende Aufgaben im Unterricht bearbeitet werden.
Die im Lernprozess erarbeiteten Ergebnisse werden häufig in einer Information zusammengefasst. In ihr werden auch Begriffe eingeführt und Ausblicke gegeben. Wesentliche Inhalte werden dabei in einem Kasten mit einem roten Rahmen hervorgehoben. Hier wird großer Wert auf prägnante, altersgemäße Formulierungen gelegt, die auch beispielgebunden sein können.

3. Die **Übungsaufgaben der Lerneinheiten** sind unter besonderer Berücksichtigung des Erwerbs sowohl der prozessbezogenen als auch der inhaltsbezogenen Kompetenzen konzipiert und in drei Niveaustufen differenziert worden:
Üben: Festigung des Gelernten, einschließlich des Analysierens typischer Schülerfehler und des entsprechenden Argumentierens
Vertiefen: Vernetzung des Gelernten – die erste Aufgabe in diesem Block ist stets so gestaltet, dass sie den Übergang zum höheren Niveau vermittelt und so motiviert und Mut macht für höhere Anforderungen.

Herausfordern: Hier wird die Selbstständigkeit und Problemlösefähigkeit der Lernenden in besonderer Weise gefordert und geschult.
An allen Stellen sind offene Aufgaben, Partner- und Teamarbeit sowie Spiele integriert, so vielfältige Schüleraktivitäten im Unterricht angeregt werden.

4. Abschnitte mit der Überschrift **Vermischte Übungen** stehen an den Stellen eines Kapitels, an denen eine besonders starke Vernetzung der bisher erworbenen Kompetenzen angebracht ist.

5. Eingestreut in die Übungsaufgaben finden sich in regelmäßigen Abständen Abschnitte mit der Überschrift **Das kann ich noch!** zum Reaktivieren des bisher erworbenen Grundwissens.

6. Am Kapitelende folgt dann der fakultative Abschnitt **Aufgaben zur Vertiefung**, der neben einer Vernetzung auch eine Ergänzung des Lehrstoffes auf einem erhöhten Niveau zum Ziel hat.

7. Den Kapitelabschluss bilden die Abschnitte **Das Wichtigste auf einen Blick** und **Bist du fit?**, in denen in besonderer Weise die erworbenen Grundqualifikationen zusammengestellt und getestet werden. Die Lösungen dieser Aufgaben sind im Anhang des Buches angegeben, sodass sie von den Schülerinnen und Schülern gut zum eigenständigen Üben für eine Klassenarbeit verwendet werden können.

8. Unter der Überschrift **Im Blickpunkt** () werden innermathematische, aber insbesondere auch fachübergreifende, komplexere Themen, die von besonderem Interesse sind und in engem Zusammenhang mit dem Lerninhalt des Kapitels stehen, als Ganzes behandelt. Zur Förderung der fachlichen Kompetenz des Problemlösens sind einige dieser Abschnitte als Forschungsaufträge formuliert. Die Blickpunkte gehen über die obligatorischen Inhalte des Kerncurriculums hinaus; sie eignen sich auch zur Differenzierung und Förderung von eigenständigen Schüleraktivitäten.

9. Um Schüler und Schülerinnen im eigenständigen Erarbeiten mathematischer Themen zu schulen, enthält jedes Kapitel eine Lerneinheit **Zum Selbstlernen**, in der das Thema so aufbereitet ist, dass es von den Lernenden ganz selbstständig bearbeitet werden kann.

10. An geeigneten Stellen werden unter der Überschrift **Auf den Punkt gebracht** () die für diese Klassenstufe vorgesehenen allgemeinen Kompetenzen akzentuiert zusammengefasst.

Kennzeichnung der Aufgabennummern:

1. Diese Aufgabe gehört zum Niveau Üben.
2. Diese Aufgabe ermöglicht bei Bedarf ein zusätzliches Übungsangebot
3. Diese Aufgabe gehört zum Niveau Vertiefen.
4. Diese Aufgabe gehört zum Niveau Herausfordern.
5. Blaue Aufgabennummern und Überschriften kennzeichnen Zusatzstoffe.

Bedeutung der Symbole

Dieses Symbol kennzeichnet Arbeitsaufträge für Partnerarbeit.

Dieses Symbol kennzeichnet Arbeitsaufträge, die für die Bearbeitung durch eine Gruppe aus mehreren Schülerinnen und Schülern konzipiert wurden.

In den Selbstlerneinheiten kennzeichnet dieses Symbol einen Arbeitsauftrag.

Bleib fit im …
Umgang mit Brüchen

Zum Aufwärmen

1. Hier siehst du Kuchenreste, z.B. $\frac{1}{2}$ Käse-Sahne-Torte. Beschreibe die Reste mit Brüchen.

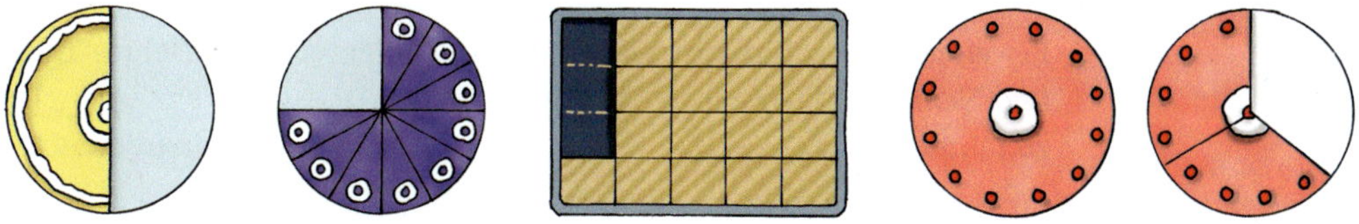

2. Gib verschiedene Brüche für den gefärbten Teil an.

a) b) c) d)

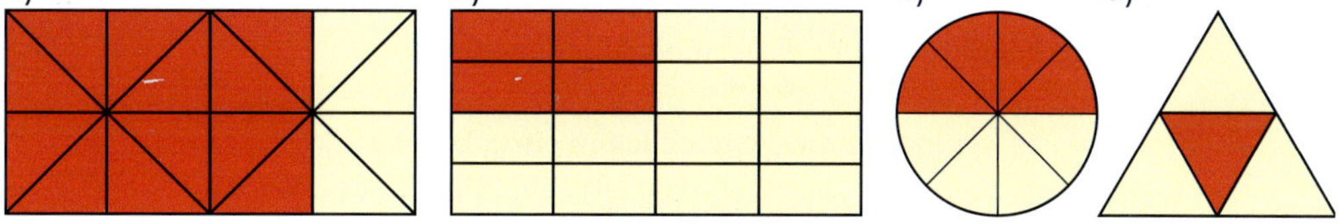

3. Verdeutliche an einer Pizza, einer Torte oder an der Zahlengeraden:

(1) $\frac{2}{8}+\frac{3}{8}$ (2) $\frac{5}{8}-\frac{1}{8}$ (3) $\frac{1}{2}+\frac{3}{8}$ (4) $\frac{7}{8}-\frac{1}{4}$ (5) $1\frac{1}{2}+\frac{3}{4}$ (6) $2\frac{1}{4}-\frac{3}{8}$

4. Für einen Kuchen benötigt man laut Rezept: 500 g Mehl, $\frac{1}{2}$ Liter Milch, $\frac{3}{4}$ Liter Sahne, ….

a) Wie viel benötigt man von den Zutaten für die dreifache Menge Kuchen?

b) Wie viel benötigt man von den einzelnen Zutaten für die halbe Menge Kuchen?

5. Drei Viertel einer Pizza und $\frac{7}{10}$ Liter Cola sollen an zwei Kinder verteilt werden.
Wie viel erhält jedes?

Zum Erinnern

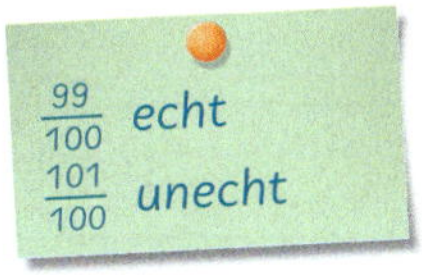

(1) Brüche zur Angabe von Teilen eines Ganzen

$\frac{1}{2}, \frac{1}{4}, \frac{3}{4}, \frac{1}{8}, \frac{3}{8}, \frac{5}{8}, \frac{2}{3}, \ldots$ sind *Brüche.*

Der *Nenner* eines Bruches gibt an, in wie viele gleich große Teile ein Ganzes zerlegt wird. Der *Zähler* gibt an, wie viele solcher Teile dann genommen werden.

$\frac{3}{4}$
3 ← Zähler
— ← Bruchstrich
4 ← Nenner

Ist bei einem Bruch der Zähler kleiner als der Nenner, so nennt man ihn einen **echten Bruch**. Bei Brüchen kann der Zähler auch größer als der Nenner oder gleich dem Nenner sein. Solche Brüche heißen **unechte Brüche**.

Beispiele: *echte Brüche:* $\frac{1}{2}$; $\frac{3}{4}$; $\frac{3}{5}$; $\frac{2}{7}$ *unechte Brüche:* $\frac{3}{2}$; $\frac{11}{4}$; $\frac{17}{8}$; $\frac{4}{4}$; $\frac{6}{3}$

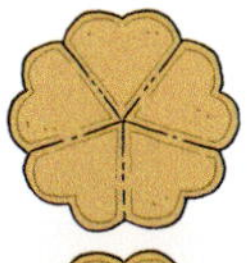

$1\frac{3}{5}$ Waffeln

Manche unechte Brüche geben die Anzahl von Ganzen, also natürliche Zahlen an.
Andere unechte Brüche geben keine natürlichen Zahlen an. Solche Brüche kann man auch in der **gemischten Schreibweise** notieren. Sie ist eine kurze Schreibweise für eine Summe aus einer natürlichen Zahl und einem echten Bruch.

Beispiele: $\frac{4}{4}=1$; $\frac{8}{4}=2$; $\frac{12}{4}=3$; $\frac{3}{2}=1+\frac{1}{2}=1\frac{1}{2}$; $\frac{11}{4}=2+\frac{3}{4}=2\frac{3}{4}$

(2) Erweitern und Kürzen von Brüchen

Man kann ein- und denselben Anteil durch verschiedene Brüche angeben.

$\frac{4}{5} = \frac{4 \cdot 2}{5 \cdot 2} = \frac{8}{10}$

Erweitern eines Bruches heißt, seinen Zähler und Nenner mit derselben Zahl (nicht 0 oder 1) zu multiplizieren.

$\frac{6}{9} = \frac{6 : 3}{9 : 3} = \frac{2}{3}$

Kürzen eines Bruches heißt, seinen Zähler und Nenner durch dieselbe Zahl (nicht 0 oder 1) zu dividieren.

(3) Addieren und Subtrahieren von Bruchzahlen

Bei *gleichnamigen Brüchen* addiert (subtrahiert) man die Zähler und behält den gemeinsamen Nenner bei.
Bei *ungleichnamigen Brüchen* werden diese zuerst gleichnamig gemacht und dann addiert (subtrahiert).

$\frac{7}{8} + \frac{3}{8} = \frac{7+3}{8} = \frac{10}{8} = \frac{5}{4}$

$\frac{3}{4} - \frac{2}{3} = \frac{9}{12} - \frac{8}{12} = \frac{1}{12}$

(4) Regel für das Vervielfachen eines Bruchs

Man multipliziert (vervielfacht) einen Bruch mit einer natürlichen Zahl, indem man den Zähler des Bruchs mit der Zahl multipliziert. Der Nenner bleibt unverändert.

$3 \cdot \frac{2}{7} = \frac{3 \cdot 2}{7} = \frac{6}{7}$

3 • 2 Siebtel = 6 Siebtel

(5) Regel für das Teilen eines Bruchs

Man dividiert (teilt) einen Bruch folgerndermaßen durch eine natürliche Zahl:

1. Möglichkeit: Nur anwendbar, wenn der Zähler durch die natürliche Zahl teilbar ist
Der Zähler des Bruches wird durch die natürliche Zahl dividiert. Der Nenner bleibt erhalten.

$\frac{15}{19} : 5 = \frac{15 : 5}{19} = \frac{3}{19}$

2. Möglichkeit: Immer anwendbar
Der Nenner des Bruches wird mit der natürlichen Zahl multipliziert. Der Zähler bleibt erhalten.

$\frac{12}{7} : 5 = \frac{12}{7 \cdot 5} = \frac{12}{35}$

Zum Trainieren

6. Welche Brüche sind dargestellt?

a) 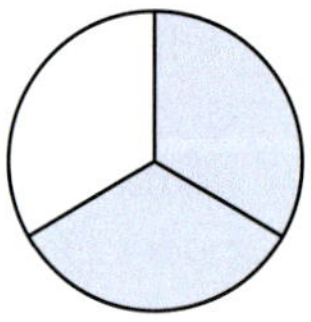

b) 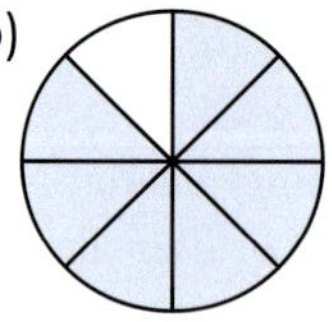

c) 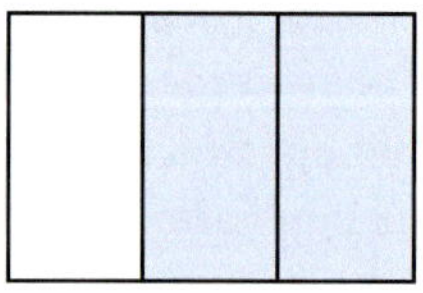

d) 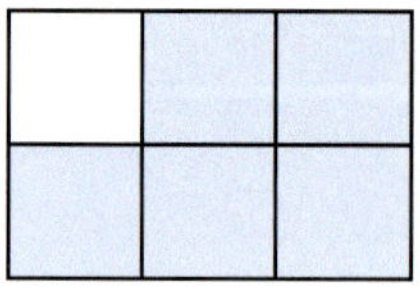

7. Gib bei den Flaggen den Anteil, der auf die einzelen Farben entfällt, als Bruch an.

a) Polen 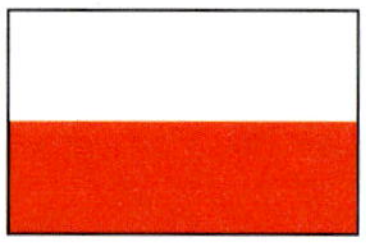

b) Nigeria 

c) Lettland 

d) Benin 

8. Welcher Bruch ist dargestellt? Erkläre, wie er entstanden ist.

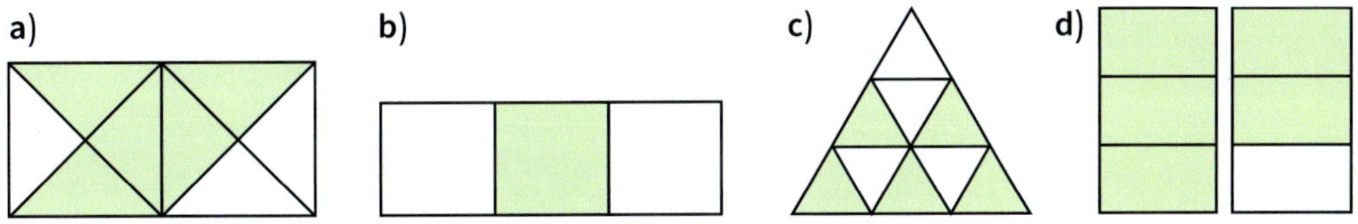

9. Bestimme den Anteil des Quaders, der gelb gefärbt ist.

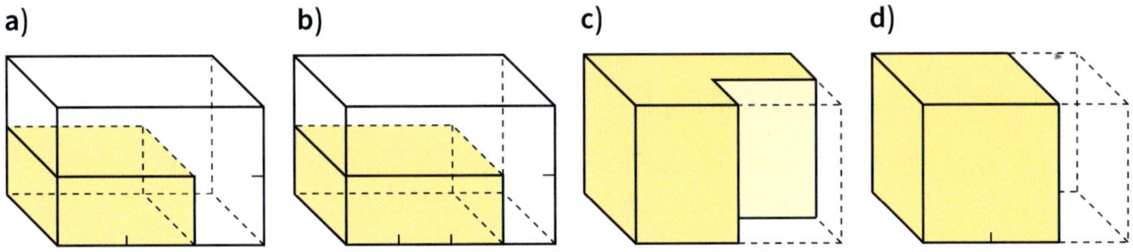

10. Skizziere:

a) $\frac{3}{4}$ einer Torte; b) $\frac{5}{8}$ einer Blechpizza; c) $\frac{1}{4}$ eines Butterstücks; d) $3\frac{1}{2}$ Torten.

11. Gib den dargestellten Anteil als Bruch an.

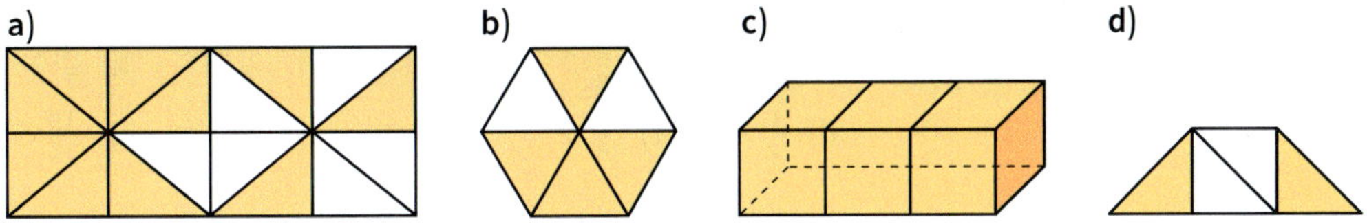

12. a) Gib als unechten Bruch an: $2\frac{1}{2}$; $4\frac{1}{3}$; $1\frac{3}{4}$; $5\frac{1}{6}$; $3\frac{2}{5}$; $1\frac{3}{8}$; $2\frac{1}{4}$

b) Gib in gemischter Schreibweise an: $\frac{7}{2}$; $\frac{5}{3}$; $\frac{9}{4}$; $\frac{6}{5}$; $\frac{21}{5}$; $\frac{25}{3}$; $\frac{31}{7}$

$1\frac{3}{4} = 1 + \frac{3}{4} = \frac{7}{4}$
$\frac{13}{5} = \frac{10}{5} + \frac{3}{5} = 2\frac{3}{5}$

13. a) Erweitere die Brüche $\frac{1}{2}$, $\frac{4}{5}$, $\frac{2}{7}$, $\frac{3}{2}$, $\frac{5}{3}$ (1) mit 2; (2) mit 4; (3) mit 5.

b) Erweitere die Brüche $\frac{3}{4}$, $\frac{1}{9}$, $\frac{5}{12}$, $\frac{1}{6}$, $\frac{3}{2}$ (1) auf den Nenner 36; (2) auf den Nenner 72.

14. Kürze so weit wie möglich: $\frac{6}{8}$, $\frac{12}{15}$, $\frac{18}{24}$, $\frac{5}{20}$, $\frac{12}{4}$, $\frac{14}{21}$, $\frac{12}{20}$, $\frac{6}{30}$, $\frac{30}{18}$, $\frac{12}{32}$, $\frac{6}{24}$, $\frac{8}{28}$

15. Berechne.

a) $\frac{5}{8} + \frac{7}{8}$ d) $\frac{37}{100} + \frac{23}{100}$ g) $\frac{3}{5} + \frac{11}{15}$ j) $\frac{5}{12} + \frac{5}{8}$ m) $\frac{1}{2} + \frac{3}{4} + \frac{5}{6}$ p) $\frac{23}{16} - \frac{3}{4} - \frac{2}{3}$

b) $\frac{9}{8} - \frac{1}{8}$ e) $\frac{132}{100} - \frac{57}{100}$ h) $\frac{11}{12} - \frac{3}{4}$ k) $\frac{8}{9} - \frac{5}{6}$ n) $\frac{5}{6} - \frac{1}{2} - \frac{1}{4}$ q) $\frac{13}{24} + \frac{3}{8} + \frac{1}{18}$

c) $\frac{23}{25} - \frac{8}{25}$ f) $\frac{7}{10} - \frac{49}{100}$ i) $\frac{9}{10} + \frac{11}{25}$ l) $\frac{2}{3} - \frac{5}{12}$ o) $\frac{11}{12} + \frac{5}{8} + \frac{1}{6}$ r) $\frac{6}{7} - \frac{1}{3} - \frac{5}{21}$

16. Rechne wie im Beispiel rechts.

a) $10 - 6\frac{2}{3}$ d) $3\frac{3}{4} - 2\frac{1}{4}$ g) $3\frac{9}{10} - 2\frac{7}{10}$ j) $2\frac{1}{6} - 1\frac{4}{6}$

b) $10 - \frac{4}{5}$ e) $4\frac{5}{8} + 5\frac{3}{8}$ h) $7\frac{3}{5} - 4\frac{4}{5}$ k) $3\frac{4}{15} + 7\frac{14}{15}$

c) $2\frac{3}{4} + \frac{3}{4}$ f) $5\frac{1}{8} - \frac{1}{8}$ i) $3\frac{7}{8} + 6\frac{5}{8}$ l) $2\frac{7}{8} - \frac{15}{8}$

$4\frac{3}{8} - \frac{5}{8} = 4 - \frac{2}{8} = 3\frac{6}{8} = 3\frac{3}{4}$
$4\frac{3}{5} + 2\frac{4}{5} = 6 + \frac{7}{5} = 7\frac{2}{5}$

17. Übertrage die Zahlmauer in dein Heft und vervollständige sie. Die Summe zweier Zahlen soll im Feld darüber stehen.

a)

$\frac{5}{6}$			
$\frac{1}{2}$		$\frac{7}{12}$	
$\frac{1}{4}$			

b)

3			
1,9			
	0,69		
	0,41		

18. Rechne im Kopf.

a) $7 \cdot \frac{3}{4}$ c) $2 \cdot \frac{7}{5}$ e) $8 \cdot \frac{3}{7}$ g) $5 \cdot \frac{4}{9}$ i) $19 \cdot \frac{2}{17}$ k) $15 \cdot \frac{8}{15}$

b) $4 \cdot \frac{2}{9}$ d) $2 \cdot \frac{4}{9}$ f) $8 \cdot \frac{5}{8}$ h) $7 \cdot \frac{3}{13}$ j) $16 \cdot \frac{1}{16}$ l) $5 \cdot \frac{2}{7}$

19. Zeichne $\frac{3}{8}$ eines rechteckigen Kuchens. Verdeutliche zeichnerisch, was es bedeutet,

(1) $\frac{3}{8}$ mit 2 zu erweitern;

(2) $\frac{3}{8}$ mit 2 zu vervielfachen.

20. Rechne im Kopf.

a) $\frac{1}{2}:3$ c) $\frac{1}{4}:5$ e) $\frac{2}{3}:3$ g) $\frac{21}{25}:7$ i) $\frac{5}{8}:3$ k) $\frac{3}{7}:9$ m) $\frac{12}{13}:3$ o) $\frac{3}{5}:12$

b) $\frac{6}{7}:3$ d) $\frac{4}{9}:2$ f) $\frac{3}{4}:2$ h) $\frac{3}{5}:2$ j) $\frac{12}{13}:2$ l) $\frac{15}{16}:5$ n) $\frac{7}{8}:8$ p) $\frac{4}{9}:7$

21. Zeichne $\frac{6}{8}$ einer Torte. Beschreibe und verdeutliche zeichnerisch, was es bedeutet,

(1) $\frac{6}{8}$ mit 2 zu kürzen; (2) $\frac{6}{8}$ durch 2 zu teilen.

22. a) $28 \cdot \frac{16}{21}$ c) $\frac{12}{15}:20$ e) $14 \cdot \frac{3}{7}$ g) $\frac{34}{85}:17$ i) $23 \cdot \frac{138}{92}$ k) $\frac{57}{38}:19$

b) $\frac{16}{21}:28$ d) $20 \cdot \frac{12}{15}$ f) $\frac{3}{7}:14$ h) $17 \cdot \frac{34}{85}$ j) $\frac{138}{92}:23$ l) $19 \cdot \frac{57}{38}$

23. Berechne

a) den 3. Teil von einer halben Tafel Schokolade;

b) den 5. Teil von $\frac{3}{4}$ ℓ Milch;

c) den 6. Teil von $1\frac{1}{2}$ Stunden;

d) die Hälfte von $1\frac{3}{4}$ ℓ Saft.

24. a) Ein Transporter hat $\frac{3}{4}$ t zulässiges Ladegewicht. Wie viel t kann er

(1) mit 3 Fahrten;

(2) mit 5 Fahrten;

(3) mit 9 Fahrten transportieren?

b) Aus 1 kg Trauben erhält man $\frac{5}{6}$ ℓ Saft. Wie viel ℓ Traubensaft erhält man aus

(1) 15 kg Trauben;

(2) 20 kg Trauben;

(3) 40 kg Trauben?

c) Der Schall legt $\frac{1}{3}$ km in 1 s zurück. Wie viel km legt er in

(1) 3 s; (2) 5 s; (3) 8 s zurück?

1. Dezimalzahlen

Im Alltag reicht es nicht immer, Größen mit natürlichen Zahlen anzugeben. Oft findest du mit Komma geschriebene Zahlenangaben der folgenden Art:

→ Erkläre, was die Zahlenangaben bedeuten.

→ Findest du weitere solcher Angaben im Alltag?

In diesem Kapitel …
lernst du, dass man Teile eines Ganzen nicht nur mit Brüchen, sondern auch in der Kommaschreibweise angeben kann.
Weiter erarbeitest du, wie man mit so geschriebenen Zahlen rechnet.

Rechnen beim Wintersport

Nicht einmal ein Wimpernschlag liegt zwischen Gold und Bronze.

Alpine Ski-Weltmeisterschaften
Super G der Damen (5.2.2013)

1. Tina Maze (SLO)	1:35,39
2. Lara Gut (SUI)	1:35,77
3. Julia Mancuso (USA)	1:35,91
4. Sofia Goggia (ITA)	1:35,96
5. Fabienne Suter (SUI)	1:36,25
6. Ilka Štuhec (SLO)	1:36,28

Das war die Überschrift zu einem Artikel über den Ausgang des Super G der Damen bei den 42. Alpinen Ski-Weltmeisterschaften in Schladming in Österreich am 5. 2. 2013. Kannst du dir denken, was der Schreiber damit ausdrücken wollte? Der Wimpernschlag wird oft als Vergleich genommen, wenn wir eine kurze Zeitspanne beschreiben wollen. Das Zwinkern, das ist ja mit dem Wimpernschlag gemeint, ist eine der schnellsten Bewegungen, zu der wir fähig sind.

- → Wie viel schneller war Maze als Gut, Maze als Mancuso und Gut als Mancuso?
- → Versuche einmal, mit der Stoppuhr das Zwinkern deines Nachbarn zu messen.
  Du kannst dein Ergebnis mit genauen Messungen vergleichen, bei denen man das Zwinkern gemessen hat. Der ganze Vorgang dauert 0,4 Sekunden.
  In der Abbildung kannst du ablesen, wie lange die einzelnen Phasen des Zwinkerns dauern.
- → Welches ist die kürzeste Zeitspanne, die du persönlich mit der Stoppuhr messen kannst?
  Du musst zum Messen Start- und Stopptaste so schnell wie möglich hintereinander drücken.
  Bist du schneller als ein Wimpernschlag?

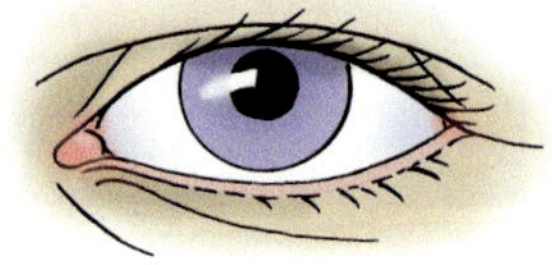

senken 0,08 s

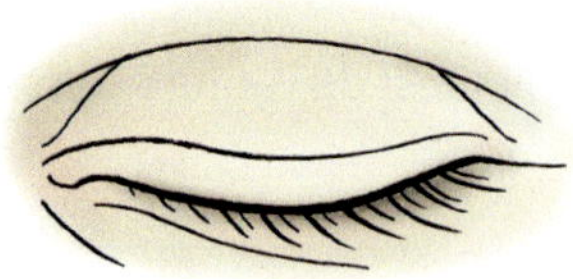

geschlossen 0,15 s

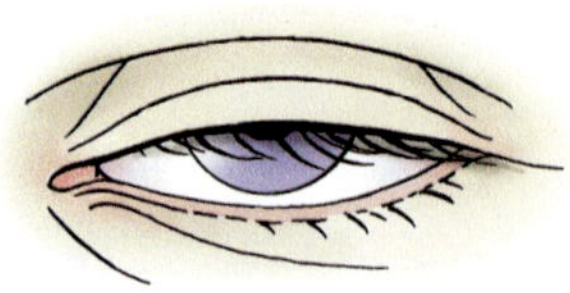

öffnen 0,17 s

1.1 Dezimale Schreibweise für Bruchzahlen

1.1.1 Schreibweise und Aufbau von Dezimalzahlen

Einstieg

Sucht Beispiele, wo im Alltag Zahlenangaben mit Komma vorkommen. Was bedeuten sie?
Gestaltet ein Plakat, das ihr im Klassenraum aushängt.

Aufgabe 1

Dezimalzahlen bei Größenangaben

a) Längenangaben werden häufig mit einem Komma geschrieben:
- Ein großes Grundstück ist 127,2 m lang.
- Eine Garage ist 7,13 m lang.
- Ein Auto ist 4,352 m lang.

Was bedeuten diese Längenangaben?
Trage die Angaben dazu auch in eine Einheitentabelle ein.

b) Bei sportlichen Wettkämpfen werden die Leistungen der Teilnehmer möglichst genau gemessen, damit man Unterschiede feststellen kann.
Bei manchen Disziplinen liegen die Leistungen der Sportler so nahe beieinander, dass man auch Bruchteile von Sekunden messen muss.
Was bedeuten die Zeitangaben in den Textausschnitten?

Lösung

a)

m			dm	cm	mm	Schreibweisen
H	Z	E				
1	2	7	2			127,2 m = 127 m 2 dm = 1272 dm
		7	1	3		7,13 m = 7 m 1 dm 3 cm = 7 m 13 cm = 713 cm
		4	3	5	2	4,352 m = 4 m 3 dm 5 cm 2 mm = 4 m 352 mm = 4352 mm

Bei den Längenangaben in m werden an der ersten Stelle nach dem Komma Dezimeter angegeben, an der zweiten Zentimeter und an der dritten Millimeter.
Ein Meter ist in zehn Dezimeter unterteilt: 1 m = 10 dm.
Also gilt: Ein Dezimeter ist ein zehntel Meter.
Ein Meter ist in hundert Zentimeter unterteilt: 1 m = 100 cm.
Also gilt: Ein Zentimeter ist ein hundertstel Meter.
Ein Meter ist in tausend Millimeter unterteilt: 1 m = 1000 mm.
Also gilt: Ein Millimeter ist ein tausendstel Meter.

$$0{,}1\,\text{m} = 1\,\text{dm} = \frac{1}{10}\,\text{m}$$
$$0{,}01\,\text{m} = 1\,\text{cm} = \frac{1}{100}\,\text{m}$$
$$0{,}001\,\text{m} = 1\,\text{mm} = \frac{1}{1000}\,\text{m}$$

b) *400 m – Männer*
1 Sekunde wird in 10 gleich große Teile zerlegt; jeder Teil ist 1 zehntel Sekunde.
Schreibweise: $\frac{1}{10}$ s = 0,1 s

$54{,}2\,s = 54\,s + \frac{2}{10}s$
$= 54\frac{2}{10}s$

100 m Schmetterling – Frauen
1 zehntel Sekunde wird in 10 gleich große Teile zerlegt; jeder Teil ist also 1 hundertstel Sekunde.
Schreibweise: $\frac{1}{100}$ s = 0,01 s

$56{,}61\,s = 56\,s + \frac{6}{10}s + \frac{1}{100}s$
$= 56\,s + \frac{60}{100}s + \frac{1}{100}s$
$= 56\frac{61}{100}s$

Erweitern: $\frac{6}{10} = \frac{60}{100}$
Addieren: 60 Hundertstel
+1 Hundertstel
= 61 Hunderstel

Shorttrack – Männer, 500 m
1 hundertstel Sekunde wird in 10 gleich große Teile zerlegt; jeder Teil ist also 1 tausendstel Sekunde.
Schreibweise: $\frac{1}{1\,000}$ s = 0,001 s

$42{,}063\,s = 42\,s + \frac{0}{10}s + \frac{6}{100}s + \frac{3}{1\,000}s$ Erweitern
$= 42\,s + \frac{0}{1\,000}s + \frac{60}{1\,000}s + \frac{3}{1\,000}s$ Addieren
$= 42\frac{63}{1\,000}s$

Information

Dezimalzahlen und Stellenwerttafel
54,2; 56,61; 43,356 sind **Dezimalzahlen**.
Das Komma bei Dezimalzahlen trennt die Ganzen von den Teilen eines Ganzen.
Die Ziffern rechts vom Komma bedeuten:
die erste Ziffer – *Zehntel* (z)
die zweite Ziffer – *Hundertstel* (h)
die dritte Ziffer – *Tausendstel* (t)
49,715 wird gelesen: *neunundvierzig Komma sieben eins fünf.*
Zum Darstellen von Dezimalzahlen in einer Stellenwerttafel wird diese nach rechts erweitert, sodass sie nach rechts wie auch nach links unbegrenzt ist.

In englischsprachigen Ländern und in der Taschenrechneranzeige steht statt des Kommas ein Punkt.

Hunderter, Zehner, Einer, Zehntel, Hundertstel, Tausendstel, Zehntausendstel
:10 :10 :10 :10 :10 :10

H	Z	E	z	h	t	zt	
	4	8	7				$48{,}7 = 48 + \frac{7}{10}$
		2	0	9			$2{,}09 = 2 + \frac{0}{10} + \frac{9}{100}$
		6	0	0	7		$6{,}007 = 6 + \frac{0}{10} + \frac{0}{100} + \frac{7}{1000}$
		0	3	7	1	3	$0{,}3713 = 0 + \frac{3}{10} + \frac{7}{100} + \frac{1}{1000} + \frac{3}{10\,000}$

Bruchzahlen haben wir bisher als Brüche mit Zähler und Nenner geschrieben. Sie werden auch oft als **Dezimalzahl** geschrieben. Der Bruch $\frac{6}{10}$ und die Dezimalzahl 0,6 sind *verschiedene* Schreibweisen für *dieselbe* Bruchzahl: $0{,}6 = \frac{6}{10}$.

Beachte: Für diese Bruchzahl gibt es noch viele andere Schreibweisen; auch $\frac{3}{5}$, $\frac{12}{20}$, $\frac{9}{15}$, $\frac{18}{30}$, … sind Schreibweisen für diese Bruchzahl.

Weiterführende Aufgaben

Umwandeln einer Dezimalzahl in einen Bruch mit den Nennern 10; 100; 1 000; …

2. a) Erläutere die Umwandlung von 1,137 in einen Bruch mit dem Nenner 1 000 am Gliedermaßstab (dem sogenannten „Zollstock").

$$1{,}137 = 1 + \frac{1}{10} + \frac{3}{100} + \frac{7}{1000} = \frac{1000}{1000} + \frac{100}{1000} + \frac{30}{1000} + \frac{7}{1000} = \frac{1137}{1000}$$

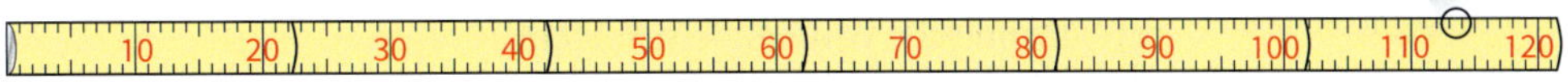

b) Schreibe als Bruch.
(1) 0,6; 0,07; 0,004; 0,0005 (2) 0,16; 0,027; 0,307; 0,4087 (3) 5,7; 7,26; 4,038; 12,4704

c) Schreibe als Dezimalzahl. Wie erkennst du am Nenner, wie viele Stellen die Dezimalzahl rechts vom Komma hat?
(1) $\frac{3}{10}$; $\frac{5}{100}$; $\frac{1}{100\,000}$; $\frac{6}{1\,000\,000}$ (3) $1\frac{5}{10}$; $1\frac{11}{100}$; $2\frac{504}{1\,000}$; $3\frac{1}{100\,000}$
(2) $\frac{15}{100}$; $\frac{123}{1\,000}$; $\frac{765}{10\,000}$; $\frac{201}{1\,000}$ (4) $\frac{25}{10}$; $\frac{625}{10}$; $\frac{102}{100}$; $\frac{398}{100}$; $\frac{9\,375}{1\,000}$

$$3\frac{24}{1000} = 3 + \frac{24}{1000} = 3 + \frac{20}{1000} + \frac{4}{1000} = 3 + \frac{2}{100} + \frac{4}{1000} = 3{,}024$$

Denke dir $\frac{0}{10}$!

Endnullen bei Dezimalzahlen

3. a) Schreibe jeweils die beiden Dezimalzahlen als Brüche und vergleiche.
(1) 0,5 und 0,50 (2) 0,3 und 0,300 (3) 2,1 und 2,1000

b) Hänge an die Dezimalzahl (1) 0,8; (2) 1,020 jeweils eine, zwei, drei … Nullen an. Vergleiche die Zahlen. Begründe.

c) Schreibe mit möglichst wenig Nullen. Begründe.
(1) 4,320 (2) 08,30 (3) 3,805 (4) 760,32000 (5) 300,001000

d) Erläutere: Das Anhängen oder Weglassen von Endnullen bei Dezimalzahlen entspricht dem Erweitern oder Kürzen bei Brüchen.

> Wenn man bei einer Dezimalzahl Endnullen anhängt oder weglässt, dann bleibt der Wert unverändert.
> *Beispiel:* 0,4 = 0,40 = 0,400 = 0,4000 = …

$1\,cm^2 = \frac{1}{100}dm^2$
$1\,cm^3 = \frac{1}{1000}dm^3$

Dezimalzahlen bei Flächen- und Volumeneinheiten

4. Trage die Angaben in eine Einheitentabelle ein. Schreibe sie dann als Bruch und anschließend mit einem Komma.

$46\,cm^2 = \frac{46}{100}dm^2 = 0{,}46\,dm^2$
$73\,cm^3 = \frac{73}{1000}dm^3 = 0{,}073\,dm^3$

a) $35\,cm^2$; $359\,cm^2$; $3\,m^2\,17\,dm^2$; $559\,cm^2$; $9\,m^2\,4\,dm^2$; $85\,dm^2$; $850\,dm^2$; $7\,mm^2$
b) $751\,cm^3$; $6842\,cm^3$; $3\,dm^3\,725\,cm^3$; $7\,m^3\,54\,dm^3$; $3\,cm^3\,2\,mm^3$; $97\,dm^3$; $295\,mm^3$

Das kann ich noch!

A) Berechne schriftlich.
1) 2 710 + 1 922
2) 6 752 + 82 + 8 203
3) 58 072 + 947 + 41 675
4) 872 − 493
5) 3 217 − 573
6) 53 412 − 5 876
7) 219 · 23
8) 1 270 · 400
9) 2 347 · 48
10) 391 : 23
11) 4 692 : 12
12) 16 065 : 45

Üben

5. Zerlege die Zeitspannen in ganze, zehntel, hundertstel, tausendstel Sekunden. Gib sie dann mit einem Bruch (in gemischter Schreibweise) an.

a) Olympische Spiele Amsterdam 1928 – Leichtathletik
(Hier durften zum ersten Mal Frauen teilnehmen.)
100 m-Frauen: E. Robinson (USA) 12,2 s
4 × 100 m-Frauen: Kanada 48,4 s

b) Olympische Spiele Sydney 2000 – Leichtathletik
100 m-Frauen: M. Jones (USA) 10,75 s
4 × 100 m-Frauen: Bahamas 41,95 s

c) Olympische Winterspiele Sotschi 2014
Rennrodeln/Einzel – Männer: Felix Loch (GER)
1. Lauf: 52,185 s 2. Lauf: 51,964 s 3. Lauf: 51,613 s 4. Lauf: 51,764 s

6. Notiere die Dezimalzahlen. Schreibe die Zahlen dann als Bruch.

a)

Z	E	z	h	t
1	2	3	4	5
	7	6	4	
	3	0	8	
	7	2		
1	3	3	0	3

b)

Z	E	z	h	t	zt	ht
	8	7	6	5	4	3
	0	6	1	3	5	
	0	7	8			
	0	0	3	8	7	1
1	1	3	0	0	5	2

c)

Z	E	z	h	t	zt	ht
	3	0	2	0	1	
6	0	4	2	1	8	
3	8	0	0	0	0	2
	0	2	3	0	1	
2	3	0	4	0	0	5

7. Welchen Stellenwert hat jeweils die Ziffer 7?
(1) 7,4 **(2)** 4,07 **(3)** 43,718 **(4)** 16,1671 **(5)** 51,00070

8. Mit Dezimalzahlen kann man sehr kleine Zahlen schreiben. Trage die Dezimalzahlen in eine Stellenwerttafel ein. Schreibe auch als Brüche.

Spinnwebfaden
0,005 mm dick

Ölfleck
0,000001 mm dick

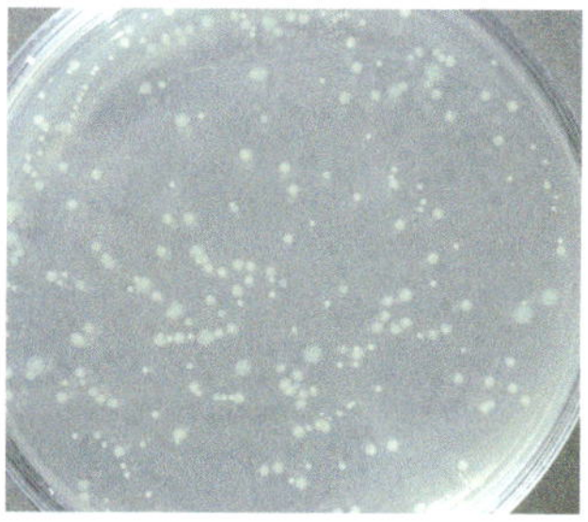
Bakterien
ca. 0,0005 mm groß

9. Zerlege in Ganze, Zehntel, Hundertstel, Tausendstel, …
a) 17,856 **c)** 0,069 **e)** 13,005 **g)** 0,0704
b) 6,078 **d)** 0,8472 **f)** 7,51203 **h)** 3,0015

$13{,}14 = 13 + \frac{1}{10} + \frac{4}{100}$

10. Schreibe als Bruch. Kürze, falls möglich.
a) 0,75 **c)** 0,6 **e)** 0,625 **g)** 0,125 **i)** 0,505 **k)** 0,0003
b) 0,25 **d)** 4,88 **f)** 1,0481 **h)** 1,701 **j)** 0,5005 **l)** 3,8200

11. Gib die zugehörigen Dezimalzahlen an. Du kannst sie in eine Stellenwerttafel eintragen.
a) $\frac{2}{10}$; $\frac{19}{100}$; $\frac{4}{100}$; $\frac{49}{1000}$; $\frac{26}{10000}$; $\frac{3}{10000}$ **b)** $2\frac{7}{1000}$; $5\frac{250}{1000}$; $\frac{7850}{1000}$; $\frac{1004}{100}$

12. Wo steckt der Fehler?

a) $\frac{27}{10} = 0{,}27$ b) $5{,}41 = \frac{5}{41}$ c) $0{,}58 = \frac{58}{10}$ d) $7{,}20 = \frac{720}{10}$

13. Lass überflüssige Nullen weg.

a) 0,600; 0,2500; 0,0302; 0,0002; 1,5000
b) 2,00500; 5,002001; 0,0060; 04,04040
c) 0,300200; 30,000; 10,04; 02,20
d) 180,400; 70,00; 1,02103; 0; 0,004

$1\,\% = \frac{1}{100}$

14. a) Gib als Dezimalzahl an:
6 %; 25 %; 80 %; 61 %; 150 %; 2 %; 79 %; 131 %; 1000 %

b) Gib in Prozent an:
0,5; 0,05; 0,25; 1; 0,6; 0,31; 0,1; 1,6; 0,03; 0,95; 2,75; 10,6

$7\,\% = \frac{7}{100} = 0{,}07$

Vertiefen

15. a) Welchen Stellenwert hat die Ziffer 1 in den folgenden Beispielen?
(1) 12,34 **(2)** 3,01 **(3)** 2,155 **(4)** 0,4951 **(5)** 1

b) Die Ziffer 1 soll den angegebenen Stellenwert haben.
Setze das Komma an die richtige Stelle.
(1) 3215 (z) **(2)** 782415 (h) **(3)** 43517 (t) **(4)** 135 (z) **(5)** 21435 (H)

c) Nimm Stellung zu folgenden Behauptungen.

Sophie: Die Stellenwerttafel ist regelmäßig aufgebaut: Links von den Hundertern stehen die Tausender, also stehen die Tausendstel links von den Hundertsteln.

Patrick: Rechts vom Komma stehen die Eintel, Zehntel, Hundertstel, usw.

Lea: Die Stellenwerttafel ist symmetrisch zu den Einern aufgebaut.

16. Was bedeuten die Angaben mit Komma? Hänge so viele Endnullen an, dass man die kleinere Einheit ablesen kann. Schreibe dann in der kleineren Einheit.

a)

b)

c)

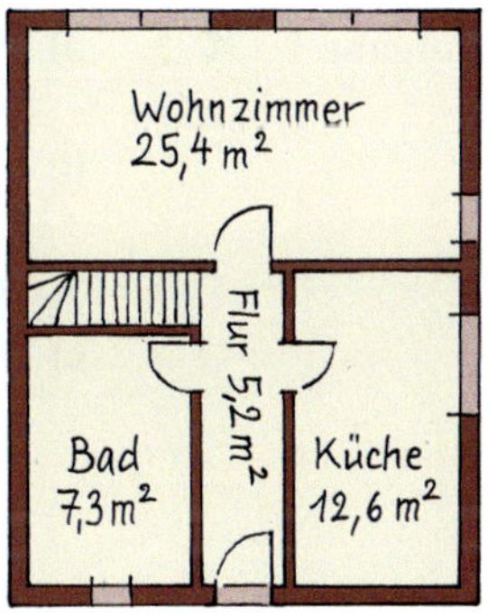

1 ℓ = 1000 mℓ
1 ha = 100 a
1 a = 100 m²
1 h = 60 min

17. Gib in zwei Einheiten an. Verwandle dann in die kleinere Einheit.

a) 2,3 km	**d)** 6,08 t	**g)** 19,3 m²	**j)** 3,4 m³	**m)** 0,8 ℓ	**p)** 0,5 h
b) 4,75 km	**e)** 4,85 kg	**h)** 0,80 dm²	**k)** 0,8 cm³	**n)** 0,33 ℓ	**q)** 0,1 h
c) 0,4 m	**f)** 0,001 g	**i)** 0,5 ha	**l)** 0,4 dm³	**o)** 1,05 ℓ	**r)** 2,5 h

18. Schreibe wie im Beispiel rechts.

a) 2,5 Tsd.	**c)** 10,5 Mrd.	**e)** $3\frac{1}{2}$ Mio.	**g)** 3,52 Mio.
b) 3,04 Mio.	**d)** 0,6 Mrd.	**f)** $\frac{1}{2}$ Billion	**h)** 7,23 Mrd.

4,3 Mio. = 4,300000 Mio.
= 4300000

19. a) Schreibe die Zahlenangaben in den Zeitungsartikeln ohne Komma.

6,84 Mio. Zuschauer für „Wetten dass …?“ am 5.4.2014

In diesem Jahr sank der Umsatz der Firma Innowap von 10,7 Mrd. € auf 9,25 Mrd. €.

2013 wurden in Deutschland 410,8 Mio. Gästeübernachtungen gezählt.

Im Dezember 2014 hatte Deutschland 2,174 Billionen € Schulden.

b) Suche drei weitere solcher Zeitungsartikel, klebe sie in dein Heft und schreibe die Zahlenangaben ohne Komma.

Herausfordern

20. a) In der Stellenwertfafel stehen rechts vorm Komma Zehntel, Hunderstel, …
Von den Größen, wie z. B. Längen, kennst du die Vorsilben Dezi, Zenti, Milli, …
Erläutere den Zusammenhang und recherchiere weitere Vorsilben.

1.1.2 Umformen durch Erweitern oder Kürzen

Einstieg

Lukas benötigt für ein Erfrischungsgetränk neben anderen Zutaten $\frac{1}{4}$ ℓ Orangensaft und $\frac{1}{4}$ ℓ Ananassaft. In einem Getränkehandel gibt es Flaschen mit 0,33 ℓ Orangensaft und Packungen mit 0,2 ℓ Ananassaft.

Aufgabe 1

a) In welche der beiden Flaschen passt mehr Flüssigkeit?
Wandle dazu $\frac{3}{4}$ in eine Dezimalzahl um.

b) Forme in eine Dezimalzahl um:
(1) $\frac{2}{5}$ (2) $1\frac{1}{4}$ (3) $\frac{1}{8}$ (4) $\frac{36}{40}$
Was stellst du fest? Beschreibe.

c) Versuche, den Bruch $\frac{1}{3}$ durch passendes Erweitern in eine Dezimalzahl umzuformen.

Lösung

a) Erweitere $\frac{3}{4}$ auf Hundertstel; schreibe dann als Dezimalzahl: $\frac{3}{4} = \frac{3 \cdot 25}{4 \cdot 25} = \frac{75}{100} = 0{,}75$
Vergleiche nun die Maßzahlen: $\frac{3}{4} > 0{,}7$; denn $\frac{75}{100} > \frac{70}{100}$.
Ergebnis: In die $\frac{3}{4}$-ℓ-Flasche passt mehr als in die 0,7-ℓ-Flasche.

b) Erweitere oder kürze zunächst passend
(1) auf Zehntel: $\frac{2}{5} = \frac{4}{10} = 0{,}4$
(2) auf Hundertstel: $1\frac{1}{4} = 1\frac{25}{100} = 1{,}25$
(3) auf Tausendstel: $\frac{1}{8} = \frac{125}{1\,000} = 0{,}125$
(4) auf Zehntel: $\frac{36}{40} = \frac{9}{10} = 0{,}9$

c) $\frac{1}{3}$ kann man nicht auf Zehntel, Hundertstel, Tausendstel, … erweitern, denn: 10, 100, 1000, … sind keine Vielfachen von 3.
Den Bruch $\frac{1}{3}$ kann man daher nicht durch Erweitern in eine Dezimalzahl umformen.

Information

Merke:
$\frac{1}{2} = 0{,}5$ $\frac{1}{4} = 0{,}25$
$\frac{1}{5} = 0{,}2$ $\frac{3}{4} = 0{,}75$
$\frac{2}{5} = 0{,}4$ $\frac{1}{8} = 0{,}125$

Umformen von Brüchen in Dezimalzahlen
Manche Brüche kann man folgendermaßen leicht in Dezimalzahlen umformen:
Man erweitert oder kürzt den Bruch auf Zehntel, Hundertstel, Tausendstel, ... und schreibt dann die Dezimalzahl.
Aber nicht jeden Bruch kann man auf diese Weise in eine Dezimalzahl umformen.

Üben

2. Verwandle jeweils in eine Dezimalzahl. Erweitere oder kürze passend.
a) $\frac{2}{5}$; $\frac{3}{4}$; $\frac{3}{8}$; $2\frac{1}{2}$; $3\frac{1}{8}$; $2\frac{3}{4}$; $1\frac{1}{5}$; $\frac{7}{2}$ **b)** $\frac{12}{40}$; $\frac{12}{30}$; $\frac{36}{60}$; $\frac{49}{70}$; $\frac{36}{400}$; $\frac{60}{300}$; $\frac{8}{200}$

3. Schreibe die Größenangaben mit einem Komma.

4. Kontrolliere Toms Hausaufgaben.

a) $\frac{3}{4} = 0{,}75$ b) $4\frac{1}{5} = 4{,}15$ c) $\frac{2}{5} = \frac{40}{100}$ d) $\frac{8}{5} = 8{,}5$

Spiel

5. *Bruch-Memory*:
Schreibt auf 12 Karten je eine Dezimalzahl und auf 12 weitere Karten die gekürzten Brüche, die denselben Wert haben. Legt die 24 Karten verdeckt auf den Tisch.
Jeder Spieler darf 2 Karten aufdecken. Hat er zwei wertgleiche, darf er das Paar behalten. Sind die Brüche nicht wertgleich, werden sie an derselben Stelle wieder verdeckt abgelegt.
Wer die meisten Paare besitzt, hat gewonnen.

Vertiefen

6. Welche Zahlen sind gleich?
a) $\frac{6}{10}$ 0,3 $\frac{8}{10}$ 0,6 $\frac{3}{10}$ $\frac{4}{5}$ $\frac{3}{5}$ 0,8
b) $\frac{1}{5}$ 0,5 $\frac{3}{15}$ 0,1 0,2 $\frac{10}{100}$ $\frac{7}{35}$ $\frac{3}{6}$ 20%

7. Forme in eine Dezimalzahl um. Bei welchen Brüchen gelingt das nicht? Begründe.
a) $\frac{5}{8}$; $\frac{13}{125}$; $\frac{2}{3}$; $\frac{1}{6}$ **b)** $\frac{3}{25}$; $\frac{1}{40}$; $\frac{5}{6}$; $\frac{1}{9}$ **c)** $\frac{3}{5}$; $\frac{3}{15}$; $\frac{5}{15}$; $\frac{8}{12}$ **d)** $3\frac{2}{5}$; $5\frac{5}{6}$; $1\frac{11}{20}$ $7\frac{7}{8}$

Herausfordern

8. Finde 10 Brüche, die du nicht in Dezimalzahlen umformen kannst.
Beschreibe Gemeinsamkeiten und erkläre.

1.2 Vergleichen und Ordnen von Dezimalzahlen

Einstieg

Beim Trampolinspringen erzielten die Frauen bei den Olympischen Spielen 2012 in London die angegebenen Punktzahlen. Wer gewann die Goldmedaille, die Silbermedaille, die Bronzemedaille?

Karen Cockburn		CAN	55,860 P.
Luba Golowina		GEO	52,925 P.
Rosannagh Mac Lennan		CAN	57,305 P.
Tatjana Piatrenia		BLR	55,670 P.
Huang Shanshan		CHN	56,730 P.
Savannah Vinsant		USA	54,965 P.
He Wenna		CHN	55,950 P.
Wiktorija Woronina		RUS	21,915 P.

Aufgabe 1

Vergleichen und Ordnen

a) Bei den Olympischen Spielen 2012 in London erzielten die Männer im 400-m-Lauf die rechts angegebenen Zeiten. Wer erreichte den ersten, zweiten, dritten Platz usw.?

b) Ordne die mit Dezimalzahlen geschriebenen Zahlen nach ihrer Größe. Beginne mit der kleinsten Zahl.
3,17; 2,71; 3,364; 3,304; 3,369

Jonathan Borlée		BEL	44,83 s
Kevin Borlée		BEL	44,81 s
Chris Brown		BAH	44,79 s
Lalonde Gordon		TRI	44,52 s
Kirani James		GRN	43,94 s
Demetrius Pinder		BAH	44,98 s
Luguelín Santos		DOM	44,46 s
Steven Solomon		AUS	45,14 s

Lösung

a) Wir vergleichen zuerst die Ganzen links vom Komma. So erhalten wir die kleinste Zahl: 43,94. Die nächsten Zahlen 44,46; 44,52; 44,79; 44,81; 44,83 und 44,98 stimmen in den Ganzen überein.
Wir vergleichen daher die Stellen nach dem Komma und beginnen mit den Zehnteln:
4 Zehntel ist kleiner als 5 Zehntel. So erhalten wir die nächstgrößere Zahl 44,46.
Entsprechend folgen dann 44,52; 44,79.
Die nächsten beiden Zahlen 44,81 und 44,83 stimmen nicht nur in den Ganzen, sondern auch den Zehnteln überein. Daher vergleichen wird die Hundertstel.
1 Hundertstel ist kleiner als 3 Hundertstel, also $44{,}81 < 44{,}83$.
Wir finden insgesamt: $43{,}94 < 44{,}46 < 44{,}52 < 44{,}79 < 44{,}81 < 44{,}83 < 44{,}98 < 45{,}14$
Ergebnis: Reihenfolge der Läufer

1. Gold	K. James	43,94 s	4. C. Brown	44,79 s		7. D. Pinder	44,98 s
2. Silber	L. Santos	44,46 s	5. K. Borlée	44,81 s		8. S. Solomon	45,14 s
3. Bronze	L. Gordon	44,52 s	6. J. Borlée	44,83s			

b) Wie bei den Zeitspannen vergleichen wir zuerst die Ganzen. Sind die Ganzen gleich, vergleichen wir die Zehntel. Sind diese auch gleich, vergleichen wir die Hundertstel usw.:

$2{,}71 < 3{,}17 < 3{,}304 < 3{,}364 < 3{,}369$

2 E < 3 E; 1 z < 3 z; 0 h < 6 h; 4 t < 9 t

Vergleichen von Dezimalzahlen

Man vergleicht zuerst die Ganzen.	3,25 < 7,5	denn	3 < 7
Sind die Ganzen gleich, vergleicht man die Zehntel.	8,36 < 8,59	denn	3z < 5z
Sind auch die Zehntel gleich, vergleicht man die Hundertstel; usw.	0,6758 < 0,691	denn	7h < 9h

Weiterführende Aufgabe

Darstellen und Vergleichen von Dezimalzahlen am Zahlenstrahl

2. a) Welche Zahlen werden durch die roten Striche markiert?

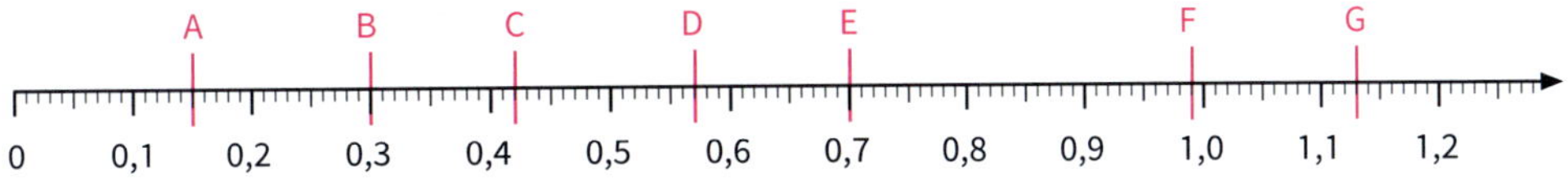

b) Wie erkennt man am Zahlenstrahl, welche von zwei Dezimalzahlen kleiner ist?

Üben

3. Setze im Heft das passende Zeichen (< oder >) ein.

a) 1,63 □ 1,36
b) 0,645 □ 0,654
c) 0,989 □ 0,998
d) 3,756 □ 3,765
e) 0,457 □ 0,547
f) 0,787 □ 0,778
g) 0,7 □ 0,75
h) 0,66 □ 0,6
i) 0,14 □ 0,104
j) 1,007 □ 1,07
k) 7,55 □ 7,545
l) 1,335 □ 1,3305

4. Setze im Heft das passende Zeichen (=, < oder >) ein.

a) 0,3 □ 0,03; 0,3 □ 0,300; 0,3 □ 0,33
b) 1,1 □ 1,10; 1,1 □ 1,01; 1,1 □ 1,11
c) 1,04 □ 1,040; 1,04 □ 1,004; 1,04 □ 1,4
d) 0,25 □ 0,205; 0,25 □ 0,025; 0,25 □ 0,2500

5. Wo steckt der Fehler?

a) 0,35 < 0,278   b) 3,43 < 3,234   c) 0,4 < 0,04   d) 0,9 < 0,90

6. Sarahs Mutter will ein Auto kaufen. Sie vergleicht drei Modelle nach dem Benzinverbrauch pro 100 km. Ordne die Autos nach dem Benzinverbrauch.

	MARS	VENUS	PLUTO
Stadt	8,9 *l*	9,3 *l*	9,7 *l*
90 km/h	5,5 *l*	5,4 *l*	5,6 *l*
120 km/h	7,1 *l*	6,9 *l*	7,0 *l*

7. Gib die rot markierten Zahlen als Dezimalzahl und als Bruch an.

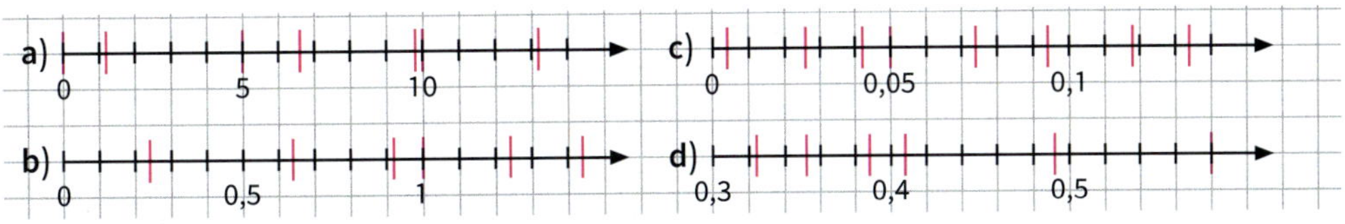

8. Zeichne auf Millimeterpapier einen Zahlenstrahl von 0 bis 1,5. Wähle 1 dm von 0 bis 1. Trage die Striche für die Zehntel ein. Markiere die folgenden Zahlen mit blauen Strichen.

a) 0,8; 0,55; 0,93; 1,05; 1,25

b) 0,73; 1,1; 0,61; 1,46; 0,23; 0,04

c) $\frac{3}{10}$; $\frac{5}{10}$; $\frac{35}{100}$; $\frac{1}{10}$; $\frac{53}{100}$; $\frac{31}{100}$

d) $\frac{1}{10}$; $\frac{1}{5}$; $\frac{3}{5}$; $\frac{2}{5}$; $\frac{4}{4}$; $1\frac{1}{10}$; $1\frac{1}{4}$

9. Lies die angezeigte Spannung im Bild links ab. Schreibe sie als Dezimalzahl und als Bruch auf.

10. a) Lies die Koordinaten der eingezeichneten Punkte ab.

b) Zeichne ein Koordinatensystem und trage die Punkte ein.
A(1,5 | 3), B(3,5 | 1,5), C(2,4 | 3,8), D(0 | 5,7), E(7,3 | 8,4), F(8,7 | 0)

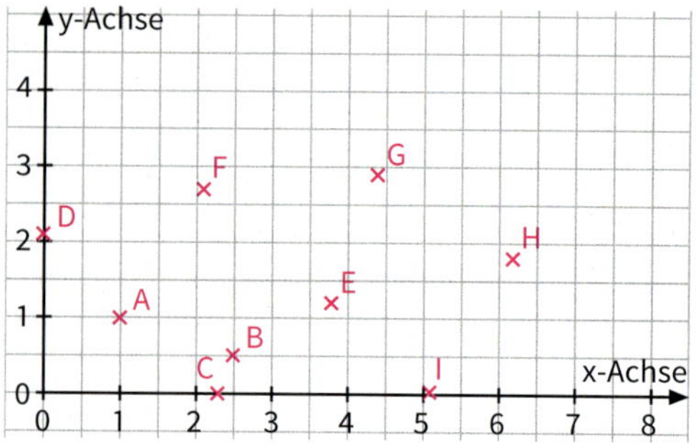

Vertiefen

11. a) Setze im Heft das passende Zeichen (=, < oder >) ein.

(1) $\frac{3}{4}$ ▢ 0,75   (3) $\frac{1}{10}$ ▢ 0,09   (5) 0,95 ▢ $\frac{9}{10}$ (7) $\frac{1}{3}$ ▢ 0,3

(2) 0,59 ▢ $\frac{3}{5}$ (4) $3\frac{1}{2}$ ▢ 3,45   (6) 2,6 ▢ $2\frac{2}{3}$ (8) $\frac{1}{6}$ ▢ 0,16

b) Beschreibe, wie du den Größenvergleich von Brüchen und Dezimalzahlen durchführen kannst.

12. Gebt für jede Sportart an, welcher Schüler den 1. Platz, welcher den 2. Platz, welcher den 3. Platz usw. erreicht hat.
Könnt ihr aus den Ergebnissen einen Gesamtsieger ermitteln?

Name	Andreas	Christian	Felix	Michael	Tim	Philipp	Florian
Weitsprung	3,24 m	3,95 m	4,05 m	2,98 m	3,45 m	3,68 m	3,60 m
100-m-Lauf	15,1 s	15,9 s	15,7 s	17,1 s	16,4 s	15,6 s	15,0 s
Hochsprung	1,15 m	1,20 m	1,45 m	0,97 m	1,43 m	1,09 m	1,51 m

13. Mit einem Messzylinder kann man das Volumen von Flüssigkeiten bestimmen.

a) Wie viel Liter sind im Messzylinder? Schreibe mit einer Dezimalzahl.

b) Zeichne die Skalen von Messzylindern und trage ein: 0,8 ℓ; 0,2 ℓ; $\frac{1}{4}$ ℓ; $\frac{3}{4}$ ℓ; $\frac{3}{8}$ ℓ.

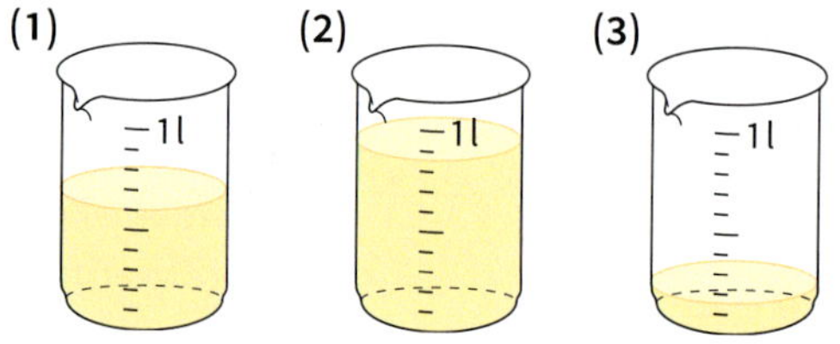

14. Gib jeweils 5 Dezimalzahlen an, die zwischen den beiden genannten liegen.
Welche Zahl liegt genau in der Mitte?

a) 5 und 6   **b)** 1,6 und 1,7   **c)** 3,81 und 3,82   **d)** 0,09 und 0,1

Herausfordern

15. Schreibe eine Antwort auf Merves Beitrag. Du kannst deine Aussage auch veranschaulichen.

Merve: Wenn ich zwei ganz kleine Dezimalzahlen wähle, dann kann doch keine Zahl mehr zwischen diesen beiden Dezimalzahlen liegen, oder ?

1.3 Runden von Dezimalzahlen – Säulendiagramme

Einstieg

In einer Umfrage wurde ermittelt, wie viel jede Woche in einem Vier-Personen-Haushalt durchschnittlich ausgegeben wird: Fleischwaren 30,81 €; Brot, Backwaren 29,47 €; Obst, Gemüse 24,14 €; Milch, Molkereiprodukte, Eier 20,11 €; Zucker, Süßwaren 13,39 €; Getränke 37,85 €; Gaststätten, Cafés, Kantinen 65,31 €; Sonstiges 38,73 €. Veranschauliche die Ergebnisse in einem Säulendiagramm.

Aufgabe 1

Runden von Dezimalzahlen

a) Runde die Längenangaben aus dem Auto-Prospekt rechts auf zwei Nachkommastellen – so wie Längen im Alltag meistens angegeben werden.

b) Runde 2,141 und 4,867 auf Zehntel.

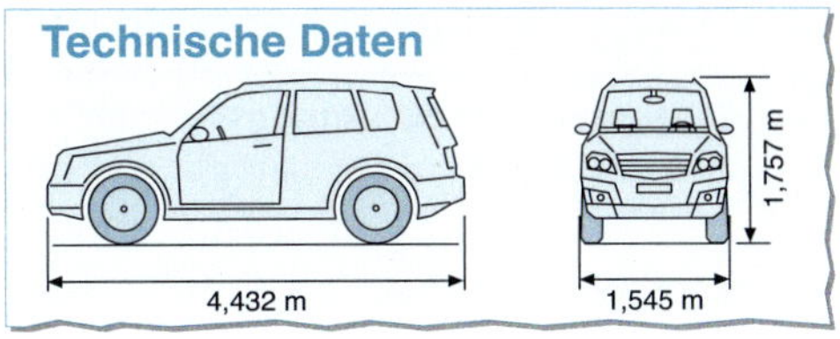

Lösung

a) Die Länge 4,432 m liegt zwischen 4,43 m und 4,44 m, jedoch näher an 4,43 m.
Also runden wir ab: 4,432 m ≈ 4,43 m
Die Höhe 1,757 m liegt zwischen 1,75 m und 1,76, jedoch näher an 1,76 m. Also runden wir auf: 1,757 m ≈ 1,76 m
Die Breite 1,545 m liegt zwischen 1,54 m und 1,55 m, und zwar genau in der Mitte. Wie bei den natürlichen Zahlen runden wir auch hier auf: 1,545 m ≈ 1,55 m

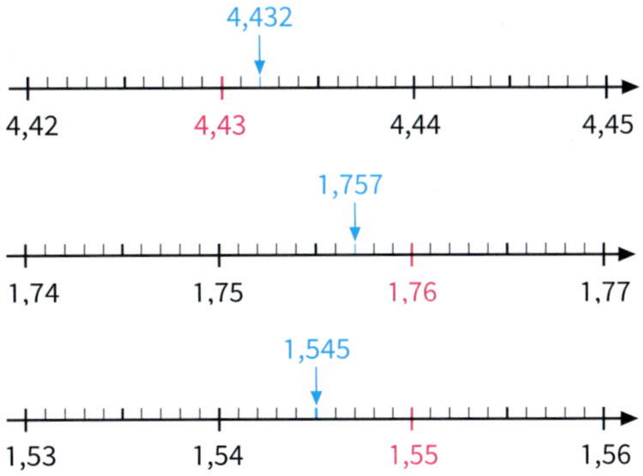

b) 2,141 liegt zwischen 2,1 und 2,2, aber näher an 2,1. Also runden wir ab: 2,141 ≈ 2,14.
4,867 liegt zwischen 4,8 und 4,9, aber näher an 4,9. Also runden wir auf: 4,867 ≈ 4,9.

Information

Oft ist es nicht erforderlich, eine Zahl genau anzugeben. Dann kann man runden.
Beim **Runden** richtet man sich stets nach der Ziffer rechts von der Rundungsstelle.

Wenn die Ziffer rechts von der Rundungsstelle 0, 1, 2, 3, 4 ist, wird abgerundet.	*Runden auf Einer:*	6,8512 ≈ 7
	Zehntel:	6,8512 ≈ 6,9
Wenn die Ziffer rechts von der Rundungsstelle 5, 6, 7, 8, 9 ist, wird aufgerundet.	*Hundertstel:*	6,8512 ≈ 6,85
	Tausendstel:	6,8512 ≈ 6,851

Weiterführende Aufgabe

Weglassen von Endnullen

2. Die Dezimalzahlen 2,5 und 2,50 stellen dieselbe Zahl dar. Begründe das.
Bei Messergebnissen ist jedoch vereinbart, dass die Angaben 2,5 m und 2,50 m etwas Verschiedenes bedeuten: 2,5 m ist eine Länge, die so genau gemessen wurde, dass sie auf zehntel Meter gerundet angegeben wurde. 2,50 m ist dagegen eine Länge, die so genau gemessen wurde, dass sie auf hundertstel Meter gerundet angegeben wurde.

a) Wie lang kann eine Länge sein, die mit
(1) 7,6 m, **(2)** 7,60 m angegeben wurde?

b) Gib jeweils den kleinsten bzw. größten zur Angabe passenden Messwert an:
(1) 3,9 km; 3,90 km; 3,900 km
(2) 5,1 kg; 5,10 kg; 5,100 kg
(3) 2,7 m^2; 2,70 m^2; 2,700 m^2
(4) 1,3 ℓ; 1,30 ℓ; 1,300 ℓ

Üben

3. Eine Waage zeigt das Gewicht auf 0,1 kg genau.
Runde auf volle kg.
a) 48,2 kg; **b)** 59,7 kg; **c)** 71,5 kg

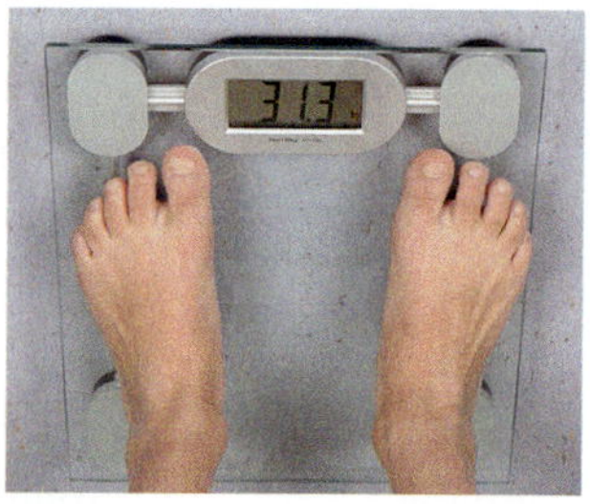

4. Runde
(1) 10,1473 **(2)** 12,8476 **(3)** 9,96784
(4) 2,43504 **(5)** 4,2999 **(6)** 0,77777
auf **a)** Hundertstel; **b)** Zehntel; **c)** Einer; **d)** Tausendstel.

5. Runde
a) auf €: 3,75 €; 2,13 €; 19,45 €;
b) auf m: 5,6 m; 3,48 m; 9,5 m;
c) auf kg: 4,8 kg; 0,65 kg; 14,49 kg;
d) auf m²: 34,605 m²; 99,099 m²; 6,58 m².

6. Nenne sechs Zahlen, die auf **(1)** Einer gerundet 14; **(2)** auf Zehntel gerundet 0,6; **(3)** auf Hundertstel gerundet 7,13 ergeben.

7. Kontrolliere Pascals Hausaufgaben.

a) 2,493 ≈ 2,49 ≈ 2,5 ≈ 3   b) 0,17 ≈ 0,2 ≈ 0

8. Die Klasse 6 a bereitet sich auf eine Klassenfahrt nach Ostfriesland vor. Emmas Gruppe befasst sich mit den Ostfriesischen Inseln. Die Größe der Inseln sollen in einem Säulendiagramm veranschaulicht werden.
Zeichne ein solches Säulendiagramm.

9. In 1 kg Früchten sind jeweils folgende Mengen an Vitamin E enthalten.
Ordne sie nach dem Gehalt an Vitamin E und zeichne ein Säulendiagramm.

Vertiefen

10. a) Bei einem Inlandsflug hat man 20 kg Freigepäck. Die Kofferwaage am Flughafen wiegt auf 0,1 kg genau und zeigt 20,0 kg an. Kann der Koffer trotzdem zu schwer sein?
b) Gib kleinere und größere Messwerte an, die zu der Angabe passen
(1) 2,7 kg; 2,70 kg; 2,700 kg **(2)** 0,4 m; 0,40 m; 0,400 m **(3)** 6,9 ℓ; 6,90 ℓ; 6,900 ℓ

11. Runde so, dass du die Angabe in zwei Einheiten ohne Komma schreiben kannst.
a) 6,4506 km **c)** 13,0609 t **e)** 17,09 cm
b) 2,4085 kg **d)** 14,533 € **f)** 4,2531 g

4,7535 km ≈ 4,754 km
= 4 km 754 m

12. Gib die Einwohnerzahlen in Millionen mit einer Stelle nach dem Komma an.

Chicago	7 104 000	Moskau	8 642 000	Rom	2 831 000
Hamburg	1 580 000	New York	9 120 000	Sydney	3 333 000
Kairo	5 921 000	Paris	2 166 000	Tokio	8 323 000
London	6 755 000	Peking	9 450 000	Wien	1 516 000

13. Fasse die Informationen in einer Tabelle zusammen und zeichne ein Säulendiagramm.

Bedeutende Weltrekord-Halter im Stabhochsprung

Den ersten Weltrekord, seit mit Kunststoffstäben gesprungen wird, errang im Jahr 1961 der US-Amerikaner George Davies mit 4,83 m. Sein Landsmann John Pennel hielt insgesamt 8-mal den Weltrekord, zuletzt 1969 mit 5,44 m. Der Schwede Kjell Isaksson schaffte dies nur 3-mal, verbesserte aber den Weltrekord auf 5,59 m im Mai 1972. Thierry Vigneron aus Frankreich konnte 5-mal den Weltrekord halten, zuletzt im Jahr 1984 mit 5,94 m. Die prägendste Gestalt des Stabhochsprungs der Männer ist aber der Ukrainer Sergej Bubka. Bubka überquerte als Erster am 3. Juli 1985 in Paris die magische Sechs-Meter-Marke.

Mit seinem lange unübertroffenen Weltrekord von 6,14 m am 31. Juli 1994 setzte der „Himmelsstürmer" neue Maßstäbe und gewann alles, was es zu gewinnen gab. 35 Mal verbesserte Bubka meist zentimeterweise den Weltrekord. Sechsmal in Folge wurde der Stabartist Weltmeister (1983 bis 1997), jedoch nur einmal Olympiasieger.

Erst am 15.2.2014 gelang es dem französischen Leichtathleten Renaud Lavillenie einen neuen Weltrekord von 6,16 m aufzustellen.

Herausfordern

14. Im Alltag wird häufig gerundet. Das merkt man z. B. an den Worten etwa oder ungefähr. Es ist aber nicht immer sinnvoll, mathematisch zu runden. Sammle Beispiele aus dem Alltag.

Das kann ich noch!

A) In welchen Fällen liegt ein Quadernetz vor?

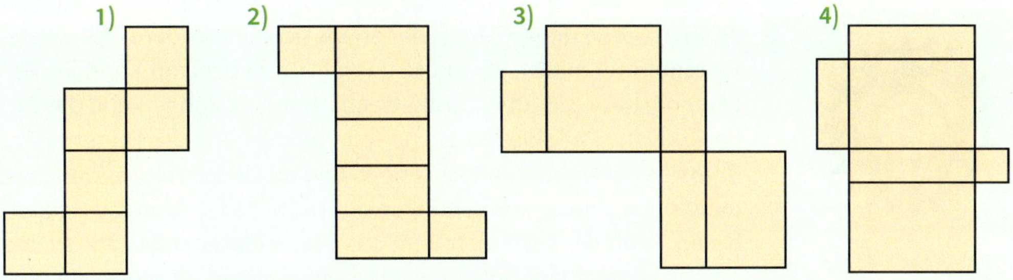

B) Das Schrägbild zeigt einen teilweise gefärbten Quader. Zeichne ein dazu passendes Netz.

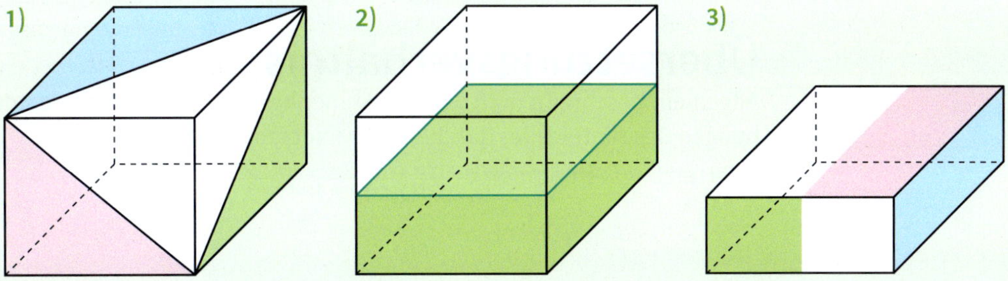

Gangschaltung beim Fahrrad

Niklas' Freund Markus hat ein neues Fahrrad mit 21 Gängen bekommen. Niklas wünscht sich zum Geburtstag auch ein solches Fahrrad. Seine Mutter hat Bedenken:
„Bei einer 21-Gang-Kettenschaltung gibt es keine Rücktrittbremse wie bei einer Nabenschaltung. Brauchst du denn wirklich so viele Gänge? Reichen die 7 Gänge einer Nabenschaltung nicht aus?"
Zur Klärung solcher Fragen wollen wir die Leistung verschiedener Gangschaltungen untersuchen.

1. Bei einer 21-Gang-Schaltung sind vorne bei den Pedalen 3 Zahnräder (Kettenblätter) und am Hinterrad 7 Zahnräder (Ritzel).
In jedem Gang läuft die Kette über ein Kettenblatt und ein Ritzel. Wir bezeichnen die Kettenblätter mit A, B und C sowie die Ritzel mit a, b, c, d, e, f und g.
Schreibe die verschiedenen Kombinationsmöglichkeiten für den Lauf der Kette auf, z. B. A – a.
Wie viele Kombinationen gibt es?

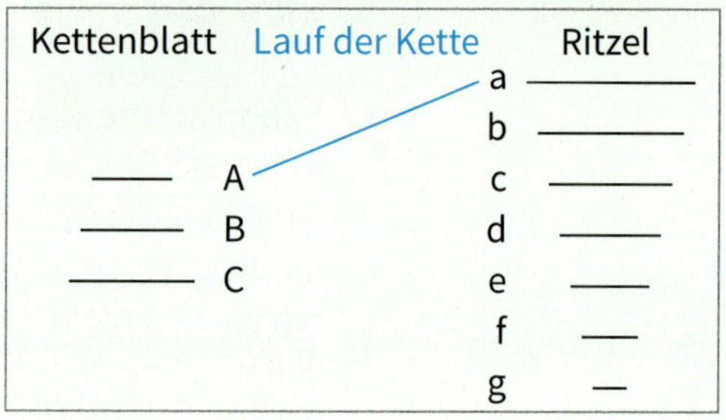

2. Je nach Größe dieser Zahnräder ergibt sich eine andere Übersetzung. Markus' Fahrrad hat Kettenblätter mit 24, 36 und 48 Zähnen und Ritzel mit 12, 14, 16, 18, 21, 24 und 28 Zähnen. Läuft die Kette z.B. über das Kettenblatt mit 24 Zähnen und das Ritzel mit 24 Zähnen, so bewirkt eine Pedaldrehung eine volle Umdrehung des Hinterrades. Läuft die Kette dagegen über das Kettenblatt mit 24 Zähnen und das Ritzel mit 12 Zähnen, so bewirkt eine Pedaldrehung sogar 2 volle Umdrehungen des Hinterrades. Man muss dann entsprechend schwerer treten. Läuft die Kette aber über das Kettenblatt mit 24 Zähnen und das Ritzel mit 28 Zähnen, so bewirkt eine volle Pedaldrehung weniger als eine volle Drehung des Hinterrades. Das Treten fällt nun sehr leicht.

Übersetzungsverhältnis

Allgemein beschreibt man den Zusammenhang zwischen den Pedaldrehungen und den Drehungen des Hinterrades durch das Übersetzungsverhältnis. Es gilt:

$$\text{Übersetzungsverhältnis} = \frac{\text{Zahl der Zähne des Kettenblattes}}{\text{Zahl der Zähne des Ritzels}}$$

a) Lege im Heft eine Tabelle an, in der du für jeden Gang, d. h. jede Kombinationsmöglichkeit der Zahnräder, das Übersetzungsverhältnis als gekürzten Bruch einträgst.

	a	b	c	d	e	f	g
A							
B							
C							

b) Wie viele verschiedene Gänge bleiben noch, wenn du mehrfach vorkommende Übersetzungsverhältnisse nicht mehrfach zählst?

3. a) Erweitere alle Übersetzungsverhältnisse auf den Hauptnenner und ordne sie nach zunehmender Größe.
b) Welche Übersetzungsverhältnisse unterscheiden sich nur wenig?
Wie viele Gänge bleiben dann noch übrig, wenn du nicht mehr zwischen wenig voneinander abweichenden Übersetzungsverhältnissen unterscheidest?

4. Beim Schalten kann man entweder die Kette von einem Kettenblatt auf ein benachbartes wechseln oder von einem Ritzel auf ein benachbartes wechseln.
Betrachte den Gang B – d.
In welche Gänge kann man umschalten?
Wie ändert sich jeweils das Übersetzungsverhältnis?

5. Nabenschaltungen haben ein schwierig aufgebautes Getriebe.
Bei ihnen lässt sich das Übersetzungsverhältnis nicht so einfach berechnen.
Für eine 7-Gang-Nabenschaltung (mit 46er-Kettenblatt und 24er-Ritzel) hat der Hersteller für die einzelnen Gänge die Gangabwicklung angegeben. Das ist die Strecke, die das Fahrrad bei einer Pedaldrehung zurücklegt. Die in der Tabelle angegebenen Gangabwicklungen gelten für ein 28"-Rad mit dem Umfang 2250 mm.

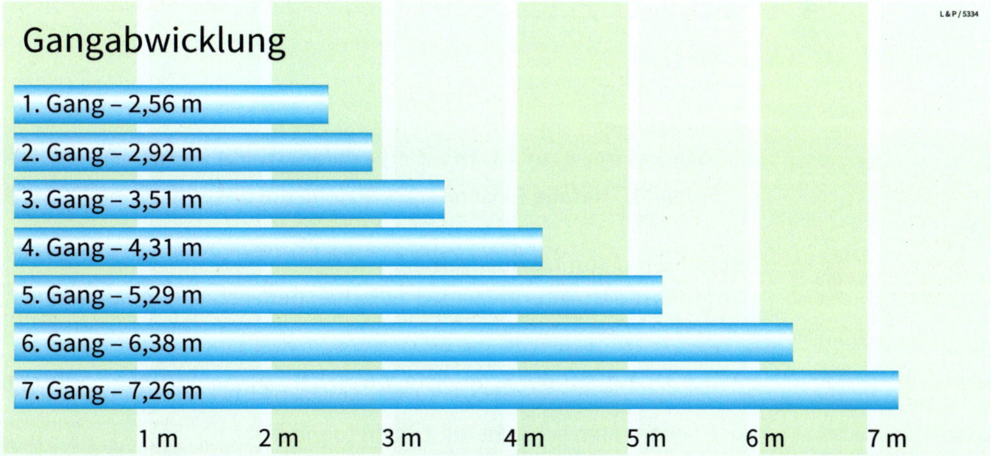

Berechne für die Gänge von Markus' Rad aus dem Übersetzungsverhältnis die Gangabwicklung auf mm gerundet. Zeichne zum Vergleich ein entsprechendes Balkendiagramm.
Vergleiche damit das 21-Gang-Rad mit dem 7-Gang-Rad. Berücksichtige auch, dass man nicht von jedem Gang direkt in jeden anderen schalten kann.
Welchen Rat würdest du Niklas und seiner Mutter geben?

1.4 Addieren und Subtrahieren von Dezimalzahlen

Ziel

Hier lernst du, wie man Dezimalzahlen addiert und subtrahiert.

Zum Erarbeiten

Addieren von Dezimalzahlen

Bei den Olympischen Winterspielen 2014 in Sotschi gewann Natalie Geisenberger aus Deutschland die Goldmedaille beim Rodeln im Einsitzer. Die Gesamtzeit von vier Läufen entscheidet über die Platzierung.
Berechne die Gesamtzeit von Natalie Geisenberger.

Natalie Geisenberger
1. Lauf 49,891 s
2. Lauf 49,923 s
3. Lauf 49,765 s
4. Lauf 50,189 s

→ Die Zeiten der vier Läufe müssen addiert werden. Man kann ähnlich vorgehen wie beim Addieren natürlicher Zahlen.

1. Schritt: Man schreibt die Zahlen (ohne die Einheit s) stellengerecht untereinander.

2. Schritt: Man addiert zunächst die *Tausendstel* und achtet auf die Überträge:

$\frac{9}{1000} + \frac{5}{1000} + \frac{3}{1000} + \frac{1}{1000} = \frac{18}{1000} = \frac{1}{100} + \frac{8}{1000}$

Dann addiert man die *Hundertstel*:

$\frac{1}{100} + \frac{8}{100} + \frac{6}{100} + \frac{2}{100} + \frac{9}{100} = \frac{26}{100} = \frac{2}{10} + \frac{6}{100}$

die *Zehntel*:

$\frac{2}{10} + \frac{1}{10} + \frac{7}{10} + \frac{9}{10} + \frac{8}{10} = \frac{27}{10} = 2 + \frac{7}{10}$

die *Einer*:

$2 + 0 + 9 + 9 + 9 = 29 = 2 \cdot 10 + 9$

die *Zehner*:

$2 \cdot 10 + 5 \cdot 10 + 4 \cdot 10 + 4 \cdot 10 + 4 \cdot 10 = 19 \cdot 10 = 1 \cdot 100 + 9 \cdot 10$

Ergebnis: Natalie Geisenberger erzielte die Gesamtzeit 199,768 s, das sind 3 min 19,768 s.

H	Z	E	z	h	t
	4	9	8	9	1
	4	9	9	2	3
	4	9	7	6	5
	5	0	1	8	9
	2	2	2	1	
1	9	9	7	6	8

		4	9,	8	9	1
+		4	9,	9	2	3
+		4	9,	7	6	5
+		5	0,	1	8	9
		2	2	2	1	
	1	9	9,	7	6	8

Komma unter Komma

Subtrahieren von Dezimalzahlen

Wie groß ist der Zeitunterschied zwischen dem schnellsten und dem langsamsten Lauf von Natalie Geisenberger?

→ Der 3. Lauf war der schnellste, der 4. Lauf der langsamste. Subtrahiere die Zeiten.

1. Schritt: Man schreibt die Zahlen (ohne die Einheit s) stellengerecht untereinander.

2. Schritt: Man subtrahiert nacheinander die Tausendstel, Hundertstel, Zehntel, Einer, Zehner und achtet auf die Überträge.

Ergebnis: Der Zeitunterschied beträgt 0,424 s.

Kontrolliere durch Addieren

Z	E	z	h	t
5	0	1	8	9
4	9	7	6	5
1	1			
0	0	4	2	4

	5	0,	1	8	9
−	4	9,	7	6	5
	1	1			
		0,	4	2	4

Komma unter Komma

Addieren und Subtrahieren von Dezimalzahlen

Wie bei natürlichen Zahlen werden Dezimalzahlen stellenweise addiert und subtrahiert. Dabei muss Komma unter Komma stehen.

Beispiele:

78,432	136,35
+ 10,0897	− 84,275
11	1 11
88,5217	52,075

Üben

1. Erläutere die Aufgabe 0,2 + 0,9 + 0,3 am Bild rechts.

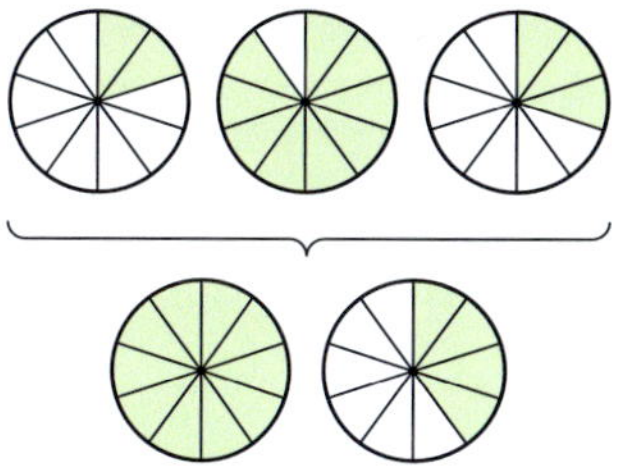

2. Rechne im Kopf.

a) 1,2 + 0,6	e) 4,8 + 3,91	i) 2,8 − 0,9	m) 3,4 − 0,6
b) 2,5 + 0,8	f) 0,54 + 0,27	j) 3,8 − 0,4	n) 6,49 − 2
c) 3,8 + 1,3	g) 0,7 + 0,19	k) 9,6 − 1,3	o) 1,43 − 0,7
d) 2 + 3,49	h) 9,99 + 0,1	l) 7,4 − 0,8	p) 5,96 − 1,2

3. Julia hat zum Geburtstag Inlineskater und einen Helm bekommen. Damit bei einem Sturz die Verletzungsgefahr nicht so groß ist, braucht sie wenigstens noch Handschuhe, Ellenbogenschützer und Knieschützer. Ein Sportgeschäft hat ein Sonderangebot.

a) Wie viel Euro muss sie für die Ausrüstung noch ausgeben?

b) Julia hat in ihrer Spardose 62,45 €. Wie viel bleibt noch übrig?

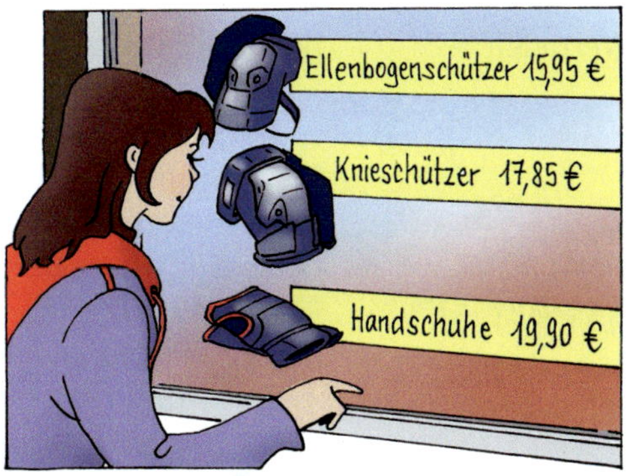

4. Welche Fehler wurden gemacht? Berichtige im Heft.

a) 5,43 + 3,8 = 8,51	c) 12,59 + 2,8 = 12,87	e) 7,8 − 5 = 7,3
b) 0,4 + 3 = 0,7	d) 3,64 − 1,3 = 2,61	f) 9,58 − 1,4 = 9,44

5. Gib die nächsten sechs Zahlen an.

a) Zähle in Zehntelschritten bei (1) 0,6; (2) 1,75 beginnend weiter.

b) Zähle in Hundertstelschritten bei (1) 0,95; (2) 2,957 beginnend weiter.

c) Zähle in Zehntelschritten bei (1) 2,4; (2) 5,24 beginnend rückwärts.

d) Zähle in Hundertstelschritten bei (1) 1,05; (2) 3,022 beginnend rückwärts.

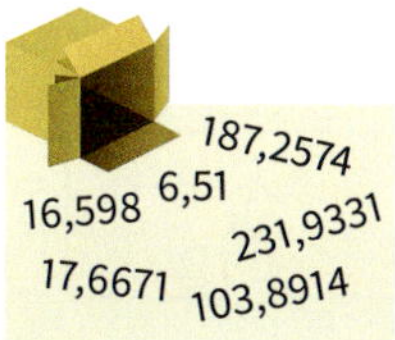

6. Rechne schriftlich. Führe zuerst einen Überschlag durch.

a)	b)	c)	d)	e)	f)
11,634	16,38	36,51	17,683	156,6301	438,347
+ 3,8931	− 9,87	+ 59,7284	− 1,085	+ 46,123	− 251,0896
+ 2,14		+ 7,653		+ 29,18	

7. Berechne.

a) 27,246 + 10,031	e) 26,66 + 14,7	i) 38,246 − 10,031	m) 29,09 − 12,7
b) 4,603 + 11,046	f) 3,6571 + 0,9	j) 11,608 − 5,304	n) 143,96 − 27,053
c) 49,002 + 50,719	g) 27,035 + 125,96	k) 59,002 − 50,997	o) 0,7806 − 0,40681
d) 1,6843 + 5,0090	h) 26,39 + 18,376	l) 3,8642 − 1,0090	p) 6,7859 − 0,9

8. Du erhältst auffallende Ergebnisse.
a) 1,2745 + 2,0588 c) 6,20873 + 3,66781 e) 3,6842 − 1,462 g) 14,3765 − 4,5
b) 0,5326 + 0,7019 d) 63,403 + 2,2332 f) 1,7671 − 0,5326 h) 62,403 − 0,7767

9. Janas Vater hat auf seiner Geldkarte noch ein Guthaben von 178,32 €. An der Tankstelle lässt er für Benzin 35,86 € abbuchen. Welches neue Guthaben hat die Geldkarte noch?

10. Vervollständige in deinem Heft. Die Summe zweier Zahlen steht im Feld darüber.

a)

		100		
		24,6		
	14		17,86	
3,54	4,8		1,4	16,46

b)

		50		
		14,979		
2,454		8,205		
	0,274		1,705	0,904

Vertiefen

11. Aus je zwei Zahlen auf den Kärtchen links, kannst du eine Additionsaufgabe bilden.
a) Suche die Aufgabe mit dem größten Ergebnis; löse sie.
b) Suche die Aufgabe mit dem kleinsten Ergebnis; löse sie.
c) Suche die Aufgaben, bei denen das Ergebnis zwischen 20 und 30 liegt.

12. Rechne wie im Beispiel rechts.

a)	b)	c)
463,747	92,549	80,675
− 106,052	− 7,851	− 7,24
− 18,524	− 24,923	− 14,1

43,75
− 7,28
− 12,54
11 1
23,93

Zuerst die Hundertstel:
4 + 8 = 12; 12 + 3 = 15
3 hinschreiben, 1 Übertrag

Dann die Zehntel:
1 + 5 + 2 = 8 8 + 9 = 17
9 hinschreiben, 1 Übertrag

13. a) 214,6 − 37,98 − 2,40 b) 176,5 − 8,91 − 3
c) 200 − 18,75 − 44,557 d) 479,9 − 38,423 − 104,35

14. Ein Versandhändler hat für alle Waren deren Gewicht tabelliert.
Ein Kunde bestellt ein 1,023 kg schweres Buch, ein 0,523 kg schweres Buch, ein 0,196 kg schweres Taschenbuch und eine 0,087 kg schwere CD. Die Verpackung wiegt 0,127 kg. Sendungen bis zu einem Gewicht von 2 kg sind Päckchen, schwerere sind Pakete. Stelle geeignete Fragen und beantworte sie.

15. Berechne den Umfang folgender Grundstücke (Angaben in Meter).

a)

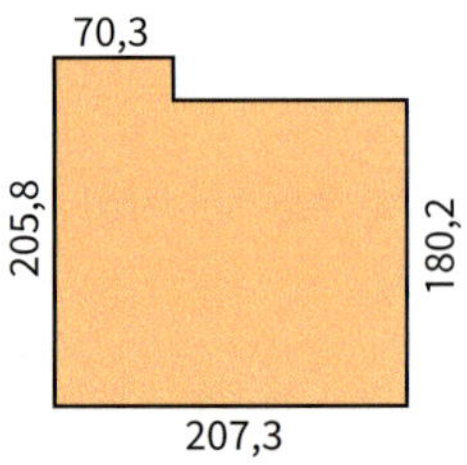

b)

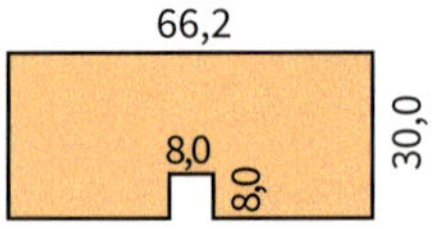

Brachland
Ackerland auf dem nichts geerntet wird.

16. Ein Bauernhof ist 32,95 ha groß. Davon sind 22,4 ha Ackerland, 3,2 ha Wald, 4,85 ha Wiesen und Weiden. Auf Hofraum und Wege entfallen 1100 m². Der Rest ist Brachland. Wie viel ha Brachland sind es? Schätze zunächst.

Herausfordern

17. Übertrage in dein Heft und ergänze fehlende Ziffern.

a)	b)	c)	d)	e)
1_,_8	1_6,_0_	98,_4	_7_,19_	_,5_31
+ 4,3_	+ 4_,095	+ 24,9_	− 2_6,_05	− 0,804_
20,14	204,8_0	12_,97	156,7_6	0,_4_6

Bleib fit im …
Umgang mit Flächen- und Rauminhalten

Zum Aufwärmen

1. Bestimme den Flächeninhalt der Figuren rechts.

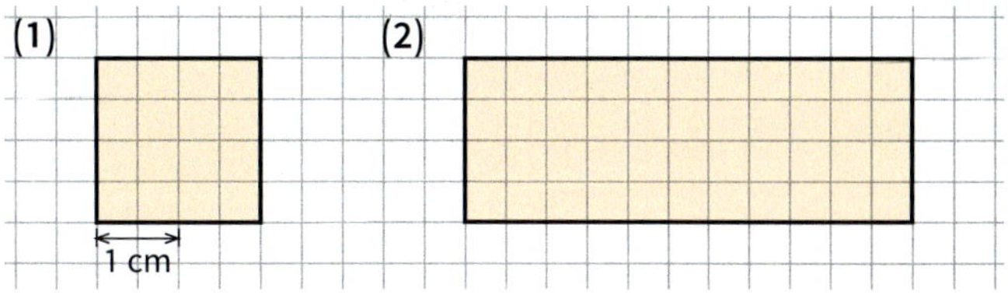

2. Aus Pappe sollen die abgebildeten Quader hergestellt werden.
Für welchen braucht man mehr Pappe?
In welchen Quader passt mehr hinein?

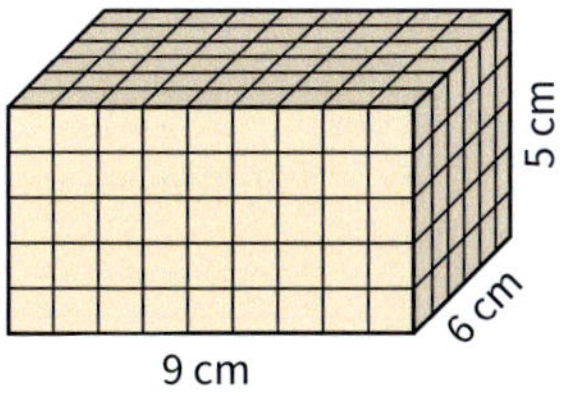

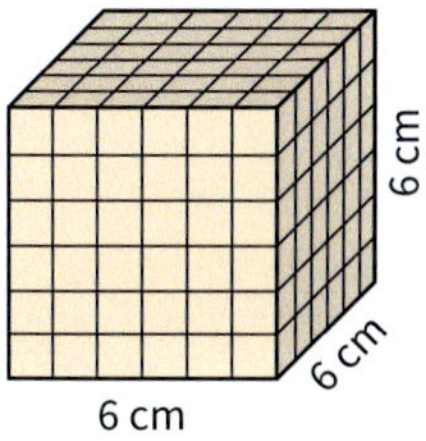

3. **a)** Erläutere am Quadrat rechts den Zusammenhang zwischen den Flächeninhaltseinheiten mm^2 und cm^2.
b) Erläutere ebenso am Würfel rechts den Zusammenhang zwischen den Volumeneinheiten mm^3 und cm^3.

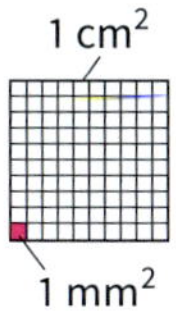

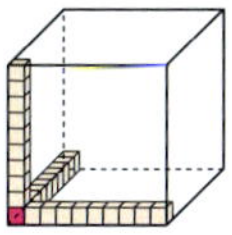

Zum Erinnern

(1) Flächeninhalt von Figuren

Der Flächeninhalt einer Figur gibt an, wie viele Einheitsquadrate in der Figur enthalten sind.

Flächeninhalt eines Rechtecks = Länge mal Breite

Für den **Flächeninhalt A eines Rechtecks** mit den Seitenlängen a und b gilt:
$A = a \cdot b$
Beispiel: $a = 6\,cm$; $b = 4\,cm$
$A = 6\,cm \cdot 4\,cm = (6 \cdot 4)\,cm^2 = 24\,cm^2$

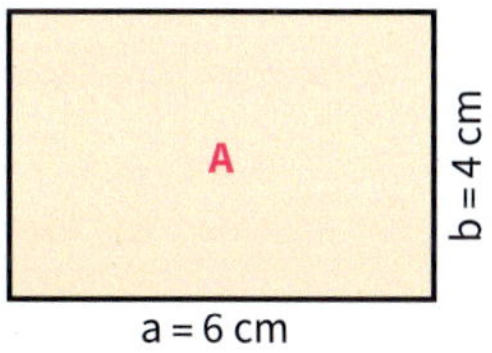

(2) Oberflächeninhalt und Volumen von Quadern

Die Seitenflächen eines Quaders bilden seine *Oberfläche*. Deren Flächeninhalt ist z. B. ein Maß dafür, wie viel Pappe man zur Herstellung benötigt.
Die Anzahl der Einheitswürfel, die in einen Quader lückenlos passen, gibt sein Volumen an. Wählt man Würfel mit der Kantenlänge 1 cm, dann erhält man das Volumen in der Einheit cm^3.

Sind a, b und c die Kantenlängen eines Quaders, dann gilt für **Volumen** und **Oberflächeninhalt des Quaders**:
$V = a \cdot b \cdot c$
$O = 2 \cdot a \cdot b + 2 \cdot a \cdot c + 2 \cdot b \cdot c$

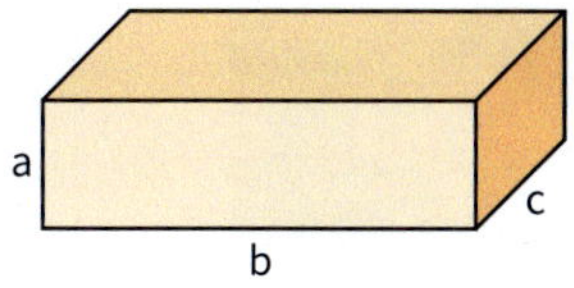

(3) Umwandeln von Flächeninhalts- und Volumeneinheiten

Die Umwandlungszahl der Längeneinheiten ist 10 (z. B. 10 mm = 1 cm; 10 dm = 1 m).
Um ein $1\,m^2$ großes Quadrat auszulegen, benötigt man $10 \cdot 10$ Quadrate der Seitenlänge 1 dm, also 100 Quadrate der Größe $1\,dm^2$.

Bei Flächeninhaltseinheiten: Umwandlungszahl 100

$$1\,mm^2 \xrightarrow{\cdot 100} 1\,cm^2 \xrightarrow{\cdot 100} 1\,dm^2 \xrightarrow{\cdot 100} 1\,m^2 \xrightarrow{\cdot 100} 1\,a \xrightarrow{\cdot 100} 1\,ha \xrightarrow{\cdot 100} 1\,km^2$$

$100\,mm^2 = 1\,cm^2$
$100\,cm^2 = 1\,dm^2$
$100\,dm^2 = 1\,m^2$
$100\,m^2 = 1\,a$
$100\,a = 1\,ha$
$100\,ha = 1\,km^2$

Um einen $1\,m^3$ großen Würfel auszufüllen, benötigt man $10 \cdot 10 \cdot 10$ Würfel der Kantenlänge 1 dm, also 1 000 Würfel mit dem Volumen $1\,dm^3$.

Bei Volumeneinheiten: Umwandlungszahl 1 000

$$1\,mm^3 \xrightarrow{\cdot 1000} 1\,cm^3 \xrightarrow{\cdot 1000} 1\,dm^3 \xrightarrow{\cdot 1000} 1\,m^3$$

$1\,000\,mm^3 = 1\,cm^3$
$1\,000\,cm^3 = 1\,dm^3$
$1\,000\,dm^3 = 1\,m^3$

$1\,\ell = 1\,dm^3$
$1\,m\ell = 1\,cm^3$
$1\,\ell = 1\,000\,m\ell$

Zum Trainieren

4. **a)** Die Insel Borkum ist etwa $30\,600\,000\,m^2$ groß.
Gib die Seitenlängen eines Rechtecks an, das so groß wie Borkum ist.
b) Niedersachsen ist $47\,613\,km^2$ groß, Hannover 20 414 ha.
Gib die Seitenlängen eines Rechtecks an, das etwa so groß ist wie **(1)** Niedersachsen **(2)** wie Hannover.

5. Gib in der in Klammern angegebenen Einheit an.

a) 90 a (m^2)	**b)** $8\,cm^2$ (mm^2)	**c)** $7\,km^2$ (m^2)	**d)** 560 ha (m^2)
120 ha (a)	$900\,cm^2$ (dm^2)	$29\,km^2$ (a)	56 ha (km^2)
$2\,400\,m^2$ (a)	$4\,500\,m^2$ (dm^2)	$2\,400\,m^2$ (cm^2)	5 600 a (m^2)
3 600 ha (km^2)	$3\,000\,dm^2$ (mm^2)	$30\,000\,m^2$ (ha)	5 600 a (ha)

6. Wie groß ist der Flächeninhalt eines 9 cm langen Rechtecks mit dem Umfang 26 cm?
Welche Seitenlänge hätte ein flächeninhaltsgleiches Quadrat?

7. Schreibe in der in Klammern angegebenen Einheit.

a) $715\,cm^3$ (mm^3)	**b)** $17\,600\,dm^3$ (m^3)	**c)** $147\,\ell$ ($m\ell$)	**d)** $1\,234\,\ell$ (dm^3)
$3\,400\,cm^3$ (dm^3)	$93\,000\,mm^3$ (cm^3)	$9\,000\,cm^3$ (ℓ)	$399\,m\ell$ (ℓ)

8. Berechne das Volumen und den Oberflächeninhalt eines Quaders mit den angegebenen Kantenlängen.
a) 3 m; 7 m; 10 m
b) 2,4 cm; 1,8 cm; 5,7 cm
c) 1,30 m; 70 cm; 90 cm
d) 34 cm; 2,75 m; 3,60 m

9. Der Pappbehälter von $1\,\ell$ H-Milch ist 10 cm lang und 5 cm breit.
Wie viel Pappe wird zu seiner Herstellung mindestens benötigt?

10. Ein Quader mit einem Oberflächeninhalt von $249\,cm^2$ ist 8 cm lang und 5 cm breit.
Welches Volumen hat er? Schätze zunächst.

1.5 Multiplizieren und Dividieren von Dezimalzahlen mit Stufenzahlen

Einstieg

Eine 1-Euro-Münze ist 2,125 mm dick und 7,5 g schwer.
Wie hoch ist ein Stapel aus 10, 100, 1000 Münzen? Wie viel wiegt jeweils der Stapel?

Aufgabe 1

a) Toni weiß, dass ein einzelnes Blatt Kopierpapier ungefähr 0,045 mm dick ist.
Wie dick ist ein Stapel aus 10 Blatt, 100 Blatt, 1000 Blatt?

b) Florians Schreibblock hat 100 Blatt und ist 7,5 mm dick.
Wie dick sind 10 Blatt? Wie dick ist ein Blatt?

c) Formuliere Regeln über das Multiplizieren und Dividieren einer Dezimalzahl mit einer Stufenzahl.

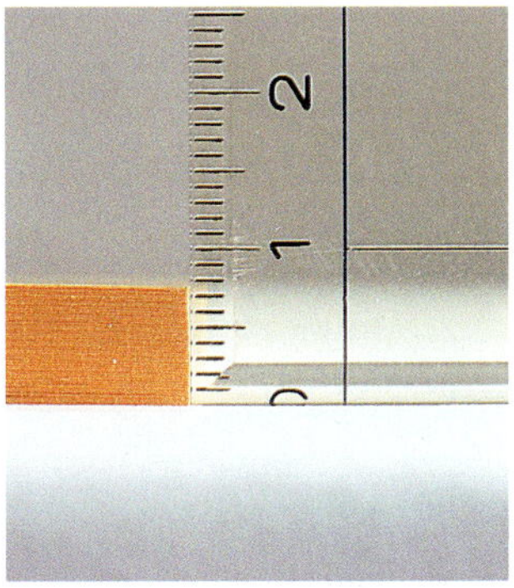

Lösung

a) Ein Blatt ist 0,045 mm, also 45 tausendstel mm dick.
Dann sind 10 Blatt 10-mal so dick, also 450 tausendstel mm. Das sind 45 hundertstel mm, also:
$10 \cdot 0{,}045 = 10 \cdot \frac{45}{1000} = \frac{45}{100} = 0{,}45$
Entsprechend sind 100 Blatt 100-mal so dick wie ein Blatt, also 4 500 tausendstel mm.
Das sind 450 hundertstel mm, also 45 zehntel mm:
$100 \cdot 0{,}045 = 100 \cdot \frac{45}{1000} = \frac{45}{10} = 4{,}5$
Entsprechend ergibt sich: $1\,000 \cdot 0{,}045 = 1\,000 \cdot \frac{45}{1000} = 45$
Ergebnis: 10 Blatt Papier sind 0,45 mm, 100 Blatt 4,5 mm und 1000 Blatt 45 mm dick.

H	Z	E	z	h	t
		0	0	4	5
		0	4	5	
		4	5		
	4	5			

(·10, ·10, ·10; ·100; ·1000)

Strategie: Zurückführen auf das Vervielfachen und Teilen eines Bruches.

b) 100 Blatt sind 75 zehntel mm dick.
10 Blätter sind dann nur ein Zehntel so dick, also 75 hundertstel mm:
$7{,}5 : 10 = \frac{75}{10} : 10 = \frac{75}{100} = 0{,}75$
Entsprechend findest du
$7{,}5 : 100 = \frac{75}{10} : 100 = \frac{75}{1000} = 0{,}075$
Ergebnis: 10 Blatt Papier sind 0,75 mm, 1 Blatt 0,075 mm dick.

H	Z	E	z	h	t
		7	5		
		0	7	5	
		0	0	7	5

(:10, :10; :100)

c) Du findest folgende Regeln:

Multiplizieren und Dividieren einer Dezimalzahl mit einer Stufenzahl

Man multipliziert eine Dezimalzahl mit 10, 100, 1000, ..., indem man das Komma um 1, 2, 3, ... Stellen nach rechts verschiebt.
Wenn rechts nicht mehr genügend Ziffern stehen, so ergänzt man Nullen.
Beispiel: $100 \cdot 2{,}5 = 100 \cdot 2{,}50 = 250$

Man dividiert eine Dezimalzahl durch 10, 100, 1 000, ..., indem man das Komma um 1, 2, 3, ... Stellen nach links verschiebt.
Wenn links nicht mehr genügend Ziffern stehen, so ergänzt man Nullen.
Beispiel: $8{,}5 : 100 = 008{,}5 : 100 = 0{,}085$

Üben

2. Berechne im Kopf.

a) 100 · 3,7	**e)** 10 · 0,003	**i)** 3,7 : 10	**m)** 700 : 1000
b) 10 · 46,46	**f)** 1000 · 4,2	**j)** 63,63 : 100	**n)** 789,3 : 1000
c) 10 · 2,09	**g)** 100 · 0,0005	**k)** 2,081 : 10	**o)** 92 : 10
d) 100 · 0,63	**h)** 1000 · 0,0002	**l)** 60 : 100	**p)** 0,1 : 100

3. Betrachte die Dezimalzahl 8,673. Wie ändert sich der Stellenwert
(1) der Ziffer 7; **(2)** der Ziffer 6, wenn man die Dezimalzahl
a) mit 10, 100, 1000, 10 000 multipliziert? **b)** durch 10, 100, 1000, 10 000 dividiert?

Vertiefen

4. **a)** Berechne das Zehnfache von 0,0024.
b) Berechne das Hundertfache von 0,036.
c) Berechne das Tausendfache von 0,071.
d) Berechne ein Zehntel von 0,86.
e) Berechne ein Tausendstel von 3,71.
f) Berechne ein Hunderttausendstel von 65.

5. **a)** Ein menschliches Haar erscheint unter einem Mikroskop bei 1000-facher Vergrößerung 60 mm dick. Wie dick ist das menschliche Haar in Wirklichkeit?
b) Wie dick erscheint ein 0,005 mm dicker Spinnwebfaden bei 1000-facher Vergrößerung?

6. Der Maßstab 1 : 10 000 000 bedeutet, dass 1 cm auf der Karte einer Strecke von 10 000 000 cm in Wirklichkeit entspricht.
a) Stuttgart und Hannover sind auf der Karte 3,9 cm voneinander entfernt. Bestimme, wie weit die beiden Städte in Wirklichkeit voneinander entfernt sind.
b) Wie lang wird ein 180 km langes Schienenstück auf einer Karte mit dem oben angegebenen Maßstab?
c) Wie weit sind die Städte voneinander entfernt (Luftlinie)?
Hannover – Nürnberg
Emden – München
Berlin – Bielefeld
Frankfurt – Kiel
Bremen – Rostock
Dresden – Passau
Mainz – Magdeburg
Regensburg – Hamburg
d) Stellt euch abwechselnd weitere Aufgaben und löst sie.

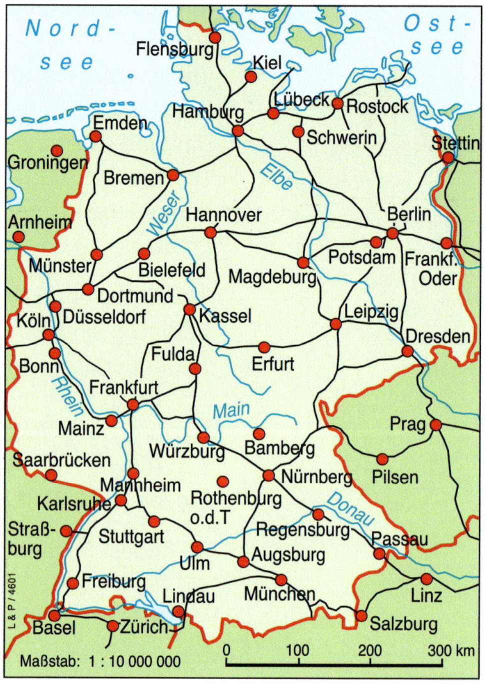

Herausfordern

7. Die Blätter eines Telefonbuches sind sehr dünn. Überlegt ein Verfahren, um die Dicke eines Blattes zu bestimmen und beschreibt es.

1.6 Multiplizieren von Dezimalzahlen

Einstieg

a) Berechnet die Preise für 3 kg Bananen, 1,2 kg Weintrauben und 1,125 kg Kirschen.
b) Stellt einander Fragen nach anderen Preisen und beantwortet sie.
c) Findet und begründet eine einfache Regel zum Multiplizieren von Dezimalzahlen.

Aufgabe 1

Regel für das Multiplizieren von Dezimalzahlen

Der Zoll (gelegentlich auch: das Zoll) stammt vom mittelhochdeutschen Wort zol, d. h. „abgeschnittenes Stück Holz“. Diese Bedeutung passt auch heute noch zum Begriff Zollstock. Der Zoll ist eine alte Längeneinheit, die aber in bestimmten Bereichen heute noch gebräuchlich ist, z. B. in den USA – dort wird er inch genannt. In Deutschland wird der Zoll noch in bestimmten technischen Bereichen verwendet; z. B. zur Angabe von Bildschirmdiagonalen oder von Fahrradreifendurchmessern. Die Abkürzung für Zoll ist ". Es gilt 1" = 2,54 cm.

Berechne für Digitalkameras die Bildschirmdiagonale in cm.

a) 3" **b)** 1,8" **c)** 2,75"

Lösung

a) Die Bildschirmdiagonale ist 3-mal so lang wie 2,54 cm; wir berechnen $3 \cdot 2{,}54$.
Dazu schreiben wir die Dezimalzahl 2,54 zunächst als Bruch.

$3 \cdot 2{,}54 = 7{,}62$

$3 \cdot \frac{254}{100} = \frac{762}{100}$ (Regel für das Vervielfachen von Brüchen)

Nebenrechnung: $3 \cdot 254$: 6; 15; 12; 762

Die Bildschirmdiagonale ist $7{,}62\,\text{cm} \approx 7{,}6\,\text{cm}$ lang.

b) Um die Regel über das Vervielfachen von Brüchen anwenden zu können, multiplizieren wir mit 18 statt 1,8. So erhalten wir ein 10-mal zu großes Ergebnis, das anschließend wieder durch 10 dividiert werden muss.

$1{,}8 \cdot 2{,}54 = 4{,}572$

$\cdot 10 \downarrow \quad \downarrow \quad \nwarrow :10$

$18 \cdot \frac{254}{100} = \frac{4572}{100} = 45{,}72$

Nebenrechnung: $18 \cdot 254$: 36; 90; 72; 4572

Die Bildschirmdiagonale beträgt $4{,}572\,\text{cm} \approx 4{,}6\,\text{cm}$.

c) Wir multiplizieren zunächst nicht mit 2,75 sondern mit dem 100-mal so großen Faktor 275 und dividieren dann durch 100.

$2{,}75 \cdot 2{,}54 = 6{,}9850$

$\cdot 100 \downarrow \quad \downarrow \quad \nwarrow :100$

$275 \cdot \frac{254}{100} = \frac{69850}{100} = 698{,}50$

Nebenrechnung: $275 \cdot 254$: 550; 1375; 1100; 69850

Die Bildschirmdiagonale beträgt $6{,}9850\,\text{cm} \approx 7\,\text{cm}$.

Information

Multiplizieren von Dezimalzahlen

Da eine Dezimalzahl als Bruch geschrieben werden kann, ergibt sich die Regel für das Multiplizieren von Dezimalzahlen aus der entsprechenden Regel für das Vervielfachen von Brüchen.

Beispiel: $1{,}5 \cdot 1{,}09 = 1{,}635$ ($\cdot 10$ ↓, ↓, ↑ $:10$)

$$15 \cdot \frac{109}{100} = \frac{1635}{100} = 16{,}35$$

Nebenrechnung:

```
15 · 109
15
 00
  135
1635
```

Beim Vergleichen mit der Nebenrechnung erkennst du, dass man $1{,}5 \cdot 1{,}09$ in zwei Schritten berechnen kann.

1. Schritt: Multipliziere die Dezimalzahlen wie natürliche Zahlen: $15 \cdot 109$

2. Schritt: Trenne im Ergebnis 1635 mit dem Komma drei Ziffern von rechts ab. Das entspricht einer Division durch 1000.

Allgemein ergibt sich:

Regel für die Multiplikation von Dezimalzahlen

(1) Multipliziere zuerst so, als wäre kein Komma vorhanden.

(2) Setze dann das Komma. Rechts vom Komma müssen im Ergebnis so viele Ziffern stehen, wie die beiden Faktoren zusammen nach dem Komma haben.

Beispiel:

```
2,7 · 1,25     (Zehntel, Hunderstel)
   27
    54
   ₁135
  3,375        (Tausendstel)
```

Weiterführende Aufgaben

Kommaverschiebungsregel für Produkte

2. **a)** Berechne folgende Produkte und vergleiche. Was fällt auf?

(1) $1{,}5 \cdot 0{,}06$ **(2)** $0{,}15 \cdot 0{,}6$ **(3)** $15 \cdot 0{,}006$ **(4)** $0{,}015 \cdot 6$

b) Begründe die folgende Kommaverschiebungsregel.

Kommaverschiebungsregel für Produkte

Der Wert des Produktes ändert sich nicht, wenn man das Komma in beiden Faktoren um gleich viele Stellen *entgegengesetzt* verschiebt.

Beispiel: $0{,}12 \cdot 0{,}07 = 1{,}2 \cdot 0{,}007$ (1 Stelle nach rechts · 10; 1 Stelle nach links : 10)

c) Die obige Kommaverschiebungsregel kannst du auch beim Überschlagsrechnen anwenden. Überlege dir, um wie viele Stellen man günstigerweise das Komma verschiebt.
Führe eine Überschlagsrechnung durch für:

(1) $243{,}2 \cdot 0{,}058$ **(2)** $9\,759{,}52 \cdot 0{,}0012$

$314 \cdot 0{,}047$
$= 3{,}14 \cdot 4{,}7$
$\approx 3 \cdot 5 = 15$

Multiplikation mit einem Faktor kleiner 1

3. Du weißt: Wenn man eine Zahl mit einer natürlichen Zahl außer 0 und 1 multipliziert, dann ist das Ergebnis größer als die Zahl.
Untersuche das bei der Multiplikation mit einer Dezimalzahl, indem du den Preis für 5 ℓ, 1,5 ℓ und 0,4 ℓ Wasser berechnest.

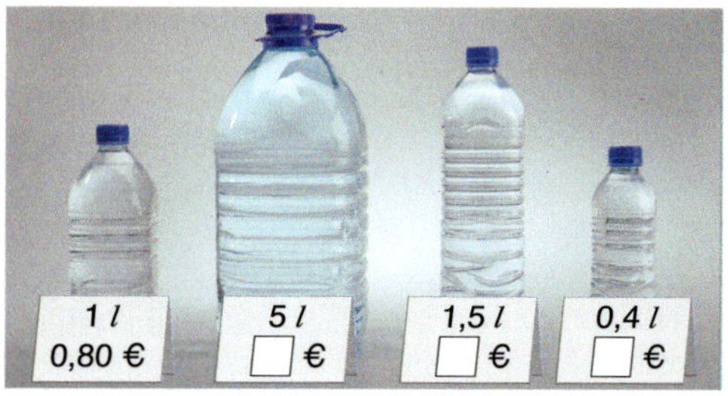

Wenn man eine Zahl mit einer Dezimalzahl größer als 1 multipliziert, dann ist das Ergebnis größer als die Zahl. Multipliziert man jedoch eine Zahl mit einer Dezimalzahl kleiner als 1, dann ist das Ergebnis kleiner als die Zahl.
Beispiele: $7 \cdot 1{,}3 = 9{,}1 > 7$ $\quad 7 \cdot 0{,}6 = 4{,}2 < 7$

Üben

4. a) Herr Hey füllt einen Kanister mit 5 ℓ Benzin für den Rasenmäher. Berechne den Preis.
b) Frau May tankt 73,34 ℓ Diesel. Wie viel muss sie bezahlen?

5. Rechne im Kopf. Beachte das Beispiel.

a) $30 \cdot 0{,}5$	e) $30 \cdot 1{,}3$	i) $200 \cdot 0{,}15$
b) $300 \cdot 0{,}6$	f) $4000 \cdot 1{,}2$	j) $40 \cdot 0{,}05$
c) $0{,}02 \cdot 70$	g) $1{,}5 \cdot 600$	k) $800 \cdot 1{,}25$
d) $0{,}4 \cdot 500$	h) $2{,}5 \cdot 3000$	l) $2000 \cdot 2{,}05$

$40 \cdot 0{,}7 = 4 \cdot 10 \cdot 0{,}7$
$= 4 \cdot 7$
$= 28$

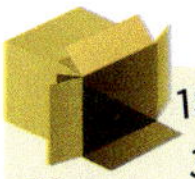

1855,602
35,216
31 527,36
2 762,05
Lösungen zu e) und f)

6. Mache zuerst einen Überschlag. Rechne schriftlich.

a) $3{,}15 \cdot 7$	c) $10{,}53 \cdot 5$	e) $4{,}36 \cdot 13$	g) $0{,}533 \cdot 28$	i) $74{,}65 \cdot 37$	k) $4{,}909 \cdot 378$
b) $0{,}859 \cdot 8$	d) $6{,}9 \cdot 23$	f) $12{,}7 \cdot 15$	h) $17{,}5 \cdot 25$	j) $0{,}568 \cdot 62$	l) $64{,}08 \cdot 492$

7. Berechne nur eines der Produkte. Bestimme die anderen durch Kommaverschiebung.

a)	b)	c)	d)	e)	f)
$49 \cdot 17$	$52 \cdot 13$	$29 \cdot 22$	$12 \cdot 24$	$25 \cdot 18$	$36 \cdot 29$
$4{,}9 \cdot 17$	$13 \cdot 0{,}52$	$0{,}22 \cdot 29$	$1{,}2 \cdot 24$	$25 \cdot 0{,}18$	$0{,}36 \cdot 29$
$17 \cdot 0{,}049$	$5{,}2 \cdot 13$	$29 \cdot 0{,}022$	$0{,}012 \cdot 24$	$2{,}5 \cdot 18$	$2{,}9 \cdot 36$

8. Wie weit solltest du bei der Bildschirmgröße 101 cm [114 cm; 127 cm; 140 cm; 150 cm] vom Gerät entfernt sitzen?

9. Ein Teebeutel enthält 2,25 g Tee. Eine Packung enthält 25 Beutel.

Augen schonen – Abstand vom Fernseher halten

Den richtigen Abstand vom Fernsehgerät hat man, wenn das Bild gerade noch nicht pixelig wirkt, also das menschliche Auge das Bildraster am Fernseher gerade noch nicht erkennt. In den letzten Jahren ist die Bildqualität der Fernsehgeräte und auch ihre Größe stark angestiegen. In der Praxis hat sich folgende Regel bewährt: Der Abstand zum Fernseher sollte bei einem HDTV-Gerät das 1,3-fache der Bildschirmdiagonale betragen.

10. Leons Schule ist 1,45 km von seiner Wohnung entfernt.
a) Wie viel km legt Leon auf seinem Schulweg in einer Woche mit 5 Unterrichtstagen zurück?
b) Wie viel km legt er auf seinem Schulweg in einem Schuljahr mit 197 Schultagen zurück?

11. Ein Mathematikbuch wiegt 0,534 kg. In einem Paket sollen 24 Mathematikbücher versandt werden. Das Verpackungsmaterial wiegt 800 g.
Wie viel wiegt das Paket? Schätze das Ergebnis zunächst ab.

12. Führe zunächst einen Überschlag durch. Runde so, dass du im Kopf rechnen kannst. Rechne dann genau.

a) 46,2 · 3,1	**d)** 12,4 · 11,55	**g)** 12,3 · 5,4	**j)** 5,34 · 2,79
b) 73,2 · 1,25	**e)** 36,6 · 2,5	**h)** 36,04 · 3,6	**k)** 1,86 · 8,01
c) 9,3 · 15,4	**f)** 36,9 · 1,8	**i)** 9,01 · 14,4	**l)** 16,02 · 0,93

13. Wo steckt der Fehler? Berichtige und erkläre.

a) 7,4 · 0,1 = 7,4   b) 0,2 · 0,4 = 0,8   c) 4,7 · 10 = 4,70   d) 5,3 · 7,2 = 35,6

14. Aus diesen Zahlen kannst du neun Produkte bilden.

Ergebnisse

390,72; 0,02668; 3,96;
0,00138; 24288; 0,0435;
0,00225; 4,292; 0,222

15. Der Ärmelkanal ist zwischen der französischen Stadt Calais und der englischen Stadt Dover 17,8 Seemeilen breit.
1 Seemeile ist umgerechnet 1,852 km.
Wie viel km ist der Kanal breit?
Runde das Ergebnis auf ganze km.

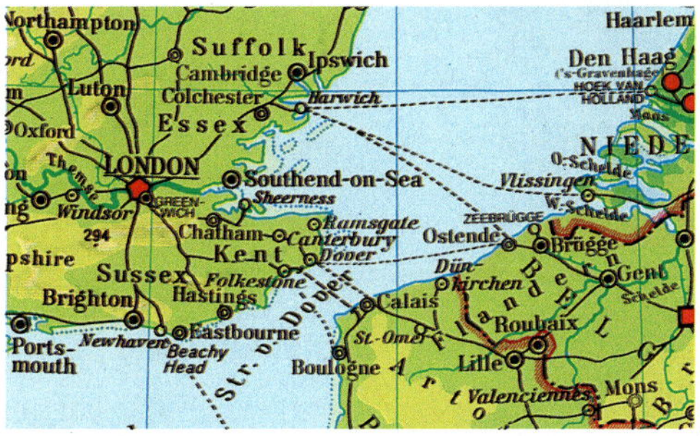

16. Ein rechteckiges Baugrundstück ist 32,80 m lang und 24,50 m breit. Wie groß ist es?

17. Ein quaderförmiges Wasserbecken ist 12,50 m lang, 6,50 m breit und 1,80 m tief. Wie viel ℓ Wasser fasst es? Schätze zuerst.

Vertiefen

18. Die Leistung von Autos wird auch noch in PS angegeben. Diese Einheit ist mittlerweile veraltet. Sie geht zurück auf James Watt, der damit die Leistung von Dampfmaschinen veranschaulichen wollte. Im Englischen sagt man Horsepower (hp) dafür, im Französischen cheval (ch).
Die offizielle Angabe der Leistung erfolgt mittlerweile auf der ganzen Welt in Kilowatt (kW). Für die Umrechnung von PS in kW gilt: 1 PS = 0,7355 kW.

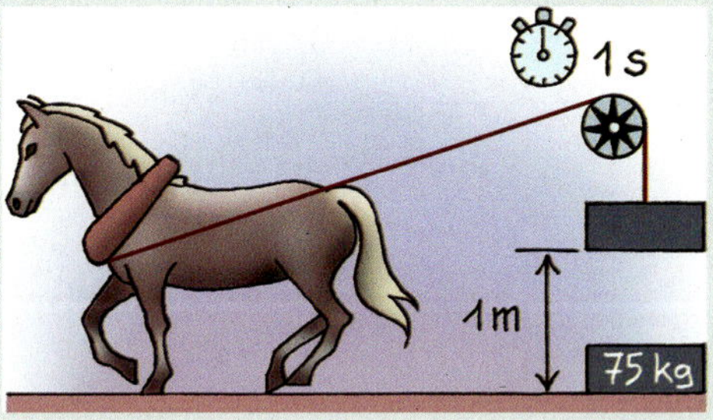

Ein Pferd ist so stark, dass es einen 75 kg schweren Klotz in einer Sekunde einen Meter hochziehen kann.

a) Maiks Opa sagt, dass sein Auto 90 PS hat. Wie viele kW sind das?
b) Maiks Opa rechnet mit der Faustformel, dass 4 PS ungefähr 3 kW sind. Auf welche Leistung in kW für sein Auto kommt er?
c) Welcher Umrechnungsfaktor liegt der Faustformel zugrunde?

19. Ein Blatt Papier ist ungefähr 0,055 mm dick, ein Buchdeckel 2 mm. Wie dick ist ein Buch mit
a) 224 Seiten; b) 448 Seiten?; c) 896 Seiten; d) 1120 Seiten?

20. Immer zwei Aufgaben haben dasselbe Ergebnis. Suche diese Aufgaben heraus.

$0{,}12 \cdot 4$ | $0{,}2 \cdot 30$ | $0{,}2 \cdot 7$ | $1{,}5 \cdot 6$ | $0{,}35 \cdot 4$ | $3 \cdot 0{,}16$ | $35 \cdot 0{,}06$

$5 \cdot 1{,}8$ | $0{,}15 \cdot 40$ | $25 \cdot 0{,}5$ | $0{,}9 \cdot 15$ | $6 \cdot 2{,}25$ | $3{,}125 \cdot 4$ | $3 \cdot 0{,}7$

21. Berechne. Führe zunächst einen Überschlag durch.

a) $30{,}8 \cdot 0{,}29$ e) $9{,}93 \cdot 0{,}19$ i) $18{,}9 \cdot 0{,}348$
b) $5{,}46 \cdot 0{,}7$ f) $0{,}502 \cdot 7{,}95$ j) $8{,}37 \cdot 0{,}56$
c) $0{,}43 \cdot 7{,}09$ g) $543{,}6 \cdot 0{,}27$ k) $86{,}7 \cdot 0{,}19$
d) $0{,}13 \cdot 8{,}84$ h) $8{,}58 \cdot 0{,}74$ l) $0{,}508 \cdot 53{,}6$

$53{,}6 \cdot 0{,}29 = 5{,}36 \cdot 2{,}9$
Überschlag: $5 \cdot 3 = 15$

22. Berechne.

a) $0{,}5 \cdot 4{,}8 \cdot 0{,}25 \cdot 1{,}6$
$0{,}5 \cdot 4{,}8 - 0{,}25 \cdot 1{,}6$
$0{,}5 + (4{,}8 - 0{,}25) \cdot 1{,}6$

b) $2{,}52 \cdot (1{,}48 + 8{,}52)$
$2{,}52 \cdot 1{,}48 + 8{,}52$
$(2{,}52 + 1{,}48) \cdot 8{,}52$

c) $5{,}8 \cdot 2{,}9 - 2{,}1 \cdot 5{,}8$
$5{,}8 \cdot (2{,}9 - 2{,}1) \cdot 5{,}8$
$(5{,}8 \cdot 2{,}9 - 2{,}1) \cdot 5{,}8$

Vorrangregeln
- Klammern zuerst
- Punkt- vor Strichrechnung

23. Wie verändert sich der Wert des Produktes $0{,}6 \cdot 0{,}04$, wenn du
a) den 1. Faktor verdoppelst;
b) den 2. Faktor verdoppelst;
c) beide Faktoren verdoppelst;
d) den 1. Faktor halbierst;
e) beide Faktoren halbierst;
f) beide Faktoren verzehnfachst;
g) den 1. Faktor halbierst und gleichzeitig den 2. Faktor verdoppelst?

24. Berechne die Potenzen.
a) $1{,}5^2$ b) $8{,}9^2$ c) $0{,}23^2$ d) $0{,}06^2$ e) $1{,}2^3$ f) $2{,}5^3$ g) $0{,}6^3$

25. Berechne. Runde sinnvoll.
a) 1 m Feuchtraumkabel kostet 0,49 €. Wie viel kosten 6,30 m?
b) 1 kg Rindfleisch kostet 10,80 €. Wie viel kosten 0,745 kg?
c) 1 ℓ Buttermilch kostet 0,69 €. Wie viel kosten 1,5 ℓ?
d) 1 m² Teppichboden kostet 9,69 €. Wie viel kosten 21,20 m²?

26. Die Räume einer Wohnung erhalten einen neuen Fußbodenbelag.
a) Wie groß ist jede Fußbodenfläche? b) Berechne die Gesamtkosten.

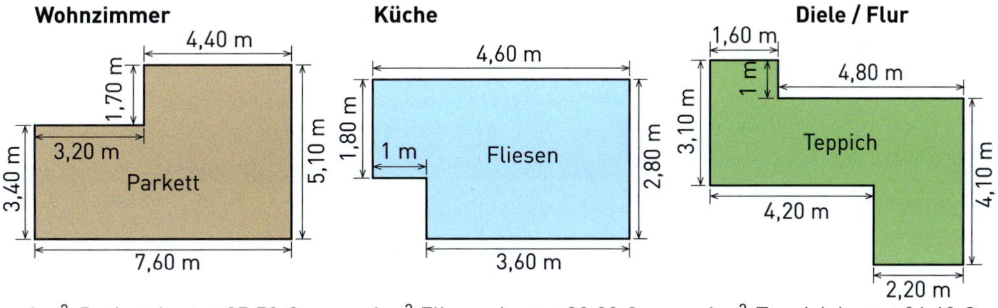

1 m² Parkett kostet 35,50 €. 1 m² Fliesen kostet 22,90 €. 1 m² Teppich kostet 26,49 €.

27. Berechne das Volumen und den Oberflächeninhalt des Körpers (Maße in cm).

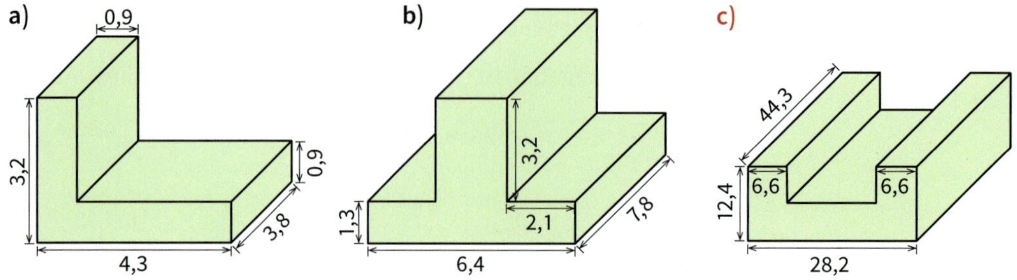

28. Linas Eltern haben eine Pelletheizung. Im Jahr benötigen sie durchschnittlich 6500 kg Pellets. 1 m³ Pellets wiegt 650 kg. Das Pelletlager hat die Maße 1,50 m × 3,20 m × 1,50 m.

a) Reicht eine Lagerfüllung für ein ganzes Jahr?

b) Erkundige dich nach den aktuellen Pellet-Preisen. Wie viel kostet eine vollständige Lagerfüllung?

Brutto-Rauminhalt
Volumen eines Gebäudes

29. Für Architekten spielt die Grundfläche und der Brutto-Rauminhalt eines geplanten Hauses eine große Rolle. Berechne beides für den Winkelbungalow rechts.

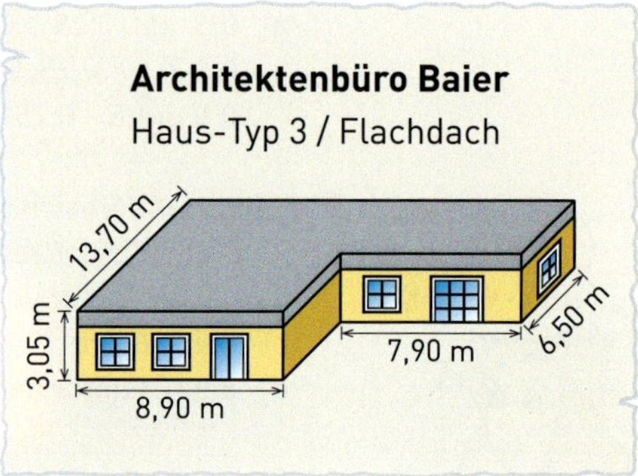

Herausfordern

30. Ein Buchhändler möchte 30 Bücher deines Mathematik-Buches in einem einzigen Karton versenden. Entwerft zwei unterschiedliche Kartons und vergleicht sie im Hinblick auf Materialbedarf und Volumen.

31. Wie groß sind die Fußboden- und Wandflächen in eurer Klasse? Vergleicht eure Ergebnisse.

Das kann ich noch!

A) Schreibe zum Rechenbaum einen Term und berechne ihn.

1) 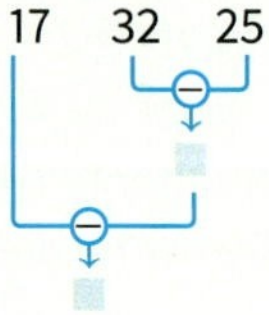

2) 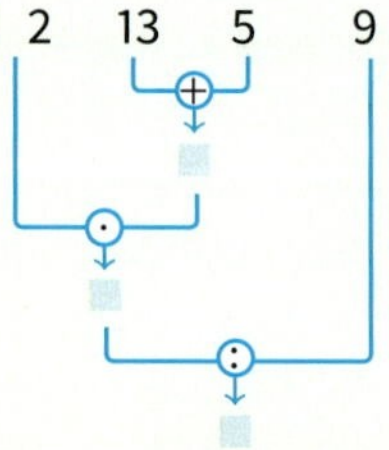

3) 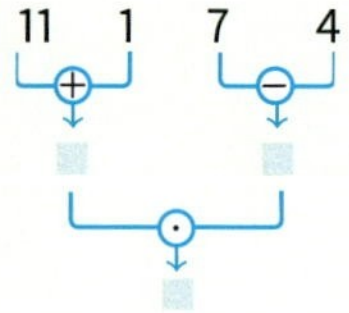

B) Nutze die Rechengesetze zum vorteilhaften Rechnen.

1) $23 \cdot 102 - 23 \cdot 2$
2) $10 \cdot 55 + 990 \cdot 55$
3) $77 \cdot 3 : 7$
4) $(142 + 376) + 58$
5) $76 + (257 + 24)$
6) $(142 + 376) - 76$

C) Übertrage in dein Heft und setze die fehlende Klammer so, dass die Rechnung stimmt.

1) $5 \cdot (8 - 2 \cdot 3 + 7 = 17$
2) $(6 + 11 \cdot 2 - 4 = 30$
3) $52 - 4 \cdot (3 + 1 - 2 = 34$

1.7 Dividieren von Dezimalzahlen

1.7.1 Dividieren von Dezimalzahlen durch natürliche Zahlen

Einstieg

Vanessa möchte gern wissen, wie dick eine Münze ist. Die Dicke einer einzelnen Münze lässt sich nur ungenau messen. Deshalb legt sie acht gleiche Münzen aus ihrem Portmonee übereinander und misst die Höhe des Stapels.

Aufgabe 1

Der menschliche Körper braucht täglich Vitamine (Vitamin C, Vitamin E und andere Vitamine) und Mineralstoffe (Calcium, Eisen, Magnesium u. a.).
Meyers ernähren sich gesundheitsbewusst. Zum Frühstück gibt es Müsli. Der Inhalt der Müsli-Packung rechts soll gleichmäßig auf 6 Mahlzeiten verteilt werden.

a) Wie viel g Vitamin C, wie viel mg Vitamin E sind in einer Mahlzeit enthalten?

b) Wie viel g Mineralstoffe sind in einer Mahlzeit enthalten? Rechne schriftlich.

Lösung

a) *Vitamin C:*
Zu berechnen: 0,18 : 6

$0{,}18 : 6 = 0{,}03$

↓ ↓ ↑

$\frac{18}{100} : 6 = \frac{3}{100}$

Vitamin E:
Zu berechnen: 1,5 : 6

$1{,}5 : 6 = 0{,}25$

↓ ↓

$\frac{15}{10} : 6 = \frac{15}{6 \cdot 10} = \frac{1}{4} = \frac{25}{100}$

Ergebnis: In einer Mahlzeit sind 0,03 g Vitamin C und 0,25 mg Vitamin E enthalten.

b) Berechne den Quotienten 8,97 : 6 schriftlich.
Rechne:

0 Tausendstel ergänzen

	Z	E	z	h	t		
Dividiere *die Einer:*		8	9	7	0	: 6	= 1 (E) 4 (z) 9 (h) 5 (t)
	–	6				← · 6	
die Zehntel:		2	9				
	–	2	4			← · 6	
die Hundertstel:			5	7			
		–	5	4		← · 6	
die Tausendstel:				3	0		
			–	3	0	← · 6	
					0		

Schreibe:

8,97 : 6 = 1,495
– 6
29
– 24
57
– 54
30
– 30
0

Zehntel, jetzt das Komma setzen!

Ergebnis: In einer Mahlzeit sind 1,495 g Mineralstoffe enthalten.
Zur Kontrolle kannst du einen Überschlag machen. Wähle beim Überschlag die Zahlen so, dass du im Kopf rechnen kannst, zum Beispiel 6 : 6 = 1 oder 9 : 6 = 1,5.

Information

Dividieren einer Dezimalzahl durch eine natürliche Zahl

Man dividiert eine Dezimalzahl durch eine natürliche Zahl stellenweise wie eine natürliche Zahl.
Sobald man während der Rechnung das Komma überschreitet, setzt man auch im Ergebnis ein Komma.
Zum Ende der Rechnung kann man gegebenenfalls bei der Dezimalzahl nicht geschriebene Endnullen ergänzen.

Beispiel:

2,637 : 6 = 0,4395
0
26
24
 23
 18
  57
  54
   30
   30
    0

Nicht geschriebene Endnull

Üben

2. Rechne im Kopf.

a) 3,5 : 5 c) 5,6 : 7 e) 12 : 5 g) 0,48 : 3 i) 10,8 : 9 k) 4,4 : 20
b) 2,4 : 3 d) 3,6 : 2 f) 13 : 4 h) 0,28 : 7 j) 14,4 : 12 l) 8,5 : 50

3. Rechne im Kopf. Dividiere jede äußere Zahl durch die beiden anliegenden inneren Zahlen. Du erhältst jeweils 6 Aufgaben.

a)
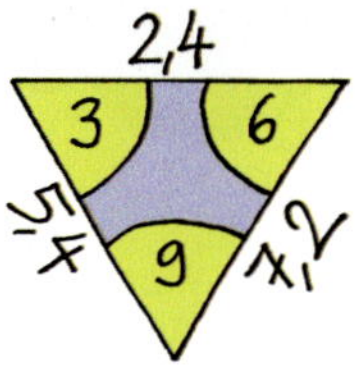

b)
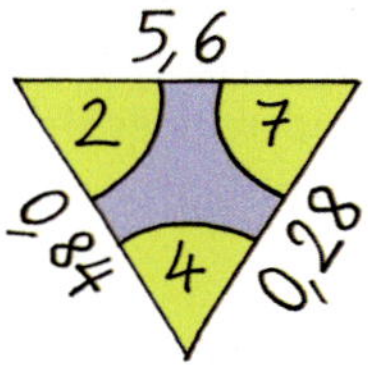

c)
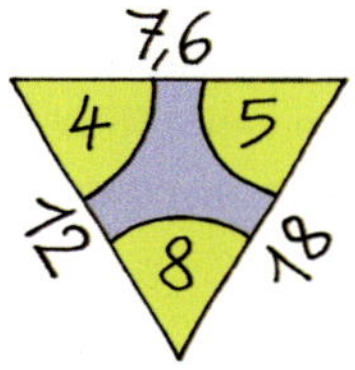

d)
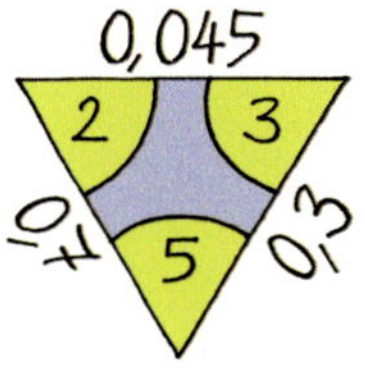

4. Mache zunächst einen Überschlag. Rechne schriftlich. Kontrolliere dein Ergebnis.

a) 8,435 : 5 g) 123,54 : 6 m) 136,96 : 32
b) 45,12 : 12 h) 9,36 : 8 n) 106,92 : 36
c) 43,52 : 17 i) 72,09 : 9 o) 137,75 : 19
d) 5,224 : 8 j) 0,714 : 3 p) 1,9244 : 68
e) 2,436 : 12 k) 4,315 : 5 q) 1,0047 : 17
f) 0,1977 : 3 l) 7,028 : 7 r) 0,2738 : 74

Überschlag: $10{,}2 : 12 \approx 10 : 10 = 1$
Rechnung: $10{,}2 : 12 = 0{,}85$
0
102
− 96
60
− 60
0

Endnull anhängen!

0,06875
0,418
0,056
0,935
Ergebnisse zu e) und f)

5. a) 75,6 : 25 c) 18,6 : 5 e) 18,3 : 64 g) 0,21 : 12 i) 5,61 : 6 k) 0,55 : 8
b) 11,4 : 15 d) 14,9 : 4 f) 21,7 : 16 h) 0,609 : 7 j) 4,598 : 11 l) 0,504 : 9

6. Zu jedem Ergebnis gehört ein Buchstabe.
Die Buchstaben ergeben in der Reihenfolge der Ergebnisse einen Text.

2,8	A	0,17	E	0,1752	S
0,54	A	0,127	E	0,027	S
3,24	A	1,305	F	0,975	S
0,38	B	2,95	H	0,845	T
0,177	C	0,076	H	0,05	T
0,903	D	2,3	I	1,36	T
4,2	E	3,7	M		

18,5 : 5	6,76 : 8	11,9 : 14
19,6 : 7	8,127 : 9	0,635 : 5
5,44 : 4	5,94 : 11	7,83 : 6
17,7 : 6	0,54 : 20	22,68 : 7
50,4 : 12	9,5 : 25	0,354 : 2
34,5 : 15	5,1 : 30	0,228 : 3
1,752 : 10	3,9 : 4	

7. Aus diesen Zahlen kannst du neun Quotienten bilden.

Ergebnisse

0,019	2,72	0,498
0,68	0,1245	0,095
3,4	0,6225	0,076

8. **a)** Ein Notizblock mit 75 Blatt Papier ist 4,5 mm dick. Wie dick ist ein Blatt Papier?
b) Der Notizblock wiegt 77,4 g. Wie viel g wiegt ein Blatt Papier aus diesem Block?

9. In den beiden Fahrstühlen eines Hotels sieht man diese Schilder. Vergleiche.

Das Anwenden der Rundungsregel ist nicht immer sinnvoll!

10. Formuliere selbst Aufgaben. Runde die Ergebnisse sinnvoll.
a) Eine Erdbeertorte kostet 11,50 €. Sie wird in 12 Stücke zerlegt.
b) Nach einer Klassenfahrt sind noch 83,00 € übrig. Der Betrag soll an die 28 Schülerinnen und Schüler der Klasse zurückgezahlt werden.
c) In einem Sonderangebot kosten 6 Schreibblöcke 8,50 €.
d) Ein Dreierpack DVD-Rohlinge kostet 5,50 €.

11. Eine Schachtel mit 15 Schrauben wiegt 305 g. Die leere Schachtel wiegt 33,5 g.

Vertiefen

12. **a)** Berechne nur einen der Quotienten schriftlich.
Gib dann die Werte der vier anderen Quotienten an.

(1)	(2)	(3)	(4)
81 : 18	0,216 : 9	8,799 : 7	1801,6 : 32
8,1 : 18	21,6 : 9	0,8799 : 7	1,8016 : 32
0,081 : 18	0,0216 : 9	87,99 : 7	180,16 : 32
0,81 : 18	2,16 : 9	879,9 : 7	18,016 : 32
810 : 18	2160 : 9	8799 : 7	0,018016 : 32

b) Im Dividenden fehlt das Komma. Setze, ohne schriftlich zu rechnen, das Komma an die richtige Stelle im Dividenden, so dass das Ergebnis stimmt. Beschreibe, wie du vorgehst.
(1) 567 : 6 = 9,45 **(2)** 1234 : 40 = 3,085 **(3)** 126 : 25 = 0,504

13. Runde das Ergebnis auf die angegebene Stelle.
a) 8,3 : 13 (Zehntel) **c)** 10,4 : 48 (Tausendstel) **e)** 21 : 8 (Hundertstel)
b) 3,7 : 29 (Hundertstel) **d)** 8,26 : 14 (Zehntel) **f)** 12 : 7 (Tausendstel)

Herausfordern

Beispiel: 18,6 : 6

14. Wie verändert sich ein Quotient, wenn du
a) den Dividenden verdoppelst;
b) den Divisor verdoppelst;
c) Dividend und Divisor gleichzeitig verdoppelst;
d) den Dividenden halbierst;
e) den Divisor halbierst;
f) Dividend und Divisor gleichzeitig halbierst;
g) den Dividenden halbierst und den Divisor verdoppelst?

1.7.2 Dividieren von Dezimalzahlen durch Dezimalzahlen

Einstieg

Jan und Merle fragen sich, wie viele Gummibärchen wohl in einer 300-g-Tüte sind. Das Zählen ist ihnen zu mühsam. Entnehmt dem Foto rechts ihre Idee und bestimmt so die Anzahl.

Einführung

Dividieren von Längen in Kommaschreibweise

Die 19,5 m lange und die 10,95 m lange Grundstücksgrenze sollen mit 0,75 m langen Zaunelementen versehen werden.
Wie viele werden davon benötigt?

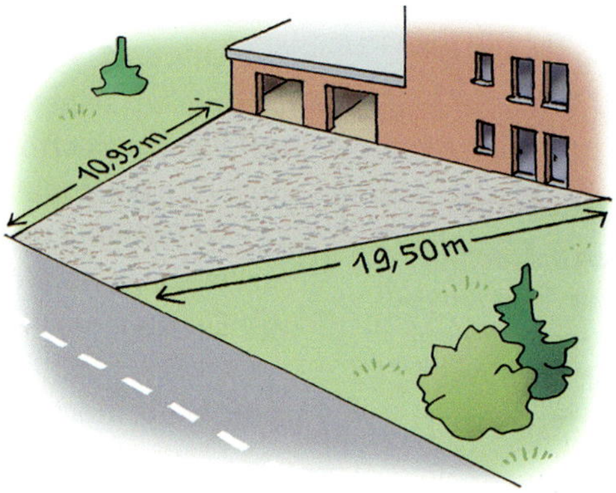

Um zu berechnen, wie viele 0,75 m lange Zaunelemente aneinandergereiht einen 19,5 m langen Zaun ergeben, muss 19,5 durch 0,75 dividiert werden. Bislang können wir nur durch natürliche Zahlen dividieren.

Gibt man beide Längen nicht in m, sondern in cm an, so sind beide Maßzahlen 100-mal so groß und damit natürliche Zahlen:

19,5 m : 0,75 m = 1 950 cm : 75 cm = 26

Es gilt also: 19,5 : 0,75 = 1 950 : 75
·100 ·100

Nebenrechnung:
1 950 : 75 = 26
150
 450
 450
 0

Verhundertfacht man sowohl den Dividend als auch den Divisor, so ändert sich der Wert des Quotienten nicht.

Ergebnis: Für den 19,5 m langen Zaun werden 26 Zaunelemente benötigt.

Entsprechend bestimmt man, wie viele dieser Zaunelemente für die 10,95 m lange Grundstücksgrenze benötigt werden:

10,95 m : 0,75 m = 1095 cm : 75 cm = 14,6

Es gilt also: 10,95 : 0,75 = 1 095 : 75 = 14,6
·100 ·100

Nebenrechnung:
1 095 : 75 = 14,6
 75
 345
 300
 450
 450
 0

Ergebnis: Für diese Grundstückgrenze benötigt man 14 ganze Zaunelemente. Das 15. Zaunelement muss zerschnitten werden. Von ihm benötigt man nur einen Teil, etwas mehr als die Hälfte, genau $0{,}6 = \frac{6}{10} = \frac{3}{5}$.

Aufgabe 1

Dividieren von Dezimalzahlen

Vervielfache Dividend und Divisor so, bis der Divisor eine natürliche Zahl ist. Berechne dann.

a) 4,05 : 2,7 **b)** 1,875 : 3,125

Lösung

a) $4{,}05 : 2{,}7 = (4{,}05 \cdot 10) : (2{,}7 \cdot 10)$
$= 40{,}5 : 27$
$= 1{,}5$

Nebenrechnung: 40,5 : 27 = 1,5
27
135
135
0

b) $1{,}875 : 3{,}125 = (1{,}875 \cdot 1\,000) : (3{,}125 \cdot 1\,000)$
$= 1\,875 : 3\,125$
$= 0{,}6$

Nebenrechnung: 1875 : 3125 = 0,6
0
18750
18750
0

Information

Da die Multiplikation einer Dezimalzahl mit einer Stufenzahl nur eine Verschiebung des Kommas bewirkt, gilt:

Strategie: Zurückführen auf den Sonderfall Dividieren durch eine natürliche Zahl

Dividieren durch eine Dezimalzahl

Man verschiebt bei beiden Zahlen das Komma um gleich viele Stellen nach rechts, bis der Divisor eine natürliche Zahl ist. Dann dividiert man durch die natürliche Zahl.

Beispiele:
6,75 : 1,5 = 67,5 : 15 = 4,5
0,0035 : 0,07 = 0,35 : 7 = 0,05

Allgemein gilt:

Kommaverschiebungsregel für Quotienten

Der Wert eines Quotienten ändert sich nicht, wenn man das Komma bei Dividend und Divisor um gleich viele Stellen in dieselbe Richtung verschiebt.

Beispiel:
60,12 : 2,4
= 601,2 : 24
= 6,012 : 0,24

Weiterführende Aufgaben

Größenvergleich von Dividend und Wert des Quotienten

2. Du weißt: Wenn man eine Zahl durch eine natürliche Zahl größer 1 dividiert, dann ist das Ergebnis kleiner als die Zahl.
Untersuche das bei der Division durch eine von 0 verschiedene Dezimalzahl an folgendem Sachverhalt:
21 ℓ Saft sollen in 1,5-ℓ-Flaschen abgefüllt werden. Wie viele Flaschen benötigt man? Wie viele 0,7-ℓ-Flaschen würde man benötigen?

Wenn man eine Zahl durch eine Dezimalzahl größer als 1 dividiert, dann ist das Ergebnis kleiner als die Zahl.
Dividiert man jedoch eine Zahl durch eine Dezimalzahl kleiner als 1, dann ist das Ergebnis größer als die Zahl.
Beispiele: 19,2 : 1,2 = 16 < 19,2 19,2 : 0,8 = 24 > 19,2

Man kann eine Zahl durch jede Dezimalzahl ungleich 0 dividieren

3. Von den natürlichen Zahlen weißt du, dass man eine Zahl nicht durch jede andere dividieren kann. Auf jeden Fall muss der Divisor kleiner sein als der Dividend.
Untersuche, ob das auch bei Dezimalzahlen so ist, an folgendem Sachverhalt:
Ein Rechteck soll 27 cm^2 groß sein.

a) Eine Seite ist **(1)** 4,5 cm, **(2)** 27 cm, **(3)** 30 cm lang. Bestimme die andere Seitenlänge.
b) Kann eine Seitenlänge 0 cm lang sein?
c) Verallgemeinere dein Ergebnis.

Eine gegebene Zahl kann man durch jede Dezimalzahl ungleich null dividieren.

Üben

4. Rechne im Kopf.

a) 3,2 : 0,8 **c)** 3 : 0,6 **e)** 0,5 : 0,25 **g)** 0,15 : 0,03 **i)** 2 : 0,04 **k)** 2,5 : 0,02
b) 5,6 : 0,7 **d)** 4 : 0,5 **f)** 2 : 0,002 **h)** 0,3 : 0,06 **j)** 6,4 : 0,8 **l)** 18 : 0,06

5. Wo steckt der Fehler? Berichtige und erkläre.

a) 7 : 0,01 = 0,07 b) 12,15 : 3 = 4,5 c) 0,096 : 12 = 0,08 d) 0,24 : 0,8 = 3

6. Bilde selbst Divisionsaufgaben. Dividiere die außen stehenden Dividenden nacheinander durch die innen stehenden Divisoren. Rechne im Kopf.

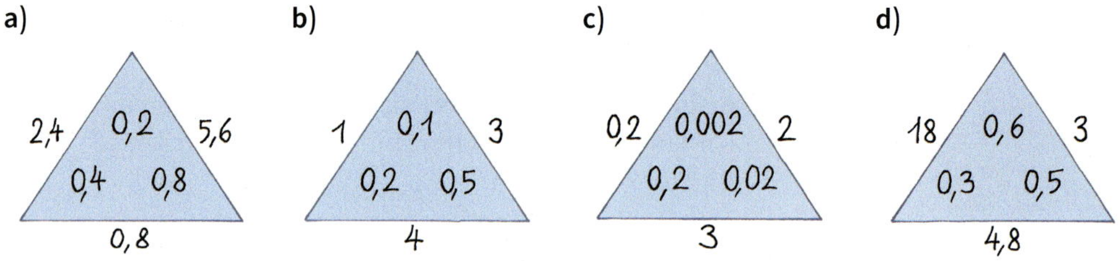

7. Berechne nur einen Quotienten schriftlich.
Bestimme dann die anderen Quotienten mithilfe von Kommaverschiebungen.

a)	b)	c)	d)	e)
8,8 : 1,6	12 : 4,8	3,6 : 15	42 : 0,14	14,25 : 0,19
88 : 1,6	120 : 4,8	3,6 : 0,15	4,2 : 0,14	14,25 : 1,9
8,8 : 0,16	0,12 : 4,8	0,36 : 0,15	4,2 : 0,014	1,425 : 1,9
0,88 : 16	1,2 : 0,48	0,0036 : 0,15	0,42 : 0,014	0,1425 : 0,19
88 : 16	120 : 0,48	36 : 0,15	420 : 1,4	142,5 : 19

8. Führe zunächst einen Überschlag durch. Berechne die Quotienten schriftlich.
Kontrolliere dein Ergebnis durch Multiplikation.

a) 123,2 : 0,8 **c)** 3,052 : 0,7 **e)** 243,96 : 0,06 **g)** 1,685 : 0,05 **i)** 2,1132 : 0,003
b) 22,95 : 0,9 **d)** 0,7884 : 0,4 **f)** 4,068 : 0,09 **h)** 27,93 : 0,07 **j)** 0,02496 : 0,004

9. a) 31,96 : 4,7 c) 9,36 : 0,72 e) 4,25 : 0,25 g) 41,04 : 0,076 i) 4,263 : 0,029
b) 41,71 : 9,7 d) 2,85 : 0,15 f) 2,88 : 0,12 h) 0,2635 : 0,31 j) 26 : 0,16

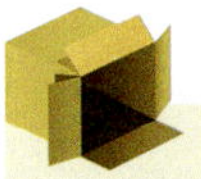

5,25
12,4
4,5
1460
Ergebnisse zu g) - j)

10. a) 15,6 : 6,5 b) 2,25 : 7,5 c) 0,945 : 0,27 d) 0,9625 : 0,35 e) 63 : 0,45 f) 8 : 0,625 g) 1051,2 : 0,72 h) 0,2025 : 0,045 i) 4,34 : 0,35 j) 3,9375 : 0,75

11. Wie viel Kohlenhydrate, Fett, Eiweiß und Energie enthält jedes einzelne Stück Schokolade?

12. Eine Biene sammelt auf einem Flug etwa 0,05 g Nektar.
Wie viele Flüge sind notwendig, um 500 g Nektar zu sammeln?

13. Schätze deine Schrittlänge.
Wie viele Schritte machst du bei einer 4 km langen Wanderung?

14. In einer Mosterei werden an einem Tag 1 400 ℓ Apfelsaft hergestellt und in 0,7-ℓ-Flaschen abgefüllt. Wie viele Flaschen werden mit Apfelsaft gefüllt?

15. Emma hat eine Burg aus Spielzeugteilen. Sie möchte um die Burg einen Palisadenzaun bauen. Jede Palisade soll 8,5 cm lang werden.
Wie viele Palisaden erhält Emma aus einer 340 cm langen Holzleiste?

16. Luc hat auf dem Flohmarkt seine alten Lesehefte verkauft, jedes Heft für 0,75 €.
Er hat dafür 10,50 € eingenommen. Wie viele Hefte hat er verkauft?

17. Ein Lastkahn hat 1400€ Kohle geladen. Die Ladung soll auf Güterwagen mit je 17,5 t Tragfähigkeit abgefahren werden. Wie viele Güterwagen sind erforderlich?

18. Das Grundstück im Bild links ist 848,7 m^2 groß.
Wie „tief" ist das Grundstück? Schätze zunächst.
Hinweis: Unter Tiefe versteht man hier die Breite des Grundstücks.

19. Der Flächeninhalt eines Rechtecks beträgt 197,5 m^2. Das Rechteck ist 15,8 m lang.
Wie breit ist es? Schätze zunächst.

Das kann ich noch!

A) Welche der abgebildeten Geraden verlaufen parallel, welche orthogonal zueinander?

B) Bestimme den Abstand der parallelen Geraden.

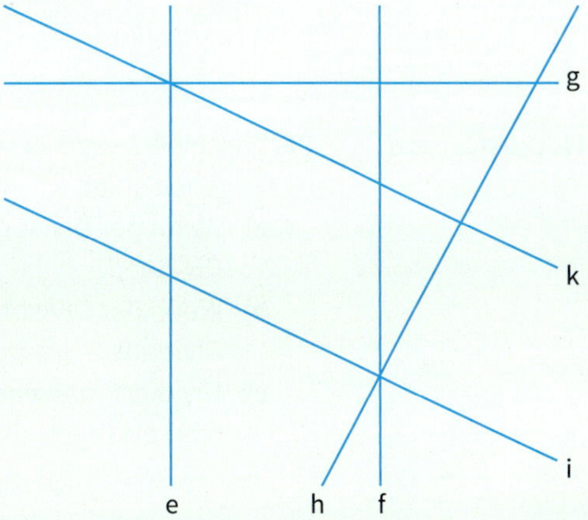

Vertiefen

20. a) Aus den Zahlen kannst du neun Quotienten bilden.

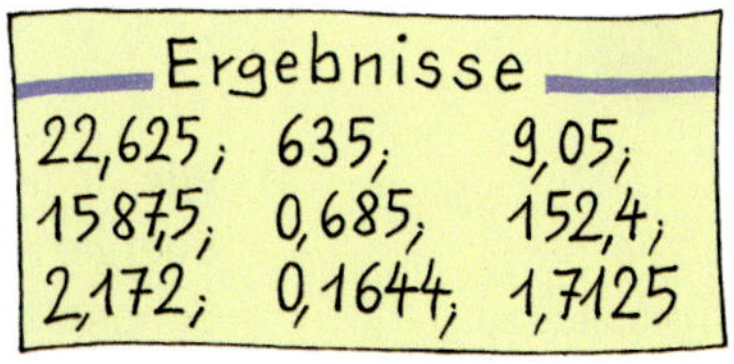

b) Bilde aus den Zahlen rechts je eine Divisionsaufgabe, sodass
   (1) das Ergebnis möglichst groß ist.
   (2) das Ergebnis möglichst klein ist.

c) Beschreibe, was für den Dividend und Divisor gelten muss, damit der Quotient
   (1) möglichst groß wird. (2) möglichst klein wird.

21. Berechne die Preise.
a) 1,5 kg Brot kosten 4,10 €. Wie viel kostet 1 kg?
b) 0,2 ℓ Orangensaft kosten 0,28 €. Wie viel kostet 1 ℓ?
c) 1,35 m^2 Klebefolie kosten 11,50 €. Wie viel kostet 1 m^2?

22. Runde das Ergebnis auf die angegebene Stelle.
a) 74,3 : 2,6 (Zehntel)
b) 39,5 : 3,2 (Zehntel)
c) 48,15 : 0,4 (Hundertstel)
d) 16,9 : 0,7 (Tausendstel)
e) 1,504 : 0,15 (Hundertstel)
f) 9,45 : 0,37 (Zehntel)

23. a) Der Dividend ist 4,368; der Divisor ist 2,8. Berechne den Quotienten.
b) Der Wert des Quotienten beträgt 1,09. Der Divisor ist 3,25. Wie heißt der Dividend?
c) Der Dividend ist 33,9. Der Wert des Quotienten beträgt 13,56. Wie heißt der Divisor?

24. Berechne unter Beachtung der Vorrangregeln:
a) $4{,}9 - 0{,}9 : 1{,}6$
b) $11{,}2 : 2{,}5 - 1{,}1 \cdot 1{,}3$
c) $(3{,}2 - 1{,}6) : 0{,}625$
d) $3{,}6 \cdot 1{,}5 : 0{,}8$
e) $(5{,}6 + 0{,}2 \cdot 3) : 2{,}5$
f) $6{,}2 : 0{,}5 : 3{,}2$

25. Überprüfe die Preisangaben.

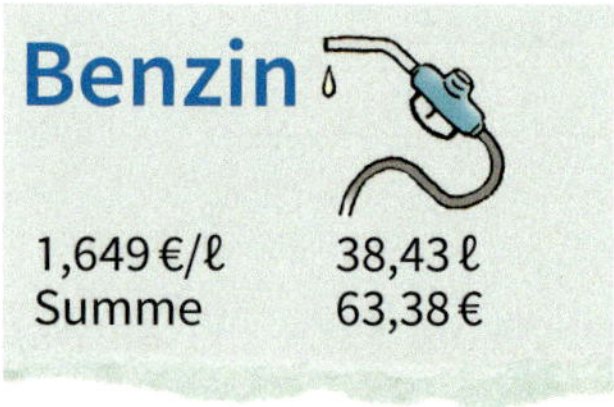

Herausfordern

26. Welche Aussage ist wahr, welche falsch? Wenn eine Aussage falsch ist, dann finde ein Gegenbeispiel.
a) Wenn der Divisor kleiner ist als der Dividend, dann ist der Quotient immer kleiner als der Dividend.
b) Wenn der Divisor größer ist als der Dividend, dann ist der Quotient immer größer als der Divident.
c) Dividiert man eine Zahl nacheinander zweimal durch die gleiche Dezimalzahl, erhält man als Ergebnis die Zahl.

Modellieren mithilfe von Termen, Figuren und Diagrammen

Rechnungen und Realität

1. Du hast schon oft zur Lösung von Problemen Zahlterme aufgestellt und berechnet. Stelle bei jeder beschriebenen Situation eine Frage, erstelle zur Beantwortung einen Zahlterm und vergleiche diese.

a) (1) An ihrem 12. Geburtstag war Jana 1,15 m groß, bis zu ihrem 18. Geburtstag ist sie noch um 0,60 m gewachsen.

(2) Eine Messing-Legierung wird aus 1,15 t Kupfer und 0,6 t Zink hergestellt.

legieren (ital.) (Metalle) verschmelzen

b) (1) Von einem 12,49 m langen Baumstamm wird ein 3,75 m langes Stück abgeschnitten.

(2) Sarahs kleine Schwester spart für eine 12,49 € teure CD. Sie hat schon 3,75 €.

c) (1) Julian kauft 4 Müsli-Riegel, die pro Stück 0,60 € kosten.

(2) Ein schmales Fenster ist 0,6 m breit. Die Stoffbreite für die Gardine soll 2,5-mal so groß sein.

d) (1) 56 € sollen an 4 Kinder verteilt werden.

(2) 56 g eines teuren Gewürzes sollen in Tüten zu 4 g abgefüllt werden.

2. Du erkennst an den obigen Beispielen, dass ganz verschiedene Situationen und Fragen zu ein- und demselben Zahlterm führen können. Zu jeder Rechenart können mehrere Grundbedeutungen gehören. Beim Lösen von Sachaufgaben (Modellieren) ist es eine große Hilfe beim Übersetzen in die Sprache der Mathematik, wenn man die verschiedenen Bedeutungen der Rechenoperationen genau kennt.
Ordne daher die Bedeutungen aus der folgenden Tabelle den Beispielen aus Aufgabe 1 zu.

Rechenart	Zugehörige Bedeutungen	Figur
Addieren	Zusammenfassen von Teilen Hinzufügen von Teilen	362 115 362 + 115
Subtrahieren	Wegnehmen eines Teils von einem Ganzen Ergänzen eines Teils zu einem Ganzen	102 102 − 45 45
Multiplizieren	Vervielfachen eines Teils	37 3 · 37
Dividieren	Aufteilen eines Ganzen in gleiche Teile Gerechtes Verteilen eines Ganzen	196 196 : 4

3. a) **(1)** Frank bereitet eine Konfitüre in größerer Menge zu: Statt 2,5 kg Früchten nimmt er die 1,5-fache Menge. Wie viel Früchte nimmt er?

(2) Seine Schwester Vivian hat 3,2 kg Konfitüre gekocht. Sie füllt diese in 0,25-kg-Gläsern ab. Wie viele Gläser erhält sie?

b) Auch beim Rechnen mit Dezimalzahlen kann man wie bei natürlichen Zahlen das Multiplizieren als Vervielfachen auffassen.

(1) Erläutere das an eigenen Bespielen.

(2) Benenne auch Unterschiede zum Multiplizieren bei natürlichen Zahlen.

c) Das Dividieren von Dezimalzahlen kann man auch als Aufteilen eines Ganzen in gleiche Teile auffassen. Nenne eigene Beispiele.

d) Überlege, ob das gerechte Aufteilen eines Ganzen auch beim Dividieren von Dezimalzahlen als Bedeutung vorkommt.

4. a) Ein Läufer ist 2,5 m lang und 0,60 m breit. Stelle eine Frage und beantworte sie:

b) Veranschauliche mithilfe eines Diagramms: $0{,}6 \cdot 2{,}5 = 2{,}5 \cdot 0{,}6$

Läufer

Lange schmale Teppiche werden auch Läufer genannt.

Multiplikationsaufgaben lassen sich oft im Diagramm als rechteckige Fläche veranschaulichen.

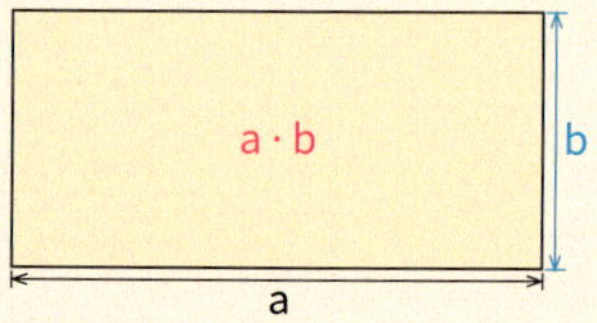

5. Erfinde zu jedem Zahlterm zwei möglichst verschiedene Rechengeschichten.

a) $1{,}75 + 5{,}82$
b) $25{,}19 - 16{,}94$
c) $2{,}9 \cdot 3$
d) $34 \cdot 6{,}4$
e) $4{,}5 \cdot 2{,}3$
f) $7{,}29 : 9$
g) $4{,}8 : 1{,}2$
h) $3{,}6 : 0{,}6$

Zahlterm: 4,25 – 3,50
1. Rechengeschichte: Tim hat durch häufiges Training seine Weitsprung-Leistung von 3,50 m auf 4,25 m verbessert. Wie viel weiter springt er jetzt?
2. Rechengeschichte: Tim hat 4,25 € im Portmonee und kauft sich eine Zeitschrift für 3,5 €. Wie viel Geld hat er dann noch im Portmonee?

1.8 Vermischte Übungen zu allen Rechenarten

1. a) Alexa hat sich folgende Regeln in ihr Merkheft geschrieben. Was meinst du dazu?
b) Schreibe eine Zusammenfassung, wie man zwei Dezimalzahlen addiert, subtrahiert, multipliziert und dividiert.

> Rechnen mit Dezimalzahlen
> Addieren und Subtrahieren: Komma unter Komma
> Multiplizieren: erst Komma weglassen, dann Stellen hinter dem Komma abzählen
> Dividieren: Komma verschieben – wenn der Übertrag nicht groß genug ist, dann in der Lösung ein Komma setzen.

2. Rechne im Kopf.

a)	b)	c)	d)	e)
8,7 + 1,9	7,8 : 3	0,93 – 0,63	6,4 – 0,75	0,6 : 0,05
0,35 · 1000	0,15 · 1,2	11,6 : 1000	5 : 0,002	0,14 · 1,2
0,75 · 0,002	2,03 : 1000	7,6 : 0,004	0,47 + 3,8	1 : 0,4
1,02 : 6	10,5 – 4,8	3,5 · 0,02	0,27 · 0,04	100 : 0,25

3. Rechne schriftlich.

a)	b)	c)	d)
18,653 + 9,87	52,43 – 37,684	0,253 + 0,4875	20,91 – 13,077
567,034 + 746,69	85,3 – 7,438	28,95 + 1,753	50,2 – 10,375

4.

a)	b)	c)	d)	e)
15,6 · 27	13,47 · 8,52	0,963 · 7,4	94,08 : 12	549,36 : 8,4
370 · 1,908	3,145 · 2,71	3,75 · 14	8,695 : 37	21,28 : 0,038

7,585
13,911
281,0228
91,215
101,024
37,078

5. a) 7,395 + 12,45 + 26,3 + 45,07
b) 125,6 + 76,095 + 70,57 + 8,7578
c) 6,845 + 3,966 + 0,96 + 1,34 + 0,8
d) 95,5 – 37,752 – 20,67
e) 113 – 85,87 – 19,545
f) 125,6 – 18,04 – 6,536

6. Berechne den Unterschied zwischen den Zahlen:

a) 0,8 und 0,08	c) 3,5 und 3,05	e) 6,9 und 6,009	g) 1,98 und 1,889
b) 0,43 und 0,043	d) 5,75 und 5,755	f) 8,575 und 8,755	h) 12,34 und 123,4

7. Tom denkt sich eine Zahl.
a) Wenn er zu der gedachten Zahl 3,75 addiert, so erhält er 25,6.
b) Wenn er von der gedachten Zahl die Zahl 16,4 subtrahiert, so erhält er 29,7.
c) Wenn er von 50,03 die gedachte Zahl subtrahiert, so erhält er 34,1.

8. Der Laderaum eines Baufahrzeuges ist 2,30 m breit, 5,80 m lang und 1,10 m hoch. Die Nutzlast darf höchstens 2,5 t betragen.
1 cm^3 Sand wiegt 1,7 g;
1 cm^3 Basaltsteine wiegt 2,9 g;
1 cm^3 Eisen wiegt 7,8 g.
Stelle selbst geeignete Aufgaben und löse sie.

9. Im Einstieg zu diesem Kapitel habt ihr euch mit Ergebnissen aus dem Sport befasst. Dabei ging es auch um den kleinen Vorsprung, der zwischen Sieg und Platzierung entscheidet.
Beim 1000-m-Lauf kann man als Zuschauer den Sieger meist sofort feststellen, da alle Sportler gleichzeitig laufen und derjenige, der als erster das Ziel erreicht, auch Sieger ist. Bei anderen Sportarten werden Weiten oder Zeiten einzeln gemessen und dann erst verglichen oder der Vorsprung ist so gering, dass man ihn nicht erkennen kann.
Aber wie groß ist eigentlich der Vorsprung, wenn beim Schwimmen ein Zeitunterschied von einer Hundertstel Sekunde auftritt? Welche Auswirkungen hätte es, würde man beim Schwimmen für die Platzierung auch tausendstel Sekunden heranziehen?

100-m-Freistil

Platz	Land	Sportler	Zeit (s)
1	USA	Nathan Adrian	47,52
2	AUS	James Magnussen	47,53
3	CAN	Brent Hayden	47,80
4	FRA	Yannick Agnel	47,84
5	NED	Sebastiaan Verschuren	47,88
6	BRA	César Cielo	47,92
7	CUB	Hanser Garcia	48,04
8	RUS	Nikita Lobinzew	48,44

Finale: 1. August 2012, 20:20 Uhr

a) Berechnet, wie viel Zentimeter Vorsprung Nathan Adrian bei seinem Olympiasieg in London auf die übrigen Teilnehmer hatte.
b) Stellt in einer Übersicht weitere Sportarten zusammen, bei denen Zeiten gemessen werden, in denen bestimmte Strecken zurückzulegen sind.
c) Bildet Gruppen, die unterschiedliche Sportarten oder unterschiedliche Disziplinen untersuchen. Geht dabei folgender Frage nach: „Wie groß ist der Vorsprung (als Strecke), den ein Sportler hat, wenn er in der Zeit einen Vorsprung von einer Zehntel-, einer Hundertstel- oder einer Tausendstel Sekunde hat?“
d) Tragt die Ergebnisse für verschiedene Sportarten zusammen und diskutiert die Frage: „Welche Genauigkeit bei der Zeitmessung ist für einen „richtigen Vorsprung“ bei der Strecke noch sinnvoll?“

10. Sieh dir den Wagen in Bild rechts an.
a) Ist der Wagen überladen? Wenn nein, wie viel t dürfen noch zugeladen werden?
b) Denke dir das Gesamtgewicht auf die vier Räder gleichmäßig verteilt. Wie viel t trägt dann jedes Rad?

11. An einem Straßenfest nahmen 58 Personen teil. Darunter waren 39 Kinder. Die Kosten für Essen und Getränke betrugen 592,90 €. Sie sollen so unter den Teilnehmern verteilt werden, dass ein Erwachsener als eine Person und ein Kind als eine halbe Person zählt.
Wie viel müssen Frau und Herr Leygraf für sich und ihre drei Kinder bezahlen?

0 2 3
5 7 8

12. **a)** Stelle Zahlenkärtchen mit den Ziffern links her.
Setze die sechs Karten so in die freien Felder, dass gilt:
(1) die 1. Zahl ist möglichst groß und die 2. Zahl ist möglichst klein;
(2) die Summe der beiden Zahlen ist möglichst groß [möglichst klein];
(3) die Differenz der beiden Zahlen ist möglichst groß [möglichst klein].

1. Zahl ☐ , ☐ ☐ ☐

2. Zahl ☐ , ☐ ☐ ☐

Spiel

b) Du kannst auch gemeinsam mit einem Partner ein Spiel spielen. Legt die Karten verdeckt auf den Tisch und zieht jeweils eine heraus. Setzt sie dann in die freien Felder. Addiert, subtrahiert, multipliziert oder dividiert die beiden Zahlen.
Gewonnen hat, wer die Aufgabe mit dem kleinsten (größten) Ergebnis gelegt hat.
Ihr könnt die Rechenoperationen auch würfeln.
z. B. 1 bedeutet: Zahlen addieren 3 bedeutet: Zahlen multiplizieren
2 bedeutet: Zahlen subtrahieren 4 bedeutet: Zahlen dividieren

13. Auf dem Flachdach eines Ferienhauses liegt eine 25 cm hohe Schneeschicht. Durch Abwiegen stellt Steffen fest:
1 dm^3 Schnee wiegt 67,5 g.
Wie schwer ist der Schnee auf dem Haus?
Schätze zuerst.

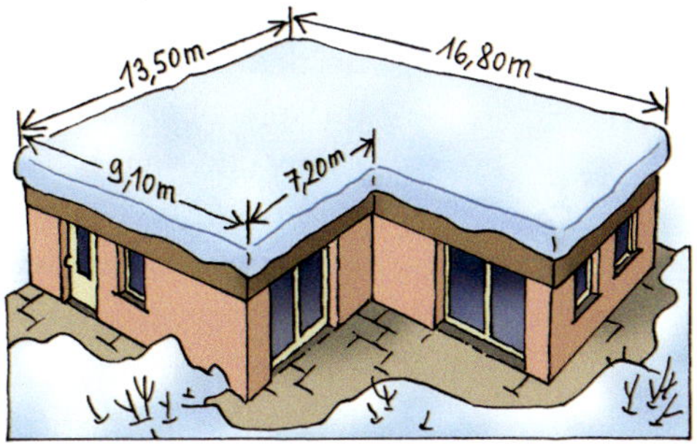

14. **a)** Das Planschbecken eines Hallenbades soll mit Wasser gefüllt werden.
Wie viel m^3 Wasser werden benötigt?
b) Am Saisonende soll das Becken neu gefliest werden. 1 m^2 Fliesen kostet 22,90 €.
Berechne die Kosten für die Fliesen.

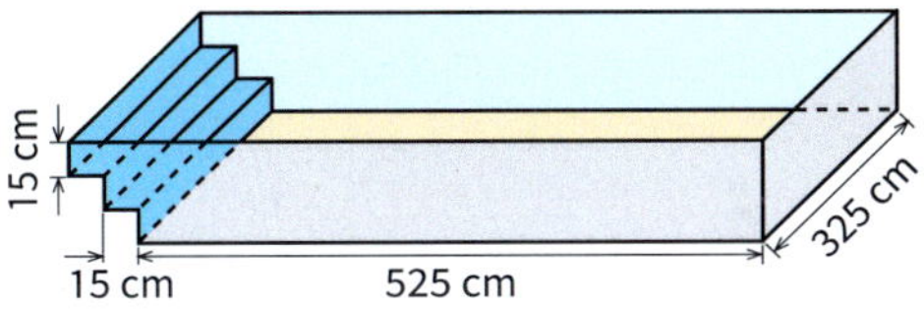

15. Ein Schüler braucht täglich für seine Ernährung 65 g Eiweiß, 85 g Fette und 320 g Kohlenhydrate. Das erste Frühstück sollte bereits ein Viertel der Tagesmenge enthalten.
Daniel isst täglich zum Frühstück einen 150-g-Becher Müsli-Joghurt und 2 Scheiben Knäckebrot mit je 1 Portion Frischkäse. Außerdem trinkt er 1 Glas Mehrfruchtsaft.
Überprüfe, ob sich Daniel zum Frühstück gesund ernährt.
Auf den Verpackungen liest er folgende Angaben.

	Müsli-Jogurt		Knäcke-Brot		Frischkäse		Mehrfruchtsaft	
Nährwertangaben	100 g	Becher 150 g	100 g	1 Scheibe	100 g	Portion 30 g	100 m*l*	Glas 250 m*l*
Brennwert	464 kJ 110 kcal	696 kJ 165 kcal	1565 kJ 370 kcal	125 kJ 29 kcal	608 kJ 146 kcal	183 kJ 44 kcal	205 kJ 48 kcal	414 kJ 121 kcal
Eiweiß	3,9 g	5,85 g	11 g	0,9 g	7,8 g	2,3 g	0,5 g	1,3 g
Kohlenhydrate	21,0 g	31,5 g	71 g	6 g	5,1 g	1,5 g	10,8 g	27,0 g
Fett	1,1 g	1,65 g	2,8 g	0,2 g	10,0 g	3,1 g	0,1 g	0,25 g
Ballaststoffe	1,0 g	1,5 g	8,4 g	0,8 g	0,3 g	0,1 g	0,3 g	0,8 g

1.9 Abbrechende und periodische Dezimalzahlen

1.9.1 Umformen von Brüchen in Dezimalzahlen

Einstieg

Sebastian, Tim und Jan teilen sich eine 1-Liter-Flasche Cola.
Ihre Schwester Anna trinkt aus einer 0,33-ℓ-Dose.
Sie fragen sich: „Wer hat mehr Cola?“

Aufgabe 1

Bisher hast du gewöhnliche Brüche in Dezimalzahlen umgewandelt, indem du den Nenner auf eine Stufenzahl erweitert hast.
Bei dem Bruch $\frac{2}{3}$ kann dieses Verfahren nicht gelingen.
Du weißt aber auch, dass der Bruchstrich das Dividieren von Zähler und Nenner bedeutet.
Forme die Brüche in Dezimalbrüche um, indem du den Zähler durch den Nenner dividierst. Was fällt auf?

a) $\frac{3}{8}$ b) $\frac{2}{3}$ c) $\frac{3}{11}$ d) $\frac{5}{6}$

Lösung

a) $\frac{3}{8} = 3:8 = 0{,}375$ Die Dezimalzahl bricht nach der dritten Stelle rechts vom Komma ab.

b)

E	z	h	t	…
2	0	0	0	…
0				
2	0			
1	8			
	2	0		
	1	8		
		2	0	
		1	8	

:3 =

E	z	h	t	…
0	6	6	6	…

Die Rechnung bricht nicht ab, da du jedesmal den Rest 2 erhältst.
Insgesamt gilt:

$$\frac{2}{3} = \frac{6}{10} + \frac{6}{100} + \frac{6}{1\,000} + \frac{6}{10\,000} + \ldots$$
$$= 0{,}6666\ldots$$

Die Dezimalzahl bricht nicht ab.
Die Ziffer 6 wiederholt sich unbegrenzt.

c)

E	z	h	t	zt	…
3	0	0	0	0	…
0					
3	0				
2	2				
	8	0			
	7	7			
		3	0		
		2	2		
			8	0	
			7	7	

:11 =

E	z	h	t	zt	…
0	2	7	2	7	…

Auch hier bricht die Rechnung nicht ab, da du abwechselnd den Rest 3 und den Rest 8 erhältst. Insgesamt gilt:

$$\frac{3}{11} = \frac{2}{10} + \frac{7}{100} + \frac{2}{1\,000} + \frac{7}{10\,000} + \ldots$$
$$= 0{,}2727\ldots$$

Die Dezimalzahl bricht nicht ab.
Das Ziffernpaar 2 und 7 wiederholt sich unbegrenzt.

d)

E	z	h	t	zt	…
5	0	0	0	0	…
0					
5	0				
4	8				
	2	0			
	1	8			
		2	0		
		1	8		
			2	0	
			1	8	

… : 6 =

E	z	h	t	zt	…
0	8	3	3	3	…

Auch hier bricht die Rechnung nicht ab. Du erhältst den sich wiederholenden Rest 2 aber nicht sofort.
Insgesamt gilt:

$\frac{5}{6} = \frac{8}{10} + \frac{3}{100} + \frac{3}{1000} + \frac{3}{10000} + \ldots$

$= 0{,}8333\ldots$

Die Dezimalzahl bricht nicht ab. Die Ziffer 3 wiederholt sich aber nicht sofort nach dem Komma.

Information

(1) Umwandeln von Brüchen in Dezimalzahlen durch Division

Man kann jeden Bruch in eine Dezimalzahl umwandeln, indem man den Zähler durch den Nenner dividiert. Bei dieser Division können zwei Fälle auftreten:

1. Fall: Die Division bricht ab, da der Rest 0 auftritt.
Die Dezimalzahl hat dann eine bestimmte Anzahl von Stellen nach dem Komma.
Beispiel: $\frac{3}{8} = 3:8 = 0{,}375$
Man nennt eine solche Dezimalzahl auch **abbrechende Dezimalzahl.**

2. Fall: Die Division bricht nicht ab, da ein Rest oder eine Folge von Resten sich stets wiederholt. Bei der Division können nur die natürlichen Zahlen als Reste auftreten, die kleiner als der Nenner des Bruches sind. Tritt die Zahl 0 nie als Rest auf, so muss sich nach einigen Schritten ein anderer Rest wiederholen. Die Dezimalzahl hat dann eine Ziffer oder eine Zifferngruppe, die sich stets wiederholt; diese nennt man **Periode**.
Beispiel: $\frac{3}{11} = 3:11 = 0{,}272727\ldots$
Man nennt eine solche Dezimalzahl auch eine **periodische Dezimalzahl**.

Merke dir:
$\frac{1}{3} = 0{,}\overline{3}$ $\frac{2}{3} = 0{,}\overline{6}$
$\frac{1}{9} = 0{,}\overline{1}$ $\frac{2}{9} = 0{,}\overline{2}$

(2) Schreibweisen für periodische Dezimalzahlen

$\frac{2}{3} = 2:3 = 0{,}666\ldots$
Wir schreiben: $0{,}\overline{6}$
Wir lesen: *null Komma Periode sechs*
Es gilt: $\frac{2}{3} = 0{,}\overline{6}$

$\frac{5}{6} = 5:6 = 0{,}8333\ldots$
Wir schreiben: $0{,}8\overline{3}$
Wir lesen: *null Komma acht Periode drei*
Es gilt: $\frac{5}{6} = 0{,}8\overline{3}$

$\frac{3}{11} = 3:11 = 0{,}27272727\ldots$
Wir schreiben: $0{,}\overline{27}$
Wir lesen: *null Komma Periode zwei sieben*
Es gilt: $\frac{3}{11} = 0{,}\overline{27}$

(3) Einteilung der Dezimalzahlen

Dezimalzahlen kann man nach den verschiedenen Fällen, die bei den Nachkommastellen vorkommen können, einteilen.

Abbrechende Dezimalzahlen	Nichtabbrechende Dezimalzahlen mit Periode	
	reinperiodisch	gemischtperiodisch
0,125; 0,75; 0,375	$0{,}\overline{6}$; $0{,}\overline{27}$; $0{,}\overline{348}$ Die Periode beginnt sofort hinter dem Komma.	$0{,}8\overline{3}$; $0{,}2\overline{16}$; $0{,}06\overline{2}$ Zwischen Komma und Periode sind eine oder mehrere Ziffern, die nicht zur Periode gehören.

Üben

2. Forme die Brüche in Dezimalzahlen um. Gib an, ob eine abbrechende oder eine periodische Dezimalzahl entstanden ist.

a) $\frac{7}{30}$ c) $\frac{19}{8}$ e) $3\frac{1}{16}$ g) $\frac{8}{15}$ i) $\frac{8}{25}$ k) $\frac{111}{200}$ m) $\frac{6}{11}$ o) $\frac{9}{10}$
b) $\frac{1}{4}$ d) $2\frac{2}{3}$ f) $\frac{3}{11}$ h) $\frac{8}{13}$ j) $\frac{5}{9}$ l) $\frac{16}{7}$ n) $\frac{101}{400}$ p) $4\frac{7}{22}$

3. Wandle in eine Dezimalzahl um.

a) $\frac{1}{4}; \frac{1}{40}; \frac{1}{400}$ b) $\frac{2}{3}; \frac{2}{30}; \frac{2}{300}$ c) $\frac{7}{15}; \frac{7}{150}; \frac{7}{1500}$ d) $\frac{5}{6}; \frac{50}{6}; \frac{500}{6}$ e) $\frac{2}{21}; \frac{20}{21}; \frac{2000}{21}$

4. Wandle die Brüche $\frac{2}{12}; \frac{3}{12}; \frac{4}{12}; \frac{5}{12}; \frac{6}{12}; \frac{7}{12}; \frac{8}{12}; \frac{9}{12}; \frac{10}{12}$ in Dezimalzahlen um.
Was für eine Dezimalzahl entsteht? Woran liegt das?

5. Prüfe nach:

$\frac{6}{25} = 0{,}24$ $\frac{8}{33} = 0{,}\overline{24}$ $\frac{11}{45} = 0{,}2\overline{4}$ $\frac{14}{33} = 0{,}\overline{42}$ $\frac{19}{45} = 0{,}4\overline{2}$ $\frac{21}{50} = 0{,}42$

6. Setze im Heft eines der Zeichen < oder > ein.

a) $0{,}45 \;\square\; 0{,}\overline{4}$ c) $0{,}\overline{2} \;\square\; 0{,}23$ e) $0{,}\overline{3} \;\square\; 0{,}34$ g) $0{,}67 \;\square\; 0{,}\overline{6}$ i) $1{,}4\overline{2} \;\square\; 1{,}4223$
b) $0{,}\overline{7} \;\square\; 0{,}77$ d) $0{,}56 \;\square\; 0{,}\overline{5}$ f) $0{,}\overline{5} \;\square\; 0{,}5555$ h) $0{,}8\overline{2} \;\square\; 0{,}83$ j) $4{,}\overline{1} \;\square\; 4{,}1\overline{9}$

7. Rechne den Bruch in eine Dezimalzahl um. Setze dann im Heft eines der Zeichen < oder > ein.

a) $\frac{3}{5} \;\square\; 0{,}\overline{6}$ c) $\frac{2}{5} \;\square\; 0{,}3\overline{5}$ e) $1{,}3\overline{7} \;\square\; 1\frac{3}{8}$ g) $0{,}2\overline{5} \;\square\; \frac{1}{4}$ i) $4\frac{3}{16} \;\square\; 4{,}\overline{1}$
b) $0{,}\overline{7} \;\square\; \frac{3}{4}$ d) $0{,}\overline{3} \;\square\; \frac{7}{20}$ f) $3\frac{1}{8} \;\square\; 3{,}\overline{12}$ h) $\frac{5}{8} \;\square\; 0{,}6\overline{25}$ j) $0{,}\overline{23} \;\square\; \frac{3}{8}$

Vertiefen

8. Ordne die Zahlen nach der Größe.

a) (1) $0{,}3;\ 0{,}\overline{3};\ 0{,}33;\ 0{,}334;\ 0{,}333$
(2) $0{,}\overline{1};\ 0{,}1;\ 0{,}11;\ 0{,}\overline{01};\ 0{,}01$
(3) $0{,}16;\ 0{,}1\overline{6};\ 0{,}166;\ 0{,}167;\ 0{,}17$
(4) $0{,}7;\ 0{,}78;\ 0{,}\overline{7};\ 0{,}77;\ 0{,}\overline{78}$

b) (1) $0{,}8;\ \frac{3}{4};\ 0{,}6;\ 0{,}7\overline{2};\ 0{,}\overline{7};\ \frac{7}{8}$
(2) $\frac{7}{10};\ 0{,}\overline{71};\ \frac{16}{20};\ \frac{1}{7};\ 0{,}57;\ \frac{3}{4}$
(3) $1{,}0\overline{8};\ \frac{17}{10};\ \frac{8}{5};\ \frac{4}{3};\ \frac{25}{15};\ 1{,}\overline{08}$
(4) $\frac{9}{40};\ 0{,}170;\ \frac{4}{25};\ 0{,}0\overline{17};\ \frac{18}{100};\ 0{,}\overline{017}$

9. Runde die periodischen Dezimalzahlen $0{,}\overline{5};\ 0{,}1\overline{6};\ 0{,}41\overline{6};\ 0{,}2\overline{7};\ 0{,}04\overline{5};\ 0{,}0\overline{45}$

a) auf Hundertstel, b) auf Tausendstel.

Periodenlänge: Anzahl der Ziffern unter dem Periodenstrich

10. Gib jedesmal drei periodische Brüche an, nämlich mit Perioden der Länge 1, 2 und 3, die zwischen den beiden angegebenen Zahlen liegen:

a) 4; 5 b) 0,2; 0,3 c) 1,45; 1,46 d) $\frac{1}{3}; \frac{1}{2}$ e) $0; \frac{1}{1000}$

Herausfordern

11. Welche der Brüche führen auf eine abbrechende, eine reinperiodische oder eine gemischt-periodische Dezimalzahl?
Arbeitet in Dreiergruppen und führt bei den abbrechenden Dezimalzahlen die entsprechende Umformung durch, indem ihr den Bruch auf Zehntel, Hundertstel, … erweitert.

(1) $\frac{7}{8}; \frac{5}{13}; \frac{9}{50}; \frac{8}{15}; \frac{10}{21}; \frac{9}{125}$ (2) $\frac{3}{20}; \frac{8}{9}; \frac{6}{25}; \frac{9}{17}; \frac{7}{36}; \frac{1}{80}$ (3) $\frac{15}{16}; \frac{5}{14}; \frac{25}{78}; \frac{23}{40}; \frac{25}{36}; \frac{4}{105}$

Tragt eure Ergebnisse zusammen und formuliert eure Beobachtungen.

1.9.2 Umformen von Dezimalzahlen in Brüche

Bei der Einführung der Dezimalzahlen hast du auf Seite 17 kennengelernt, wie man einen abbrechende Dezimalzahl in einen Bruch umformt. Wir wollen jetzt auch periodische Dezimalzahl in Brüche umformen.

Einstieg

a) Forme die folgenden Brüche in Dezimalzahlen um.
$\frac{1}{9}$; $\frac{1}{99}$; $\frac{1}{999}$; $\frac{2}{9}$; $\frac{2}{99}$; $\frac{2}{999}$
Was fällt auf?

b) Nutze die Beobachtungen aus Teilaufgabe a), um Bruchdarstellungen für die Dezimalzahlen $0,\overline{4}$; $0,\overline{18}$; $0,\overline{120}$ zu finden.
Überprüfe deine Ergebnisse.

Einführung

Periodische Dezimalzahlen kann man nicht so einfach wie abbrechende Dezimalzahlen in Brüche umwandeln.
Zum Umwandeln von $0,\overline{7}$ in einen Bruch vergleichen wir $0,\overline{7}$ mit dem Zehnfachen von $0,\overline{7}$. Beide Zahlen stimmen in den unendlich vielen Nachkommastellen überein. Das Zehnfache von $0,\overline{7}$ ist $7,\overline{7}$. $7,\overline{7}$ und $0,\overline{7}$ unterscheiden sich um genau 7.

$$10 \cdot 0,\overline{7} = 7,7777\ldots$$
$$0,\overline{7} = 0,7777\ldots \quad | -$$
$$9 \cdot 0,\overline{7} = 7$$
$$0,\overline{7} = \frac{7}{9}$$

Entsprechend verwandelt man gemischtperiodische Dezimalzahlen wie z.B. $0,0\overline{18}$ in Brüche: Durch geeignetes Vervielfachen stellt man zwei verschiedene reinperiodische Dezimalzahlen her, die in allen Nachkommastellen übereinstimmen.

$$1000 \cdot 0,0\overline{18} = 18,\overline{18}$$
$$10 \cdot 0,0\overline{18} = 0,\overline{18} \quad | -$$
$$990 \cdot 0,0\overline{18} = 18$$
$$0,0\overline{18} = \frac{18}{990} = \frac{1}{55}$$

Üben

1. Forme in Brüche um. Kürze, wenn möglich.
   a) $0,\overline{2}$ b) $7,\overline{7}$ c) $1,\overline{5}$ d) $13,\overline{6}$ e) $0,\overline{09}$ f) $2,\overline{12}$ g) $2,\overline{27}$ h) $11,\overline{11}$ i) $4,\overline{033}$ j) $0,\overline{123}$ k) $12,\overline{092}$ l) $10,\overline{003}$

2. Kontrolliere Leonards Hausaufgaben.
   a) $0,\overline{5} = \frac{1}{2}$ b) $\frac{1}{3} = 0,3$ c) $0,2\overline{1} = \frac{21}{99}$ d) $0,0\overline{3} = \frac{1}{33}$

Vertiefen

3. Wandle in Brüche um. Kürze, wenn möglich.
   a) $0,3$ b) $0,\overline{3}$ c) $1,\overline{7}$ d) $1,7$ e) $0,05$ f) $0,\overline{05}$ g) $13,35$ h) $13,\overline{35}$ i) $9,\overline{045}$ j) $9,045$ k) $0,\overline{555}$ l) $0,555$

4. Wandle in Brüche um. Kürze, wenn möglich.
   a) $0,0\overline{8}$; $0,08$; $0,\overline{08}$ b) $0,\overline{27}$; $0,2\overline{7}$; $0,27$ c) $2,07\overline{5}$; $2,0\overline{75}$; $2,\overline{075}$

Herausfordern

5. a) Verwandle die periodischen Dezimalzahl $0,\overline{9}$ in einen Bruch.
   Welche erstaunliche Entdeckung machst du?
   b) Äußere eine Vermutung für $1,2\overline{9}$. Kontrolliere durch Umwandeln.

1.10 Aufgaben zur Vertiefung

1 Unze
= 1 oz
= 28,2495 g

1. **a)** Ein guter Tintenstrahldrucker druckt mit 1440 dpi. dpi ist die Abkürzung für dots per inch und bedeutet Punkte pro Inch. Wie breit ist ein einzelner Punkt?
b) Eine Gewichtseinheit des englischen Systems ist die Unze.
Auf einer Pralinenschachtel steht 5,30 oz. Wie viel g sind das?

2. Formuliere selbst Aufgaben zu den folgenden Aufgaben in Meter und foot (Fuß).
a) Jana liest am Fotoapparat ab 3 m ≈ 10 ft.
b) Markus hört in einem amerikanischen Dokumentarfilm über die Besteigung des Mount Everest (8 872 m): Das erste Basislager befand sich in einer Höhe von 22 300 ft und das zweite in der Höhe von 24 600 ft. Er liest im Lexikon: 1 ft ≈ 30,48 cm.
c) Ein Flugkapitän sagt an: „Wir befinden uns jetzt in einer Höhe von 34 000 Fuß.“

3. Die Räume in der Wohnung unten sind 2,50 m hoch, die Fenster 1,25 m, die Türen 2,00 m.

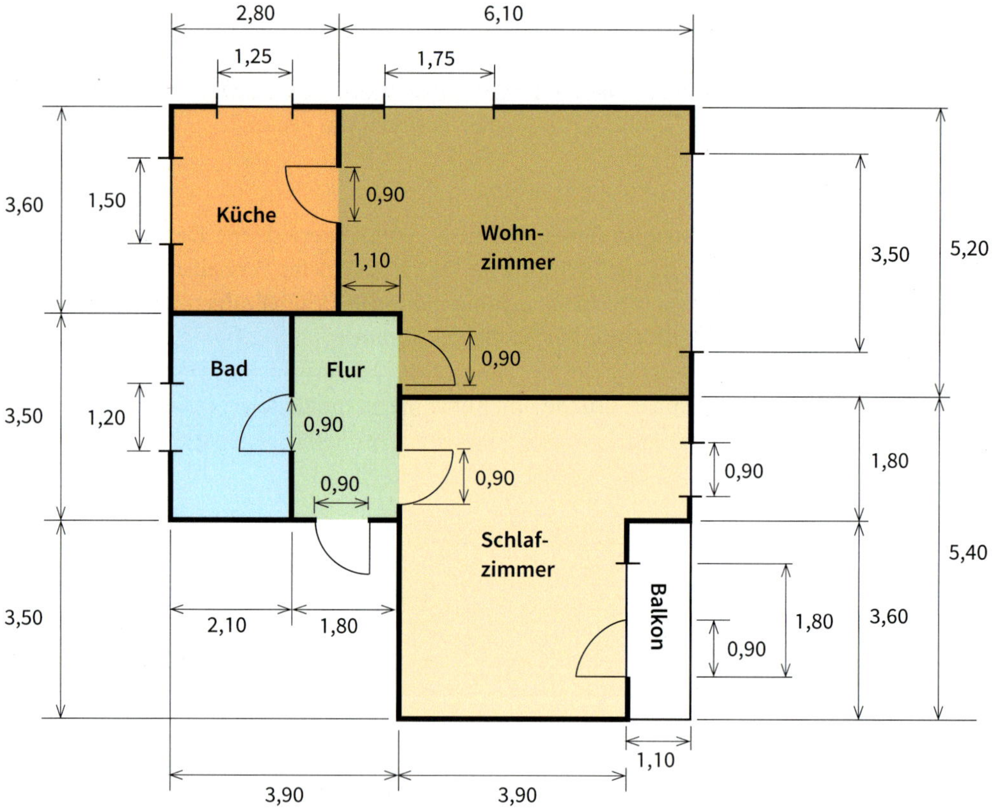

a) Betrachtet den Grundriss und orientiert euch.
(1) Wie lang und wie breit ist das Bad?
(2) Stellt euch gegenseitig weitere Fragen.
b) (1) Das Bad soll gefliest werden. 1 m² Fußbodenfliesen kostet 31,75 €; 1 m² Wandfläche 23,65 €. Wie teuer sind die Fliesen?
(2) Das Badfenster erhält eine besondere Verglasung; 1 m² Glas kostet 26 €.
c) 1 m² Parkett kostet 32,50 €; 1 m² Teppich kostet 21,75 €. Stellt selbst geeignete Aufgaben zu den anderen Zimmern und löst sie.

Das Wichtigste auf einen Blick

Dezimalzahlen

Eine besondere Schreibweise für Bruchzahlen sind *Dezimalzahlen*. Hierbei trennt das Komma die Ganzen von den Teilen eines Ganzen. Dezimalzahlen wie z. B. 234,9028 sind in einer *Stellenwerttafel* darstellbar.

Beispiele: $0{,}8 = \frac{8}{10} = \frac{4}{5}$

H	Z	E	z	h	t	zt
2	3	4	9	0	2	8

Umformen von Brüchen in Dezimalzahlen

Einige Brüche kann man in Dezimalzahlen umformen, indem man sie auf Zehntel, Hundertstel, *erweitert* oder *kürzt* und dann die entsprechende Dezimalzahl notiert. Das ist aber nicht bei jedem Bruch möglich.

Beispiele:

$\frac{3}{5} = \frac{6}{10} = 0{,}6$

$\frac{12}{600} = \frac{2}{100} = 0{,}02$

Runden von Dezimalzahlen

Beim Runden auf Einer musst du die Zehntel betrachten, beim Runden auf Zehntel die Hundertstel, beim Runden auf Hundertstel die Tausendstel, …
Runde ab bei 0, 1, 2, 3, 4. Runde auf bei 5, 6, 7, 8, 9.

Beispiele: 2,745 gerundet auf
Einer: $2{,}745 \approx 3$
Zehntel: $2{,}745 \approx 2{,}7$
Hundertstel: $2{,}745 \approx 2{,}75$

Addition und Subtraktion von Dezimalzahlen

Dezimalzahlen werden stellenweise addiert und subtrahiert.
Merke: Komma unter Komma

Beispiele:

$$\begin{array}{r} 2{,}139 \\ +\ 12{,}41 \\ \hline 14{,}549 \end{array} \qquad \begin{array}{r} 17{,}54 \\ -\ 3{,}6 \\ \hline 13{,}94 \end{array}$$

Multiplikation von Dezimalzahlen

Multipliziere zunächst so, als wäre kein Komma vorhanden. Trenne dann im Ergebnis so viele Ziffern rechts durch ein Komma ab, wie die beiden Faktoren zusammen nach dem Komma haben.

Beispiel:

$$\begin{array}{r} 2{,}65 \cdot 3{,}9 \\ \hline 795 \\ 2385 \\ \hline 10{,}335 \end{array}$$

2 Nachkommastellen · 1 Nachkommastelle · 3 Nachkommastellen

Division durch natürliche Zahlen

Dividiere zunächst wie bei natürlichen Zahlen stellenweise. Wird das Komma in der Rechnung überschritten, setze auch im Ergebnis das Komma.

Beispiel: $127{,}8 : 6 = 21{,}3$

$$\begin{array}{l} 12 \\ \hline \ 07 \\ \ \ \ 6 \\ \hline \ \ 18 \\ \ \ 18 \\ \hline \ \ \ 0 \end{array}$$

Division durch Dezimalzahlen

Verschiebe bei beiden Zahlen das Komma um eine gleiche Anzahl von Stellen nach rechts, bis der Divisor eine natürliche Zahl ist. Dividiere dann durch die natürliche Zahl.

Beispiel:
$15{,}48 : 4{,}3 = 154{,}8 : 43 = 3{,}6$

Abbrechende und periodische Dezimalzahlen

Teilt man in einem Bruch den Zähler durch den Nenner, so erhält man stets eine Dezimalzahl.
Bricht die Division ab, da der Rest 0 auftritt, erhält man eine *abbrechende Dezimalzahl.*
Bricht die Division nicht ab, weil sich eine Folge von Resten stets wiederholt, so nennt man die entstehende Dezimalzahl periodisch. Die sich wiederholende Ziffer oder Ziffernfolge heißt *Periode*.

Beispiele für $\frac{1}{4}$ und $\frac{29}{22}$:

$1 : 4 = 0{,}25$

$$\begin{array}{r} 0 \\ \hline 10 \\ 8 \\ \hline 20 \\ 20 \\ \hline 0 \end{array}$$

abbrechend

$29 : 22 = 1{,}3\overline{18}$

$$\begin{array}{r} 22 \\ \hline 70 \\ 66 \\ \hline 40 \\ 22 \\ \hline 180 \\ 176 \\ \hline 4 \end{array}$$

periodisch

Bist du fit?

1. Welche Zahlen sind gleich:
0,2; 0,02; 0,20; 0,002; 0,020; 0,200; 0,202; 0,02020; 0,2020?

2. Gib die rot markierten Zahlen als Dezimalzahlen und als Brüche an.

3. Runde
a) 2,7686 auf Tausendstel; c) 0,0854 auf Hundertstel; e) 4,0193 auf Einer;
b) 5,7896 auf Hundertstel; d) 7,7777 auf Zehntel; f) 7,0707 auf Zehntel.

4. Große Einwohnerzahlen werden häufig in Millionen mithilfe von Dezimalzahlen angegeben. Für die Einwohnerzahl Deutschlands (81 844 000) findest du z. B. die Angabe 81,844 Mio. Runde die Zahlen in der Grafik auf Mio. und zeichne ein Säulendiagramm.

Frankreich	**65,447 Mio.**
Spanien	**47,190 Mio.**
Niederlande	**16,680 Mio.**
Schweden	**9,514 Mio.**
Dänemark	**5,579 Mio.**

5. Ordne nach der Größe.
0,25; 1,03; 1,30; 0,52; 2,75; 1,3; 1,98; 0,07; 1,976; 1,984; 1,0998

6. Berechne im Kopf.
a) $5{,}7 + 1{,}8$ b) $9{,}2 - 3{,}5$ c) $0{,}94 + 0{,}21$ d) $3{,}7 + 1{,}24$ e) $8{,}98 - 2{,}5$ f) $2{,}05 - 0{,}87$

7. Berechne schriftlich.
a) $19{,}356 + 7{,}89$ b) $0{,}243 + 0{,}7785$ c) $32{,}753 - 5{,}325$ d) $95{,}7 - 39{,}183$

8. Berechne im Kopf.
a) $1{,}567 \cdot 100$ b) $7{,}834 : 10$ c) $3{,}4711 : 100$ d) $1{,}23 \cdot 3$ e) $3 : 0{,}2$ f) $3{,}4 \cdot 1{,}1$

9. Berechne schriftlich.
a) $12{,}43 \cdot 32$ c) $95{,}7 \cdot 2{,}3$ e) $162{,}72 : 12$ g) $129{,}108 : 8{,}4$
b) $13{,}2 \cdot 4{,}7$ d) $18{,}65 \cdot 17{,}24$ f) $1{,}053 : 3{,}9$ h) $10{,}64 : 0{,}19$

10. a) Die Klasse 6 b hat ein Klassenfest gefeiert. Dabei sind 51,75 € Kosten entstanden. In der Klasse sind 25 Schüler(innen). Wie viel muss jede(r) Schüler(in) zahlen?
b) Ein Lkw mit einer Ladefähigkeit von 3 t soll Dachziegel zu einer Baustelle bringen. Ein Dachziegel wiegt 2,5 kg. Wie viele Dachziegel kann er laden?

11. Ein quaderförmiges Schwimmbecken ist 9,60 m lang, 4,50 m breit und 1,80 m tief.
a) Die Fliesen erhalten einen Schutzanstrich. Wie groß ist die zu streichende Fläche?
b) Es wird bis 20 cm unter den Rand mit Wasser gefüllt. Wie viel Wasser wird benötigt?

12. a) Wandle in eine Dezimalzahl um: $\frac{5}{9}$; $\frac{5}{6}$; $\frac{3}{14}$; $\frac{20}{11}$; $1\frac{2}{7}$.
b) Wandle in einen Bruch um: $2{,}\overline{7}$; $2{,}\overline{07}$; $2{,}\overline{108}$.

2. Symmetrie

Viele Muster und Formen empfinden wir als schön, weil sie besondere Regelmäßigkeiten aufweisen.

Der holländische Künstler Maurits Cornelis Escher (1898 – 1972) hat viele Bilder der folgenden Art gemalt.

➔ Beschreibe, worin das Besondere dieser Bilder liegt.

M. C. Escher's „Symmetrie Drawing E 21"

M. C. Escher's „Symmetrie Drawing E 18"

M. C. Escher's „Symmetrie Drawing E 107"

In diesem Kapitel …
lernst du Begriffe kennen, mit denen du die Gesetzmäßigkeiten besonderer geometrischer Muster und Figuren beschreiben kannst.
Weiter wirst du Eigenschaften symmetrischer Figuren untersuchen.

Lernfeld: Schöne Muster

Gesichtsfelder

Für uns Menschen erscheint es selbstverständlich, dass wir (ohne zusätzliche Augen- und Kopfbewegungen) nicht sehen können, was hinter uns geschieht. Beim Pferd ist das anders. Von Natur aus können Pferde auch sehen, was hinter ihnen geschieht. Auf diese Weise können sie einen nahenden Feind aus nahezu allen Richtungen erkennen. Um das Gesichtsfeld eines Pferdes anschaulich zu machen, zeichnen wir den Kopf eines Pferdes von oben und markieren, welchen Bereich es ohne Kopf- und Augenbewegung wahrnehmen kann.
Durch Scheuklappen kann das Gesichtsfeld von Pferden eingeschränkt werden, sodass sie dann weniger nervös sind.

→ Was meint man, wenn man von einem Menschen sagt, er laufe mit Scheuklappen durch die Welt?

→ Ihr könnt euer eigenes Gesichtsfeld durch ein kleines Experiment überprüfen:
Schau geradeaus auf einen festen Punkt. Dein Partner führt einen Stift auf Augenhöhe langsam von rechts bzw. links hinten in dein Gesichtsfeld.
Ab welcher Stelle kannst du ungefähr den Stift wahrnehmen? Skizziere dein eigenes Gesichtsfeld.

→ Tiere haben Gesichtsfelder anderer Größe. Hier einige Beispiele:

Woran liegt es, dass das Gesichtsfeld der Ente so groß und das Gesichtsfeld der Eule relativ klein ist?

Tapetenmuster

Gemusterte Tapeten weisen besondere Regelmäßigkeiten in ihrer Gestaltung auf.

→ Bringt verschiedene Tapeten mit in den Unterricht. Beschreibt die Muster und vergleicht sie. Überlegt, wie sie entstanden sein könnten. Welche Muster weisen dieselben Regelmäßigkeiten auf?

→ Bei Tapeten ist ein so genannter Rapport angegeben. Informiere dich über dessen Bedeutung. Welche Auswirkungen hat ein großer, welche ein kleiner Rapport?

Rapport (franz.)
Bericht, dienstliche Mitteilung,
Textiltechnik: Musterwiederholung

→ Entwerft selber Tapeten und hängt sie im Klassenraum aus.

2.1 Kreise

Ziel

Kreise kennst du aus dem Alltag.
In diesem Abschnitt lernst du, welche Eigenschaften Kreise aufweisen.

Zum Erarbeiten

Eigenschaft der Punkte auf einem Kreis

Auf dem linken Bild siehst du, wie auf einem Fußballfeld der Mittelkreis markiert wird. Beschreibe, wie das geschieht und worauf geachtet werden muss.
Auf dem rechten Bild siehst du, wie ein Mädchen mit einem Band einen Kreis zeichnet. Beschreibe, worauf sie achten muss.

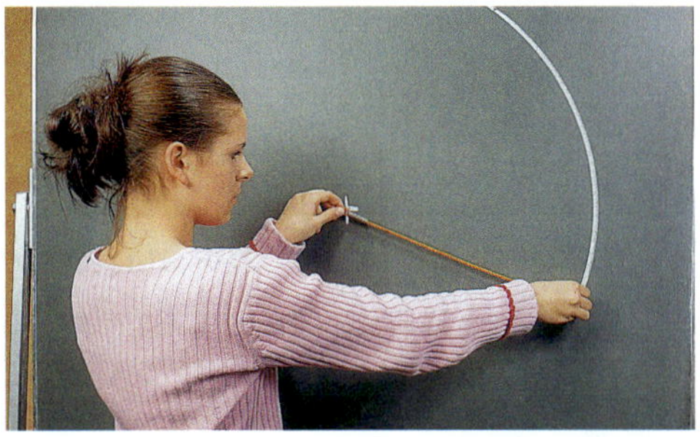

→ Der Kreidewagen ist mit einem Seil fest verbunden mit einem Pflock in der Mitte. Der Platzwart fährt mit dem Kreidewagen, wobei er darauf achten muss, dass das Seil stets straff gespannt sein muss.
Auch das Mädchen muss darauf achten, dass das Band immer straff gespannt ist, damit das Kreidestück immer denselben Abstand vom Mittelpunkt hat. Es gilt nämlich:

Auf einem **Kreis** liegen alle Punkte P, die von einem festen Punkt M die gleiche Entfernung r haben.
Der Punkt M heißt **Mittelpunkt des Kreises**, r heißt **Radius des Kreises**.
Man sagt auch:
Der Kreis ist die **Ortslinie** aller Punkte, die von dem Punkt M denselben Abstand haben.

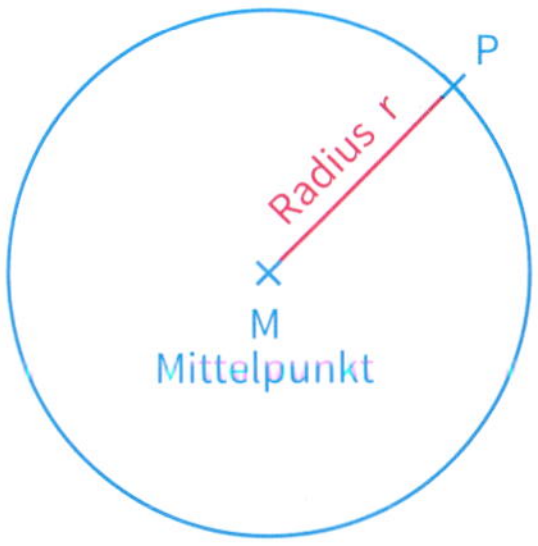

Zeichnen eines Kreises mit dem Zirkel – Sehne und Durchmesser

Markiere einen Punkt M.
Zeichne den Kreis um den Punkt M mit dem Radius r = 4 cm. Zeichne dann eine Strecke, die zwei Punkte auf diesem Kreis verbindet und

(1) 6 cm; **(2)** 8 cm lang ist.

Beschreibe die Lage des Kreismittelpunktes zu diesen beiden Strecken.
Leo behauptet, dass er in diesen Kreis eine 9 cm lange Strecke zeichnen kann. Was meinst du dazu?

→ Du kannst die gesuchte Strecke mit dem Geodreieck durch Probieren in den Kreis einpassen oder dir einen Punkt auf dem Kreis wählen und um ihn einen Kreis mit der Streckenlänge als Radius zeichnen. Hier sind die Zeichnungen verkleinert dargestellt.

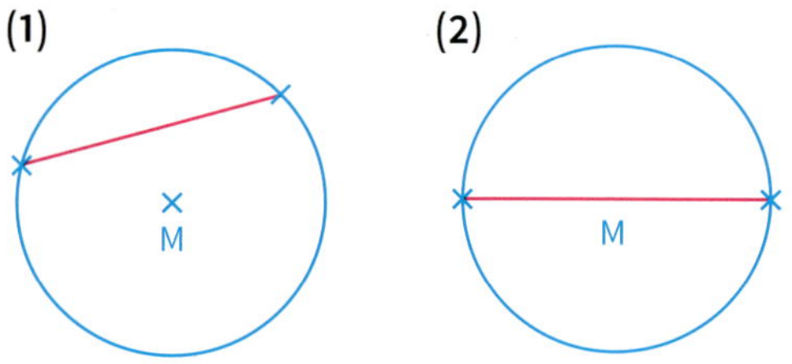

Der Mittelpunkt des Kreises liegt nicht auf der 6 cm lange Strecke, aber auf der 8 cm langen Strecke. Eine längere Strecke kann man nicht in den Kreis zeichnen, da 8 cm doppelt so lang sind wie der Radius von 4 cm. Leos Behauptung ist falsch.

Information

„Radius" und „Durchmesser" sind Teekesselchen, haben also zwei Bedeutungen. Sie bedeuten sowohl eine Strecke als auch eine Länge.

Allgemein gilt:

Eine **Sehne** eines Kreises ist eine Strecke, die zwei Kreispunkte verbindet.
Ein **Durchmesser** eines Kreises ist eine besondere Sehne, die durch den Mittelpunkt des Kreises geht.
Ein Durchmesser d ist doppelt so lang wie ein Radius:
$\mathbf{d = 2 \cdot r}$

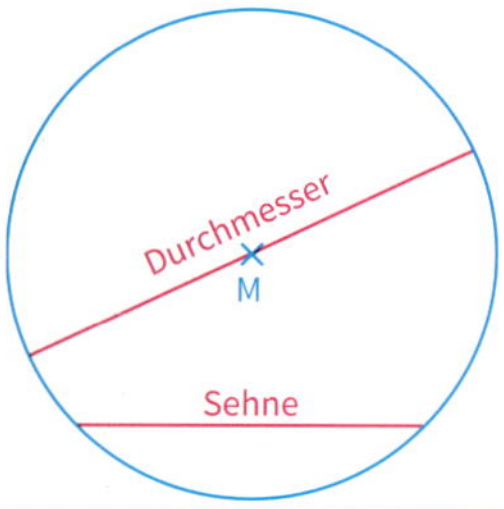

Üben

1. Zeichne mit dem Zirkel einen Kreis. Markiere zuerst den Mittelpunkt M. Gib auch den Durchmesser d bzw. den Radius r an.
a) r = 3 cm **b)** r = 4,5 cm **c)** d = 8 cm **d)** d = 8,2 cm

2. Zeichne drei Kreise mit demselben Mittelpunkt M. Die Durchmesser sollen 4 cm, 7 cm und 10 cm betragen.

3. **a)** Übertrage die Figur in dein Heft. Du kannst sie auch färben.

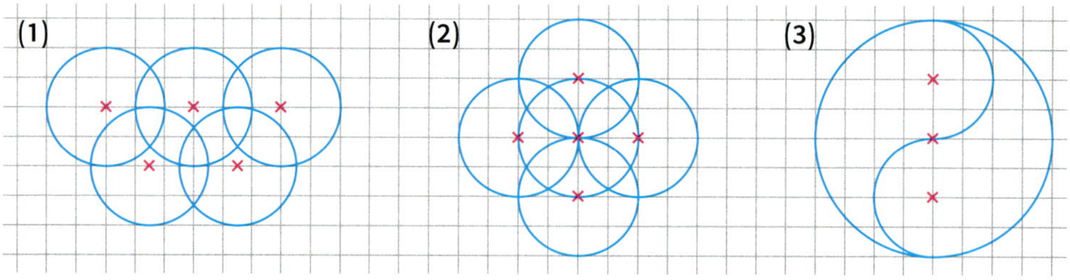

b) Erfinde selbst schöne Kreisfiguren und färbe sie. Du kannst auch ein DGS verwenden.

Vertiefen

4. Zeichne einen Kreis mit r = 5 cm.
a) Passe mit dem Lineal zwei Sehnen mit den Längen 4 cm und 7 cm ein.
b) Passe mit dem Zirkel zwei Sehnen mit den Längen 3 cm und 6 cm ein.

5. Zeichne in ein Koordinatensystem mit der Einheit 1 Kästchenlänge einen Kreis mit dem Mittelpunkt M(5|6). Der Radius soll 5 Kästchenlängen betragen. Zeichne folgende Punkte ein: A(5|1), B(8|4), C(3|2), D(10|12), E(1|9), F(8|2), G(5|10), H(1|2).
Welche dieser Punkte liegen
(1) auf dem Kreis; **(2)** im Inneren des Kreises; **(3)** außerhalb des Kreises?

6. Auf den Flugplätzen in Freiburg, Friedrichshafen, Karlsruhe, Leonberg, Mannheim, Stuttgart, Villingen, Schwenningen und Ulm sind Rettungshubschrauber stationiert. Sie können Orte bis zu einer Entfernung von 70 km anfliegen (Einsatzradius).

a) Übertrage die Standorte der fünf Rettungshubschrauber auf Transparentpapier und bestimme mit dem Zirkel die Einsatzgebiete.

b) Lege das Transparentpapier auf die Karte. Nenne Städte in dem Gebiet, das
(1) von keinem;
(2) von einem;
(3) nur von einem
dieser Rettungshubschrauber erreicht werden kann.

c) Welche Städte können von zwei dieser Hubschrauber erreicht werden?

7. Zeichne zwei Kreise mit den Radien 2 cm und 3 cm, die
(1) keinen Punkt gemeinsam haben;
(2) sich in einem Punkt berühren;
(3) sich in zwei Punkten schneiden.

8. Viele Figuren bestehen nicht aus ganzen, sondern aus Teilen von Kreisen. Zeichne die Figuren in dein Heft.

9. Entwerft ein Maßwerk-Fenster wie auf dem Foto links oben. Hängt die Entwürfe im Klassenraum aus.

Herausfordern

10. Zeichne mithilfe einer Dose einen Kreis; schneide ihn aus. Finde nun den Mittelpunkt des Kreises.

11. Ein Hund wird mit einer 5 m langen Leine an einer Ecke eines quadratischen Brunnentrogs mit der Kantenlänge 3 m gebunden. Welchen Bereich kann der Hund erreichen? Konstruiere mit dem Zirkel im Maßstab 1:100.

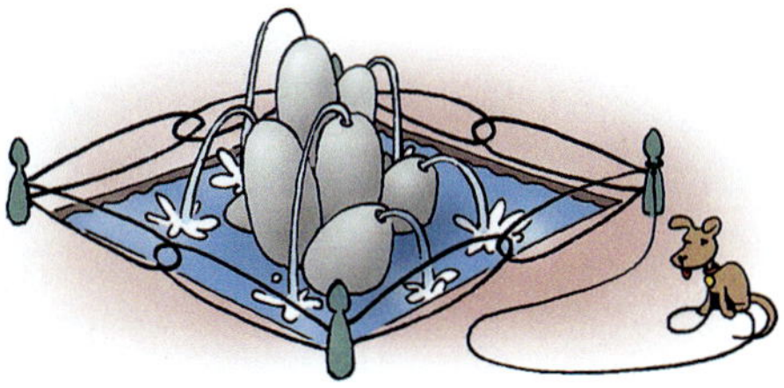

2.2 Winkel

2.2.1 Begriff des Winkels

Einstieg

Leuchttürme dienen in der Seefahrt zur Orientierung. Aus Seekarten kann man nicht nur die Position der Türme entnehmen, sondern auch, wohin das Leuchtfeuer strahlt und in welcher Farbe.

a) In der Kuppel des „Amrumer Leuchtturms“ dreht sich ein Scheinwerfer in 7,5 s einmal im Kreis.

Der Leuchtturm „Ölhörn“ auf Föhr hat in einigen Abschnitten rot und in anderen grün gefärbte Scheiben.

Häufig sind wie bei dem Leuchtturm „Nebel“ auf Amrum die Fenster nur zu einer Seite ausgerichtet.

Welche Auswirkungen hat die Bauart der Türme auf den Schein des Leuchtfeuers? Ihr könnt es mit einer Taschenlampe ausprobieren.

b) In der Karte findet ihr die Leuchtfeuer einiger Leuchttürme. Beschreibt, wohin jeweils ihr Licht strahlt, und vergleicht die Gebiete, in denen die einzelnen Leuchtfeuer zu sehen sind. Beachtet dabei jeweils auch die Farben des Feuers. Weißes Licht wird in Seekarten gelb eingezeichnet.

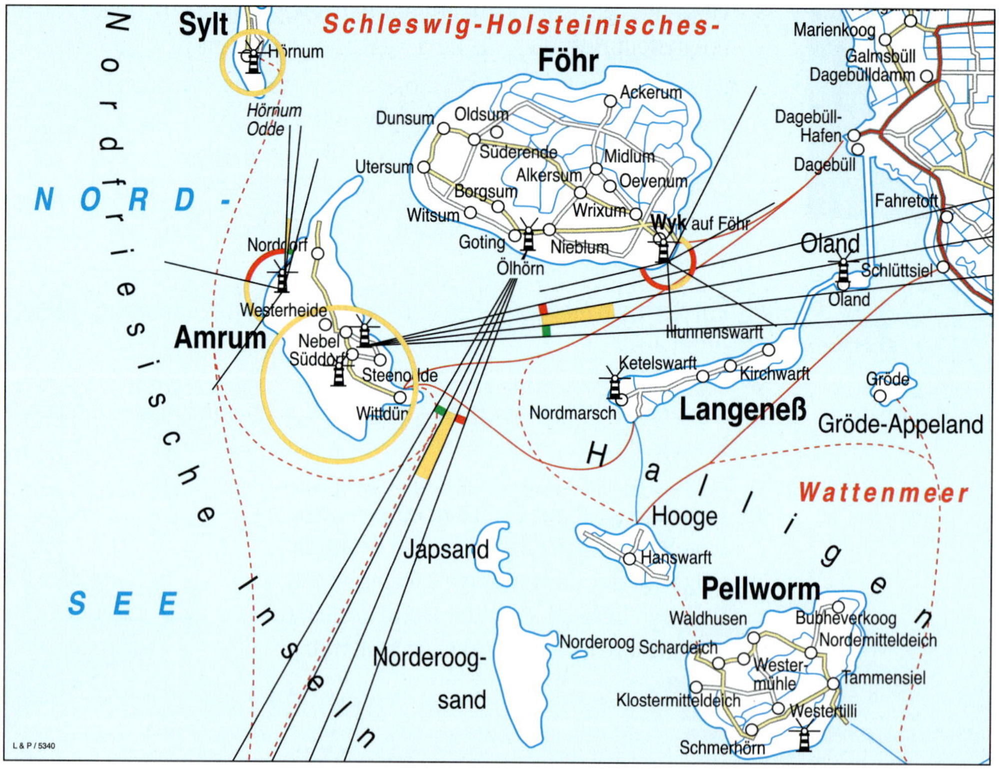

Information

Auf dem Foto links siehst du einen Radarturm mit Sender und Antenne. Die Antenne dreht sich und der Sender sendet dabei ständig einen Radarstrahl aus. Radarstrahlen breiten sich wie Lichtstrahlen geradlinig aus. Trifft ein Strahl auf ein Hindernis, z. B. ein Flugzeug, so wird er zurückgeworfen und von der Antenne empfangen. Die vom Strahl getroffenen Punkte erscheinen auf dem kreisrunden Bildschirm (Bild rechts) als leuchtende Punkte. Daraus lassen sich Lage und Entfernung der Flugzeuge erkennen.

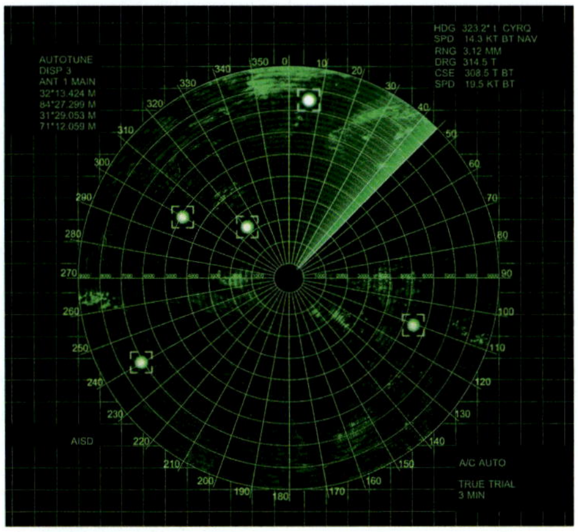

Einen Radarstrahl kann man mathematisch durch eine Halbgerade beschreiben: Er hat einen Anfangspunkt und ist zur anderen Seite unbegrenzt.

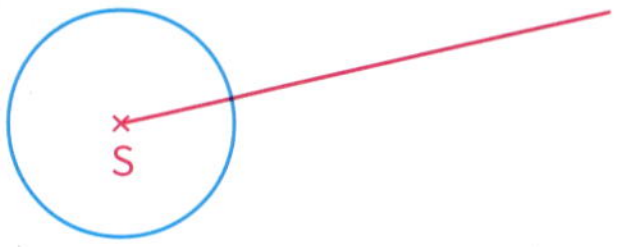

Für die Halbgerade mit dem Anfangspunkt A durch den Punkt B schreibt man das Symbol $\overrightarrow{AB}$.

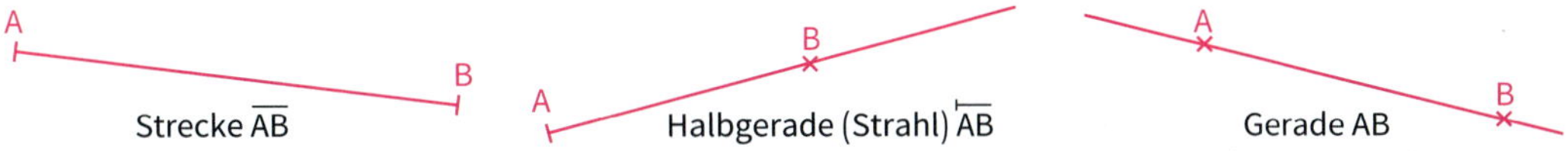

Strecke $\overline{AB}$ nach beiden Seiten begrenzt

Halbgerade (Strahl) $\overrightarrow{AB}$ nach einer Seite unbegrenzt

Gerade AB nach beiden Seiten unbegrenzt

Aufgabe 1

Einführung des Winkelbegriffs

Die Figur besteht aus zwei Halbgeraden g und h mit dem gemeinsamen Anfangspunkt S. Zeichne die Figur in dein Heft.

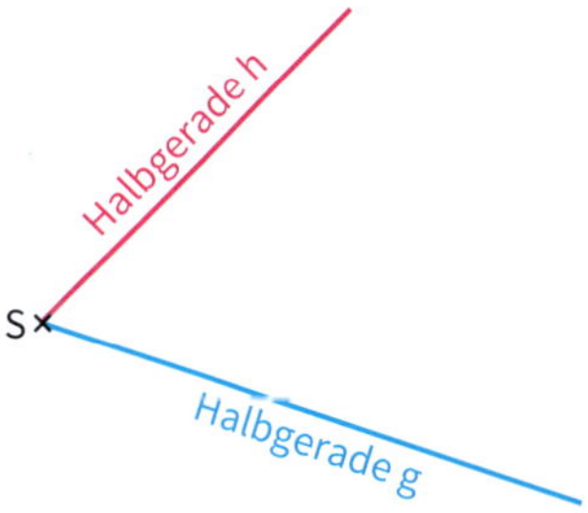

a) Drehe mithilfe von Transparentpapier und einer Nadel die Halbgerade g um seinen Anfangspunkt S.
Welche Möglichkeiten gibt es, die Halbgerade g so zu drehen, dass sie auf die Halbgerade h fällt? Färbe mit verschiedenen Farben die Flächen, die die Halbgerade g dabei überstreicht.

b) Drehe die Halbgerade h um den Punkt S, bis er auf die Halbgerade g fällt.
Welche Möglichkeiten gibt es?

Lösung

a) Wenn man die Halbgerade g linksherum dreht (gegen den Uhrzeiger), so erhält man die gelbe Fläche.
Dreht man die Halbgerade g rechtsherum, so erhält man die grüne Fläche.

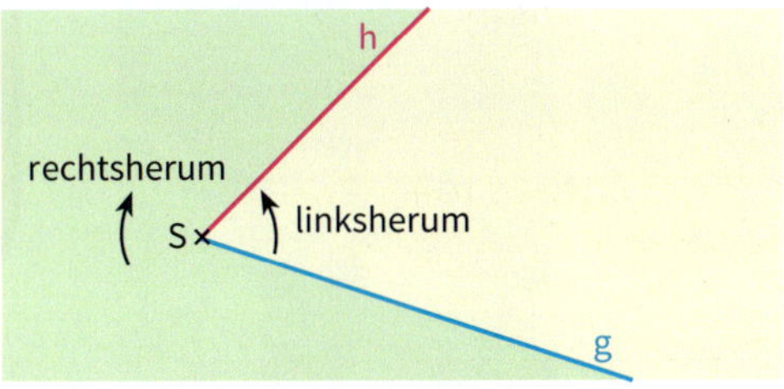

b) Wenn man die Halbgerade h linksherum dreht, so erhält man die gelbe Fläche. Dreht man die Halbgerade h dagegen rechtsherum, so erhält man die grüne Fläche.

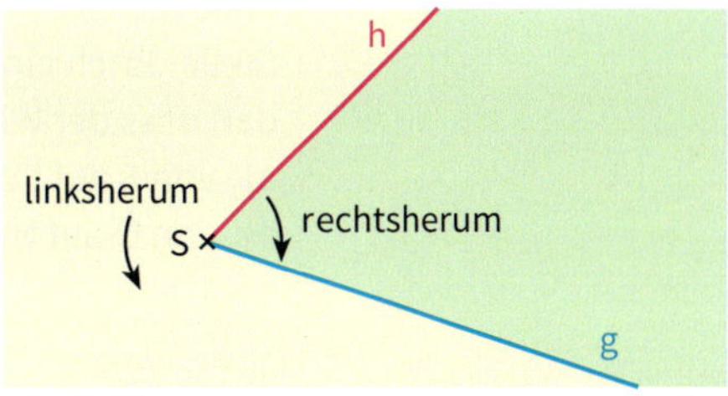

Information

(1) Winkel

Dreht man eine Halbgerade um ihren Anfangspunkt S in eine neue Lage, so wird eine Fläche überstrichen. Dieses Gebiet heißt **Winkel**.
Der gemeinsame Punkt S der beiden Halbgeraden heißt **Scheitel** *(Scheitelpunkt)*, die beiden Halbgeraden heißen **Schenkel** des Winkels.
In der Mathematik ist es üblich, die Drehrichtung linksherum (gegen den Uhrzeigersinn) zu wählen.

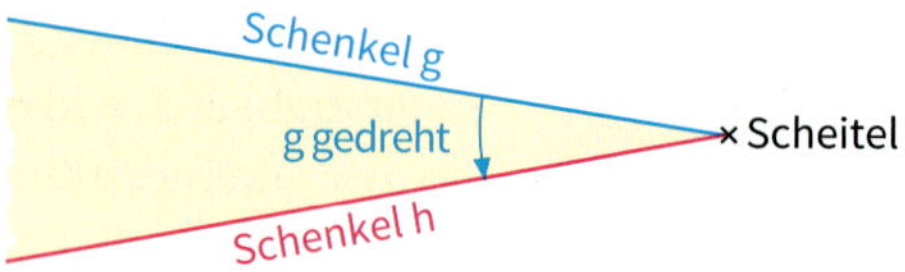

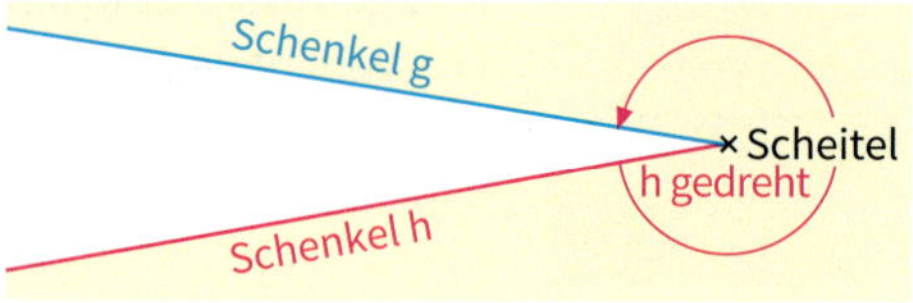

Griechische Buchstaben
α Alpha
β Beta
γ Gamma
δ Delta
ε Epsilon

(2) Bezeichnung eines Winkels durch griechische Buchstaben

Punkte bezeichnen wir mit großen Buchstaben, Geraden mit kleinen Buchstaben.
Es ist üblich, Winkel kurz mithilfe kleiner griechischer Buchstaben zu bezeichnen.

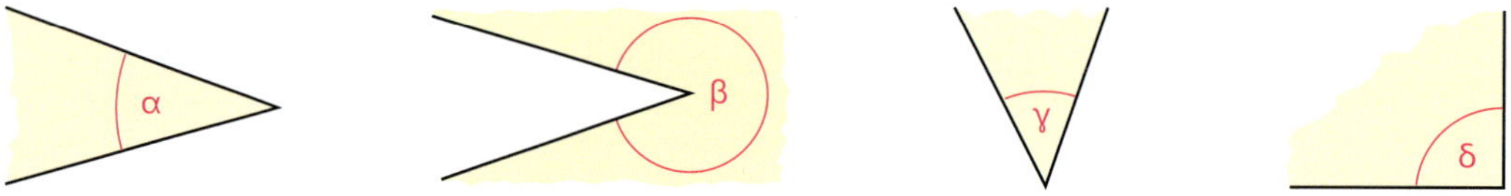

Weiterführende Aufgabe

Winkel in Figuren

2. Auch in Figuren (z. B. im Dreieck ABC) treten Winkel auf, obgleich hier nicht Halbgeraden, sondern Strecken die Begrenzungslinien bilden. Man muss sich nur die Seiten unbegrenzt fortgesetzt denken zu Halbgeraden.
In einem Dreieck werden die markierten Winkel so bezeichnet:
Zum Eckpunkt A gehört der Winkel α,
zum Eckpunkt B gehört der Winkel β,
zum Eckpunkt C gehört der Winkel γ.
Erkläre die Entstehung der Winkel durch Drehung von Halbgeraden.

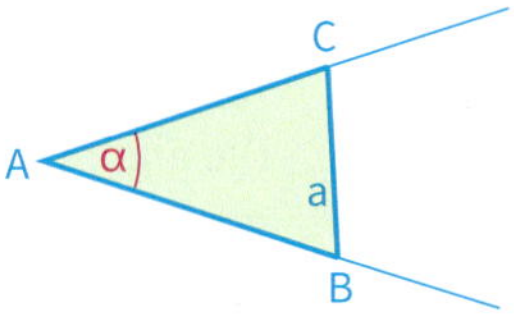

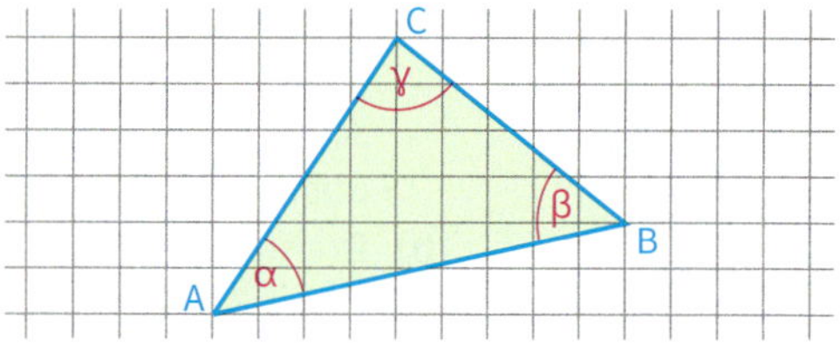

Üben

3. Auf dem Foto rechts siehst du einen Windsack. Dreht sich der Wind, so dreht sich auch der Windsack.
Stelle durch eine Zeichnung dar, dass der Wind
a) von S auf SW dreht,
b) von O auf NW dreht.

4. Durch die beiden Halbgeraden a und b sind zwei Winkel festgelegt. Erkläre ihre Entstehung und bezeichne in deinem Heft jeden Winkel durch einen Bogen und einen griechischen Buchstaben.

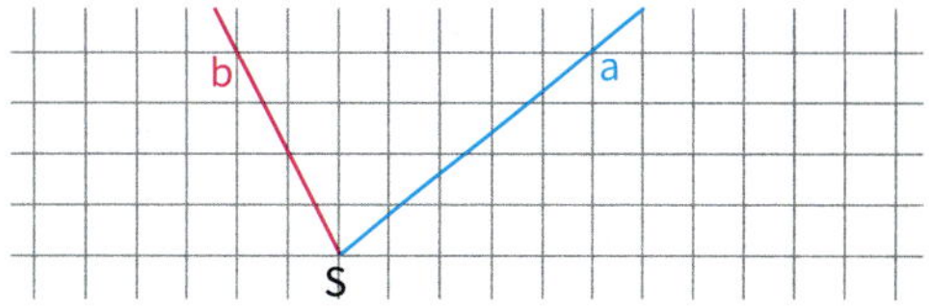

5. Zeichne ab und markiere, welcher Schenkel linksherum, d. h. entgegen dem Uhrzeigersinn, gedreht werden muss, um den eingezeichneten Winkel zu erhalten.

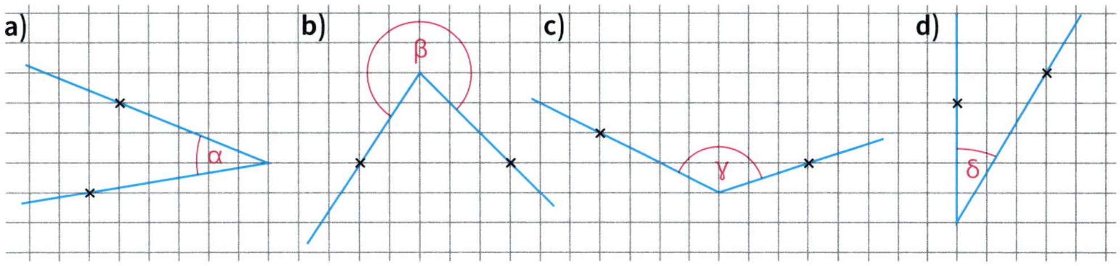

6. Zeichne ab und markiere den Winkel, der entsteht, wenn man den Schenkel g linksherum dreht.

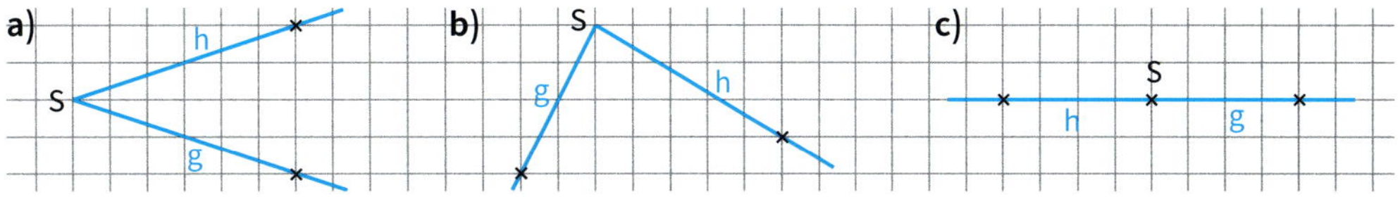

Vertiefen

7. Die Eckpunkte und Winkel eines Vielecks werden wie im Bild bezeichnet. Erkläre die Entstehung der Winkel α, β, γ, δ durch Drehung von Strahlen.

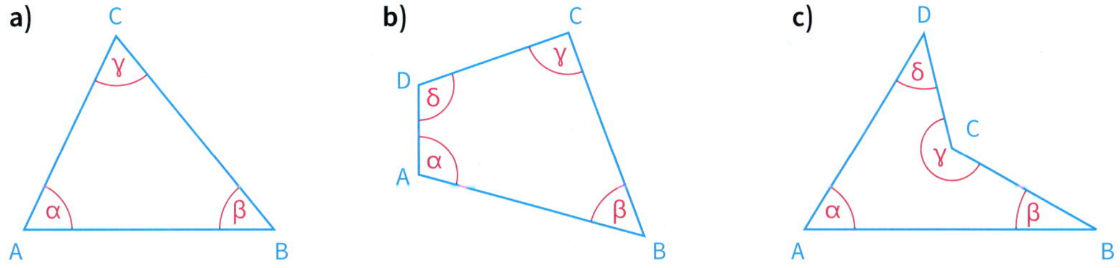

Herausfordern

8. Skizziere die Zeichnung in dein Heft. Erläutere die Bedeutung der eingezeichneten Winkel und markiere den toten Winkel.

Toter Winkel

Trotz der Außenspiegel und des Rückspiegels kann ein Autofahrer nicht den ganzen Bereich hinter dem Fahrzeug und seitlich des Fahrzeugs einsehen, ohne den Kopf zu drehen („Schulterblick"). Den nicht einsehbaren Bereich bezeichnet man als **toten Winkel**.

Das kann ich noch!

A) Berechne.

1) $12 - 2 \cdot 3$ 2) $28 - (12 - 9)$ 3) $5 \cdot 2^3$ 4) $36 : 4 : 3$ 5) $2 \cdot [5 \cdot (4 - 1)]$

B) Berechne vorteilhaft.

1) $39 \cdot 2 \cdot 5$ 2) $57 + 68 + 43$ 3) $4 \cdot 29 \cdot 25$ 4) $59 \cdot 13 + 41 \cdot 13$ 5) $7 \cdot 168 + 7 \cdot 32$

2.2.2 Messen von Winkeln – Winkelarten

Einstieg

Aus der alltäglichen Sprache kennst du Sätze wie: „Die Tür steht weit offen." Welche der Türen steht weiter offen?
Beschreibt, wie weit sie geöffnet sind. Denke auch an Winkel.

Aufgabe 1

Winkel vergleichen
Vergleiche die Winkel und ordne sie nach Weite (Größe).

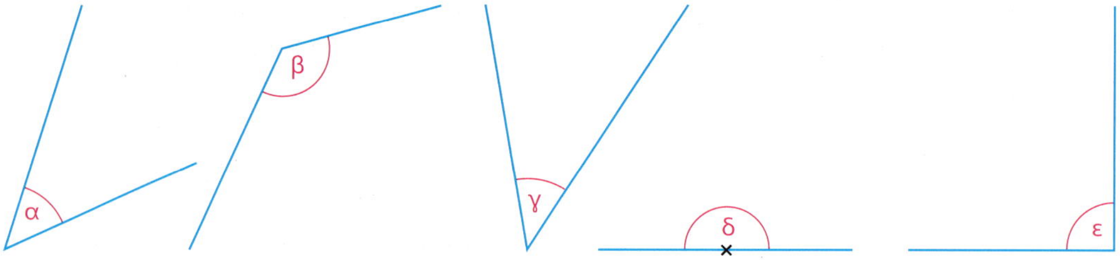

Lösung

Mit bloßem Auge erkennt man: $\delta > \beta > \varepsilon > \gamma$
Die Winkelweite von α und γ kann man durch Übertragen von einem der beiden Winkel auf Transparentpapier vergleichen. Du erhältst $\alpha > \gamma$.
Damit gilt: $\delta > \beta > \varepsilon > \alpha > \gamma$

Information

(1) Angabe der Winkelweite durch Maßzahl und Maßeinheit
Die Ägypter und Babylonier haben ein Maß für Winkel benutzt, das noch bis heute üblich ist. Der Kreislauf der Erde in rund 360 Tagen um die Sonne war wohl der Grund für die Einteilung des Vollwinkels in 360 gleich große Teilwinkel.

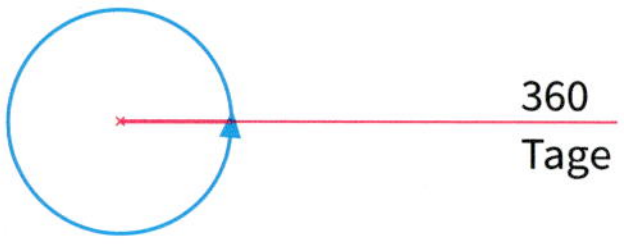

Statt Winkelweite sagt man auch Größe eines Winkels.

Der 360. Teil eines Vollwinkels beträgt **1 Grad** (geschrieben 1°).
Seine Öffnungsweite ist nur sehr gering; man kann die beiden Schenkel erst in einiger Entfernung vom Scheitelpunkt voneinander unterscheiden.

Einheitswinkel der Größe 1° (Öffnungsweite 1°)

Der Winkel α hat die **Winkelweite** 17°. Das bedeutet: Der Winkel α ist so groß, wie 17 Winkel von 1° zusammen ergeben.
17° ist ein Maß für die Öffnungsweite des Winkels.

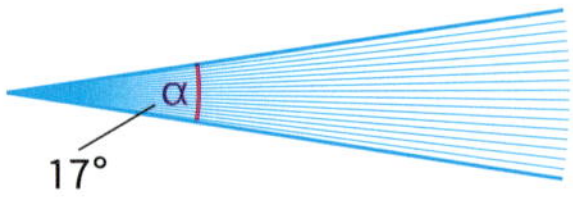

Beachte:
Wir haben α als Bezeichnunag für einen Winkel eingeführt. Wir wollen den griechischen Buchstaben aber auch für die Winkelweite dieses Winkels benutzen und schreiben $\alpha = 17°$.

$\alpha = 17\,°$
Maßzahl Einheit

Information

(2) Winkelarten

Man unterscheidet folgende Winkel nach ihrer Winkelweite (Größe):

Die Schenkel sind orthogonal zueinander.  **rechter Winkel** $\alpha = 90°$	Die Schenkel liegen auf einer Geraden. 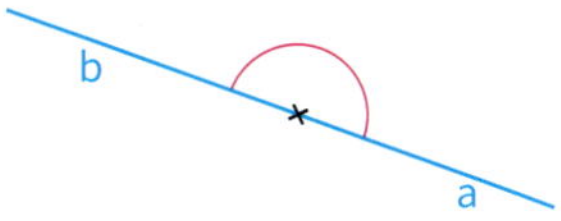 **gestreckter Winkel** $\alpha = 180°$	Die Schenkel liegen aufeinander. 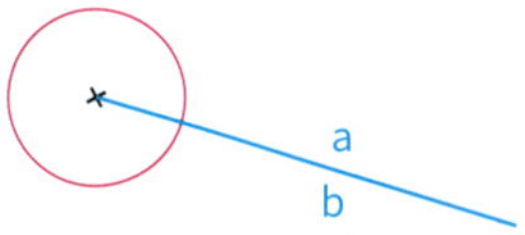 **Vollwinkel** $\alpha = 360°$
Der Winkel ist kleiner als ein rechter Winkel. 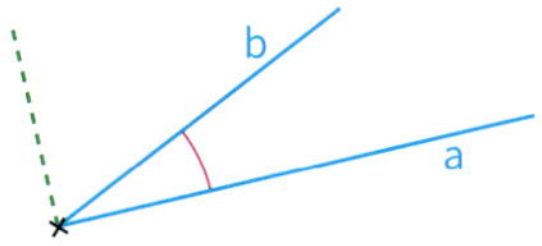 **spitzer Winkel** $\alpha < 90°$	Der Winkel ist kleiner als ein gestreckter Winkel, aber größer als ein rechter Winkel. 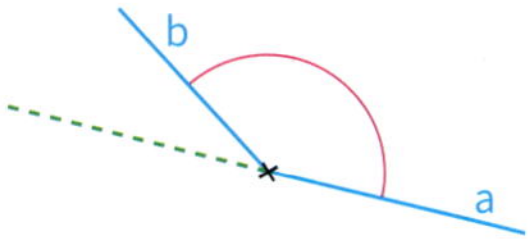 **stumpfer Winkel** $90° < \alpha < 180°$	Der Winkel ist größer als ein gestreckter Winkel, aber kleiner als ein Vollwinkel. 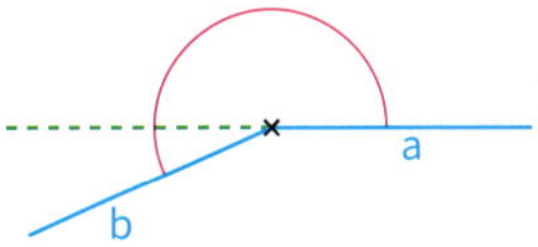 **überstumpfer Winkel** $180° < \alpha < 360°$

α zwischen 90° und 180° groß.

(3) Winkelmesser

Mit dem Geodreieck kannst du auch Winkel messen.
Du siehst zwei Winkelskalen von 0° bis 180°, eine innere und eine äußere. Die innere Winkelskala beginnt links mit 0°, die äußere beginnt rechts mit 0°.
Mache dich mit deinem Winkelmesser vertraut.

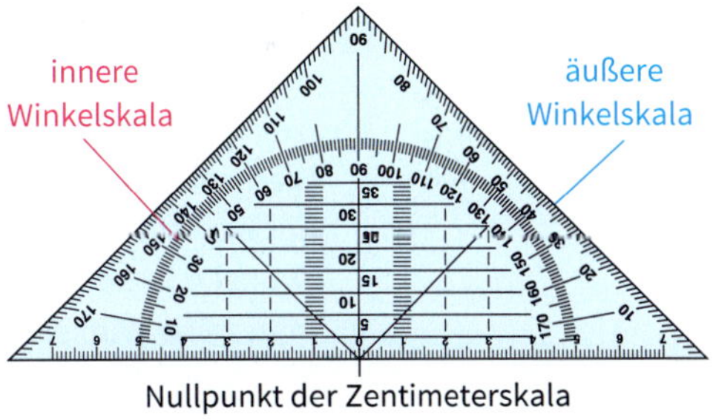

Aufgabe 2

Winkel messen

Zeichne den Winkel in dein Heft.
Miss dann mit dem Geodreieck die Winkelweite des Winkels β.

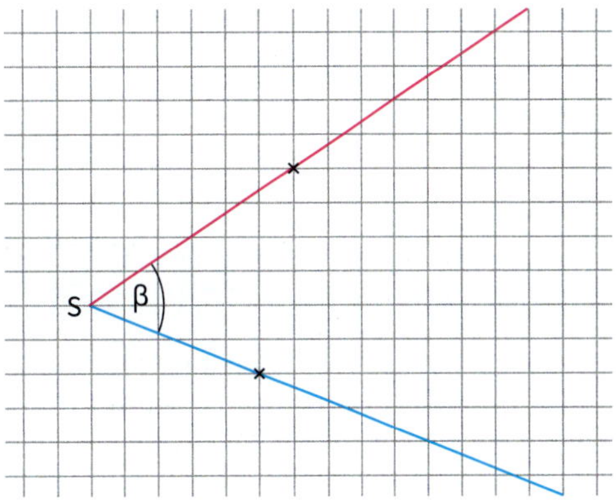

Lösung

1. Möglichkeit

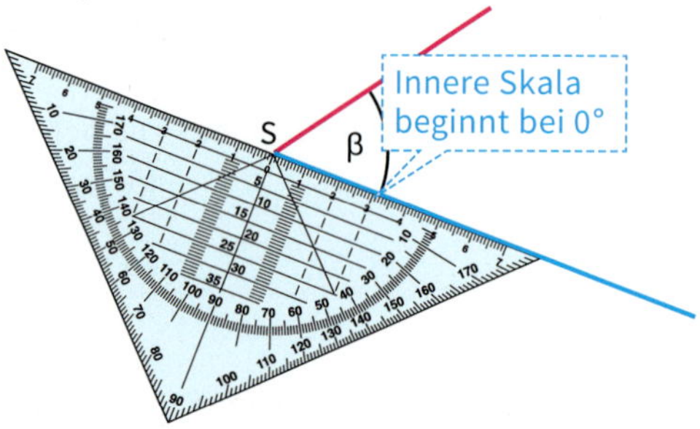

Lege das Geodreieck so an wie im Bild.
Beachte: Der Nullpunkt des Geodreiecks muss genau auf dem Scheitelpunkt S liegen.

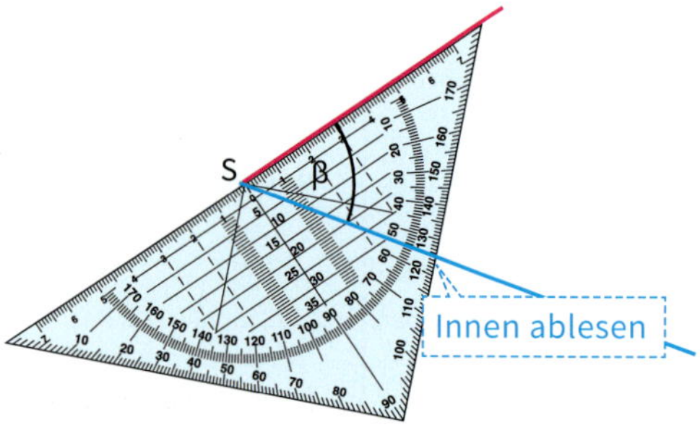

Drehe das Geodreieck dann um S linksherum bis in die Lage wie im Bild. Lies nun die Winkelweite von β ab: β = 55°.

2. Möglichkeit

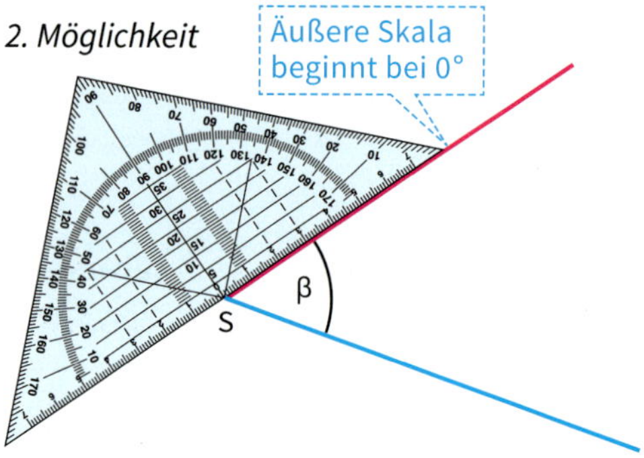

Lege das Geodreieck so an wie im Bild.
Beachte: Der Nullpunkt des Geodreiecks muss genau auf dem Scheitelpunkt S liegen.

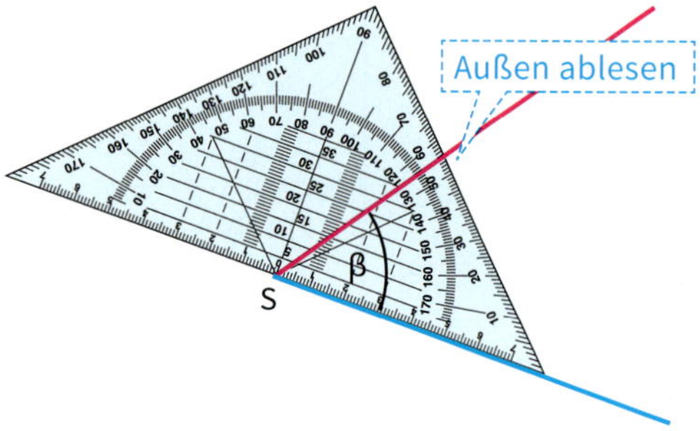

Drehe das Geodreieck dann um S rechtsherum bis in die Lage wie im Bild. Lies nun die Winkelweite von β ab: β = 55°.

Weiterführende Aufgabe

Messen eines überstumpfen Winkels

3. Die Winkelskala des Geodreiecks reicht nur bis 180°. Übertrage den überstumpfen Winkel α in dein Heft und erläutere, wie man seine Winkelweite trotzdem bestimmen kann. Es gibt mehrere Möglichkeiten.

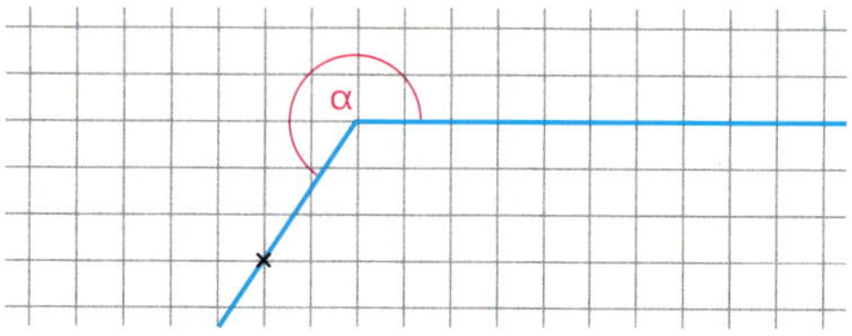

Üben

4. Vergleiche – ohne zu messen – die drei Winkel α, β und γ ihrer Winkelweite nach.

a)

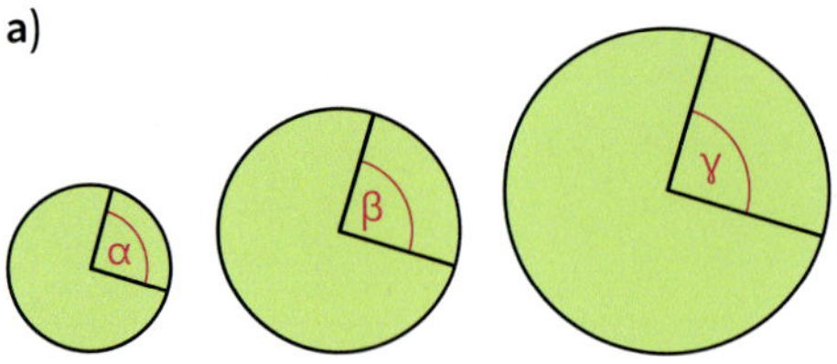

b)

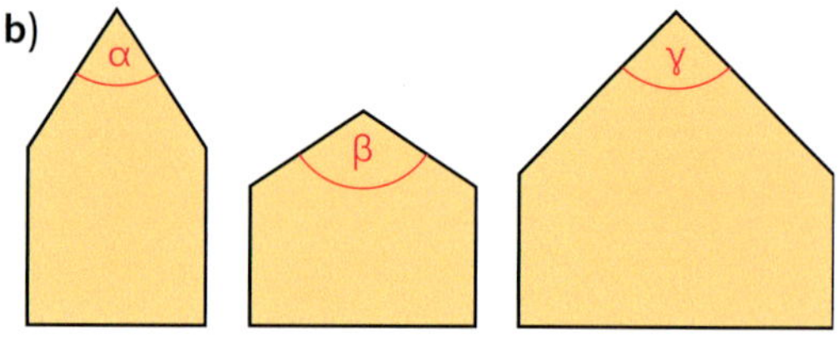

5. Sucht rechte, spitze und stumpfe Winkel in eurer Umwelt.

6. Was für Winkel liegen in dem Viereck vor?

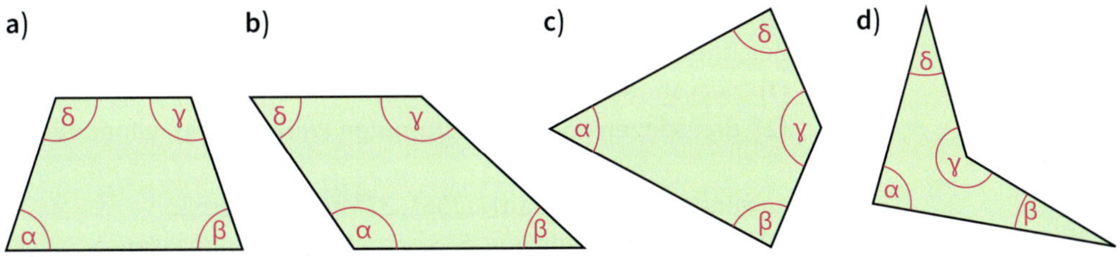

7. Übertrage die Winkel in dein Heft. Schätze ihre Winkelweite und gib ihre Art an. Miss dann genau.

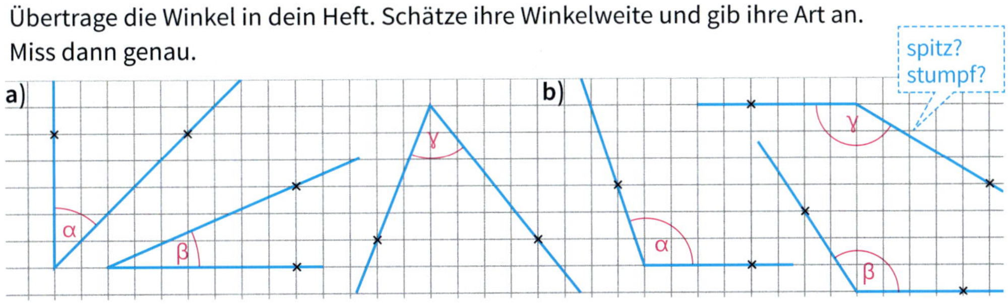

8. Ein Partner zeichnet einen Winkel mit der angegebenen Winkelweite nach Augenmaß. Der andere prüft anschließend mit dem Geodreieck und benennt die Winkel. Wechselt euch nach jedem Winkel ab.

a) 30° **b)** 45° **c)** 60° **d)** 90° **e)** 120° **f)** 150° **g)** 10° **h)** 180°

9. Zeichne in ein Koordinatensystem mit der Einheit 1 cm ein Dreieck mit den angegebenen Eckpunkten. Miss die Winkel α, β und γ.

a) A(1|1), B(6|1), C(1|5)

b) A(0|1), B(7|4), C(5|9)

c) A(1|6), B(5|1), C(9|6)

d) A(2|4), B(7|0), C(7|8)

10. Zeichne die überstumpfen Winkel in dein Heft und bestimme ihre Winkelweite.

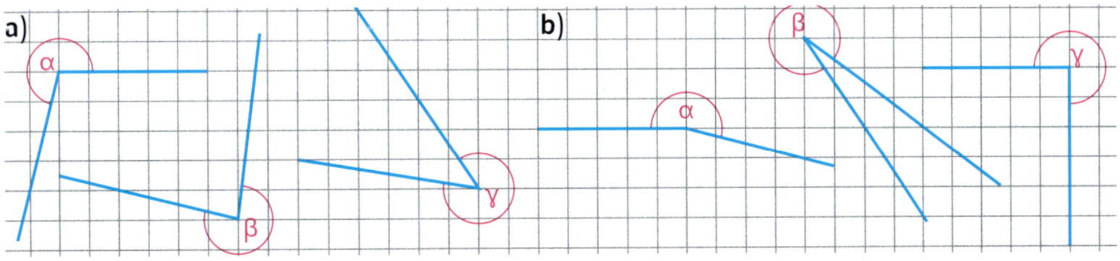

Spiel

11. Stellt euch eine „Winkelscheibe" her. Zeichnet dazu zwei gleich große Kreise mit dem Radius 7 cm auf verschieden farbigem Karton, markiert den Mittelpunkt und schneidet sie aus. Schneidet dann beide Kreise bis zum Mittelpunkt ein und steckt sie ineinander. Der eine Partner stellt mit der Scheibe einen Winkel ein, der andere schätzt seine Größe. Dann wird gemessen. Notiert die Ergebnisse in einer Tabelle. Wechselt euch ab. Bildet die Summe der Unterschiede. Gewonnen hat, wer nach 10 Schätzungen das kleinste Ergebnis hat.

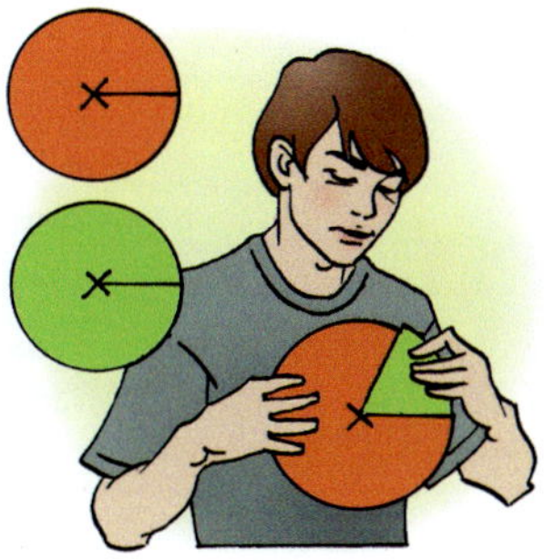

Vertiefen

12. a) Zeichne ein Dreieck mit
(1) drei spitzen Winkeln; (2) einem rechten Winkel; (3) einem stumpfen Winkel.
b) Zeichne ein Viereck mit:
(1) zwei stumpfen und zwei spitzen Winkeln; (3) mindestens einem rechten Winkel;
(2) drei spitzen und einem stumpfen Winkel; (4) genau zwei rechten Winkeln.

13. Die folgenden Winkel sind 117°, 56°, 37° und 124° groß.
Ermittle die Winkelweite von α, β, γ und δ ohne zu messen.

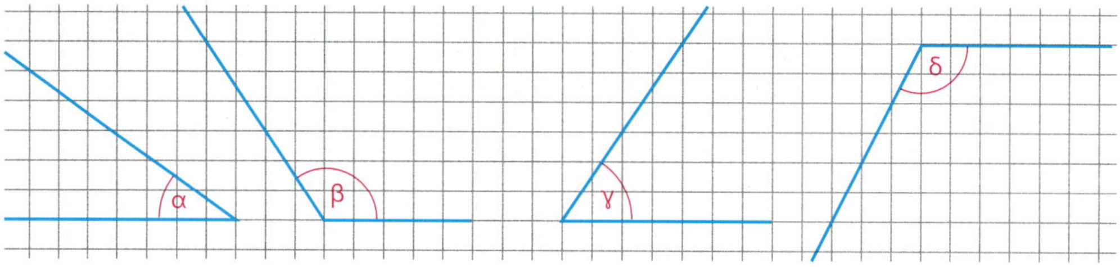

14. Neben einer Treppe ist eine Auffahrt (eine „schiefe Ebene“) für Rollstuhlfahrer gebaut.
Zeichne die Auffahrt in dein Heft und miss den Steigungswinkel α.

Herausfordern

15. Zeichne die Punkte A(1|1), B(9|1), C(11|5) und D(5|9) in ein Koordinatensystem mit der Einheit 1 cm und miss die Winkel, die du mithilfe der Punkte bilden kannst.

16. Es gilt in der Zeichnung rechts:
$\alpha = 75°$, $\beta = 65°$ und $\gamma = 110°$.
Wie groß ist δ?

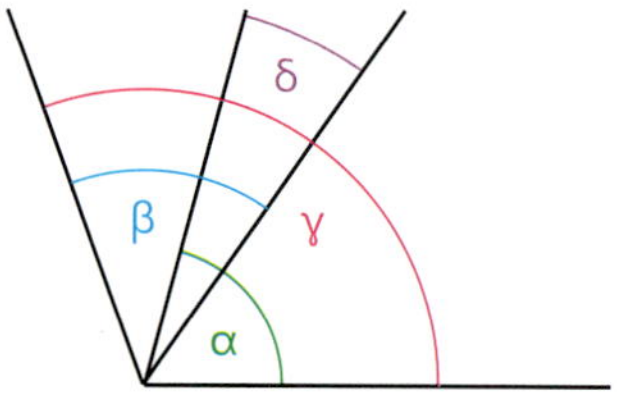

DGS

17. Zeichne mit einem DGS einen Winkel.
Du kannst ihn messen, indem du drei Punkte angibst: einen auf dem einen Schenkel, den Scheitelpunkt und einen Punkt auf dem anderen Schenkel oder indem du die beiden Schenkel angibst.
Verändere die Öffnungsweite des Winkels.
Was stellst du fest?

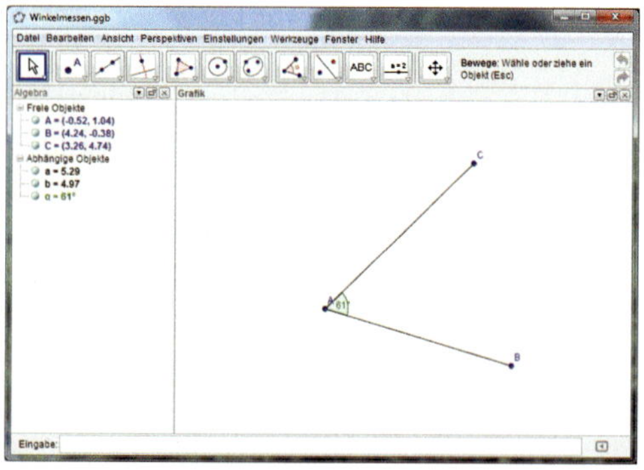

2.2.3 Zeichnen von Winkeln

Einstieg

a) Kopiert eine Karte von Baden-Württemberg. Tragt mit einer Winkelscheibe von Stuttgart aus die Richtung 70° Ost (zur Nordrichtung) ein.
Welche Orte liegen in dieser Richtung?
Stellt euch auch weitere solche Aufgaben zu eurem Heimatort.

b) Kopiert euch eine genauere Karte eurer Gegend. Ermittelt mit einer Winkelscheibe, welche Orte ausgehend von eurem Wohnort in Richtung 35° West (zur Nordrichtung) liegen. Stellt euch weitere solcher Aufgaben.

Aufgabe 1

Winkel zeichnen

Zeichne mit dem Geodreieck an die Halbgerade g nach oben einen Winkel mit dem Scheitel S und der Winkelweite 65°.

Lösung

1. Möglichkeit:

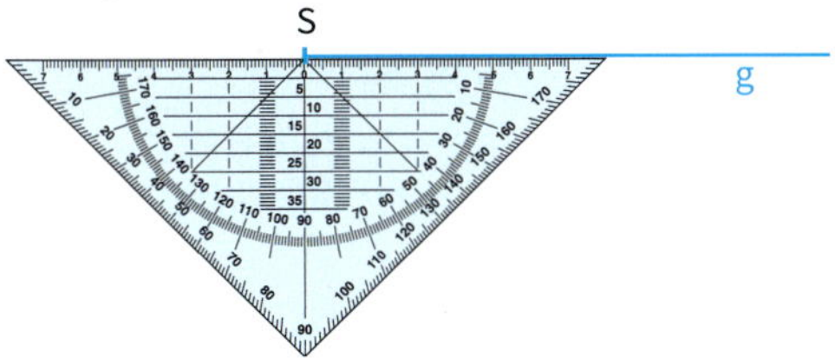

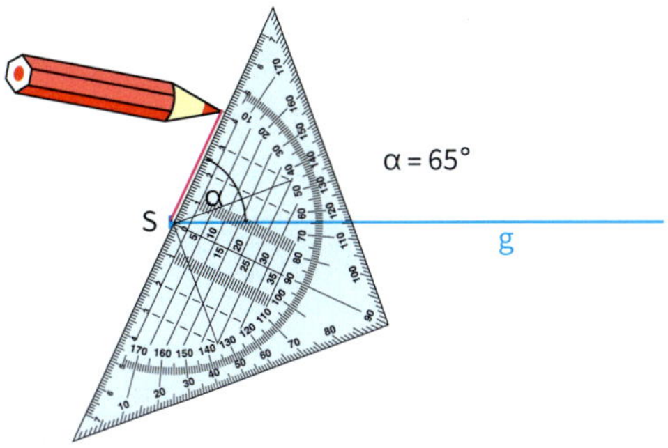

Lege das Geodreieck so auf den Strahl g.
Beachte: Der Nullpunkt des Geodreiecks muss auf dem Scheitel S liegen.

Drehe das Geodreieck um S linksherum um 65°, bis es die Lage wie im Bild erreicht hat. Zeichne den zweiten Schenkel des Winkels α von S aus.

2. Möglichkeit:

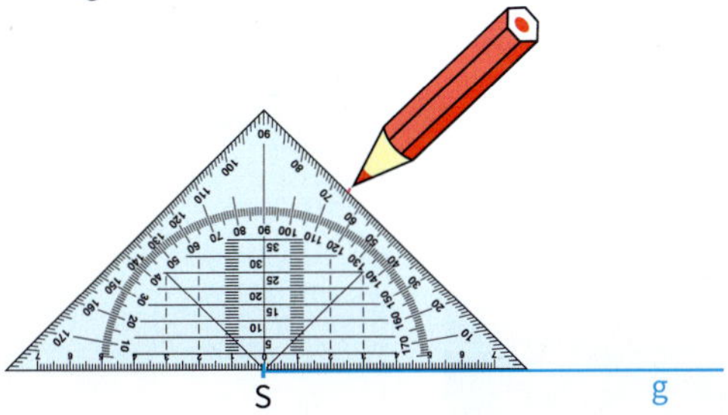

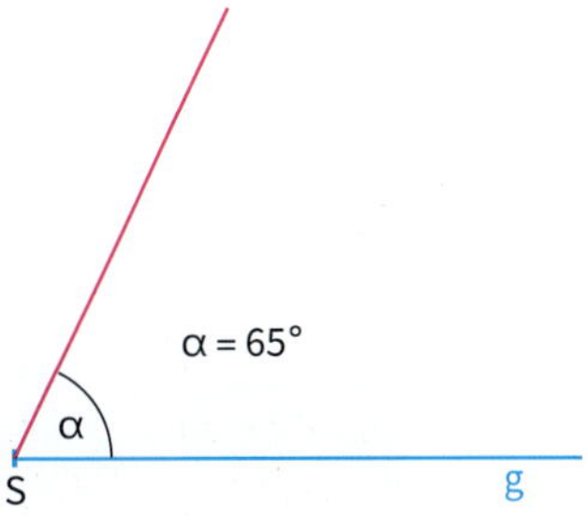

Lege das Geodreieck so auf den Strahl g.
Beachte: Der Nullpunkt des Geodreiecks muss auf dem Scheitel S liegen.

Markiere bei 65° einen Punkt. Verbinde den Markierungspunkt mit dem Punkt S.

Weiterführende Aufgaben

Zeichnen von überstumpfen Winkeln

2. **a)** Erkläre, wie man den überstumpfen Winkel mit der Winkelweite 235° zeichnen kann.

b) Zeichne einen Winkel mit der Winkelweite
(1) 185°; (2) 308°.

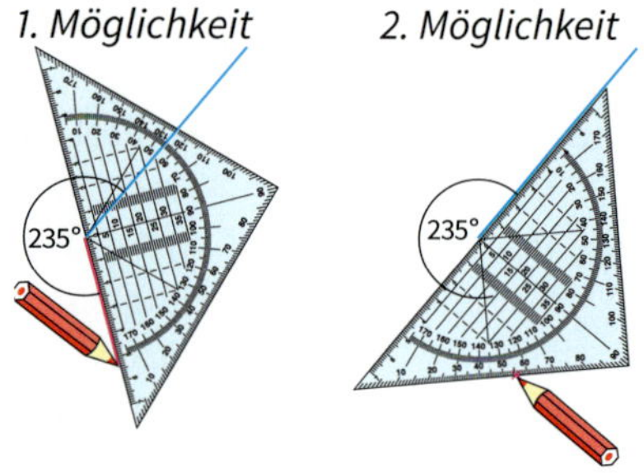

Zeichnen von Dreiecken mithilfe von Winkeln

3. Zeichne ein Dreieck ABC mit |AB| = 6 cm, α = 23° und β = 72°.

Üben

4. Zeichne einen Winkel mit der angegebenen Winkelweite. Überlege dir vorher, um was für einen Winkel es sich handelt.

a) 40° **c)** 110° **e)** 147° **g)** 270° **i)** 293°
b) 10° **d)** 90° **f)** 300° **h)** 311° **j)** 360°

5. Zeichne in einen Winkel mit der angegebenen Größe.
a) 180° b) 77° c) 139° d) 267° e) 353°

6. Zeichne in ein Koordinatensystem mit der Einheit 1 cm die Halbgerade $\overleftarrow{SP}$.
Trage an die Halbgerade $\overleftarrow{SP}$ den Winkel α an.
a) S(2|1); P(7|3); α = 42° **b)** S(4|3); P(8|0); α = 112° **c)** S(7|4); P(11|1); α = 238°

7. Zeichne das Dreieck mit den angegebenen Maßen in dein Heft.
Beginne mit der Strecke $\overline{AB}$. Bestimme die Weite des dritten Winkels und die Länge der Strecken $\overline{AC}$ und $\overline{BC}$.

a)
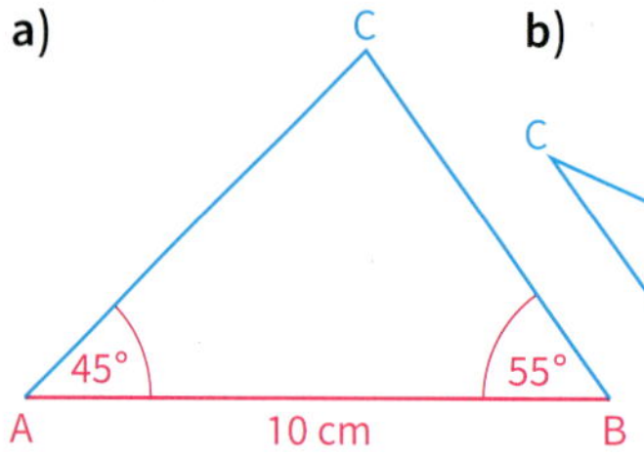

b)
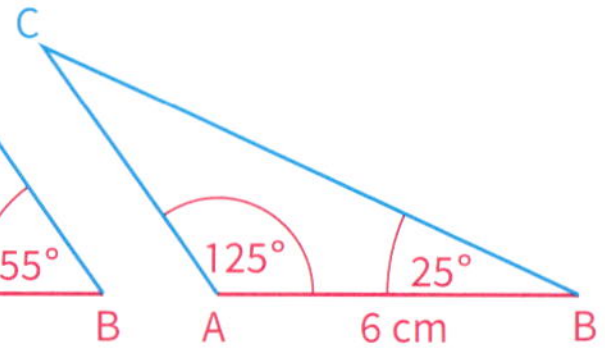

c)
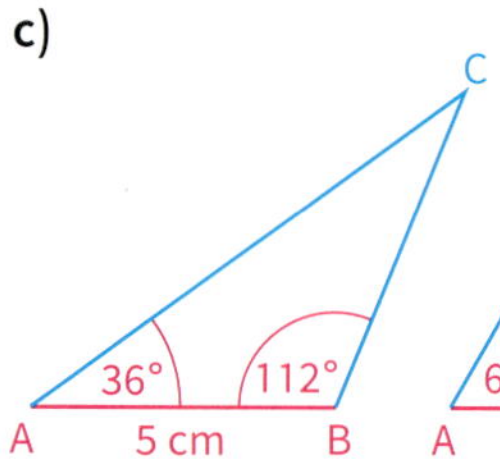

d)
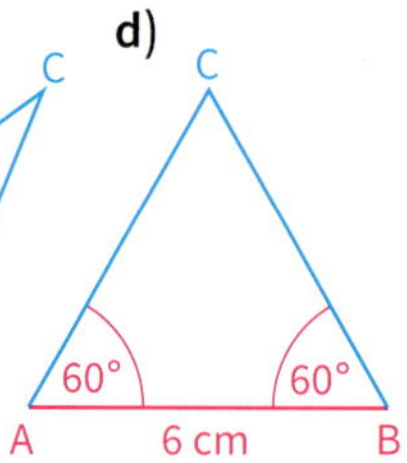

Vertiefen

8. Beim Diskuswerfen ist der Radius des Wurfkreises 1,25 m. Der Winkel des Wurfsektors ist 35° groß. Zeichne die Anlage in dein Heft. Wähle 2 cm für 1 m.

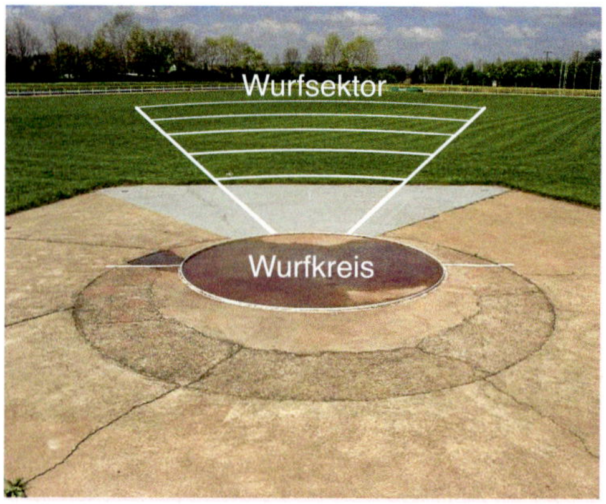

Herausfordern

9. Zeichne ein Viereck ABCD mit |AB| = 6 cm; |AD| = 4 cm; α = 70°; β = 80°; δ = 90°.

2.3 Achsensymmetrie – Spiegeln an einer Geraden

2.3.1 Achsensymmetrie

Ziel

Achsensymmetrische Figuren hast du schon oft im Alltag gesehen. Hier lernst du, solche Figuren herzustellen und mithilfe geometrischer Begriffe zu beschreiben.

Zum Erarbeiten

Herstellen einer achsensymmetrischen Figur durch Falten

Nico entwirft Lenkdrachen. Dabei zeichnet er nur gerade Begrenzungslinien und beginnt mit einer Drachenhälfte.
Zeichne auch einen solchen halben Lenkdrachen und vervollständige ihn dann.
Falte dazu das Papier und verwende eine Nadel.

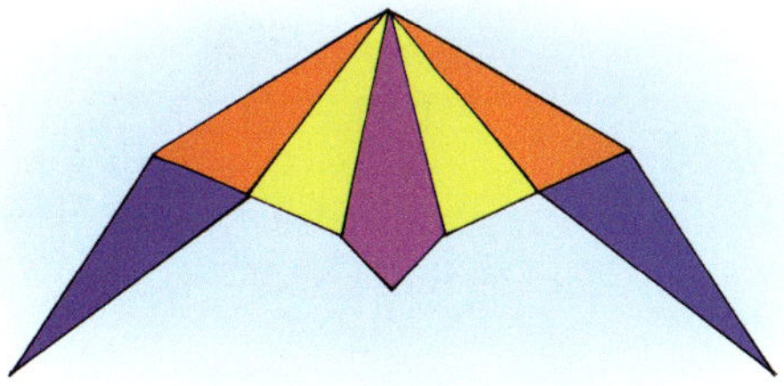

Du kannst dein Vorgehen mit dem folgenden vergleichen:

(1) Zeichne einen halben Lenkdrachen.

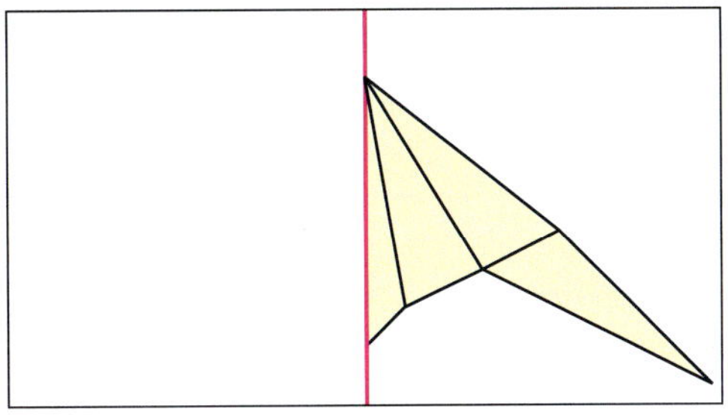

(2) Falte das Blatt an der roten Linie. Durchstich das gefaltete Blatt mit einer Nadel in den Punkten, an denen Linien zusammenstoßen.

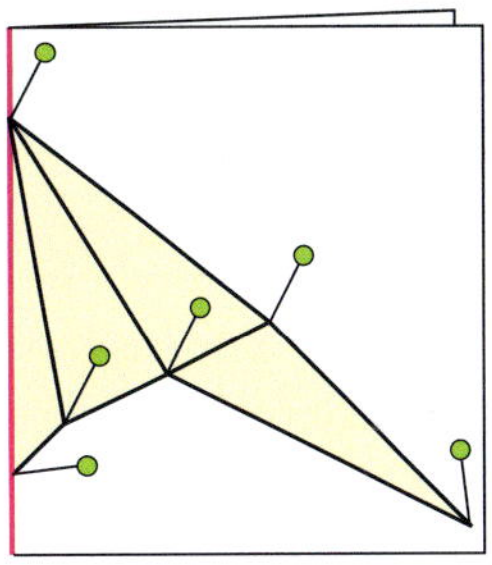

(3) Falte das Blatt auseinander.

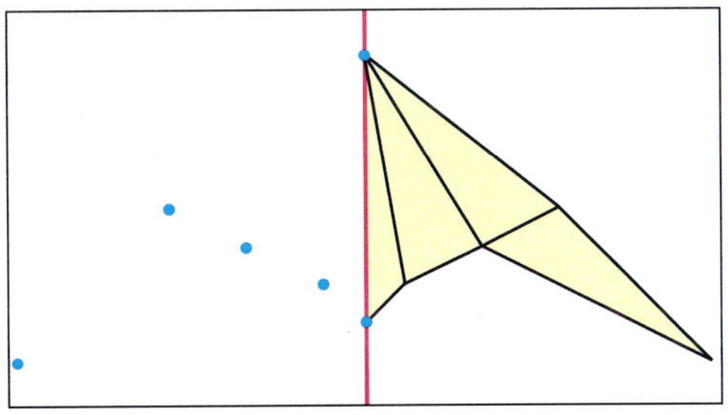

(4) Zeichne die fehlenden Verbindungslinien.

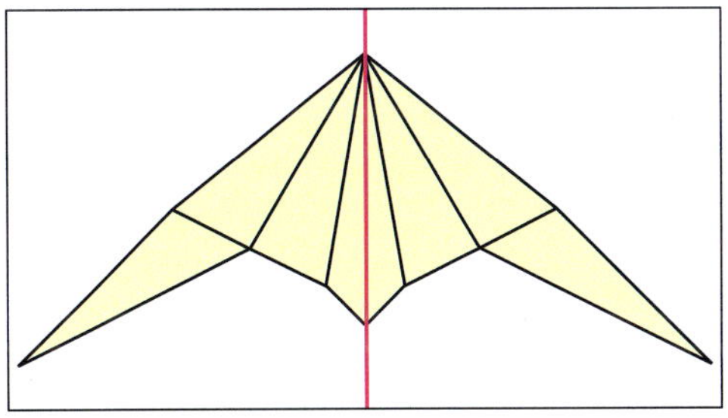

Eine Figur, die man so falten kann, dass die beiden Teile genau aufeinander passen, nennen wir **achsensymmetrisch**.
Die Faltlinie heißt **Symmetrieachse** der Figur.

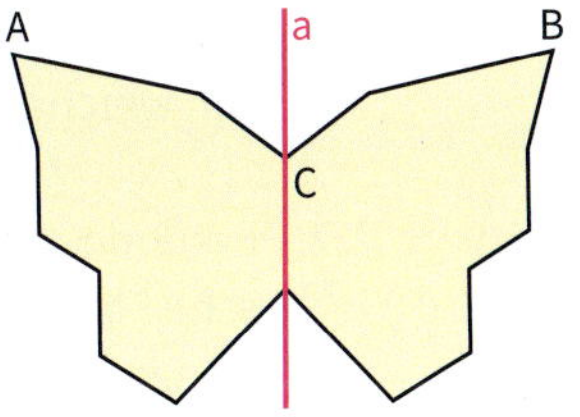

Zeichnen einer achsensymmetrischen Figur mithilfe des Geodreiecks

Zeichne auf ein Blatt weißes Papier eine Hälfte einer Burgansicht wie rechts abgebildet. Ergänze sie dann ohne Falten mithilfe des Geodreiecks zu einer achsensymmetrischen Figur.
Beschreibe auch, wie ein Punkt und sein Symmetriepartner zueinander liegen.

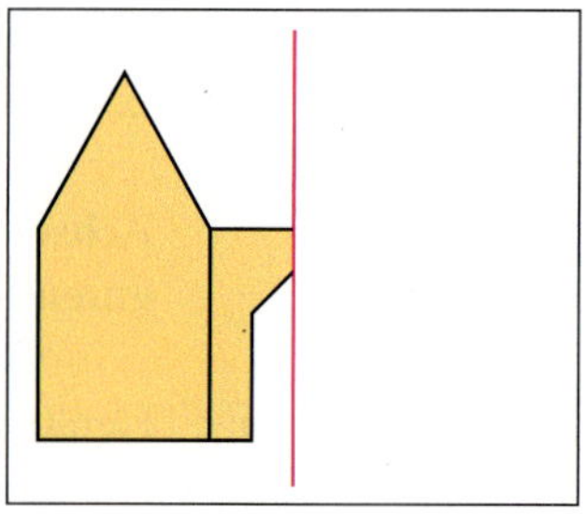

Du kannst dein Vorgehen mit dem folgenden vergleichen:

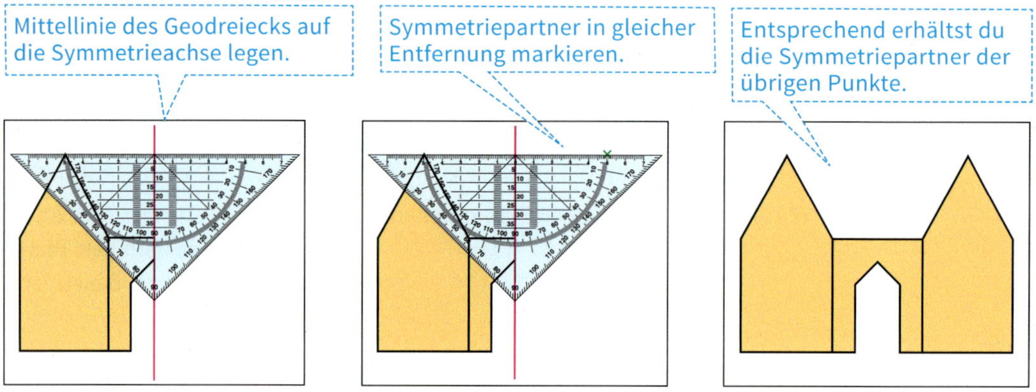

Für jede achsensymmetrische Figur gilt:

(1) Jeder Punkt ist genauso weit von der Symmetrieachse entfernt wie sein Symmetriepartner.

(2) Liegt ein Punkt nicht auf der Symmetrieachse, so ist die Verbindungslinie zu seinem Symmetriepartner orthogonal zur Symmetrieachse.

(3) Jeder Punkt auf der Symmetrieachse ist sein eigener Symmetriepartner.

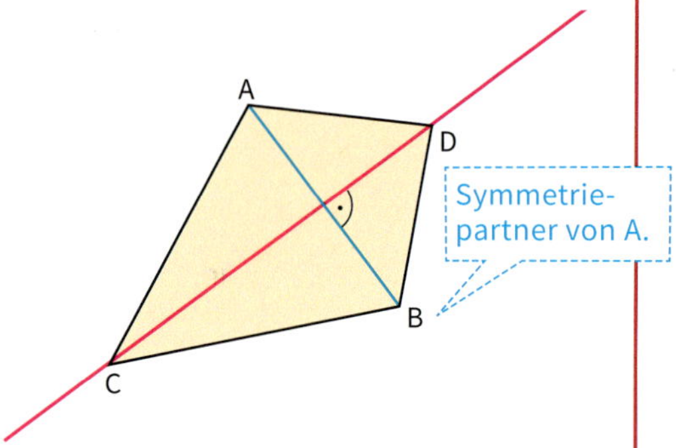

Üben

1. Viele Gegenstände der Natur sind nicht genau achsensymmetrisch.
   Bei einem der beiden Fotos wurde die linke Gesichtshälfte achsensymmetrisch ergänzt.
   Um welches Foto handelt es sich?

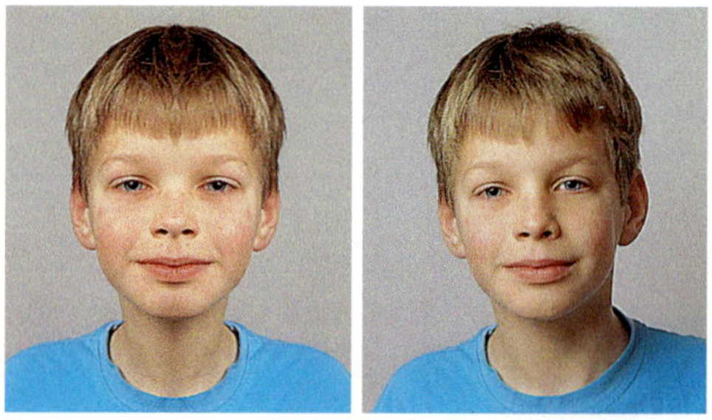

2. Erkunde, wo du im Alltag achsensymmetrische Figuren findest. Sammle Material und bringe es in die Schule mit.

3. Benutze die Bilder als Anregung und zeichne eine genau achsensymmetrische

a) Blüte; **b)** Blume; **c)** Tanne; **d)** Blattform.

4. a) Welche der abgebildeten Verkehrszeichen sind achsensymmetrisch?
Untersuche weitere Verkehrszeichen darauf, ob sie achsensymmetrisch sind.

b) Welche Flaggen sind achsensymmetrisch? Wie viele Symmetrieachsen gibt es?

Vertiefen

5. a) Untersuche, welche Großbuchstaben der Druckschrift achsensymmetrisch sind.
b) Finde Wörter, die achsensymmetrisch geschrieben sind.
c) Finde auch Wörter, die mehrere Symmetrieachsen aufweisen.

6. Ergänze das durch seine Eckpunkte angegebene Vieleck zu einer achsensymmetrischen Figur mit der angegebenen Symmetrieachse.

a) A(2|8); B(2|4); C(4|5); D(4|2); E(6|4); F(8|2); G(12|2) Symmetrieachse AG
b) A(2|4); B(2|2); C(10|2); D(14|4); E(18|4); F(18|8) Symmetrieachse AF
c) A(6|16); B(6|12); C(4|12); D(2|6); E(6|6); F(8|2); G(12|2) Symmetrieachse AG
d) A(7|2); B(12|2); C(14|4); D(10|8); E(12|12); F(8|16) Symmetrieachse AF
e) A(1|6); B(0|4); C(2|4); D(2|2); E(1|1); F(4|1); G(9|0) Symmetrieachse AG

7. Untersuche, ob die Figur achsensymmetrisch ist. Gib die Symmetrieachse durch Punkte an, die auf ihr liegen. Gib dann zu jedem Eckpunkt seinen Symmetriepartner an.

a)
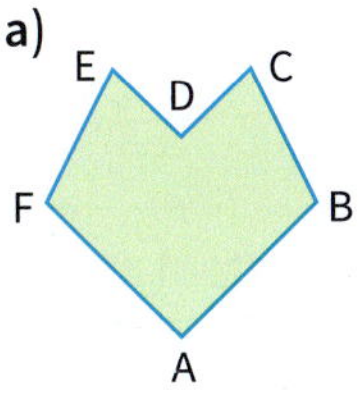

b)

c)
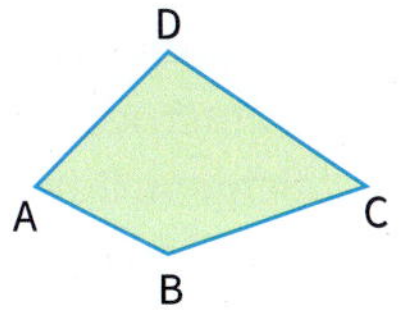

d)
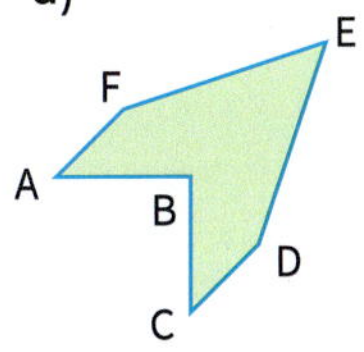

Herausfordern

8. Zeichne eine Figur mit **(1)** zwei; **(2)** drei; **(3)** sechs Symmetrieachsen.

DGS

Dynamisches Geometrie-System

Wenn du dich bei einer Zeichnung im Heft vertan hast, musst du radieren, und das bleibt nicht spurenlos. Auch Änderungen einer Zeichnung sind nicht einfach möglich. Dies beides ist anders beim Arbeiten mit dynamischen Geometrie-Systemen, die es für Computer und Taschencomputer gibt. Du kannst hier problemlos Konstruktionsschritte zurücknehmen und auch die Form einer konstruierten Figur nachträglich ändern.

1. Mit den meisten Programmen kannst du Punkte, Strecken, Geraden, Kreise und Vielecke zeichnen. Oben am Bildschirmrand findest du ein Menü zur Auswahl und unten am Bildschirmrand Hilfen zur Eingabe. Probiere das aus und versuche, ein schönes Bild zu zeichnen. Mit der rechten Maustaste findest du Möglichkeiten, Farben zu ändern. Du kannst angezeigte Punktnamen auch verstecken lassen.

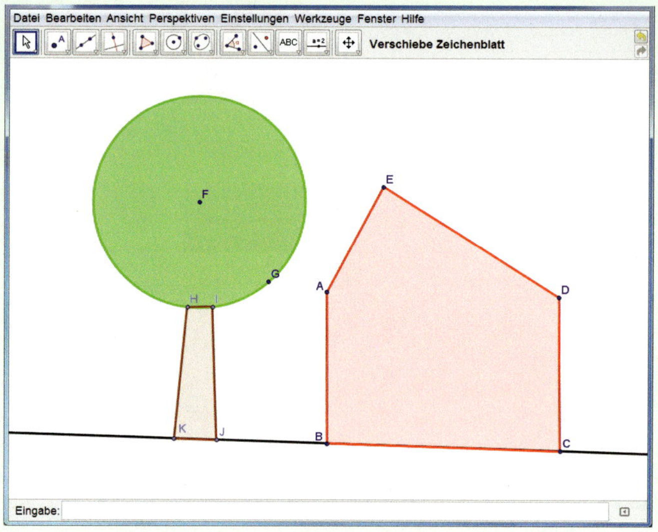

2. Zeichne ein Vieleck und eine Gerade durch eine Seite. Ergänze dann das Vieleck symmetrisch zu der gezeichneten Geraden als Symmetrieachse. Zum Zeichnen des Symmetriepartners eines Punktes kannst du den Befehl „Senkrechte Gerade“ verwenden, um eine Orthogonale durch den Punkt zur Symmetrieachse einzuzeichnen. Den Schnittpunkt der Orthogonalen (Senkrechten) mit der Symmetrieachse kannst du mit dem Befehl „Schneide zwei Objekte“ erzeugen. Dass der Symmetriepartner denselben Abstand von der Symmetrieachse hat, erreichst du mithilfe eines Kreises um den Schnittpunkt.

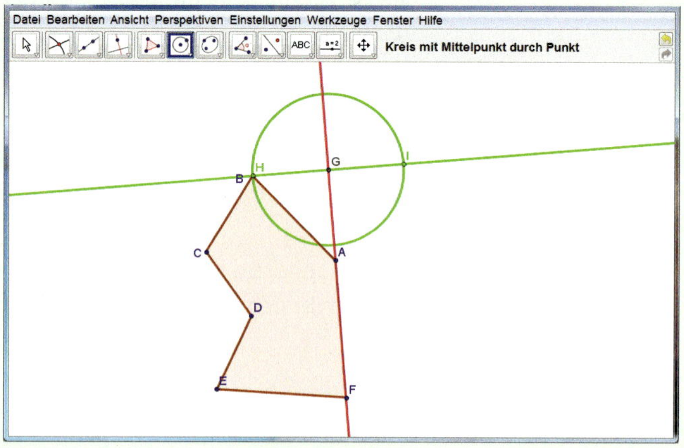

3. Mit einem DGS kannst du auch überprüfen, ob eine Figur achsensymmetrisch ist. Zeichne ein Viereck mit einspringender Ecke, das nach Augenschein achsensymmetrisch ist. Prüfe dann, ob die beiden Punkte, die nicht auf der Symmetrieachse liegen, Symmetriepartner sind. Du kannst z.B. die beiden Punkte verbinden und zunächst kontrollieren, ob die Verbindungslinie orthogonal zur Symmetrieachse ist, indem du die Größe des Winkels misst. Verwende dazu den Befehl „Winkel zwischen zwei Geraden". Wenn der Winkel ein rechter ist, musst du noch den Abstand der beiden Punkte von der Symmetrieachse messen. Mit dem Befehl „Bewege" kannst du nachträglich noch die Form des Vierecks verändern, indem du die Lage einzelner Punkte änderst.

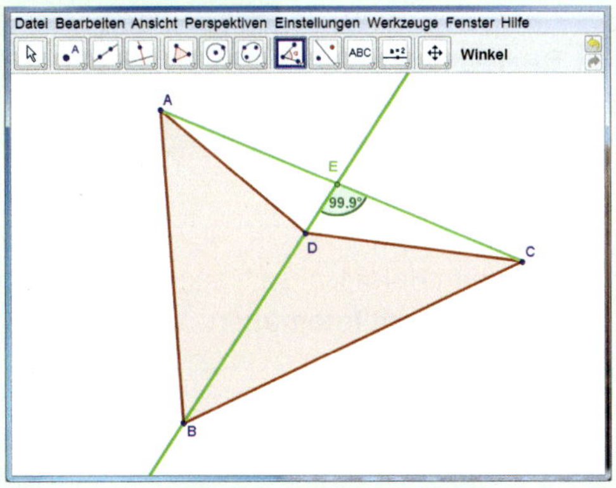

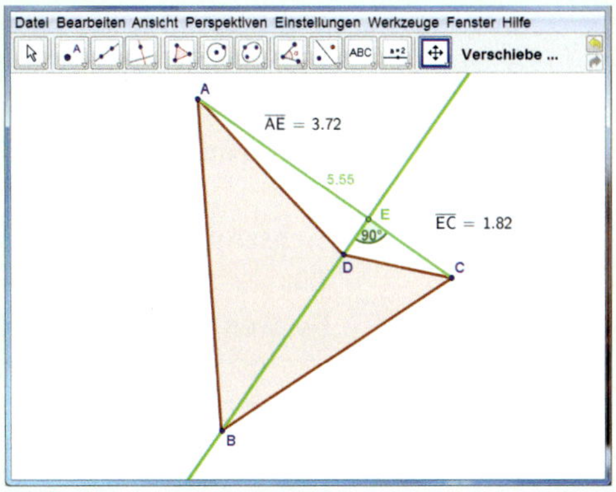

4. Unter dem Menüpunkt Ansicht kannst du dir ein Konstruktionsprotokoll auflisten, das alle Schritte zum Erstellen der Zeichnung angibt. So kannst du stets genau nachschlagen, was du gemacht hast und in welcher Reihenfolge du vorgegangen bist. Probiere das aus.

Nr.	Name	Definition	Wert	Beschriftung
1	Punkt A		A = (0.86, 4.4)	
2	Punkt B		B = (1.28, -1.5)	
3	Punkt C		C = (5.41, 1.22)	
4	Punkt D		D = (3.47, 1.63)	
5	Viereck Vieleck1	Vieleck A, B, C, D	Vieleck1 = 10.59	
5	Strecke a	Strecke [A, B] von Viereck Vieleck1	a = 5.91	
5	Strecke b	Strecke [B, C] von Viereck Vieleck1	b = 4.94	
5	Strecke c	Strecke [C, D] von Viereck Vieleck1	c = 1.98	
5	Strecke d	Strecke [D, A] von Viereck Vieleck1	d = 3.8	
6	Gerade e	Gerade durch D, B	e: 3.13x - 2.19y = 7.29	
7	Strecke f	Strecke [A, C]	f = 5.55	
8	Punkt E	Schnittpunkt von e, f	E = (3.91, 2.27)	

13 / 13

5. Nach dem Anklicken eines Objekts mit der rechten Maustaste erhältst du wie bei vielen anderen Computerprogrammen auch ein Menü mit möglichen Optionen. Z. B. kannst du Punkte umbenennen. Probiere das aus.

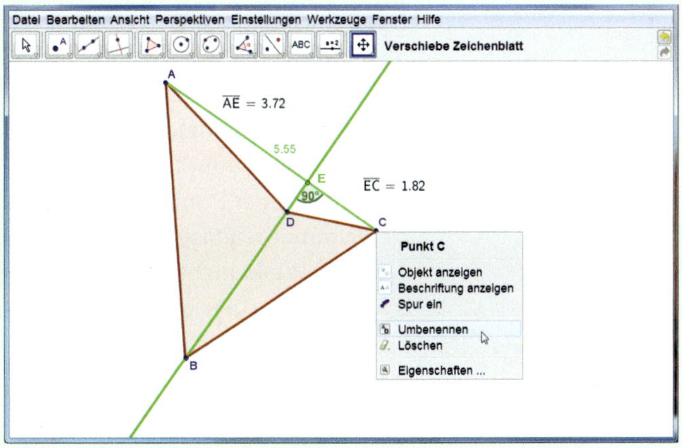

2.3.2 Spiegeln an einer Geraden

Einstieg

Zaubertrick aus einem alten Buch:

Vor eine Glasscheibe wird eine brennende Kerze gestellt, dahinter eine gleich große, nicht brennende Kerze. Bei geeigneter Stellung der Kerzen zur Glasscheibe scheint auch die zweite Kerze zu brennen. Ihr könnt dann eure Zuschauer verblüffen: Ein an die zweite Kerze gehaltenes Stück Papier fängt kein Feuer.

Probiert das aus und beschreibt die geeignete Lage der Kerzen zur Glasscheibe. Betrachtet dazu die Anordnung von oben und zeichnet einen Stellplan.

Aufgabe 1

Achsenspiegelung

Die alte Steinbrücke auf der spanischen Halbinsel La Manga ist ein besonders schönes Fotomotiv, wenn man das Spiegelbild im Wasser mit fotografiert.

a) Skizziere die Brücke in vereinfachter Form mit geraden Strecken und Halbkreisen. Ergänze dann ihr Spiegelbild im Wasser.

b) Kontrolliere mit einer kleinen durchsichtigen Scheibe, ob du richtig gezeichnet hast. Stelle diese dazu an der Grenzlinie zum Wasser auf.

Lösung

a) Zeichne zunächst die Brücke in vereinfachter Form und die Grenzlinie zum Wasser.
Das Spiegelbild der Brücke erhältst du so: Jeder Punkt der Brücke liegt bezüglich der Grenzlinie zu seinem Spiegelbild im Wasser so wie einander entsprechende Punkte in einer achsensymmetrischen Figur.

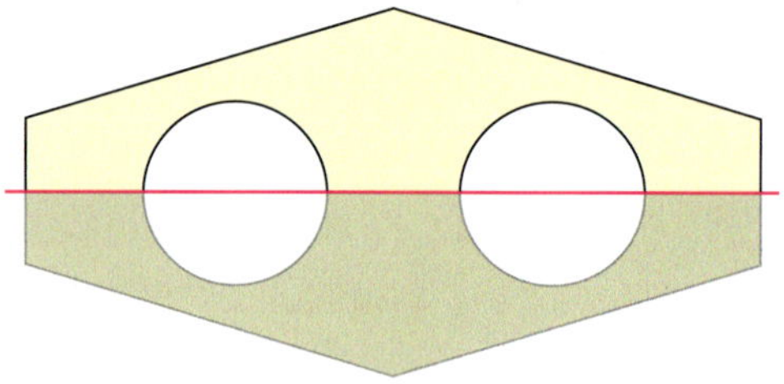

Du weißt: Jeder Punkt ist genauso weit von der Symmetrieachse entfernt wie sein Symmetriepartner.
Liegt ein Punkt nicht auf der Symmetrieachse, so ist die Verbindungslinie zu seinem Symmetriepartner orthogonal zur Symmetrieachse.

b) Stellt man die Scheibe senkrecht zum Zeichenblatt an der Grenzlinie auf, muss das Spiegelbild in der Scheibe mit dem gezeichneten Spiegelbild übereinstimmen.

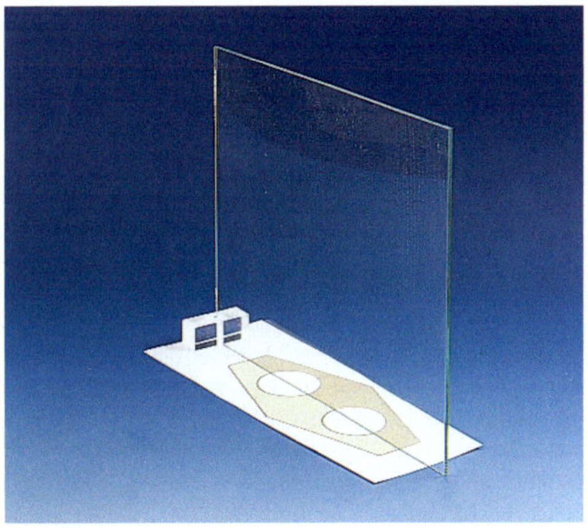

Information

Achsenspiegelung an einer Geraden (Spiegelachse a)

Zu einem Punkt P erhältst du den Bildpunkt P′ wie folgt:

- P′ liegt auf der Orthogonalen zur Spiegelachse a durch P.
- P und P′ haben denselben Abstand von der Spiegelachse.
- P und P′ liegen auf verschiedenen Seiten der Spiegelachse.
- Ein Punkt auf der Spiegelachse bleibt an seiner Stelle.

Am einfachsten spiegelst du an einer Geraden mithilfe eines Geodreiecks:

(1) Lege es mit seiner Mittellinie so auf die Gerade a, dass P an der Zentimeterskala liegt.

(2) Markiere dann im gleichen Abstand auf der anderen Seite den Bildpunkt P′.

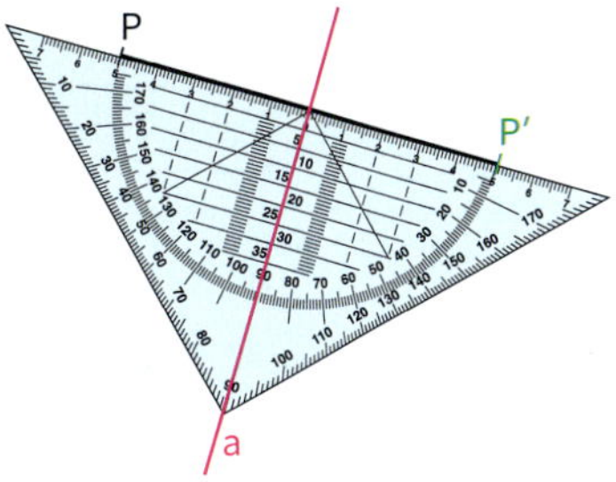

Weiterführende Aufgaben

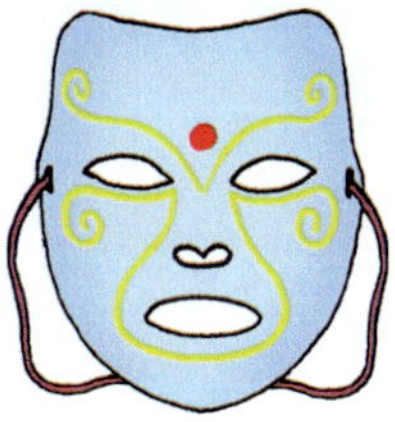

Zusammenhang zwischen Achsensymmetrie und Spiegeln an einer Geraden

2. **a)** Links siehst du eine Maske. Zeichne eine Hälfte vereinfacht mit Strecken ab und ergänze dann zu einer achsensymmetrischen Figur.

b) Spiegele die unter Teilaufgabe a) erhaltene achsensymmetrische Figur an der Achse a. Was stellst du fest?

Eine Figur heißt **achsensymmetrisch** zur Achse a, wenn sie bei der Achsenspiegelung an der Achse a auf sich abgebildet wird. Die Spiegelachse heißt dann **Symmetrieachse**.

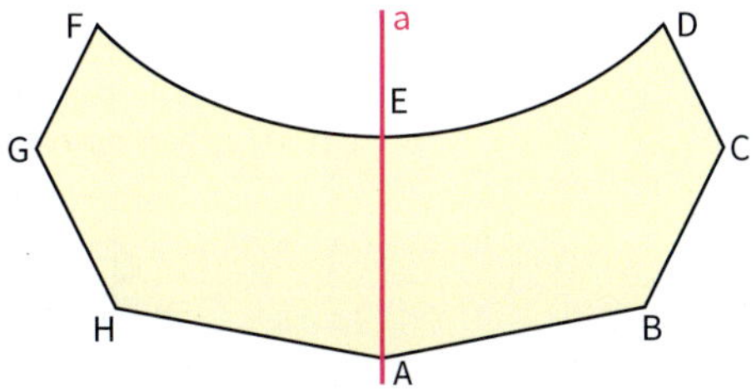

Eigenschaften der Achsenspiegelung

3. **a)** Zeichne das Ziffernblatt einer Uhr und eine Gerade a außerhalb des Ziffernblattes. Spiegele das Ziffernblatt an der Achse a. Die Zeiger der Uhr laufen rechts herum. Wie laufen dann die Zeiger auf dem Spiegelbild?

b) Jan und Feline hatten jeweils die Aufgabe, einen Gegenstand an einer Geraden zu spiegeln. Woran erkennst du sofort, dass die Spiegelbilder falsch sein müssen?

Jans Zeichnung:

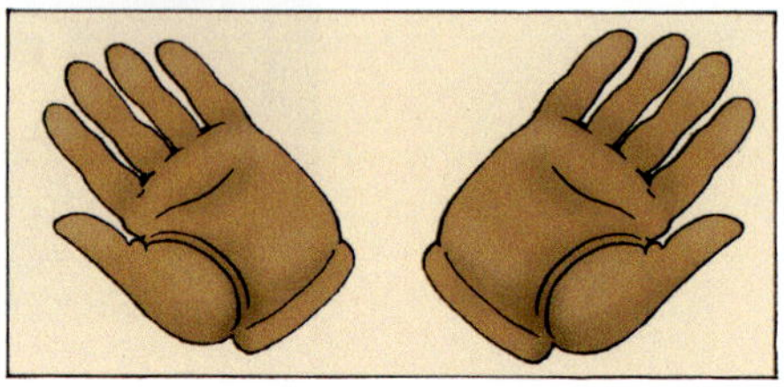

Felines Zeichnung:

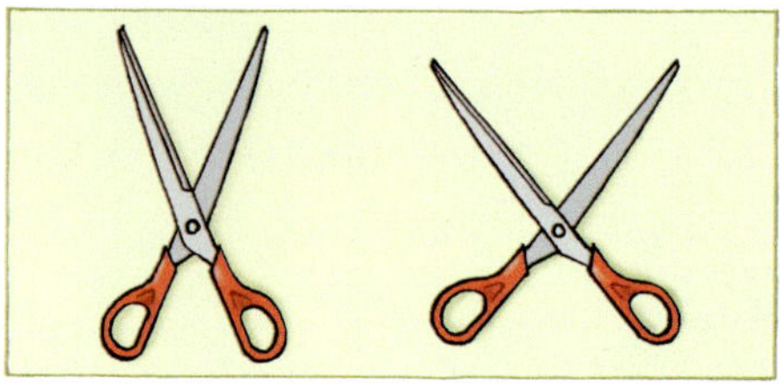

Bei *jeder* Achsenspiegelung gilt:
(1) Figur und Bildfigur passen genau aufeinander.
(2) Strecke und Bildstrecke sind gleich lang.
(3) Winkel und Bildwinkel sind gleich groß.
(4) Figur und Bildfigur haben verschiedenen Umlaufsinn.

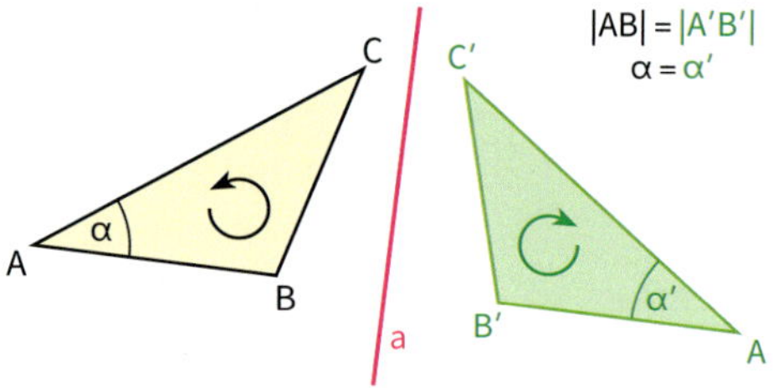

Üben

4. Erzeuge im Heft Spiegelbilder des angegebenen Wortes.
a) LAGER **b)** OTTO **c)** ANNA
Kontrolliere mit einer kleinen Glasscheibe oder einem blanken Geodreieck.

5. Jan fährt mit seinen Eltern auf der Autobahn. Als er durch die Heckscheibe schaut, entdeckt er einen Transporter mit einer merkwürdigen Aufschrift.
Sein Vater dagegen schaut in den Rückspiegel und wundert sich gar nicht.
Erläutere diesen Sachverhalt.

6. Übertrage in dein Heft und spiegele an der Geraden a.

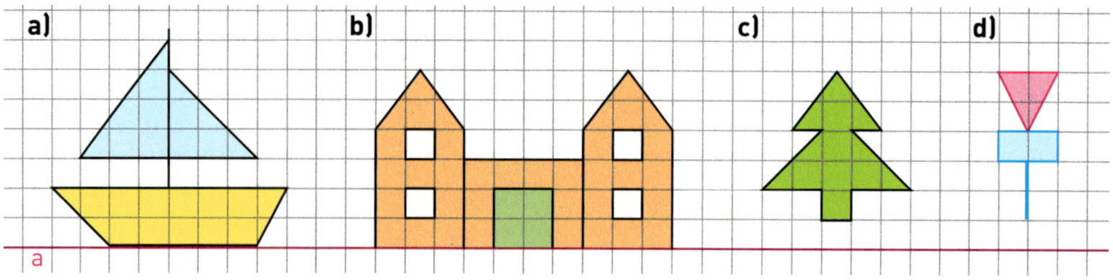

7. Hier wurde nicht korrekt gespiegelt. Finde die Fehler.

a)  b)  c) 

8. Untersuche, ob korrekt gespiegelt wurde. Nenne gegebenenfalls die Fehler.

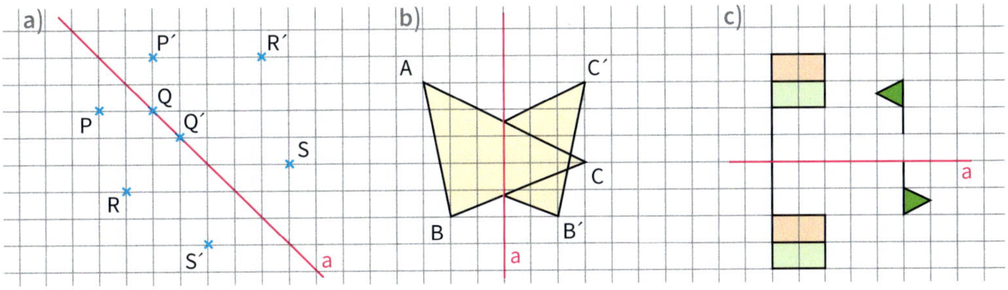

9. Stelle ein achsensymmetrisches Vieleck mit der Symmetrieachse a her.

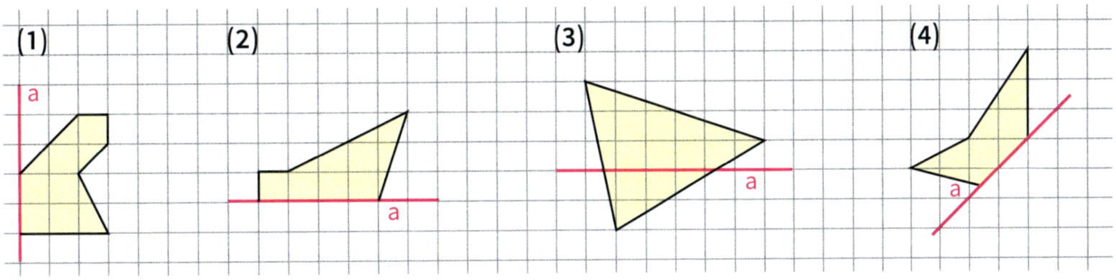

10. Ergänze zu einer achsensymmetrischen Figur.

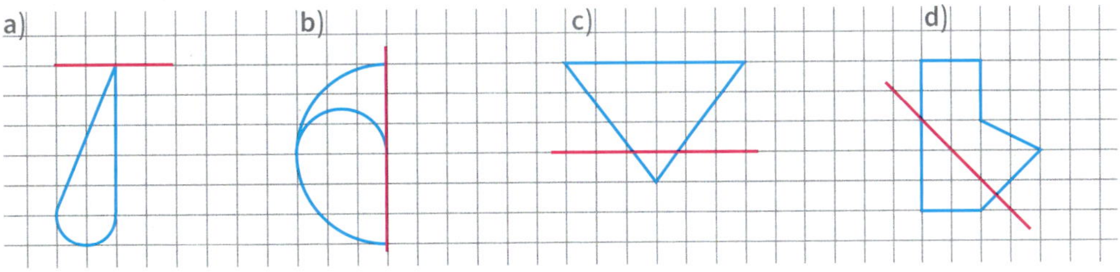

Vertiefen

11. Im Alltag findet ihr viele achsensymmetrische Formen.

a) Gebt achsensymmetrische Figuren aus eurer Umwelt an. Denkt auch an Spielfelder beim Sport, bei Brettspielen, an Firmenzeichen (z. B. von Autos), Verkehrsschilder und an Wappen.

b) Welche Ziffern sind achsensymmetrisch?

c) Gebt Zahlen wie 808 oder 30 an, die achsensymmetrisch geschrieben sind.

12. Untersuche die besonderen Vierecke Quadrat, Rechteck, Raute und Parallelogramm auf Achsensymmetrie.

13. Stelle wie im Bild rechts durch Falten und Schneiden Figuren der folgenden Art her.

DGS

14. Ein dynamisches Geometriesystem hat auch einen Befehl zum Spiegeln an einer Achse. Zeichne mit einem dynamischen Geometrie-System ein Viereck und eine Gerade. Spiegele dann das Viereck an dieser Geraden. Verändere die Lage des Vierecks und auch die Lage der Geraden. Was stellst du fest?

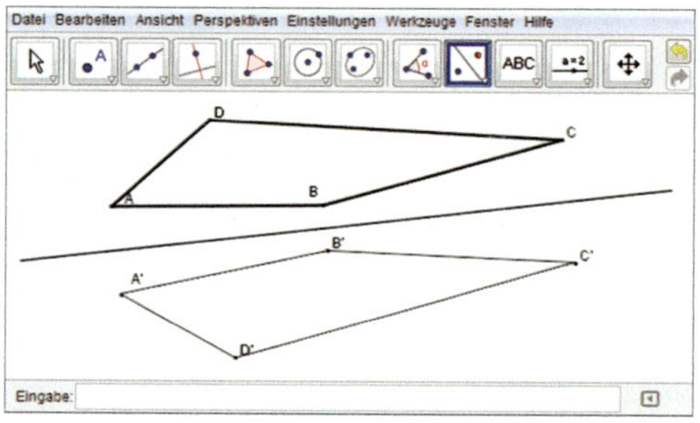

15. Zeichne das Dreieck mit den Eckpunkten A (3 | 1), B (9 | 1) und C (0 | 7).

a) Spiegele das Dreieck ABC dann an der Geraden durch die Punkte P (11 | 1) und Q (10 | 10). Vergleiche die Seiten und Winkel des Dreiecks ABC mit denen des Bilddreiecks A′B′C′.

b) Wie musst du das Dreieck A′B′C′ spiegeln, damit du wieder das Ausgangsdreieck erhältst?

16. Im Spiegel eines Uhrengeschäftes siehst du die drei Uhren. Welche wird zuerst schlagen, welche dann?

17. Zeichne in ein Koordinatensystem mit der Einheit 1 cm einen Kreis mit dem Mittelpunkt M (4 | 3) und dem Radius 2,5 cm. Spiegele den Kreis an der Geraden PQ mit

a) P (9 | 1), Q (5 | 7); **b)** P (1 | 6), Q (7 | 3); **c)** P (6 | 5), Q (9 | 2).

18. Zeichne das Dreieck ABC mit den Eckpunkten A (3 | 2), B (5 | 4) und C (9 | 6) sowie sein Bilddreieck mit den Eckpunkten A′ (2 | 3), B′ (4 | 5) und C′ (6 | 9).

a) Zeichne die Spiegelachse a ein und gib zwei Punkte auf ihr mit ihren Koordinaten an.

b) Welche Besonderheiten weisen die Koordinaten aller Punkte der Spiegelachse auf?

c) Wie erhält man die Koordinaten eines Bildpunktes aus den Koordinaten des Punktes beim Spiegeln an dieser Geraden?

19. Lukas hat die Gerade g an der Achse a gespiegelt. Kontrolliere und begründe deine Antwort.

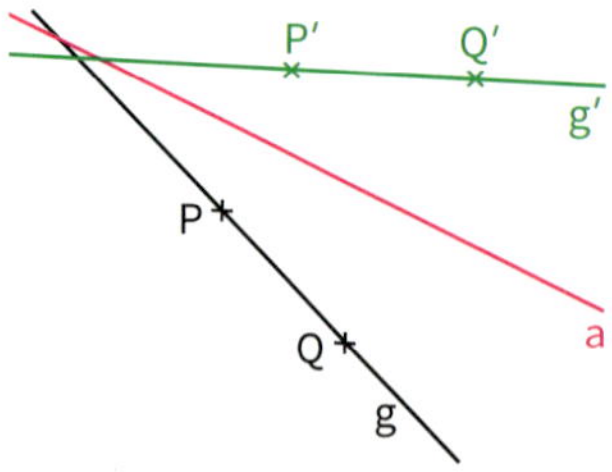

20. Die Punkte A', B' und C' sind die Bildpunkte der Punkte A, B und C bei einer Achsenspiegelung. Wie liegen die Geraden AA′, BB′ und CC′

(1) zur Spiegelachse a; **(2)** zueinander?

Herausfordern

21. a) Aus welcher Teilfigur kannst du das achsensymmetrische Vieleck rechts durch Achsenspiegelung herstellen?
Färbe die Teilfigur. Wie viele Ecken hat sie?
b) Gib ein (1) Fünfeck, (2) Siebeneck, (3) Achteck an, aus dem man durch Achsenspiegelung dieses Siebeneck erzeugen kann.

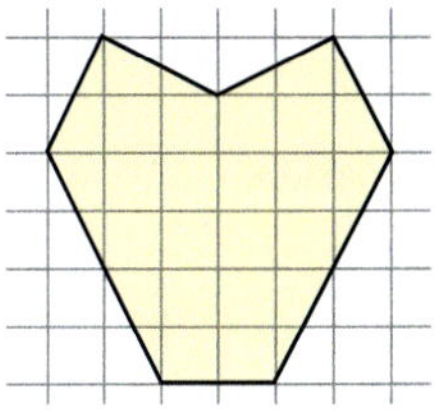

22. *Das Spiegelspiel (Spiel für zwei Personen)*
Das Spiegelspiel wird auf kariertem Papier mit einer frei beweglichen Spiegelachse (z. B. einer Stricknadel oder einem Mikadostab, ...) gespielt.
Das Spielfeld sollte rechteckig sein, z. B. 9 Kästchen lang und 11 Kästchen breit.

Spielregeln:
(1) Jeder Spieler bekommt ein Zeichen: einer ×, der andere ○.
(2) Der Spieler, der anfängt, trägt sein Zeichen in ein beliebiges Kästchen ein.
Der andere Spieler legt dann die Spiegelachse auf eine der unten gezeichneten Arten auf das Spielfeld.
Anschließend spiegelt er alle bisher eingetragenen Zeichen (also auch die gegnerischen) an der Spiegelachse und trägt die Bilder ein. Schon belegte Kästchen dürfen nicht überschrieben werden.
(3) Nun darf der andere Spieler auch noch ein Zeichen in ein beliebiges Kästchen eintragen, und der erste Spieler legt die Spiegelachse fest usw.
Sieger ist, wer so auf dem gesamten Spielfeld die meisten Zeichen erzielt.
Spielt dieses Spiel mehrfach und versucht, gewinnbringende Tricks herauszufinden.

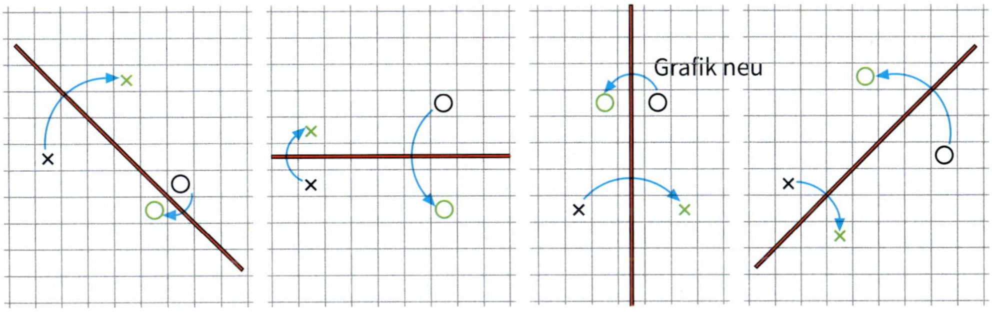

Das kann ich noch!

A) Wandle in die nächstgrößere Einheit um.

1) 200 cm	5) 390 m	9) 5 mm	13) 70 mm
2) 4 000 dm	6) 750 g	10) 180 s	14) 47 mm
3) 1200 min	7) 40 m	11) 350 mg	15) 270 kg
4) 5 000 g	8) 75 kg	12) 48 h	16) 450 g

B) Wandle in die nächstkleinere Einheit um.

1) 5 cm	5) 3,97 m	9) 12 km	13) 3,28 m
2) 7 dm	6) 4,129 g	10) 7,5 t	14) 5,3 km
3) 50 kg	7) 4,7 kg	11) 5 min	15) 3,27 g
4) 700 g	8) 7,9 cm	12) 12 h	16) 7 min

2.4 Punktsymmetrie – Spiegeln an einem Punkt

Einstieg

„Centgrab“ ist ein Spiel, bei dem zwei Spieler abwechselnd einen Cent auf eine quadratische Spielfläche der Seitenlänge 5 cm legen. Wer als letzter einen Cent legen kann, erhält alle liegenden Cents. Frank behauptet, dass er stets gewinnt, wenn er anfangen darf. Janina hat beobachtet, dass er den ersten Cent immer genau in die Mitte legt.
Wie spielt er weiter?

Einführung

Punktsymmetrie

Die meisten Karten eines Kartenspiels sind nicht achsensymmetrisch. Dennoch weisen die Karten eine gewisse Regelmäßigkeit auf. Nimmt man sie auf die Hand, so ergibt sich dasselbe Aussehen, egal ob man die obere oder die untere Seite der Karte nach oben steckt. Nicht nur bei einer Volldrehung um den Mittelpunkt der Karte, sondern sogar schon bei einer halben Drehung kommt die Karte mit sich zur Deckung.
Man sagt: Die Karte ist *punktsymmetrisch*.

Wenn eine Figur nach einer Halbdrehung um einen Punkt Z mit sich selbst zur Deckung kommt, nennt man die Figur **punktsymmetrisch**.
Der Punkt Z heißt **Symmetriezentrum** der Figur.

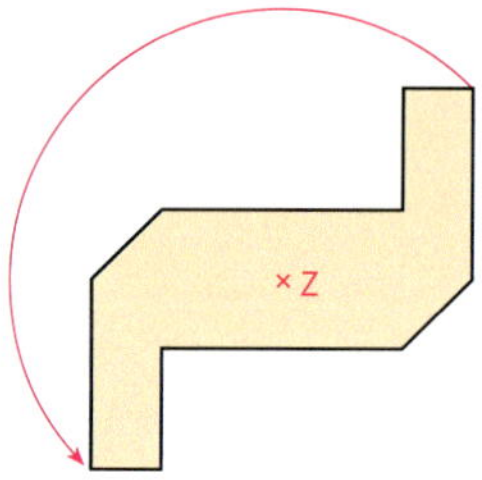

Aufgabe 1

Ergänzen zu einer punktsymmetrischen Figur – Punktspiegelung

a) Ergänze die Figur durch Halbdrehung um Z zu einer punktsymmetrischen Figur.
b) Verbinde jeden Eckpunkt mit seinem Symmetriepartner. Was fällt auf?

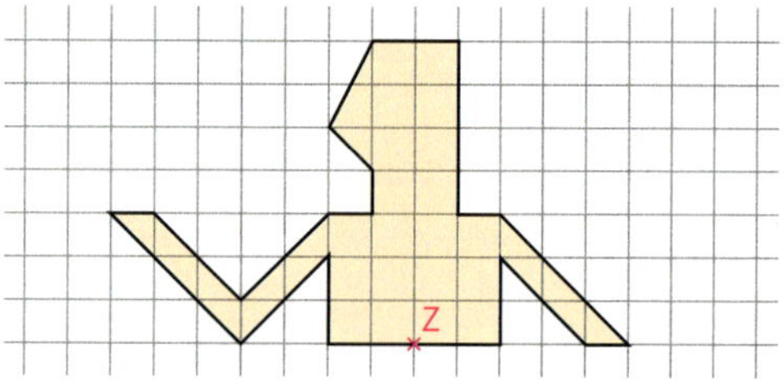

c) Gegeben sind ein Punkt Z und ein Dreieck ABC.
Zeichne mithilfe des Geodreiecks das Bilddreieck A′B′C′ bei der Halbdrehung (Drehung um 180°) um Z.
Beschreibe, wie du vorgegangen bist.

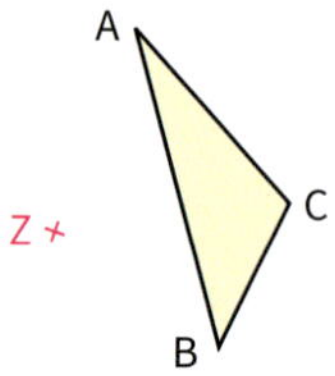

Lösung

a) Durch Abzählen im Quadratgitter kann man die Figur ergänzen.

b) Für die Verbindungslinien eines Punktes mit seinem Symmetriepartner gilt:
(1) Alle Verbindungslinien schneiden sich im Punkt Z.
(2) Der Punkt Z halbiert jede Verbindungslinie.

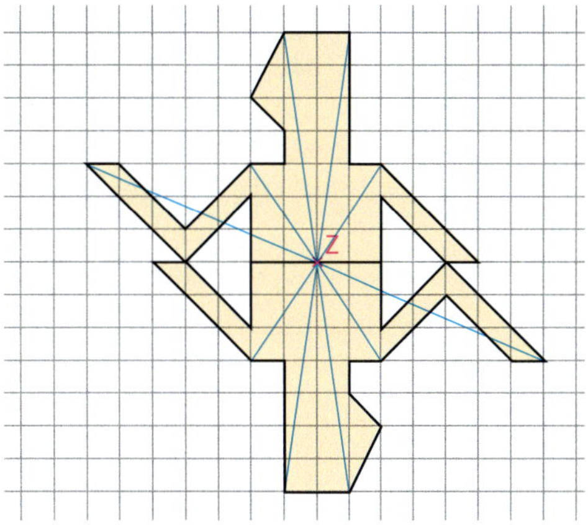

c) Zeichne zunächst das Dreieck ABC und den Punkt Z.
Führe dann die Halbdrehung in folgenden Schritten durch.

(1)

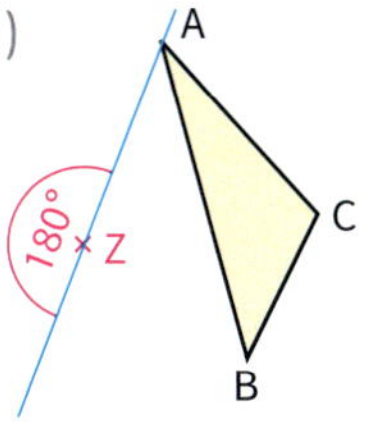

Zeichne die Gerade ZA.

(2)

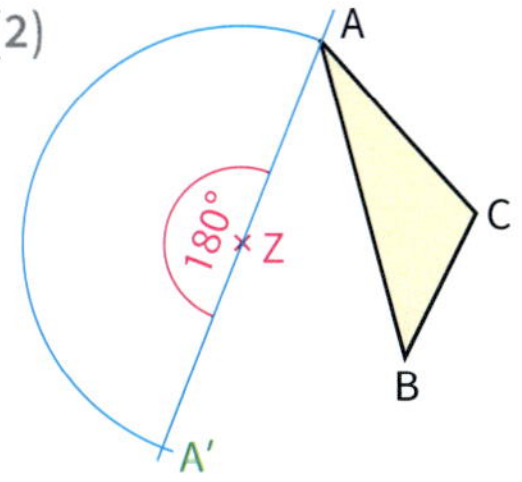

Zeichne einen Kreis um Z mit dem Radius $\overline{ZA}$. Sein von A verschiedener Schnittpunkt mit der Geraden ZA ist der Bildpunkt A′.

(3)

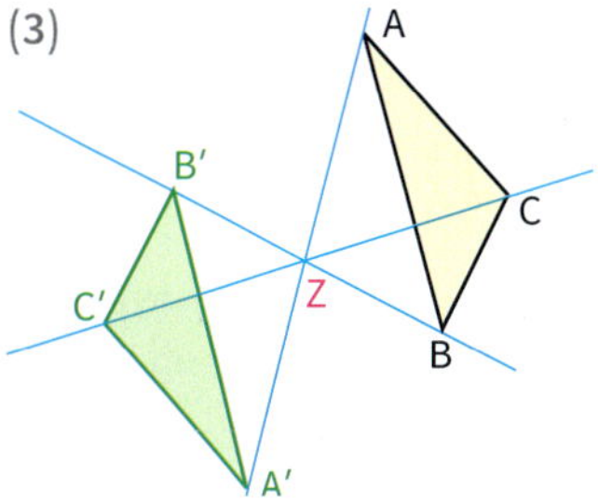

Zeichne die Bildpunkte B′ und C′ entsprechend. Verbinde die Bildpunkte zum Dreieck A′B′C′.

Information

Punktspiegelung am Spiegelzentrum Z

Zu einem Punkt P erhältst du den Bildpunkt P′ wie folgt:
- P′ liegt auf der Geraden ZP.
- P und P′ haben denselben Abstand vom Spiegelzentrum Z.
- P und P′ liegen auf verschiedenen Seiten vom Spiegelzentrum Z.
- Das Spiegelzentrum Z ist sein eigener Bildpunkt.

Am einfachsten spiegelst du an einem Punkt mithilfe eines Geodreiecks:

(1) Lege den Nullpunkt so auf den Punkt Z, dass P an der Zentimeterskala liegt.

(2) Markiere dann im gleichen Abstand auf der anderen Seite den Bildpunkt P′.

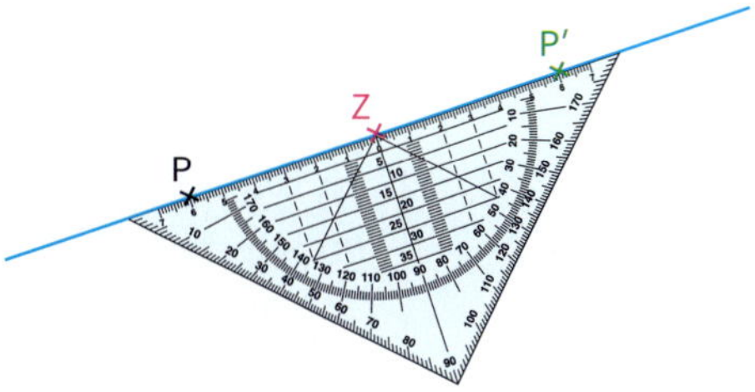

Weiterführende Aufgaben

Zusammenhang zwischen Punktsymmetrie und Spiegeln an einem Punkt

2. **a)** Ergänze das Fünfeck zu einer punktsymmetrischen Figur mit dem Symmetriezentrum Z.

b) Spiegele die in Teilaufgabe a) erhaltene punktsymmetrische Figur am Symmetriezentrum. Was stellst du fest?

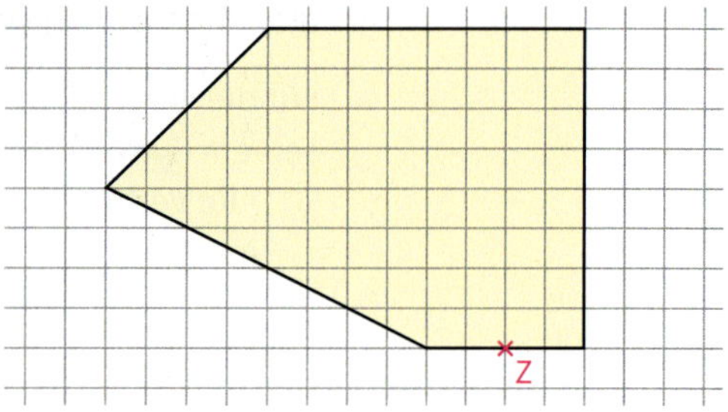

Bei einer zum Punkt P punktsymmetrischen Figur gilt:
Der Punkt Z halbiert die Verbindungsstrecke von Punkt und Bildpunkt.
Daher kann man auch sagen:
Eine Figur ist **punktsymmetrisch** zum Punkt Z, wenn sie bei der Punktspiegelung an Z auf sich abgebildet wird.

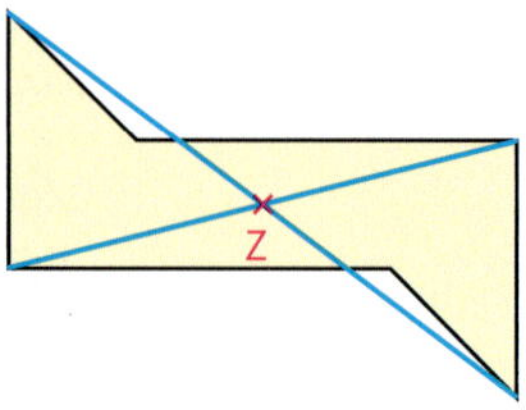

Eigenschaften der Punktspiegelung

3. **a)** Entscheide, ob die grüne Figur das Bild der gelben Figur sein kann. Begründe. Gib gegebenenfalls an, wie du das Spiegelzentrum finden kannst.

(1) (2) (3)

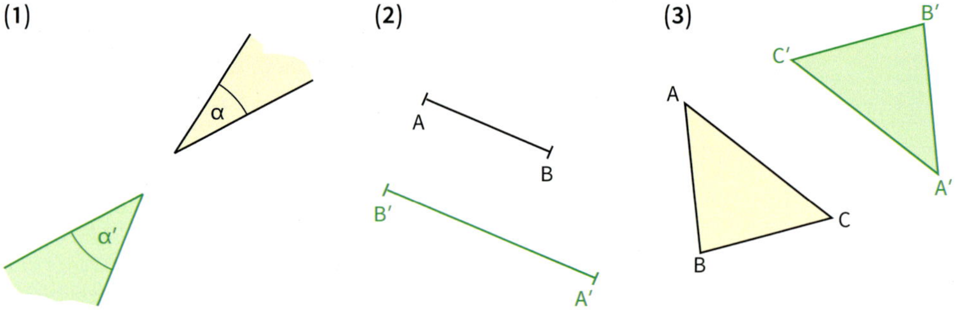

b) Du weißt: Bei einer Achsenspiegelung ändert sich die Länge einer Strecke und die Größe eines Winkels nicht. Dagegen ändert sich der Umlaufsinn eines Vielecks.
Welche dieser Eigenschaften gelten auch bei der Punktspiegelung, welche nicht?

Bei jeder *Punktspiegelung* gilt:

(1) Figur und Bildfigur passen genau aufeinander.

(2) Strecke und Bildstrecke sind gleich lang.

(3) Winkel und Bildwinkel sind gleich groß.

(4) Strecke und Bildstrecke sind parallel zueinander.

(5) Figur und Bildfigur haben denselben Umlaufsinn.

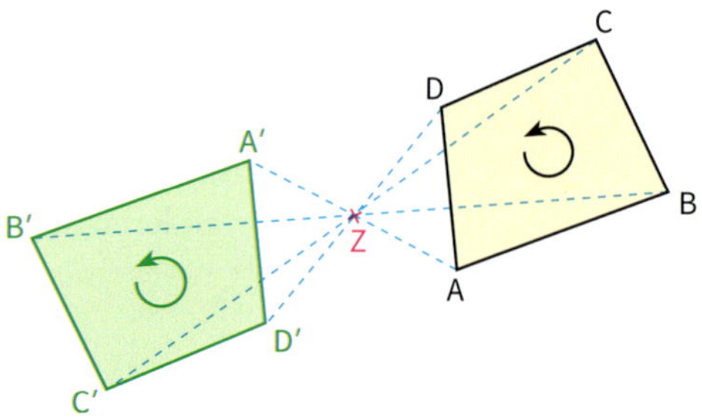

Achsensymmetrie an zueinander orthogonalen Achsen – Punktsymmetrie

4. Was kannst du über die Symmetrien einer Figur aussagen, die zwei zueinander orthogonale Symmetrieachsen besitzt?

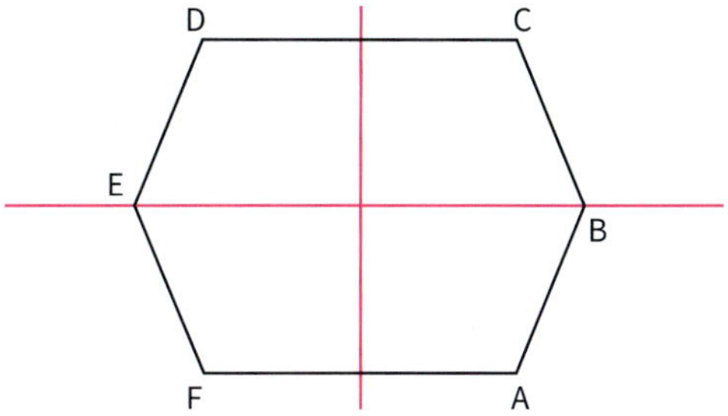

> Jede Figur mit zwei zueinander orthogonalen Symmetrieachsen ist punktsymmetrisch.
> Das Symmetriezentrum ist der Schnittpunkt der beiden Symmetrieachsen.

Üben

5. a) Untersuche auf Punktsymmetrie.

b) Gib punktsymmetrische Figuren aus deiner Umwelt an.
Denke auch an Spielfelder beim Sport, an Brettspiele, an Markenzeichen von Autos, an Flaggen.

6. Welche Figuren sind punktsymmetrisch?

7. a) Welche Figur ist punktsymmetrisch? Gib – falls möglich – das Symmetriezentrum an.

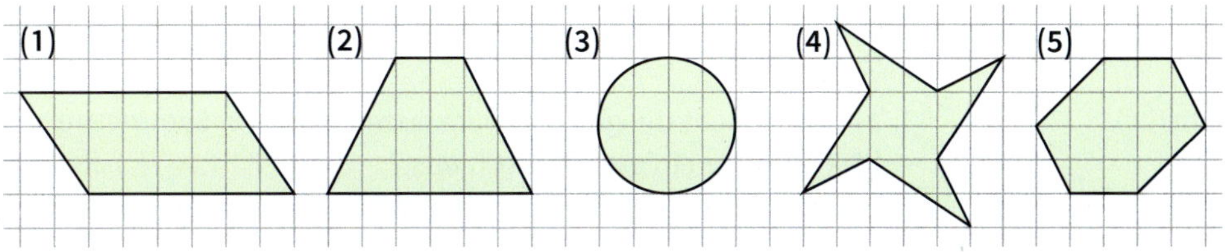

b) Welche Figur ist achsensymmetrisch?
Welche Figur ist punkt- und achsensymmetrisch?

8.

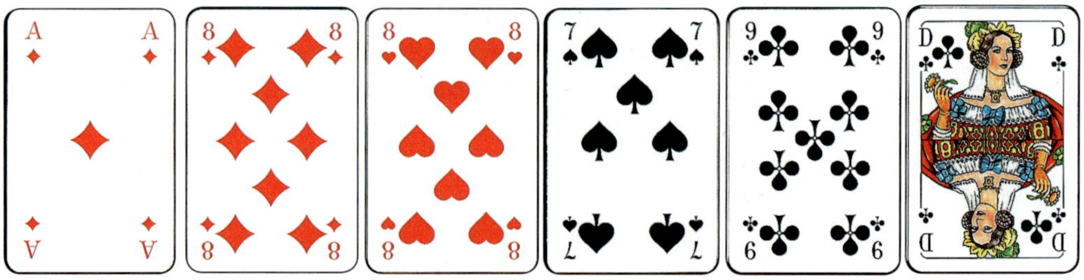

a) Welche Karten sind achsensymmetrisch? Welche Karten sind punktsymmetrisch?
b) Welche Karten sind achsen-, aber nicht punktsymmetrisch?
c) Welche Karten sind punkt-, aber nicht achsensymmetrisch?
d) Welche Karten sind weder punkt- noch achsensymmetrisch?

9. Ergänze zu einer punktsymmetrischen Figur.

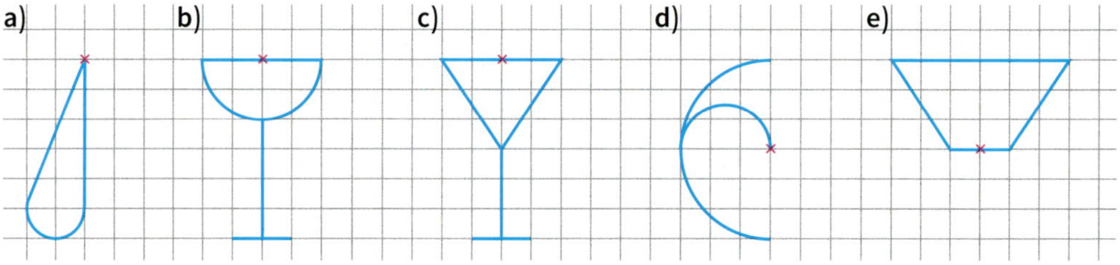

10. Die Bilder sind nicht genau punktsymmetrisch. Jedes enthält Fehler. Finde sie.

a)

b)

c)

11. Zeichne in ein Koordinatensystem mit der Einheit 1 cm das Dreieck ABC mit A(3|8), B(9|7) und C(5|11). Spiegele das Dreieck am Punkt Z. Gib dann die Koordinaten der Bildpunkte an.

a) Z(5|8) b) Z(5|11) c) Z(5|6) d) Z(8|9)

12. Zeichne in ein Koordinatensystem mit der Einheit 1 cm das Viereck ABCD mit A(2|0), B(6|2), C(3|6) und D(0|3). Spiegele am Punkt Z. Gib die Koordinaten der Bildpunkte an.

a) Z(4|3) b) Z(5|4) c) Z(3|6) d) Z(6|5)

Vertiefen

13. a) Untersucht die großen Druckbuchstaben auf Symmetrie.
b) Findet ihr ein ganzes Wort, das
(1) achsensymmetrisch, aber nicht punktsymmetrisch ist;
(2) punktsymmetrisch, aber nicht achsensymmetrisch ist;
(3) achsen- und punktsymmetrisch ist?

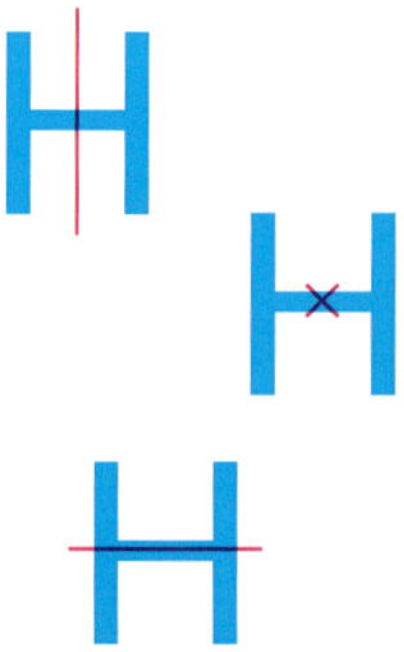

14. Du kennst besondere Vierecke: Quadrat, Rechteck, Raute und Parallelogramm. Welche dieser Vierecke sind punktsymmetrisch, welche sind achsensymmetrisch? Wie viele Symmetrieachsen haben die Figuren?

DGS

15. Zeichne mit einem dynamischen Geometrie-System ein Viereck und einen Punkt Z. Spiegele dann das Viereck an diesem Punkt Z.
Verändere die Lage des Vierecks und auch die Lage des Punktes Z. Was stellst du fest?

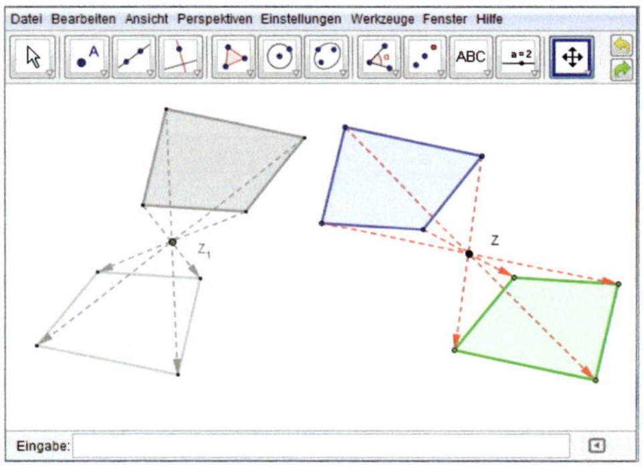

16. Untersuche, ob das Dreieck A′B′C′ das Bild des Dreiecks ABC bei einer Punktspiegelung sein kann. Falls ja, gib den Punkt an, an dem gespiegelt wurde.

a) A(3 | 0) B(6 | 1) C(1 | 5) A′(9 | 6) B′(6 | 5) C′(11 | 1)
b) A(1 | 8) B(1 | 5) C(5 | 10) A′(6 | 2) B′(5 | 5) C′(1 | 0)

17. Melanie hat die Gerade g an dem Punkt Z gespiegelt.
Kontrolliere und begründe deine Antwort.

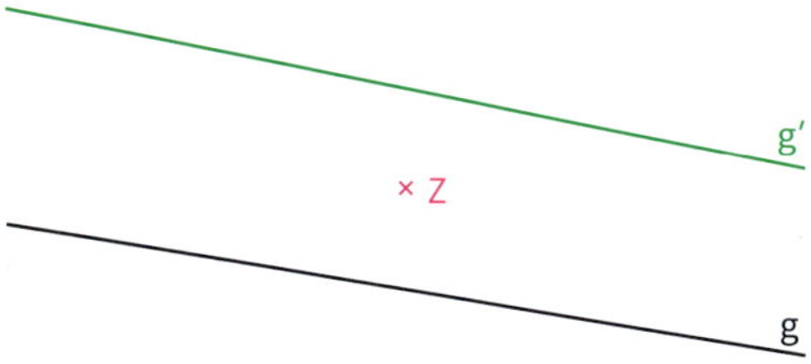

18. Stellt durch Falten und Schneiden schöne Muster wie im Bild her.
Stellt sie im Klassenraum aus.
a) Welche Symmetrien haben die Muster?
b) Zeigt an einem einfachen Beispiel, wie ihr spiegeln müsst, um solche Muster zeichnerisch (also ohne Falten und Schneiden) zu erhalten.

Herausfordern

19. Gegeben sind eine Gerade g und ein Punkt Z. Zeichne die Bildgerade g′ bei Spiegelung am Spiegelzentrum Z. Vergleiche g und g′. Unterscheide dabei zwei Fälle:
Die Gerade g geht **(1)** nicht durch den Punkt Z; **(2)** durch den Punkt Z.

20. Gib
(1) ein Dreieck,
(2) ein Viereck,
(3) ein Fünfeck
an, aus dem man durch Punktspiegelung das Sechseck erzeugen kann.

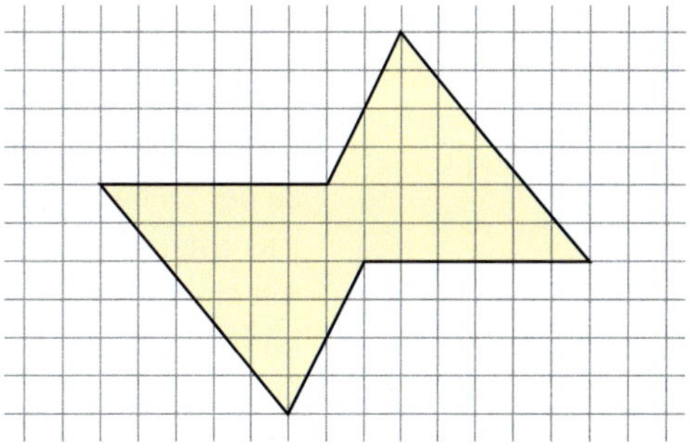

2.5 Besondere Dreiecke

Einstieg

In unserer Umwelt gibt es viele dreieckige Formen.

Findet weitere Beispiele für Dreiecke in unserer Umwelt. Welche davon weisen Besonderheiten auf? Beschreibt diese. Präsentiert eure Ergebnisse in der Klasse.

Aufgabe 1

Symmetrische Dreiecke

Auch Dreiecke können symmetrisch sein.

a) Zeichne ein Dreieck mit einer Symmetrieachse. Beschreibe, wie du vorgehst. Welche Eigenschaften hat ein solches Dreieck?

b) Skizziere ein Dreieck mit zwei Symmetrieachsen. Was fällt auf? Entwickle daraus ein Vorgehen zum Zeichnen eines solchen Dreiecks.

Lösung

a) Am einfachsten ist es, wenn du ein Dreieck an einer Seite spiegelst. Damit dabei aber als Gesamtfigur wieder ein Dreieck entsteht und kein Viereck, muss eine Seite des Dreiecks, von dem du ausgehst, orthogonal zu der Spiegelachse sein. Das entstandene Dreieck mit einer Symmetrieachse hat dann zwei gleich lange Seiten. Ebenso sind zwei Winkel gleich groß.

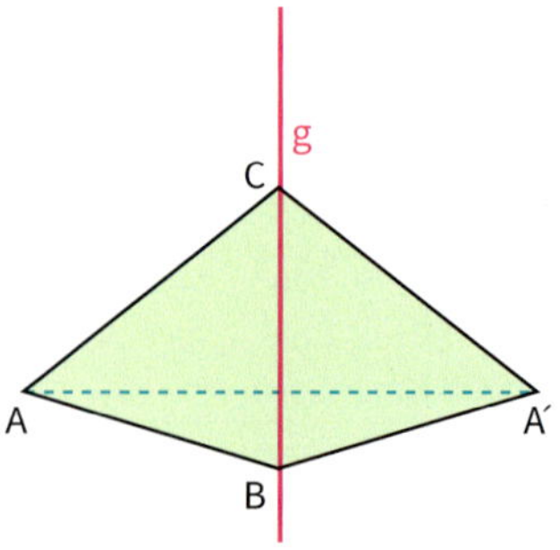

ABA′C ist ein Viereck.

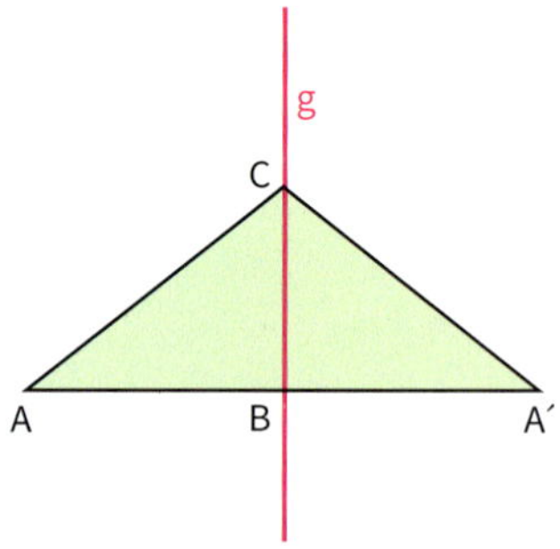

AA′C ist ein Dreieck, bei dem die Seiten $\overline{AC}$ und $\overline{A'C}$ gleich lang sind.

b) Jede Symmetrieachse muss durch den Mittelpunkt einer Dreieckseite gehen und orthogonal zu ihr sein. Rechts siehst du ein Dreieck mit zwei Symmetrieachsen g und h durch die Mittelpunkte der Seiten $\overline{AB}$ und $\overline{BC}$. Da g eine Symmetrieachse ist, ist die Dreieckseite $\overline{AC}$ genau so lang wie die Seite $\overline{BC}$. Da h eine Symmetrieachse ist, ist die Dreieckseite $\overline{AB}$ genau so lang wie die Seite $\overline{BC}$.
Daraus folgt aber, dass alle drei Seiten des Dreiecks gleich lang sind. Ebenso sind auch alle drei Winkel gleich groß.
Das bedeutet weiterhin, dass ein Dreieck, das zwei Symmetrieachsen hat, automatisch noch eine dritte Symmetrieachse haben muss: Im Beispiel rechts ist es die Gerade i, die durch den Mittelpunkt der Seite $\overline{AC}$ geht und orthogonal zu ihr ist.

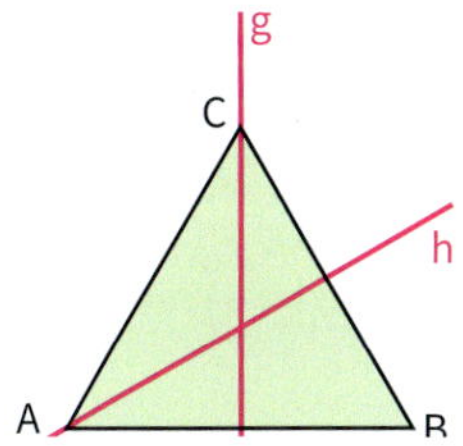

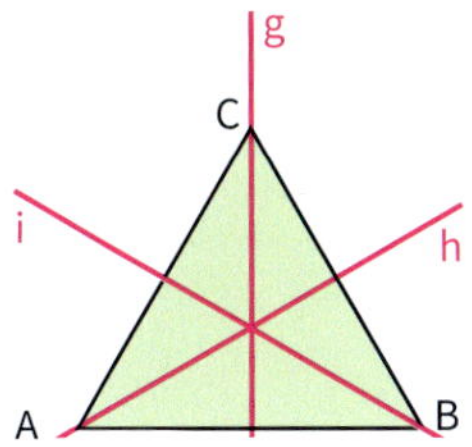

Ein Dreieck mit drei gleich langen Seiten z. B. der Länge 2,5 cm kannst du am einfachsten mithilfe eines Zirkels zeichnen:

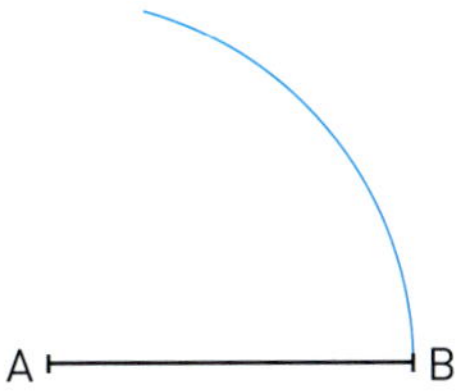

Zeichne die Seite $\overline{AB}$ mit $|AB| = 2{,}5\,cm$ und um A einen Kreisbogen mit $r = 2{,}5\,cm$.

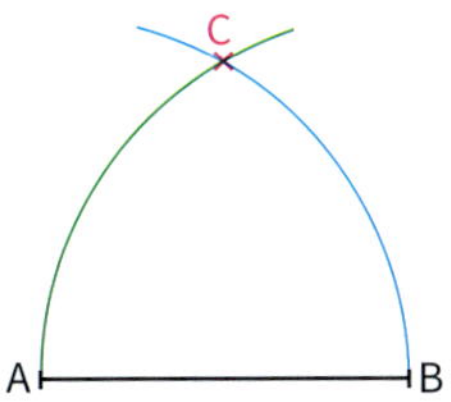

Zeichne um B einen Kreisbogen mit $r = 2{,}5\,cm$. Nenne den Schnittpunkt C.

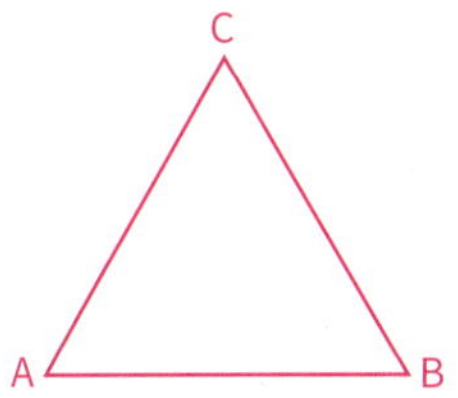

Verbinde A mit C und B mit C. ABC ist das gesuchte Dreieck.

Weiterführende Aufgabe

Spitzwinklige, rechtwinklige, stumpfwinklige Dreiecke

2. Untersuche zeichnerisch: Wie viele rechte, wie viele stumpfe Winkel kann ein Dreieck besitzen? Begründe.

Information

Dreiecke mit einem rechten Winkel und auch symmetrische Dreiecke sind besondere Dreiecke, die im Alltag häufig vorkommen.

Ein Dreieck, bei dem zwei Seiten gleich lang sind, heißt **gleichschenkliges Dreieck**.
Ein Dreieck, bei dem alle drei Seiten gleich lang sind, heißt **gleichseitiges Dreieck**.
Ein Dreieck, bei dem ein Winkel 90° beträgt, heißt **rechtwinkliges Dreieck**.
Ein Dreieck heißt **spitzwinklig**, wenn *jeder* der drei Innenwinkel kleiner als 90° ist.
Es heißt **stumpfwinklig**, wenn *ein* Innenwinkel größer als 90° ist.

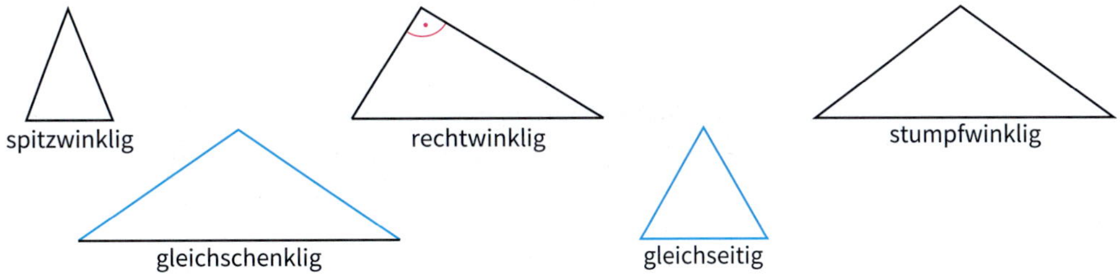

Üben

3. Entscheide welche der Dreiecke gleichschenklig sind. Welche sind rechtwinklig? Welche sind gleichseitig? Welche sind rechtwinklig und gleichschenklig? Welche sind spitzwinklig? Welche sind stumpfwinklig?

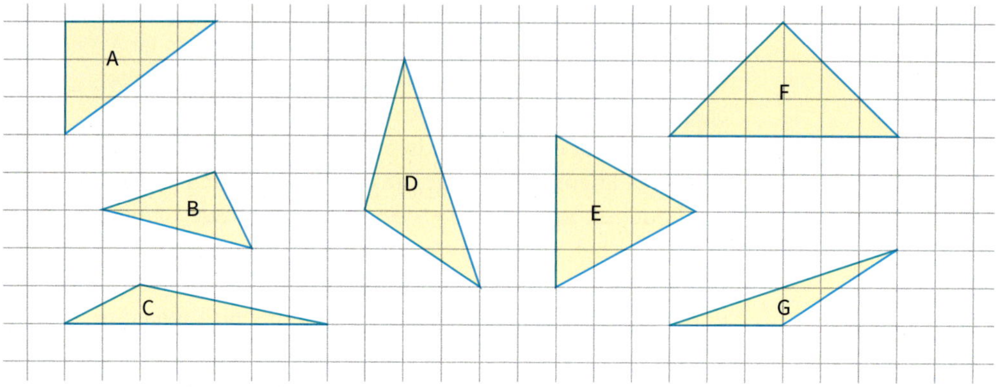

4. Zeichne ein Dreieck ABC mit den angegebenen Maßen.
Welches besondere Dreieck liegt vor?

a) $c = 5$ cm; $\alpha = 40°$; $\beta = 90°$
b) $b = 6$ cm; $\alpha = 60°$; $\gamma = 60°$
c) $a = 6$ cm; $\beta = 45°$; $\gamma = 45°$
d) $c = 7$ cm; $\alpha = 50°$; $\beta = 40°$

Vertiefen

5. Zeichne das Dreieck ABC in ein Koordinatensystem.
Um was für ein Dreieck handelt es sich?

a) **(1)** A(1|0), B(7|0), C(1|6)
(2) A(5|2), B(8|3), C(11|8)
(3) A(2|4), B(4|0), C(4|2)
(4) A(10|6), B(12|1), C(14|6)

b) Welche Zahl muss man für x bzw. y einsetzen, damit das Dreieck ABC rechtwinklig ist?
(1) A(0|6), B(7|1), C(x|6);
(2) A(1|1), B(8|1), C(x|1);
(3) A(x|y), B(y|y), C(4|8)

c) Zeichne das Dreieck ABC mit A(2|7), B(7|2), C(10|10) in dein Heft. Um was für ein Dreieck handelt es sich?
Was für ein Dreieck erhält man, wenn man den Punkt C im Dreieck durch D(6|6) ersetzt?
Findet weitere Punkte mit dieser Eigenschaft. Erkennt ihr eine Regel?

6. Welche besonderen Dreiecke kannst du auf deinem Geodreieck erkennen? Beschreibe sie.

Herausfordern

7. Benenne Körper, an denen besondere Dreiecke vorkommen.

Das kann ich noch!

A) Kürze so weit wie möglich: $\frac{6}{8}$; $\frac{5}{10}$; $\frac{9}{24}$; $\frac{12}{30}$; $\frac{70}{80}$; $\frac{35}{14}$; $\frac{20}{28}$

B) Erweitere auf den Nenner 24: $\frac{1}{2}$; $\frac{3}{4}$; $\frac{7}{8}$; $\frac{8}{3}$; $\frac{7}{12}$; $\frac{5}{6}$; $\frac{3}{9}$; $\frac{4}{16}$; $\frac{14}{7}$

C) Berechne

(1) $\frac{1}{2} + \frac{3}{4}$ (2) $\frac{2}{3} + \frac{4}{9}$ (3) $\frac{2}{5} + \frac{2}{3}$ (4) $\frac{4}{5} - \frac{3}{10}$ (5) $\frac{3}{2} - \frac{3}{4}$ (6) $\frac{3}{4} - \frac{2}{3}$

2.6 Darstellungsformen von Körpern

Einstieg

Betrachte das Haus auf dem Foto rechts. Es soll auf verschiedene Weise zeichnerisch dargestellt werden. Wähle dafür den Maßstab 1:100, d.h. zeichne nur 1 cm für 100 cm = 1 m in der Wirklichkeit.

a) Zeichne ein Schrägbild des Hauses.
b) Zeichnet ein Netz des Hauses. Ihr könnt es auch daraus bauen.

Aufgabe 1

Betrachte das Gartenhaus rechts; berücksichtige dabei Tür und Fenster nicht. Wähle für die folgenden Zeichnungen 1 cm im Heft für 1 m in der Wirklichkeit.

a) Zeichne ein Schrägbild.
b) Zeichne ein Netz.

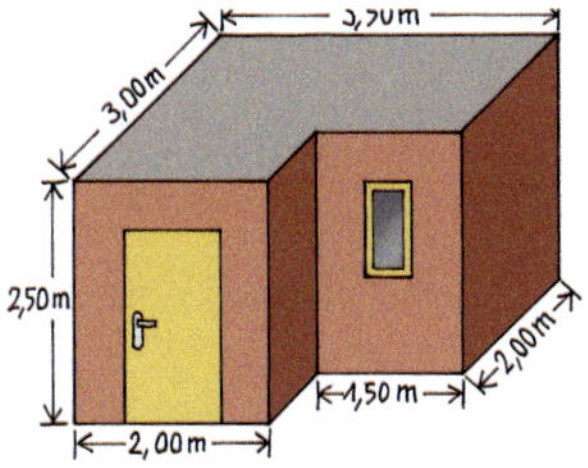

Lösung

a) Du kannst dir denken, dass das Gartenhaus aus zwei Quadern zusammengesetzt ist oder dass aus einem großen Quader ein kleiner Quader entfernt worden ist. Hier verwenden wir die zweite Idee und zeichnen beide Quader mit dünnem Bleistift in ein Schrägbild. Dann radieren wir überflüssige Linien weg und zeichnen die anderen kräftig nach.

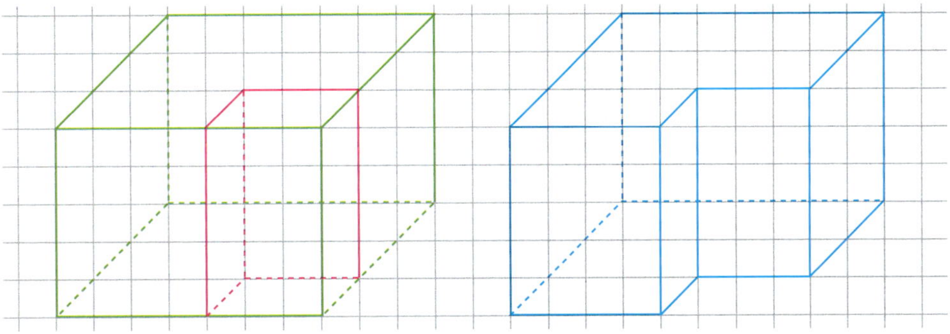

b) Wir stellen uns vor, das der Körper entlang der Kanten zum Dach und zum Boden sowie der Kante vorne links aufgeschnitten wird und dann die Seitenwände und das Dach nach oben geklappt werden. Rechts siehst du eine verkleinerte Zeichnung.

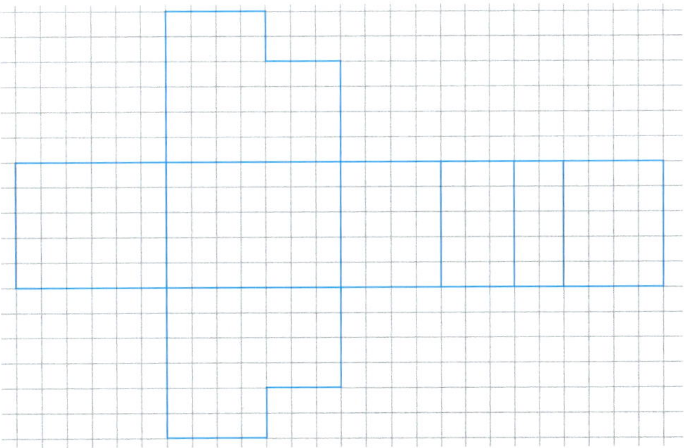

Information

Darstellen von Körpern

Für Körper kann man aus dem Netz ein Flächenmodell herstellen. Das Schrägbild liefert einen guten räumlichen Eindruck.

Üben

2. Betrachte den abgebildeten Winkelbungalow rechts. Wähle in den Zeichnungen 1 cm für 2 m in der Wirklichkeit. Berücksichtige Fenster und Türen nicht.

a) Zeichne ein Schrägbild.

b) Zeichne ein Netz.

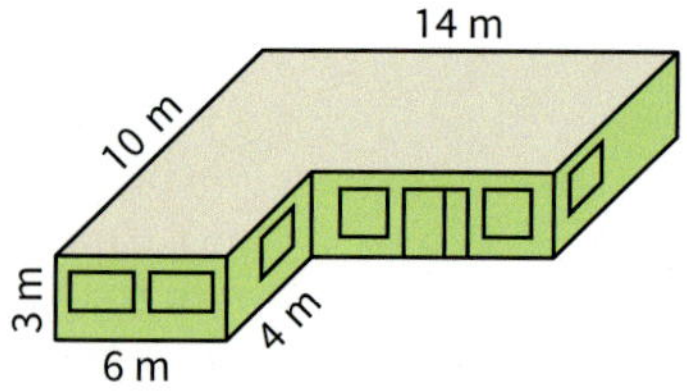

3. Aus dem nebenstehend gezeichneten Quader soll das Prisma mit der blau gezeichneten Grundfläche herausgeschnitten werden.

a) Zeichne ein Schrägbild dieses Prismas.

b) Zeichne ein Netz für dieses Prisma.

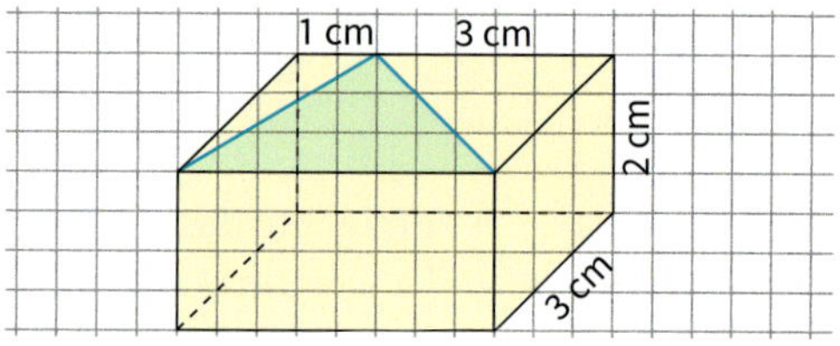

4. Lebkuchen werden in einer Schachtel verpackt, die die Form eines Hauses mit Satteldach hat. Wähle 1 cm in der Zeichnung für 2 cm in der Wirklichkeit.

a) Zeichne ein Schrägbild.

b) Zeichne ein Netz der Verpackung.

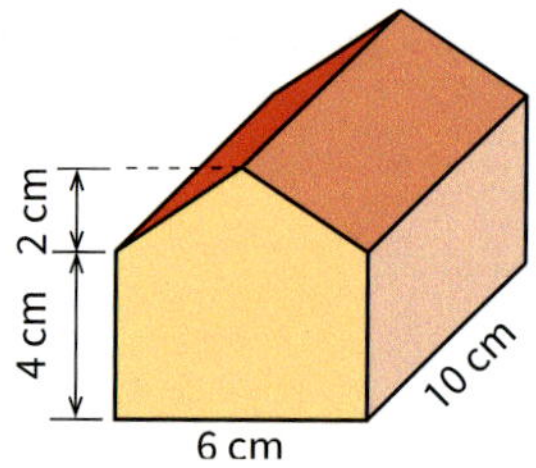

Vertiefen

5. Die Verpackung einer Kinderzahnpasta ist ein (dreiseitiges) Prisma. Bei den Dreiecken sind zwei Seiten orthogonal zueinander.

a) Zeichne ein Schrägbild der stehenden Schachtel.

b) Zeichne ein Schrägbild der liegenden Schachtel.

c) Zeichne ein Netz der Schachtel.

d) Berechne das Volumen und die Größe der Oberfläche.

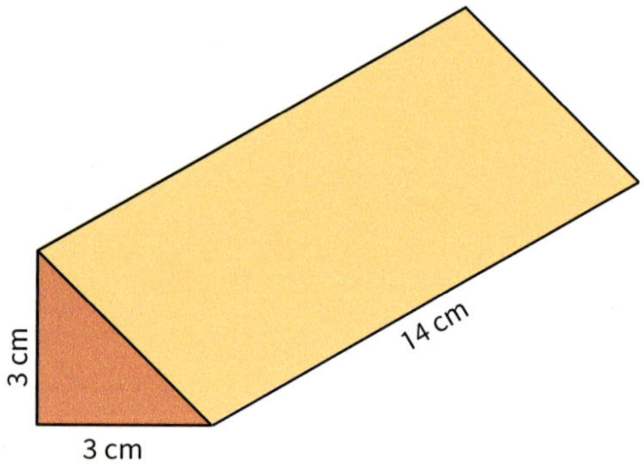

6. Erzeuge ein Schrägbild einer Pyramide, indem du den Punkt P mit allen Eckpunkten der Grundfläche verbindest. Zeichne die Kanten der Pyramide farbig.

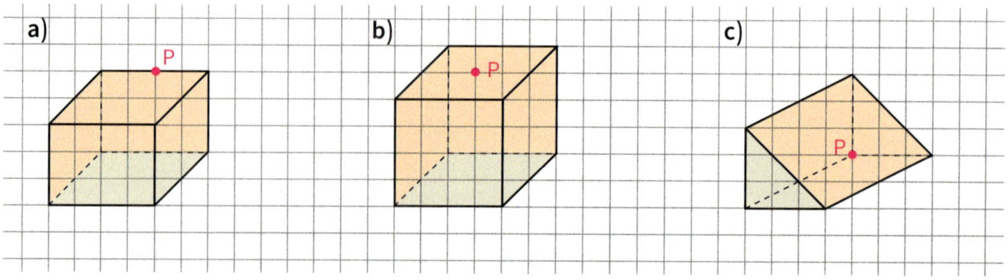

7. Zeichne ein Netz der rechts abgebildeten Pyramide.

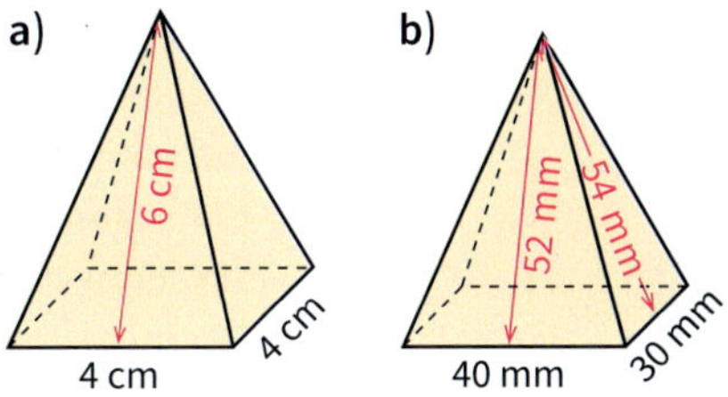

8. Entscheide, welche der Figuren ein Netz einer Pyramide ist.

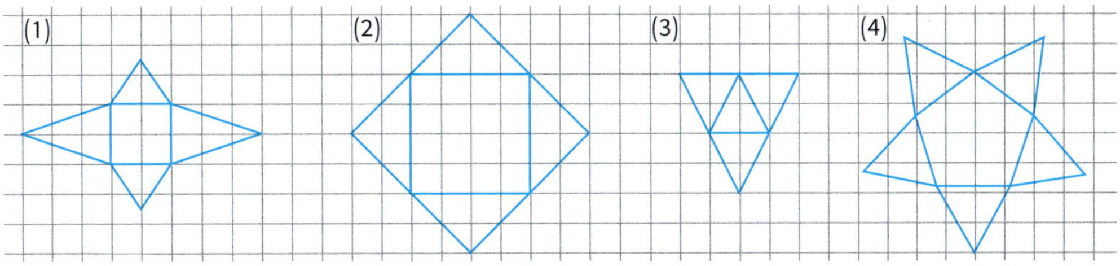

Herausfordern

9. Bei Zylinder und Kegel kommen als Begrenzungsflächen auch Kreise vor. Daher ist es schwieriger, Netze von ihnen zu zeichnen. Überlege daher zunächst, wie das Netz aussieht und welche Maße des Körpers du messen musst. Zeichne es dann.

a) Wähle eine zylinderförmige Dose, z. B. für Paprika-Chips oder Kekse.

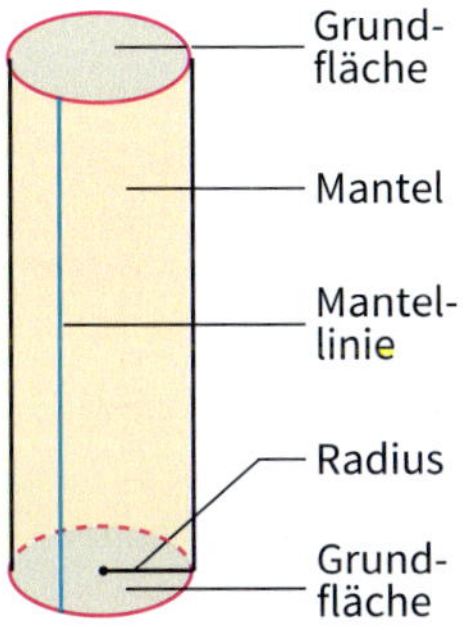

b) Wähle eine kegelförmige Verpackung, z. B. eine Eistüte.

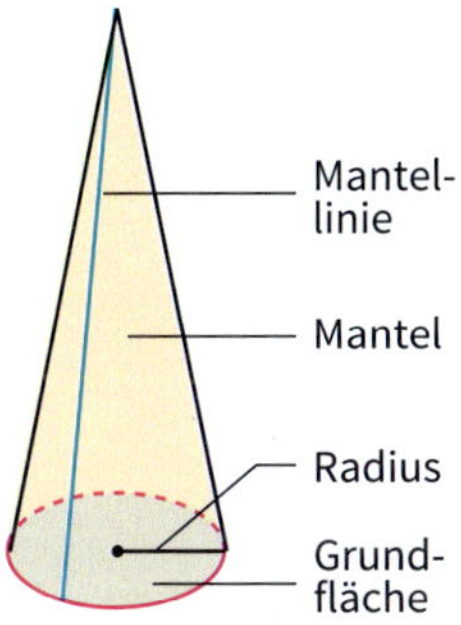

10. a) Welche der Figuren ist kein Netz eines Zylinders?

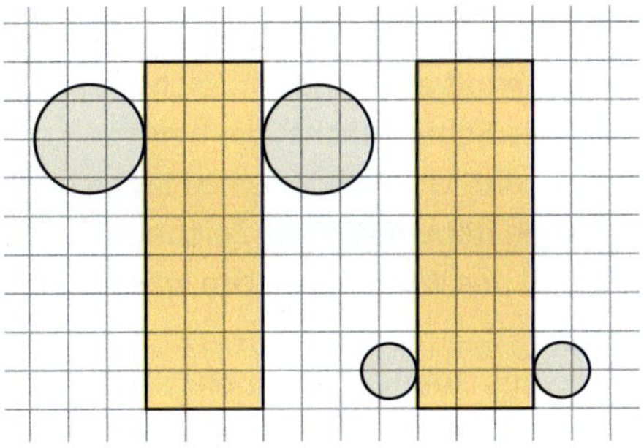

b) Welche der Figuren ist kein Netz eines Kegels?

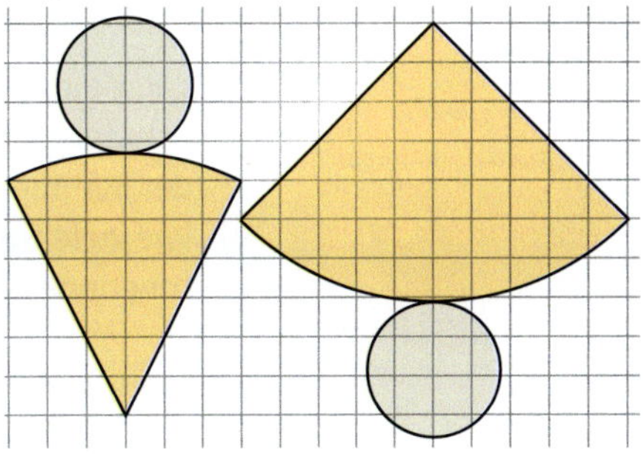

2.7 Aufgaben zur Vertiefung

1. Auch Körper können symmetrisch sein. Die Körper im Bild sind symmetrisch zur Ebene $\mathbb{E}$. Wir sagen auch: Die Körper sind **ebenensymmetrisch**. Die Ebene $\mathbb{E}$ heißt **Symmetrieebene**, sie schneidet den Körper in einer Fläche. Die *Schnittfläche* ist beim Haus in Bild (1) ein Rechteck, bei der Dose in Bild (2) eine Kreisfläche.

(1)

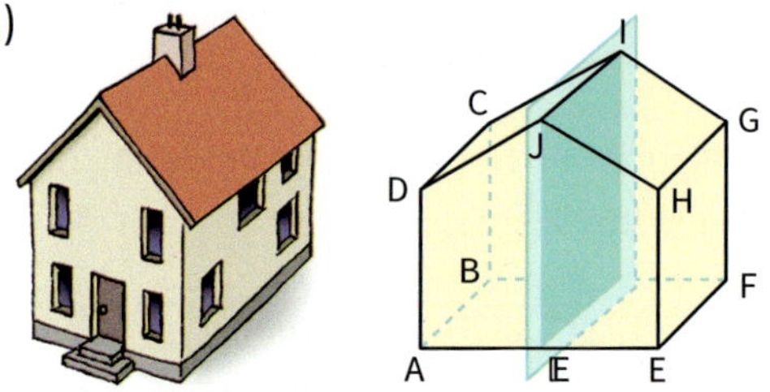

(2)

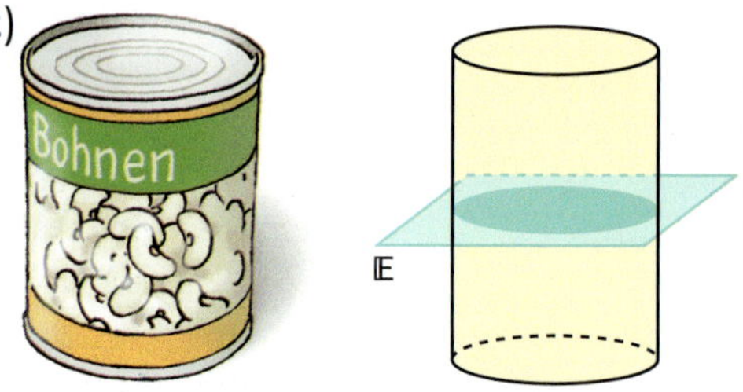

a) Welche der Körper sind ebenensymmetrisch? Wie viele Symmetrieebenen haben sie?

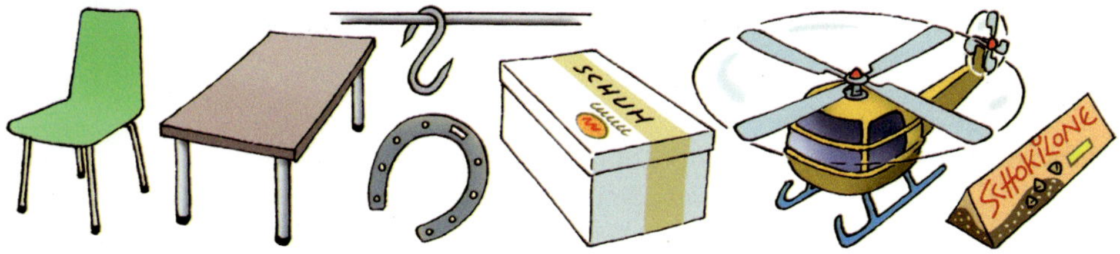

b) Nenne weitere Körper aus dem täglichen Leben, die Symmetrieebenen besitzen.

2. Häuser haben verschiedene Dachformen, deren Namen du im Bild findest. Untersuche die Häuser auf Symmetrie; gib dabei auch an, wie viele Symmetrieebenen jedes Haus hat.

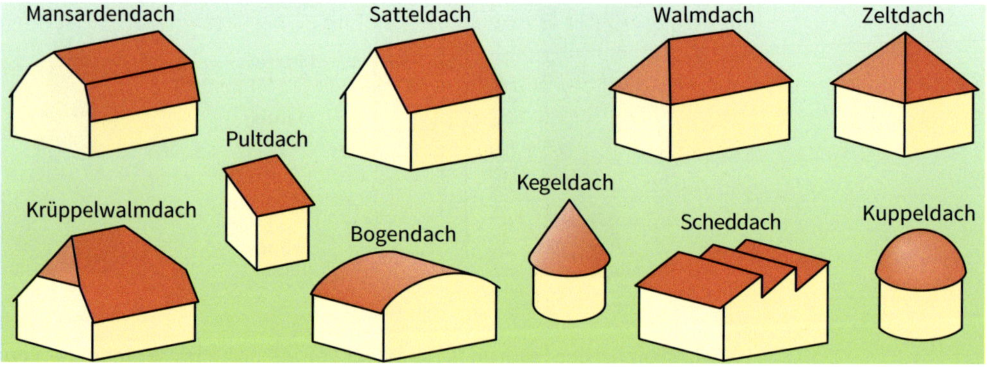

3. a) Zeichne ein Schrägbild eines Quaders mit den Seitenlängen 6 cm, 3 cm und 4 cm.

b) Wie viele Symmetrieebenen hat ein Quader? Zeichne für jede Symmetrieebene ein Schrägbild. Färbe in ihm die Schnittfläche, die beim Zerschneiden des Quaders längs der Symmetrieebene entsteht. Um was für eine Fläche handelt es sich?

c) Wie viele Symmetrieebenen hat ein Würfel? Zeichne die Schnittfläche jeder Symmetrieebene in ein Schrägbild des Würfels ein. Um was für eine Fläche handelt es sich?

4. a) Zeichne das Schrägbild eines Quaders, der mehr als drei Symmetrieebenen hat, aber kein Würfel ist. Zeichne für jede Symmetrieebene ein Schrägbild.

b) Zeichne ein Netz dieses Quaders und trage die Schnittlinien der Symmetrieebenen ein.

Das Wichtigste auf einen Blick

Kreis

Alle Punkte auf einem **Kreis** haben von einem festen Punkt M denselben Abstand r. Der Punkt M ist der **Mittelpunkt** des Kreises; r nennt man den **Radius** des Kreises. Die Verbindungslinie zweier Punkte des Kreises bezeichnet man als **Sehne**. Eine Sehne, die durch den Mittelpunkt des Kreises geht, heißt **Durchmesser** d des Kreises.
Es gilt: $d = 2 \cdot r$.

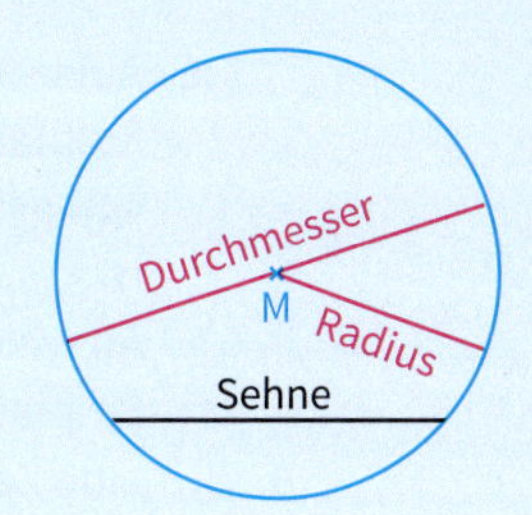

Winkel

Dreht man eine Halbgerade um ihren Anfangspunkt S, so wird eine Fläche überstrichen, die man **Winkel** nennt.
Der Punkt S ist der **Scheitel**, die Halbgeraden heißen **Schenkel** des Winkels. Winkel werden durch griechische Kleinbuchstaben wie α, β oder γ bezeichnet.
Rechts sind die wichtigsten Winkelarten aufgeführt.

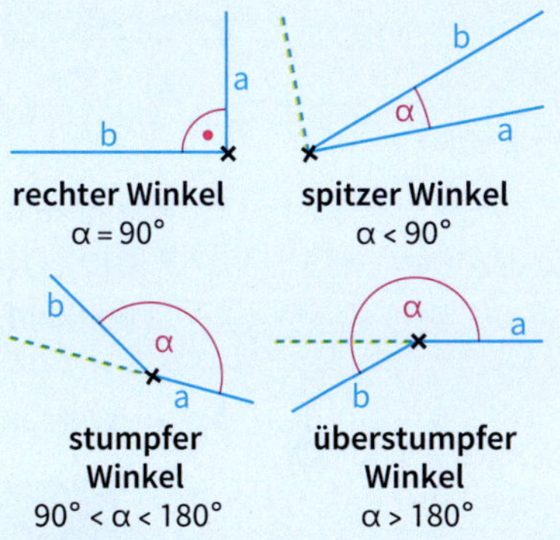

Achsenspiegelung

Eine **Achsenspiegelung** an der **Spiegelachse a** hat folgende Eigenschaften:
Ein Punkt P und sein Bildpunkt P′ liegen auf einer Orthogonalen zu a, auf verschiedenen Seiten von a und gleich weit von a entfernt.
Ein Punkt auf der Spiegelachse bleibt an seiner Stelle.

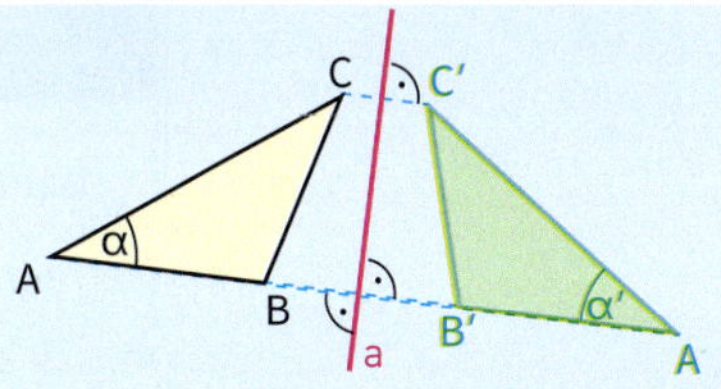

Punktspiegelung

Eine **Punktspiegelung** an dem **Symmetriezentrum Z** hat folgende Eigenschaften:
Ein Punkt P und sein Bildpunkt P′ liegen auf einer Geraden durch Z, auf verschiedenen Seiten von Z und gleich weit von Z entfernt. Das Spiegelzentrum Z bleibt an seiner Stelle.

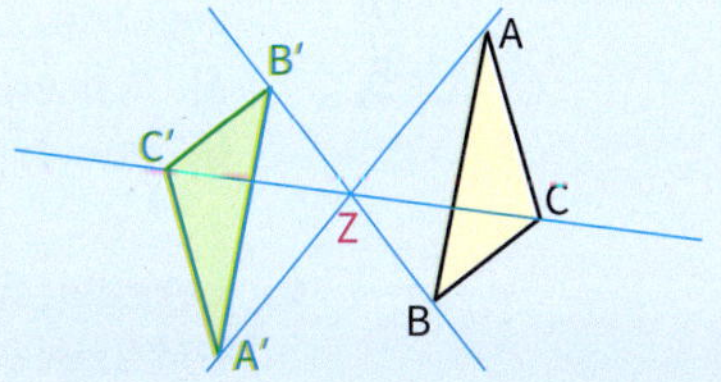

Symmetrie

Eine Figur heißt
- **achsensymmetrisch**, wenn sie bei der Spiegelung an einer Geraden auf sich abgebildet wird.
- **punktsymmetrisch** zum **Punkt Z**, wenn sie bei der Punktspiegelung an Z auf sich abgebildet wird.

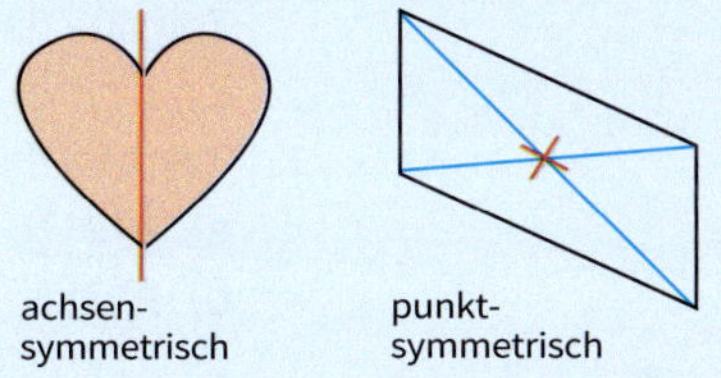

Besondere Dreiecke

Ein **gleichschenkliges Dreieck** hat zwei gleich lange Seiten; diese nennt man Schenkel, die dritte Seite heißt Basis. Beim **gleichseitigen Dreieck** sind alle drei Seiten gleich lang. In **rechtwinkligen Dreiecken** ist *ein* Winkel 90° groß. In **spitzwinkligen Dreiecken** sind *alle* Winkel kleiner als 90°. In **stumpfwinkligen Dreiecken** ist *ein* Winkel größer als 90°.

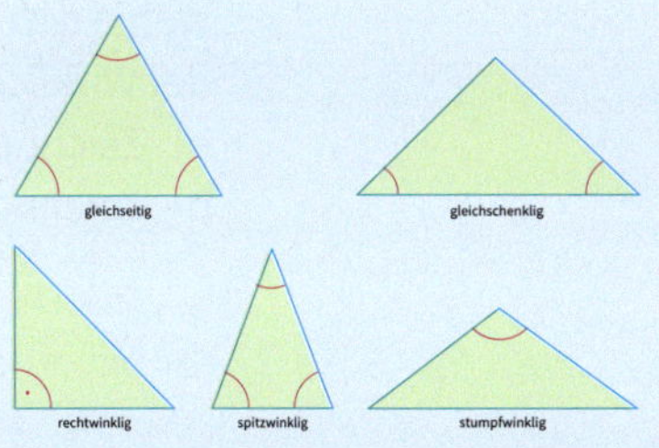

Bist du fit?

1. Auf dem flachen Land hat ein Mobiltelefon Empfang, wenn es nicht weiter als 35 km von einem Mobilfunksendemast entfernt ist.
   An welchen der Orte A, B, …, H hat man Empfang vom Sendemast S? Fertige dazu eine Zeichnung im Heft an.

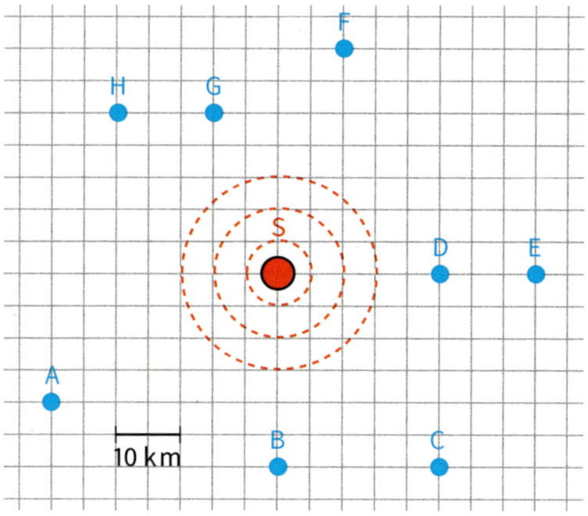

2. Zeichne einen Winkel mit der Weite
   a) 58°, **b)** 290°, **c)** 126°.

3. Markiere in einem Koordinatensystem mit dem Ursprung O die Punkte A (5 | 1), B (5 | 7), P (0 | 2), Q (4 | 3) und R (8 | 0). Zeichne die Winkel mit den Schenkeln $\overrightarrow{OA}$ und $\overrightarrow{OB}$ bzw. den Schenkeln $\overrightarrow{QP}$ und $\overrightarrow{QR}$. Miss ihre Größe.

4. **a)** Welche der Fahnen sind als Ganzes achsensymmetrisch, welche punktsymmetrisch?

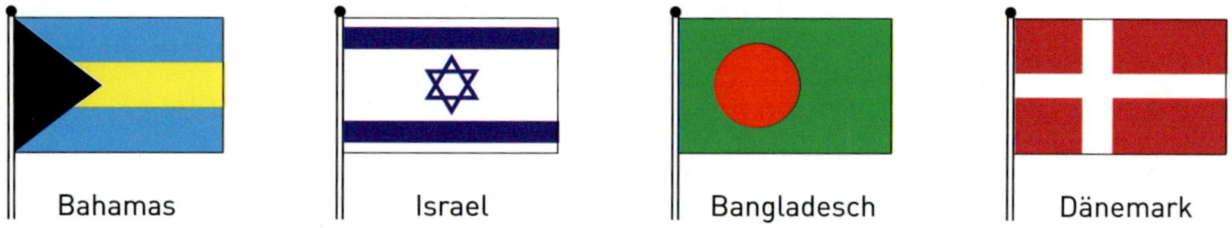

   b) Betrachte in den Fahnen die Teilfiguren. Was für Symmetrien weisen sie auf?

5. In einem Koordinatensystem ist das Dreieck ABC mit A (1 | 3), B (4,5 | 1,5) und C (4 | 4,5) gegeben. Zeichne das Bilddreieck bei der angegebenen Abbildung.
   a) Achsenspiegelung an der Geraden PQ mit P (6 | 0) und Q (4 | 6)
   b) Punktspiegelung am Punkt Z (6 | 4)

6. Gegeben sind das Dreieck ABC mit A (0 | 1), B (4 | 3) und C (1 | 6) sowie der Bildpunkt B′ (8 | 4) von B bei einer
   a) Achsenspiegelung; **b)** Punktspiegelung.
   Zeichne das Bild des Dreiecks ABC.

7. Zeichne das Dreieck ABC. Welche Besonderheiten weist es auf?
   a) A (2 | 1), B (8 | 1), C (5 | 8)
   b) A (2 | 3), B (9 | 1), C (7 | 8)
   c) A (1 | 1), B (4 | 4), C (1 | 7)
   d) A (1 | 1), B (5 | 4), C (9 | 1)

8. Jessica will ein Puppenzelt aus Stoff herstellen.
   Wähle den Maßstab 1cm in der Zeichnung für 10cm in der Wirklichkeit.
   a) Zeichne ein Schrägbild des Zeltes.
   b) Zeichne ein Netz des Zeltes.

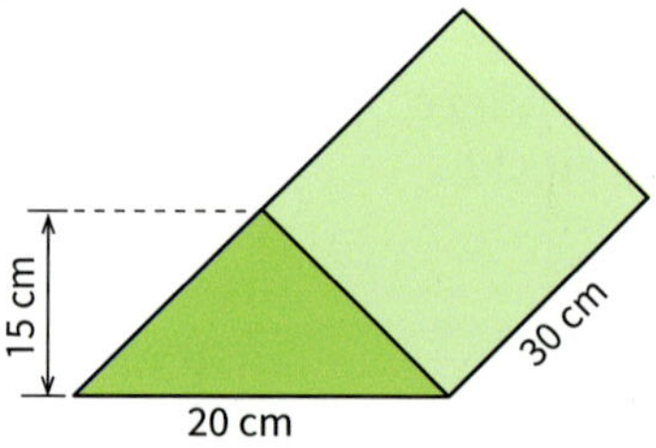

3. Multiplizieren und Dividieren von Brüchen

In manchen Situationen im Alltag muss man Größen, die mit Brüchen angegeben sind, multiplizieren und dividieren.

- Was kosten $3\frac{1}{2}$ kg Spargel?
- Was kostet 1 kg Erdbeeren?
- Wie groß ist die Verkaufsfläche des Blumenstandes?
- Was kostet 1 kg Kartoffeln?

In diesem Kapitel ...
lernst du, wie man Brüche multiplizieren und dividieren kann.

Lernfeld: Vielfach Brüche

Kochen und Backen

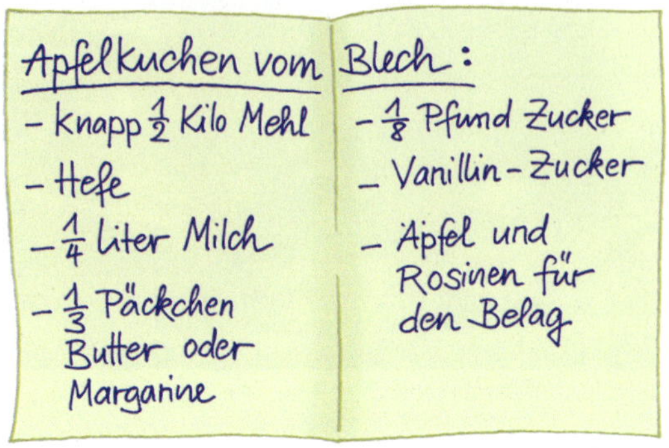

Oma verwendet zum Backen ihre alten Rezeptzettel, auf denen sie nur die wichtigsten Zutaten aufgeschrieben hat. Die kleinen Geheimnisse des guten Geschmacks behält sie für sich.

- → Für ein großes Blech musst du die $1\frac{1}{2}$-fache Menge aller Zutaten verwenden.
- → Für eine kleine runde Kuchenform reichen $\frac{3}{4}$ der Zutaten.
- → Aus dem Blech kann man 20 Kuchenstücke schneiden, ein Stück der kleinen, runden Kuchenform ist $\frac{1}{12}$ des ganzen Kuchens. Wie viel der Zutaten findet sich in jedem Stück?

Vielfache Gewichtheber

Dominik trainiert seine Armmuskeln mit Hanteln. Die Masse seiner Hanteln kann man durch Entfernen und Hinzufügen von Scheiben verändern. Dominik hebt 2,4 kg.
Seine Freunde vergleichen:

- → Von welchen Hantelgewichten sprechen die Freunde?

3.1 Multiplizieren von Brüchen

Einstieg

Daniel hat noch eine halbe Tafel Schokolade. Seine Schwester Lena behauptet: „Ich könnte dreimal so viel essen." Sein Vater sagt: „So viel? Ich hätte nur Appetit auf zweieinhalb mal so viel." Seine Mutter meint: „Zwei Drittel davon dürfte ich heute wohl noch essen." Welchen Anteil einer ganzen Tafel Schokolade möchte jeder von den dreien essen?

Aufgabe 1

Anschauliche Bedeutung der Multiplikation von Brüchen

Von einer Pizza ist ein Drittel übrig.
Jan prahlt: „Davon würde ich locker das Vierfache schaffen."
Jakob erwidert: „Gib nicht so an. Für mich reicht das Zweieinhalbfache."
Julia sagt: „Ich bin so satt, davon schaffe ich nur noch $\frac{3}{4}$."

Lösung

Wie viel Pizza isst Jan?

Jan möchte das Vierfache von ein drittel Pizza essen:

$4 \cdot \frac{1}{3} = \frac{4}{3} = 1\frac{1}{3}$

Jan schafft $1\frac{1}{3}$ Pizza.

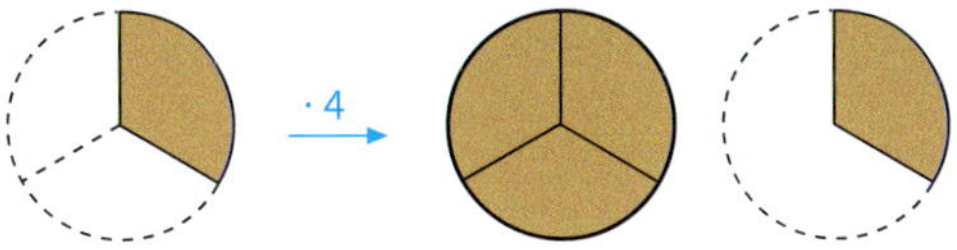

Wie viel Pizza isst Jakob?

Jakob möchte das Zweieinhalbfache von ein drittel Pizza essen. Jakob möchte das Doppelte von ein drittel Pizza, also $2 \cdot \frac{1}{3}$ Pizza, und dazu noch die Hälfte von ein drittel Pizza, also $\frac{1}{6}$ Pizza, essen.

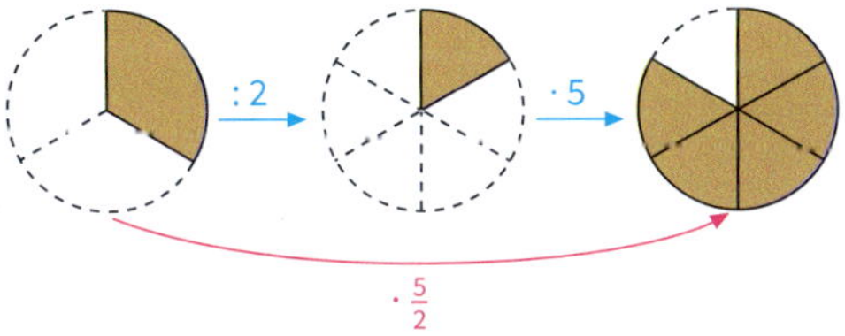

Zusammen sind das $\frac{2}{3} + \frac{1}{6} = \frac{4}{6} + \frac{1}{6} = \frac{5}{6}$ Pizza.

Du könntest auch folgendermaßen überlegen: $2\frac{1}{2} \cdot \frac{1}{3} = \frac{5}{2} \cdot \frac{1}{3} = \frac{1}{3} : 2 \cdot 5 = \frac{1}{6} \cdot 5 = \frac{5}{6}$

Das Drittel halbieren und 5 davon nehmen.

Jakob schafft $\frac{5}{6}$ Pizza.

Wie viel Pizza isst Julia?

Julia möchte nur drei Viertel von ein Drittel Pizza essen. Das Drittel muss in vier Teile geschnitten werden, man erhält Zwölftel. Julia isst drei davon, also drei Zwölftel.

$\frac{3}{4} \cdot \frac{1}{3} = \frac{1}{3} : 4 \cdot 3 = \frac{1}{12} \cdot 3 = \frac{3}{12} = \frac{1}{4}$

Das Drittel vierteln und 3 davon nehmen.

Julia schafft $\frac{1}{4}$ Pizza.

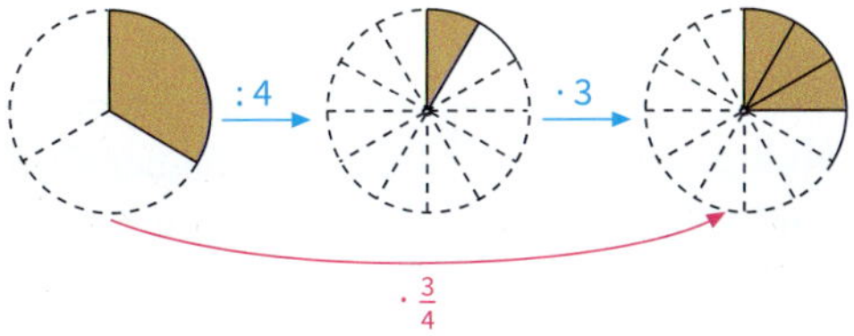

Information

(1) Anschauliche Bedeutung der Multiplikation von Brüchen

Du weißt schon aus der Grundschule:
Das 3-fache von 4 bedeutet: Nimm dreimal 4, also: $3 \cdot 4 = 4 + 4 + 4 = 12$.
In Klasse 5 hast du das Vervielfachen von Brüchen gelernt:
Das 3-fache von $\frac{2}{5}$ bedeutet: Nimm dreimal $\frac{2}{5}$, also: $3 \cdot \frac{2}{5} = \frac{2}{5} + \frac{2}{5} + \frac{2}{5} = \frac{6}{5} = 1\frac{1}{5}$.
In Aufgabe 1 haben wir gesehen:
Das $2\frac{1}{2}$-fache von $\frac{1}{3}$ bedeutet: Nimm zweieinhalbmal $\frac{1}{3}$, also: $2\frac{1}{2} \cdot \frac{1}{3} = \frac{5}{2} \cdot \frac{1}{3} = \frac{1}{3} : 2 \cdot 5 = \frac{1}{6} \cdot 5 = \frac{5}{6}$.

Hälfte von $\frac{1}{3}$

Fünffaches davon

Wir legen fest:
$\frac{2}{3} \cdot \frac{4}{5}$ bedeutet: $\frac{2}{3}$ von $\frac{4}{5}$, also $\frac{4}{5} : 3 \cdot 2$

(2) Regel über die Multiplikation von Brüchen

$$\frac{2}{3} \cdot \frac{4}{5} = \frac{4}{5} : 3 \cdot 2 = \frac{4}{3 \cdot 5} \cdot 2 = \frac{2 \cdot 4}{3 \cdot 5} = \frac{8}{15}$$

Produkt der Nenner

Produkt der Zähler

$\frac{4}{5}$ des Rechtecks ist grün.

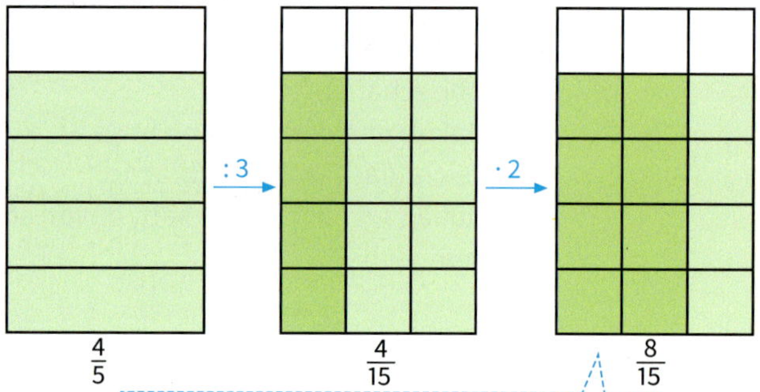

$\frac{2}{3}$ des grünen Teils ist dunkelgrün, das ist $\frac{2}{3} \cdot \frac{4}{5}$, also $\frac{8}{15}$ des ganzen Rechtecks.

An diesem Beispiel erkennen wir die folgende Regel:

Regel über die Multiplikation von Brüchen
Brüche werden miteinander multipliziert, indem man Zähler mit Zähler und Nenner mit Nenner multipliziert.

Beispiel: $\frac{3}{8} \cdot \frac{5}{7} = \frac{3 \cdot 5}{8 \cdot 7} = \frac{15}{56}$

Zähler mal Zähler, Nenner mal Nenner

Weiterführende Aufgaben

Größenvergleich zwischen dem Wert eines Produktes und den einzelnen Faktoren

2. Du weißt: Wenn man eine Zahl mit einer natürlichen Zahl außer 0 und 1 multipliziert, dann ist das Ergebnis größer als die Zahl.
Untersuche das bei der Multiplikation mit einem Bruch.
Beispiele: (1) $\frac{4}{5} \cdot \frac{2}{3}$ (2) $\frac{4}{5} \cdot \frac{7}{3}$ (3) $5 \cdot \frac{4}{7}$ (4) $5 \cdot \frac{10}{7}$
Was stellst du fest? Formuliere einen Ergebnissatz.

Wenn man eine Zahl mit einem Bruch größer als 1 multipliziert, dann ist das Ergebnis größer als die Zahl. Multipliziert man jedoch eine Zahl mit einem Bruch kleiner als 1, dann ist das Ergebnis kleiner als die Zahl.

Beispiele: $7 \cdot \frac{5}{4} = \frac{7}{1} \cdot \frac{5}{4} = \frac{35}{4} = 8\frac{3}{4} > 7$ $\quad \frac{1}{2} \cdot \frac{5}{4} = \frac{5}{8} > \frac{1}{2}$

$7 \cdot \frac{3}{4} = \frac{7}{1} \cdot \frac{3}{4} = \frac{21}{4} = 5\frac{1}{4} < 7$ $\quad \frac{1}{2} \cdot \frac{3}{4} = \frac{3}{8} < \frac{1}{2}$

Multiplizieren von Brüchen in gemischter Schreibweise

3. Führe Neles Begründung zu Ende, um zu zeigen, dass Jan irrt.
Finde dann einen korrekten Rechenweg zur Berechnung von $3\frac{1}{4} \cdot 1\frac{1}{2}$.
Formuliere anschließend allgemein, wie man Brüche in gemischter Schreibweise multipliziert.

> **Multiplizieren von Brüchen in gemischter Schreibweise**
> Zum Multiplizieren von Brüchen in gemischter Schreibweise werden diese zunächst in unechte Brüche umgewandelt.
> *Beispiel:* $2\frac{1}{2} \cdot 1\frac{1}{3} = \frac{5}{2} \cdot \frac{4}{3} = \frac{20}{6} = \frac{10}{3} = 3\frac{1}{3}$

Üben

4. Hannas Mutter hat noch $\frac{3}{4}$ Pflaumenkuchen. $\frac{2}{5}$ davon verschenkt sie an ihre Nachbarin. Wie viel Pflaumenkuchen verschenkt sie? Fertige eine Skizze an.

5. Ein Fahnentuch ist $\frac{4}{5}$ m² groß. $\frac{2}{3}$ des Tuches sind rot. Wie viel m² sind das?
Du kannst das Ergebnis anschaulich an der Zeichnung finden. Erkläre die Zeichnung.
Du kannst das Ergebnis auch durch Rechnung finden. Vergleiche die Ergebnisse.

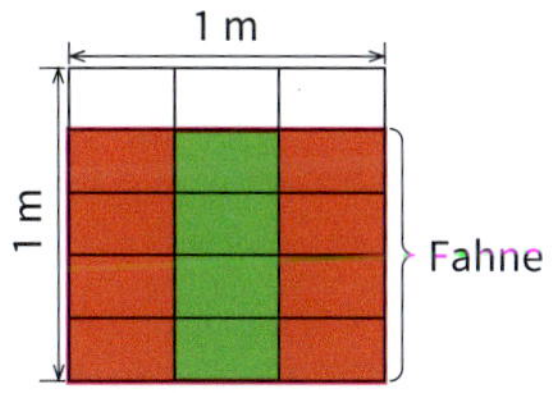

6. Kais Eltern haben ein großes Grundstück. Dieses ist $1\frac{1}{2}$ ha groß. $\frac{3}{4}$ davon ist Wiese. Wie groß ist die Wiese?

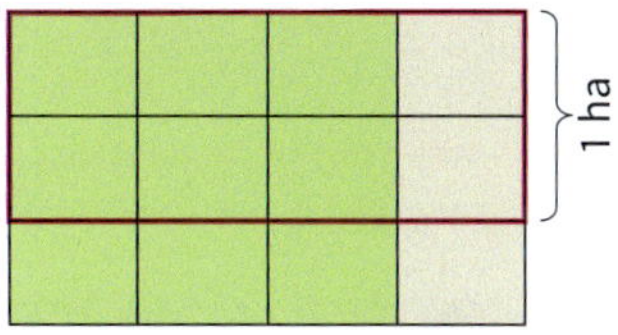

7. a) In einer Klasse spielen $\frac{3}{4}$ aller Kinder ein Instrument. $\frac{2}{3}$ dieser Kinder sind Mädchen. Wie groß ist der Anteil der ein Instrument spielenden Mädchen in der Klasse? Gib diesen Anteil als Bruch an. Du kannst die Berechnungen auch an einem Rechteck veranschaulichen.
b) In einer Klasse sind 24 Schülerinnen und Schüler. Kontrolliere das Ergebnis von Teilaufgabe a) an dem Beispiel dieser Klasse.

8. Ein Partner schreibt die Aufgabe als Produkt und berechnet dieses. Der andere Partner erfindet eine Rechengeschichte dazu. Bei der zweiten Aufgabe werden die Rollen getauscht.
a) $\frac{2}{5}$ von $\frac{3}{4}$ b) $\frac{2}{3}$ von $\frac{7}{8}$ c) $\frac{1}{4}$ von $\frac{2}{3}$ d) $\frac{2}{4}$ von $\frac{2}{3}$ e) $\frac{3}{5}$ von $\frac{3}{4}$ f) $\frac{2}{3}$ von $\frac{5}{7}$

9. **a)** Eine $\frac{3}{4}$-l-Flasche ist noch zu $\frac{2}{3}$ mit Obstsaft gefüllt. Wie viel Obstsaft ist in der Flasche?

b) Ein Gefäß fasst $\frac{7}{8}$ l. Es ist zu $\frac{4}{5}$ mit Milch gefüllt. Wie viel Milch enthält das Gefäß?

10. Berechne.

a) $\frac{3}{7}\cdot\frac{3}{5}$	**b)** $\frac{7}{9}\cdot\frac{5}{8}$	**c)** $\frac{3}{2}\cdot\frac{1}{2}$	**d)** $\frac{1}{2}\cdot\frac{1}{4}$	**e)** $\frac{1}{2}\cdot\frac{1}{2}$	**f)** $\frac{1}{3}\cdot\frac{1}{4}$	**g)** $\frac{15}{14}\cdot\frac{9}{8}$
$\frac{5}{7}\cdot\frac{4}{9}$	$\frac{1}{8}\cdot\frac{5}{3}$	$\frac{2}{3}\cdot\frac{2}{3}$	$\frac{5}{7}\cdot\frac{3}{4}$	$\frac{1}{3}\cdot\frac{1}{2}$	$\frac{1}{5}\cdot\frac{1}{3}$	$\frac{23}{25}\cdot\frac{4}{7}$

11. Berechne möglichst vorteilhaft.

a) $\frac{5}{8}\cdot\frac{4}{3}$	**b)** $\frac{7}{8}\cdot\frac{8}{9}$	**c)** $\frac{10}{9}\cdot\frac{6}{15}$	**d)** $\frac{49}{32}\cdot\frac{24}{35}$	**e)** $\frac{64}{25}\cdot\frac{35}{56}$
$\frac{6}{7}\cdot\frac{4}{9}$	$\frac{8}{9}\cdot\frac{3}{4}$	$\frac{6}{7}\cdot\frac{7}{12}$	$\frac{63}{25}\cdot\frac{45}{49}$	$\frac{26}{56}\cdot\frac{42}{39}$

$$\frac{\overset{4}{\cancel{12}}}{\underset{5}{\cancel{35}}}\cdot\frac{\overset{2}{\cancel{14}}}{\underset{5}{\cancel{15}}}=\frac{4\cdot 2}{5\cdot 5}=\frac{8}{25}$$

12.

a) $\frac{3}{7}\cdot\frac{5}{9}$	b) $\frac{4}{5}\cdot\frac{7}{8}$	c) $\frac{6}{7}\cdot\frac{4}{9}$	d) $\frac{12}{7}\cdot\frac{5}{18}$	e) $\frac{42}{5}\cdot\frac{7}{36}$	f) $\frac{23}{56}\cdot\frac{49}{8}$	g) $\frac{63}{11}\cdot\frac{8}{49}$
$\frac{7}{8}\cdot\frac{4}{3}$	$\frac{3}{5}\cdot\frac{10}{7}$	$\frac{5}{6}\cdot\frac{9}{11}$	$\frac{24}{5}\cdot\frac{3}{32}$	$\frac{56}{7}\cdot\frac{11}{48}$	$\frac{19}{72}\cdot\frac{64}{5}$	$\frac{36}{7}\cdot\frac{17}{54}$

13. Im Feld über zwei Zahlen soll ihr Produkt stehen. Fülle die Rechenmauer im Heft aus.

a) $\frac{2}{9}$ | $\frac{3}{4}$ | $\frac{8}{9}$ | $\frac{15}{4}$

b) $\frac{14}{3}$ | $\frac{5}{7}$ | $\frac{1}{5}$ | $\frac{21}{2}$

c) $\frac{22}{3}$ | $\frac{7}{11}$ | $\frac{2}{7}$ | $\frac{33}{4}$

Vertiefen

14. **a)** Vervielfache:

(1) $\frac{3}{5}\cdot 4$ **(2)** $\frac{8}{15}\cdot 1$ **(3)** $7\cdot\frac{3}{4}$ **(4)** $\frac{5}{24}\cdot 16$ **(5)** $35\cdot\frac{8}{15}$

b) Multipliziere:

(1) $\frac{3}{4}\cdot 3\frac{1}{2}$ **(3)** $\frac{3}{4}\cdot 1\frac{7}{9}$ **(5)** $2\frac{1}{2}\cdot 1\frac{1}{4}$ **(7)** $1\frac{2}{3}\cdot 3\frac{3}{5}$

(2) $\frac{2}{3}\cdot 2\frac{1}{4}$ **(4)** $\frac{4}{5}\cdot 1\frac{7}{8}$ **(6)** $1\frac{3}{4}\cdot 1\frac{1}{2}$ **(8)** $1\frac{1}{4}\cdot 2\frac{2}{5}$

$$2\frac{1}{2}\cdot 3\frac{2}{3}=\frac{5}{2}\cdot\frac{11}{3}=\frac{55}{6}=9\frac{1}{6}$$

c) Berechne und veranschauliche mithilfe einer geeigneten Zeichnung.

(1) Wie viel ist das Dreifache von einem Viertel Pizza?
(2) Wie viel ist die Hälfte von einem halben Liter?
(3) Wie viel sind zwei Drittel von einer Viertelstunde?
(4) Wie viel ist das Anderthalbfache von einem dreiviertel Liter?

15. Wo steckt der Fehler?

a) $\frac{3}{8}\cdot\frac{7}{8}=\frac{21}{8}$ *b)* $4\cdot\frac{2}{3}=\frac{8}{12}$ *c)* $3\frac{1}{2}\cdot 5=15\frac{1}{2}$ *d)* $2\frac{1}{5}\cdot 3\frac{2}{3}=6\frac{2}{15}$

16. Ein Partner gibt an, ob das Ergebnis größer oder kleiner als der 1. bzw. 2. Faktor ist; der zweite Partner berechnet es. Bei jeder Teilaufgabe werden die Rollen getauscht.

a) $\frac{11}{9}\cdot\frac{27}{11}$ **b)** $\frac{5}{25}\cdot\frac{5}{15}$ **c)** $\frac{15}{16}\cdot\frac{32}{15}$ **d)** $\frac{27}{25}\cdot\frac{50}{9}$ **e)** $\frac{13}{15}\cdot\frac{20}{17}$ **f)** $\frac{57}{51}\cdot\frac{17}{19}$

17. Schreibe als Produkt von zwei Brüchen. **a)** $\frac{6}{35}$ **b)** $\frac{5}{7}$ **c)** 1 **d)** 3

18. a) $\frac{3}{5}\cdot\frac{2}{5}$ $\quad \frac{3}{5}-\frac{2}{5}$ $\quad \frac{3}{5}+\frac{2}{5}$
b) $\frac{1}{2}-\frac{1}{4}$ $\quad \frac{1}{2}\cdot\frac{1}{4}$ $\quad \frac{1}{2}+\frac{1}{4}$
c) $\frac{2}{3}+\frac{1}{2}$ $\quad \frac{2}{3}-\frac{1}{2}$ $\quad \frac{2}{3}\cdot\frac{1}{2}$
d) $\frac{4}{5}\cdot\frac{1}{2}$ $\quad \frac{4}{5}+\frac{1}{2}$ $\quad \frac{4}{5}-\frac{1}{2}$
e) $\frac{5}{6}+\frac{2}{9}$ $\quad \frac{5}{6}\cdot\frac{2}{9}$ $\quad \frac{5}{6}-\frac{2}{9}$
f) $\frac{5}{12}\cdot\frac{4}{15}$ $\quad \frac{5}{12}-\frac{4}{15}$ $\quad \frac{5}{12}+\frac{4}{15}$
g) $\frac{3}{8}\cdot\frac{1}{6}$ $\quad \frac{3}{8}+\frac{1}{6}$ $\quad \frac{3}{8}-\frac{1}{6}$

19. Berechne das Produkt. Kürze möglichst früh.
a) $\frac{3}{4}\cdot\frac{8}{15}\cdot\frac{7}{12}$ b) $\frac{2}{3}\cdot\frac{6}{7}\cdot\frac{5}{8}$ c) $\frac{3}{4}\cdot\frac{5}{6}\cdot\frac{8}{15}$ d) $\frac{2}{3}\cdot\frac{2}{3}\cdot\frac{2}{3}\cdot\frac{2}{3}$ e) $\frac{4}{7}\cdot\frac{5}{9}\cdot\frac{36}{23}\cdot\frac{21}{32}$

20. Bruchzahlen können auch als Basis von Potenzen auftreten.
Berechne die Potenz.

$\left(\frac{5}{6}\right)^3 = \frac{5}{6}\cdot\frac{5}{6}\cdot\frac{5}{6} = \frac{5\cdot5\cdot5}{6\cdot6\cdot6} = \frac{125}{216}$

a) $\left(\frac{3}{4}\right)^3$ b) $\left(\frac{2}{5}\right)^4$ c) $\left(\frac{8}{9}\right)^2$ d) $\left(\frac{1}{3}\right)^4$ e) $\left(\frac{3}{2}\right)^6$

21. a) Berechne. Schreibe jedes Produkt auch als Potenz.
(1) $\frac{3}{5}\cdot\frac{3}{5}$ (2) $\frac{7}{8}\cdot\frac{7}{8}$ (3) $\frac{11}{12}\cdot\frac{11}{12}$ (4) $\frac{3}{4}\cdot\frac{3}{4}\cdot\frac{3}{4}$ (5) $\frac{2}{3}\cdot\frac{2}{3}\cdot\frac{2}{3}\cdot\frac{2}{3}$ (6) $\frac{1}{2}\cdot\frac{1}{2}\cdot\frac{1}{2}\cdot\frac{1}{2}\cdot\frac{1}{2}$
b) Schreibe als Potenz: (1) $\frac{4}{9}$ (2) $\frac{125}{64}$ (3) $\frac{1}{625}$ (4) $\frac{144}{169}$ (5) $\frac{243}{1\,024}$
c) Berechne und vergleiche: (1) $\left(\frac{4}{5}\right)^2$ und $\frac{4}{5}\cdot 2$ (2) $\left(\frac{7}{2}\right)^3$ und $\frac{7}{2}\cdot 3$ (3) $\left(\frac{1}{2}\right)^8$ und $\frac{1}{2}\cdot 8$

22. a) $\left(\frac{2}{3}\right)^4$ b) $\left(\frac{1}{6}\right)^3$ c) $\left(\frac{1}{10}\right)^6$ d) $\left(\frac{5}{4}\right)^2$ e) $\left(\frac{1}{2}\right)^5$ f) $\left(1\frac{3}{4}\right)^2$ g) $\left(1\frac{1}{2}\right)^3$

Herausfordern

23. Max behauptet:
a) Wenn ich einen Bruch potenziere, ist das Ergebnis immer kleiner als der Bruch.
b) Wenn ich einen gekürzten Bruch potenziere, kann ich den Wert der Potenz nicht mehr kürzen. Wenn ich aber einen nicht gekürzten Bruch potenziere, kann ich den Wert der Potenz kürzen.

24. In den Aufgaben (1) bis (3) besitzt das Wort *von* sehr unterschiedliche Bedeutungen. Erläutere das. Finde zu jeder der Bedeutungen eine weitere Aufgabe.
(1) 18 *von* 28 Schülern der Klasse 6c kommen mit dem Fahrrad zur Schule.
(2) Die Klasse 6a hat 28 Schüler. 3 *von* 4 Schülern lernen Latein, der Rest Französisch.
(3) Die Laufstrecke ist $\frac{3}{4}$ km lang. Zwei Drittel *von* dieser Strecke liegen im Wald.

25. Stelle zu jeder Frage eine Rechnung auf. Formuliere einen Antwortensatz.
a) Wie viel ist 75 % von fünf Viertel einer Pizza?
b) Wie lange dauert ein Drittel Handyspielzeit von zwei Achteln einer Schulstunde, die eine dreiviertel Stunde dauert?

26. In einer Musikschule sind $\frac{5}{8}$ der Kinder Mädchen. $\frac{3}{4}$ der Mädchen spielen eine Saiteninstrument und $\frac{2}{5}$ davon spielen Geige. 30 Mädchen der Musikschule spielen Geige. Wie viele Jungen und wie viele Mädchen sind in der Musikschule?

Das kann ich noch!

A) Wandle in die in Klammern angegebene Einheit um.
1) 7 h (min) 3) 42 dm (m) 5) 5 m (cm) 7) 450 m (km)
2) 8 t (kg) 4) 7 cm (mm) 6) 70 dm (m) 8) 450 g (kg)

B) Eine Rasenkante besteht aus 25 Kantsteinen, die jeweils 40 cm lang sind.
Wie lang ist die Rasenkante?

3.2 Dividieren von Brüchen

Einstieg

Der Manager einer neuen Feriensiedlung teilt in seinem Jahresbericht mit:

- In diesem Jahr ist die Zahl unserer Übernachtungen mit 76 000 viermal so hoch wie im Vorjahr.
- Wir konnten den Werbeetat auf $\frac{2}{3}$ des Vorjahres, nämlich jetzt nur noch 4 200 €, reduzieren.
- Durch neue Transportunternehmer konnte die Transferzeit zum Flughafen auf $1\frac{1}{2}$ Stunden, also auf das $\frac{3}{4}$-fache des Vorjahres, gesenkt werden.

Aufgabe 1

Bedeutung der Division von Brüchen
Betrachte die Packungsaufschrift rechts. Ermittle daraus den Tagesbedarf an den einzelnen Vitaminen.

Lösung

(1) Für den Tagesbedarf an Vitamin C gilt:

$\square \xrightarrow{\cdot 3} 180\,\text{mg}$

Die Multiplikation mit 3 kann durch die Division durch 3 rückgängig gemacht werden.

$\square \xleftarrow{:3} 180\,\text{mg}$, also $180\,\text{mg} : 3 = 60\,\text{mg}$.

Ergebnis: Der Tagesbedarf an Vitamin C beträgt 60 mg.

(2) Für den Tagesbedarf an Vitamin E gilt:

$\square \xrightarrow[:3 \quad \cdot 2]{\cdot \frac{2}{3}} 8\,\text{mg}$

Um $\cdot \frac{2}{3}$ rückgängig zu machen, machen wir die beiden Teilschritte rückgängig:

$\square \xleftarrow[\cdot \frac{3}{2}]{\cdot 3 \quad :2} 8\,\text{mg}$, also $8\,\text{mg} : 2 \cdot 3 = 12\,\text{mg}$.

Ergebnis: Der Tagesbedarf an Vitamin E beträgt 12 mg.

(3) Für den Tagesbedarf an den B-Vitaminen gilt:

$\square \xrightarrow[:5 \quad \cdot 2]{\cdot \frac{2}{5}} \frac{1}{2}\,\text{mg}$

Um $\cdot \frac{2}{5}$ rückgängig zu machen, machen wir die beiden Teilschritte rückgängig:

$\square \xleftarrow[\cdot \frac{5}{2}]{\cdot 5 \quad :2} \frac{1}{2}\,\text{mg}$, also $\frac{1}{2}\,\text{mg} \cdot \frac{5}{2} = \frac{5}{4}\,\text{mg}$.

Ergebnis: Der Tagesbedarf an B-Vitaminen beträgt $\frac{5}{4}$ mg.

$\cdot\frac{5}{2}$ macht $\cdot\frac{2}{5}$ rückgängig

Information

(1) Erklärung der Division durch einen Bruch

Das Beispiel rechts zeigt den Zusammenhang zwischen dem Multiplizieren und dem Dividieren bei natürlichen Zahlen.
Das Dividieren macht rückgängig, was das Multiplizieren bewirkt.
Das soll auch bei Brüchen gelten:

:3 macht ·3 rückgängig

$27 \xrightarrow{\cdot 3} 81$, $81 \xrightarrow{:3} 27$

Das Dividieren durch einen Bruch macht rückgängig, was das Multiplizieren mit demselben Bruch bewirkt hat.

$:\frac{2}{3}$ macht $\cdot\frac{2}{3}$ rückgängig

$\square \xrightarrow{\cdot \frac{2}{3}} \blacksquare$, $\blacksquare \xrightarrow{:\frac{2}{3}} \square$

(2) Regel für die Division durch einen Bruch

Nun wissen wir aus der Lösung der Aufgabe 1:

$\cdot\frac{3}{2}$ macht $\cdot\frac{2}{3}$ rückgängig; also bewirkt $\cdot\frac{3}{2}$ dasselbe wie $:\frac{2}{3}$

$\cdot\frac{5}{2}$ macht $\cdot\frac{2}{5}$ rückgängig; also bewirkt $\cdot\frac{5}{2}$ dasselbe wie $:\frac{2}{5}$

$\frac{2}{3}$ ist Kehrwert zu $\frac{3}{2}$

Wir erhalten daher folgende Regel:

Regel über die Division durch einen Bruch

Man dividiert durch einen Bruch, indem man mit dem Kehrwert des Bruches multipliziert.
Man erhält den Kehrwert eines Bruches durch Vertauschen von Zähler und Nenner.

$:\frac{5}{7}$ bedeutet dasselbe wie $\cdot\frac{7}{5}$

$\frac{2}{3}:\frac{5}{7} = \frac{2}{3}\cdot\frac{7}{5} = \frac{14}{15}$

(3) Die Zahl 0 beim Dividieren

Du kennst das Rechnen mit der 0 schon von den natürlichen Zahlen.
Wie bei natürlichen Zahlen gilt auch für Bruchzahlen:

(a) Man kann 0 durch jede andere Bruchzahl dividieren,
z.B. $0:\frac{3}{4}$. Das Ergebnis ist 0.
$0:\frac{3}{4} = 0$, denn die Kontrolle ergibt $0\cdot\frac{3}{4} = 0$.

$0 \xrightarrow{:\frac{3}{4}} 0$, $0 \xrightarrow{\cdot\frac{3}{4}} 0$

(b) Durch 0 kann man *nicht* dividieren.
Für das mittlere Beispiel rechts findest du *keine* Zahl, für die die Kontrolle $\square\cdot 0 = \frac{3}{4}$ richtig ist.
Andererseits ist im unteren Beispiel rechts *jede* Zahl geeignet für die Kontrolle $\square\cdot 0 = 0$.

$\frac{3}{4} \xrightarrow{:0} \square$, $\square \xrightarrow{\cdot 0} \frac{3}{4}$

$0 \xrightarrow{:0} \square$, $\square \xrightarrow{\cdot 0} 0$

(1) Wenn ein Faktor 0 ist, so ist das Produkt 0.
(2) Wenn man 0 durch eine andere Zahl als 0 dividiert, so erhält man als Ergebnis 0.
(3) Durch 0 kann man *nicht* dividieren.

Weiterführende Aufgaben

Besondere Fälle bei der Division

2. Berechne den Quotienten.
Wie kannst du hier die Divisionsregel anwenden?

a) $\frac{3}{4}:5$ b) $2:\frac{3}{4}$ c) $3:4$ d) $9\frac{5}{7}:3$ e) $2\frac{3}{4}:4\frac{1}{3}$

$4:1\frac{2}{3} = 4:\frac{5}{3} = 4\cdot\frac{3}{5} = \frac{12}{5} = 2\frac{2}{5}$

$2\frac{1}{2}:3 = \frac{5}{2}:\frac{3}{1} = \frac{5}{2}\cdot\frac{1}{3} = \frac{5}{6}$

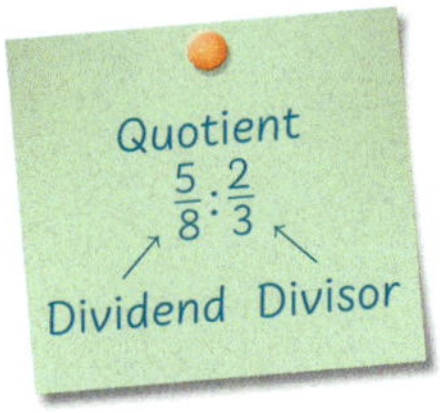

Größenvergleich von Dividend und Wert des Quotienten

3. Du weißt: Wenn man eine Zahl durch eine (von 0 und 1 verschiedene) natürliche Zahl dividiert, dann ist das Ergebnis kleiner als die Zahl. Untersuche das für Bruchzahlen an den Beispielen: (1) $\frac{3}{2}:\frac{3}{4}$ (2) $\frac{27}{4}:\frac{8}{3}$ (3) $\frac{12}{9}:\frac{3}{8}$ (4) $24:\frac{3}{7}$
Was stellst du fest? Formuliere einen Ergebnissatz.

> Wenn man eine Zahl durch eine Bruchzahl größer als 1 dividiert, dann ist das Ergebnis kleiner als die Zahl. Dividiert man jedoch eine Zahl durch eine Bruchzahl zwischen 0 und 1, dann ist das Ergebnis größer als die Zahl.
> *Beispiele:* $1\frac{4}{5}:\frac{3}{2}=\frac{9}{5}\cdot\frac{2}{3}=\frac{18}{15}=\frac{6}{5}=1\frac{1}{5}<1\frac{4}{5}$ $\quad$ $1\frac{4}{5}:\frac{2}{3}=\frac{9}{5}\cdot\frac{3}{2}=\frac{27}{10}=2\frac{7}{10}>1\frac{4}{5}$

Doppelbrüche

4. Den Quotienten zweier natürlicher Zahlen kann man auch als Bruch schreiben. Der Bruchstrich ersetzt das Divisionszeichen. Diese Schreibweise darf man auch verwenden, wenn Brüche dividiert werden. Solche Brüche nennt man *Doppelbrüche*. Berechne:

Bruchstrich durch Divisionszeichen ersetzen

$\frac{\frac{3}{4}}{\frac{5}{7}}=\frac{3}{4}:\frac{5}{7}=\frac{3}{4}\cdot\frac{7}{5}=\frac{21}{20}$

a) $\frac{\frac{2}{3}}{\frac{5}{9}}$ b) $\frac{5}{4\frac{1}{6}}$ c) $\frac{4\frac{1}{6}}{5}$ d) $\frac{1\frac{1}{2}}{2\frac{1}{4}}$

> Ein **Doppelbruch** steht für einen Quotienten aus Brüchen.
> Bei einem Doppelbruch treten mehrere Bruchstriche auf.
> Der *Hauptbruchstrich* ersetzt das Divisionszeichen zwischen den beiden Brüchen.
> $\frac{2}{3}:\frac{5}{9}=\frac{\frac{2}{3}}{\frac{5}{9}}$ ← Hauptbruchstrich

Üben

5. Bearbeite wie im Beispiel rechts.

a) $\square \xrightarrow{\cdot\frac{3}{4}} 27$ c) $\square \xrightarrow{\cdot\frac{2}{5}} 14$

b) $\square \xrightarrow{\cdot\frac{5}{6}} 15$ d) $\square \xrightarrow{\cdot\frac{4}{7}} 32$

In Einzelschritten

$\square \xrightarrow{\cdot\frac{7}{8}} 28$ $\quad$ $\square \xrightarrow{:8} \xrightarrow{\cdot 7} 28$

$\square \xleftarrow{:\frac{7}{8}} 28$ $\quad$ $\square \xleftarrow{\cdot 8} \xleftarrow{:7} 28$ (insgesamt $\cdot\frac{8}{7}$)

Also: $28:\frac{7}{8}=28\cdot\frac{8}{7}=32$

6. Jeder Partner berechnet die angegebenen Divisionsaufgaben und lässt sie von seinem Partner durch Multiplikation kontrollieren.

Partner A: (1) $9:\frac{3}{5}$ (2) $12:\frac{4}{9}$ (3) $12:\frac{3}{4}$ (4) $18:\frac{9}{5}$ (5) $72:\frac{2}{3}$ (6) $64:\frac{8}{9}$

Partner B: (1) $8:\frac{4}{7}$ (2) $18:\frac{6}{7}$ (3) $16:\frac{8}{3}$ (4) $24:\frac{8}{9}$ (5) $54:\frac{6}{7}$ (6) $24:\frac{6}{7}$

7. a) $45:\frac{9}{11}$ b) $56:\frac{7}{8}$ c) $64:\frac{16}{5}$ d) $49:\frac{21}{15}$ e) $560:\frac{7}{8}$ f) $126:\frac{18}{7}$

8. a) $\frac{3}{4}:\frac{3}{5}$ c) $\frac{4}{5}:\frac{3}{8}$ e) $\frac{7}{12}:\frac{14}{15}$ g) $\frac{2}{3}:\frac{3}{4}$ i) $\frac{1}{2}:\frac{1}{4}$ k) $\frac{1}{4}:\frac{2}{3}$

b) $\frac{7}{8}:\frac{3}{4}$ d) $\frac{5}{6}:\frac{9}{10}$ f) $\frac{15}{16}:\frac{2}{56}$ h) $\frac{2}{3}:\frac{4}{7}$ j) $\frac{8}{9}:\frac{4}{7}$ l) $\frac{2}{3}:\frac{1}{4}$

9. a) $\frac{5}{6}:\frac{2}{9}$ c) $\frac{7}{8}:\frac{7}{8}$ e) $\frac{27}{14}:\frac{36}{11}$ g) $\frac{2}{7}:\frac{6}{5}$ i) $\frac{7}{8}:\frac{1}{2}$ k) $\frac{4}{9}:\frac{2}{3}$

b) $\frac{1}{4}:\frac{1}{2}$ d) $\frac{2}{3}:\frac{11}{12}$ f) $\frac{63}{13}:\frac{49}{17}$ h) $\frac{4}{5}:\frac{2}{3}$ j) $\frac{3}{4}:\frac{3}{5}$ l) $\frac{2}{3}:\frac{4}{9}$

10. Berechne die Quotienten. Du kannst verschiedene Regeln anwenden.

a) $\frac{4}{7}:2$ b) $\frac{2}{5}:3$ c) $\frac{4}{7}:16$ d) $8:\frac{12}{7}$ e) $8:\frac{1}{8}$ f) $0:\frac{12}{13}$

11. Wo steckt der Fehler?

a) $\frac{8}{9}:\frac{2}{9}=\frac{8:2}{9}=\frac{4}{9}$ b) $\frac{5}{7}:\frac{2}{3}=\frac{7}{5}\cdot\frac{2}{3}=\frac{14}{15}$ c) $\frac{4}{5}:7=\frac{4\cdot 7}{5\cdot 7}=\frac{28}{35}$ d) $3:\frac{3}{4}=\frac{3:3}{4}=\frac{1}{4}$

12. Shabane hat 3 Pizzas zum Verteilen. Zuvor isst sie schnell noch eine halbe Pizza.

a) Wie viel Pizza kann nun verteilt werden?

b) Eine halbe Pizza reicht aus, um satt zu werden. Wie viele Freunde kann sie demnach versorgen? Schreibe ein Rechnung.

13. Lisas Mutter stellt gern knifflige Fragen. Auf dem Küchentisch stehen ein Glas und drei Getränke. Lisas Mutter sagt: „Wie oft kann man das Trinkglas füllen

a) mit Orangensaft;

b) mit Apfelsaft;

c) mit Milch?

Du kannst das Ergebnis erst einmal ungefähr angeben. Ich will es dann aber auch genau wissen."

Vertiefen

14. a) Dividiere: (1) $\frac{2}{3}:\frac{5}{4}$ (2) $\frac{3}{4}:\frac{5}{2}$ (3) $\frac{7}{8}:\frac{2}{3}$ (4) $\frac{7}{10}:\frac{2}{5}$ (5) $\frac{5}{12}:\frac{10}{3}$ (6) $\frac{1}{2}:\frac{1}{3}$

b) Berechne: (1) $\frac{8}{9}:4$ (2) $\frac{3}{4}:5$ (3) $\frac{8}{9}:6$ (4) $5:\frac{1}{2}$ (5) $3:\frac{2}{5}$ (6) $4:\frac{6}{7}$

c) Berechne wie im Beispiel rechts.

(1) $1\frac{1}{2}:1\frac{2}{5}$ (4) $1\frac{3}{4}:3\frac{1}{5}$ (7) $7\frac{1}{3}:2\frac{1}{6}$

(2) $2\frac{1}{3}:1\frac{1}{4}$ (5) $6\frac{2}{9}:5\frac{5}{6}$ (8) $3\frac{1}{9}:4\frac{1}{5}$

(3) $2\frac{1}{2}:1\frac{3}{4}$ (6) $2\frac{1}{4}:1\frac{3}{5}$ (9) $6\frac{1}{8}:8\frac{3}{4}$

$2\frac{1}{3}:1\frac{2}{5}=\frac{7}{3}:\frac{7}{5}=\frac{7}{3}\cdot\frac{5}{7}$
$=\frac{5}{3}=1\frac{2}{3}$

15. a) Frau Schöne fährt auf der Autobahn in $2\frac{3}{4}$ h eine Strecke von 352 km. Wie viel km fährt sie (durchschnittlich) pro Stunde?

b) Denkt an eigene Fahrten. Stellt damit entsprechende Aufgaben und löst sie.

16. Lauras Eltern entsaften Früchte. Der Saft wird in $\frac{3}{4}$-ℓ-Flaschen abgefüllt. Wie viele Flaschen benötigt man für

a) $7\frac{1}{2}$ ℓ Johannisbeersaft; b) $3\frac{1}{2}$ ℓ Himbeersaft; c) $14\frac{1}{2}$ ℓ Apfelsaft?

17. Sabrinas Mutter benötigt $2\frac{1}{2}$ kg Butter. Wie viele $\frac{1}{4}$-kg-Pakete sind das?

18. Ein Obsthändler verpackt 25 kg Heidelbeeren in Schalen zu $\frac{3}{8}$ kg, 9 kg Waldpilze in Schalen zu $\frac{3}{4}$ kg. Stellt geeignete Aufgaben und löst sie.

19. a) $\frac{3}{8}:\frac{1}{10}$; $\frac{15}{7}:\frac{10}{1}$; $\frac{10}{1}:\frac{15}{3}$; $0:\frac{1}{12}$; $\frac{1}{2}:\frac{1}{2}$

b) $\frac{1}{3}:3$; $3:\frac{1}{3}$; $1:\frac{1}{3}$; $\frac{1}{3}:1$; $0:\frac{1}{3}$

c) $\frac{1}{10}:\frac{1}{8}$; $\frac{1}{10}:\frac{12}{1}$; $\frac{1}{12}:\frac{1}{12}$; $0:\frac{1}{10}$

d) $8:\frac{1}{4}$; $\frac{1}{4}:8$; $\frac{1}{8}:4$; $4:\frac{1}{8}$; $\frac{8}{1}:\frac{4}{1}$

20. Bei diesen Mauern erhält man aus zwei benachbarten Zahlen die darüber stehende, indem man die links stehende durch die rechts davon stehende dividiert. Vervollständige im Heft.

a)

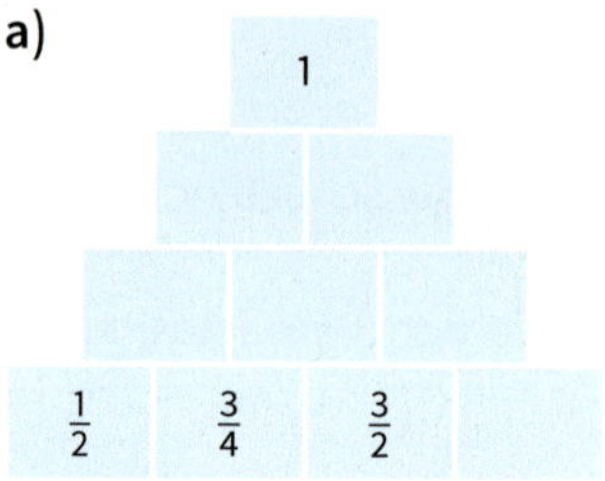

b)

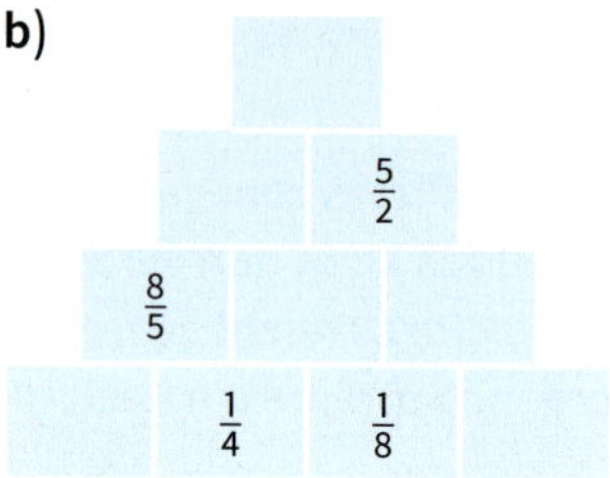

c)

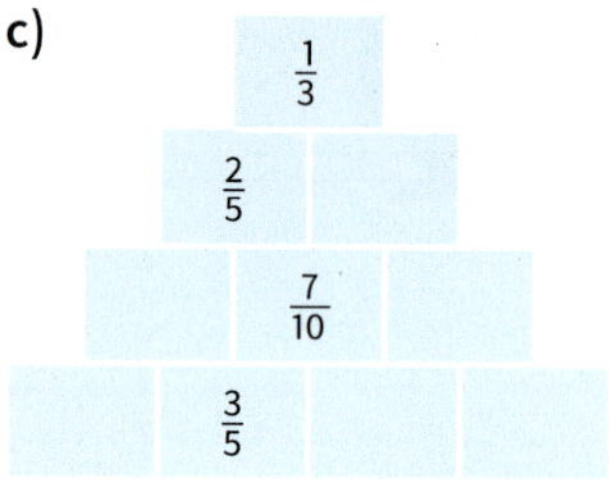

21. a) $\frac{3}{4}\cdot\frac{1}{4}$; $\frac{3}{4}-\frac{1}{4}$; $\frac{3}{4}:\frac{1}{4}$; $\frac{3}{4}+\frac{1}{4}$

b) $\frac{5}{6}:\frac{2}{3}$; $\frac{5}{6}\cdot\frac{2}{3}$; $\frac{5}{6}+\frac{2}{3}$; $\frac{5}{6}-\frac{2}{3}$

c) $\frac{3}{4}-\frac{2}{3}$; $\frac{3}{4}\cdot\frac{2}{3}$; $\frac{3}{4}:\frac{2}{3}$; $\frac{3}{4}+\frac{2}{3}$

d) $\frac{4}{5}-\frac{2}{3}$; $\frac{4}{5}\cdot\frac{2}{3}$; $\frac{4}{5}:\frac{2}{3}$; $\frac{4}{5}+\frac{2}{3}$

e) $\frac{5}{6}-\frac{3}{8}$; $\frac{5}{6}\cdot\frac{3}{8}$; $\frac{5}{6}+\frac{3}{8}$; $\frac{5}{6}:\frac{3}{8}$

f) $\frac{7}{12}\cdot\frac{2}{15}$; $\frac{7}{12}-\frac{2}{15}$; $\frac{7}{12}+\frac{2}{15}$; $\frac{7}{12}:\frac{2}{15}$

22. a) $\frac{2}{5}\cdot\frac{5}{9}$ b) $\frac{2}{3}:\frac{5}{9}$ c) $\frac{4}{5}:\frac{2}{7}$ d) $1\frac{1}{2}\cdot 1\frac{1}{4}$ e) $\frac{12}{13}:1\frac{1}{5}$ f) $5\frac{4}{9}\cdot 6\frac{3}{7}$

23. Nora hat $3:\frac{1}{4}$ berechnet und als Ergebnis 12 erhalten. Sie wundert sich: „Das Ergebnis ist viel zu groß, ich muss mich verrechnet haben."
Ihr Freund Jacob entgegnet: „Klar, $3:\frac{1}{4}=\frac{3}{4}$." Was würdet ihr sagen?

24. Berechne. Was fällt dir auf?

a) $24:\frac{6}{7}$; $12:\frac{6}{7}$; $6:\frac{6}{7}$; $1:\frac{6}{7}$; $\frac{1}{2}:\frac{6}{7}$

b) $\frac{6}{7}:3$; $\frac{6}{7}:2$; $\frac{6}{7}:1$; $\frac{6}{7}:\frac{1}{2}$; $\frac{6}{7}:\frac{1}{3}$

25. Dividiere $\frac{2}{5}$ nacheinander durch $1, \frac{1}{2}, \frac{1}{4}, \ldots$ Wann ist der Quotient größer als 100?

Gleichheitszeichen in Höhe des Hauptbruchstrichs setzen!

26. Schreibe als Quotient und berechne.

a) $\frac{\frac{2}{5}}{\frac{8}{15}}$ b) $\frac{\frac{3}{7}}{\frac{9}{14}}$ c) $\frac{\frac{1}{8}}{\frac{5}{12}}$ d) $\frac{4\frac{1}{2}}{\frac{3}{10}}$ e) $\frac{\frac{4}{9}}{3\frac{1}{3}}$ f) $\frac{2\frac{1}{4}}{4\frac{1}{2}}$ g) $\frac{12}{\frac{7}{8}}$ h) $\frac{\frac{4}{15}}{20}$

27. Schreibe als Doppelbruch; berechne auch.

a) $\frac{3}{11}:\frac{5}{7}$ b) $4:\frac{7}{9}$ c) $\frac{4}{9}:2\frac{1}{2}$ d) $(3:5):(8:13)$ e) $(5:8):11$ f) $7:(2:4)$

Herausfordern

28. Überprüfe Pascals Rechnung rechts.

29. a) Der Wert eines Doppelbruches ist $\frac{1}{2}$. Der Nenner des Doppelbruches ist $\frac{2}{3}$. Wie heißt der Zähler des Doppelbruches?

b) Der Wert eines Doppelbruches ist 2. Sein Zähler beträgt $\frac{2}{3}$. Wie heißt der Nenner des Doppelbruches?

Berechnen von Steuern und Abgaben mit Brüchen

Zehnt als Abgabe

1. Im Alten Testament ist festgelegt, welche Abgabe die Bauern an die Tempeldiener entrichten mussten.
Die Abgabe erfolgte nicht in Form von Geld, sondern wirklich mit dem zehnten Teil der Ernte, des Viehs, …

> Jeder Zehnt des Landes, der vom Ertrag des Landes oder von den Baumfrüchten abzuziehen ist, gehört dem Herrn; es ist etwas Heiliges für den Herrn.
>
> Will ein Mann einen Teil seines Zehnten auslösen, muss er ein Fünftel dazuzahlen.
>
> Jeder Zehnt an Rind, Schaf und Ziege ist dem Herrn geweiht, jedes zehnte Stück von allem, was unter dem Hirtenstab hindurchgeht.
>
> 3. Buch Mose, 27, 30-32

1 Efa = 40 ℓ
1 Talent = 41 kg
Silberschekel: Währung der Israeliten ab 600 v. Chr.

a) Ein Bauer hat 80 neu geborene Lämmer in der Herde, 4 Efa Wein gekeltert, 8 Talent Weizen und 2 Talent Äpfel geerntet.
Welche Abgabe hat er davon zu entrichten?

b) Der Bauer möchte die Lämmer nicht abgeben, sondern stattdessen den Auslösungsbetrag zahlen.
Jedes der Lämmer wird auf einen Wert von 15 Silberschekel geschätzt.
Welchen Betrag hat der Bauer zu zahlen?

c) Von einem Ernteertrag soll nicht der Zehnt abgegeben werden, sondern stattdessen soll der Auslösungsbetrag gezahlt werden.
Überlege, mit welcher Rechenvorschrift man aus dem Wert des Ernteertrags sofort den Auslösungsbetrag erhält.
Es gibt verschiedene Möglichkeiten, vorzugehen; vergleiche sie miteinander.

Ernteertrag → Zehntbetrag → Auslösungsbetrag

Auch in Deutschland mussten Bauern im Mittelalter den zehnten Teil ihrer Ernte abliefern, Handwerker den zehnten Teil ihrer Produktion. Zur Aufbewahrung wurden spezielle große Scheunen gebaut, die oft neben der Kirche die größten Bauwerke im Dorf waren. Nach ihrem Verwendungszweck bezeichnet man sie als Zehntscheunen.
In Deutschland wurde der Zehnt erst im 19. Jahrhundert mit der Bauernbefreiung endgültig abgeschafft.

Zehntscheune in Stuttgart - Plieningen

Akzise

2. Die Akzise war eine von den Städten erhobene Steuer auf den Lebensmittelverbrauch (insbesondere Zucker, Salz, Fett, Fleisch) und den Genussmittelverbrauch (Tabak, Kaffee, Tee und alkoholische Getränke). Auch das Gebäude, in dem diese Abgaben erhoben wurden, bezeichnete man als Akzise.

Am Anfang des 16. Jahrhunderts war im Unterwesergebiet die Währungseinheit die Bremer Mark, die als Silbermünze geprägt wurde.

Bremer Mark

Diese Mark war in 32 Groten unterteilt, die als Kleinsilbermünzen im Umlauf waren.

Groten

Die kleineste Einheit war der Schwaren, der in schlechterem Silber geprägt wurde. Es galt 1 Schwaren = $\frac{1}{5}$ Groten

Schwaren

In Bremen betrug im Jahre 1628 die Akzise 3 Schwaren für 1 Mark Warenwert.

a) Gib die Akzise mit einem Bruch als Anteil am Warenwert an. Formuliere dazu auch eine Aufgabe mit Brüchen.

b) Bestimme die Akzise, die erhoben wird für
  (1) eine Zuckerlieferung im Wert von 3 Mark
  (2) eine Kaffeelieferung im Wert von 5 Mark und 10 Groten.

Akzise am Markt in Bremen im 16. Jahrhundert

3.3 Rechnen mit Brüchen und Dezimalzahlen

Einstieg

Bildet acht (ungefähr) gleich große Teams in der Klasse. Jedes Team bearbeitet für sich eines der Probleme unten, und zwar

Team 1 und 5:	Problem 1	Team 3 und 7:	Problem 3
Team 2 und 6:	Problem 2	Team 4 und 8:	Problem 4

Nachdem jedes Team sein Problem gelöst hat, vergleichen die beiden Teams, die dasselbe Problem bearbeitet haben, ihre Lösungen. Gemeinsam erarbeiten sie dann eine Vorstellung der Lösung in der Klasse.
Jedes Doppelteam stellt nun das Problem und seine Lösung der ganzen Klasse vor.
Vergleicht anschließend alle gemeinsam die bearbeiteten Probleme: Wo gibt es Gemeinsamkeiten, wo gibt es Unterschiede?

Problem 1

a) Für einen Kuchenteig wird $\frac{3}{8}$ ℓ Milch benötigt. Diese wird aus einer 0,5-ℓ-Milchtüte abgefüllt. Wie viel Milch bleibt in der Milchtüte zurück?

b) Berechne $0{,}4 + \frac{1}{4}$ auf zwei Weisen.

c) $0{,}75 + \frac{3}{7}$ lässt sich nur auf eine Weise günstig berechnen. Erläutere warum; berechne dann.

Problem 2

a) Eine Maracujasaft-Schorle wird aus $\frac{5}{8}$ ℓ Maracujasaft und 1,5 ℓ Mineralwasser hergestellt. Wie viel Saft erhält man?

b) Berechne $0{,}9 + \frac{3}{4}$ auf zwei Weisen.

c) $0{,}8 + \frac{5}{7}$ lässt sich nur auf eine Weise günstig berechnen. Erläutere warum; berechne dann.

Problem 3

a) Jana kauft $\frac{3}{4}$ kg Cox Orange. Wie viel muss sie bezahlen?

b) Berechne $0{,}4 \cdot \frac{3}{4}$ auf zwei Weisen.

c) $0{,}6 \cdot \frac{3}{7}$ lässt sich nur auf eine Weise günstig berechnen. Erläutere warum; berechne dann.

Problem 4

a) Zum Preisvergleich möchte Hannes berechnen, wie viel 1 ℓ Olivenöl kostet.

b) Berechne sowohl $\frac{5}{4} : 0{,}4$ als auch $0{,}4 : \frac{5}{4}$ auf zwei Weisen.

c) $0{,}8 : \frac{7}{11}$ lässt sich nur auf eine Weise günstig berechnen. Erläutere warum; berechne dann.

Aufgabe 1

a) Zum Herstellen einer Schorle wird $\frac{1}{2}$ ℓ Mineralwasser benötigt.
Nele gießt diese Menge aus einer 0,7-ℓ-Flasche in einen Messzylinder.
Wie viel Liter Mineralwasser bleibt in der Flasche zurück?

b) Berechne $0{,}5 - \frac{1}{6}$.

Lösung

a) In der Flasche bleiben zurück: $0{,}7\,ℓ - \frac{1}{2}\,ℓ$.
In der Aufgabe $0{,}7 - \frac{1}{2}$ kommt sowohl ein Bruch als auch eine Dezimalzahl vor.
Zur Berechnung gibt es also zwei Möglichkeiten.
1. Möglichkeit: Wandle $\frac{1}{2}$ in eine Dezimalzahl um: $0{,}7 - \frac{1}{2} = 0{,}7 - 0{,}5 = 0{,}2$
2. Möglichkeit: Wandle 0,7 in einen Bruch um: $0{,}7 - \frac{1}{2} = \frac{7}{10} - \frac{5}{10} = \frac{2}{10} = \frac{1}{5}$
Ergebnis: In der Flasche verbleiben $\frac{1}{5}\,ℓ = 0{,}2\,ℓ$ Mineralwasser.

b) *1. Möglichkeit:*
Wandle 0,5 in einen Bruch um: $0{,}5 - \frac{1}{6} = \frac{1}{2} - \frac{1}{6} = \frac{3}{6} - \frac{1}{6} = \frac{2}{6} = \frac{1}{3}$
2. Möglichkeit:
Beim Umwandeln von $\frac{1}{6}$ in eine Dezimalzahl erhältst du eine gemischtperiodische, also nicht abbrechende, Dezimalzahl: $\frac{1}{6} = 0{,}1\overline{6}$.
Mit dieser kann man schlecht rechnen: $0{,}5 - 0{,}1\overline{6} = ?$
Daher scheidet diese Möglichkeit bei dieser Aufgabe aus.

Information

Brüche, die nicht als abbrechende, sondern nur als periodische Dezimalzahlen geschrieben werden können, sollte man beim Berechnen von Zahltermen nicht in Dezimalzahlen umwandeln.

Beispiel: $0{,}8 \cdot \frac{1}{3} = \frac{4}{5} \cdot \frac{1}{3} = \frac{4}{15}$

Üben

2. Lassen sich die folgenden Rechnungen besser mit Brüchen oder mit Dezimalbrüchen durchführen? Entscheide mit Begründung und berechne anschließend.

a) $0{,}2 + \frac{3}{4}$
b) $0{,}2 + \frac{2}{3}$
c) $0{,}75 - \frac{5}{12}$
d) $0{,}75 - \frac{1}{4}$
e) $\frac{1}{8} + 0{,}75$
f) $\frac{1}{8} + 0{,}7$
g) $\frac{1}{3} + 0{,}3$
h) $0{,}7 + \frac{1}{15}$
i) $0{,}9 - \frac{3}{25}$
j) $\frac{7}{9} - 0{,}3$

3. a) Berechne $\frac{3}{4} \cdot 0{,}7$ auf zwei Weisen wie im Beispiel rechts.
b) $\frac{1}{3} \cdot 0{,}7$ lässt sich nur auf eine Weise günstig berechnen. Erläutere, warum.
c) Entscheide dich, ob du mit Brüchen oder mit Dezimalzahlen rechnest. Begründe deine Entscheidung.

$\frac{1}{4} \cdot 0{,}3$	$\frac{1}{4} \cdot 0{,}3$
$= 0{,}25 \cdot 0{,}3$	$= \frac{1}{4} \cdot \frac{3}{10}$
$= 0{,}075$	$= \frac{3}{40}$

(1) $\frac{1}{4} \cdot 0{,}9$
(2) $\frac{2}{3} \cdot 0{,}7$
(3) $0{,}4 : \frac{3}{2}$
(4) $0{,}6 : 0{,}05$
(5) $1{,}5 : 2{,}5$
(6) $4 : 1{,}5$
(7) $\frac{3}{8} \cdot 1{,}2$
(8) $\frac{2}{9} \cdot 1{,}4$
(9) $\frac{2}{7} \cdot 5$
(10) $7 : \frac{3}{4}$

4. Lassen sich die folgenden Rechnungen besser mit Brüchen oder mit Dezimalbrüchen durchführen? Entscheide mit Begründung und führe anschließend die Rechnung durch.

a) $0{,}2 \cdot \frac{3}{4}$ **c)** $0{,}75 : \frac{5}{12}$ **e)** $\frac{1}{8} \cdot 0{,}75$ **g)** $0{,}75 + \frac{1}{8}$ **i)** $0{,}9 - \frac{3}{25}$

b) $0{,}3 + \frac{2}{3}$ **d)** $0{,}75 - \frac{1}{4}$ **f)** $\frac{1}{5} : 0{,}7$ **h)** $0{,}7 : \frac{1}{15}$ **j)** $\frac{3}{8} \cdot 0{,}25$

5. a) $\frac{7}{6} \cdot \frac{5}{6}$; $\frac{7}{6} + \frac{5}{6}$; $\frac{7}{6} : \frac{5}{6}$; $\frac{7}{6} - \frac{5}{6}$

b) $5{,}6 \cdot 0{,}7$; $5{,}6 - 0{,}7$; $5{,}6 : 0{,}7$; $5{,}6 + 0{,}7$

c) $\frac{3}{4} + 0{,}4$; $\frac{3}{4} - 0{,}4$; $\frac{3}{4} \cdot 0{,}4$; $\frac{3}{4} : 0{,}4$

d) $\frac{8}{9} \cdot 0{,}8$; $\frac{8}{9} + 0{,}8$; $\frac{8}{9} : 0{,}8$; $\frac{8}{9} - 0{,}8$

e) $5{,}5 \cdot 1\frac{4}{10}$; $5{,}5 - 1\frac{4}{10}$; $5{,}5 : 1\frac{4}{10}$; $5{,}5 + 1\frac{4}{10}$

f) $3\frac{1}{3} - 2{,}4$; $3\frac{1}{3} : 2{,}4$; $3\frac{1}{3} \cdot 2{,}4$; $3\frac{1}{3} + 2{,}4$

6. Ein Liter Spiritus wiegt etwa 0,8 kg. Wie viel wiegen folgende Mengen?

a) 3 ℓ **b)** $\frac{1}{2}$ ℓ **c)** $\frac{3}{4}$ ℓ **d)** $\frac{7}{8}$ ℓ **e)** $1\frac{1}{2}$ ℓ **f)** $2\frac{3}{4}$ ℓ

7. Marie braucht zur Bushaltestelle eine Viertelstunde zu Fuß. Dann fährt sie eine Dreiviertelstunde mit dem Bus und muss anschließend noch 15 Minuten zu Fuß bis zur Schule gehen. Wie viele Stunden braucht sie für ihren Schulweg in einer Unterrichtswoche?

8. In einer Gaststätte werden morgens zwei Fässer mit Bier angeschlossen, das eine fasst 30 ℓ, das andere 15 ℓ. Nachts ist das kleinere Fass noch zur Hälfte voll, das große ist leer. Wie viel 0,3-ℓ-Gläser sind gefüllt worden?

9. Stellt zu jedem abgebildeten Sachverhalt eine Frage. Notiert dann eine Aufgabe und löst sie.

Vertiefen

10. **a)** Eine Flasche enthält 0,75 ℓ Mineralwasser. Wie viel Liter Mineralwasser sind in 12 Flaschen? Vergleiche die Rechnungen von Jonas und Linda. Nimm dazu Stellung.

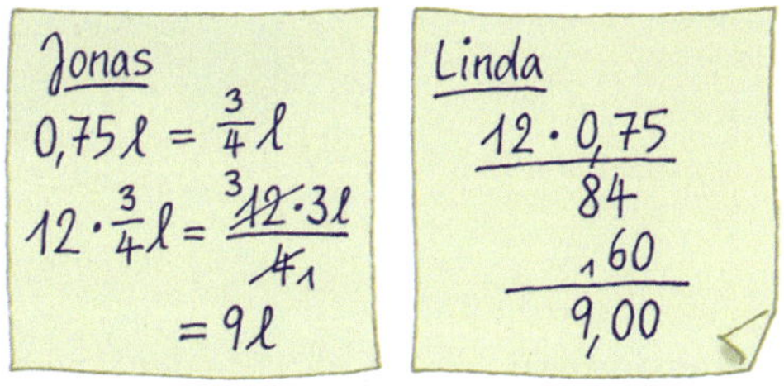

b) Berechne mit einem Verfahren, das deiner Meinung nach besonders geeignet ist.

(1) Im Keller stehen 15 Mineralwasserflaschen. Jede Flasche enthält 0,7 ℓ.

(2) Das Backrezept für einen Kuchen sieht $\frac{3}{8}$ ℓ Sahne vor. Für die Hochzeitsfeier will Franziska vier Kuchen backen.

11. Erfinde Aufgaben mit Brüchen und Dezimalbrüchen, sodass sich manche geschickter mit Brüchen, andere geschickter mit Dezimalbrüchen lösen lassen und lasse sie von deinem Partner lösen. Geht er so vor, wie du erwartet hast?

12. Für die Verglasung der Türen eines Spiegelschränkchens mit drei gleich großen Türen wird insgesamt 0,5 m^2 Glas bestellt. Wie viel m^2 Glas rechnet man für eine Tür?

13. Für ein Erfrischungsgetränk mischt Elke 0,75 ℓ Mineralwasser und $\frac{3}{8}$ ℓ Zitronensaft und verteilt es gleichmäßig in 7 Gläser. Wie viel Getränk ist in jedem Glas?

14. Ein Läufer atmet bei einem Atemzug ungefähr 0,75 ℓ Luft ein. Ungefähr 20 % der eingeatmeten Luft ist Sauerstoff. Wie viel Sauerstoff atmet der Läufer mit einem Atemzug ein?

15. Karina spart für ein Fahrrad, das 480 € kostet. Ihre Oma sagt ihr zu, $\frac{1}{3}$ des Preises zu übernehmen, ihre Patentante will ihr $\frac{1}{4}$ des Preises geben und ihre Mutter $\frac{1}{5}$ des Preises. Sie selbst möchte monatlich 10 € von ihrem Taschengeld zurücklegen.
Wie viele Monate muss sie für das Fahrrad sparen?

16. a) Frau Schenk kauft $2\frac{1}{2}$ kg Äpfel und $3\frac{1}{2}$ kg Pflaumen sowie $4\frac{1}{4}$ kg Erdbeeren. Sie zahlt mit einem 50-€-Schein. Wie viel Euro bekommt sie zurück?

b) Lena kauft zunächst $1\frac{1}{2}$ kg Äpfel und dann noch $2\frac{1}{4}$ kg Pflaumen. Dann sieht sie die Erdbeeren. Sie überlegt: „Wie viel kg Erdbeeren hätte ich für dasselbe Geld kaufen können?“

17. Die Schmetterlinge sind auf $\frac{2}{3}$ verkleinert, die Käfer auf $1\frac{1}{2}$ vergrößert.
Bestimme durch Messen und Rechnen
a) die Länge des Körpers (ohne Flügel und Fühler);
b) die Spannweite der vorderen Flügel der Schmetterlinge;
c) die Länge der Fühler.

Herausfordern

18. a) Luca denkt sich eine Zahl, addiert $\frac{3}{5}$, multipliziert die Summe mit $\frac{4}{9}$, dividiert das Produkt durch $\frac{2}{3}$ und subtrahiert vom Quotienten $\frac{2}{5}$. Er erhält 0,5.
Welche Zahl hat er sich gedacht?

b) Erstelle Kärtchen mit solchen Aufgaben, auch mit Dezimalzahlen. Auf der Vorderseite befindet sich die Aufgabe, auf der Rückseite die Lösung.
Tausche die Karten mit deinem Partner. Du löst seine Aufgaben, er deine. Kontrolliere dein Ergebnis mithilfe der Rückseite der Karte.

3.4 Berechnen von Zahltermen

Einstieg

Für das Berechnen von Zahltermen mit natürlichen Zahlen hast du Regeln gelernt, die auf *Vereinbarung* beruhen (z.B. die Regel *Klammer zuerst*). Diese Regeln vereinbaren wir auch für Bruchzahlen.

Maria und Jonas vergleichen ihre Hausaufgaben. Was meint ihr dazu?

Aufgabe 1

Vorrangregeln beim Addieren, Subtrahieren, Multiplizieren und Dividieren

Berechne nach den Vorrangregeln, die du schon für natürliche Zahlen kennst.

a) $6:\left(\frac{3}{4}-\frac{1}{8}\right)$ **b)** $1{,}2-0{,}2\cdot 0{,}3$ **c)** $6:\frac{2}{3}:\frac{1}{2}$ **d)** $\frac{0{,}4+0{,}5}{0{,}4\cdot 0{,}5}$

Klammern zuerst | Punkt- vor Strichrechnung | Rechne von links nach rechts | Zähler und Nenner vereinfachen

Lösung

a) $6:\left(\frac{3}{4}-\frac{1}{8}\right) = 6:\left(\frac{6}{8}-\frac{1}{8}\right) = 6:\frac{5}{8} = \frac{48}{5} = 9\frac{3}{5}$

b) $1{,}2-0{,}2\cdot 0{,}3 = 1{,}2-0{,}06 = 1{,}14$

c) $6:\frac{2}{3}:\frac{1}{2} = 6\cdot\frac{3}{2}:\frac{1}{2} = 9:\frac{1}{2} = 9\cdot 2 = 18$

d) $\frac{0{,}4+0{,}5}{0{,}4\cdot 0{,}5} = \frac{0{,}9}{0{,}2} = \frac{9}{2} = 4{,}5$

Weiterführende Aufgaben

Zahlterme mit Potenzen; geschachtelte Klammern

2. Berechne: **a)** $1{,}5\cdot[3{,}7-(1{,}2-0{,}5)]$ Innere Klammer zuerst **b)** $1\frac{3}{4}+\frac{3}{8}\cdot\left(\frac{2}{3}\right)^2$ Potenz zuerst

Vorrangregeln für das Berechnen von Zahltermen
(1) Das Innere einer Klammer wird zuerst berechnet.
(2) Bei ineinander geschachtelten Klammern wird die innerste Klammer zuerst berechnet.
(3) Wo keine Klammer steht, geht Punkt- vor Strichrechnung.
(4) Das Berechnen einer Potenz geht noch vor Punkt- und Strichrechnung.
(5) Sonst wird von links nach rechts gerechnet.

Ein Bruchstrich setzt unsichtbare Klammern um Zähler und Nenner

3. a) Kontrolliere Toms Rechnung.

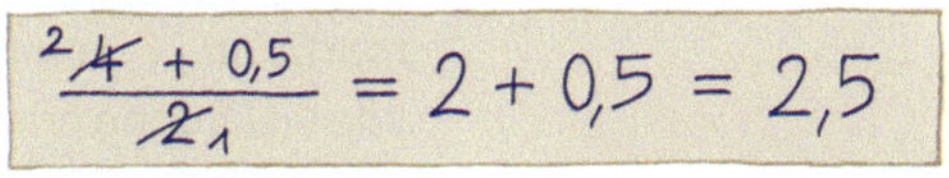

b) Mia und Ken sollten den Zahlterm $\frac{4}{2\cdot 0{,}8}$ mit dem Taschenrechner berechnen. Entscheide, welche Rechnung korrekt ist.

Rechenbäume verdeutlichen den Rechenweg.

Rechenbaum

4. Die Reihenfolge der Berechnungen in einem Zahlterm kann man gut mit einem Rechenbaum veranschaulichen.

a) Erstelle den Zahlterm zum Rechenbaum rechts.

b) Zeichne den Rechenbaum für den Zahlterm $\frac{3}{4} + \left(\frac{5}{6} - \frac{1}{3}\right) \cdot \frac{3}{2}$

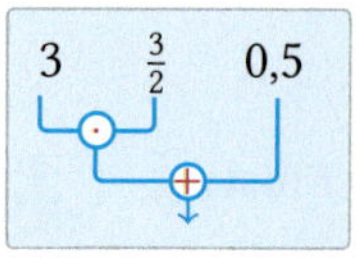

Üben

5. Berechne.

a) $9 : \left(\frac{2}{5} + \frac{2}{3}\right)$ b) $9 - \left(\frac{2}{5} + \frac{2}{3}\right)$ c) $9 \cdot \left(\frac{2}{5} + \frac{2}{3}\right)$ d) $\left(\frac{2}{5} + \frac{2}{3}\right) : 9$ e) $9 + \left(\frac{2}{5} + \frac{2}{3}\right)$

6. Berechne.

a) $7 - \left(\frac{1}{5} + \frac{3}{5}\right)$ b) $\frac{7}{9} - \left(\frac{5}{18} + \frac{1}{9}\right)$ c) $\left(\frac{8}{9} - \frac{2}{9}\right) : 4$ d) $\frac{8}{25} : \left(\frac{1}{3} - \frac{1}{5}\right)$

$0{,}8 - (1{,}3 - 0{,}95)$ $(2{,}7 - 1{,}8) \cdot 0{,}5$ $1{,}2 : (0{,}13 + 0{,}27)$ $(1{,}9 + 3{,}2) \cdot 0{,}1$

7. Fertigt euch die nebenstehenden Karten an. *Partner A* stellt aus den vorhandenen Karten eine *lösbare* Aufgabe auf. Dabei müssen alle drei Zahlenkarten verwendet werden. *Partner B* löst die Aufgabe. Hat Partner B die Aufgabe richtig gerechnet, darf er die nächste Aufgabe aufstellen usw.

8. Berechne.

a) $\frac{5}{6} : \frac{2}{3} - \frac{3}{4}$ c) $\frac{2}{15} + \frac{3}{10} \cdot \frac{2}{9}$ e) $\frac{7}{3} - \frac{2}{3} : \frac{1}{3}$ g) $4\frac{5}{6} + \frac{3}{5} : \frac{2}{25}$

b) $2 \cdot 0{,}49 + 0{,}13$ d) $5{,}1 - 2{,}1 : 0{,}7$ f) $7 - 1{,}4 \cdot 0{,}3$ h) $5 - 7{,}6 : 1{,}9$

9. Für ein Erfrischungsgetränk werden $\frac{3}{8}$ ℓ Johannisbeernektar und $\frac{1}{2}$ ℓ Mineralwasser gemischt. Das fertige Getränk wird auf 6 Gläser gleichmäßig verteilt. Wie viel Getränk enthält jedes Glas? Stelle zunächst einen einzigen Zahlterm auf.

10. Aus dem Orangensaftspender werden 7 Gläser zu $\frac{1}{4}$ ℓ und 3 Gläser zu $\frac{1}{8}$ ℓ abgefüllt. Wie viel Orangensaft ist noch im Behälter? Stelle zunächst einen einzigen Zahlterm auf.

11. Eine Tomatencremesuppe wird zubereitet aus $1\frac{1}{4}$ ℓ Wasser, 2 Dosen mit je $\frac{1}{8}$ ℓ Tomatenmark und $\frac{1}{4}$ ℓ Sahne. Wie viel Suppe erhält man? Stelle zunächst einen einzigen Zahlterm auf.

12. Berechne den Wert der Zahlterme.

a) $\left(\frac{1}{2}+\frac{3}{8}\right)\cdot\left(\frac{3}{7}+\frac{1}{14}\right)$ b) $(5{,}3+0{,}9)\cdot(2{,}4-0{,}9)$ c) $\left(\frac{7}{9}-\frac{1}{2}+\frac{5}{6}\right):\left(\frac{2}{3}+\frac{1}{6}\right)$

13. Achte beim Berechnen auf die Potenzen.

a) $\frac{5}{9}+\left(\frac{2}{3}\right)^2$ c) $\frac{3}{8}\cdot\left(\frac{2}{3}\right)^4$ e) $\left(\frac{1}{2}\right)^3\cdot\left(\frac{1}{3}\right)^2\cdot\left(1\frac{1}{5}\right)^2$

14. Gib zu dem Rechenbaum den Zahlterm an und berechne seinen Wert.

a) $\frac{2}{3}$ $\frac{3}{8}$ $\frac{1}{2}$ $\frac{1}{6}$

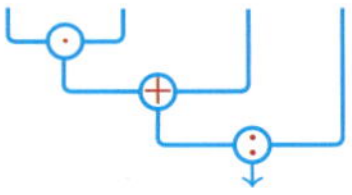

b) $\frac{9}{10}$ $\frac{1}{2}$ 0,2 $\frac{3}{10}$

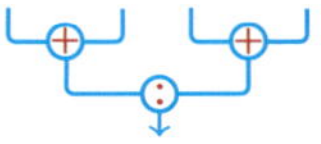

c) 4 $1\frac{1}{2}$ $3\frac{3}{4}$ 2,25

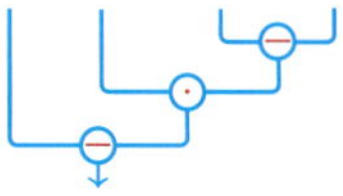

Vertiefen

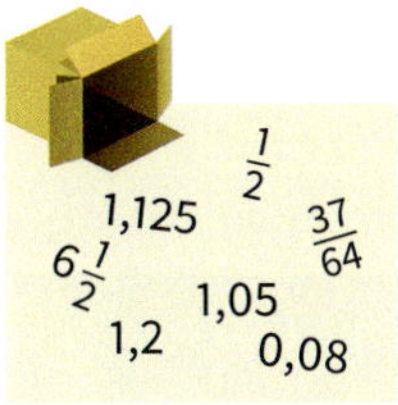

15. a) Schreibe in der Wortform und zeichne den Rechenbaum; berechne auch.

(1) $7:\left(\frac{3}{5}+\frac{1}{10}\right)$ (2) $\frac{3}{5}\cdot\frac{1}{6}+\frac{7}{10}$ (3) $\left(\frac{1}{3}-\frac{1}{5}\right)\cdot\left(\frac{3}{5}\right)^2$ (4) $\frac{1}{2}\cdot\left(\frac{4}{5}+\frac{2}{3}\right)-\left(\frac{3}{4}-\frac{3}{12}\right)$

b) Stelle zunächst den Zahlterm auf. Berechne ihn dann.

(1) Multipliziere die Summe der Zahlen $\frac{3}{4}$ und $\frac{1}{2}$ mit $\frac{2}{5}$.

(2) Subtrahiere von dem Quotienten der Zahlen 0,5 und 0,4 das Produkt dieser Zahlen.

(3) Dividiere die Summe der Zahlen $\frac{1}{3}$ und $\frac{2}{7}$ durch das Produkt dieser Zahlen.

(4) Subtrahiere von 1 die 3. Potenz von $\frac{3}{4}$.

(5) Berechne das Zehnfache der 3. Potenz von 0,2.

16. Berechne den Wert der Zahlterme.

a) $\frac{9}{4}\cdot\left[\frac{8}{9}-\left(\frac{1}{2}+\frac{1}{6}\right)\right]$ c) $3{,}5+[(5{,}5+1{,}25):4{,}5]$ e) $3\cdot\left[\left(\frac{3}{5}+\frac{1}{2}\right)\cdot\left(\frac{2}{3}-\frac{1}{9}\right)-\frac{1}{2}\right]$

b) $\left[1\frac{1}{2}\cdot\frac{2}{3}-\left(\frac{1}{2}+\frac{1}{4}\right)\right]\cdot 2\frac{1}{2}$ d) $9\frac{4}{5}-\left[\left(\frac{9}{10}:\frac{3}{8}\right):\frac{1}{4}\right]$ f) $2{,}4:[0{,}8:0{,}4+(0{,}5-0{,}5:5)]$

17. In der Aufgabe fehlen Klammern. Setze im Heft diese so ein, dass das Ergebnis richtig ist.

a) $\frac{3}{5}+\frac{2}{3}\cdot\frac{12}{19}=\frac{4}{5}$ c) $\frac{1}{5}\cdot\frac{1}{2}+\frac{1}{3}\cdot\frac{6}{11}=\frac{1}{11}$ e) $\frac{3}{5}+\frac{12}{5}:\frac{3}{8}:\frac{9}{4}=18$

b) $6-\frac{3}{4}:\frac{7}{8}=6$ d) $\frac{1}{5}\cdot\frac{1}{2}+\frac{1}{3}\cdot\frac{6}{11}=\frac{3}{22}$ f) $\frac{3}{5}+\frac{12}{5}:\frac{3}{8}:\frac{9}{4}=3\frac{5}{9}$

Herausfordern

18. Berechne den Wert des Doppelbruchs.

a) $\frac{\frac{1}{2}-\frac{3}{8}}{\frac{3}{4}+\frac{1}{8}}$ b) $\frac{1\frac{1}{2}\cdot\frac{4}{9}}{1\frac{5}{6}+\frac{2}{3}}$ c) $\frac{\frac{4}{5}-\frac{1}{2}}{\frac{4}{5}\cdot\frac{5}{2}}$ d) $\frac{\frac{3}{5}\cdot\frac{3}{4}-\frac{3}{10}}{\frac{2}{9}\cdot\frac{1}{3}-\frac{1}{6}}$ e) $\frac{5\cdot\frac{3}{4}-0{,}5}{26}$ f) $4-\frac{6{,}25}{1\frac{7}{8}}$

19. Achte beim Berechnen auf die Potenzen.

a) $\frac{\left(\frac{5}{6}\right)^2}{1-\frac{1}{36}}$ b) $\frac{\frac{3}{8}}{\left(1+\frac{1}{2}\right)^2}$ c) $\frac{5}{(0{,}27+0{,}23)^2}$ d) $\frac{1-0{,}4^2}{(1-0{,}4)^2}$ e) $\left(\frac{\frac{1}{4}-\frac{1}{5}}{\frac{1}{5}-\frac{1}{6}}\right)^2$

20. Rechne geschickt.

a) $\frac{2}{5}\cdot\frac{5}{8}+0{,}5$ c) $\left(2\frac{1}{6}-1\frac{1}{3}\right):\left(2\frac{1}{9}-1{,}5\right)$ e) $\left(1{,}2+6-\frac{3}{4}\right):\left(0{,}5+1\frac{1}{3}\right)$

b) $\frac{4}{5}+\frac{3}{2}\cdot 0{,}4$ d) $1-\left(\frac{2}{3}\right)^2\cdot 1{,}5^2$ f) $(1{,}2+6)-\left(\frac{3}{4}:0{,}5+1\frac{1}{3}\right)$

3.5 Rechengesetze – Vorteilhaft mit Bruchzahlen rechnen

3.5.1 Kommutativ- und Assoziativgesetze

Einstieg

a) Ben sieht in einem Geschäft die folgenden Angebote:

Wie viel kosten die drei Angebote zusammen? Rechnet geschickt.

b) Ein Spielegroßhändler hat 5000 Spiele MYSTYS bestellt. Wie viel Stauraum muss er im Lager dafür bereithalten? Rechnet geschickt.

c) Welche Rechengesetze habt ihr verwendet?

Aufgabe 1

Verwenden von Rechengesetzen beim vorteilhaften Rechnen

a) Wie kannst du die Aufgaben geschickt berechnen?
Welche Rechengesetze hast du dabei angewandt?

b) Wie kannst du trotz der großen Zahlen im Zähler und Nenner die Aufgaben rechts im Kopf lösen?
Welche Rechengesetze hast du dabei angewandt?

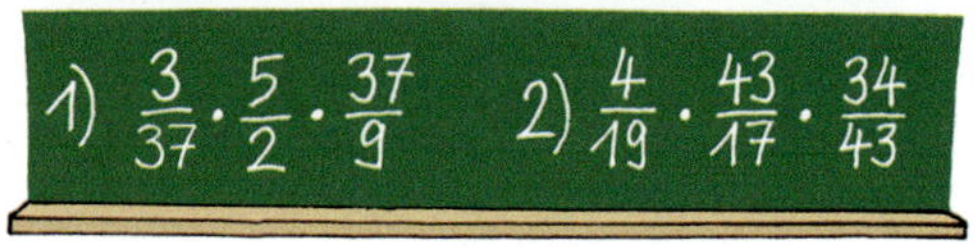

Lösung

a) (1) Nach den Vorrangregeln für die Berechnung von Zahltermen müsstest du zunächst $\frac{3}{20}$ und $\frac{8}{55}$ addieren; das ist aber wegen der verschiedenen Nenner ungünstig. Du müsstest die beiden Brüche auf den Hauptnenner 220 erweitern.
Günstiger ist es, den zweiten und dritten Summanden zu vertauschen: Danach ist zuerst die Summe von $\frac{3}{20}$ und $\frac{9}{20}$ zu berechnen. Diese Summe hat den gekürzten Wert $\frac{3}{5}$, sodass der Hauptnenner für die folgende Addition des dritten Summanden nun nur noch 55 ist.

$$\frac{3}{20} + \frac{8}{55} + \frac{9}{20} = \frac{3}{20} + \frac{9}{20} + \frac{8}{55} = \frac{12}{20} + \frac{8}{55} = \frac{3}{5} + \frac{8}{55} = \frac{33}{55} + \frac{8}{55} = \frac{41}{55}$$

Vertausche den 2. und den 3. Summanden.

(2) Nach den Vorrangregeln für das Berechnen von Zahltermen müsstest du von links nach rechts rechnen und zunächst $\frac{3}{10}$ und $\frac{1}{8}$ addieren. Das ist wegen der verschiedenen Nenner ungünstig: Du müsstest beide Brüche auf den Hauptnenner 40 erweitern.
Addierst du dagegen zunächst die gleichnamigen zweiten und dritten Summanden, so kannst du das Ergebnis sofort bestimmen und kürzen. Zum Addieren des ersten Summanden reicht dann der Hauptnenner 10.

$$\frac{3}{10} + \frac{1}{8} + \frac{3}{8} = \frac{3}{10} + \frac{4}{8} = \frac{3}{10} + \frac{1}{2} = \frac{3}{10} + \frac{5}{10} = \frac{8}{10} = \frac{4}{5}$$

Rechne nicht von links nach rechts. Verbinde zuerst die beiden letzten Summanden.

b) Auch bei diesen Aufgaben ist es geschickter, nicht von links nach rechts zu rechnen.

(1) $\frac{3}{37}\cdot\frac{5}{2}\cdot\frac{37}{9}$

$=\frac{3}{37}\cdot\frac{37}{9}\cdot\frac{5}{2}$ — Vertausche den 2. und 3. Faktor.

$=\frac{3\cdot 37}{37\cdot 9}\cdot\frac{5}{2}$

$=\frac{1\cdot 5}{3\cdot 2}$

$=\frac{5}{6}$

Es wurde das *Kommutativgesetz der Multiplikation* angewandt.

(2) $\frac{4}{19}\cdot\frac{43}{17}\cdot\frac{34}{43}$

$=\frac{4}{19}\cdot\left(\frac{43}{17}\cdot\frac{34}{43}\right)$ — Rechne nicht von links nach rechts; verbinde zuerst die beiden letzten Faktoren.

$=\frac{4}{19}\cdot\frac{43\cdot 34}{17\cdot 43}$

$=\frac{4\cdot 2}{19\cdot 1}$

$=\frac{8}{19}$

Es wurde das *Assoziativgesetz der Multiplikation* angewandt.

Information

(1) Kommutativgesetze

Oben hast du Zahlterme mit Brüchen geschickt berechnen können, indem du Rechengesetze angewandt hast, die du aus Klasse 5 für natürliche Zahlen kennen gelernt hast. Wir notieren sie noch einmal für Bruchzahlen:

kommutativ (lat.) vertauschbar

Kommutativgesetze (Vertauschungsgesetze)

Kommutativgesetz der Addition

In einer Summe darf man die Reihenfolge der Summanden vertauschen.
Denke dir Bruchzahlen anstelle von a und b.
Stets gilt:

$\mathbf{a + b = b + a}$

Beispiel: $\frac{2}{3}+\frac{3}{8}=\frac{3}{8}+\frac{2}{3}$

Kommutativgesetz der Multiplikation

In einem Produkt darf man die Reihenfolge der Faktoren vertauschen.
Denke dir Bruchzahlen anstelle von a und b.
Stets gilt:

$\mathbf{a \cdot b = b \cdot a}$

Beispiel: $3{,}1\cdot 1{,}3 = 1{,}3\cdot 3{,}1$

Begründung für die Gültigkeit der Kommutativgesetze

Wir begründen die Kommutativgesetze an einem Beispiel, aber dieselbe Begründung ist für alle Zahlen möglich.

(a) Kommutativgesetz der Addition

Zum Addieren der beiden gleichnamigen Brüche sind die Zähler zu addieren. Die Summe der Zähler ist die Summe natürlicher Zahlen. Für diese gilt das Kommutativgesetz: $7 + 2 = 2 + 7$
Der Bruch ist $\frac{2+7}{25}$ dann aber das Ergebnis der Additionsaufgabe mit den vertauschten Brüchen. Diese Begründung ist nicht an die konkreten Zahlen 7, 2 und 25 gebunden. Man kann sie so genau für die Addition beliebiger gleichnamiger Brüche geben.

$\frac{7}{25}+\frac{2}{25}$
$=\frac{7+2}{25}$
$=\frac{2+7}{25}$ — Kommutativgesetz für das Addieren natürlicher Zahlen
$=\frac{2}{25}+\frac{7}{25}$

Sind die beiden Summanden nicht gleichnamig, dann kann man sie so erweitern, dass sie gleichnamig werden. Anschließend kann man wieder so begründen wie oben.
Damit gilt das Kommutativgesetz auch für die Addition nicht gleichnamiger Brüche.

(b) Kommutativgesetz der Multiplikation

Beim Multiplizieren kann man genauso begründen wie beim Addieren.

$\frac{2}{5}\cdot\frac{7}{11}=\frac{2\cdot 7}{5\cdot 11}=\frac{7\cdot 2}{11\cdot 5}=\frac{7}{11}\cdot\frac{2}{5}$

Anwenden des Kommutativgesetzes für natürliche Zahlen in Zähler und Nenner

assoziativ (lat.) verbindend

(2) Assoziativgesetze

Assoziativgesetze (Verbindungsgesetze)

Assoziativgesetz der Addition
In einer Summe aus drei oder mehr Summanden darf man beliebig Klammern setzen. Der Wert der Summe ist unabhängig von der Stellung der Klammern.
Denke dir Bruchzahlen anstelle von a und b.
Stets gilt:
$\mathbf{(a + b) + c = a + (b + c)}$
Man darf daher die Klammern auch weglassen: $\mathbf{a + b + c}$

Beispiel:
$(1{,}3 + 0{,}14) + 0{,}56 = 1{,}3 + (0{,}14 + 0{,}56)$
$= 1{,}3 + 0{,}14 + 0{,}56$

Assoziativgesetz der Multiplikation
In einem Produkt aus drei oder mehr Faktoren darf man beliebig Klammern setzen. Der Wert des Produkts ist unabhängig von der Stellung der Klammern.
Denke dir Bruchzahlen anstelle von a und b.
Stets gilt:
$\mathbf{(a \cdot b) \cdot c = a \cdot (b \cdot c)}$
Man darf daher die Klammern auch weglassen: $\mathbf{a \cdot b \cdot c}$

Beispiel:
$\left(\frac{1}{3} \cdot \frac{3}{8}\right) \cdot \frac{4}{7} = \frac{1}{3} \cdot \left(\frac{3}{8} \cdot \frac{4}{7}\right) = \frac{1}{3} \cdot \frac{3}{8} \cdot \frac{4}{7}$

Begründung für die Gültigkeit der Assoziativgesetze
Wir begründen auch diese Gesetze nur an einem Zahlenbeispiel – stellvertretend für beliebige Zahlen.

(a) Assoziativgesetz der Addition
Wegen der gleichen Nenner reicht es, die Zähler zu addieren. Die Zähler sind aber natürliche Zahlen, für die das Assoziativgesetz der Addition gilt: Es ist gleich, ob man zunächst 13 und 8 addiert und dies zu 7 addiert, oder ob man erst 7 und 13 addiert und dann 8.
Es reicht auch hier, die Begründung für gleichnamige Brüche zu geben, da man alle Brüche so erweitern kann, dass sie gleichnamig werden.

$$\frac{7}{15} + \left(\frac{13}{15} + \frac{8}{15}\right) = \frac{7}{15} + \frac{13+8}{15} = \frac{7 + (13+8)}{15} = \frac{(7+13)+8}{15} = \frac{7+13}{15} + \frac{8}{15} = \left(\frac{7}{15} + \frac{13}{15}\right) + \frac{8}{15}$$

Assoziativgesetz für das Addieren natürlicher Zahlen

(b) Assoziativgesetz der Multiplikation
Beim Multiplizieren kann man genauso begründen wie beim Addieren:

$$\left(\frac{2}{3} \cdot \frac{4}{5}\right) \cdot \frac{7}{9} = \frac{2 \cdot 4}{3 \cdot 5} \cdot \frac{7}{9} = \frac{(2 \cdot 4) \cdot 7}{(3 \cdot 5) \cdot 9} = \frac{2 \cdot (4 \cdot 7)}{3 \cdot (5 \cdot 9)} = \frac{2}{3} \cdot \frac{4 \cdot 7}{5 \cdot 9} = \frac{2}{3} \cdot \left(\frac{4}{5} \cdot \frac{7}{9}\right)$$

Anwenden des Assoziativgesetzes für natürliche Zahlen in Zähler und Nenner

Üben

2. Rechne vorteilhaft.

a) $\frac{9}{14} + \frac{7}{20} + \frac{3}{20}$
b) $\frac{2}{9} + \frac{1}{9} + \frac{5}{12}$
c) $\frac{1}{20} + \frac{7}{24} + \frac{11}{24}$
d) $\frac{3}{25} + \frac{7}{15} + \frac{2}{25}$
e) $\frac{1}{10} + \frac{1}{15} + \frac{7}{10}$
f) $\frac{5}{12} + \frac{3}{14} + \frac{1}{12}$
g) $3{,}72 + 1{,}8 + 1{,}28$
h) $7{,}125 + 0{,}45 + 9{,}55$
i) $8{,}13 + 9{,}4 + 4{,}87 + 3{,}6$
j) $\frac{19}{88} + \frac{3}{7} + \frac{3}{88} + \frac{1}{14} + \frac{1}{4}$
k) $\frac{5}{32} + \frac{4}{27} + \frac{1}{5} + \frac{5}{27} + \frac{3}{32} + \frac{1}{10}$
l) $\frac{11}{18} + \frac{3}{50} + \frac{2}{9} + \frac{11}{25} + \frac{1}{6} + \frac{1}{10}$

3. Setze im Heft für $\square$ eine passende Bruchzahl ein.

a) $\frac{14}{19}+\frac{3}{11}=\frac{3}{11}+\square$
c) $\square+\frac{1}{3}=\left(\frac{1}{3}+\frac{3}{8}\right)+\frac{1}{8}$
e) $\left(\frac{2}{15}+\frac{3}{14}\right)+\frac{7}{8}=\frac{7}{8}+\left(\frac{2}{15}+\square\right)$
b) $\frac{6}{27}+\square=\frac{7}{18}+\frac{2}{9}$
d) $\frac{5}{18}+\left(\square+\frac{3}{18}\right)=\left(\frac{1}{6}+\frac{3}{7}\right)+\frac{5}{18}$
f) $\frac{4}{9}+\left(\frac{2}{9}+\frac{5}{7}\right)=\square+\frac{2}{3}$

Vertiefen

4. Zeige an $\left(\frac{1}{2}-\frac{1}{4}\right)-\frac{1}{8}$ und $\frac{1}{2}-\left(\frac{1}{4}-\frac{1}{8}\right)$, dass das Assoziativgesetz nicht für die Subtraktion gilt.

5. a) $\frac{4}{9}\cdot\frac{5}{7}\cdot\frac{3}{11}\cdot 2\frac{1}{4}$
c) $2\frac{4}{5}\cdot 7\frac{1}{3}\cdot 2\frac{1}{7}\cdot 1\frac{7}{11}$
e) $3{,}4\cdot 2\cdot 0{,}4\cdot 1{,}5\cdot 2{,}5$
g) $1\frac{1}{8}\cdot 6\frac{1}{4}\cdot 10\frac{2}{3}\cdot 3\frac{1}{5}$
b) $3\frac{3}{4}\cdot\frac{6}{7}\cdot\frac{4}{15}\cdot\frac{7}{12}$
d) $5\frac{1}{4}\cdot 5\frac{1}{5}\cdot 1\frac{5}{7}\cdot 1\frac{2}{13}$
f) $1{,}25\cdot 5{,}9\cdot 8\cdot 1{,}5$
h) $\frac{5}{6}\cdot\frac{7}{8}\cdot\frac{4}{5}\cdot\frac{6}{7}\cdot\frac{3}{4}$

6. Rechne vorteilhaft.

a) $\frac{3}{5}:\frac{8}{17}\cdot\frac{5}{3}$
d) $\frac{8}{39}\cdot\frac{5}{9}:\frac{2}{13}$
g) $\frac{5}{9}:1\frac{2}{7}\cdot\frac{9}{5}$
b) $\frac{25}{44}:\frac{35}{36}\cdot\frac{11}{5}$
e) $1\frac{3}{7}\cdot\frac{3}{11}:\frac{5}{7}$
h) $\frac{7}{8}:\frac{21}{64}\cdot\frac{3}{4}$
c) $\frac{8}{9}\cdot\frac{17}{7}:\frac{4}{9}$
f) $\frac{21}{38}\cdot\frac{10}{9}:\frac{7}{19}$
i) $2\frac{4}{9}\cdot\frac{3}{5}:1\frac{2}{9}$

Herausfordern

7. Erfindet Aufgaben, die sich mithilfe von Rechengesetzen vorteilhaft lösen lassen.

3.5.2 Distributivgesetze

Einstieg

Zwei Tücher werden als Dekor benötigt. Jedes Tuch soll zu $\frac{2}{5}$ aus rotem, im übrigen aus weißem Stoff sein. Das erste Tuch soll $1{,}25\,m^2$ groß sein, das zweite $0{,}75\,m^2$ groß.
Wie viel Quadratmeter vom roten Stoff werden insgesamt benötigt? Rechnet auf zwei Wegen.

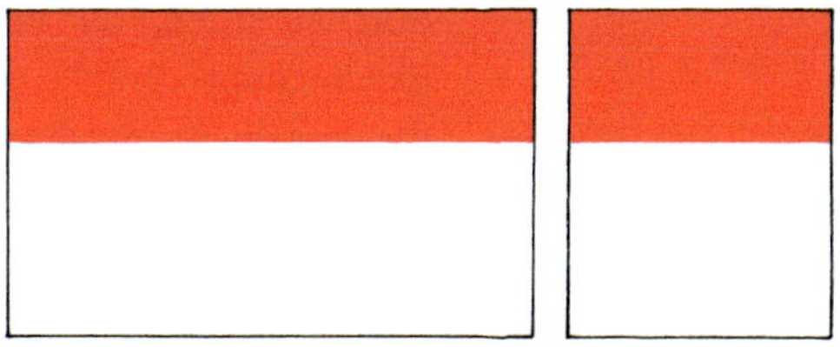

Aufgabe 1

Distributivgesetz für die Multiplikation
Dominik und sein Vater bereiten für ein Gartenfest zwei große Schüsseln mit Salaten zu: eine mit griechischem Bauernsalat und eine mit Blattsalat. Beide Salate erhalten eine gemeinsame Salatsoße aus $\frac{3}{8}$ ℓ Olivenöl und $\frac{1}{4}$ ℓ Essig. $\frac{3}{5}$ der Salatsoße sind für den griechischen Bauernsalat vorgesehen, der Rest für den Blattsalat.
Wie viel Salatsoße kommt an den Bauernsalat? Rechne auf verschiedenen Wegen und schreibe jeweils einen einzigen Zahlterm für den Rechenweg.

Lösung

1. Weg: Man könnte zunächst das Olivenöl und den Essig mischen und dann $\frac{3}{5}$ von der fertigen Salatsoße für den Bauernsalat verwenden:
$\frac{3}{5}\cdot\left(\frac{3}{8}+\frac{1}{4}\right)=\frac{3}{5}\cdot\left(\frac{3}{8}+\frac{2}{8}\right)=\frac{3}{5}\cdot\frac{5}{8}=\frac{3}{8}$

2. Weg: Man könnte $\frac{3}{5}$ von dem Olivenöl und $\frac{3}{5}$ von dem Essig für den Bauernsalat mischen:
$\frac{3}{5}\cdot\frac{3}{8}+\frac{3}{5}\cdot\frac{1}{4}=\frac{9}{40}+\frac{3}{20}=\frac{9}{40}+\frac{6}{40}=\frac{15}{40}=\frac{3}{8}$

Vielleicht sind dir noch andere Wege eingefallen.

Ergebnis: $\frac{3}{8}$ ℓ Salatsoße kommt auf den Bauernsalat, der Rest, also $\frac{1}{4}$ ℓ auf den Blattsalat.

Information

In der Aufgabe 1 kann man $\frac{3}{5}$ von der Summe der Volumina des Essigs und Öls nehmen, oder $\frac{3}{5}$ von dem Essig-Volumen und $\frac{3}{5}$ von dem Öl-Volumen und beide Teilvolumina addieren.

Auf beiden Wegen erhält man dasselbe Ergebnis: $\frac{3}{5} \cdot \left(\frac{3}{8} + \frac{1}{4}\right) = \frac{3}{5} \cdot \frac{3}{8} + \frac{3}{5} \cdot \frac{1}{4}$

Dies ist das Distributivgesetz für die Multiplikation einer Summe. Für natürliche Zahlen kennst du es schon. Es gilt auch für Bruchzahlen. Entsprechendes gilt für die Multiplikation einer Differenz.

Distributivgesetze (Verteilungsgesetze) für die Multiplikation einer Summe bzw. Differenz

Wenn du eine Summe oder Differenz mit einem Faktor multiplizieren sollst, dann kannst du jede Zahl der Summe bzw. Differenz mit diesem Faktor multiplizieren und dann die Ergebnisse addieren bzw. subtrahieren.

Denke dir Bruchzahlen anstelle von a, b, c. Stets gilt:

$\mathbf{a \cdot (b + c) = a \cdot b + a \cdot c}$ $\mathbf{a \cdot (b - c) = a \cdot b - a \cdot c}$ (falls die Subtraktion ausführbar ist.)

Beispiel:

$\frac{2}{3} \cdot \left(\frac{3}{5} + \frac{5}{8}\right) = \frac{2}{3} \cdot \frac{3}{5} + \frac{2}{3} \cdot \frac{5}{8}$ $1{,}2 \cdot (1{,}2 - 0{,}5) = 1{,}2 \cdot 1{,}2 - 1{,}2 \cdot 0{,}5$

Bei der Begründung der Distributivgesetze für Bruchzahlen gelten. Dazu genügt es, die Begründung für gleichnamige Brüche in der Klammer durchzuführen, da man die Bruchzahlen als gleichnamige Brüche schreiben kann. Überlege dir, dass die Begründung für eine Differenz in der Klammer entsprechend verläuft.

$$\frac{2}{3} \cdot \left(\frac{5}{7} + \frac{4}{7}\right) = \frac{2}{3} \cdot \frac{5 + 4}{7} = \frac{2 \cdot (5 + 4)}{3 \cdot 7} = \frac{2 \cdot 5 + 2 \cdot 4}{3 \cdot 7} = \frac{2 \cdot 5}{3 \cdot 7} + \frac{2 \cdot 4}{3 \cdot 7} = \frac{2}{3} \cdot \frac{5}{7} + \frac{2}{3} \cdot \frac{4}{7}$$

Wende das Distributivgesetz für natürliche Zahlen im Zähler an.

Weiterführende Aufgabe

Weitere Distributivgesetze

2. a) Unten siehst du die Distributivgesetze der Division.
Begründe diese Gesetze. Formuliere diese Gesetze auch mit Worten.

Distributivgesetze für die Division

Denke dir Bruchzahlen anstelle von a, b, c. Stets gilt, falls $c \neq 0$:

$\mathbf{(a + b) : c = a : c + b : c}$

$\mathbf{(a - b) : c = a : c - b : c}$ (falls die Subtraktion ausführbar ist.)

b) Wie kann man die Aufgaben vorteilhaft lösen? (1) $\left(\frac{19}{17} + \frac{38}{17}\right) : \frac{19}{17}$ (2) $\left(\frac{10}{3} - \frac{7}{3}\right) : \frac{17}{15}$

Üben

3. Rechne auf zweierlei Weise. Welcher Weg ist vorteilhafter? Begründe.

a) $\frac{4}{5} \cdot \left(\frac{5}{8} + \frac{15}{4}\right)$ c) $\frac{3}{11} \cdot \left(\frac{4}{7} + \frac{5}{21}\right)$ e) $\left(\frac{9}{8} + \frac{1}{4}\right) \cdot \frac{1}{7}$

b) $\frac{45}{14} \cdot \left(\frac{14}{15} + \frac{7}{9}\right)$ d) $\frac{1}{3} \cdot \left(\frac{3}{5} + \frac{3}{10}\right)$ f) $\left(\frac{3}{4} + \frac{1}{7}\right) \cdot \frac{7}{2}$

1. Weg
$\frac{4}{3} \cdot \left(\frac{3}{4} + \frac{3}{5}\right)$
$= \frac{4}{3} \cdot \left(\frac{15}{20} + \frac{12}{20}\right)$
$= \frac{4}{3} \cdot \frac{27}{20}$
$= \frac{9}{5}$
$= 1\frac{4}{5}$

2. Weg
$\frac{4}{3} \cdot \left(\frac{3}{4} + \frac{3}{5}\right)$
$= \frac{4}{3} \cdot \frac{3}{4} + \frac{4}{3} \cdot \frac{3}{5}$
$= 1 + \frac{4}{5}$
$= 1\frac{4}{5}$

Der 2. Weg ist hier vorteilhafter.

4. Rechne vorteilhaft.

a) $\frac{5}{6} \cdot \left(\frac{6}{5} + \frac{2}{3}\right)$ c) $\left(\frac{3}{11} + \frac{3}{8}\right) \cdot \frac{8}{3}$ e) $\left(\frac{3}{7} + \frac{3}{4}\right) \cdot \frac{28}{33}$

b) $\frac{3}{4} \cdot \left(\frac{8}{3} + \frac{4}{9}\right)$ d) $\left(\frac{7}{5} + \frac{4}{15}\right) \cdot \frac{15}{7}$ f) $\frac{63}{79} \cdot \left(\frac{8}{9} + \frac{7}{9}\right)$

5. Jeder Partner entscheidet, ob er diese nach der Vorrangregel oder nach Anwenden des Distributivgesetzes rechnen will. Vergleicht eure Ansichten und begründet sie.

a) $\left(\frac{8}{5}+\frac{2}{3}\right):\frac{8}{15}$ c) $\left(\frac{7}{5}+\frac{5}{13}\right):5$ e) $(3{,}6+10{,}8):3{,}6$

b) $\left(\frac{3}{4}+\frac{1}{7}\right):\frac{3}{28}$ d) $\left(\frac{8}{9}-\frac{5}{18}\right):\frac{1}{3}$ f) $(4{,}53-3{,}13):0{,}4$

6. Rechne vorteilhaft.

a) $\frac{4}{9}\cdot\frac{3}{7}+\frac{4}{9}\cdot\frac{4}{7}$ d) $\frac{11}{25}\cdot\frac{3}{7}+\frac{3}{25}\cdot\frac{3}{7}$ g) $\frac{8}{9}:\frac{2}{3}+\frac{4}{3}:\frac{2}{3}$

b) $\frac{4}{5}\cdot\frac{7}{9}-\frac{4}{5}\cdot\frac{2}{9}$ e) $\frac{15}{4}\cdot\frac{12}{5}-\frac{10}{3}\cdot\frac{12}{5}$ h) $\frac{9}{10}:\frac{3}{5}-\frac{3}{20}:\frac{3}{5}$

c) $\frac{5}{8}:\frac{2}{3}+\frac{3}{8}:\frac{2}{3}$ f) $\frac{23}{7}:\frac{3}{5}-\frac{2}{7}:\frac{3}{5}$ i) $\frac{5}{6}:\frac{3}{7}+\frac{1}{6}:\frac{3}{7}$

$$\frac{4}{9}\cdot\frac{2}{5}+\frac{4}{9}\cdot\frac{1}{10}$$
$$=\frac{4}{9}\cdot\left(\frac{2}{5}+\frac{1}{10}\right)$$
$$=\frac{4}{9}\cdot\left(\frac{4}{10}+\frac{1}{10}\right)$$
$$=\frac{4}{9}\cdot\frac{5}{10}=\frac{2}{9}$$

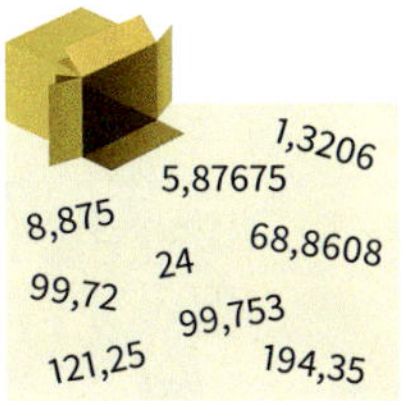

7. Berechne möglichst geschickt.

a) $16{,}9\cdot 7{,}15+16{,}9\cdot 4{,}35$ d) $74{,}6\cdot 0{,}9+0{,}9\cdot 36{,}2$ g) $42{,}7:0{,}4+5{,}8:0{,}4$

b) $0{,}275\cdot 14{,}6+0{,}275\cdot 6{,}77$ e) $4{,}88\cdot 0{,}62-0{,}62\cdot 2{,}75$ h) $5{,}94:0{,}6+8{,}46:0{,}6$

c) $8{,}64\cdot 19{,}47-8{,}64\cdot 11{,}5$ f) $3{,}14\cdot 12{,}3+12{,}3\cdot 4{,}97$ i) $21{,}6:1{,}6-7{,}4:1{,}6$

Vertiefen

8. a) Rechts siehst du ein Feld einer Gärtnerei. Berechne seine Größe auf zwei Wegen.

b) Das Produkt zweier Zahlen kann man als Flächeninhalt eines Rechtecks geometrisch deuten. Veranschauliche mithilfe von Rechtecken.

(1) $2{,}4\cdot 5{,}3+2{,}4\cdot 1{,}7=2{,}4\cdot(5{,}3+1{,}7)$

(2) $3{,}9\cdot 7{,}2-3{,}9\cdot 5{,}2=3{,}9\cdot(7{,}2-5{,}2)$

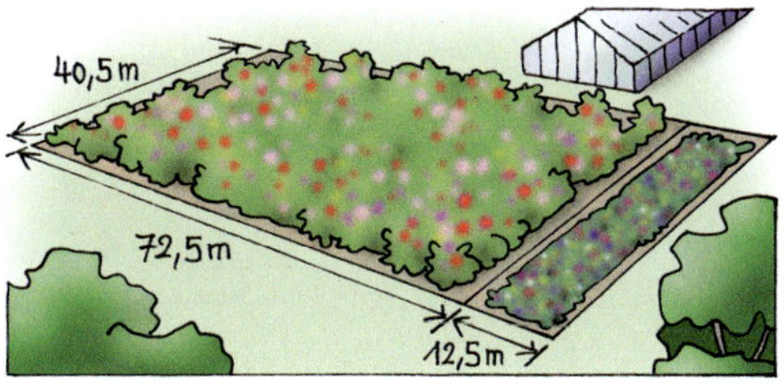

9. Erfindet Aufgaben mit einer Summe oder Differenz in einer Klammer, bei denen es (1) günstig ist, (2) ungünstig ist, eines der Distributivgesetze anzuwenden.

10. Wende Rechengesetze an.

a) $\left(3\frac{4}{7}+6\frac{1}{4}\right)\cdot\frac{7}{25}$ c) $\frac{8}{9}\cdot\left(2\frac{1}{4}-1\frac{4}{5}\right)$ e) $\left(\frac{7}{6}+\frac{7}{4}\right):3\frac{1}{2}$ g) $\left(1\frac{1}{10}-\frac{1}{5}\right):4\frac{1}{2}$

b) $\frac{11}{16}\cdot 2\frac{1}{3}+\frac{11}{16}\cdot 5\frac{2}{3}$ d) $3\frac{1}{5}\cdot\frac{7}{8}-3\frac{1}{5}\cdot\frac{1}{4}$ f) $\frac{5}{9}:2\frac{1}{3}+\frac{2}{9}:2\frac{1}{3}$ h) $\frac{8}{9}:2\frac{1}{3}-\frac{1}{9}:2\frac{1}{3}$

Herausfordern

11. Auf einem Tisch stehen zwei Krüge mit Saft und mehrere leere Gläser. Der eine Krug enthält $2\frac{1}{2}\,\ell$ Saft, der andere $1\frac{3}{4}\,\ell$. Jedes Glas kann mit $\frac{1}{8}\,\ell$ gefüllt werden.

a) Wie viele Gläser kann man aus beiden Krügen füllen? Rechne auf zwei Weisen. Notiere jeweils einen Zahlterm.

b) Welches Gesetz kann durch diesen Sachverhalt gedeutet werden?

Das kann ich noch!

A) Zeichne das Schrägbild eines Würfels mit der Kantenlänge 2 cm und berechne Volumen und Oberflächeninhalt.

B) Ein Quader hat als Grundfläche ein Rechteck mit den Seitenlängen 3 cm und 5 cm. Sein Volumen beträgt 60 cm³. Wie hoch ist er? Zeichne ein Schrägbild und berechne den Oberflächeninhalt.

Problemlösestrategien „Beispiele finden“, „Überprüfen durch Probieren“

Probleme erfassen, erkunden und lösen

Du hast im Mathematikunterricht schon an vielen Stellen Probleme gelöst. Hier soll dir bewusst werden, über welche möglichen Strategien du dabei verfügst.

1. Lars und Yannic treffen sich an einem Sonntag beim Joggen im Park. Lars erzählt, dass er immer zwei Tage Pause zwischen zwei Lauftermінen macht. Yannic legt immer vier Tage Pause ein. Wann treffen sich die beiden frühestens wieder beim Joggen im Park?
Dieses Problem kann man auf verschiedene Weisen lösen:

(1) Du könntest z. B. in einem Kalender oder einer Tabelle die Tage markieren, an denen Lars bzw. Yannic joggen. Ergänze dazu die folgende Tabelle:

Tag	Sonntag	Montag	Dienstag	Mittwoch	Donnerstag	Freitag
Lars	x			x		
Yannic	x					x

(2) Du könntest die Treffzeitpunkte auch mit Zahlen beschreiben: Nach dem Sonntag joggt Lars an jedem 3. Tag, Yannic an jedem 5. Tag. Zählst du den Montag nach dem Sonntag als ersten Tag, so kannst du für jeden Läufer die Nummern der Tage angeben, an denen er joggt. Ergänze folgende Übersicht:

Lars: 3, 6, 9, …
Yannic: 5, 10, …

(3) Beschreibe das Problem mit dem Begriff „Vielfaches“. Welche Vielfachen werden zur Lösung des Problems benötigt?

2. Löse mit einer Strategie, die dir am besten zusagt, folgendes Problem:

Wie viele Tage vergehen mindestens, bis sich Lars und Yannic wieder an einem Sonntag beim Joggen im Stadtpark treffen?

3. Ragobert Ruck hat schon viele Goldtaler gesammelt, will aber nicht verraten, wie viele er genau hat. Er antwortet daher mit einem Rätsel:
„Es sind leider noch weniger als 400. Wollte ich sie an zwei Enkel verteilen, so würde ein Taler übrig bleiben. Beim Verteilen an drei, vier, fünf und sechs Enkel wäre es genauso. Nur wenn ich sieben Enkel hätte, könnte ich die Taler gleichmäßig ohne Rest verteilen.
Da das leider nicht der Fall ist, muss ich noch weiter sparen.“
Versuche herauszufinden, wie viele Münzen Ragobert Ruck schon gesammelt hat.

4. a) Du hast das Distributivgesetz kennen gelernt: $\mathbf{a \cdot (b + c) = a \cdot b + a \cdot c}$
Eine informative Figur zu diesem Gesetz ist die folgende. Begründe an ihr das Distributivgesetz.

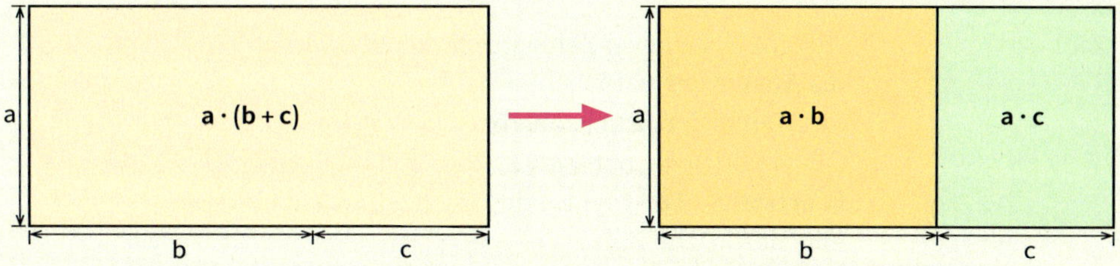

b) Ein anderes Distributivgesetz ist: $\mathbf{(a + b) : c = a : c + b : c}$
Zeige an Zahlenbeispielen, dass es gilt. Begründe dann mithilfe einer informativen Figur.

c) Wähle auch andere Rechenzeichen als + und –. Stelle zum Distributivgesetz verwandte Regeln auf und überprüfe, ob sie gelten. Begründe gegebenenfalls auch mit einer informativen Figur.

5. Erläutere die folgende Zusammenfassung an den obigen Beispielen.

Einige Problemlösestrategien

1. Oft hilft das *Anfertigen einer informativen Figur*, die den wesentlichen Kern des Problems veranschaulicht.
2. Hilfreich ist auch das *Auffinden von Beispielen* für Lösungen des Problems, aus denen man dann Gesetzmäßigkeiten für die allgemeine Lösung ablesen kann.
   Um solche Beispiele zu finden, muss man vermutete mögliche Lösungen durch *Probieren überprüfen*.

6. Der alte Scheich Abh el Chare beklagt sich: „Allah hat mich bestraft mit der Anzahl meiner Kamele: Verteile ich sie an meine beiden Lieblingssöhne, bleibt eines übrig. Verteile ich sie an meine drei liebsten Söhne, bleiben zwei übrig. Verteile ich sie sogar gleichmäßig an alle vier Söhne, so bleiben sogar drei übrig."
Wie viele Kamele kann der Scheich haben? Welche Problemlösestrategie hast du verwendet?

7. Paul, Emma und Shema unterhalten sich über das Dividieren von Brüchen. Was meinst du zu Maltes Vorschlag? Welche Problemlösestrategie hast du verwendet?

3.6 Vergleich der Zahlbereiche der natürlichen Zahlen und der Bruchzahlen

Ziel

Du hast bisher zwei Zahlbereiche kennengelernt:
die Menge der natürlichen Zahlen,
die Menge der Bruchzahlen.
Du weißt: Jede natürliche Zahl ist auch eine Bruchzahl, aber nicht jede Bruchzahl ist auch eine natürliche Zahl.

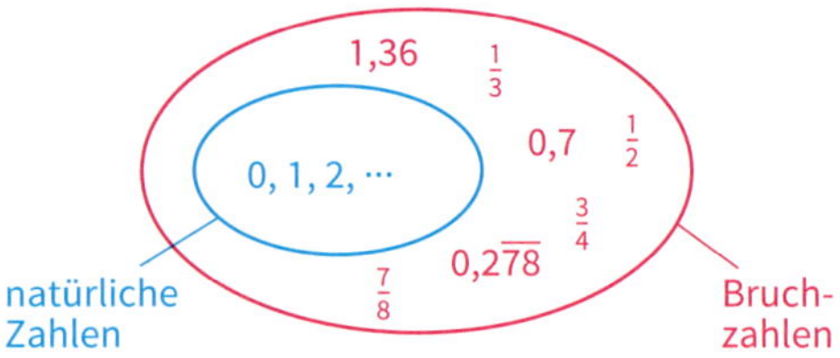

Du hast erfahren: Die Rechengesetze, die du bei den natürlichen Zahlen kennen gelernt hast, gelten auch für die Bruchzahlen: Assoziativgesetze, Kommutativgesetze, Distributivgesetze.
In diesem Abschnitt wollen wir Bruchzahlen und natürliche Zahlen vergleichen.

Zum Erarbeiten

Zahlen zwischen zwei vorgegebenen Zahlen finden

a) Suche eine natürliche Zahl zwischen
(1) den natürlichen Zahlen 2 und 5; (2) den natürlichen Zahlen 8 und 9.

b) Suche eine Bruchzahl zwischen
(1) den Bruchzahlen $\frac{1}{10}$ und $\frac{6}{10}$; (2) den Bruchzahlen $\frac{8}{10}$ und $\frac{9}{10}$.

→ Du findest:

a) (1) Zwischen den natürlichen Zahlen 2 und 5 liegen die natürlichen Zahlen 3 und 4.

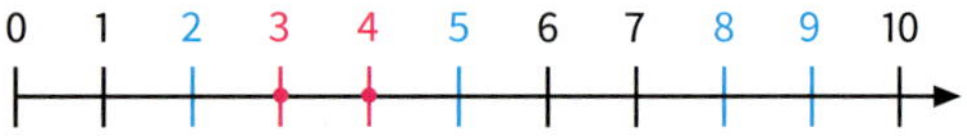

(2) Zwischen den natürlichen Zahlen 8 und 9 findest du keine natürliche Zahl.

b) (1) Zwischen den Bruchzahlen $\frac{1}{10}$ und $\frac{6}{10}$ findest du leicht mehrere Bruchzahlen, zum Beispiel die Bruchzahl $\frac{3}{10}$.

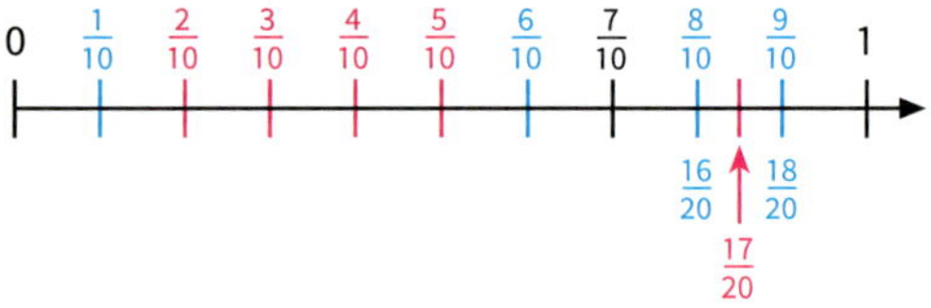

(2) Zwischen den Bruchzahlen $\frac{8}{10}$ und $\frac{9}{10}$ findest du zwar keine Bruchzahl mit dem Nenner 10, aber zum Beispiel die Bruchzahl $\frac{17}{20}$, da $\frac{8}{10} = \frac{16}{20}$ und $\frac{9}{10} = \frac{18}{20}$.

Beliebig viele Zahlen zwischen zwei Bruchzahlen

Erweitere die Brüche $\frac{8}{10}$ und $\frac{9}{10}$ so, dass du zwischen $\frac{8}{10}$ und $\frac{9}{10}$ mindestens
a) 2, b) 9, c) 999
Bruchzahlen leicht angeben könntest.

→ a) Beim Erweitern von $\frac{8}{10}$ und $\frac{9}{10}$ mit 2 konntest du leicht noch eine weitere Bruchzahl dazwischen angeben. Erweiterst du mit 3, so ergibt sich $\frac{8}{10} = \frac{24}{30}$ und $\frac{9}{10} = \frac{27}{30}$.
Zwischen diesen beiden Bruchzahlen liegen $\frac{25}{30}$ und $\frac{26}{30}$.

b) Erweiterst du mit 10, so ergibt sich $\frac{8}{10} = \frac{80}{100}$ und $\frac{9}{10} = \frac{90}{100}$.
Zwischen diesen beiden Bruchzahlen liegen die neun Zahlen $\frac{81}{100}, \frac{82}{100}, \ldots, \frac{89}{100}$.

c) Hierzu erweiterst du mit 1000, also: $\frac{8}{10} = \frac{8000}{10000}$ und $\frac{9}{10} = \frac{9000}{10000}$.
Zwischen diesen beiden Zahlen liegen die folgenden 999 Zahlen:
$\frac{8001}{10000}, \frac{8002}{10000}, \frac{8003}{10000}, \ldots, \frac{8098}{10000}, \frac{8099}{10000}$.

Zwischen zwei verschiedenen natürlichen Zahlen findest du nicht immer eine weitere natürliche Zahl. Zwischen zwei verschiedenen Bruchzahlen findest du immer beliebig viele weitere Bruchzahlen.

Ausführbarkeit der Division

Betrachte die folgenden Aufgaben. In welchen Fällen ist der Quotient eine natürliche Zahl? In welchen Fällen ist der Quotient eine Bruchzahl? In welchen Fällen kann man nicht dividieren?

(1) $12:3$ (3) $\frac{1}{2}:\frac{3}{4}$ (5) $0:\frac{4}{7}$ (7) $0:0$

(2) $14:5$ (4) $\frac{3}{5}:6$ (6) $\frac{4}{9}:0$

→ Es gilt:

(1) $12:3=4$ (3) $\frac{1}{2}:\frac{3}{4}=\frac{1}{2}\cdot\frac{4}{3}=\frac{2}{3}$ (5) $0:\frac{4}{7}=0$, denn $0\cdot\frac{4}{7}=0$

(2) $14:5=\frac{14}{5}=2\frac{4}{5}$ (4) $\frac{3}{5}:6=\frac{3}{5\cdot6}=\frac{1}{10}$

(6) $\frac{4}{9}:0$ kann nicht berechnet werden, denn welche Zahl z man als Ergebnis wählen würde, stets würde die Probe $z\cdot0=0$, aber nicht $\frac{4}{9}$ ergeben.

(7) Auch $0:0$ kann nicht berechnet werden, da hier die Probe für jede beliebige Zahl z als Ergebnis stimmen würde: $0\cdot z=0$.

Als Zusammenfassung erhältst du:

Durch 0 kann man nicht dividieren.
In allen anderen Fällen gilt:
Der Quotient zweier natürlicher Zahlen ist *nicht immer* eine natürliche Zahl (d.h. die Division ist in der Menge der natürlichen Zahlen nicht immer ausführbar).
Der Quotient zweier Bruchzahlen ist *immer* eine Bruchzahl (d.h. die Division ist in der Menge der Bruchzahlen immer ausführbar).

Üben

1. Gib zwei Bruchzahlen an, die zwischen den beiden Bruchzahlen liegen.

a) $\frac{2}{5}$ und $\frac{4}{5}$ c) $\frac{1}{3}$ und $\frac{5}{6}$ e) 8 und 9 g) $2\frac{1}{4}$ und $2\frac{1}{3}$ i) 7,2 und 7,3

b) 1 und $\frac{3}{5}$ d) 0 und $\frac{1}{8}$ f) $\frac{1}{10}$ und $\frac{1}{11}$ h) 0,18 und 0,19 j) 0,9 und 1,1

2. a) Gibt es eine kleinste natürliche Zahl? c) Gibt es eine größte natürliche Zahl?
b) Gibt es eine kleinste Bruchzahl? d) Gibt es eine größte Bruchzahl?

Vertiefen

3. Überprüfe Stefans Vermutungen.

(1) Der Quotient von zwei natürlichen Zahlen ist auch eine natürliche Zahl, wenn der Divisor ein Teiler des Dividenden ist.

(2) Der Quotient von zwei Bruchzahlen, die keine natürlichen Zahlen sind, kann auch keine natürliche Zahl sein.

Herausfordern

4. Die Division ist in der Menge der natürlichen Zahlen nicht immer ausführbar, dagegen aber in der Menge der von 0 verschiedenen Bruchzahlen. Untersuche Entsprechendes für
a) die Addition; b) die Subtraktion; c) die Multiplikation.

3.7 Aufgaben zur Vertiefung

1. a) Laura kocht mit ihrer Freundin Sarah.
Sie haben noch $\frac{7}{10}$ ℓ Kirschsaft. Für eine Rote Grütze benötigen sie $\frac{1}{2}$ ℓ Kirschsaft, für ein Mixgetränk $\frac{1}{8}$ ℓ Kirschsaft.
Wie viel bleibt übrig? Rechne auf zwei Wegen. Notiere jeweils einen einzigen Zahlterm.

b) Erläutere folgendes Gesetz an einem selbst gewählten Sachverhalt.

> **Gesetz über die mehrfache Subtraktion**
> Statt zwei Bruchzahlen nacheinander zu subtrahieren, darf man ihre Summe subtrahieren.
> Denke dir Bruchzahlen anstelle von a, b und c. Stets gilt:
> $\mathbf{a - b - c = a - (b + c)}$, falls die Subtraktion ausführbar ist.

2. Rechne vorteilhaft.

a) $\frac{3}{5} - \frac{3}{10} - \frac{1}{10}$; $\frac{7}{9} - \frac{7}{18} - \frac{1}{18}$; $\frac{6}{7} - \frac{11}{35} - \frac{4}{35}$

b) $\frac{19}{22} - \frac{1}{3} - \frac{1}{6}$; $\frac{17}{40} - \frac{1}{6} - \frac{1}{12}$; $\frac{13}{66} - \frac{1}{10} - \frac{1}{15}$

c) $1{,}8 - 0{,}93 - 0{,}07$; $5{,}1 - 0{,}37 - 1{,}63$; $7{,}23 - 1{,}985 - 0{,}015$

$$\frac{7}{8} - \frac{3}{16} - \frac{7}{16} = \frac{7}{8} - \left(\frac{3}{16} + \frac{7}{16}\right) = \frac{7}{8} - \frac{10}{16} = \frac{7}{8} - \frac{5}{8} = \frac{2}{8} = \frac{1}{4}$$

3. Begründe die folgende Regel an einigen Beispielen.

> **Gesetz über die mehrfache Division**
> Statt durch mehrere Bruchzahlen nacheinander zu dividieren, darf man auch durch das Produkt dieser Bruchzahlen dividieren. Dabei ändert sich der Wert des Zahlterms nicht.
> Denke dir Bruchzahlen anstelle von a, b, c. Stets gilt:
> $\mathbf{a : b : c = a : (b \cdot c)}$

4. Berechne und vergleiche: **a)** $\left(\frac{3}{5} : \frac{7}{10}\right) : \frac{3}{14}$; $\frac{3}{5} : \left(\frac{7}{10} : \frac{3}{14}\right)$ **b)** $(0{,}8 : 0{,}2) : 2{,}5$; $0{,}8 : (0{,}2 : 2{,}5)$

5. Rechne vorteilhaft.

a) $\frac{4}{7} : \frac{2}{3} : \frac{3}{5}$; $\frac{7}{8} : \frac{5}{6} : \frac{3}{4}$

b) $\frac{2}{3} : \frac{9}{16} : \frac{5}{4}$; $\frac{3}{8} : \frac{3}{4} : \frac{2}{5}$

c) $\frac{5}{4} : \frac{2}{3} : \frac{3}{5}$; $\frac{15}{16} : \frac{5}{8} : \frac{1}{2}$

d) $\frac{5}{11} : \frac{11}{20} : \frac{5}{22}$; $\frac{2}{3} : 1\frac{1}{2} : \frac{3}{7}$

$$\frac{5}{9} : \frac{1}{2} : \frac{2}{5} = \frac{5}{9} : \left(\frac{1}{2} \cdot \frac{2}{5}\right) = \frac{5}{9} : \frac{1}{5} = \frac{25}{9}$$

6. Ein reicher Mann im alten Rom war todkrank und hatte eine schwangere Frau. Kurz vor seinem Tod bestimmte er:
Sollte das Kind ein Sohn sein, so sollte dieser doppelt so viel Vermögen haben wie seine Frau. Sollte es dagegen eine Tochter werden, so sollte diese halb so viel erhalten wie seine Frau. Kurz nach seinem Tod wurden Zwillinge geboren, und zwar ein Junge und ein Mädchen.
Welchen Anteil seines Vermögens erhielten nun seine Frau, sein Sohn und seine Tochter? Erläutere deine Strategie zur Lösung des Problems.

Das Wichtigste auf einen Blick

Multiplikation von Brüchen

Brüche *multipliziert* man, indem man die Zähler multipliziert und auch die Nenner multipliziert. Die Rechnung kann man häufig vereinfachen, indem man frühzeitig kürzt.

Beispiele:

$\frac{6}{7}\cdot\frac{5}{11}=\frac{6\cdot 5}{7\cdot 11}=\frac{30}{77}$ $\quad \frac{\overset{1}{\cancel{3}}}{\underset{2}{\cancel{4}}}\cdot\frac{\overset{1}{\cancel{2}}}{\underset{1}{\cancel{3}}}=\frac{1}{2}$

Division von Brüchen

Durch einen Bruch dividiert man, indem man mit dem Kehrwert des Bruches multipliziert. Den Kehrwert eines Bruches erhält man durch Vertauschen von Zähler und Nenner.

Beispiel:

$\frac{6}{7}:\frac{5}{11}=\frac{6}{7}\cdot\frac{11}{5}=\frac{66}{35}=1\frac{31}{35}$

Doppelbruch

Den Quotienten zweier Brüche nennt man *Doppelbruch.* Das Divisionszeichen wird hierbei durch den *Hauptbruchstrich* ersetzt.

Beispiel: $\frac{\frac{2}{5}}{\frac{3}{4}}=\frac{2}{5}:\frac{3}{4}=\frac{8}{15}$

Zahlterme

Ein *Zahlterm* beschreibt einen *Rechenweg*; er besteht aus Zahlen, Rechenzeichen und Klammern.

Beachte: Berechne zuerst, was in Klammern steht.
Potenzrechnung geht vor Punktrechnung.
Punktrechnung geht vor Strichrechnung.
Sonst rechne von links nach rechts.

Beispiel:

$\underbrace{\underbrace{\underbrace{9{,}8:2}_{\text{Quotient}}\cdot 3}_{\text{Produkt}}-\underbrace{\frac{1}{2}\cdot\underbrace{(\underbrace{3^2}_{\text{Potenz}}+4)}_{\text{Summe}}}_{\text{Produkt}}}_{\text{Differenz}}$

$9{,}8:2\cdot 3-\frac{1}{2}\cdot(3^2+4)$
$=4{,}9\cdot 3-\frac{1}{2}\cdot(9+4)$
$=14{,}7-\frac{1}{2}\cdot 13$
$=14{,}7-6{,}5$
$=8{,}2$

Rechengesetze

Kommutativgesetz für die Addition:
Summanden kann man vertauschen.
$a+b=b+a$

Beispiele:
$\frac{3}{4}+\frac{4}{5}=\frac{4}{5}+\frac{3}{4}$; $1{,}2+4{,}3=4{,}3+1{,}2$

Kommutativgesetz für die Multiplikation
Faktoren kann man vertauschen.
$a\cdot b=b\cdot a$

$\frac{4}{7}\cdot\frac{5}{9}=\frac{5}{9}\cdot\frac{4}{7}$; $3{,}5\cdot 4{,}2=4{,}2\cdot 3{,}5$

Assoziativgesetz für die Addition
$(a+b)+c=a+(b+c)=a+b+c$

$\frac{3}{5}+\left(\frac{4}{9}+\frac{2}{3}\right)=\left(\frac{3}{5}+\frac{4}{9}\right)+\frac{2}{3}=\frac{3}{5}+\frac{4}{9}+\frac{2}{3}$
$(3{,}2+2{,}5)+4{,}7=3{,}2+(2{,}5+4{,}7)$
$=3{,}2+2{,}5+4{,}7$

Assoziativgesetz für die Multiplikation
$(a\cdot b)\cdot c=a\cdot(b\cdot c)=a\cdot b\cdot c$

$\left(\frac{3}{2}\cdot\frac{5}{8}\right)\cdot\frac{3}{4}=\frac{3}{2}\left(\frac{5}{8}\cdot\frac{3}{4}\right)=\frac{3}{2}\cdot\frac{5}{8}\cdot\frac{3}{4}$
$(4{,}1\cdot 2{,}5)\cdot 7{,}3=4{,}1\cdot(2{,}5\cdot 7{,}3)=4{,}1\cdot 2{,}5\cdot 4{,}7$

Distributivgesetze
$a\cdot(b+c)=a\cdot b+a\cdot c$
$a\cdot(b-c)=a\cdot b-a\cdot c$

$\frac{2}{3}\cdot\left(\frac{2}{5}+\frac{7}{8}\right)=\frac{2}{3}\cdot\frac{2}{5}+\frac{2}{3}\cdot\frac{7}{8}$
$3{,}4\cdot(8{,}8-3{,}1)=3{,}4\cdot 8{,}8-3{,}4\cdot 3{,}1$

Bist du fit?

1. Berechne. Kürze, wenn möglich.

a) $\frac{7}{8}\cdot 4$ d) $\frac{12}{13}\cdot\frac{26}{15}$ b) $6\cdot\frac{8}{9}$ e) $\frac{3}{4}:5$ c) $\frac{7}{8}\cdot\frac{5}{9}$ f) $\frac{3}{7}:\frac{4}{5}$

2. Berechne. Kürze, wenn möglich.

a) $\frac{15}{8}:\frac{9}{10}$ c) $\frac{24}{25}\cdot\frac{35}{36}$ e) $\frac{72}{49}\cdot\frac{63}{64}$ g) $\frac{32}{15}:\frac{24}{5}$ i) $3\frac{7}{9}:5\frac{2}{3}$ k) $\left(\frac{2}{3}\right)^2$

b) $\frac{15}{17}:\frac{18}{17}$ d) $\frac{48}{27}:\frac{56}{45}$ f) $\frac{15}{16}\cdot\frac{12}{25}$ h) $7\frac{1}{2}\cdot 6\frac{2}{5}$ j) $\left(\frac{1}{2}\right)^2$ l) $\left(1\frac{3}{4}\right)^2$

3. Setze für □ im Heft eine passende Bruchzahl ein.

a) $\square+\frac{2}{3}=\frac{8}{9}$ b) $\square\cdot\frac{3}{4}=\frac{1}{2}$ c) $\square-\frac{1}{6}=\frac{2}{3}$ d) $\square:\frac{2}{3}=\frac{1}{2}$ e) $\square:\frac{2}{3}-\frac{1}{2}=\frac{1}{3}$

4. Eine Kiste enthält 6 Flaschen mit jeweils $1\frac{1}{2}$ ℓ. Wie viele 0,2-ℓ-Gläser kann man füllen?

5. a) Sieben gleich schwere Pakete wiegen zusammen $12\frac{1}{4}$ kg. Wie viel kg wiegt jedes Paket?
b) Vier Geschwister teilen sich $1\frac{1}{2}$ ℓ Milch. Wie viel ℓ bekommt jeder?
c) Fünf Goldgräber teilen sich $18\frac{3}{4}$ Unzen Goldstaub. Wie viel erhält jeder?

6. Herr Yilmaz fährt auf der Autobahn in $2\frac{3}{4}$ h eine Strecke von 352 km. Wie viel km fährt er (durchschnittlich) pro Stunde?

7. Eine Landwirtin hat $1\frac{1}{4}$ t Süßkartoffeln geerntet.
a) Die Süßkartoffeln werden in Säcke zu $12\frac{1}{2}$ kg verpackt. Wie viele Säcke erhält sie?
b) Die Landwirtin hat auch blaue Kartoffeln geerntet. Die Menge der Süßkartoffeln ist $2\frac{1}{2}$-mal so groß wie die der blauen Kartoffeln. Wie viele Kartoffeln hat sie geerntet?

8. a) $\frac{5}{12}\cdot\left(\frac{8}{15}-\frac{2}{5}\right)$ e) $\left(4\frac{2}{3}-1\frac{5}{6}\right)\cdot\frac{9}{17}$ i) $2\frac{5}{6}-\frac{3}{25}-\frac{1}{3}$ m) $\frac{1}{2}:\left(\frac{3}{4}\cdot\frac{4}{5}\right)$

b) $\left(\frac{7}{20}+\frac{3}{4}\right):\frac{11}{25}$ f) $4{,}6:(5{,}5+3{,}7)$ j) $\frac{3}{4}\cdot 2\frac{2}{9}+\frac{5}{16}\cdot 1\frac{3}{5}$ n) $8{,}4:(0{,}7\cdot 3)$

c) $8\frac{1}{2}-\left(3\frac{3}{4}+2\frac{5}{8}\right)$ g) $11{,}6-2{,}6\cdot 1{,}5$ k) $7\frac{11}{20}-2\frac{4}{9}-3\frac{1}{18}$ o) $10:(0{,}24:0{,}6)$

d) $1{,}8+0{,}2\cdot 0{,}6$ h) $\frac{7}{15}+4\frac{1}{5}:9\frac{1}{3}$ l) $\frac{1}{9}\cdot\left[\left(\frac{3}{4}-\frac{2}{3}\right):\frac{1}{12}+\frac{1}{5}\right]$ p) $\left(2\frac{1}{3}\right)^2\cdot\left(1\frac{1}{2}:3\frac{1}{2}\right)$

9. Stelle zunächst den Zahlterm auf. Zeichne einen Rechenbaum. Berechne den Wert des Zahlterms.
a) Multipliziere die Summe aus $\frac{5}{9}$ und $\frac{5}{6}$ mit $1\frac{4}{5}$.
b) Dividiere 10 durch die Differenz aus $2\frac{1}{2}$ und $1\frac{2}{3}$.
c) Subtrahiere das Produkt aus 5,5 und 1,2 von 8,9.
d) Addiere den Quotienten aus $6\frac{3}{5}$ und $3\frac{1}{7}$ zur 2. Potenz von $\frac{9}{10}$.

10. Rechne vorteilhaft.

a) $4\frac{2}{5}+2\frac{1}{3}+3\frac{3}{5}+1\frac{1}{9}+\frac{2}{3}$ c) $\frac{11}{12}\cdot 4\frac{2}{9}+\frac{11}{12}\cdot 1\frac{7}{9}$ b) $5\frac{1}{3}\cdot 2\frac{1}{9}\cdot 1\frac{1}{8}$ d) $2\frac{3}{8}\cdot 1{,}3+1{,}3\cdot 4\frac{5}{8}$

11. Eine Warenlieferung besteht aus 7 Paketen zu je $2\frac{3}{4}$ kg und aus 9 Paketen zu je $1\frac{4}{5}$ kg. Wie groß ist das Gesamtgewicht? Stelle einen Zahlterm auf; berechne dann.

12. Untersuche an Zahlenbeispielen, ob es ein Distributivgesetz für das Dividieren durch eine Summe gibt:
$a:(b+c)=\ldots$

4. Zuordnungen

In vielen Sachsituationen des Alltags setzt man Größen in Beziehung zueinander und notiert dies in Tabellen oder grafischen Darstellungen.

Mountain-Bike	
Schrittlänge	Rahmenhöhe
70 cm	39 cm
72 cm	40 cm
74 cm	41 cm
76 cm	42 cm
78 cm	43 cm
80 cm	44 cm
82 cm	45 cm
84 cm	46 cm
86 cm	47 cm
88 cm	48 cm
90 cm	49 cm
92 cm	50 cm
94 cm	51 cm
96 cm	52 cm
98 cm	53 cm

Bei Rennrädern sollte die Rahmenhöhe zwei Drittel der Schrittlänge betragen.

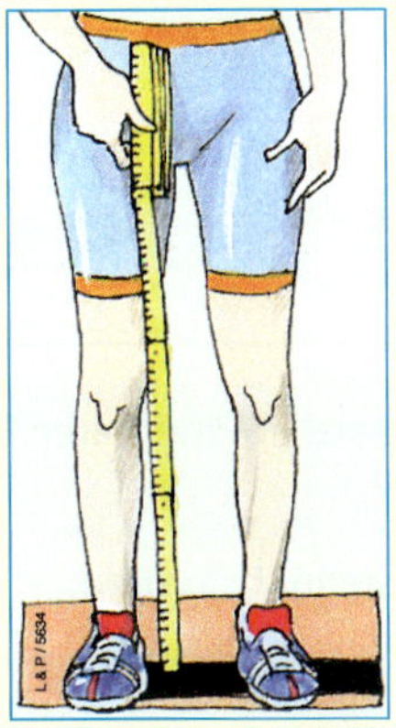

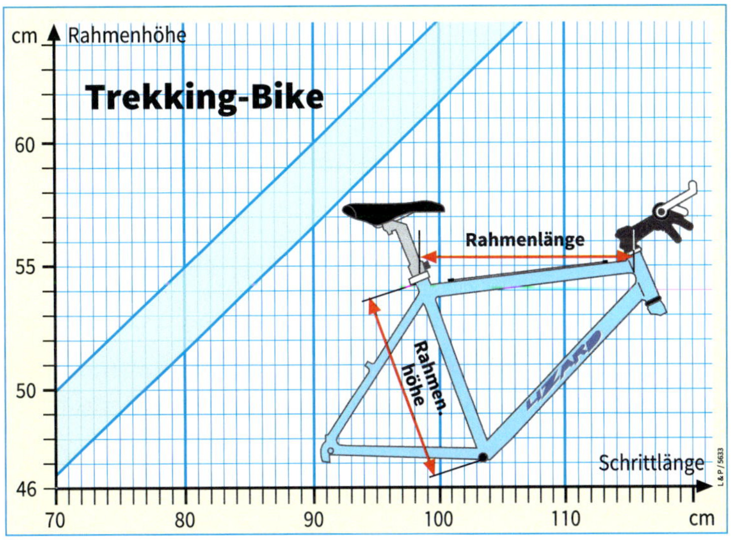

→ Bestimme die Rahmenhöhe, die ein Rennrad, Mountain-Bike und Trekking-Bike für dich haben sollte.

→ Welche weiteren Informationen kannst du den obigen Darstellungen entnehmen?

In diesem Kapitel ...
lernst du, wie man Zuordnungen zwischen Größen
mithilfe von Tabellen und grafischen Darstellungen beschreiben kann.

Lernfeld: Abhängigkeiten darstellen und nutzen

Grafiken überall

Viele Zusammenhänge kann man durch eine Abbildung besonders übersichtlich darstellen.

Gigawattstunde (GWh) ist eine Einheit für elektrische Energie.

Erneuerbare Energien auf dem Vormarsch

Beitrag erneuerbarer Energien zur Strombereitstellung in Deutschland

	Wasserenergie: GWh	Windenergie: GWh	Biomasse: GWh	Photovoltaik: GWh	Sonstige: GWh
1991	15.402	100	260	1,6	1.211
1993	18.526	600	433	5,8	1.203
1995	20.747	1.500	665	11	1.348
1997	18.453	2.966	880	26	1.397
1999	20.686	5.528	1.849	42	1.740
2001	23.241	10.509	3.348	76	1.859
2003	17.722	18.713	6.086	313	2.161
2005	19.576	27.229	10.978	1.282	3.047,2
2007	21.169	39.713	19.760	3.075	4.521,4
2009	19.036	38.639	25.989	6.583	4.370,8
2011	19.500	46.500	31.920	19.000	5.018,8

L&P / 6613

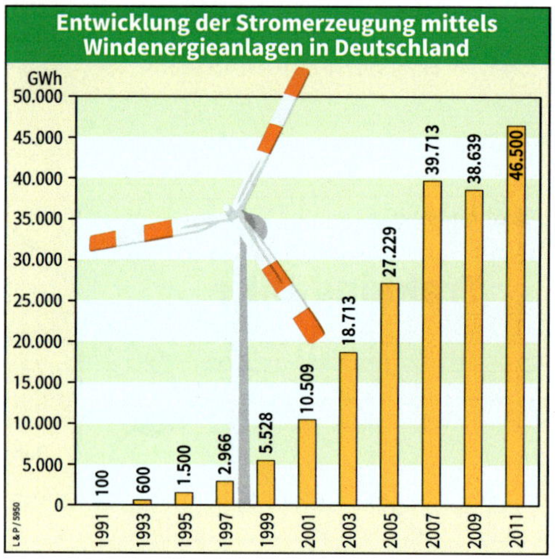

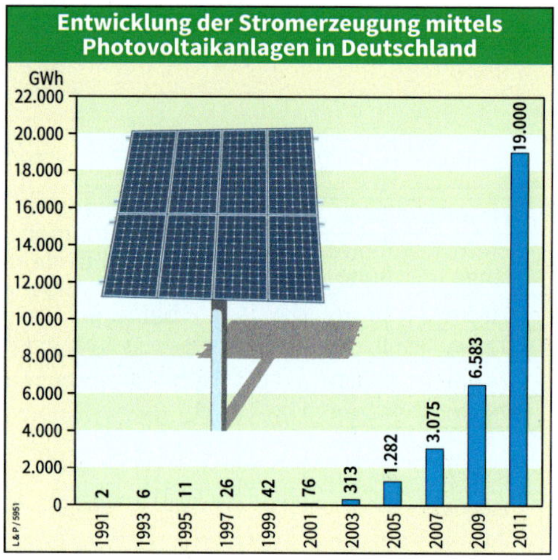

→ Vergleicht die Darstellungen zur Stromerzeugung aus erneuerbaren Energien und gebt an, welcher Sachverhalt jeweils dargestellt ist.

→ Nennt Vor- und Nachteile der verschiedenen Darstellungsformen.

→ Auch zu anderen Themen findest du Diagramme in Zeitungen und Zeitschriften. Sammle sie. Welche Informationen kannst du aus ihnen ablesen?

Günstig einkaufen

→ Familien- und Großpackungen werden oft als besonders preisgünstig dargestellt. Vergleicht nebenstehende Angebote.

→ Herr Meier sagt: „Ich kaufe immer die großen Packungen, da die preisgünstiger sind.“ Untersucht, ob das stets zutrifft.

4.1 Muster bei Zahlen und Figuren

Einstieg

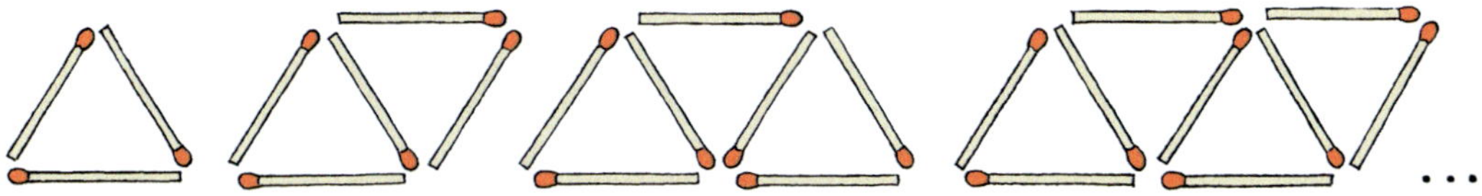

Sophie hat eine Folge von Figuren aus Streichhölzern gelegt. Notiert, wie viele Streichhölzer sie für die erste, zweite, dritte, ... Figur benötigt.
Welche Regelmäßigkeit erkennt ihr?

Aufgabe 1

Die Klasse 6 a hat die Anzahl der an der Schule vorbeifahrenden Autos gezählt und in einer Strichliste an der Tafel notiert. Jan zählt ganz schnell: 5; 10; 15; 20; 25; ...
Beschreibe Jans Vorgehen und gib die nächsten zehn Zahlen an.

Lösung

Jan zählt in Fünferschritten, es kommen also immer 5 Autos dazu.
Die nächsten zehn Zahlen sind: 30; 35; 40; 45; 50; 55; 60; 65; 70; 75.

Information

Die Zahlen, die Jan beim Zählen nennt, bilden eine **Zahlenfolge**, die nach einer bestimmten Gesetzmäßigkeit aufgebaut ist. Da zu Beginn der Zählung noch kein Auto notiert ist, ist der Startwert dieser Zahlenfolge 0.

$0 \xrightarrow{+5} 5 \xrightarrow{+5} 10 \xrightarrow{+5} 15 \xrightarrow{+5} 20 \xrightarrow{+5} 25 \xrightarrow{+5} \ldots$

Die Vorschrift, nach der die nächsten Zahlen berechnet werden, ist „addiere 5“ (oder kurz „plus 5“). Wir schreiben dafür auch $\xrightarrow{+5}$.
Eine Zahlenfolge hat kein Ende, sie besteht aus unendlich vielen Zahlen hintereinander.
Diese Zahlen heißen *Glieder* der Zahlenfolge.

Üben

2. Übe dich im Kopfrechnen. Bilde die nächsten zehn Zahlen der Folge.

a) Startwert: 3; Vorschrift: $\xrightarrow{+7}$
b) Startwert: 7; Vorschrift: $\xrightarrow{+13}$
c) Startwert: 8; Vorschrift: $\xrightarrow{+3.2}$
d) Startwert: 0,3; Vorschrift: $\xrightarrow{+3,2}$
e) Startwert: 1,2; Vorschrift: $\xrightarrow{+0,5}$
f) Startwert: 2; Vorschrift: $\xrightarrow{+\frac{1}{4}}$

3. Nenne die nächsten 10 Zahlen der Zahlenfolge. Welche Vorschrift liegt zugrunde?

a) 2; 7; 12; 17; 22; ...
b) 6; 18; 30; 42; 54; ...
c) 2; 21; 40; 59; ...
d) 2; 9; 16; 23; 30; ...
e) 0,3; 0,9; 1,5; 2,1; 2,7; ...
f) $2;\ 2\frac{2}{3};\ 3\frac{1}{3};\ 4;\ 4\frac{2}{3};\ \ldots$

4. Bestimme die nächsten fünf Glieder der Zahlenfolge. Gib auch die Vorschrift an.

a) $\frac{3}{16};\ \frac{5}{16};\ \frac{7}{16};\ \frac{9}{16};\ \ldots$
b) $1;\ \frac{1}{3};\ \frac{1}{9};\ \frac{1}{27};\ \frac{1}{81};\ \ldots$
c) $\frac{3}{8};\ \frac{3}{4};\ \frac{3}{2};\ 3;\ 6;\ \ldots$

5. Bestimme die nächsten fünf Glieder der Zahlenfolge. Gib auch die Vorschrift an.

a) 4; 6; 9; 13; 18; 24; ...
b) 0; 3; 8; 15; 24; 35; ...
c) 1; 2; 6; 24; 120; ...
d) 0,1; 0,3; 0,6; 1,0; 1,5; 2,1; ...

6. An den Figuren kannst du eine Zahlenfolge erkennen. Gib die nächsten fünf Zahlen an.

a)

2 6 12 20 30

b)

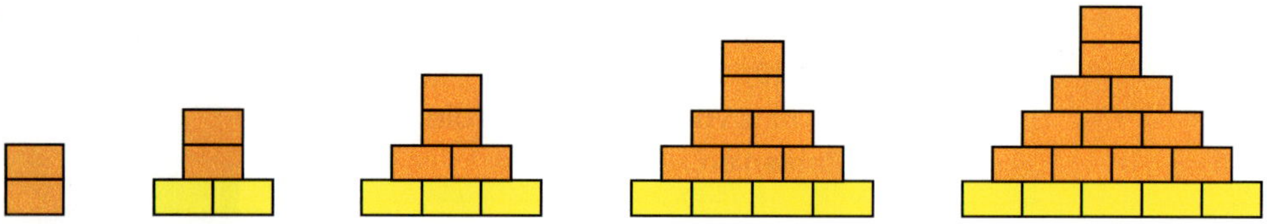

2 4 7 11 16

Vertiefen

7. Bei der Zahlenfolge 1; 2; 5; 10; 13; 26; 29; ... werden abwechselnd zwei verschiedene Vorschriften angewandt:

$1 \xrightarrow{\cdot 2} 2 \xrightarrow{+3} 5 \xrightarrow{\cdot 2} 10 \xrightarrow{+3} 13 \xrightarrow{\cdot 2} 26 \xrightarrow{+3} 29 \xrightarrow{\cdot 2} \ldots$

Setze die folgende Zahlenfolge passend fort; bestimme fünf weitere Glieder.

a) 3; 6; 10; 20; 24; 48; ...
b) 2; 7; 21; 26; 78; 83; ...
c) 10; 15; 21; 26; 32; ...
d) 20; 90; 190; 260; 360; ...
e) 0,5; 1; 3; 3,5; 5,5; ...
f) 11; 5,5; 10,5; 5; 10; ...

8. Hier ist der Anfang von Zahlenfolgen bildlich dargestellt. Ergänze die nächste Figur in deinem Heft. Gib dann die ersten 10 Glieder der Zahlenfolgen an.

a)

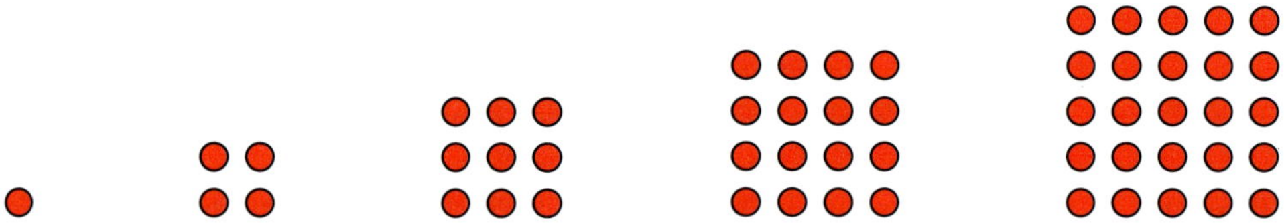

1 4 9 16 25

b)

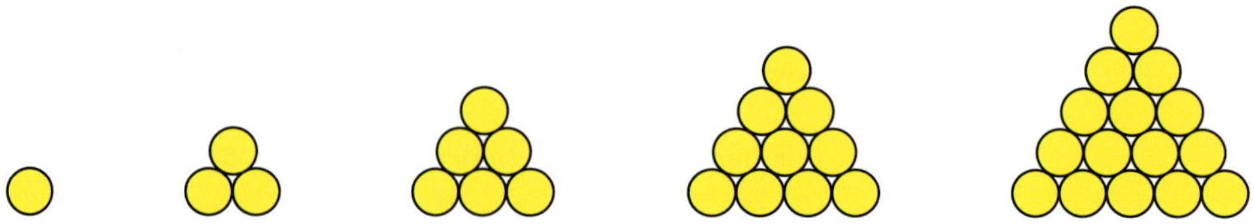

1 3 6 10 15

9. Suche eine Vorschrift. Wie heißen die nächsten fünf Zahlen?

a) 2; 5; 9; 14; 20; ...
b) 135; 45; 15; 5; ...
c) 1; 2; 6; 12; 36; 72; ...
d) 1; 4; 9; 16; ...
e) 1; 5; 10; 50; 55; ...
f) 2; 1,5; 3; 2,5; 5; 4,5; ...

10. Jeder Mensch hat einen Vater und eine Mutter, also 2 Eltern.
Jedes Elternteil hat selbst wieder 2 Elternteile, die 4 Großeltern.
Zusammen sind das 6 Vorfahren.

a) Wie viele Eltern; Großeltern, Urgroßeltern, Ururgroßeltern, … hast bzw. hattest du? Stelle eine Tabelle auf. Berechne die ersten 12 Glieder dieser Zahlenfolge.

b) Wie viele Vorfahren hast bzw. hattest du in der ersten Generation vor dir, den ersten beiden Generationen vor dir, …?
Stelle eine Tabelle auf. Berechne die ersten 12 Glieder dieser Zahlenfolge.

11. Denke dir eine Zahlenfolge wie in den Aufgaben 7 und 8 aus und notiere fünf Glieder. Dein Partner versucht, die Vorschrift zu finden und gibt weitere Glieder an. Danach tauscht ihr die Rollen. Ihr könnt auch bildliche Darstellungen (wie in den Aufgaben 7 und 8) wählen.

12. Suche mehrere Möglichkeiten für die Fortsetzung der Zahlenfolge.
Formuliere auch die passende Vorschrift.

a) 1; 1; 2; … b) 0,2; 0; 0,4; 0; … c) $\frac{3}{1}$; $\frac{5}{2}$; $\frac{7}{3}$; …

Herausfordern

13. Luca geht mit seinen Eltern in ein Restaurant zum Abendessen. Bis das Essen kommt, baut er Bierdeckel-Türme. Er notiert sich für die ersten drei Türme, wie viele Bierdeckel er benutzt hat.
Kannst du ihm sagen, wie viele Bierdeckel er für den vierten, fünften sowie sechsten Turm benötigt? Erkläre, wie du vorgegangen bist.

Das kann ich noch!

A) In den folgenden Fotos kannst du Winkel erkennen. Beschreibe sie und schätze ihre Größe.

4.2 Zuordnungstabellen

Einstieg

Killeralgen im Mittelmeer

Caulerpa Taxifolia, auch „Killeralge“ genannt, ist in den Gewässern der Karibik und des Pazifiks beheimatet. Auffällige Merkmale sind ihre frische grüne Farbe und ihre federartigen Blätter. Da die Alge giftig ist, hat sie keine natürlichen Feinde, mit ihrem Gift schadet sie vielen Pflanzen- und Tierarten. Zu Beginn der Achtzigerjahre wurde Caulerpa Taxifolia aufgrund ihrer auffälligen Färbung als Dekoration für Aquarien mit tropischen Fischen eingesetzt. Bei einer Filterreinigung im Ozeanografischen Institut in Monaco im Jahre 1984 gelang es der Killeralge, ins offene Meer zu entkommen.
Seitdem breitet sie sich unkontrollierbar im Mittelmeerraum aus: Nach nur drei Jahren war der Meeresboden vor der französischen Mittelmeerküste großflächig überwuchert. Sie erwies sich schnell als äußerst aggressiver Eindringling: Mit Wurzeln, die sich auf nahezu jedem Untergrund festsetzen können, ist die Killeralge praktisch unverwundbar. Experten rechnen mit einer Versechsfachung der bedeckten Fläche von Jahr zu Jahr.

Beschreibt das Wachstum der Killeralge in einer Tabelle, in der ihr im Jahr 2010 mit einer Fläche von $0{,}5\,m^2$ startet.

Aufgabe 1

Zuordnung zweier Größen

Die Länge des Bremswegs eines Fahrzeugs hängt davon ab, wie schnell es fährt.
Aus Sicherheitsgründen sind daher in bestimmten Bereichen, z. B. in Wohngebieten, Höchstgeschwindigkeiten vorgeschrieben.
In einem Lehrbuch für Fahrschulen ist eine Faustformel, mit der man den Bremsweg eines Autos aus seiner Geschwindigkeit berechnen kann, angegeben.

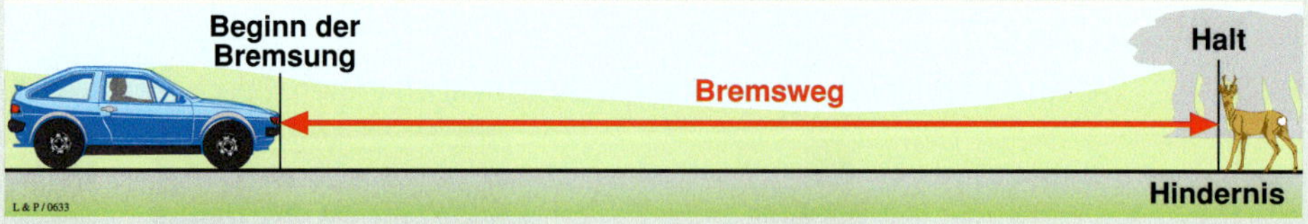

Vom Niedertreten des Bremspedals bis zum Stillstand des Fahrzeugs legt es einen bestimmten Weg zurück. Dieser Weg wird Bremsweg genannt. Für seine Länge gilt die Faustformel:

$$\text{Bremsweg (in m)} = \frac{\text{Geschwindigkeit}\left(\text{in } \frac{\text{km}}{\text{h}}\right)}{10} \cdot \frac{\text{Geschwindigkeit}\left(\text{in } \frac{\text{km}}{\text{h}}\right)}{10}$$

a) Lege eine Tabelle an, in der du zu den Geschwindigkeiten $10\,\frac{km}{h}$, $20\,\frac{km}{h}$, …, $100\,\frac{km}{h}$ den zugehörigen Bremsweg (in m) angibst.

b) Untersuche, wie sich eine Erhöhung der Geschwindigkeit $\left(\text{z. B. um } 10\,\frac{km}{h}\right)$ auf den Bremsweg auswirkt.

Lösung

a) Bei einer Geschwindigkeit von $10\,\frac{km}{h}$ beträgt der Bremsweg (in m): $\frac{10}{10} \cdot \frac{10}{10} = 1$

Zu einer Geschwindigkeit von $20\,\frac{km}{h}$ gehört der Bremsweg (in m): $\frac{20}{10} \cdot \frac{20}{10} = 4$

Entsprechend erhältst du die übrigen Werte in der Tabelle.

b) Erhöht man die Geschwindigkeit von $20\,\frac{km}{h}$ auf $30\,\frac{km}{h}$, so verlängert sich der Bremsweg um 5 m. Erhöht man dagegen die Geschwindigkeit von $90\,\frac{km}{h}$ auf $100\,\frac{km}{h}$, so verlängert sich der Bremsweg sogar um 19 m.
Je größer die Geschwindigkeit ist, desto mehr verlängert sich der Bremsweg bei einer Erhöhung der Geschwindigkeit um $10\,\frac{km}{h}$.

Geschwindigkeit (in $\frac{km}{h}$)	Bremsweg (in m)
10	1
20	4
30	9
40	16
50	25
60	36
70	49
80	64
90	81
100	100

Information

Zur Beschreibung der Abhängigkeit des Bremswegs von der Geschwindigkeit hast du in einer Tabelle jeder Geschwindigkeit den zugehörigen Bremsweg zugeordnet.
Wir schreiben für diese Zuordnung: *Geschwindigkeit → Bremsweg.*

Eine **Zuordnungstabelle** hat zwei Spalten. In der linken Spalte stehen die Werte der *Ausgangsgröße* und in der rechten Spalte die Werte der *zugeordneten Größe*. Jedem Wert der ersten Spalte ist der daneben stehende Wert in der zweiten Spalte zugeordnet.
Durch eine solche Tabelle ist eine **Zuordnung** zwischen den beiden Größen gegeben:
Größe in der ersten Spalte → Größe in der zweiten Spalte

Beachte: Statt in Spalten kann man Zuordnungstabellen auch in Zeilen anlegen.

Weiterführende Aufgaben

Mehrere Zuordnungen in einer Tabelle

2. An einem Urlaubsort bietet ein Taxiunternehmen feste Preise für Fahrten in die Umgebung an, für Fahrten am Tage zwischen 6 Uhr und 20 Uhr Tarif A und für Fahrten zwischen 20 Uhr und 6 Uhr Tarif B.

SECURI-TAXI		
Entfernung (in km)	Tarif A (in €)	Tarif B (in €)
bis 2	4,00	6,00
über 2 bis 4	5,60	8,40
über 4 bis 6	7,00	10,80
über 6 bis 8	8,40	13,00
über 8 bis 10	10,00	15,00
über 10 bis 15	13,60	20,00
über 15 bis 20	17,20	24,80
über 20 bis 25	20,60	29,60
über 25 bis 30	24,00	34,40
über 30 bis 35	25,40	37,20
über 35 bis 40	26,80	38,00

a) Was kostet eine Taxifahrt am Tage zu einem 24 km entfernten Ziel? Was würde diese Fahrt in der Nacht kosten?

b) Eine Taxifahrt in der Nacht hat 34,40 € gekostet. Wie lang war die Strecke?

c) Frau Wolter war mit dem Taxi zwischen 19 Uhr und 20 Uhr unterwegs und stellt fest, dass die Fahrt eine Stunde später um 6,40 € teurer gewesen wäre.
Wie weit kann sie gefahren sein?

d) Herr Seltig hatte dem Taxifahrer 16 € gegeben und behauptet, in diesem Betrag seien 1,80 € Trinkgeld enthalten. Was meinst du dazu?

e) Stellt euch Fragen und beantwortet sie mithilfe der Tabelle.

f) Gebt die Zuordnungen an, die die Preistabelle enthält.

Aufstellen einer Zuordnungstabelle aus einem Diagramm

3.

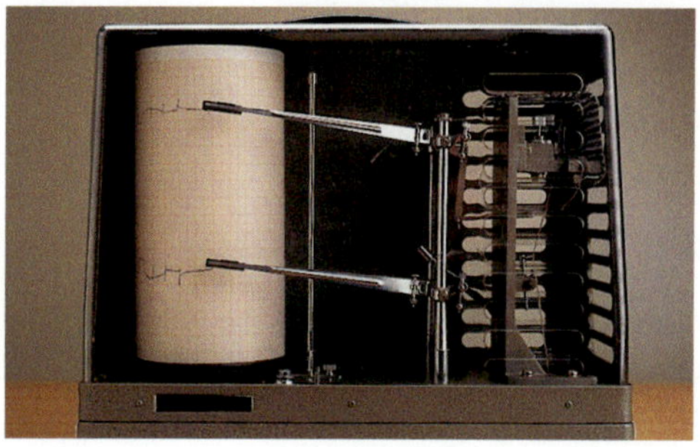

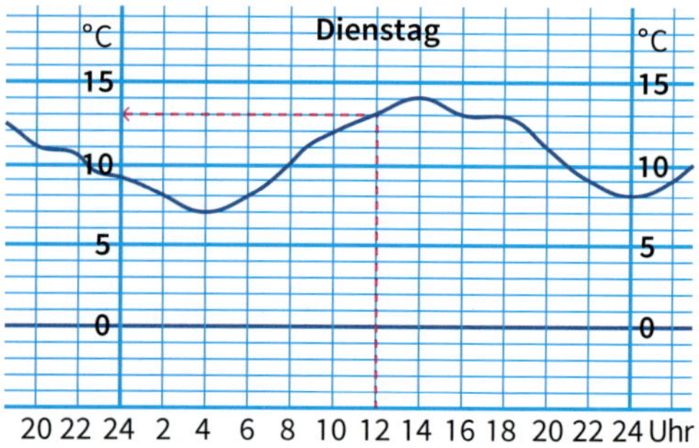

In Wetterstationen zeichnet man täglich den Temperaturverlauf auf. Das abgebildete Blatt des Temperaturschreibers beschreibt die Zuordnung *Zeitpunkt → Temperatur.*
Aus ihm kannst du ersehen, dass am Dienstag um 12 Uhr die Temperatur 13°C betrug.

a) Lege eine Zuordnungstabelle an, aus der man die Temperaturen um 0 Uhr, 2 Uhr, 4 Uhr, ..., 22 Uhr, 24 Uhr ablesen kann.

b) Wann betrug die Temperatur 12°C?

c) Wann war es am wärmsten, wann am kältesten? Gib auch die Temperaturen an.

d) Stellt euch weitere geeignete Fragen und beantwortet sie.

Information

Eine Zuordnung kann angegeben werden durch
- eine Tabelle oder
- ein Diagramm oder
- eine Vorschrift, wie man die zugeordneten Werte aus den Ausgangswerten berechnet.

Üben

4. a) Welche Parkgebühren sind bei einer Reisezeit von 7 Tagen, 21 Tagen oder 30 Tagen zu bezahlen?

b) Frau Flügler muss 45 € Parkgebühren zahlen. Wie lange kann sie geparkt haben?

c) Herr Lauer überlegt: „Hätte ich 7 Tage länger geparkt, hätte ich 15 € mehr bezahlen müssen. Bei 3 Tagen weniger hätte ich 5 € gespart."

Parken am Flughafen auf der grünen Wiese

Anzahl der Tage	*Preis in €*
bis 5	*25*
bis 8	*30*
bis 10	*35*
bis 12	*40*
bis 15	*45*
bis 20	*50*
bis 25	*55*
jeder weitere Tag	*3*

5. Eine 30 cm lange Kerze brennt pro Stunde um 6 cm ab. Lege für die Zuordnung *Brenndauer → Kerzenlänge* eine Tabelle an. Wähle als Brenndauer 0, $\frac{1}{2}$, 1, $1\frac{1}{2}$, 2, ..., 5 Stunden.

6. Der Energiewert eines Nahrungsmittels wird in Kilojoule (kJ) angegeben. Auf einer Diätscheibe mit mehreren Skalen kann man durch Drehen eines Zeigers für bestimmte Nahrungsmittel zur Menge in Gramm den zugehörigen Energiewert in Kilojoule ablesen. Im Bild rechts siehst du zwei Skalen. Dabei ordnet der Zeiger jeder Nahrungsmittel-Menge den zugehörigen Energiewert zu. Welchen Energiewert haben 150 g, 350 g, 500 g, 650 g Haferflocken?

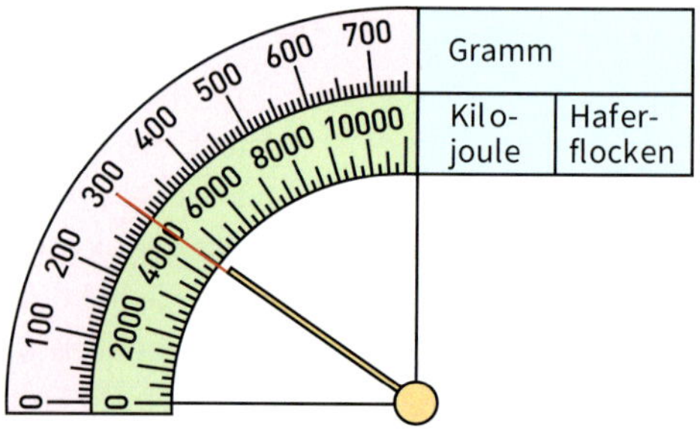

Vertiefen

7. Im *Somatogramm* rechts ist dargestellt, ob ein Kind bei einer bestimmten Körpergröße zu leicht oder zu schwer ist.
Wie viel sollte ein Kind bei einer Größe von 100 cm, 110 cm, …, 170 cm mindestens wiegen, wie viel höchstens?
Erstelle eine Tabelle für die Zuordnungen
(1) *Körpergröße → Mindestgewicht;*
(2) *Körpergröße → Höchstgewicht.*

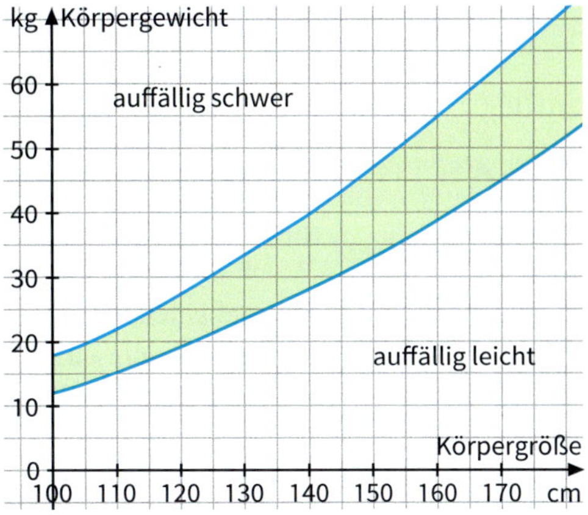

8. Hier siehst du das Höhenprofil der 19. Etappe der Tour de France vom 24. Juli 2015.

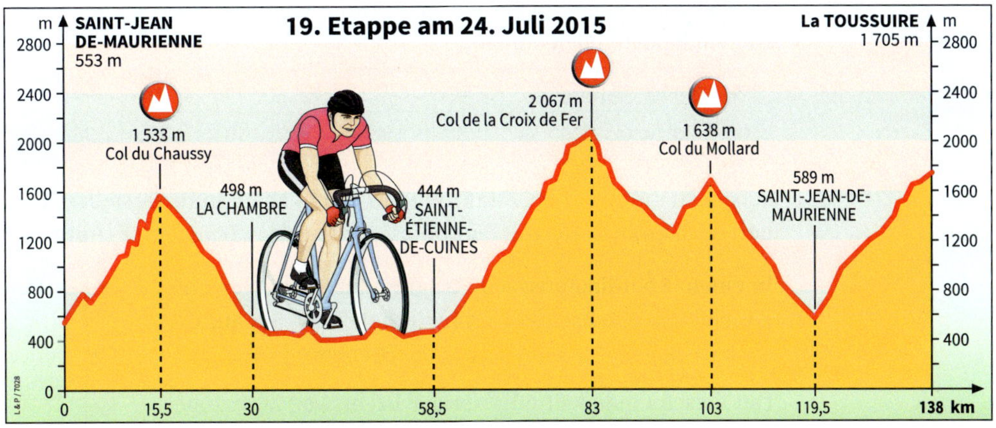

a) Welche Zuordnung kann man aus diesem Höhenprofil ablesen?
b) Gib für die mit Bergwertungen gekennzeichneten Stellen an:
(1) Entfernung von Saint-Jean-de-Maurienne; (2) Höhe über dem Meeresspiegel (NN).
c) Ein Fahrer ist in 1200 m Höhe. Wie weit kann er vom Etappenstart entfernt sein?

9. Hannah zeigt bei einem Referat zum Thema Müllproduktion die Grafik rechts.
a) Wo liegen die Länder der angegebenen Regionen? Bestimme anhand der Grafik, welche Region heute und welche Region zukünftig am meisten Müll pro Tag produziert.
b) Nenne Gründe, die zu dieser Entwicklung führen können.

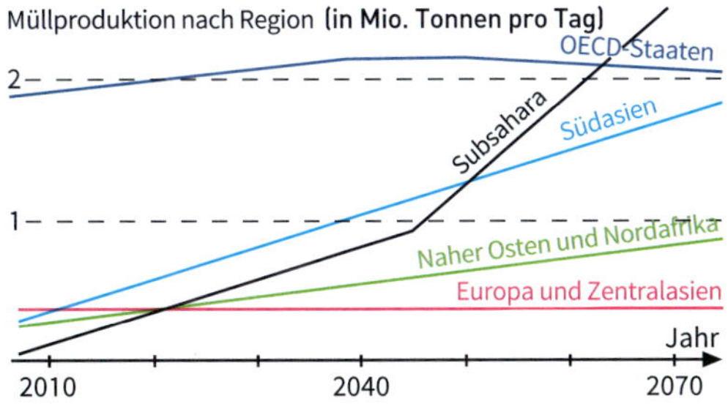

Herausfordern

10. Ein Großhändler in München soll nach Braunschweig vier Küchengeräte desselben Modells liefern. Jedes Gerät wiegt 4,3 kg. Der Großhändler kann entweder vier Pakete mit je einem Gerät oder zwei Pakete mit je zwei Geräten oder auch ein Paket mit allen vier Geräten versenden. Die Verpackung wiegt für jedes Gerät zwischen 500 g und 700 g. Die Versandkosten betragen für ein Paket bis 6 kg nur 5,80 €, für ein Paket über 6 kg bis 10 kg schon 7,50 €. Für Pakete über 10 kg wird zuzüglich zu 7,50 € für jedes weitere (angefangene) kg noch 0,30 € berechnet. Für welchen Fall sind die gesamten Versandkosten am kleinsten, für welchen am größten?

4.3 Darstellen einer Zuordnung im Koordinatensystem

Einstieg

Sebastians Vater vergleicht zwei Handy-Tarife. Er stöhnt: „Das ist ja furchtbar kompliziert, wie soll ich denn da erkennen, welche Gebühren für mich günstiger sind?" Sebastians Mutter erwidert: „Mach dir doch eine Zeichnung, dann siehst du alles auf einen Blick."
Überlegt gemeinsam, wie eine solche Zeichnung aussehen kann. Fertigt sie dann an.

Einführung

Graph einer Zuordnung

In Aufgabe 1 auf Seite 144 wurde mithilfe einer Faustformel der Bremsweg für bestimmte Geschwindigkeiten berechnet:

Geschwindigkeit (in $\frac{km}{h}$)	10	20	30	40	50	60	70	80	90	100
Bremsweg (in m)	1	4	9	16	25	36	49	64	81	100

Sebastian möchte diese Zuordnung in einem Diagramm darstellen. Er erinnert sich an das Temperaturdiagramm für die Zuordnung *Zeitpunkt → Temperatur* (Aufgabe 3 auf Seite 146).

In einem Koordinatensystem trägt er auf der nach rechts gerichteten x-Achse die Geschwindigkeiten und auf der nach oben gerichteten y-Achse die Bremswege ab.

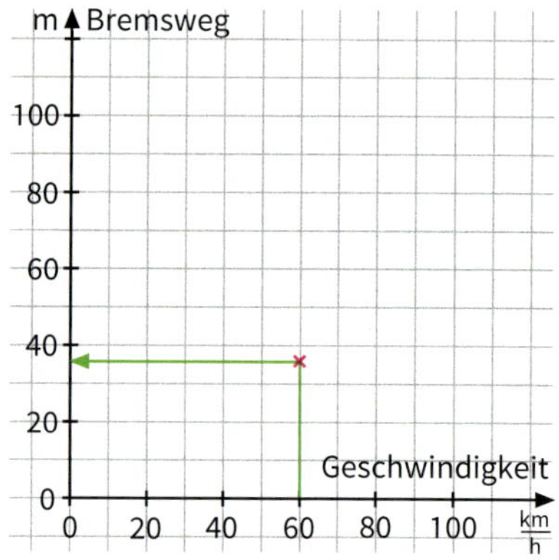

Der Geschwindigkeit 60 $\frac{km}{h}$ ist der Bremsweg 36 m zugeordnet. Dies stellt Sebastian mit einem rechtwinklig abgeknickten Pfeil dar, der von 60 $\frac{km}{h}$ auf 36 m weist.

Sophia meint dazu: „Einen solchen Pfeil konnte man im Temperaturdiagramm zum bequemen Ablesen eintragen. Aber der Temperaturschreiber zeichnet diesen nicht, sondern nur dessen Knickpunkt mit den Koordinaten (60 | 36).

Allein aus der Lage des Knickpunktes kannst du die Ausgangsgröße auf der x-Achse und die zugeordnete Größe auf der y-Achse ablesen. Es reicht also, wenn du nur die Knickpunkte einträgst. Die Knickpunkte ergeben dann den Graphen der Zuordnung."

Mithilfe der Tabelle erhalten wir die rot gezeichneten Punkte. Sie dürfen nicht geradlinig verbunden werden: Würde man die Punkte $P_1(10|1)$ und $P_2(20|4)$ nämlich geradlinig verbinden, so ginge die Verbindungslinie durch den Punkt $P(15|2{,}5)$. Laut Faustformel gehört zur Geschwindigkeit 15 $\frac{km}{h}$ aber als Bremsweg (in m):

$\frac{15}{10} \cdot \frac{15}{10} = 2{,}25$

Daher verbinden wir die Punkte mit einer passenden Kurve (blaue Linie).

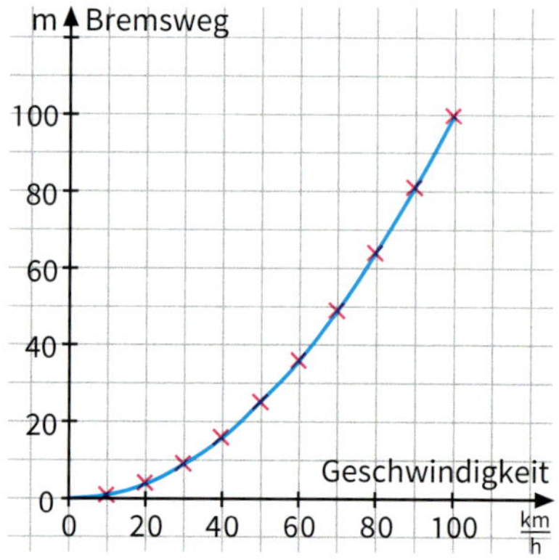

Information Das Diagramm, das in der Einführung gezeichnet wurde, stellt den *Graphen* der Zuordnung dar.

Eine Zuordnung zwischen Größen kann man durch einen **Graphen** im Koordinatensystem darstellen.
Auf der nach rechts gerichteten x-Achse werden die Werte der Ausgangsgröße markiert, auf der nach oben gerichteten y-Achse die Werte der zugeordneten Größe. Jedem Paar einander zugeordneter Werte entspricht ein Punkt.
Dem Paar (4 kg | 3 €) entspricht der Punkt P.
Der Punkt P wird auch durch P(4 | 3) angegeben.

Beispiel: Kartoffeln kaufen
Menge (in kg) → Preis (in €)

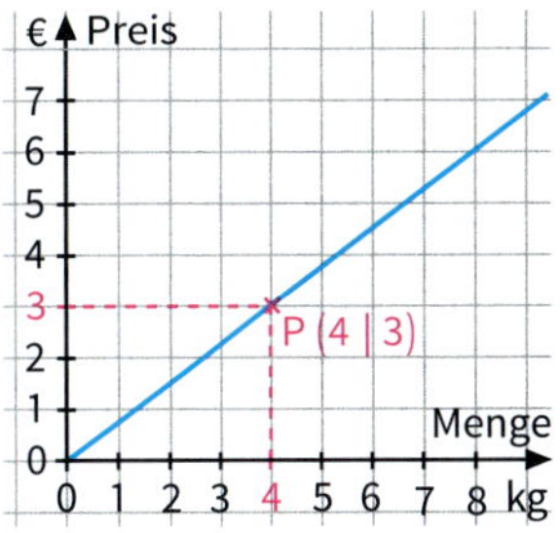

Weiterführende Aufgabe

Sinnlose Zwischenwerte

1. Ein Kaufhaus bietet DVD-Rohlinge an. Ein DVD-Rohling kostet 1,10 €, eine Fünferpackung kostet 4,50 €.

a) Wie viel kosten 1, 2, …, 10 DVD-Rohlinge bei günstigem Einkauf? Lege eine Tabelle für die Zuordnung *Anzahl der DVD-Rohlinge → Gesamtpreis* an.

b) Zeichne den Graphen der Zuordnung.
Verbinde die Punkte.
Welche Informationen liefern die Verbindungslinien?
Begründe, dass es korrekter wäre, die Punkte nicht zu verbinden. Warum ist es trotzdem häufig üblich, sie zu verbinden?

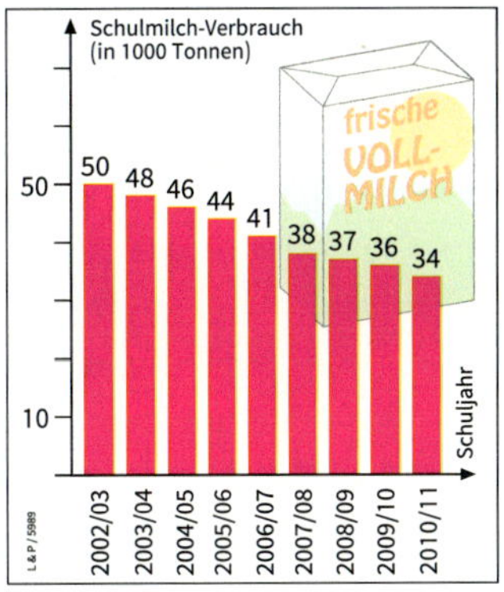

c) In Zeitungen wird für eine Zuordnung, bei der es keine Zwischenwerte gibt, oft ein *Säulendiagramm* gezeichnet (siehe Bild oben). Zeichne für die Zuordnung *Anzahl der DVD-Rohlinge → Gesamtpreis* ein Säulendiagramm.

Der Graph einer Zuordnung kann eine Linie sein oder nur aus einzelnen Punkten bestehen.

(1) Ist bei einer Zuordnung die Frage nach Zwischenwerten für die Werte in der Tabelle sinnvoll, so werden die gezeichneten Punkte miteinander verbunden. Dazu muss man prüfen, ob das Verbinden der Punkte mit Strecken oder mit einer Kurve sinnvoll ist. Die gezeichneten Zwischenwerte sollten brauchbare Schätzwerte für die tatsächlichen Werte sein.

(2) Gibt es bei einer Zuordnung keine Zwischenwerte, so kann man nur einzelne Punkte zeichnen. Häufig verbindet man die Punkte dennoch mit Strecken, um Veränderungen der Werte zu verdeutlichen. In diesem Fall haben jedoch die Punkte auf den Verbindungsstrecken keine Bedeutung für die Zuordnung. Oft ist es daher geschickter, ein *Säulendiagramm* zu zeichnen, wenn es keine Zwischenwerte gibt.

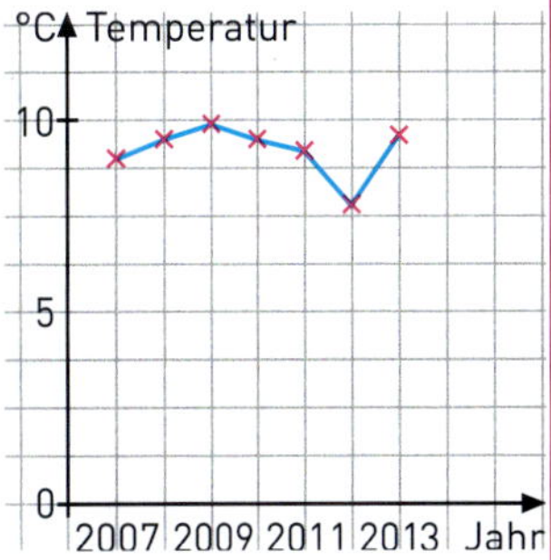

Üben

2. **a)** Zeichne einen Graphen für die Zuordnung *Geschwindigkeit → Sicherheitsabstand.*

b) Bestimme aus dem Graphen den Sicherheitsabstand bei $70\,\frac{km}{h}$, $110\,\frac{km}{h}$, $145\,\frac{km}{h}$, $200\,\frac{km}{h}$.

Sicherheitsabstand schützt

Für den Sicherheitsabstand, den ein(e) Kraftfahrer(in) vom Vordermann halten soll, sind Mindestwerte empfohlen. Als Mindestabstand wird der Weg gerechnet, den das Fahrzeug in $1\frac{1}{2}$ Sekunden zurücklegt.

Geschwindigkeit (in $\frac{km}{h}$)	Abstand (in m)
20	8
40	17
60	25
80	33
100	42
120	50
140	58
160	67
180	75

3. Für eine Lohnerhöhung werden folgende Vorschläge unterbreitet:

(1) Jeder Wochenlohn wird um 50 € erhöht.
(2) Jeder Wochenlohn wird um ein Zehntel erhöht.
(3) Löhne unter 400 € werden auf 400 € erhöht; alle anderen Löhne bleiben unverändert.

a) Lege eine gemeinsame Zuordnungstabelle für alle drei Vorschläge an. Wähle als Ausgangsgrößen die alten Wochenlöhne 100 €, 200 €, ..., 1 000 €.

b) Zeichne für die Vorschläge (1) bis (3) durchgehende Graphen, alle drei in ein gemeinsames Koordinatensystem. Prüfe für die alten Wochenlöhne 350 € und 530 €, ob die durchgehenden Graphen die Zuordnungen richtig darstellen.

c) Für welche Arbeitskräfte ist Vorschlag (1) am günstigsten, für welche der Vorschlag (2), für welche der Vorschlag (3)?

d) Erläutere an diesem Beispiel die Vorteile der Darstellung von mehreren Zuordnungen durch Graphen in einem gemeinsamen Koordinatensystem.

4. **a)** Lege eine Tabelle für die Zuordnung
(1) *Seitenlänge eines Quadrats → Flächeninhalt;* **(2)** *Seitenlänge → Umfang* an.
Wähle für a: 0,5 cm; 1 cm; 1,5 cm; ...; 5 cm.

b) Zeichne einen Graphen der Zuordnung. Prüfe, ob es sinnvoll ist, die Punkte zu verbinden. Darf man die Punkte geradlinig verbinden?

5. Im Bild siehst du die Graphen von drei Zuordnungen.

Textmarker: *Anzahl → Preis*

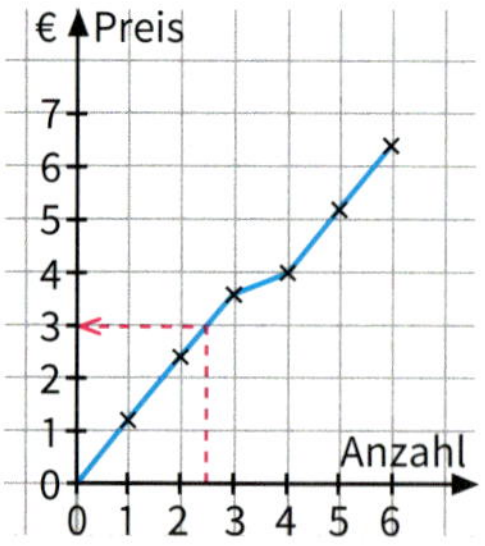

Distelöl: *Volumen → Preis*

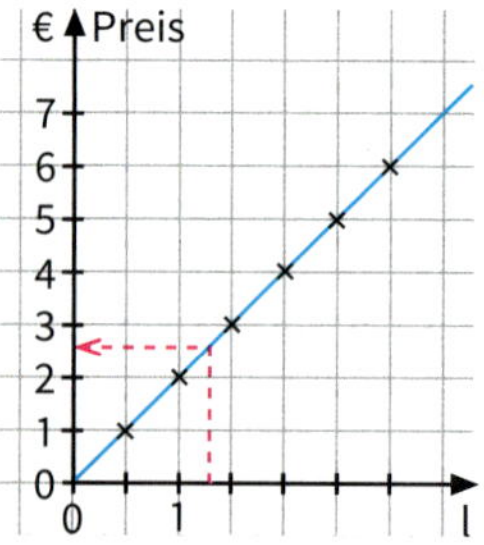

Produktion von Autos: *Jahr → Produktionszahl*

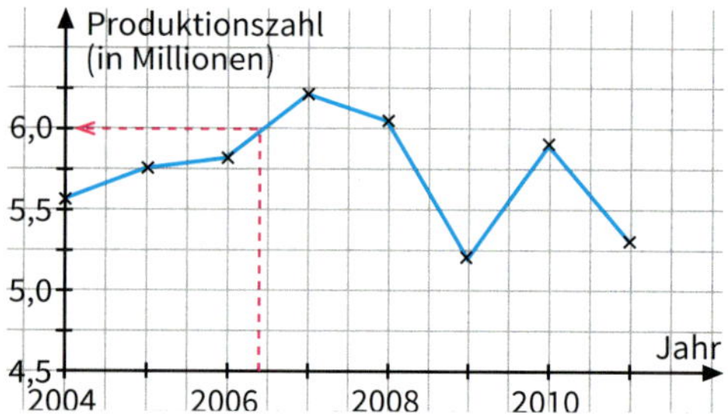

a) Welches Größenpaar gehört jeweils zu dem roten Pfeil?

b) Für welche Zuordnungen haben die Zwischenwerte (Punkte der durchgezeichneten Strecken) einen Sinn, für welche nicht? Begründe deine Antwort.

c) Zeichne gegebenenfalls sinnvollere Darstellungen.

6. Eine Klasse untersucht Klimaänderungen. Beschreibt und vergleicht ihre Diagramme für die jährlichen Durchschnittstemperaturen in Berlin. (Quelle: Deutscher Wetterdienst)

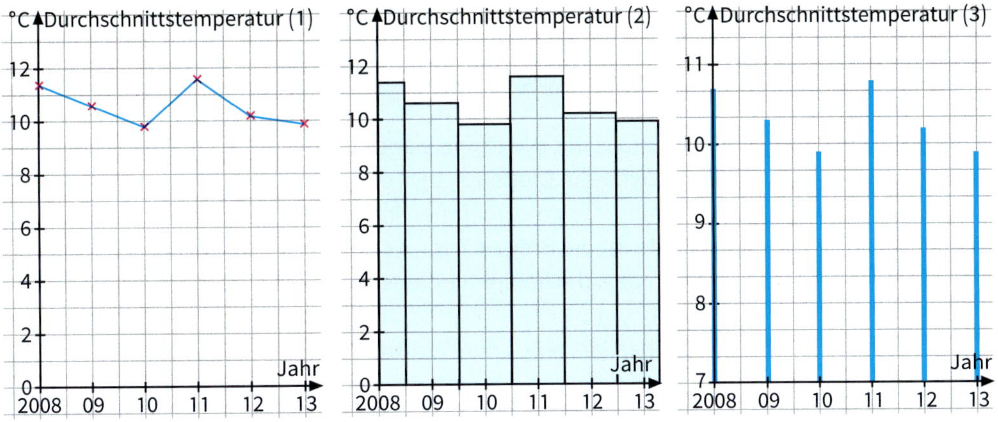

7. **a)** Tim und Lea haben für ihren Schulweg einen Graphen mit der Zuordnung *Uhrzeit → Entfernung* von zu Hause gezeichnet. Wer hat welchen Graphen gezeichnet, ?

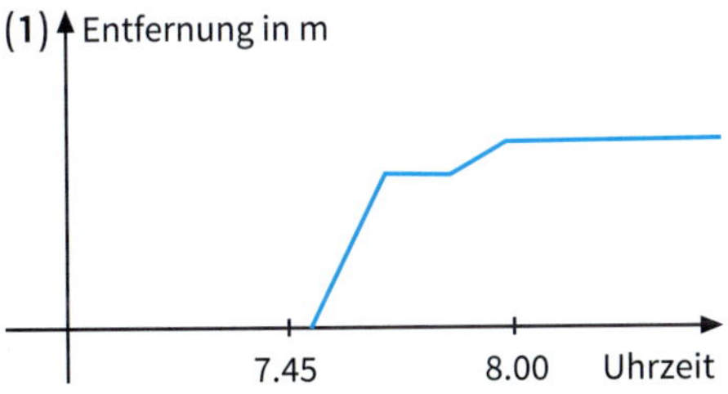

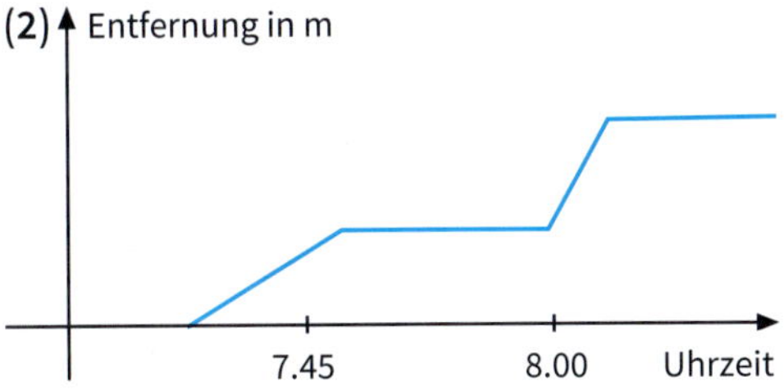

b) Schreibe Schulweg-Geschichten zu folgenden Graphen:

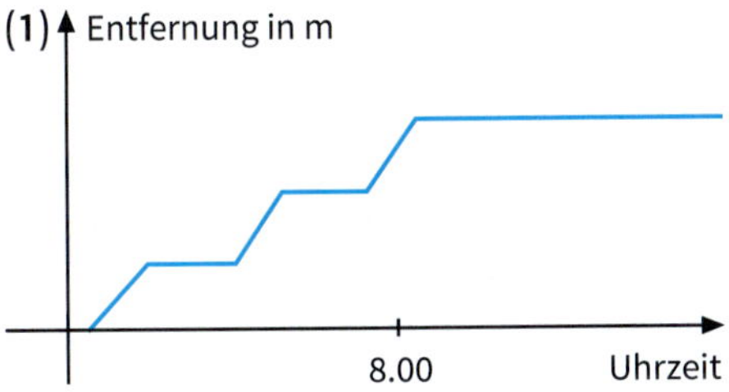

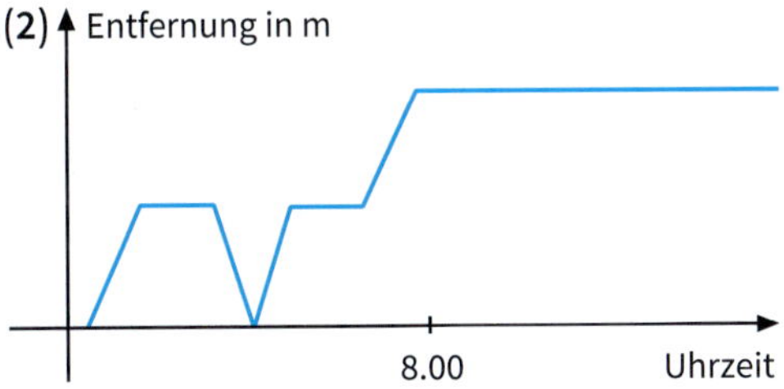

c) Zeichne einen Graphen für deinen Schulweg. Lass deinen Nachbarn eine Geschichte dazu schreiben.

8. Eine Reinigungsfirma zahlt ihren Mitarbeitern einheitlich 10,50 € pro Stunde.
Zeichne den Graphen der Zuordnung *Anzahl der Stunden → Arbeitslohn*; wähle als Ausgangsgrößen 10, 15, 20, …, 40 Stunden.
Bestimme (ohne zu rechnen) mithilfe des Graphen den Arbeitslohn für 19 Stunden, für 37 Stunden, für 28 Stunden. Überprüfe jeweils durch Rechnung.

Vertiefen

9. Ein Rechteck mit der Länge a und der Breite b hat einen Umfang von 24cm.
   a) Stelle für die Breiten 2 cm, 4 cm, 6 cm, 8 cm, 10 cm eine Zuordnungstabelle auf, aus der man die Länge entnehmen kann. Zeichne die Zuordnung.
   b) Stelle für die Breiten 2 cm, 4 cm, 6 cm, 8 cm, 10 cm eine Zuordnungstabelle auf, aus der man den Flächeninhalt entnehmen kann. Zeichne die Zuordnung.

10. Ein Freibad hat besondere Eintrittspreise für Schüler.
Notiere in einer Tabelle, wie viel der Eintritt für eine Gruppe von 2, 3, …, 15 Schülern im günstigsten Fall kostet.
Zeichne dann den Graphen dieser Zuordnung.

Eintrittspreise für Schüler	
Einzelkarte	2,50 €
Fünferkarte	11,00 €
Zehnerkarte	20,00 €

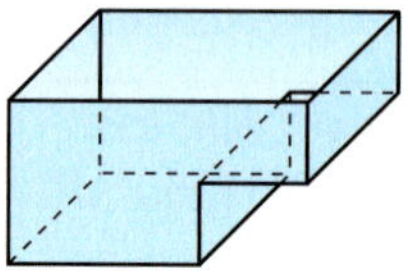

11. a) Links siehst du die Form eines Schwimmbeckens. In dieses Becken wird gleichmäßig Wasser eingelassen. Welcher der Graphen (1) bis (4) kann dazu passen? Begründe.

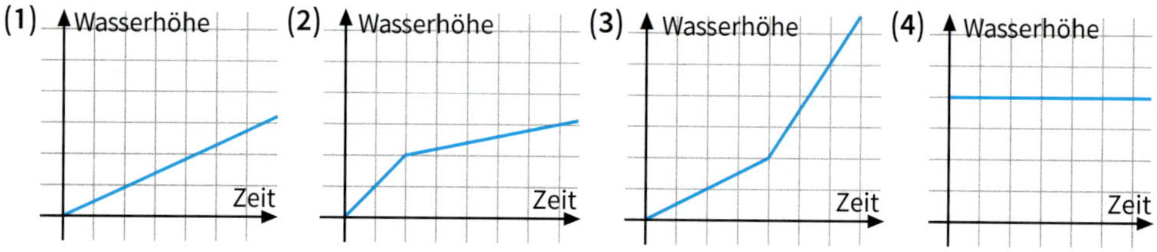

   b) Skizziere zu den übrigen Graphen ein passendes Schwimmbecken.

Herausfordern

12. Der Graph rechts unten zeigt die Geschwindigkeit eines Formel 1-Rennwagens während der ersten Runde. Welche Rennstrecke passt dazu?

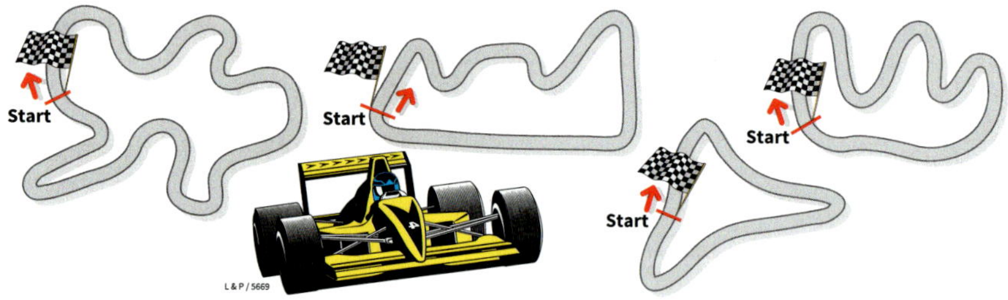

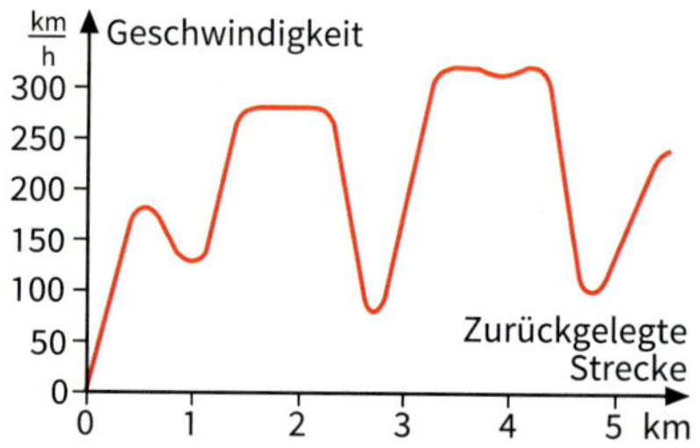

Das kann ich noch!

A) Vanessa hat eine Studentenwohnung angemietet. Der Wohn-Schlafbereich ist 5,84 m lang und 3,55 m breit, die Küche hat die Abmessungen 2,23 m mal 2,28 m, das kleine Bad hat nur eine Breite von 1,60 m bei einer Länge von 2,10 m. Zur Wohnung gehört auch noch der 3,14 m^2 große Flur.
   1) Wie viele m^2 hat die Studentenwohnung?
   2) Der Vermieter verlangt 15,50 €/m^2. Wie hoch ist die Miete, die Vanessa zahlen muss?

4.4 Zueinander proportionale Größen – proportionale Zuordnungen

Einstieg

Berechnet, wie viel Diesel der Blizzard für eine Fahrstrecke von 500 km; 250 km; 50 km; 150 km benötigt. Erläutert, welche Voraussetzungen ihr dazu machen müsst.

Aufgabe 1

Lea kauft im Biomarkt ein spezielles Früchtemüsli, das dort abgepackt wird.
Wie viel kosten 300 g, 150 g, 600 g und 120 g dieses Müslis?
Berechne die Preise im Kopf. Lege dazu eine Tabelle an, in der du verdeutlichst, wie du die Preise berechnest. Begründe deine Überlegungen.

Lösung

Zur doppelten Müslimenge gehört der doppelte Preis.
Zur dreifachen Müslimenge gehört der dreifache Preis.
Zur vierfachen Müslimenge gehört der vierfache Preis, …
Kauft man andererseits nur die Hälfte (ein Drittel, …), so bezahlt man auch nur die Hälfte (ein Drittel, …) des Ausgangspreises.
Daher kann man die gesuchten Preise wie in der Tabelle rechts einfach im Kopf ermitteln.

	Müslimenge	Preis	
	100 g	1,40 €	
·3	300 g	4,20 €	·3
:2	150 g	2,10 €	:2
·4	600 g	8,40 €	·4
:5	120 g	1,68 €	:5

Information

Bei der Lösung der Aufgabe 1 haben wir vorausgesetzt, dass es beim Kauf größerer Mengen keinen Rabatt gibt. Damit gilt für die beiden Größen *Menge* und *Preis*:
Eine Verdoppelung (Verdreifachung, …) einer Menge führt zu der entsprechenden Verdoppelung (Verdreifachung, …) des dazugehörigen Preises.

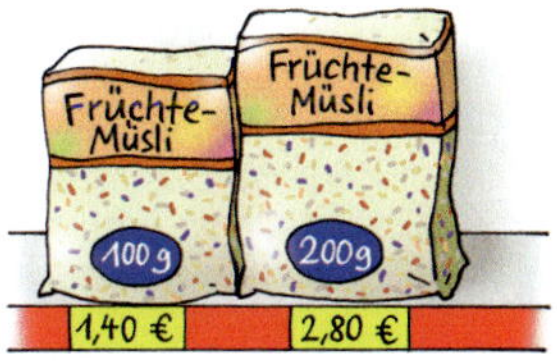

Wir sagen: Die Zuordnung *Müslimenge → Preis* ist eine *proportionale Zuordnung* – oder auch: Für diese Müsliportionen ist der Preis *proportional* zur Menge.

Vielfachenregel

> Eine Zuordnung heißt **proportional**, wenn die folgende Regel gilt:
> Verdoppelt (verdreifacht, vervierfacht, …) man eine Ausgangsgröße, so verdoppelt (verdreifacht, vervierfacht, …) sich auch die zugeordnete Größe.

Mithilfe der obigen Regel kann man feststellen, ob eine Zuordnung proportional ist.
Betrachtet man die Pfeile für das Vervielfachen in umgekehrter Richtung, so erkennt man die folgende Regel für das Teilen. Ist eine Zuordnung proportional, so gilt also auch:

> Halbiert (drittelt, viertelt, …) man eine Ausgangsgröße, so halbiert (drittelt, viertelt, …) sich auch die zugeordnete Größe.

Weiterführende Aufgaben

Nicht jede „Je mehr – desto mehr“-Zuordnung ist proportional

2. Im „Essig- und Öl-Shop“ kann man sich die gewünschte Menge Essig oder Öl abfüllen lassen oder fertige Flaschen kaufen.
Eine besondere Sorte Balsamico-Essig kostet 2,15 € pro 100 mℓ. Ein spezielles Olivenöl der Sorte „Extra-Plus“ wird in Flaschen zu 100 mℓ, 200 mℓ, 500 mℓ und 1 ℓ angeboten. Sie kosten 3,95 €, 7,50 €, 14,00 € und 29,50 €.
Prüfe sowohl für diesen Essig als auch für dieses Öl, ob die Zuordnung *Menge → Preis* proportional ist.

Zuordnungen, bei denen eine Erhöhung eines Wertes der Ausgangsgröße auch zu einer Erhöhung des zugehörigen Wertes führt, nennt man **„Je mehr – desto mehr“-Zuordnungen**.
Nicht jede „Je mehr – desto mehr“-Zuordnung ist eine proportionale Zuordnung.
Umgekehrt gilt aber: Jede proportionale Zuordnung ist eine „Je mehr – desto mehr“-Zuordnung.

Addieren und Subtrahieren bei proportionalen Zuordnungen

3. Banken verteilen zum Umrechnen von Preisen in ausländischen Währungen in deutsche Preise Kurstabellen. Die nebenstehende Tabelle dient zum Umrechnen von Schweizer Franken (SFR) in Euro.

Kurstabelle
(Schwankungen möglich)

Schweizer Franken	Euro
5	4,16
10	8,32
20	16,64
30	24,96
40	33,28
50	41,60
60	49,92
70	58,24
80	66,56
90	74,88

a) Rechne mithilfe der Kurstabelle im Kopf folgende Preise in Euro um:
160 SFR, 130 SFR, 31 SFR, 63 SFR, 99 SFR, 179 SFR, 207 SFR.

b) Bestätige die Gültigkeit folgender Regeln:
(1) Zur Summe zweier Preise in SFR gehört auch die Summe der dazugehörigen Preise in Euro.
(2) Zur Differenz zweier Preise in SFR gehört auch die Differenz der dazugehörigen Preise in Euro.

c) Bestätige an mehreren Beispielen, dass die Zuordnung *Preis in SFR → Preis in Euro* proportional ist.

Summenregel

Für proportionale Zuordnungen gilt:
(1) Zur Summe zweier Werte der ersten Größe gehört die Summe der dazugehörigen Werte der zweiten Größe.
(2) Zur Differenz zweier Werte der ersten Größe gehört die Differenz der dazugehörigen Werte der zweiten Größe.

Graph einer proportionalen Zuordnung

4. Im Fahrschulbuch sind Faustformeln für den Reaktion- und Bremsweg angegeben.

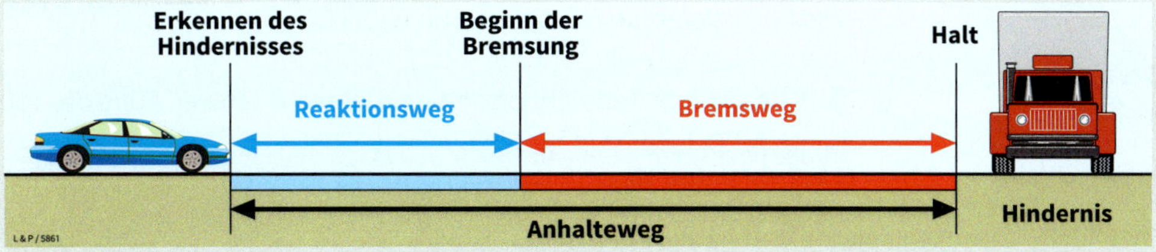

Vom Sehen eines Hindernisses bis zum Niedertreten des Bremspedals legt das Fahrzeug einen bestimmten Weg zurück. Dieser Weg wird Reaktionsweg genannt. Für seine Länge gilt die Faustformel:

$$\text{Reaktionsweg (in m)} = \frac{\text{Geschwindigkeit}\left(\text{in } \frac{\text{km}}{\text{h}}\right)}{10} \cdot 3$$

Vom Niedertreten des Bremspedals bis zum Stillstand des Fahrzeugs legt es einen bestimmen Weg zurück. Dieser Weg wird Bremsweg genannt. Für seine Länge gilt die Faustformel:

$$\text{Bremsweg (in m)} = \frac{\text{Geschwindigkeit}\left(\text{in } \frac{\text{km}}{\text{h}}\right)}{10} \cdot \frac{\text{Geschwindigkeit}\left(\text{in } \frac{\text{km}}{\text{h}}\right)}{10}$$

a) Lege für die Zuordnung *Geschwindigkeit* → *Reaktionsweg* eine Tabelle für die Geschwindigkeiten $10\,\frac{\text{km}}{\text{h}}$, $20\,\frac{\text{km}}{\text{h}}$, …, $100\,\frac{\text{km}}{\text{h}}$ an.
Ist die Zuordnung proportional? Zeichne den Graphen dieser Zuordnung.

b) Zeichne auch den Graphen der Zuordnung *Geschwindigkeit* → *Bremsweg*.
Vergleiche dann beide Graphen.

Bei jeder proportionalen Zuordnung liegen die Punkte des Graphen auf einer Halbgeraden, der im Achsenschnittpunkt, dem Koordinatenursprung O(0|0), beginnt.

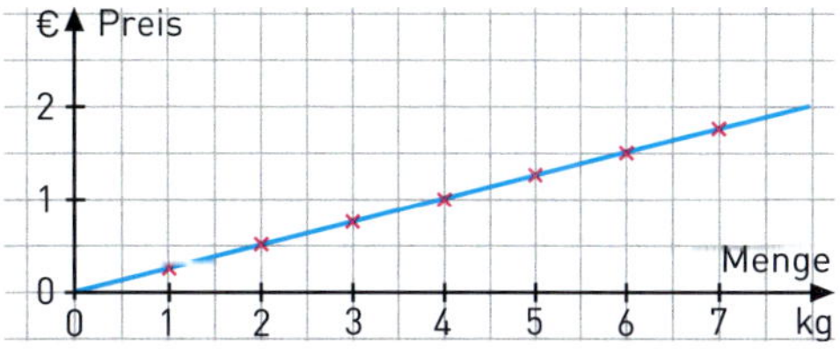

Graph einer proportionalen Zuordnung

Üben

5. Anna kauft 150 g, Mustafa 75 g, Ben 300 g und Sarah 60 g Bonbons.
Wie viel muss jeder bezahlen? Stelle die Mengen und Preise in einer Tabelle zusammen.

6. Zucker wird aus Zuckerrüben hergestellt. Aus 100 kg Rüben erhält man 18 kg Zucker.

a) Wie viel kg Zucker kann man aus 300 kg, 150 kg, 600 kg, 900 kg, 1,8 t, 3 t Zuckerrüben erzeugen?

b) Wie viele Zuclerrüben benötigt man zur Herstellung von 180 kg, 90 kg, 900 kg, 450 kg, 45 kg Zucker?

7. Erwärmt man die Flüssigkeit in einem Thermometer, so dehnt sie sich aus.
Die Verlängerung der Flüssigkeitssäule ist proportional zur Temperaturerhöhung.
Eine Erwärmung um 12 °C führt zu einem Anstieg der Flüssigkeitssäule um 15 mm.
Wie hoch steigt die Flüssigkeitssäule bei Erwärmung um 6 °C, 18 °C, 9 °C, 27 °C an?

8. Eine bestimmte Teppichboden-Sorte ist recht schwer. Fülle die Tabelle im Heft aus.

Größe (in m^2)	48	24	12	36	9	18
Gewicht (in kg)	68					

9. Auf einem Jogurt-Becher ist eine Nährwert-Tabelle abgebildet. Anna isst 300 g, Christian 150 g, Sophie 75 g, Philipp 225 g dieses Jogurts.
Stellt für diese Portionen in einer Tabelle zusammen:
a) Energiewert
b) Kohlenhydrat-Menge
c) Eiweiß-Menge
d) Fett-Menge
Vergleicht euer Vorgehen.

10. Banken und Sparkassen verteilen für den Urlaub in Kanada eine kleine Währungstabelle zum Umrechnen der Preise.

a) Erkundigt euch (z. B. im Internet) nach dem aktuellen genauen Umrechnungskurs von kanadischen Dollar in Euro. Ergänzt damit die Währungstabelle, rundet auf ganze Cent.
b) Ein Partner überschlägt zunächst im Kopf, was die einzelnen Dinge ungefähr in Euro kosten. Der andere Partner berechnet dann mithilfe der Tabelle die Preise in Euro. Anschließend werden die Rollen getauscht.

(1) Ansichtskarte	0,80 c$		**(3)** Souvenir	12 c$
(2) Saft	2,30 c$		**(4)** Mittagessen	25 c$

Kanadische Dollar (c$)	Euro (€)
0,10	
1,00	
5,00	
10,00	
50,00	
100,00	

11. 500 g Schafkäse kosten 5,50 €. Zeichne für diese Zuordnung *Menge → Preis* einen Graphen in ein Koordinatensystem (x-Achse: 1 cm für 100 g; y-Achse: 1 cm für 1 €).
a) Nach einer Preiserhöhung kosten 500 g Schafkäse 6,40 €. Zeichne den zugehörigen Graphen in das gleiche Koordinatensystem.
Vergleiche beide Graphen.
b) Ein Supermarkt bietet den gleichen Schafkäse an. 500 g kosten dort 4,80 €.
Zeichne auch hier den zugehörigen Graphen in das gleiche Koordinatensystem.
Vergleiche diesen Graphen mit den anderen Graphen.

12. Ein Testzug benötigt bei gleich bleibender Geschwindigkeit auf einer Strecke ohne Haltepunkte für 40 km genau 15 min.
a) Zeichne einen Graphen für die zugehörige Zuordnung *Fahrzeit → Streckenlänge*.
b) Zeichne in das gleiche Koordinatensystem den Graphen für einen Testzug, der 45 km in 25 min durchfährt. Vergleiche beide Graphen.
c) Ein anderer Testzug durchfährt 65 km in 35 min. Verfahre wie in Teilaufgabe a) und b).

Vertiefen

13. Gib für den Sachverhalt eine Zuordnung an. Handelt es sich um eine „Je mehr – desto mehr"-Zuordnung? Ist sie auch proportional? Begründe.

a) Für das im Haushalt verbrauchte *Wasservolumen* ist monatlich *Wassergeld* zu zahlen. Dieses setzt sich zusammen aus der Grundgebühr von 2 € und 2,50 € pro m^3 Wasser.

b) Eine bestimmte Cola enthält pro Liter 110 g Zucker. Zu jedem *Volumen* gehört eine entsprechende *Zuckermenge.*

c) Für Quadrate gehört zur *Seitenlänge* ein bestimmter *Flächeninhalt.*

d) Für Würfel gehört zur *Seitenlänge* ein bestimmtes *Volumen.*

e) Klebebilder von einem Fussball-Sammelalbum werden in Fünferpackungen verkauft. Zu jeder *Anzahl von Packungen* gehört eine entsprechende *Anzahl von Bildern.*

f) Jeder Inlandsbrief hat ein bestimmtes *Briefgewicht* und ein entsprechendes *Porto*.

14. Gib für den Sachverhalt eine Zuordnung an. Handelt es sich um eine „Je mehr – desto mehr"-Zuordnung? Ist sie auch proportional? Zeichne auch den Graphen der Zuordnung.

a) Eine Limonade gibt es in verschiedenen Flaschen.

Inhalt der Flasche	Gesamtgewicht
0,25 ℓ	440 g
0,5 ℓ	880 g
0,75 ℓ	1320 g
1,5 ℓ	1670 g

b) Herr Zoll hat seine Tochter Tina gemessen.

Alter	Größe
1 Jahre	75 cm
2 Jahre	88 cm
3 Jahre	97 cm
4 Jahre	104 cm

c) Eine Zeitschrift ist nicht immer gleich dick.

Anzahl der Seiten	Dicke
64	3 mm
128	6 mm
192	9 mm
256	12 mm

Herausfordern

15. Die beiden angegebenen Größen sind nicht in jedem Fall proportional zueinander. Arbeite mit einem Partner zusammen. Der eine gibt Bedingungen dafür an, dass sie proportional zueinander sind, der andere dafür, dass sie nicht proportional zueinander sind. Vergleicht eure Bedingungen.

a) Familie Reiser überlegt, einen Kurzurlaub in Berlin zu machen. Für die Planung der *Anzahl der Übernachtungen* spielt der *Gesamtpreis* eine große Rolle.

b) Ein Landwirt verkauft Weizen an verschiedene Abnehmer. Für jeden notiert er die *Menge* und den vereinbarten *Preis.*

c) Lukas läuft im Ausdauer-Training um den Sportplatz. Er stoppt die Zeit nach jeder Runde und vergleicht die *Länge der Laufstrecke* mit der dafür *benötigten Zeit*.

Das kann ich noch!

A) Berechne den Umfang und den Flächeninhalt.

1)

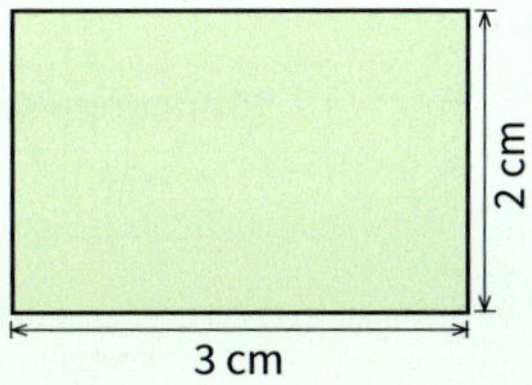

2)

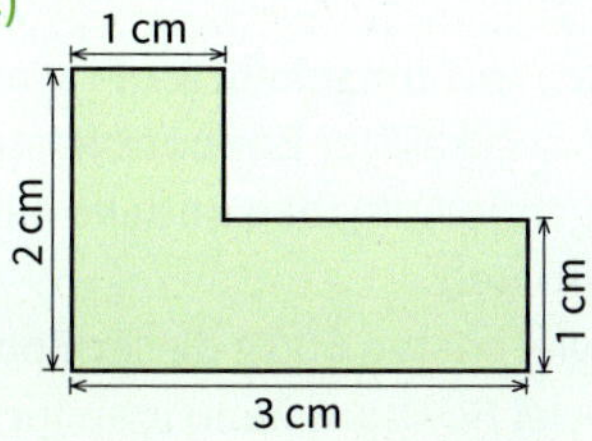

3)

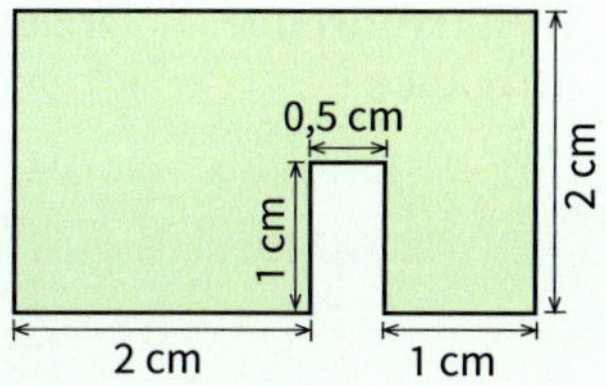

B) Verwandle sowohl in die nächstkleinere als auch in die nächstgrößere Einheit.

1) 200 cm^2 2) 5 m^2 3) 2,5 dm^2 4) 3 ha

4.5 Dreisatz bei proportionalen Zuordnungen

Einstieg

Dominik möchte nicht 3 kg, sondern 5 kg dieser Äpfel kaufen. Wie viel muss er bezahlen?
Welche Voraussetzung müsst ihr machen, um den Preis zu berechnen?

Einführung

Sophie hat ihre Freundinnen zum Mittagessen eingeladen und will ihr Lieblingsessen kochen. Wie viel Sechskorn muss sie für 7 Personen abwiegen?
Sophie überlegt: Das Rezept legt für jede Person die gleiche Menge einer Zutat zugrunde. Für doppelt so viele Personen benötigt man also die doppelte Menge der Zutaten.
Folglich ist die Zuordnung
Anzahl der Personen → Sechskornmenge
proportional.
Da 7 kein Vielfaches von 4 ist, kann man aber die Vielfachenregel für proportionale Zuordnungen nicht unmittelbar anwenden. Es ist also nötig, mit einem Zwischenschritt vorzugehen.

Sechskorn-Frikadellen mit Kartoffeln und Brokkoli

Zutaten (4 Personen):
140 g Sechskorn,
600 ml Gemüsebrühe,
4 Eier, 4 Zwiebeln,
Kräutersalz,
400 g Brokkoli,
8 Kartoffeln, Pfeffer, Koriander, gehackter Schnittlauch, 20 g Mandelblättchen
Zubereitung:

Sophie rechnet in 3 Schritten:

4 Personen benötigen 140 g.
1 Person benötigt $140\,g : 4 = 35\,g$.
7 Personen benötigen $35\,g \cdot 7 = 245\,g$.

Darstellung in einer Tabelle:

Personenzahl	Sechskornmenge (in g)
4	140
1 (:4)	35 (:4)
7 (·7)	245 (·7)

Ergebnis: Für 7 Personen werden 245 g Sechskorn benötigt.

Solche Aufgaben heißen **Dreisatzaufgaben**, da man die drei Zeilen der Tabelle als drei Sätze lesen kann.

Weiterführende Aufgaben

Dreisatz auch mit umgekehrter Fragestellung

1. 250 g lose verkaufter Bonbons kosten 3,00 €. Löse folgende Aufgaben mithilfe einer Tabelle im Heft.
(1) Wie viel kosten 600 g dieser Bonbons?
(2) Wie viel Bonbons kann man für 10,50 € kaufen?

Bonbonmenge	Preis
250 g	3,00 €
600 g	□ €
□ g	10,50 €

Unterschiedliche Lösungswege bei Dreisatzaufgaben

2. Malte hat für 16 Klebebildchen 2,40 € bezahlt.
Wie viel kosten 12 dieser Klebebildchen? Vervollständige und vergleiche folgende Rechnungen von Schülerinnen und Schülern.

Anna

Anzahl	Preis
16	2,40 €
(:16) 1	
(·12) 12	

Bert

Anzahl	Preis
16	2,40 €
(:4) 4	
(·3) 12	

David

Anzahl	Preis
16	2,40 €
($\cdot\frac{3}{4}$) 12	

Prüfen der Voraussetzungen für eine proportionale Zuordnung

3. Greta schenkt ihren Eltern zu Weihnachten ein Fotobuch mit Bildern von Urlauben der letzten Jahre. Für ein Buch mit 24 Seiten hat sie im Internet 17,00 € bezahlt. Kannst du berechnen, wie viel ihre Schwester Hannah für ein Buch mit 36 Seiten bezahlen muss? Begründe.

Lösungsverfahren für Dreisatzaufgaben bei proportionalen Zuordnungen

Prüfe zuerst, ob die Zuordnung proportional ist.

Löse die Aufgabe dann mit einer Tabelle:

- Trage das gegebene Wertepaar und den dritten bekannten Wert ein.
- Suche einen geeigneten Hilfswert.
- Fülle die Lücken entsprechend den Regeln für proportionale Zuordnungen aus.

Ist die Zuordnung nicht proportional, so kann man die Aufgabe nicht mit dem Dreisatzverfahren lösen.

Darstellung in einer Tabelle:

Benzin-Volumen (in ℓ)	Preis (in €)
40	67,12
(: ■) ■	■ (: ■)
(· ■) 51	■ (· ■)

Doppelt so viel Benzin kostet doppelt so viel.

Doppelter Dreisatz

4. Eine Schulklasse mit 24 Personen hat während einer Klassenfahrt 3 Tage mit Vollpension in der Jugendherberge übernachtet und dafür 1908 € bezahlt.
Eine andere Klasse mit 30 Personen möchte nun in derselben Jugendherberge einen fünftägigen Aufenthalt buchen.
Erläutere das Vorgehen rechts zur Bestimmung der Kosten und vervollständige die Tabelle im Heft. Welche Voraussetzung ist dabei gemacht worden?

Anzahl der Personen	Anzahl der Tage	Kosten (in €)
24	3	1908
24	1	
24	5	
1	5	
30	5	

Üben

5. Bestimme die übrigen Zutaten des Rezeptes in der Einführung auf Seite 158 für sieben Personen.

6. Bei einem Gewitter sieht man den Blitz fast sofort und hört den Donner erst etwas später. Der Schall benötigt nämlich 3 s, um einen Kilometer zurückzulegen. Wie weit ist das Gewitter entfernt, wenn man den Donner 8 s nach dem Aufleuchten des Blitzes hört?

7. Wie viel von jeder Zutat ist im nebenstehenden Rezept für 20 Personen jeweils zu verwenden? Ein Partner überschlägt, der andere rechnet genau. Tauscht die Rollen bei jeder Zutat.

Mandelcremespeise

Zutaten (6 Personen):
$\frac{1}{2}$ ℓ Milch; $\frac{3}{8}$ ℓ Sahne
150 g abgezogene Mandeln,
120 g Zucker
$\frac{1}{2}$ Teelöffel Mandelextrakt, 60 g Reismehl,
1 Teelöffel halbierte, ungesalzene Pistazien.

8. 10 Musiker spielen einen Tanz in 4 Minuten. Wie lange brauchen 5 Musiker?

9. Man benötigt 2 Minuten, um ein 12-ℓ-Gefäß zu füllen. Wie lange braucht man, um ein 8-ℓ-Gefäß aus derselben Leitung zu füllen?

10. Konfitüre wird durch Kochen von Früchten mit Gelierzucker hergestellt.
Die nebenstehende Tabelle dient zur Beantwortung von zwei Fragen.
Stelle diese und beantworte sie.

Sauerkirschen – Gewicht	Gelierzucker – Gewicht
2,5 kg	2 kg
:2,5 → 1 kg	:2 → 1 kg
·4 → 4 kg	·5 → 5 kg

11. Ein Fuhrunternehmer soll 180 m³ Erde abtransportieren. Mit 18 Fuhren hat er schon 108 m³ Erde abgefahren.
a) Wie viele Fuhren sind für den Rest noch erforderlich?
b) Wie viele Fuhren sind notwendig, um 258 m³ Erde abzutransportieren?

Vertiefen

12. Familie Richter renoviert ihre Terrasse und den Weg ums Haus.
a) Herr Richter verlegt neue Betonplatten auf der Terrasse. 17 Platten wiegen 510 kg. Wie schwer sind 12 Platten?
b) Eine Palette mit Betonplatten trägt die Aufschrift 1320 kg. Wie viele Platten sind das?
c) Frau Richter will entlang des Weges Rosen pflanzen. Sie hat für 12 Pflanzen 93,60 € bezahlt. Um auch noch an der Terrasse Rosen zu pflanzen, kauft sie 5 Pflanzen nach. Wie viel hat sie insgesamt ausgegeben?
d) Die Pergola ist 6 m lang. Herr Richter hat die ersten 20 cm in 20 Minuten gestrichen. Wie lange dauert seine Arbeit noch?

Pergola (italienisch)
Laubengang

13. Marc hat 250 g Haselnusskerne auf dem Markt gekauft und dafür 2 € bezahlt. Neele behauptet: „Das ist aber teuer. Ich habe im Supermarkt einen 200-g-Beutel gekauft und 32 Cent weniger bezahlt!“ Was meinst du dazu?

14. Die Bilder zeigen, wie hoch jeweils 100 ml Flüssigkeit in einem Messbecher stehen. Versuche jeweils die Flüssigkeitsstände für 200 ml, 300 ml, 400 ml aus dem Flüssigkeitsstand für 100 ml zu ermitteln.

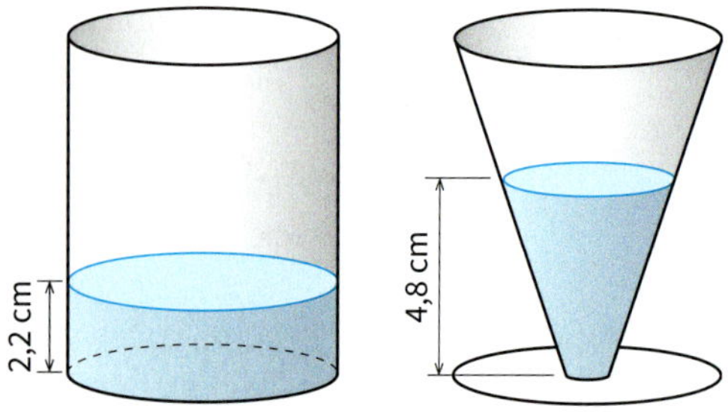

15. Eine Henne braucht zum Ausbrüten von 6 Eiern 21 Tage. Wie lange braucht eine Henne um 3 [4; 5] Eier auszubrüten?

Bei den folgenden Aufgaben kann der Einsatz eines Taschenrechners sinnvoll sein.

16. a) Herr Spreckels hat für 3,2 m Vorhangstoff 50,88 € bezahlt. Für ein anderes Fenster benötigt er 3,8 m von diesem Stoff.
Vervollständige die Rechnung im Heft.

	Länge (in m)	Preis (in €)
	3,2	50,88
:3,2	1	50,88 : 3,2 =
·3,8	3,8	50,88 : 3,2 · 3,8 =

b) 2,3 m Gardinenstoff kosten 26,22 €.
Wie viel Euro kosten 9,4 m dieses Stoffes?

c) 1,80 m Vorhangschiene kosten 32,94 €. Wie viel Euro kosten 2,60 m dieser Schiene?

17. In Griechenland wird Olivenöl nicht nach dem Volumen sondern nach dem Gewicht abgemessen. Laura hat mit der Küchenwaage festgestellt, dass 40 ml Olivenöl 37 g wiegen.

a) Zeichne den Graphen der Zuordnung *Volumen → Gewicht* für Volumina zwischen 0 und 200 mℓ.

b) Lies ab, wie viel 30 mℓ, 75 mℓ, 130 mℓ, 175 mℓ Olivenöl wiegen.
Kontrolliere durch Rechnung.

c) Lies ab, welches Volumen 50 g, 125 g, 160 g Olivenöl haben.
Kontrolliere durch Rechnung.

d) Stelle selbst geeignete Fragen. Beantworte diese am Graphen.
Kontrolliere durch Rechnung.

18. Ein Schüler legt 200 m in 22,6 s zurück. Wie lange benötigt er für 1 500 m?

19. In der Zuschnitt-Abteilung eines Baumarktes kann man Holzplatten nach Maß kaufen.

a) Frau Bruns hat für eine Buchenplatte, die 80 cm lang und 30 cm breit ist, genau 6,00 € bezahlt. Wie viel muss Herr Wasner für eine Buchenplatte, die 50 cm lang und 40 cm breit ist, bezahlen?

b) Stefan hat ein Kiefernholzbrett mit den Maßen 75 cm × 40 cm zuschneiden lassen und dafür 5,25 € bezahlt. Wie viel kostet 1 m^2 dieser Kiefernholzplatte?

20. In einer kleinen Fahrrad-Schmiede werden spezielle Rennrad-Rahmen hergestellt.
8 Arbeiter können in 5 Tagen 320 Fahrrad-Rahmen schweißen.
Wie viele Fahrrad-Rahmen können 7 Arbeiter in 3 Tagen schweißen? Erläutere auch, welche Annahmen du zur Lösung machst.

21. Die Einsatzplanung für das Abstreuen vereister Straßen im Winter geht davon aus, dass 5 Fahrzeuge in 2 Stunden 180 km Straße schaffen können. Für den kommenden Winter sollen weitere Streufahrzeuge bereit gestellt werden.
Wie viel km Straße können 7 Fahrzeuge in anderthalb Stunden abstreuen?

Herausfordern

22. Für ein Haus mit dem Volumen 500 m^3 sind jährlich 270 € zu für die Gebäudeversicherung zu zahlen.
Welche Prämie ist für den Flachdach-Bungalow zu zahlen?
Erläutere von welcher Voraussetzung du ausgehst.

4.6 Zueinander antiproportionale Größen – antiproportionale Zuordnungen

Einstieg

In der Tierpension „MIEZE“ können Haustiere abgegeben werden, wenn eine Familie auf Urlaubsreise geht. So ist die Ausbuchung der Plätze immer abhängig von den Ferienzeiten. Wenn 12 Katzen in der Pension sind, reicht der Vorrat an „Schmakofatzis“ für 7 Tage.
Wie lange reicht der gleiche Vorrat, wenn 6 Katzen, 18 Katzen in der Pension sind?
Welche Annahmen müsst ihr für die Berechnung machen?

Aufgabe 1

Der Süßwasservorrat eines Schiffes ist so groß, dass er für 10 Personen an Bord 24 Tage reicht.
Wie lange reicht dieser Vorrat für 20, 5, 15, 3 Personen?
Rechne im Kopf und lege eine Tabelle an, in der du dein Vorgehen verdeutlichst. Begründe deine Überlegungen.

Lösung

Vorüberlegung: Setze voraus, dass jeder Mensch an Bord an jedem Tag gleich viel Süßwasser benötigt. Dann gilt:
Für doppelt so viele Menschen reicht der Vorrat nur halb so lange. Für dreimal so viele Menschen reicht der Vorrat nur ein Drittel der Zeit, …
Fahren andererseits nur halb so viele Menschen mit, so reicht der Vorrat doppelt so lange. Und für ein Drittel der Menschen reicht der Vorrat dreimal so lange, …
Daher kannst du so rechnen, wie in der Tabelle angegeben.

	Anzahl der Personen an Bord	Zeit (in Tagen)	
	10	24	
·2	20	12	:2
:4	5	48	·4
·3	15	16	:3
:5	3	80	·5

Information

In Aufgabe 1 liegt eine besondere Abhängigkeit einer Größe von einer anderen Größe vor:
Eine Verdopplung der Anzahl der Personen an Bord führt nicht zu einer Verdopplung sondern zu einer Halbierung der Zeit, für die der Wasservorrat reicht.
Die Zeit, für die der Wasservorrat reicht, ist antiproportional zur Anzahl der Personen.
Man sagt auch: Die Zuordnung *Anzahl der Personen* → *Zeit* ist antiproportional.

Vielfachenregel

Eine Zuordnung heißt **antiproportional**, wenn die folgende Regel gilt:
Verdoppelt (verdreifacht, vervierfacht, …) man eine Ausgangsgröße, so halbiert (drittelt, viertelt, …) sich die zugeordnete Größe.

Betrachtet man die Pfeile für das Vervielfachen in umgekehrter Richtung, so erkennt man die folgende Regel für das Teilen.

Ist eine Zuordnung antiproportional, so gilt auch:
Halbiert (drittelt, viertelt, …) man eine Ausgangsgröße, so verdoppelt (verdreifacht, vervierfacht, …) sich die zugeordnete Größe.

Weiterführende Aufgaben

Nicht jede „Je mehr – desto weniger"-Zuordnung ist antiproportional

2. Der Schiffskapitän führt Buch über den Dieselvorrat des Schiffes, indem er jeden Tag die Tankanzeige notiert. Der Vorrat nimmt von Tag zu Tag ab.
Überprüfe, ob die Zuordnung *Fahrzeit → Dieselvorrat* antiproportional ist.

Fahrzeit (in Tagen)	Dieselvorrat (in ℓ)
1	20.000
2	19.100
3	19.000
4	18.500

Zuordnungen, bei denen eine Erhöhung eines Wertes der Ausgangsgrößen zu einer Verringerung des zugehörigen Wertes führt, nennt man **„Je mehr – desto weniger"-Zuordnungen**.
Nicht jede „Je mehr – desto weniger"-Zuordnung ist eine antiproportionale Zuordnung.
Umgekehrt gilt aber:
Jede antiproportionale Zuordnung ist eine „Je mehr – desto weniger"-Zuordnung.

Gilt eine „Additions- und Subtraktionsregel" auch bei antiproportionalen Zuordnungen?

3. Prüfe an der Zuordnungstabelle der Aufgabe 1, Seite 162, ob es auch bei antiproportionalen Zuordnungen einfache Regeln der Art
Addiert man zwei Größen, so ... bzw.
Subtrahiert man zwei Größen, so ... gibt.

Graph einer antiproportionalen Zuordnung

4. a) Eine rechteckige Schafweide soll 360 m² groß sein. Erstelle eine Tabelle für die Zuordnung *Länge → Breite.*
Ist diese Zuordnung antiproportional?
Zeichne den Graphen dieser Zuordnung.
Beschreibe ihn.

b) Eine andere rechteckige Schafweide soll mit 60 m Zaun eingezäunt werden.
Erstelle eine Tabelle für die Zuordnung *Länge → Breite.*
Ist diese Zuordnung antiproportional?
Zeichne den Graphen dieser Zuordnung.
Beschreibe ihn. Vergleiche mit Teilaufgabe a).

Bei einer antiproportionalen Zuordnung liegen die Punkte des Graphen auf einer Kurve.
Diese Kurve nennt man **Hyperbel**. Sie trifft keine der beiden Achsen.

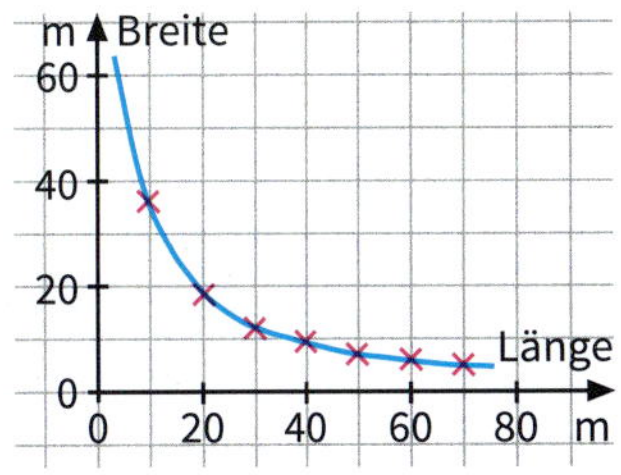

Üben

5. Die Lebensmittelvorräte in einem Basislager reichen bei 12 Expeditionsmitgliedern 36 Tage. Wie lange reichen dieselben Vorräte bei 6 Mitgliedern, wie lange bei 18, 9, 3, 24 Mitgliedern? Erstelle eine Tabelle und verdeutliche dein Vorgehen durch Pfeile.

6. In einer Getränkefabrik sollen 1 000 Flaschen Saft abgefüllt werden. Vier Abfüllmaschinen brauchen dafür 24 min.
Wie lange dauert das Abfüllen, wenn 2, 12, 6, 1, 3 Maschinen gleichzeitig arbeiten?

7. Durch eine Zuflussleitung kann man ein Wasserbecken in $1\frac{1}{2}$ Stunden füllen.
Wie lange dauert es, wenn man das Becken durch 2, 3, 4, 5, 6 gleich starke Zuflussleitungen füllt?

8. In der Hauptverkehrszeit verkehren auf einer U-Bahnlinie einer Großstadt 36 Züge im Abstand von 6 Minuten. Wie viele Züge können in der gleichen Zeit fahren, wenn der Abstand zwischen zwei Zügen jeweils 3 Minuten, 2 Minuten, 4 Minuten, 8 Minuten beträgt?

9. Ein Rechteck ist 72 cm lang und 36 cm breit.
a) Wie breit ist ein Rechteck mit dem gleichen Flächeninhalt, wenn es 36 cm, 24 cm, 18 cm, 12 cm, 9 cm lang ist?
b) Zeichne den Graphen der Zuordnung *Länge → Breite.*

10. Ein Rechteck soll den Umfang 18 cm haben.
a) Untersuche mit einer Tabelle, ob die Zuordnung *Länge → Breite* antiproportional ist.
b) Zeichne den Graphen der Zuordnung *Länge → Breite.*

Vertiefen

11. Ein Schulgarten ist 120 m² groß. Es sollen gleich große Beete angelegt werden.
a) Lege eine Tabelle für die Zuordnung *Anzahl der Beete → Größe eines Beetes* an. Zeichne den Graphen. Wähle 1 cm für 10 Beete.
b) Arbeite mit einem Partner zusammen. Einer liest am Graphen ab, der andere kontrolliert durch Rechnung. Nach jeder Aufgabe werden die Rollen getauscht.
(1) Es sollen 25 Beete entstehen. Wie groß wird jedes Beet?
(2) Wie groß wird jedes Beet bei 16 Beeten insgesamt?
(3) Jedes Beet soll 4 m² groß werden. Wie viele Beete erhält man?
(4) Wie viele Beete erhält man bei 2,5 m² Beetgröße?

12. In Glaszylinder mit verschiedenen Durchmessern wird immer 1 ℓ Wasser gefüllt.
Die Zuordnung *Durchmesser → Höhe* ist eine „Je mehr – desto weniger“-Zuordnung.
Das bedeutet hier: Je größer der Durchmesser, desto niedriger der Wasserstand.
Überlegt gemeinsam, ob diese Zuordnung antiproportional ist.

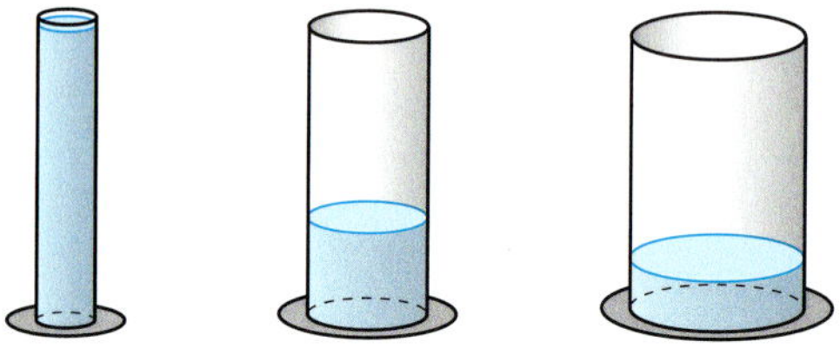

13. Entscheide, ob es sich um eine „Je mehr – desto mehr"-Zuordnung, eine „Je mehr – desto weniger"-Zuordnung, eine proportionale oder eine antiproportionale Zuordnung handelt. Begründe deine Entscheidung, gib gegebenenfalls nötige Annahmen an.

a) Geldwechsel zum gleichen Kurs: *Geldwert in € → Geldwert in US-Dollar*
b) Abtransport eines Schuttbergs: *Anzahl der Lastwagen → Zahl der Fahrten pro Lastwagen*
c) Bezahlen mit möglichst wenigen Münzen: *Geldbetrag → Anzahl der benötigten Münzen*
d) Gleichmäßiges Aufteilen eines Geldbetrages: *Anzahl der Kinder → Betrag für jedes Kind*
e) Kauf von Parfüm derselben Sorte: *Volumen → Preis*

14. a) Mira kauft in einer Zoohandlung besonderes Vogelfutter, das dort abgepackt wird. 75 g Vogelfutter kosten 2,10 €. Wie viel kosten 150 g, 50 g, 350 g, 70 g dieses Tierfutters?
b) Eine große Tüte dieses Spezialvogelfutters reicht 12 Tage für 10 Kanarienvögel. Wie lange reicht sie für 20, 5, 15, 3 Kanarienvögel?

15. Kontrolliere Lenas Hausaufgabe.

(1) Batteriepakete

Anzahl der Pakete	Preis (in €)
6	26
3	13
9	39

links: ⊖ :2; rechts: ·2 ⊕

(2) Rechtecke gleichen Flächeninhalts

Länge (in cm)	Breite (in cm)
60	80
20	240
40	320

links: ⊖ :3; rechts: ·3 ⊕

(3) Füllen eines Wasserbeckens

Anzahl der Pumpen	Füllzeit (in h)
2	16
4	8
6	8
24	2

links: ⊕ ·2; ·4; rechts: :2 ⊖; :4

Herausfordern

16. Surfer und Segler messen die Windstärke nicht als Geschwindigkeit, sondern in Beaufort.
a) Prüfe anhand der nachstehenden Tabelle, ob die Zuordnung *Windstärke (in Beaufort) → Windgeschwindigkeit* $\left(in\ \frac{km}{h}\right)$ proportional ist.

Surfsport

Übersicht über Windstärken

Windstärke (in Beaufort)	Bezeichnung	Mittlere Windgeschwindigkeit (in $\frac{km}{h}$)
0	Windstille	0
1	sehr leichter Wind	3
2	leichter Wind	8
3	schwache Brise	16
4	mäßige Brise	24
5	frischer Wind	34
6	starker Wind	44
7	steife Brise	56
8	stürmischer Wind	68
9	Sturm	82
10	schwerer Sturm	96
11	orkanartiger Sturm	110
12	Orkan	125

Bereich, in dem Einsteiger surfen

Bereich, den Könner beherrschen.

Surflehrer Bodo Neospreen empfiehlt:

Windstärke (in Beaufort)	Segelgröße (in m²)
3	8,0
4	6,0
5	4,8
6	4,0

L&P/6026

b) Die kleine Tabelle zeigt die empfohlene Segelgröße in Abhängigkeit von der Windstärke. Ist die Zuordnung antiproportional?

4.7 Dreisatz bei antiproportionalen Zuordnungen

Ziel

Du weißt schon, wie man bei proportionalen Zuordnungen mithilfe des Dreisatzes Sachprobleme bearbeitet. Hier lernst du, wie man bei antiproportionalen Zuordnungen vorgeht.

Zum Erarbeiten

Dreisatz-Verfahren

Schüler wollen die Wände des Aufenthaltsraumes mit eigenen Wandzeichnungen neu gestalten. Die Kunstlehrerin geht davon aus, dass 4 Schüler dafür 6 Tage benötigen.
Wie lange dauert diese Arbeit, wenn sie von nur 3 Schülern bewältigt werden soll?

→ Setze voraus, dass jeder Schüler gleich viel an einem Tag schafft. Dann ist die benötigte Zeit antiproportional zur Anzahl der Schüler. Denn z. B. doppelt so viele Schüler brauchen dann nur halb so lange.

Rechnung in 3 Schritten:

4 Schüler benötigen 6 Tage.
1 Schüler benötigt $4 \cdot 6 = 24$ Tage.
3 Schüler benötigen 24 Tage $: 3 = 8$ Tage.

Ergebnis: 3 Schüler benötigen 8 Tage.

Darstellung in einer Tabelle:

Anzahl der Schüler	Zeit (in Tagen)
4	6
1 (:4)	24 (·4)
3 (·3)	8 (:3)

Wahl des Hilfswertes

Eine neue Lokomotive benötigt bei einer Geschwindigkeit von $120\,\frac{km}{h}$ für eine Versuchsstrecke 36 min. Beantworte folgende Fragen mithilfe einer Tabelle. Wähle als Hilfswert zunächst $1\,\frac{km}{h}$ bzw. 1 min, arbeite dann mit größeren Hilfswerten und vergleiche.

→ Mit welcher Geschwindigkeit muss sie fahren, damit sie die Strecke sogar in 30 min zurücklegt?

→ Wie lange benötigt sie bei einer Geschwindigkeit von $150\,\frac{km}{h}$ für diese Versuchsstrecke?

Geschwindigkeit (in $\frac{km}{h}$)	Zeit (in min)
120	36
1	4320
150	28,8
4320	1
144	30

Geschwindigkeit (in $\frac{km}{h}$)	Zeit (in min)
120	36
30	144
150	28,8
720	6
144	30

Beim Vorgehen in der linken Tabelle sind die Geschwindigkeiten $1\,\frac{km}{h}$ für 4320 min und $4320\,\frac{km}{h}$ für 1 min unrealistisch. Die Werte in der rechten Tabelle sind realistischer. Für das Ergebnis spielt die Wahl des Hilfswertes aber keine Rolle.

Lösungsverfahren für Dreisatzaufgaben bei antiproportionalen Zuordnungen

Prüfe zuerst, ob die Zuordnung antiproportional ist.
Löse die Aufgabe dann mit einer Tabelle.

- Trage das gegebene Wertepaar und den dritten bekannten Wert ein.
- Suche einen geeigneten Hilfswert.
- Fülle die Lücken entsprechend den Regeln für zueinander antiproportionale Größen aus.

Anzahl	Zeit (in Tagen)
8	12
■	■
■	■

Doppelt so viele brauchen nur halb so lange.

Üben

1. Für die Erarbeitung eines neuen Computerprogramms sehen die Planungen vor, dass 10 Programmierer dafür 35 Arbeitstage benötigen. Wegen dringender anderer Arbeiten können nur 7 Programmierer eingesetzt werden.
Wie viele Tage dauert die Arbeit nun voraussichtlich?

2. Fünf Planierraupen benötigen zum Einebnen eines Geländes 20 Stunden.
a) Es stehen nur vier [sechs] Planierraupen für dieselbe Arbeit zur Verfügung. Wie lange dauert sie nun voraussichtlich?
b) Die Arbeit soll in 8 Stunden erledigt sein. Wie viele Planierraupen werden gebraucht?

3. Ein Wasservorratsbecken wird durch 5 gleich starke Pumpen in 9 Stunden gefüllt.
a) Wie lange dauert das Füllen, wenn nur 2 Pumpen in Betrieb sind?
b) Das Becken soll in 15 Stunden gefüllt werden. Wie viele Pumpen werden benötigt?

Vertiefen

4. Bei Navigationssystemen kann man in den Einstellungen häufig wählen, mit welchem „Fahrzeug“ die Strecke zurückgelegt werden soll.
Lisa lässt die Route von Stuttgart nach Reutlingen berechnen. Ein Pkw mit einer Durchschnittsgeschwindigkeit von $80\,\frac{km}{h}$ hat eine Fahrzeit von 30 Minuten. Ein schneller Pkw mit einer Durchschnittsgeschwindigkeit von $100\,\frac{km}{h}$ hat eine Fahrzeit von 24 Minuten.
a) Welche Fahrzeiten erhält sie für ein Motorrad $\left(70\,\frac{km}{h}\right)$ oder einen Lkw $\left(60\,\frac{km}{h}\right)$?
b) Zeichne den Graphen der Zuordnung *Geschwindigkeit* $\left(in\,\frac{km}{h}\right)$ → *Fahrzeit (in min)*.
c) Welche Annahmen hast du bei allen Berechnungen machen müssen?
Welche Beziehungen bestehen zwischen den beiden Größen?

5. Drei Lastwagen transportieren einen Schuttberg ab. Jeder Wagen muss 36-mal fahren.
a) Es stehen vier Lastwagen zur Verfügung. Wie oft muss jeder Wagen fahren?
b) Jeder Wagen soll höchstens 8-mal fahren. Wie viele Wagen sind dann erforderlich?

6. Man schätzt, dass 5 Schüler für das Ausheben der Grube für einen Schulteich 2 Tage benötigen. Alle 128 Sechstklässler wollen sich daran beteiligen. Wie lange dauert die Arbeit nun?

Herausfordern

7. 8 Maurer benötigen für den Hausrohbau bei 8-stündiger Arbeitszeit 24 Tage. Nach 19 Tagen wird ein Maurer krank. Die anderen arbeiten jetzt täglich 9 Stunden.
Wird der Bau rechtzeitig fertig?

4.8 Vermischte Übungen

1. Lena und Daniel spielen Schiffe versenken. Nach 3 Minuten hat Lena nur noch 8 von ihren 10 Schiffen, Daniel jedoch noch alle. Wann hat Lena verloren?

2. Sind die in den Tabellen angegebenen Größen proportional oder antiproportional zueinander oder keines von beiden? Begründe deine Antwort.

a)

Volumen (in m^3)	Preis (in €)
3	75,00
5	125,00
2,5	62,50
11	275,00
4,5	112,50

b)

Länge (in cm)	Preis (in €)
178	76,00
158	36,00
185	105,00
170	70,00
166	65,20

c)

Anzahl der Maschinen	Arbeitszeit (in Stunden)
5	48
12	20
8	30
6	40
4	60

3. Setzt man an einer Grundstücksgrenze einen Zaun mit einem Pfostenabstand von 1,20 m, so benötigt man 16 Pfosten. Die Pfosten sollen nur 0,90 m voneinander entfernt sein. Wie viele Pfosten benötigt man nun? Fertige zunächst eine Skizze an.

4. Ein quaderförmiges Aquarium wird mit Wasser gefüllt. Im Bild siehst du den Graphen der Zuordnung *Wasservolumen → Höhe des Wasserspiegels.*

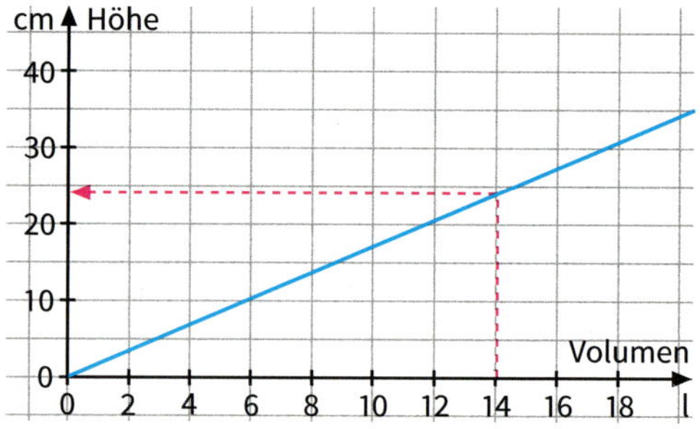

a) Wie hoch steht das Wasser im Aquarium, wenn man 14 ℓ; 6 ℓ; 2 ℓ; 5 ℓ; 7 ℓ; 15 ℓ; 12 ℓ einfüllt?

b) Wie viel ℓ Wasser enthält das Aquarium bei einem Wasserstand von 30 cm; 15 cm; 19 cm; 24 cm; 9 cm?

5. a) Ein Ei hart zu kochen, dauert 5 Minuten.
Wie lange dauert es bei 4 Eiern?

b) Der Zeitbedarf beim Aufwärmen von Speisen in Mikrowellengeräten ist proportional zur Menge der Speise und antiproportional zur Leistung des Gerätes. Um 150 mℓ Milch zum Kochen zu bringen, benötigt ein Mikrowellengerät mit 600 W Leistung 8 Minuten.
Wie lange benötigt ein Gerät mit 850 W Leistung um 200 mℓ zum Kochen zu bringen?

Das Wichtigste auf einen Blick

Zuordnung – Zuordnungstabelle – Graph

Eine **Zuordnung** zwischen zwei Größen kann man in einer **Zuordnungstabelle** darstellen. Jedem Wert der ersten Größe *(Ausgangsgröße)* ist ein Wert der zweiten Größe *(zugeordnete Größe)* zugeordnet. Wir schreiben für diese Zuordnung:
Ausgangsgröße → zugeordnete Größe
Eine Zuordnung kann man im Koordinatensystem auch als **Graph** darstellen. Jedem Paar einander zugeordneter Größen entspricht ein Punkt mit der Ausgangsgröße als erste und der zugeordneten Größe als zweiter Koordinate.

Beispiel:
Beladen eines Anhängers mit Torf
Zuordnung: *Volumen (in m³) → Gesamtgewicht des Anhängers (in kg)*

Volumen (in m³)	0	1	2	3
Gewicht (in kg)	200	825	1450	2075

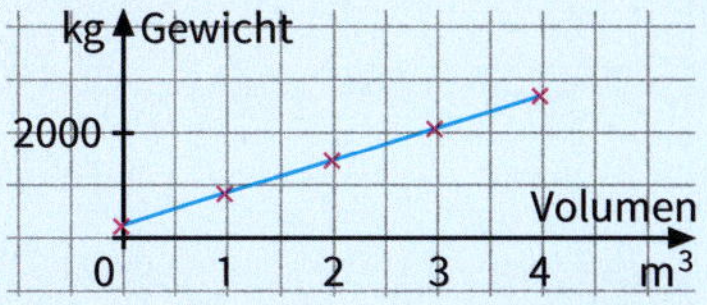

Proportionale Zuordnungen

Eine Zuordnung heißt *proportional*, wenn gilt: Verdoppelt (verdreifacht, …) man eine Ausgangsgröße, so verdoppelt (verdreifacht, …) sich auch die zugeordnete Größe. Bei proportionalen Zuordnungen liegen die Punkte des Graphen auf einer *Halbgeraden durch den Koordinatenursprung O(0|0).*
Fragestellungen zu proportionalen Zuordnungen können mit dem *Dreisatz* tabellarisch gelöst werden.
- Trage dazu das gegebene Wertepaar und den dritten bekannten Wert ein.
- Suche einen geeigneten Hilfswert.
- Nutze die Regeln für proportionale Zuordnungen zum Ausfüllen der Lücken.

Beispiel: Länge einer Schnur (in m) → Preis (in €)

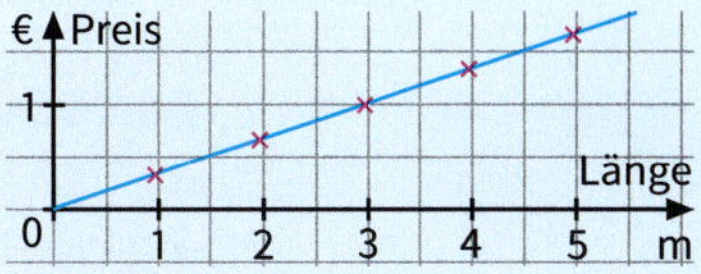

Länge (in m)	Preis (in €)
6	2,10
1 (:6)	0,35 (:6)
9 (·9)	3,15 (·9)

$$\frac{\text{Preis}}{\text{Länge}} = \frac{2{,}10\,€}{6\,\text{m}} = 0{,}35\,\frac{€}{\text{m}}$$

Antiproportionale Zuordnungen

Eine Zuordnung heißt *antiproportional*, wenn gilt:
Verdoppelt (verdreifacht, …) man eine Ausgangsgröße, so halbiert (drittelt, …) sich die zugeordnete Größe. Bei antiproportionalen Zuordnungen liegen die Punkte des Graphen auf einer Kurve, diese nennt man *Hyperbel.* Sie trifft keine der beiden Achsen.

Fragestellungen zu antiproportionalen Zuordnungen können mit dem *Dreisatz* tabellarisch gelöst werden.
- Trage dazu das gegebene Wertepaar und den dritten bekannten Wert ein.
- Suche einen geeigneten Hilfswert.
- Nutze die Regeln für antiproportionale Zuordnungen zum Ausfüllen der Lücken.

Beispiel: Geschwindigkeit $\left(\text{in } \frac{km}{h}\right)$ → benötigte Zeit (in h)

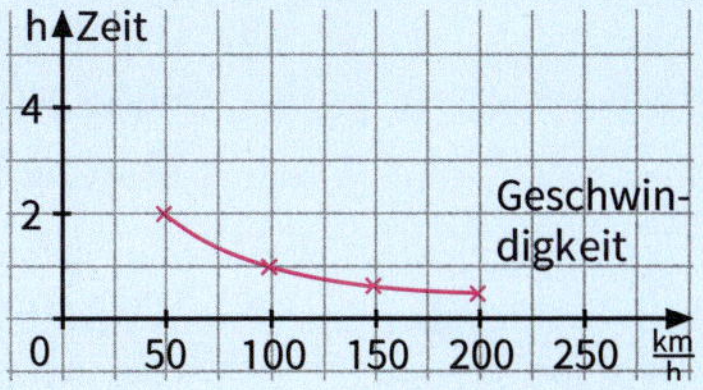

Geschwindigkeit $\left(\text{in } \frac{km}{h}\right)$	Zeit (in h)
100	2
10 (:10)	20 (·10)
320 (·32)	0,625 (:32)

Geschwindigkeit · Zeit
$= 100\,\frac{km}{h} \cdot 2\,h = 200\,km$

Bist du fit?

1. a) Entscheide, ob eine proportionale oder eine antiproportionale Zuordnung vorliegt.

(1) *Rechteck*

Länge	Breite
10 cm	57 cm
30 cm	19 cm
50 cm	11,4 cm
60 cm	9,5 cm

(2) *Äpfel einer Sorte*

Menge	Preis
1 kg	1,99 €
2 kg	3,98 €
5 kg	9,95 €
10 kg	19,90 €

(3) *Taxifahrt*

Entfernung	Preis
2 km	3,60 €
6 km	6,80 €
8 km	8,40 €
14 km	13,20 €

(4) *Vorrat*

Anzahl der Personen	Zeit
56	24 Tage
42	32 Tage
48	28 Tage
21	68 Tage

(5) *Erdbeeren*

Menge	Preis
250 g	0,95 €
400 g	1,52 €
1,4 kg	5,32 €
3,0 kg	11,40 €

(6) *Kosten*

Anzahl der Personen	Anteil pro Person
48	27,50 €
35	35,72 €
31	43,10 €
25	52,80 €

b) Zeichne auch den Graphen bei (1), (2) und (3).

2. Ein Paket mit 3 kg Rasendünger reicht für 450 m^2 Rasen. Wie viel Dünger benötigt man für eine 600 m^2 große Rasenfläche?

3. Drei Mähdrescher schaffen die Ernte eines großen Feldes in 12 Stunden. Wie lange benötigen fünf Mähdrescher?

4. 375 mℓ eines Farblackes reichen aus, um 3 m^2 zu streichen. Wie viel Lack muss man für eine Fläche von 10 m^2 haben?

5. Der Heuvorrat einer Landwirtin reicht für 60 Kühe 210 Tage. Wie lange reicht er für 72 Kühe?

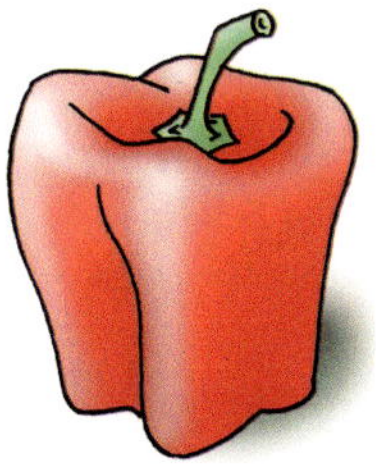

6. 100 g rote Paprika enthalten 107 mg Vitamin C. Der Tagesbedarf beträgt 75 mg. Wie viel roten Paprika muss man essen, um den Tagesbedarf nur damit zu decken?

7. Ein Reiseveranstalter bietet Flugreisen nach Mallorca mit Unterbringung und Verpflegung in einem Aparthotel an. Eine Reise von 7 Tagen kostet pro Person 374 €, für eine 14-tägige Reise werden 535 € verlangt.

a) Herr Lang will 21 Tage auf Mallorca buchen. Mit welchen Kosten kann er rechnen?

b) Frau Kurz kann nur 10 Tage bleiben. Wie teuer wird der Urlaub für sie?

c) Zeichne für die Zuordnung *Reisedauer* → *Preis* einen Graphen und begründe, dass es sich nicht um eine proportionale Zuordnung handelt.

5. Statistische Daten

Im Alltag werden häufig Daten erfasst und ausgewertet. Insbesondere für sorgältige Planungen für die Zukunft sind solche Statistiken nötig.

Die Straßen der Stadt sollen umgestaltet werden, weil es zu häufig Staus gibt. Für die Planungen benötigt man Informationen über die Anzahl der Fahrzeuge auf bestimmten Straßen. Da eine lückenlose Beobachtung an allen Tagen zu aufwendig ist, werden stichprobenartig Verkehrszählungen durchgeführt. Deren Ergebnisse (Daten) dienen dann als Vorhersage (Prognose) für das zukünftige Verkehrsaufkommen und werden bei der Planung der Umgestaltung der Straßen verwandt.

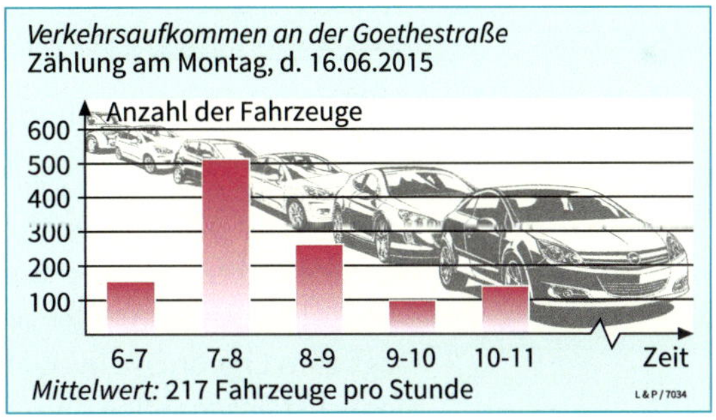

→ Nenne weitere Beispiele für statistische Erhebungen, bei denen nicht alle Daten ausgewählt werden, sondern nur eine Stichprobe.

→ Nenne weitere Beispiele aus dem Alltag für die Darstellung von Daten in Diagrammen.

→ Warum fertigt man Diagramme an?

In diesem Kapitel ...
lernst du, wie man statistische Erhebungen durchführt und auswertet.

Lernfeld: Euro-Münzen von nah und fern

Euro, Euro, du musst wandern

Seit dem Jahr 2002 ist in vielen, aber nicht allen Ländern der Europäischen Union der EURO als Währung eingeführt. In weiteren Ländern ist die Einführung vorgesehen.

Die EURO-Münzen haben eine Seite, die für alle Länder gleich ist; sie unterscheiden sich aber durch eine „nationale" Seite, für die jedes Land selbst verantwortlich ist.

→ Welche Symbole findet ihr auf der „nationalen Seite" der deutschen Münzen? Welche anderen „nationale Seiten" kennt ihr?

→ Bestimmt für jede Münze, die ihr bei euch habt, das Land, aus dem die Münze stammt. Wenn ihr nicht genügend Münzen bei euch habt, notiert ihr zu Hause, welche Münzen dort vorhanden sind, oder „kauft" in der Bank einige Rollen Festgeld und zählt diese aus. Tragt eure Ergebnisse in der Klasse zusammen; legt eine Tabelle an. Stellt die Ergebnisse möglichst anschaulich dar.

Die beteiligten europäischen Länder haben untereinander vereinbart, welche Münzen mit welchem Anteil geprägt werden. Ungefähr jede dritte Münze wird in Deutschland hergestellt. Die Vereinbarung für das Jahr 2002 ist in der Tabelle rechts angegeben.

Land	Anteil	Land	Anteil
Deutschland	32,9 %	Österreich	3,5 %
Frankreich	15,8 %	Griechenland	2,6 %
Italien	15,4 %	Portugal	2,5 %
Spanien	13,7 %	Finnland	2,1 %
Niederlande	5,4 %	Irland	2,1 %
Belgien	3,8 %	Luxemburg	0,2 %

→ Woran kann es liegen, dass die Anteile in eurer Tabelle von diesen Anteilen abweichen?

5.1 Absolute und relative Häufigkeiten

Einstieg

In einer 6. Klasse wurde eine Umfrage zum Freizeitverhalten durchgeführt.

a) Wie groß ist der Anteil der Sportler an der Gesamtzahl?

b) Stellt die berechneten Anteile in einem Kreisdiagramm dar.

Aufgabe 1

Häufigkeiten und ihre Darstellung

Die Klasse 6 b möchte sich auf einem Elternabend den Eltern genauer vorstellen. Dazu führen die Schüler und Schülerinnen eine Umfrage in der Klasse durch.
Rechts siehst du die Ergebnisse zur Frage, wie die Schülerinnen und Schüler zur Schule kommen. Zeichne dafür verschiedene Diagramme.

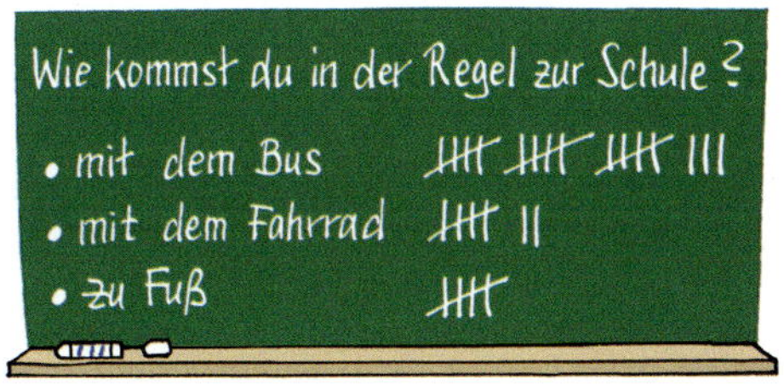

Lösung

Säulendiagramm

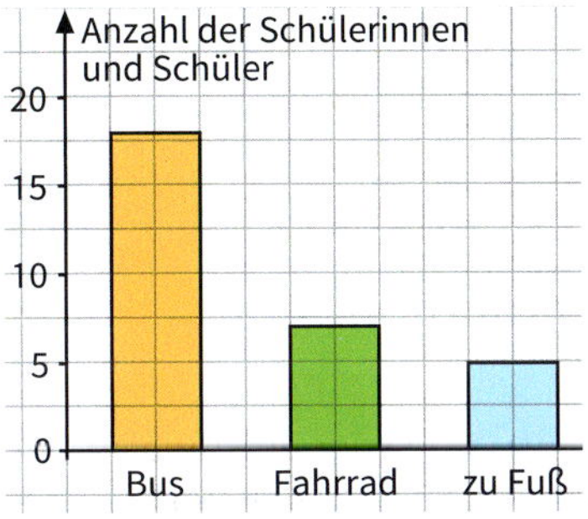

Streifendiagramm

Kreisdiagramm

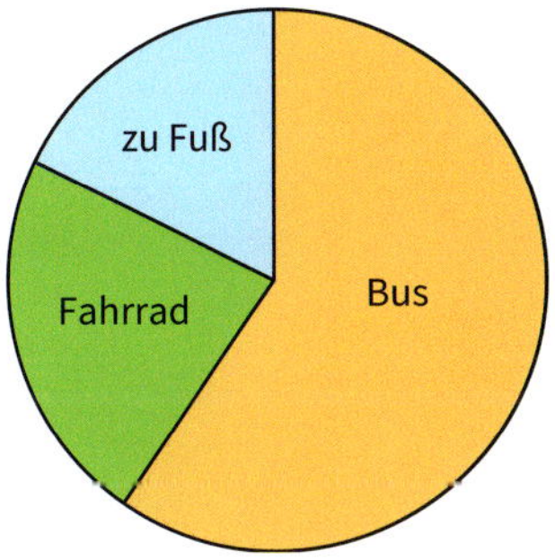

Dem Säulendiagramm kann man auf einen Blick entnehmen, dass die meisten Schüler mit dem Bus zur Schule kommen.
Dem Streifendiagramm kann man gut entnehmen, dass mehr als die Hälfte der Schülerinnen und Schüler mit dem Bus zur Schule kommen. Anteile kann man noch deutlicher in einem Kreisdiagramm erkennen. In ihm wird für jede mögliche Antwort ein Kreisausschnitt gezeichnet. Die Größe des Kreisausschnittes richtet sich nach dem Winkel am Kreismittelpunkt.
Insgesamt wurden $18 + 7 + 5$, also 30 Kinder befragt.
18 von 30 Kindern kommen mit dem Bus; der Anteil für die Busfahrer ist damit $\frac{18}{30} = \frac{6}{10} = 0{,}6$.
Der zugehörige Mittelpunktswinkel beträgt $\frac{6}{10}$ vom Vollwinkel (360°), das sind $\frac{6}{10} \cdot 360° = 216°$.
Es ergibt sich die untenstehende Tabelle:

Verkehrsmittel	Bus	Fahrrad	zu Fuß
Mittelpunktswinkel	216°	84°	60°

Aufgabe 2

Planen einer Umfrage

Das Albert-Einstein-Gymnasium plant die Einrichtung einer Schülerbibliothek.
Dafür werden genaue Informationen über die Interessen und Lesegewohnheiten der Schüler und Schülerinnen benötigt.

a) Beschreibe verschiedene Möglichkeiten, wie man vorgehen kann, um diese Informationen zu erhalten. Nenne auch deren Vor- und Nachteile.

b) Da eine ausführliche Befragung aller 760 Schülerinnen und Schüler zu aufwändig ist, soll nur $\frac{1}{5}$ der Schülerschaft als Stichprobe betrachtet werden.
Um dennoch zuverlässige Ergebnisse zu erhalten, muss die Auswahl der Stichprobe genau geplant werden. Die nebenstehende Tabelle gibt die Zusammensetzung der Schülerschaft des Albert-Einstein-Gymnasiums wieder.
Plane damit eine Stichprobe.

Klasse	Anzahl der Mädchen	Jungen
5	55	46
6	44	47
7	49	42
8	68	40
9	55	39
10	52	40
11	48	35
12	53	47

Lösung

a) Zunächst ist es sinnvoll, einen Fragebogen zu entwickeln, in dem nach Lieblingslektüre, Lesehäufigkeit, Wünschen für eine Schülerbibliothek, … gefragt wird. Man könnte dann alle Schüler und Schülerinnen des Gymnasiums befragen. Das würde ein genaues Ergebnis liefern, wäre aber sehr aufwendig.
Eine andere Möglichkeit ist es, nur einen Teil der Schülerschaft *(Stichprobe)* zu befragen und die Ergebnisse auf alle Schüler(innen) der Schule hochzurechnen. Dies ist für die Umfrage weniger aufwendig, bedarf aber genauer Planung: Eine solche Stichprobe darf nicht zu klein sein und muss ausgewogen die Zusammensetzung der Schülerschaft widerspiegeln.

b) Vermutlich hängen die Leseinteressen sowohl vom Alter als auch vom Geschlecht ab. Daher muss die Stichprobe in ihrer Zusammensetzung die Zusammensetzung der Gesamtschülerschaft nach Alter und Geschlecht getreu widerspiegeln.
Also ist $\frac{1}{5}$ der Mädchen aus Klasse 5 zu befragen:
$\left(\frac{1}{5} \text{ von } 55\right) = \frac{1}{5} \cdot 55 = 11$
Ebenso $\frac{1}{5}$ der Jungen aus Klasse 5:
$\left(\frac{1}{5} \text{ von } 46\right) = \frac{1}{5} \cdot 46 = 9{,}2 \approx 9$
Damit ergibt sich die nebenstehende Zusammensetzung der Stichprobe. Innerhalb jeder Gruppe sollten die Schüler und Schülerinnen nach dem Zufallsprinzip ausgewählt werden.

Klasse	Anzahl der Mädchen	Jungen
5	11	9
6	9	9
7	10	8
8	14	8
9	11	8
10	10	8
11	10	7
12	11	9

Information

(1) Statistische Erhebungen – Stichprobe

Zählungen von Fahrzeugen, Personen oder Gegenständen, Befragungen von Personen nach Daten, Verhaltensgewohnheiten oder Meinungen sind Beispiele für **statistische Erhebungen**. Die Menge aller Personen oder Gegenstände, über die man Erkenntnisse gewinnen möchte, nennt man die **Grundgesamtheit**.

Wenn es zu aufwändig ist, die vollständige Grundgesamtheit zu untersuchen, beschränkt man sich auf eine *Stichprobe*. Diese muss so gewählt werden, dass sie die Verhältnisse in der Grundgesamtheit möglichst genau wiedergibt.

Eine **Stichprobe** soll Aussagen über die Grundgesamtheit ermöglichen. Dazu muss sie bezüglich bestimmter Merkmale (z.B. Alter, Geschlecht, Beruf, Einkommen) genauso zusammengesetzt sein, wie die Grundgesamtheit. Man sagt auch: Die Stichprobe muss *repräsentativ* sein.

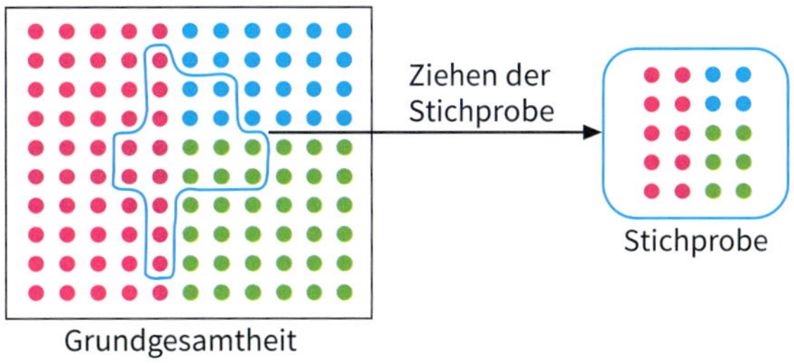

(2) Absolute und relative Häufigkeit

Beim Vergleich statistischer Daten spricht man oft von absoluten und relativen Häufigkeiten. Die absolute Häufigkeit gibt an, wie oft etwas vorkommt. Um die absolute Häufigkeit zu bestimmen, muss man also zählen. Die relative Häufigkeit gibt uns an, wie groß der Anteil an der Gesamtanzahl ist.

$$\textbf{relative Häufigkeit} = \frac{\textbf{absolute Häufigkeit}}{\textbf{Gesamtanzahl}}$$

Relative Häufigkeiten kann man als Brüche, Dezimalbrüche oder in Prozent angeben.

Beachte: In der Statistik und in der Bruchrechnung verwendet man verschiedene Begriffe für gleiche Sachverhalte.

Statistik:	Gesamtanzahl	absolute Häufigkeit	relative Häufigkeit
Bruchrechnung:	Ganzes	Teil des Ganzen	Anteil

Weiterführende Aufgabe

Mehrfachnennungen bei Erhebungen

3. In einer 6. Klasse mit 30 Schülerinnen und Schülern wurde nach Folgendem gefragt:

(1)

Anzahl der Geschwister	absolute Häufigkeit
0	17
1	10
2	2
mehr als 2	1

(2)

Freizeitgestaltung	absolute Häufigkeit
Lesen	9
Fußball	6
Reiten	4
Fernsehen	16
Tennis	5

a) Berechne die relativen Häufigkeiten als Bruch. Was stellst du fest?

b) Berechne für die Umfrage zu (1) die relativen Häufigkeiten in Prozent. Runde auf ganzzahlige Prozentsätze. Berechne dann die Summe der relativen Häufigkeiten. Vergleiche mit Teilaufgabe a).

c) Stelle die Ergebnisse zu (1) und (2) in Diagrammen dar. Welche Schwierigkeit ergibt sich, wenn du ein Kreisdiagramm zu (2) zeichnen willst?

Information

Summenprobe

Sind bei einer Umfrage *Mehrfachnennungen* möglich, so kann die Summe der relativen Häufigkeiten größer als 1 (100 %) sein. In diesem Fall kann man kein Kreisdiagramm zeichnen, sondern nur ein Säulendiagramm.

Summenprobe für relative Häufigkeiten

Die Summe der relativen Häufigkeiten einer vollständigen Erhebung *ohne* Mehrfachnennungen ist gleich 1, also 100 %.
Mit dieser *Summenprobe* kann man die Vollständigkeit einer Erhebung oder die Richtigkeit der Rechnung überprüfen.

Rundet man relative Häufigkeiten bei einer vollständigen Erhebung ohne Mehrfachnennung, kann es vorkommen, dass ihre Summe nicht genau 100 % ergibt. In diesem Fall ist es geschickt, eine relative Häufigkeit anders zu runden, sodass ihre Summe genau 100 % ergibt.

Üben

4. In einer Schülerzeitung soll über die Ernährung in den Pausen berichtet werden. Die Schülerinnen und Schüler wurden dazu befragt, welches Getränk sie zu sich nehmen.

Getränk	Anzahl in Klasse		
	5	6	7
Milch	11	9	7
Kakao	17	15	16
Fruchtsaft	23	21	25
Mineralwasser	7	9	11
Limonade	19	27	26

a) Welches Getränk ist in Klasse 5 [6; 7] am beliebtesten?

b) In welcher Jahrgangsstufe ist Fruchtsaft [Milch, Kakao, …] relativ gesehen am beliebtesten?

c) Veranschauliche die Ergebnisse der Befragung durch eine grafische Darstellung.

5. Bei einigen Schülern wurde das Körpergewicht (gerundet auf volle kg) bestimmt.

Gewicht (in kg)	40	41	42	43	44	45	46	47	48	49	50	51
Absolute Häufigkeit	1	2	3	5	6	8	9	9	5	3	1	1

a) Bestimme die relativen Häufigkeiten, mit der die einzelnen Gewichte auftreten. Führe die Summenprobe durch.

b) Zeichne ein Säulendiagramm und ein Kreisdiagramm für die relativen Häufigkeiten. Welches ist aussagekräftiger?

6. Der Gemeinderat beschloss, in der Platanenallee Maßnahmen zur Verkehrsberuhigung durchzuführen.
Wie man der nebenstehenden Tabelle entnehmen kann, war dies umstritten.

Meinung	absolute Häufigkeit in der Stichprobe	
	vorher	nachher
sehr gut	24	40
gut	108	144
unentschieden	81	56
schlecht	78	72
sehr schlecht	9	8

a) Hat sich die Meinung der Anwohner geändert, nachdem die Umbaumaßnahmen abgeschlossen waren? (Beachte die unterschiedliche Gesamtanzahl der beiden Stichproben.)

b) Zeichne zwei Kreisdiagramme für die relativen Häufigkeiten und vergleiche.

c) Führe den Vergleich auch mit Säulendiagrammen [Streifendiagrammen] durch. Benenne Vor- und Nachteile der verschiedenen Diagramme.

7. Laura und Paul werten gemeinsam die Ergebnisse einer Befragung aus.
Laura meint: „Wenn wir die relativen Häufigkeiten als ganzzahlige Prozentsätze angeben, dann ergibt sich bei der Summenprobe 101 %."
Paul sagt: „Das Ergebnis ist viel genauer, wenn wir eine Stelle hinter dem Komma berücksichtigen."
Überprüft beide Aussagen.

8. Tobias hat seine Mitschüler und Mitschülerinnen nach ihrer Lieblingsfarbe befragt. Leonie meint: „Etwas stimmt da nicht." Kontrolliere.

rot	blau	grün	gelb	braun	violett
33 %	19 %	25 %	13 %	12 %	8 %

9. Marco, Bianca und Ecce spielen Basketball.

a) Marco trifft 10 von 15 Würfen. Wie viel Prozent der Würfe trifft er?

b) Bianca trifft 12 von 20 Würfen. Gib die relative Häufigkeit ihrer Trefferquote als Bruch an.

c) Ecce trifft 75 % ihrer Würfe. Wie viele ihrer 20 Würfe sind Treffer?

10. Wählt in verschiedenen Büchern eine Seite aus und zählt 100 Wörter ab.
Legt eine Strichliste an, wie viele Buchstaben die einzelnen Wörter haben.
Zeichnet ein Säulendiagramm.
Vergleicht eure Ergebnisse.

11. Bei einer Befragung unter 100 zufällig ausgewählten Jugendlichen wurde auch nach den beliebtesten Klubs der Fußball-Bundesliga gefragt. Mehrfachnennungen waren möglich.

a) Bestimme die relativen Häufigkeiten. Führe die Summenprobe durch. Was stellt du fest? Erkläre.

b) Zeichne ein Säulendiagramm.

c) Tom schlägt vor, auch ein Kreisdiagramm zu zeichnen. Was meinst du?

Vertiefen

12. An einer Ortseinfahrt wird die Höchstgeschwindigkeit auf 50 km/h begrenzt. Die Polizei kontrolliert die Geschwindigkeit der Fahrzeuge. Hier ist das Ergebnis:

Geschwindigkeit (in km/h)	bis 40	über 40 bis 50	über 50 bis 60	über 60 bis 70	über 70
Anzahl der Fahrzeuge	5	92	66	13	4

a) Stelle das Ergebnis in einem Säulendiagramm dar.

b) Zeichne ein Kreisdiagramm zu den Daten.

c) Erst ab 60 km/h ist ein Bußgeld fällig. Wie viel Prozent der überprüften Autofahrer müssen ein Bußgeld zahlen?

d) Zwei Wochen später werden an derselben Stelle 200 Autos kontrolliert. Die Daten sind in einem Kreisdiagramm dargestellt. Berechne die zugehörigen absoluten Häufigkeiten.

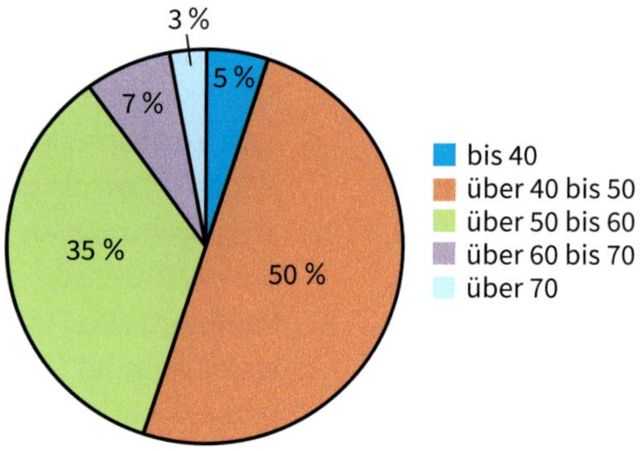

e) Bei welcher Messung war die relative Häufigkeit der zu schnellen Fahrer höher?

13. Entnimm dem Zeitungsartikel rechts eine nicht genannte Angabe.

Neustadt wird immer jünger

In die Neubaugebiete ziehen immer mehr junge Familien mit Kindern. Ein Fünftel der Bevölkerung ist unter 18 Jahre alt. 42 % der Einwohner sind volljährig, aber unter 40. Der Anteil der Personen über 65 liegt bei 15 %.

14. Die Schüler und Schülerinnen einer Schule kommen aus vier Orten: Astadt, Behausen, Cedorf und Dedorf. Die Schulleiterin schätzt, dass $\frac{1}{4}$ der Schüler aus Astadt, $\frac{1}{3}$ aus Behausen und $\frac{1}{5}$ aus Dedorf kommen.

a) Lege eine Häufigkeitstabelle an und zeichne ein Kreisdiagramm.

b) Die Schule hat 753 Schülerinnen und Schüler. Bestimme die Anzahl der Kinder aus den einzelnen Orten, die sich aus dieser Schätzung ergibt.

15. In einer Stichprobe beträgt der Anteil der Fahrschüler $\frac{2}{5}$. Die Stichprobe enthält 28 Fahrschüler. Wie groß ist die Stichprobe?

16. Führt in eurer Klasse eine Umfrage nach dem Lieblingssong (oder zu einem selbst gewählten Thema) durch. Gestaltet mit den Ergebnissen verschiedene Plakate mit Säulen-, Streifen- und Kreisdiagrammen.
Hängt sie in eurem Klassenraum aus und vergleicht sie.

17. Die Klasse 6 b hat eine Umfrage zu ihrer Lieblingssportart durchgeführt. Dabei wurden die Ergebnisse an der Tafel festgehalten. In der Pause wischt Tim einige Einträge weg. Welche waren es?

	Absolute Häufigkeit	Relative Häufigkeit
Fußball	7	
Basketball	6	24 %
Tanzen		
Badminton		16 %
Handball	1	
keine	1	

18. In Annas Heimatort soll die Fußgängerzone in der Innenstadt erweitert werden.
Anna hat eine Umfrage unter ihren Mitschülern und Mitschülerinnen durchgeführt: 68 von 112 sind für die Erweiterung.
Christoph hat an einem Nachmittag 86 Passanten in der Fußgängerzone befragt: 62 befürworteten eine Erweiterung.
Hanna hat eine Umfrage in ihrer Nachbarschaft durchgeführt: 12 von 64 Personen wünschen eine Erweiterung.
Anna sagt: „Jetzt wissen wir immer noch nicht, ob die Erweiterung gewünscht ist.“
a) Was meinst du dazu?
b) Beschreibe, wie die drei vorgehen sollten, um ein aussagekräftiges Ergebnis zu erhalten.

Herausfordern

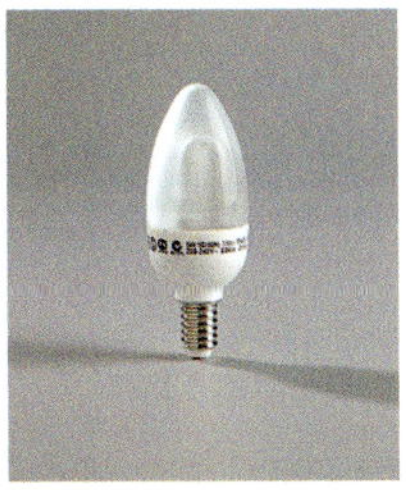

19. Die Qualität einer neuen Maschine zur Herstellung von Energiesparlampen soll überprüft werden. Dazu wird aus 80 000 produzierten Lampen eine Stichprobe von 1200 Lampen entnommen.
Bei der Kontrolle dieser 1200 Lampen fand man 9, bei denen die Farbbeschichtung nicht in Ordnung war. Schätze, wie viele Lampen in der Gesamtproduktion vermutlich unzureichend waren.

20. Als Familie bezeichnet man alle Eltern-Kind-Gemeinschaften, also Ehepaare mit Kindern, gemischtgeschlechtliche und gleichgeschlechtliche Lebensgemeinschaften mit Kindern sowie alleinerziehende Mütter und Väter mit Kindern.
a) Fasse die Daten zusammen und stelle in einem Kreisdiagramm dar, wie viele Familien mit 1, 2, 3 oder mehr Kindern es gibt.
b) Ein Meinungsforschungsinstitut möchte eine repräsentative Stichprobe an 500 Familien mit Kindern durchführen. Wie sollte sich diese Stichprobe zusammensetzen?

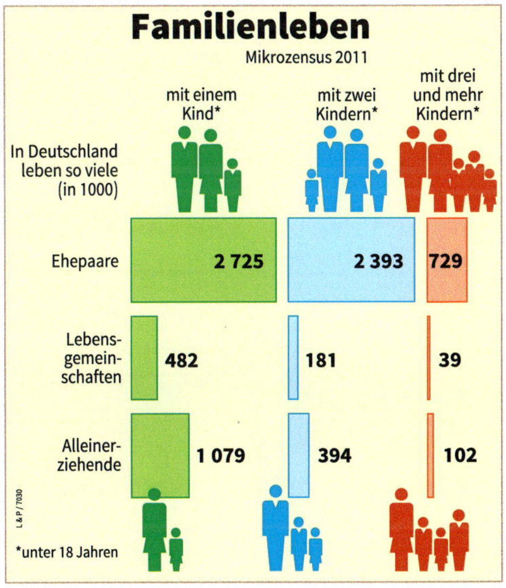

Diagramme mit dem Computer

Mit einem Tabellenkalkulationsprogramm kannst du am Computer Daten schnell auswerten. Es gibt verschiedene Tabellenkalkulationsprogramme. Du musst selbst prüfen, wie du die folgenden Beispiele mit deinem Programm darstellen kannst.

Gib in dein Tabellenkalkulationsprogramm die in der Abbildung dargestellten Haushaltsabfälle ein, die 2010 je Einwohner gesammelt wurden. Die Gesamtmenge der Wertstoffe berechnet das Kalkulationssprogramm automatisch, wenn du in der Zelle B10 folgende Formel eingibst: **=Summe(B4:B9)**

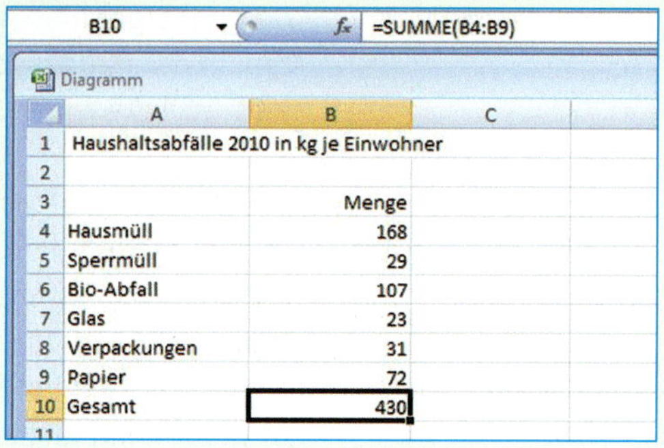

B10 =SUMME(B4:B9)

	A	B	C
1	Haushaltsabfälle 2010 in kg je Einwohner		
2			
3		Menge	
4	Hausmüll	168	
5	Sperrmüll	29	
6	Bio-Abfall	107	
7	Glas	23	
8	Verpackungen	31	
9	Papier	72	
10	Gesamt	430	

In den Zellen C4 bis C9 berechnest du die Anteile folgendermaßen:
In der Zelle C4 gibst du die Formel **=B4/B10** und Entsprechendes in den Zellen C5 bis C9 ein.
Wähle im Menü *Format...Zellen...Zahlen* für die Zellen C4 bis C9 die Formatierung *Prozent mit einer Dezimalstelle.*

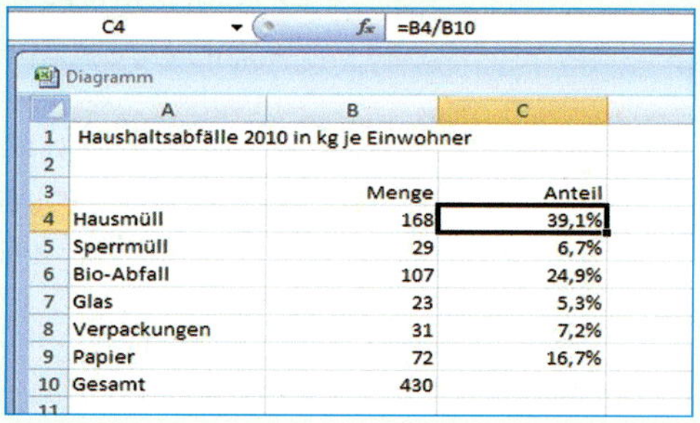

C4 =B4/B10

	A	B	C
1	Haushaltsabfälle 2010 in kg je Einwohner		
2			
3		Menge	Anteil
4	Hausmüll	168	39,1%
5	Sperrmüll	29	6,7%
6	Bio-Abfall	107	24,9%
7	Glas	23	5,3%
8	Verpackungen	31	7,2%
9	Papier	72	16,7%
10	Gesamt	430	

Wir wollen nun die Verteilung der Haushaltsabfälle auf die einzelnen Arten in unterschiedlichen Diagrammen darstellen. Dazu benötigen wir die Spalte mit den Anteilen nicht mehr. Markiere dazu zunächst mit der Maus den Bereich von A4 bis B9, also die Abfallart und die Mengen der verschiedenen Abfälle.

Über das Menü *Einfügen* kannst du nun einen Diagrammtyp auswählen, zum Beispiel hier ein Säulendiagramm.

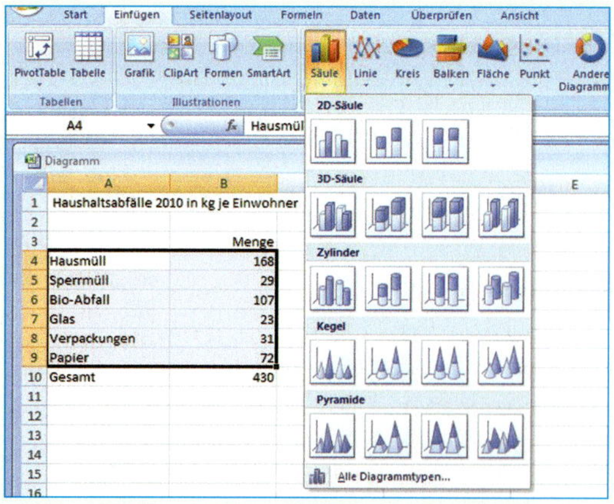

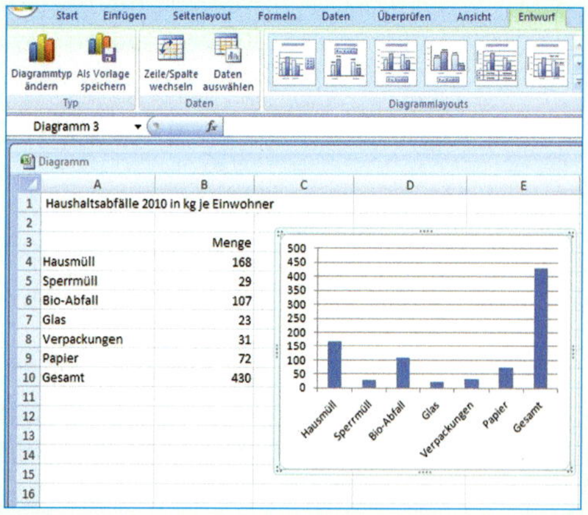

Mit einem Säulendiagramm kann man die Verhältnisse der Größen gut veranschaulichen. Wenn man allerdings die Anteile der einzelnen Abfallarten darstellen möchte, so kann man dieses besser in einem Kreisdiagramm oder einem Balkendiagramm veranschaulichen. Beim Balkendiagramm muss man gestapelte Balken auswählen, damit der ganze Balken 100 % entspricht.

Kreisdiagramm:

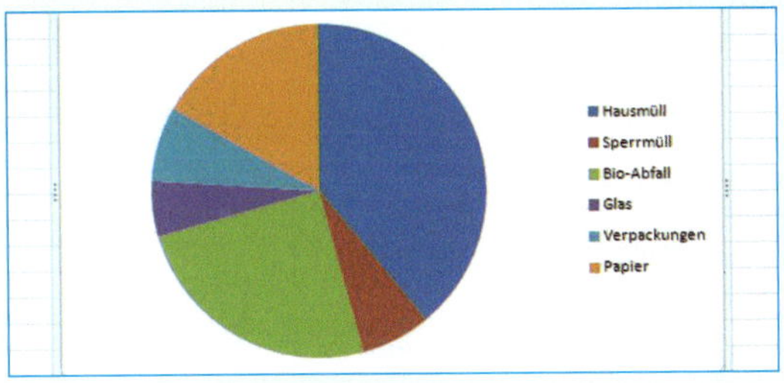

Balkendiagramm:

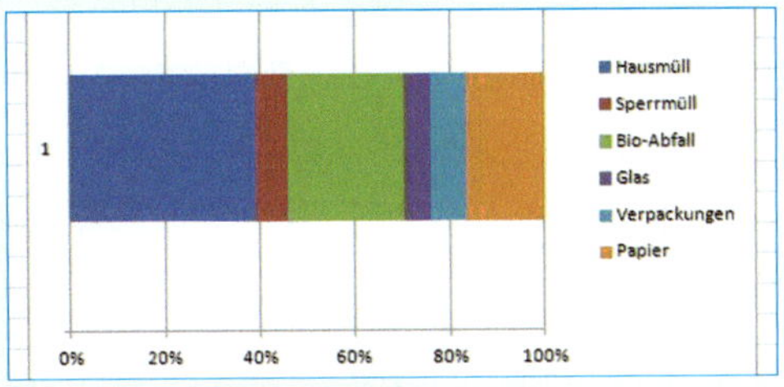

Anmerkung: Statt des gestapelten Balkendiagramms kann man auch ein gestapeltes Säulendiagramm verwenden.

Tabellenkalkulationsprogramme bieten auch die Möglichkeit, Diagramme räumlich darzustellen (sogenannte 3D-Darstellungen). Mit der rechten Maustaste erhält man die Möglichkeit, die räumliche Ansicht über die Änderung von Winkeln zu verändern. Probiere das mit deinem Tabellenkalkulationsprogramm aus.

3D
Abkürzung für dreidimensional

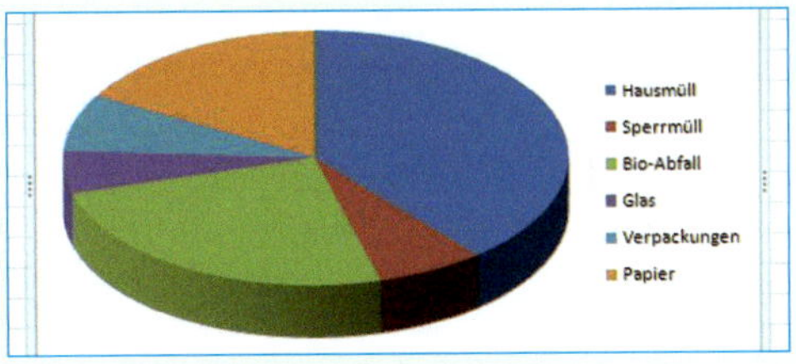

1. Im Schuljahr 2013/2014 gab es in Baden-Württemberg 1 038 264 Kinder an allgemeinbildenden Schulen, davon waren 34,4 % an Grundschulen, 12,2 % an Werkrealschulen, 23,1 % an Realschulen, 0,1 % an Gemeinschaftsschulen und 30,2 % an Gymnasien.
   a) Erstelle ein Tabellenblatt. Bestimme die absoluten Häufigkeiten und stelle sie in einem Kreisdiagramm oder einem 3D-Kreisdiagramm dar.
   b) Stelle die relativen Häufigkeiten in einem Säulendiagramm dar.
   c) Vergleiche die Darstellungen.

2. Von den im Jahr 2010 neu gebauten Wohnungen wurden 50 % mit Gas, 24 % mit Wärmepumpen, 13 % mit Fernwärme, 2 % mit Heizöl, 1 % mit Strom und 10 % mit sonstigen Energiearten beheizt. Die Beheizung aller im Jahr 2010 vorhandenen Wohnungen kannst du der Tabelle rechts entnehmen.
   a) Berechne für die Beheizung der insgesamt vorhandenen Wohnungen die Prozentsätze.
   b) Zeichne sowohl für die neu genehmigten als auch die insgesamt vorhandenen Wohnungen ein Diagramm und vergleiche die beiden. Formuliere in einem Satz, was dir auffällt.

Beheizung	Wohnungen
insgesamt	36 089 000
davon	
Gas	17 543 000
Öl	10 148 000
Holz	1 258 000
Strom	1 429 000
Fernwärme	4 741 000
Erdwärme	269 000
Kohle	282 000

5.2 Darstellung von Daten und ihre Wirkungen

Einstieg

Im Oktober 2014 lag der durchschnittliche Weltmarktpreis für 500 g Kaffee bei 222 US-Cent, im Oktober 2013 war er nur halb so hoch.
Für einen Zeitungsartikel wurden verschiedene Diagramme entworfen.
Welche der folgenden Darstellungen gibt den Preisanstieg angemessen wieder?
Begründet eure Antwort.

Aufgabe 1

Ein Fotogeschäft gibt zum Firmenjubiläum eine Werbebroschüre heraus.
Bestimmte Aussagen sollen durch bildliche Darstellungen hervorgehoben werden.
Vergleiche jeweils die beiden Vorschläge.

a) Aussage: „In den letzten fünf Jahren konnten wir den Umsatz vervierfachen."
Welcher Vorschlag stellt die Veränderung angemessen dar?

Vorschlag 1

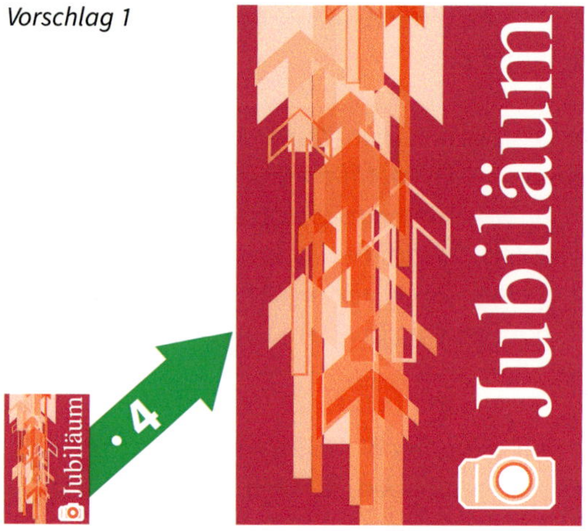

Vorschlag 2

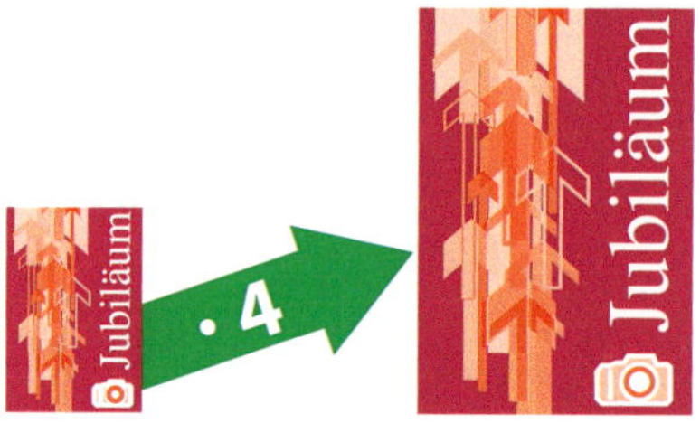

b) Aussage: „Durch Verwendung modernster Technologie konnte der Bedarf an giftigen Chemikalien halbiert werden."
Welcher Vorschlag stellt die Veränderung angemessen dar?
Betrachte dazu auch die Volumina der Würfel.

Vorschlag 1

Vorschlag 2

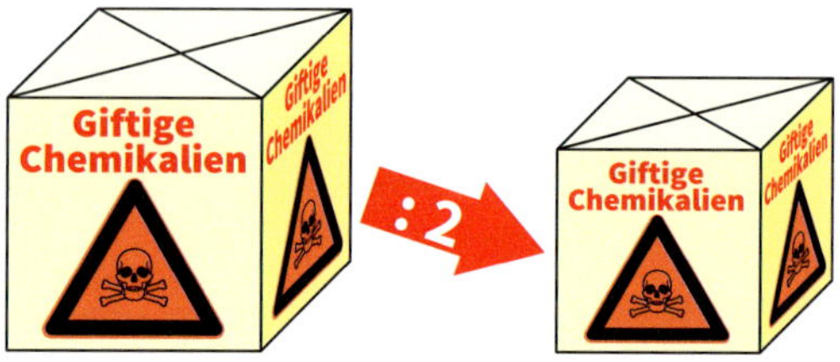

c) Aussage: „Unsere günstigen Preise haben den Trend zum Foto im Posterformat verstärkt.“ Vergleiche die beiden Vorschläge. Welcher Eindruck wird vermittelt?

Vorschlag 1

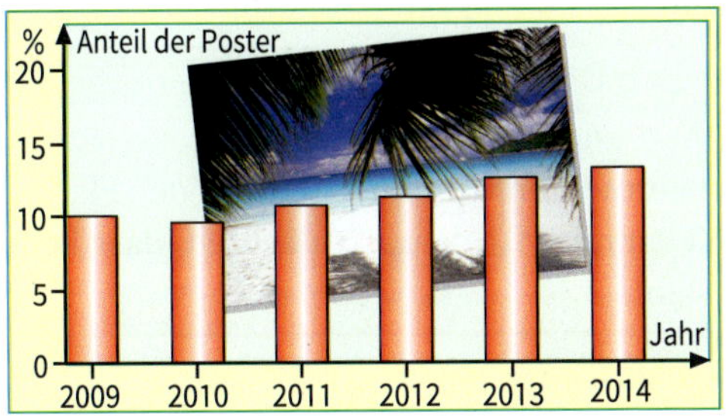

Vorschlag 2

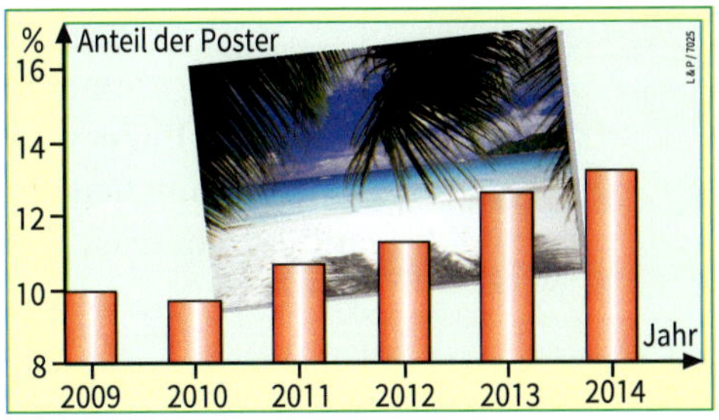

Lösung

a) Beim Vorschlag 1 wurden die Seitenlängen des ersten Fotos vervierfacht. Dadurch versechzehnfacht sich der Flächeninhalt.

Beim Vorschlag 2 wurden die Seitenlängen nur verdoppelt. Dadurch vervierfacht sich aber der Flächeninhalt. Daher gibt der Vorschlag 2 einen angemessenen Eindruck von der Veränderung, der Vorschlag 1 dagegen einen übertriebenen.

Vorschlag 1

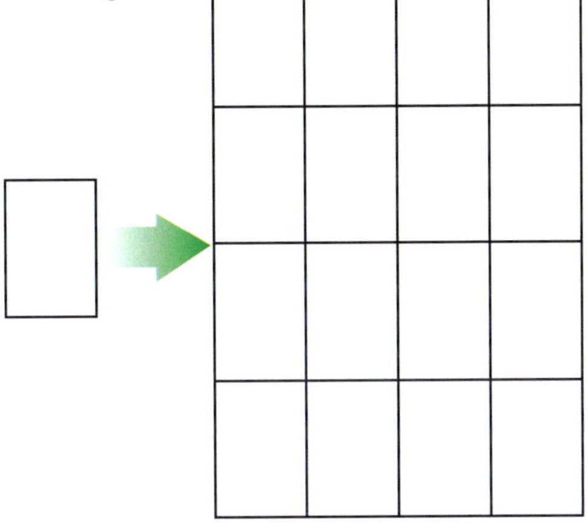

Vorschlag 2

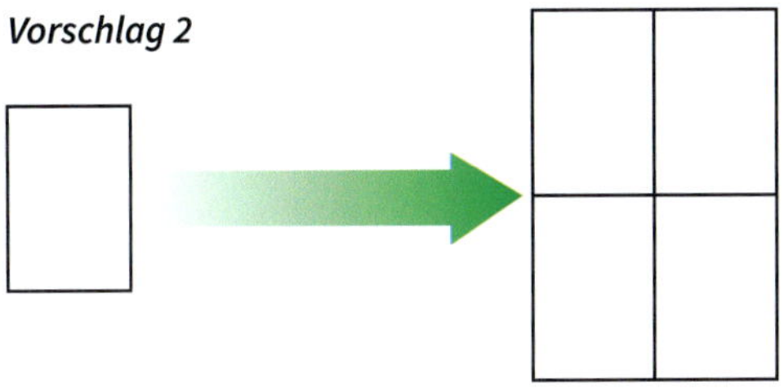

b) Bei Vorschlag (1) wurde jede Seitenlänge des großen Würfels halbiert. Dadurch beträgt das Volumen des kleinen Würfels (1 cm³) nur ein Achtel des Volumens des großen Würfels (8 cm³). Diese Abbildung stellt die Verringerung übertrieben dar.
Bei Vorschlag (2) betragen die Kantenlängen des kleinen Würfels 1,6 cm, sein Volumen damit ungefähr 4,1 cm³. Dies ist ungefähr die Hälfte vom Volumen des Ausgangswürfels.
Daher ist diese Darstellung angemessen.

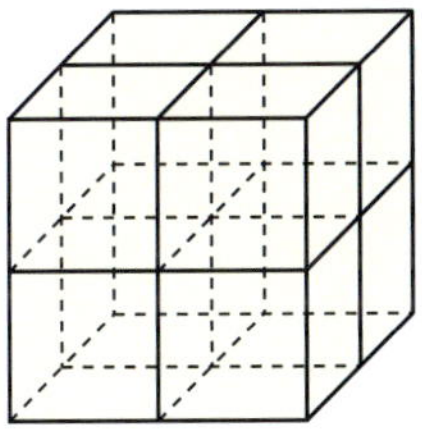

c) Bei Vorschlag (2) sieht die Zunahme des Poster-Anteils erheblich stärker aus.
Das liegt an der größeren Einteilung auf der Hochachse und daran, dass nicht bei 0 %, sondern erst bei 8 % begonnen wurde.

Information

(1) Wirkungen grafischer Darstellungen

In Aufgabe 1 haben wir gesehen, dass verschiedene grafische Darstellungen derselben Daten ganz unterschiedliche Wirkungen bei einem Betrachter hervorrufen können.

Durch die Art der grafischen Darstellung kann man einen gewünschten Eindruck bei dem Betrachter hervorrufen. Man sagt daher: Durch die Art der grafischen Darstellung von Häufigkeiten können Betrachter „manipuliert“ werden.

(2) Darstellungen mit Flächen und Körpern

Bei flächenhaften Darstellungen achten wir unbewusst auf den Flächeninhalt, bei körperhaften auf das Volumen. Bei der Zeichnung ist darauf zu achten, dass kein übertriebener Eindruck von einer Veränderung entsteht.

Veranschaulicht man Daten durch Rechtecke oder Quader, so muss Folgendes berücksichtigt werden: Eine Verdoppelung der Seitenlängen eines Rechtecks führt zu einer Vervierfachung des Flächeninhalts. Eine Verdoppelung der Kantenlängen eines Quaders führt sogar zu einer Verachtfachung des Volumens.

Üben

2. Die Anzahl der Haushalte mit Flachbildschirm-Fernsehgeräten stieg von 2009 bis 2014 in Deutschland auf das Doppelte an. Stelle fest, ob die Abbildung diese Veränderung angemessen darstellt. Miss dazu die Seitenlängen der Bildschirme.

3. Die Verbreitung von Personalcomputern (PC) hat in den letzten Jahren rasant zugenommen. Stand 1993 in Deutschland gerade einmal in jedem fünften Haushalt ein PC, so verfügten 2009 bereits vier Fünftel aller Haushalte über einen oder mehrere PC. Zeichne eine Darstellung mit Rechtecken für die Monitorbildschirme, die diese Veränderung angemessen wiedergibt.

4. Die Nutzung von QR- und Strichcodes hat sich im Verlauf des Jahres 2010 verachtfacht.
Zeichne eine Darstellung mit Quadern für Smartphones, die diese Veränderung angemessen wiedergibt.

Vertiefen

5. a) Vergleicht die Darstellungen in beiden Grafiken. Welche Form wurde gewählt? Widersprechen sich die Angaben?

b) Überlegt andere Möglichkeiten der Darstellung und zeichnet sie.

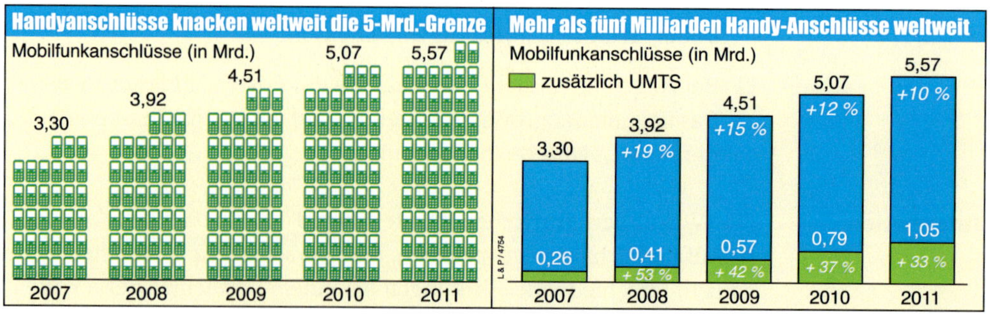

Mit einem Programm kannst du leicht die Wirkung von Diagrammen ausprobieren.

6. Die Grafik rechts wurde im Januar 2002 veröffentlicht, als überlegt wurde, ein Pfand auf Getränkedosen einzuführen.
Zeichne eine Grafik, die gut zu der Überschrift „Mehrwegverpackungen immer noch an der Spitze“ passt.

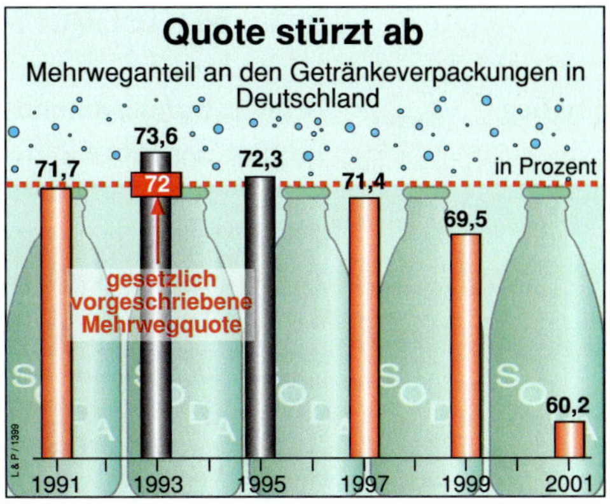

7. Die Mitgliederzahl eines Sportvereins ist in den letzten Jahren angestiegen.

Jahr	2011	2012	2013	2014	2015
Anzahl	1021	1063	1109	1152	1197

Der Präsident meint: „Unsere persönliche Betreuung der Mitglieder hat die Anzahl nicht nur halten, sondern sogar etwas steigern können.“ Der Jugendwart meint: „Das zunehmende Angebot an Funsportarten hat zu einem enormen Mitgliederzuwachs geführt.“
Zeichne ein Säulendiagramm für den Präsidenten und eines für den Jugendwart.

8. Die Größe der Erdbevölkerung betrug Mitte des Jahres 2012:

Afrika	1072 000 000
Amerika	948 000 000
Asien	4 260 000 000
Europa	740 000 000
Australien und Ozeanien	37 000 000

Welcher Eindruck entsteht durch das Bild?

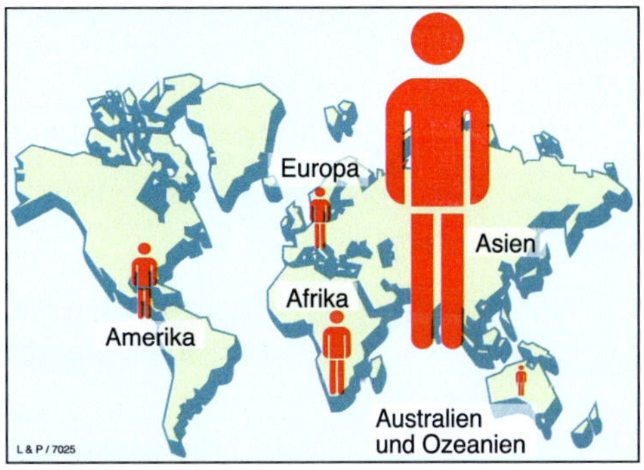

9. Sucht in Zeitungen und Zeitschriften nach Darstellungen, die einen unangemessenen Eindruck hervorrufen. Hängt die Beispiele zusammen mit eigenen besseren Darstellungen des jeweiligen Sachverhalts im Klassenraum aus. Ihr könnt auch einen Leserbrief schreiben.

Herausfordern

10. a) Beschreibe die Grafik rechts. Welche Daten kannst du ihr entnehmen?
b) Begründe, warum diese Grafik ungeeignet ist um den Sachverhalt darzustellen und erstelle eine eigene bessere Darstellung.

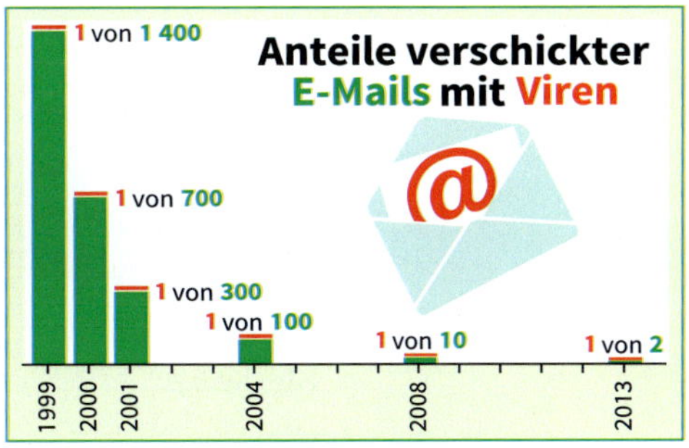

5.3 Mittelwert

Einstieg

Bei den Bundesjugendspielen hat die Riege 1 den besten Weitspringer mit 4,24 m gestellt. Die Schüler der Riege 2 glauben aber, dass sie im Durchschnitt besser gesprungen sind.

RIEGE 1		RIEGE 2	
Lukas	3,71 m	Niklas	3,87 m
Tim	4,16 m	Philip	3,94 m
Jonas	4,03 m	Tom	3,75 m
Leon	3,65 m	Marvin	4,04 m
Maximilian	3,82 m	Florian	4,12 m
Erdal	3,58 m	Daniel	3,66 m
Jannik	3,86 m	Niko	3,91 m
Felix	4,24 m	Osman	4,06 m
Georgios	3,93 m	Finn	4,03 m
Lennard	4,04 m	Tobias	3,83 m
Alexander	3,98 m	Roberto	3,85 m
Kevin	3,77 m	Moritz	3,98 m
Pascal	3,80 m		

Aufgabe 1

Berechnen des Mittelwerts

Die sechsten Klassen sammelten in Vierergruppen für eine Aktion.

a) Die 6 a und 6 b haben folgendes Sammelergebnis erhalten:

Gruppe	I	II	III	IV	V	VI	VII
Klasse 6 a	225 €	190 €	170 €	205 €	245 €	210 €	190 €
Klasse 6 b	130 €	245 €	220 €	265 €	185 €	230 €	–

Welche Klasse ist die „bessere Sammelklasse“?

b) Vergleiche auch mit der Klasse 6 c, in der eine Vierergruppe 204 €, drei Vierergruppen je 192 € und vier Vierergruppen je 215 € gesammelt haben.

Lösung

a) Die Klasse 6 a hat insgesamt 1 435 € gesammelt, während die Klasse 6 b es auf 1 275 € brachte. Damit übertrifft die Klasse 6 a die Klasse 6 b um 160 €.
Die Klasse 6 a hat aber eine Gruppe mehr. Dies wollen wir berücksichtigen.
Die Klasse 6 a kam mit 7 Gruppen auf 1435 €. Wenn man den Gesamtbetrag auf die 7 Gruppen gleichmäßig verteilt, erhält man 1 435 € : 7, also 205 € je Gruppe.
Die entsprechende Rechnung für die Klasse 6 b liefert 1 275 € : 6, also 212,50 €.
Die Klasse 6 b ist die bessere Sammelklasse, denn bei ihr liegt der durchschnittliche Wert der Beträge um 7,50 € höher als bei der Klasse 6 a.

b) In Klasse 6 c haben acht Vierergruppen gesammelt.
Wir berechnen auch hier den Gesamtbetrag und verteilen ihn gleichmäßig auf die acht Vierergruppen.

$$\frac{1 \cdot 204\,€ + 3 \cdot 192\,€ + 4 \cdot 215\,€}{8} = \frac{1640\,€}{8} = 205\,€$$

Die Klasse 6 c sammelte in jeder Vierergruppe im Mittel 205 €, also genau so viel wie in der Klasse 6 a.

Information

Zum Vergleich der Sammelergebnisse der Klassen wurde für jede Klasse der *Mittelwert (Durchschnittswert)* berechnet. Entsprechend kann man bei allen Daten verfahren, mit denen Rechnungen durchgeführt werden können.

So berechnet man den **Mittelwert** (das *arithmetische Mittel*) von mehreren Werten:
Addiere die Werte und dividiere die Summe durch die Anzahl der Werte.

Beispiel:
2,36 kg; 1,42 kg; 3,78 kg
Rechnung:
$$\frac{2{,}36\,\text{kg} + 1{,}42\,\text{kg} + 3{,}78\,\text{kg}}{3} = \frac{7{,}56\,\text{kg}}{3} = 2{,}52\,\text{kg}$$

Ergebnis: Der Mittelwert ist 2,52 kg.

Kommen Werte mehrfach vor, kann man den Mittelwert so berechnen:
Multipliziere jeden Wert mit seiner absoluten Häufigkeit, addiere diese Ergebnisse und dividiere durch die Summe aller absoluten Häufigkeiten.

Beispiel:

Wert	2,7 m	3,1 m	3,6 m
Häufigkeit	2	5	3

Rechnung:
$$\frac{2 \cdot 2{,}7\,\text{m} + 5 \cdot 3{,}1\,\text{m} + 3 \cdot 3{,}6\,\text{m}}{2 + 5 + 3} = \frac{31{,}7\,\text{m}}{10} = 3{,}17\,\text{m}$$

Ergebnis: Der Mittelwert ist 3,17 m.

Den größten Wert einer Datenmenge nennt man **Maximum**, den kleinsten Wert **Minimum**.
Beispiel: Daten: 5; 2; 7; 7; 9; 7; 3 Maximum: 9 Minumum: 2

Weiterführende Aufgabe

Ausgleichseigenschaft des Mittelwerts

2. a) Rechts ist das Sammelergebnis der Klasse 6 a aus Aufgabe 1 im Säulendiagramm dargestellt. Die rote Linie kennzeichnet den Mittelwert.
Vergleiche die Abweichungen der Sammelergebnisse vom Mittelwert.

b) Zeichne selbst ein Säulendiagramm für das Sammelergebnis der Klasse 6 b aus Aufgabe 1.

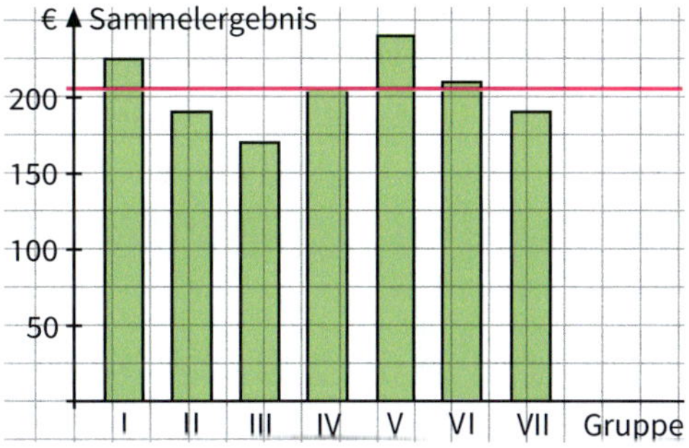

Üben

3. Eine Bäckerei entnimmt ihrer Tagesproduktion eine Stichprobe von 20 Broten und kontrolliert deren Gewicht (in g).

502	513	498	504	512	503	514	507	515	495
500	509	520	499	518	507	516	522	503	505

a) Bestimme den Mittelwert.
Erläutere auch, warum die Kontrolle an mehreren Broten erfolgt.

b) Bestimme auch Maximum und Minimum.

4. Die Schüler und Schülerinnen von 6. Klassen wurden nach ihrem monatlichen Taschengeld befragt:

20 €;	20 €;	12 €;	15 €;	15 €;	12 €;	20 €;	25 €;	12 €;	15 €;	20 €;	12 €;	15 €;	8 €;
12 €;	20 €;	12 €;	8 €;	8 €;	12 €;	15 €;	5 €;	12 €;	15 €;	15 €;	15 €;	20 €;	8 €

Bestimme den Mittelwert, das Minimum und das Maximum.

Vertiefen

5. In einer 6. Klasse wurde die Anzahl der Atemzüge pro Minute und die Anzahl der Pulsschläge pro Minute gezählt.

a) Zeichne jeweils ein Säulendiagramm.

b) Ermittle jeweils den Mittelwert, das Maximum und das Minimum.

c) Macht eine entsprechende Erhebung in eurer Klasse.

Anzahl der Atemzüge	17	18	19	20	21	22	23
Anzahl der Schüler	1	3	7	11	8	2	1

Anzahl der Pulsschläge	58	59	60	61	62	63	64	65	66	67	68	69	70	71
Anzahl der Schüler	1	0	0	2	3	0	5	2	1	2	4	1	2	2

6. Rechts findest du die Anzahl der Fehler von Monika und Alexa in den Englisch-Vokabeltests des letzten Monats.

Alexa	4	2	2	1
Monika	5	4	2	1

Alexa sagt: „Meine durchschnittliche Fehleranzahl liegt bei 2,25, denn $\frac{4+2+2+1}{4} = 2{,}25$."

Monika sagt: „Meine durchschnittliche Fehleranzahl liegt nur bei 2,125." Ihre Begründung:

Durchschnitt nach Test 1: $\frac{5+4}{2} = 4{,}5$ Durchschnitt nach Test 2: $\frac{4{,}5+2}{2} = 3{,}25$ Durchschnitt nach Test 3: $\frac{3{,}25+1}{2} = 2{,}125$

7. a) Gib zwei verschiedene Stichproben mit jeweils mindestens 4 Werten an, deren Mittelwert 12 ist.

b) Gib zwei verschiedene Stichproben mit jeweils mindestens 4 Werten an, deren Minimum 4 und deren Maximum 20 ist und deren Mittelwerte übereinstimmen.

c) Gib eine Stichprobe mit den folgenden Eigenschaften an:

(1) der Mittelwert ist der häufigste Wert;

(2) der Mittelwert kommt in der Stichprobe nicht vor;

(3) der Mittelwert ist kleiner als der häufigste Wert.

Herausfordern

8. Bei einem Turnwettkampf erhält ein Teilnehmer folgende Wertungen:

8,5; 8,9; 8,6; 9,0; 8,6; 8,4; 9,2

a) Berechne das arithmetische Mittel.

b) Warum werden bei solchen Turnwettkämpfen im Allgemeinen die höchste und die niedrigste Punktzahl nicht berücksichtigt?

Das kann ich noch!

A) Rechne in die jeweils in Klammern angegebene Einheit um.

1) 5 cm (m)	4) 243 cm³ (ℓ)	7) 20 g (kg)	10) 200 ℓ (m³)
2) 5 cm² (m²)	5) 500 mℓ (cm³)	8) 70 s (min)	11) 2,5 h (min)
3) 1000 cm³ (m³)	6) 2 ha (m²)	9) 150 ha (km²)	12) 0,04 m² (cm²)

Durchführen einer statistischen Erhebung

Wenn man eine statistische Erhebung durchführen und auswerten will, muss man in der Regel vier Schritte durchführen:

1. **Planen:** Dazu gehört z. B. das Auswählen und Formulieren der zu stellenden Fragen, das Festlegen der Stichprobe, die Entscheidung über den Zeitpunkt der Erhebung. Es ist darauf zu achten, dass eine für die Gesamtheit repräsentative Stichprobe ausgewählt wird.
   Beispiele:
   a) Eine Klasse meint, dass das Verkehrsaufkommen in der Nähe der Schule gefährlich hoch ist. Die Schülerinnen und Schüler planen, wie viele Gruppen den Verkehr zählen sollen und wann und wie lange gezählt werden soll.
   b) Ein Großhändler befürchtet, dass eine Lieferung von Apfelsinen zu viele schlechte enthält. Er plant, wie groß seine Stichprobe sein soll.

2. **Daten erheben:** Dazu gehört das Notieren der Daten in einen Erhebungsbogen.
   Beispiele:
   a) Die Schüler legen eine Strichliste an, um die Anzahlen festzustellen.
   b) Der Großhändler zählt, wie viele Apfelsinen nicht einwandfrei sind.

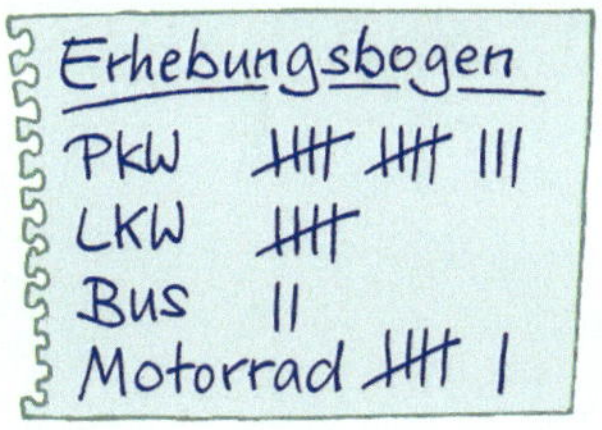

3. **Daten aufbereiten und auswerten:** Die erhobenen Daten werden in Tabellen oder Diagrammen zusammengefasst. Es können z. B. relative Häufigkeiten und der Mittelwert bestimmt werden.

4. **Folgerungen:** Schließlich wird man aus den Ergebnissen noch Folgerungen ziehen.
   Beispiele:
   a) Die Verkehrsdaten können der Stadtverwaltung übergeben werden, damit diese auf dieser Grundlage entscheidet, ob der Straßenverkehr zumutbar ist oder nicht.
   b) Der Großhändler kann auf der Grundlage seiner Stichprobe abschätzen, wie viele faule Apfelsinen die ganze Lieferung enthält. Er kann damit entscheiden, ob er die gesamte Lieferung annehmen oder ablehnen will.

Anregungen für Gruppen- und Partnerarbeit

Du kannst zusammen mit einem oder mehreren deiner Mitschüler auch selbst statistische Erhebungen durchführen. Bereitet die Ergebnisse so auf, dass sie in der Schülerzeitung oder auf der Homepage der Schule veröffentlicht werden können. Hier einige Vorschläge – ihr findet sicherlich noch mehr:

- Was halten Schüler der Klassen 5 bis 10 vom Lesen? Welche Bücher sind beliebt?
- Was halten Schüler der Klassen 5 bis 10 vom Sport? Welche Sportarten sind bei den Schülern deiner Schule am beliebtesten? Welche Sportarten werden von ihnen selbst ausgeführt, welche Sportarten gern im Fernsehen betrachtet?
- Was halten Schüler der Klassenstufen 5 bis 10 von Computerspielen? Wie groß ist die absolute und die relative Häufigkeit der Schüler, die selbst Computerspiele haben?
- Wie viel Zeit müssen die Schüler deiner Klasse für die Anfertigung von Hausaufgaben aufbringen? Wie stark unterscheiden sich die einzelnen Fächer darin?

Ihr könnt euer Vorgehen auch im Lerntagebuch dokumentieren.

Das Wichtigste auf einen Blick

Absolute und relative Häufigkeit

Die **absolute Häufigkeit** gibt an, wie oft etwas vorkommt.
Die **relative Häufigkeit** gibt den Anteil an.
Relative Häufigkeiten gibt man als Brüche, Dezimalbrüche oder in Prozent an. Die Summe der relativen Häufigkeiten ist immer 1.

Beispiel:
430 Befragte (in einer Stichprobe aus 1000 Personen) haben als Lieblingsverein den VfB Stuttgart angegeben. Die relative Häufigkeit der VfB-Fans ist:
$\frac{430}{1000} = 0{,}43 = 43\,\%$

Mittelwert

Der **Mittelwert** (das arithmetische Mittel) ist die Summe aller Werte dividiert durch die Anzahl.

Beispiel: 3 Ponys wiegen je 360 kg und 2 Ponys wiegen je 370 kg. Das arithmetische Mittel ist: $\frac{3 \cdot 360\,\text{kg} + 2 \cdot 370\,\text{kg}}{5} = 364\,\text{kg}$

Minimum

Das Minimum ist der kleinste Wert einer Datenmenge

Beispiel: Datenmenge: 3; 5; 3; 7; 3; 3
Minimum: 3

Maximum

Das Maximum ist der der größte Wert einer Datenmenge.

Beispiel: Datenmenge: 3; 5; 11; 3; 7
Maximum: 11

Bist du fit?

1. Ein Gymnasium mit 925 Schülerinnen und Schülern will verschiedene Aktivitäten am Nachmittag anbieten. Die Schülervertretung führt eine Pausenumfrage zu den Schülerwünschen durch. Rechts siehst du das Ergebnis.

Hausaufgabenbetreuung	24 Schüler
Computerkurse	38 Schüler
Sport	1 Schüler
nicht interessiert	48 Schüler

a) Wie groß ist die Grundgesamtheit und wie groß ist der Umfang der Stichprobe?
b) Bestimme die relativen Häufigkeiten der Schüler, die sich für Angebote interessieren.
c) Stelle die Ergebnisse in einem Diagramm dar.
d) Mit wie vielen Schülern kann man jeweils für die Hausaufgabenbetreuung, die Computerkurse und den Sport rechnen?

2. a) Für eine 1-Liter-Vollmilch-Packung wurden in verschiedenen Geschäften folgende Preise ermittelt: 0,79 €, 0,65 €, 0,79 €, 0,89 €, 0,69 €, 0,99 €.
Bestimme den durchschnittlichen Preis.

b) Eine Molkerei kontrolliert ihre Abfüllmaschine:

Inhalt (in mℓ)	995	996	997	998	999	1000	1001	1002	1003	1004	1005
Anzahl der Packungen	2	3	5	10	15	21	20	11	5	4	2

Berechne den Mittelwert für den Inhalt.

6. Berechnungen an Vielecken und Kreisen

Als Grundstücksformen und Figuren an Körpern kommen nicht nur Rechtecke, sondern auch andere Vielecke vor. Häufig benötigt man deren Größe.

Die Grundstücke in dem rechts dargestellten Neubaugebiet sollen zu einem Preis von 95 € pro m^2 verkauft werden.

➜ Berechne den Preis des rechteckigen Grundstücks.

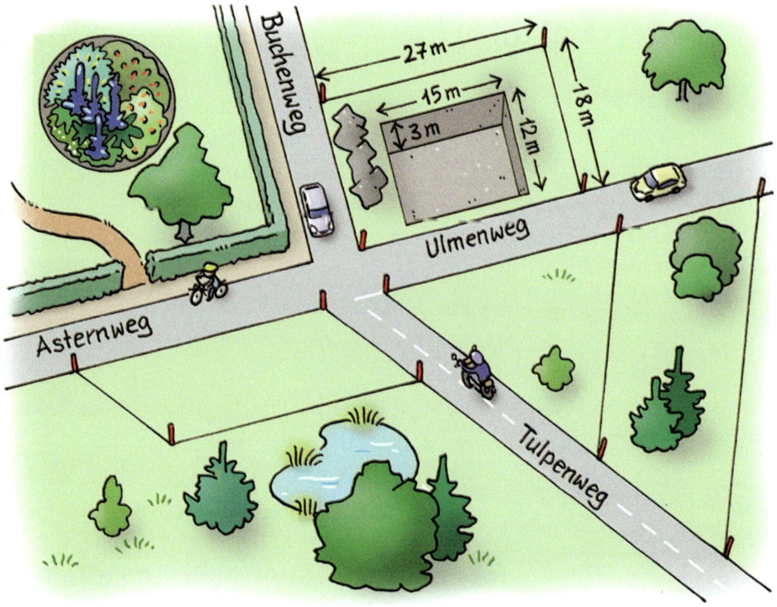

In diesem Kapitel …

lernst du, wie man den Flächeninhalt eines beliebigen Vielecks, insbesondere eines Dreiecks, eines Parallelogramms, eines Trapzes und eines Kreises berechnen kann.

Lernfeld: Wie groß ist … ?

Größen schätzen

Bei vielen Dingen muss man deren Größe gar nicht ganz genau wissen. Dort interessiert nur die ungefähre Größe. Um diese zu ermitteln muss man schätzen.

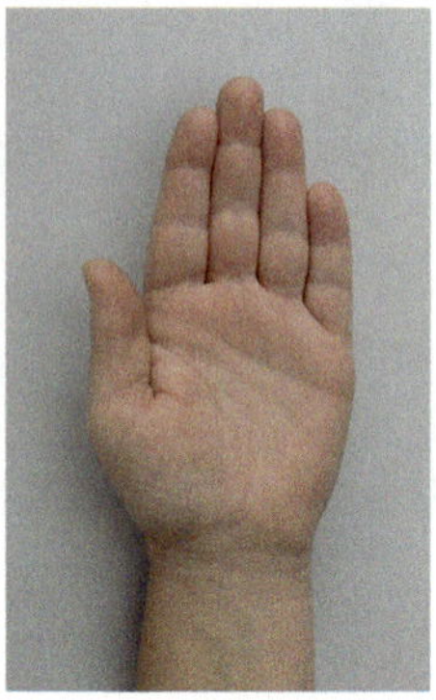

→ Schätze die Größe deiner Handfläche.

→ Wie viel Stoff benötigt man für ein T-Shirt?

→ Wie groß ist ein Daumenabdruck?

→ Wie viel Stoff benötigt man für das abgebildete Surfsegel?

→ Vergleicht eure Schätzungen und begründet sie. Wie genau sind die Schätzungen wohl?

Tangram

Tangram ist ein altes chinesisches Legespiel oder Puzzle, mit immer denselben 7 Teilen.

Bastele ein Tangram nach der Vorlage. Die Seitenlänge des Quadrats beträgt 16 cm.

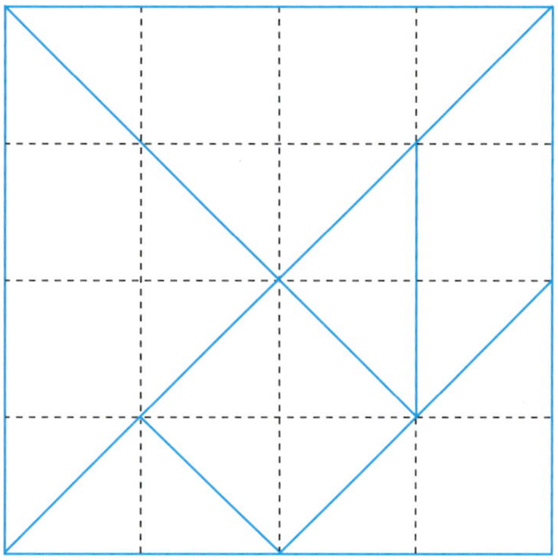

→ Lege die folgenden drei Figuren aus den Puzzleteilen.

→ Entscheide, welches die größte Figur ist. (Es wurden teilweise nicht alle Teile verwendet).

→ Erfinde selbst Figuren und lass deinen Nachbarn den Flächeninhalt bestimmen.

6.1 Flächeninhalt eines Dreiecks

Einstieg

Zeichnet auf Karton Dreiecke und bestimmt den Flächeninhalt.

(1) $|AB| = 8\,cm$; $|BC| = 6\,cm$; $\beta = 90°$

(2) $|AB| = 10\,cm$; $\alpha = 60°$; $\beta = 70°$

(3) $|AB| = 6\,cm$; $\alpha = 110°$; $\beta = 30°$

Aufgabe 1

Umfang und Flächeninhalt eines Dreiecks

Das Grundstück rechts hat die Form eines Dreiecks (siehe auch Seite 191).

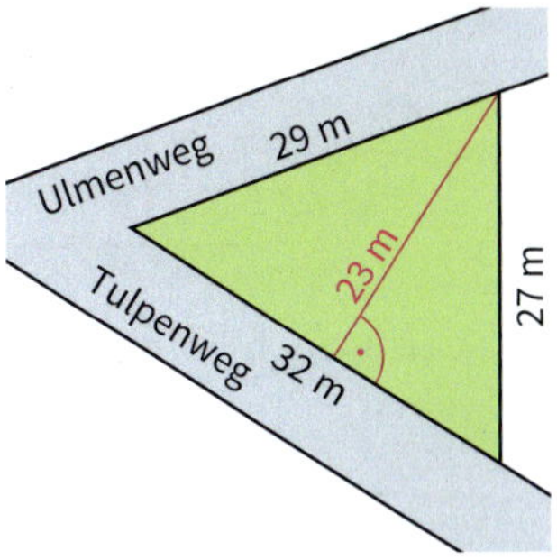

a) Das Grundstück soll eingezäunt werden. Wie lang wird der Zaun?

b) Bestimme den Flächeninhalt des Grundstücks.

Lösung

a) Die Länge des Zauns ist die Summe der Seitenlängen, also der Umfang u des Dreiecks: $u = 29\,m + 32\,m + 27\,m = 88\,m$
Ergebnis: Der Zaun ist 88 m lang.

Strategie: Zurückführen auf ein Rechteck durch Zerlegen und Ergänzen

b) Wir führen das Problem auf eine Rechtecksberechnung zurück.
Wir zerlegen das Dreieck in zwei rechtwinklige Dreiecke. Diese kann man jeweils zu einem doppelt so großen Rechteck ergänzen. Man erhält insgesamt ein Rechteck mit den Seitenlängen 32 m und 23 m. Es ist doppelt so groß wie das Dreieck.
Der Flächeninhalt des Rechtecks beträgt $32\,m \cdot 23\,m$.
Dann ist das Dreieck nur halb so groß:
$A = \frac{1}{2} \cdot 32\,m \cdot 23\,m = 368\,m^2$
Ergebnis: Das Grundstück ist $368\,m^2$ groß.

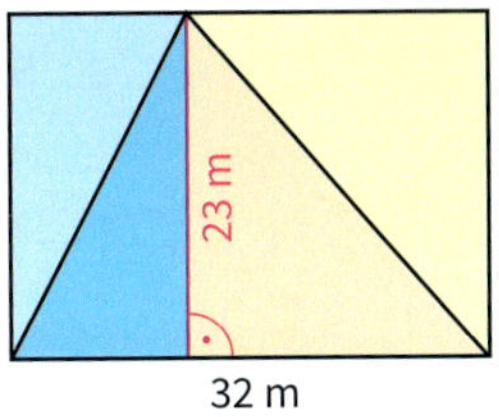

Information

Bezeichnungen im Dreieck:

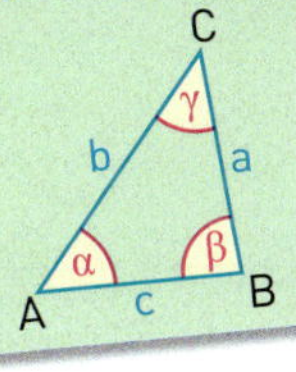

(1) Wiederholung: Bezeichnungen im Dreieck

Winkel α liegt am Eckpunkt A; gegenüber liegt die Seite a.
Winkel β liegt am Eckpunkt B; gegenüber liegt die Seite b.
Winkel γ liegt am Eckpunkt C; gegenüber liegt die Seite c.
Beim Berechnen des Flächeninhalts eines Dreiecks benötigt man den Abstand eines Eckpunkts von der gegenüberliegenden Seite.

(2) Höhen im Dreieck

Unter den **Höhen** eines Dreiecks versteht man die Abstände der Eckpunkte von den gegenüberliegenden Seiten bzw. deren Verlängerungen.
Beispiel:
h_c ist der Abstand des Eckpunktes C von der Seite $\overline{AB}$ bzw. deren Verlängerung.

stumpfwinkliges Dreieck: zwei Höhen liegen außerhalb

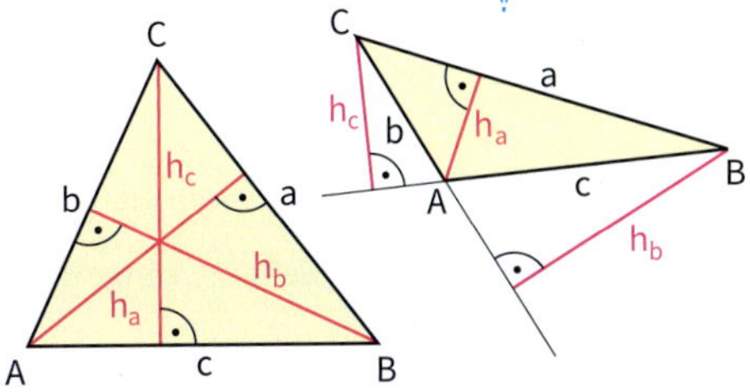

(3) Flächeninhalt eines Dreiecks

Zur Berechnung des Flächeninhalts eines Dreiecks muss man eine Seite als Grundseite auswählen.

Man erhält den **Flächeninhalt A eines Dreiecks**, indem man die Länge einer Seite g (Grundseite) mit der zugehörigen Höhe h multipliziert und das Ergebnis halbiert.

$\mathbf{A = \frac{1}{2} \cdot g \cdot h}$

Beispiel: g = 4 cm, h = 1,5 cm

$A = \frac{1}{2} \cdot g \cdot h = \frac{1}{2} \cdot 4\,cm \cdot 1{,}5\,cm = 3\,cm^2$

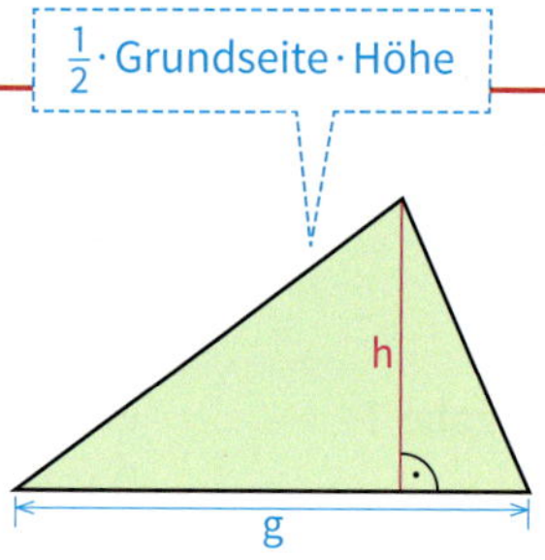

Weiterführende Aufgaben

Flächeninhaltsformel bei außen liegender Höhe

2. Bestätige am Beispiel rechts, dass die Formel für den Flächeninhalt des Dreiecks auch dann gilt, wenn die Höhe außerhalb liegt.
Prüfe, ob sich deine Überlegungen verallgemeinern lassen.

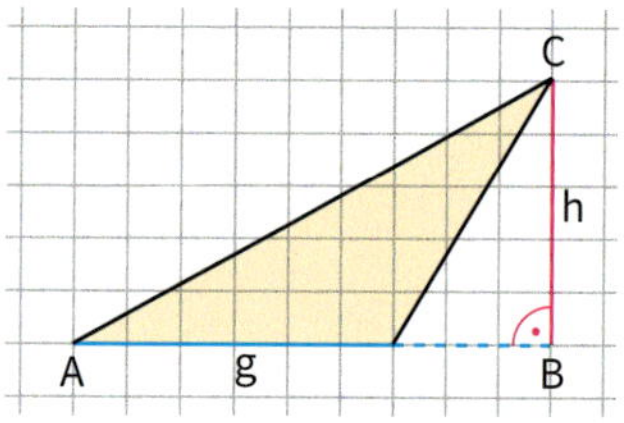

Verschiedene Dreiecke mit gleich langer Grundseite und Höhe

3. Berechne für jedes Dreieck den Flächeninhalt. Was fällt dir auf? Verallgemeinere.

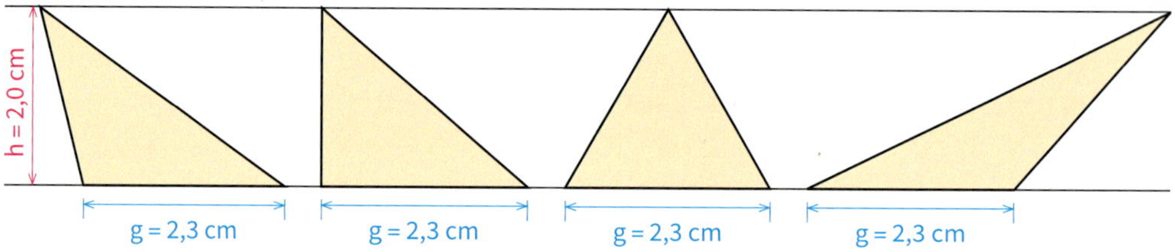

Üben

4. Berechne den Flächeninhalt des Dreiecks (Maße in cm).

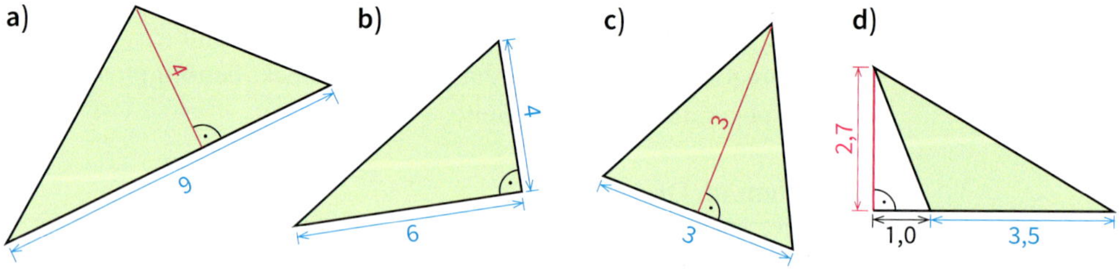

5. Übertrage das Dreieck PQR in dein Heft. Bestimme den Flächeninhalt des Dreiecks auf drei verschiedene Weisen. Fülle die Tabelle aus.

Seite	Länge der Seite	zugehörige Höhe	Flächeninhalt
$\overline{PQ}$			
$\overline{QR}$			
$\overline{RP}$			

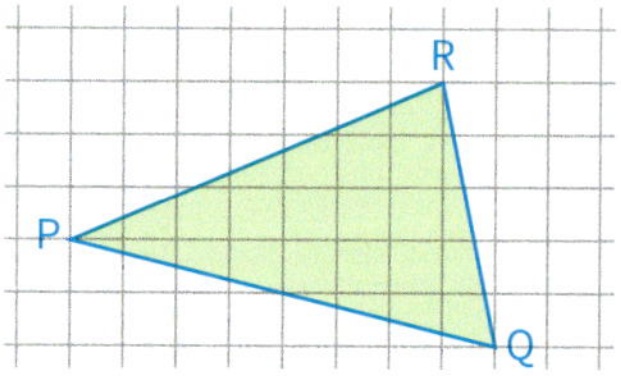

6. a) Ordnet die Dreiecke nur durch Schätzen der Größe nach. Zeichnet sie anschließend auf Karopapier mit der Kästchenlänge 5 mm und kontrolliert eure Schätzung.

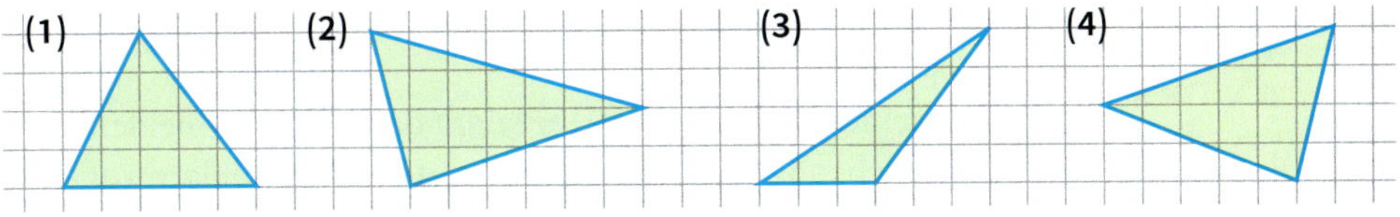

b) Verfahrt entsprechend mit dem Umfang der Dreiecke.

7. Zeichne das Dreieck ABC in ein Koordinatensystem mit der Einheit 1 cm. Berechne dann, ohne zu messen, den Flächeninhalt des Dreiecks.

a) A(1|2); B(6|2); C(4|6) b) A(4|1); B(9|5); C(4|7) c) A(4|0); B(10|0); C(0|4)

8. Gegeben ist ein rechtwinkliges Dreieck ABC. Berechne den Flächeninhalt.

a) $a = 3{,}2\,\text{cm}$; $b = 4{,}1\,\text{cm}$; $\gamma = 90°$ b) $c = 6{,}7\,\text{cm}$; $b = 4{,}8\,\text{cm}$; $\alpha = 90°$

Vertiefen

9. a) Ein Dreieck hat den Flächeninhalt 6 cm². Welche Grundseite und welche Höhe kann ein solches Dreieck haben?

b) Nadine möchte ein Dreieck mit dem Flächeninhalt 6 cm² basteln. Dazu zeichnet sie ein Rechteck mit den Seitenlängen 3 cm und 4 cm. Wie geht sie weiter vor?

c) Christopher behauptet: „Es gibt nur drei verschiedene rechtwinklige Dreiecke mit dem Flächeninhalt 6 cm²." Wo liegt sein Denkfehler?

10. Marie, Patrick und Lea haben versucht, die Höhe h des Dreiecks zu berechnen. Kontrolliere ihre Rechnungen. Welche Fehler haben sie gemacht?

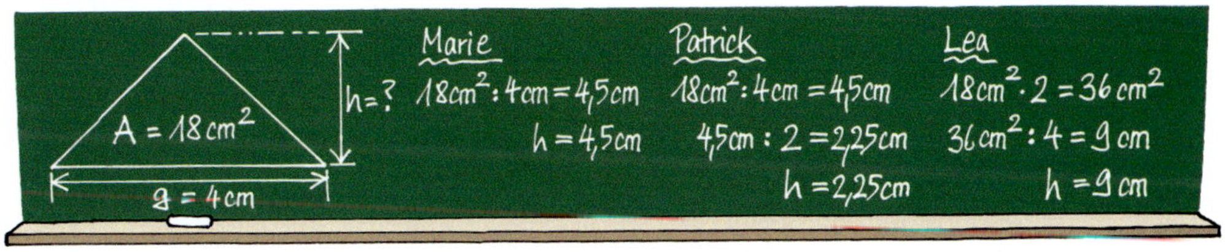

11. Berechne die fehlende Größe des Dreiecks.

	a)	b)	c)	d)	e)	f)
Seitenlänge g	3,2 cm			127 m	2,2 m	3,5 m
Höhe h	1,9 cm	1,2 m	4,1 m		14 cm	
Flächeninhalt A		1,92 m²	9,43 m²	3175 m²		630 cm²

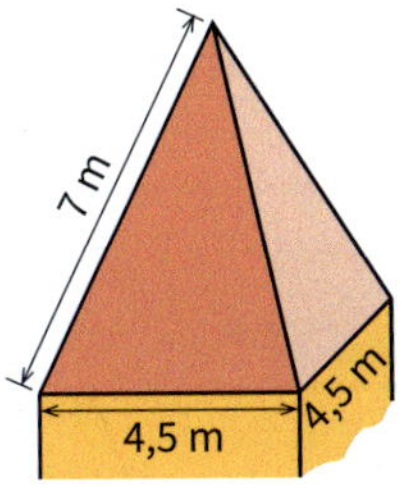

12. Das Waldstück rechts soll neu mit Fichten aufgeforstet werden. 1 ha kostet 2400 €. Berechne die Kosten.

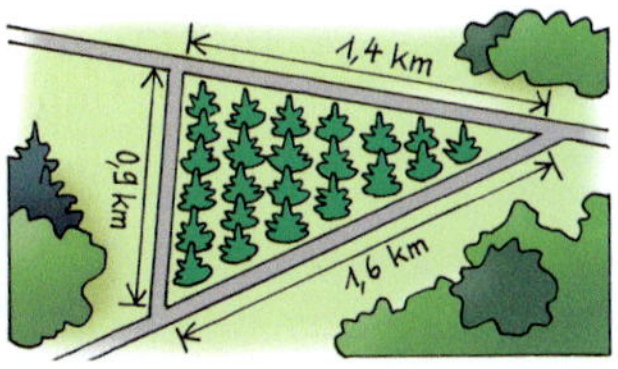

13. Das Kirchturmdach im Bild links muss neu gedeckt werden. 1 m² kostet 250 €. Wie groß sind die Kosten?

Herausfordern

14. Zeichnet verschiedene 20 cm² große Dreiecke und vergleicht deren Umfang. Versucht, ein 20 cm² großes Dreieck mit möglichst großem Umfang zu zeichnen.

6.2 Flächeninhalt eines Parallelogramms

Einstieg

Zeichnet ein Parallelogramm ABCD mit $|AB| = 9\,\text{cm}$, $\alpha = 64°$ und $|AD| = 5\,\text{cm}$.
Bestimmt seinen Flächeninhalt. Ihr könnt dabei auch schneiden. Stellt anschließend euren Mitschülerinnen und Mitschülern vor, wie ihr vorgegangen seid.

Aufgabe 1

Umfang und Flächeninhalt eines Parallelogramms

Das Grundstück rechts hat die Form eines Parallelogramms (siehe auch Seite 191).

a) Das Grundstück soll eingezäunt werden. Wie lang wird der Zaun?

b) Bestimme den Flächeninhalt des Grundstücks.

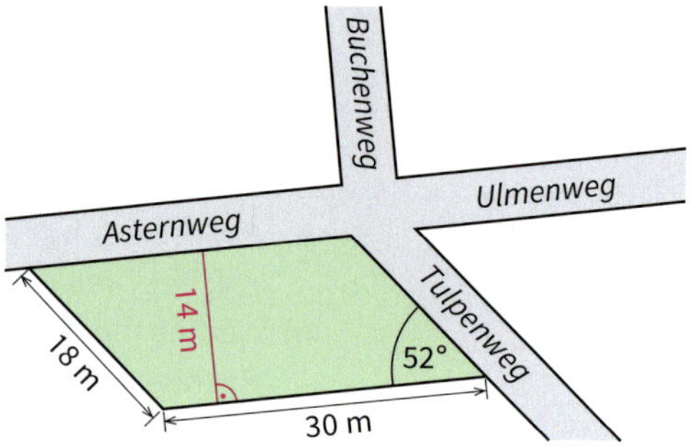

Lösung

a) Die Länge des Zauns ist die Summe der Seitenlängen, also der Umfang u des Parallelogramms:
$u = 18\,\text{m} + 30\,\text{m} + 18\,\text{m} + 30\,\text{m} = 96\,\text{m}$
Ergebnis: Der Zaun ist 96 m lang.

Strategie: Zurückführen auf Dreiecke durch Zerlegen

b) Wir zerlegen das Parallelogramm mithilfe einer Diagonalen in zwei Dreiecke.
Beide Dreiecke haben eine Grundseite von 30 m und eine Höhe von 14 m; daher sind beide Dreiecke gleich groß.
Der Flächeninhalt des Parallelogramms beträgt somit:

$A = 2 \cdot \frac{1}{2} \cdot 30\,\text{m} \cdot 14\,\text{m} = 30\,\text{m} \cdot 14\,\text{m} = 420\,\text{m}^2$

Ergebnis: Das Grundstück ist $420\,\text{m}^2$ groß.
Man könnte das Parallelogramm auch mithilfe der anderen Diagonale zerlegen. Führe das durch.

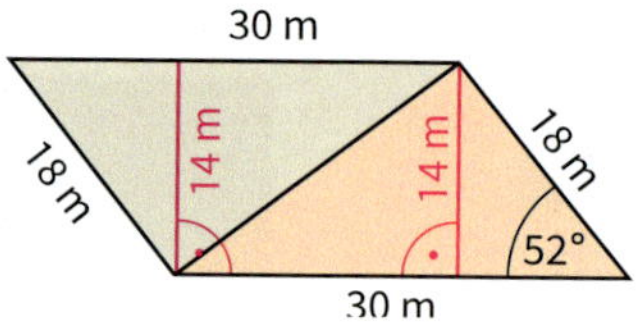

Information

(1) Höhen im Parallelogramm

Beim Berechnen des Flächeninhalts eines Parallelogramms benötigt man den Abstand zweier zueinander paralleler Seiten.

Unter den **Höhen** eines Parallelogramms versteht man die Abstände der zueinander parallelen Seiten.

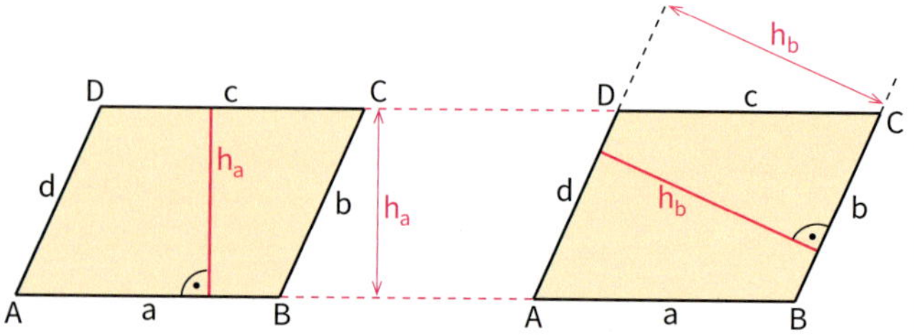

(2) Flächeninhalt eines Parallelogramms

Wir erhalten den **Flächeninhalt A eines Parallelogramms**, indem wir eine Seite als *Grundseite* auswählen und ihre Länge mit der zugehörigen Höhe multiplizieren.

$A = g \cdot h$

Beispiel: $g = 3\,cm$, $h = 1{,}5\,cm$

$A = g \cdot h = 3\,cm \cdot 1{,}5\,cm = 4{,}5\,cm^2$

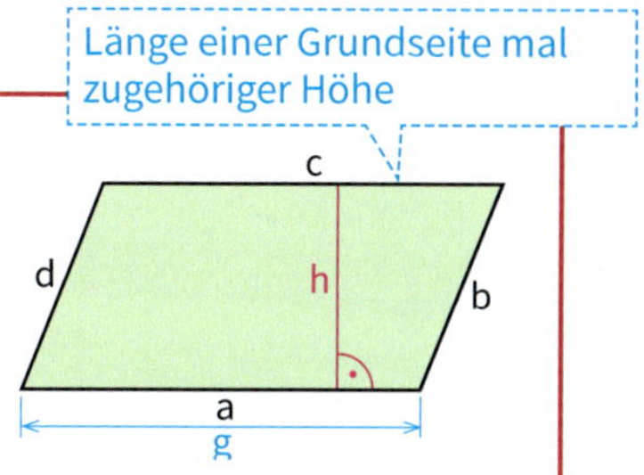

Weiterführende Aufgabe

Verschiedene Parallelogramme mit gleich langer Grundseite und gleicher Höhe

2. Berechne für jedes Parallelogramm den Flächeninhalt. Was fällt dir auf? Verallgemeinere.

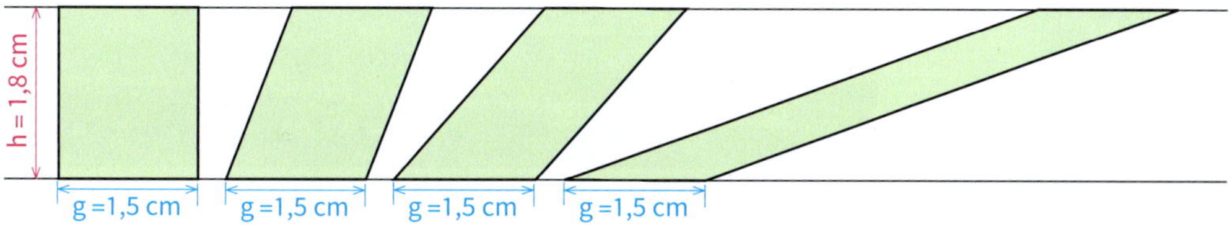

Üben

3. Für das Bestimmen des Flächeninhalts des Parallelogramms mithilfe einfacher Figuren gibt es mehrere Möglichkeiten. Erläutere diese an folgenden Skizzen.

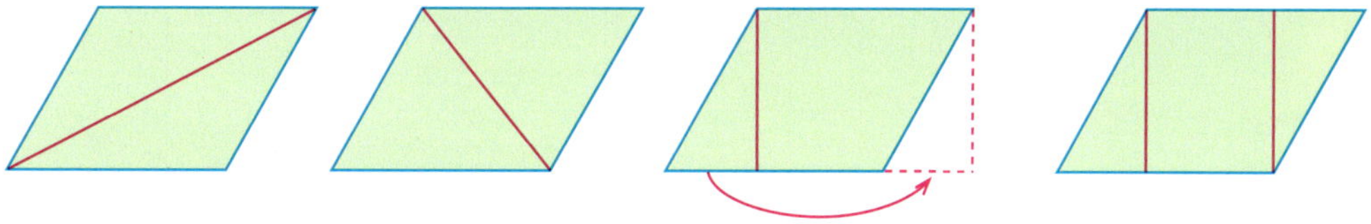

4. Übertrage das Parallelogramm in dein Heft. Verwandle das Parallelogramm in ein flächeninhaltsgleiches Rechteck.
Bestimme den Flächeninhalt des Parallelogramms (1 Karolänge = 5 mm).

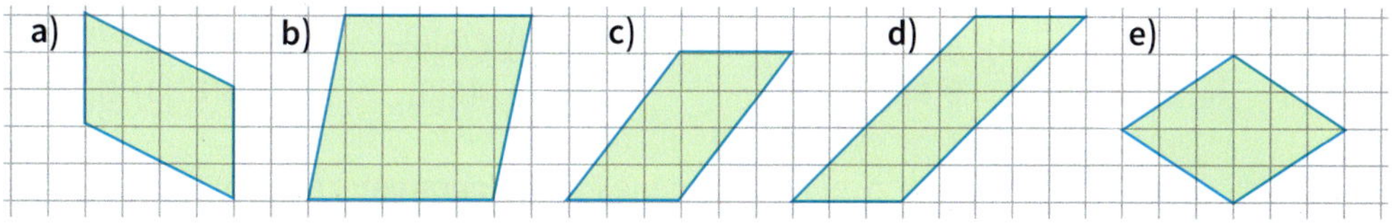

5. Zeichne ein Rechteck mit dem Flächeninhalt $20\,cm^2$. Verwandle das Rechteck in ein flächengleiches Parallelogramm, das kein Rechteck ist.

6. Berechne den Flächeninhalt des Parallelogramms.

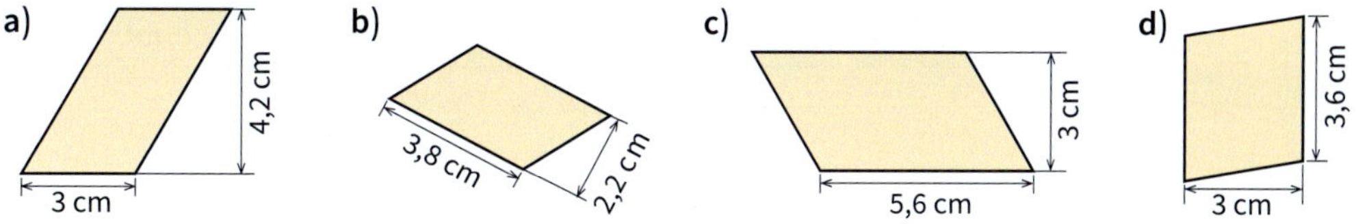

7. Übertrage das Parallelogramm in dein Heft. Miss jeweils die Seitenlänge und die zugehörige Höhe. Berechne dann den Flächeninhalt. Was erwartest du? Was stellst du fest? Begründe.

Seite	Länge der Seite	zugehörige Höhe	Flächeninhalt
$\overline{AB}$			
$\overline{BC}$			
$\overline{CD}$			
$\overline{DA}$			

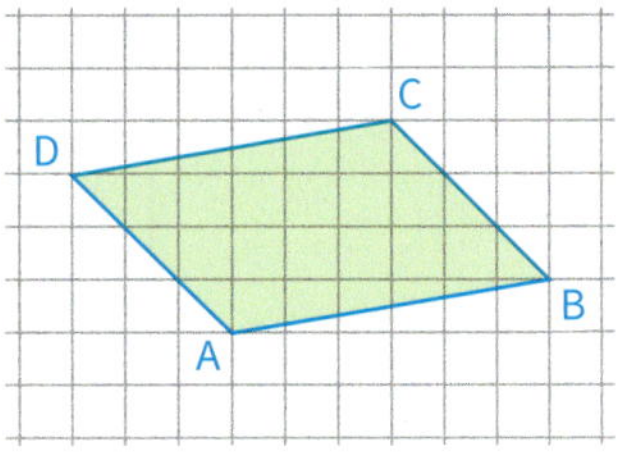

8. Sophie, Felix und Laura haben versucht, den Flächeninhalt des Parallelogramms zu berechnen. Kontrolliere ihre Rechnungen. Welche Fehler haben sie gemacht?

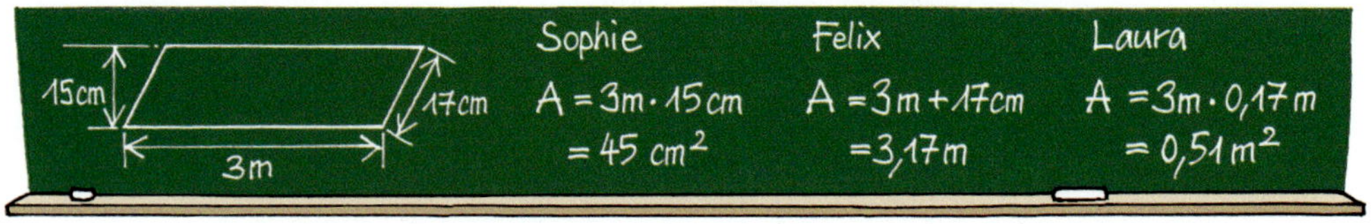

9. **a)** Betrachtet die unten gezeichneten Parallelogramme. Ordnet sie zunächst nur durch Schätzen der Größe nach.

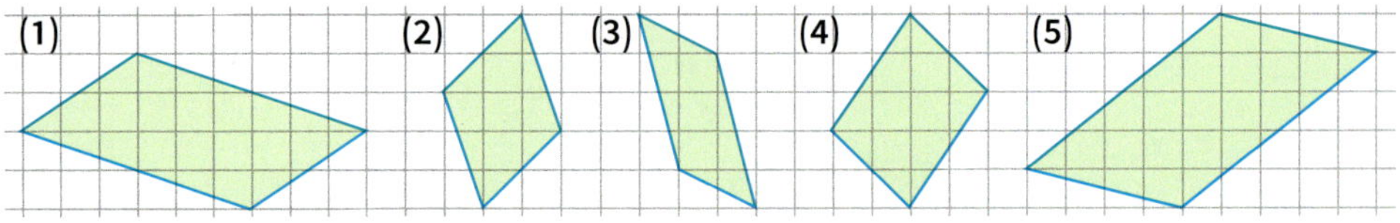

Zeichnet sie anschließend auf Karopapier mit der Kästchenlänge 5 mm und kontrolliert eure Schätzung durch Rechnung.

b) Verfahrt entsprechend mit dem Umfang der Parallelogramme.

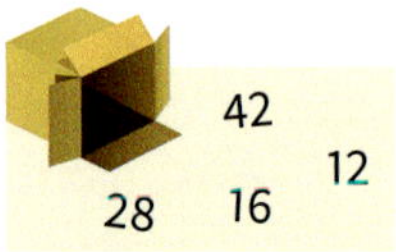

10. Zeichne das Parallelogramm ABCD in ein Koordinatensystem mit der Einheit 1 cm. Berechne dann ohne zu messen den Flächeninhalt des Parallelogramms.

a) A(1|1) C(10|5)
B(8|1) D(3|5)

b) A(4|2) C(3|6)
B(7|2) D(0|6)

c) A(6|3) C(8|7)
B(10|3) D(4|7)

11. Zeichne zwei verschiedene Parallelogramme, die den Flächeninhalt 12 cm² haben.

12. Berechne die fehlende Größe des Parallelogramms.

	a)	b)	c)	d)	e)
Seitenlänge g	16,2 cm		150 cm	25,5 m	
zugehörige Höhe h	3,5 cm	5,2 cm			4,5 km
Flächeninhalt A		22,36 cm²	9,75 m²	4,59 a	29,25 ha

Das kann ich noch!

A) Wandle in die in Klammern angegebene Einheit um.

1) 5 cm [mm]
2) 3,1 km [m]
3) 2,3 m [cm]
4) 4 cm² [mm²]
5) 5 m² [cm²]
6) 7,1 m² [cm²]
7) 580 cm [m]
8) 2 000 mm² [cm²]
9) 650 dm² [m²]

Vertiefen

13. Die Außenfassade des Münchner Fußballstadions besteht aus parallelogrammförmigen Luftkissen. Insgesamt wurden 2 760 solcher Kissen verbaut. Dabei gibt es 1 380 unterschiedliche Größen.

a) Die kleinsten Parallelogramme haben eine Kantenlänge von 3 m und eine Höhe von 2,5 m. Welchen Flächeninhalt hat ein solches Parallelogramm?

b) Die größten Parallelogramme haben einen Flächeninhalt von 40,7 m^2. Gib drei verschiedene Möglichkeiten für Grundseite und Höhe an.

c) Was kannst du über die Gesamtgröße der Außenfassade sagen?

14. Eine Treppenhauswand soll renoviert werden. Für das Auftragen eines Kunststoffputzes verlangt der Maler 14,50 € pro m^2, für Tapezieren und Streichen 9,00 € pro m^2. Stellt euch geeignete Fragen und löst die Aufgaben.

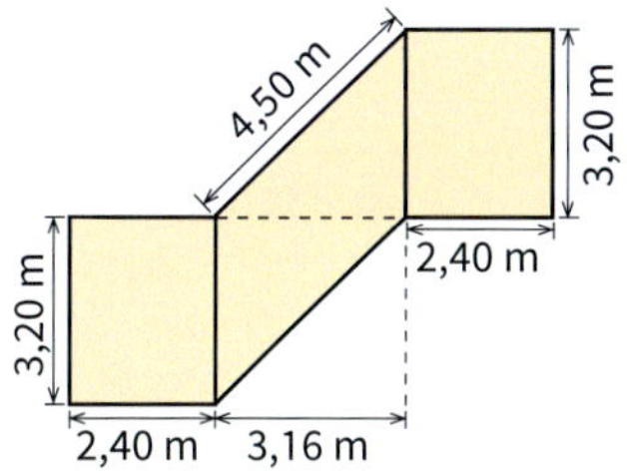

15. Wie ändert sich der Flächeninhalt eines Parallelogramms, wenn man

a) eine Seitenlänge verdoppelt [verdreifacht];

b) eine Seitenlänge verdoppelt und die zugehörige Höhe verdoppelt [verdreifacht]?

16. Von einem Parallelogramm sind die Seitenlängen $a = 5{,}7\,cm$ und $b = 3{,}5\,cm$ bekannt; die zu a gehörende Höhe ist $h_a = 2{,}5\,cm$. Berechne die andere Höhe h_b.

17. Du kannst verschiedene Parallelogramme mit den Seitenlängen $a = 5\,cm$ und $b = 3{,}5\,cm$ zeichnen. Welches dieser Parallelogramme hat den größten Flächeninhalt? Begründe.

18. Ein Parallelogramm ABCD hat den Flächeninhalt $A = 20\,cm^2$. Ferner gilt: $|AB| = 4\,cm$ und $|BC| = 6\,cm$. Berechne die Höhen des Parallelogramms. Bestimme auch den Umfang.

Herausfordern

19. Gebäude werden oft mit Streifenornamenten verziert.

a) Beim oberen Streifen sind $a = 20\,cm$, $b = 5\,cm$, $c = 20\,cm$ und $d = 15\,cm$. Wie viel cm^2 wurden grün gefärbt? Welcher Anteil des Streifens ist gefärbt? Bei dem unteren Streifen ist $a = 15\,cm$, alle anderen Größen sind gleich geblieben. Wie ändern sich die Ergebnisse?

b) Ein Haus soll mit einem 14 m langen Ornament von der unten abgebildeten Art verziert werden. Für wie viel m^2 wird Farbe von jeder Sorte benötigt? Gebt auch Anteile an.

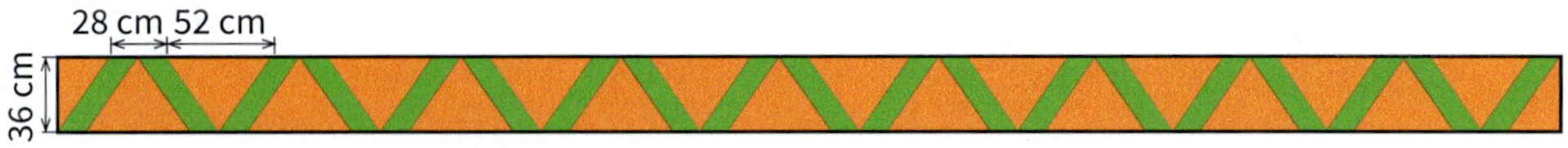

6.3 Flächeninhalt eines Trapezes

Einstieg

Arbeitet zu zweit. Zeichnet zwei Trapeze, die genau aufeinander passen. Jede Gruppe wählt sich die Maße selbst.
Bestimmt den Flächeninhalt der Trapeze. Ihr könnt auch schneiden.
Findet eine Formel für den Flächeninhalt eines Trapezes heraus.
Präsentiert euer Ergebnis euren Mitschülerinnen und Mitschülern.

Aufgabe 1

Umfang und Flächeninhalt eines Trapezes
Das Grundstück rechts hat die Form eines Trapezes (siehe auch Seite 191).

a) Das Grundstück soll eingezäunt werden. Wie lang wird der Zaun?

b) Bestimme den Flächeninhalt des Grundstücks.

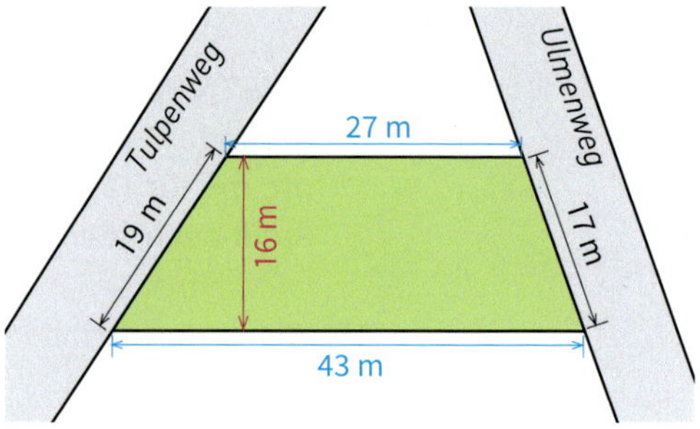

Lösung

a) Die Länge des Zauns ist die Summe der Seitenlängen, also der Umfang u Trapezes: $u = 43\,m + 17\,m + 27\,m + 19\,m = 106\,m$
Ergebnis: Der Zaun ist 106 m lang.

b) Wir ergänzen das Trapez zu einem doppelt so großen Parallelogramm mit der Grundseitenlänge $27\,m + 43\,m$ und der Höhe 16 m.
Folglich beträgt der Flächeninhalt des Parallelogramms $(27\,m + 43\,m) \cdot 16\,m$.
Das Trapez ist nur halb so groß:
$A = \frac{1}{2} \cdot (27\,m + 43\,m) \cdot 16\,m = 560\,m^2$.
Ergebnis: Das Grundstück ist $560\,m^2$ groß.

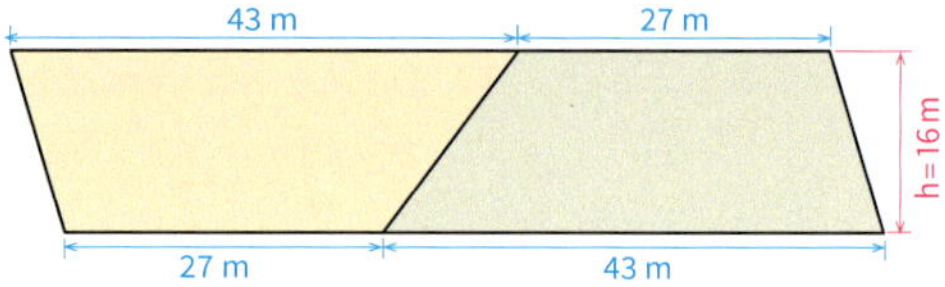

Information

(1) Höhe im Trapez
Beim Berechnen des Flächeninhalts eines Trapezes benötigt man den Abstand von zwei zueinander parallelen Seiten.

> Den Abstand zweier zueinander paralleler Grundseiten eines Trapezes nennt man **Höhe**.

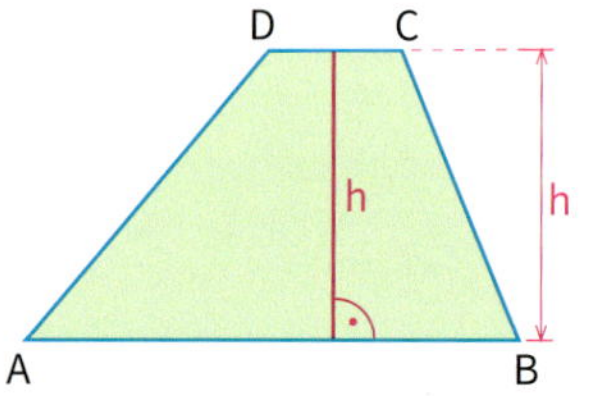

(2) Flächeninhalt eines Trapezes

Man erhält den **Flächeninhalt A eines Trapezes**, indem man die Summe der zwei zueinander parallelen Seiten mit der zugehörigen Höhe h multipliziert und das Ergebnis halbiert.

$$\mathbf{A = \frac{1}{2} \cdot (a + c) \cdot h}$$

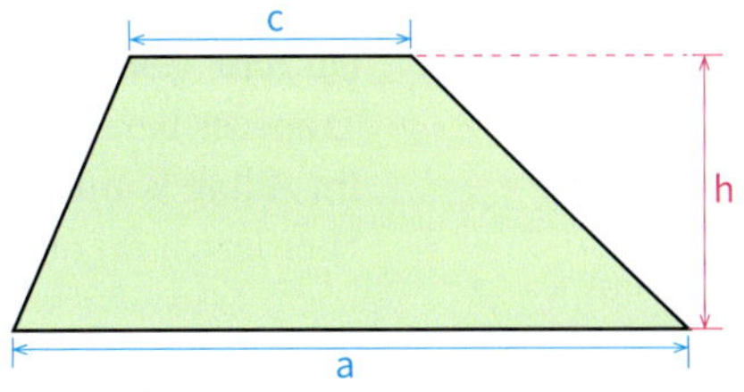

Beispiel: a = 5 cm; c = 3 cm; h = 2 cm $\quad A = \frac{1}{2} \cdot (a + c) \cdot h = \frac{1}{2} \cdot (5\,cm + 3\,cm) \cdot 2\,cm = 8\,cm^2$

Üben

2. Berechne den Flächeninhalt des Trapezes (Maße in cm).

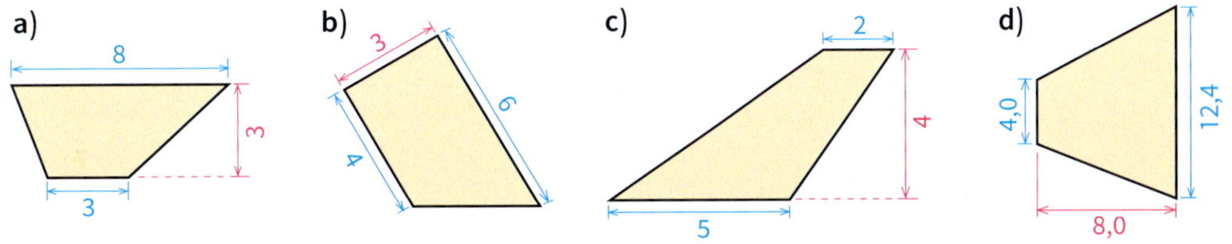

3. **a)** Betrachtet die unten gezeichneten Trapeze. Versucht zunächst, nur durch Schätzen der Größe nach zu ordnen.

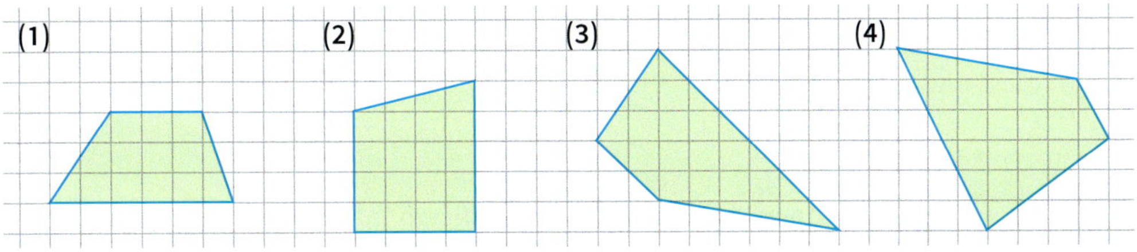

b) Verfahrt entsprechend mit dem Umfang der Trapeze.

4. Trage das Trapez ABCD in ein Koordinatensystem mit der Einheit 1 cm ein und berechne ohne zu messen den Flächeninhalt.

a) A(1|1), B(8|1), C(5|5), D(2|5) **b)** A(0|2), B(5|2), C(3|8), D(1|8)

Vertiefen

5. In das Giebelfenster rechts wurde eine neue Scheibe eingesetzt.

a) Berechne die Größe.

b) Das Glas kostet 35 € pro m^2. Berechne die Kosten.

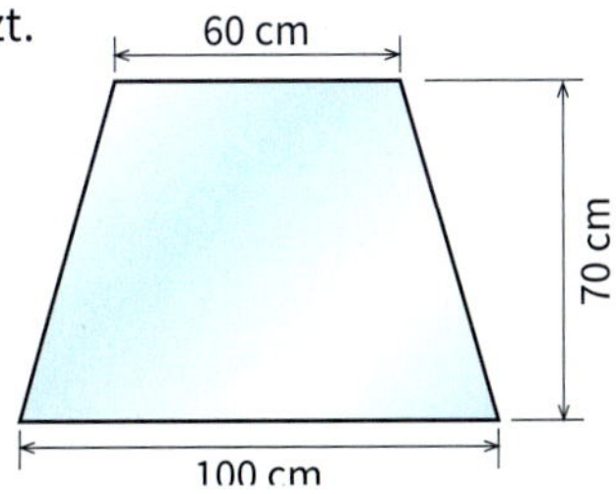

6. Zeichnet verschieden geformte Trapeze mit den Maßen a = 7 cm, c = 5 cm und h = 3 cm.
Bestimmt Umfang und Flächeninhalt der Trapeze.
Was stellt ihr fest?

Herausfordern

7. **a)** Bei einem Trapez halbiert man die Höhe. Verändere die übrigen Seitenlängen so, dass damit der Flächeninhalt gleich bleibt.

b) Bei einem Trapez wird nur eine Grundseite verdoppelt. Kannst du eine Aussage treffen, wie sich der Flächeninhalt verändert?

6.4 Flächeninhalt eines Vielecks

Ziel

Du hast gelernt, wie man den Flächeninhalt eines Parallelogramms, eines Dreiecks und eines Trapezes berechnet.
Im Alltag kommen auch andere Vielecke vor, deren Größe man wissen möchte.
Hier lernst du nun, wie man den Flächeninhalt eines beliebigen Vielecks berechnen kann.

Zum Erarbeiten

Flächeninhalt eines beliebigen Vielecks

Die Gemeinde Grüntal möchte einen neuen Park anlegen und muss dafür ein Grundstück kaufen. Deshalb wird das Grundstück zuerst vermessen. Dazu werden die Seitenlängen und die Größe der Innenwinkel gemessen.

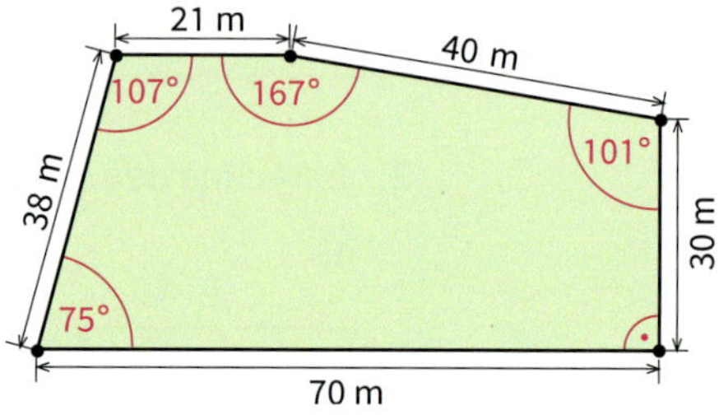

Schätze zuerst, wie groß das Grundstück ungefähr ist.

➔ Das Grundstück ist kleiner als ein Rechteck mit den Seitenlängen 40 m und 70 m, aber größer als ein Rechteck mit den Seitenlängen 30 m und 70 m.
Die Größe des Grundstücks liegt also zwischen 2 100 m² und 2 800 m².

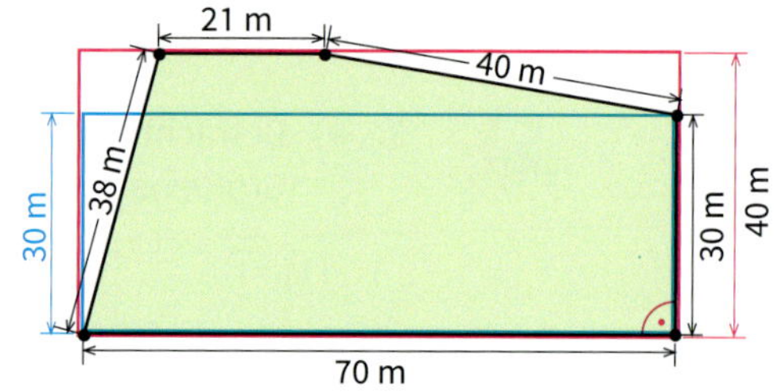

Übertrage das Grundstück im Maßstab 1 : 1 000 in dein Heft und bestimme den Flächeninhalt möglichst genau mithilfe des bisher erworbenen Wissens.
Welchen Preis muss die Gemeinde zahlen, wenn der Quadratmeter 120 € kostet?

Maßstab 1 : 1 000 bedeutet: 1 cm in der Zeichnung entspricht 1 000 cm in der Wirklichkeit.

➔ Damit man eine bekannte Formel verwenden kann, unterteilt man das Vieleck in Dreiecke: Wir addieren dann die Flächeninhalte der drei Dreiecke, wobei wir einige Maße aus der Zeichnung entnehmen, gerundet auf volle m.

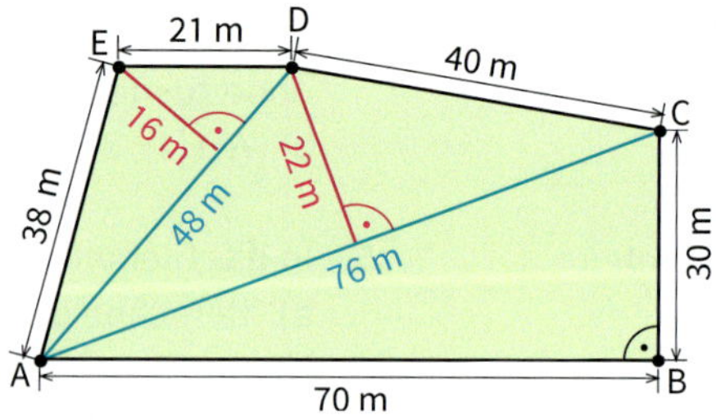

$A_{ABCDE} = A_{ABC} + A_{ACD} + A_{ADE}$

$\approx \frac{1}{2} \cdot 70\,m \cdot 30\,m + \frac{1}{2} \cdot 76\,m \cdot 22\,m + \frac{1}{2} \cdot 48\,m \cdot 16\,m$

$= 1050\,m^2 + 836\,m^2 + 384\,m^2$

$= 2\,270\,m^2$

Die Kosten betragen dann: 2 270 · 120 € = 272 400 €
Die Gemeinde muss mit Kosten zwischen 270 000 € und 275 000 € rechnen.

Beachte: Du kannst das Vieleck auch auf andere Arten als oben gezeichnet zerlegen.

A Erläutere, wie man den Flächeninhalt des Sechsecks ABCDEF bestimmen könnte. Wähle anschließend die günstigste Möglichkeit zum Berechnen.

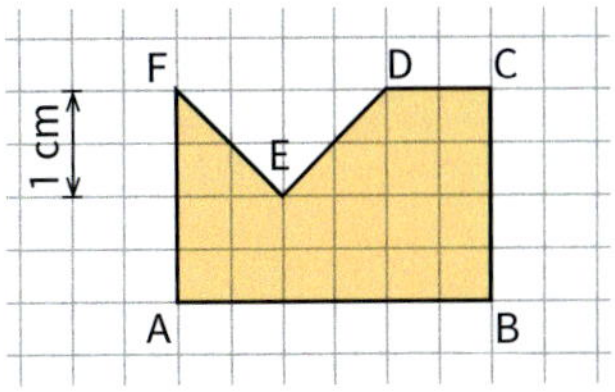

➔ Man kann das Sechseck in einfachere Vielecke zerlegen, z. B. zwei Trapeze und ein Rechteck (1. Möglichkeit) oder ein Dreieck, ein Rechteck und ein Trapez (2. Möglichkeit).

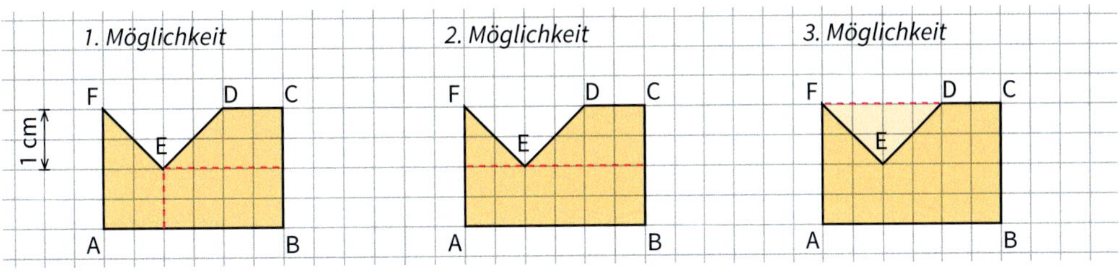

Noch einfacher ist es jedoch, das Sechseck ABCDEF zu einem Rechteck ABCF zu ergänzen und den Flächeninhalt des ergänzten Dreiecks EDF vom Flächeninhalt des Rechtecks zu subtrahieren (3. Möglichkeit):

$A_{ABCDEF} = A_{ABCF} - A_{EDF} = 3\,cm \cdot 2\,cm - \frac{1}{2} \cdot 2\,cm \cdot 1\,cm = 6\,cm - 1\,cm^2 = 5\,cm^2$

Information

Strategie zum Berechnen des Flächeninhalts beliebiger Vielecke

1. Strategie: Zerlegen

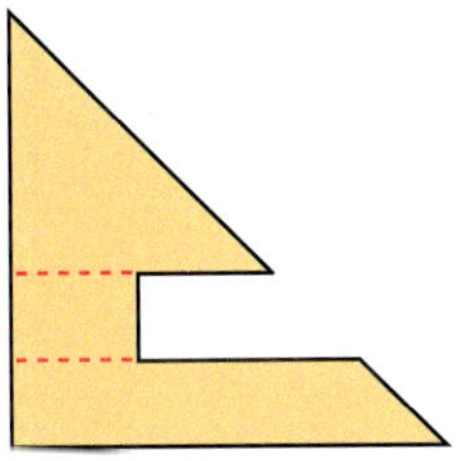

Man zerlegt die Figur in geeignete Teilvielecke, berechnet die Flächeninhalte und addiert diese.

2. Strategie: Ergänzen

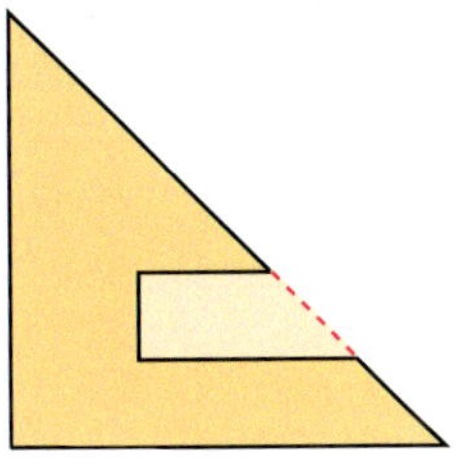

Man ergänzt die Figur geeignet. Dann berechnet man den Flächeninhalt des gesamten Vielecks und subtrahiert den Flächeninhalt des ergänzten Vielecks.

Üben

1. Es werden symmetrische Flugdrachen mit den angegebenen Maßen gebastelt. Wie groß sind die Flächen?

a)

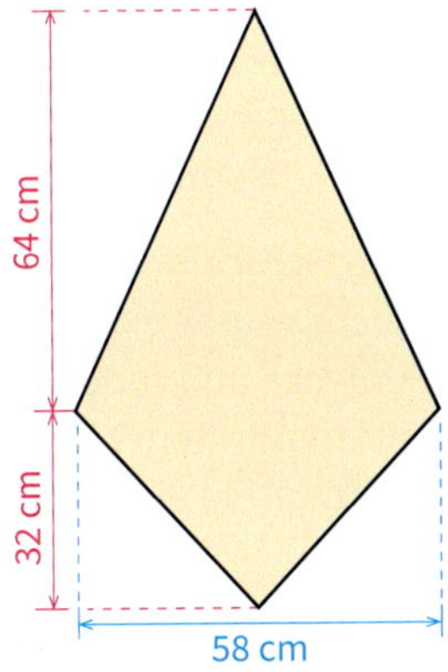

b)

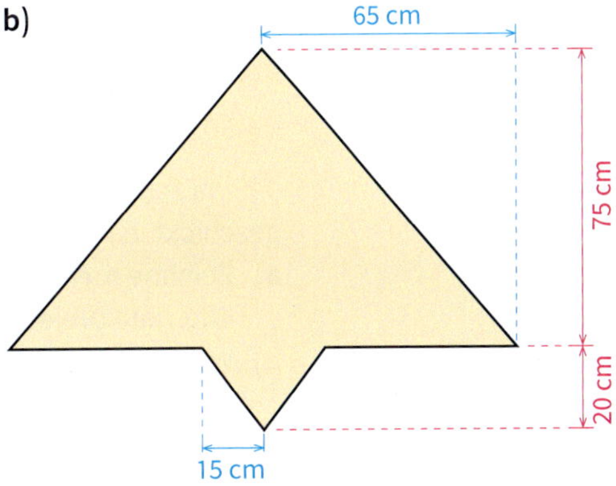

2. Die Giebelwand soll neu gestrichen werden. 140 g Farbe reichen für 1 m². Ein Eimer mit 10 kg Farbe für den Außenanstrich kostet 49,98 €. Berechne die Kosten für die Farbe.

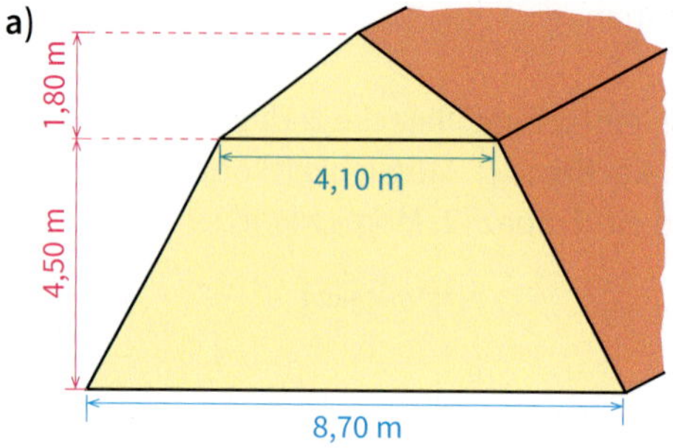

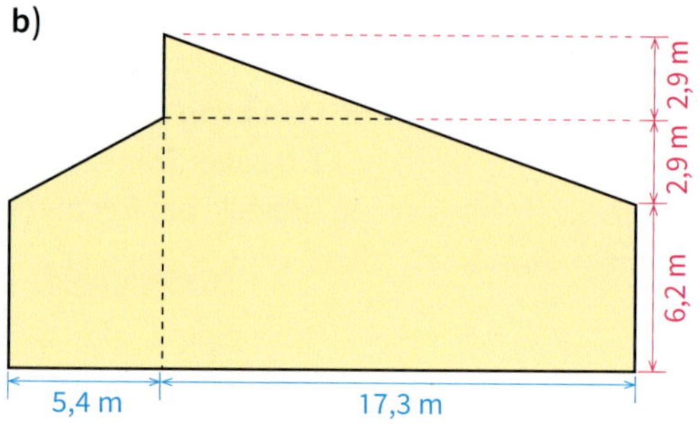

3. Die Tischplatte des Tisches soll beidseitig und zweifach neu lackiert werden. Reicht eine kleine Dose Lack aus?

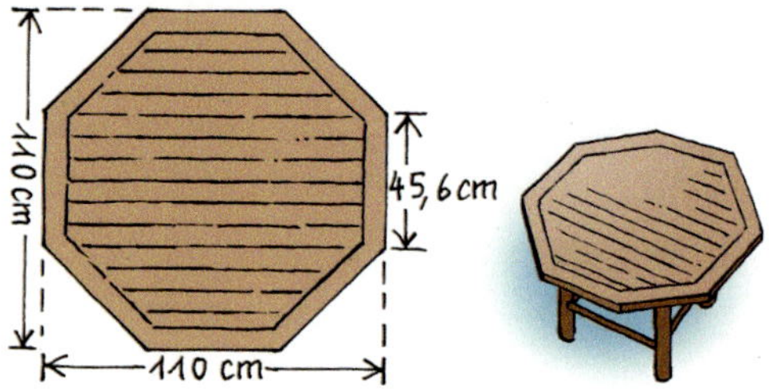

Vertiefen

4. Im Karogitter kannst du den Flächeninhalt ohne zu messen genau berechnen. Berechne den Flächeninhalt des Dreiecks ABC indem du nacheinander die Flächeninhalte folgender Vielecke berechnest.

(1) Rechteck ADEF
(2) Dreiecke ADB, BCE und ACF
(3) Dreieck ABC

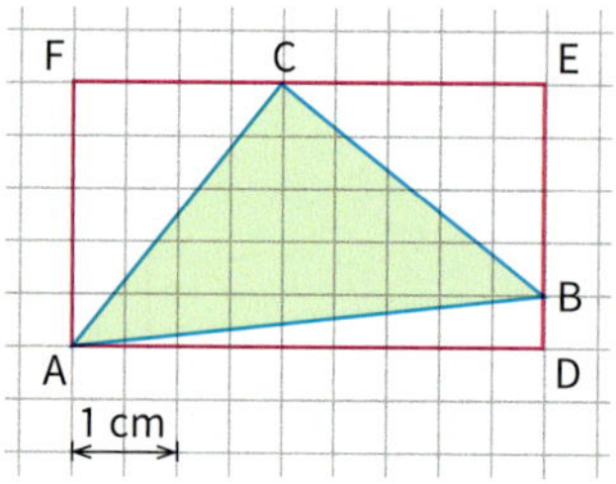

5. Übertrage in dein Heft. Bestimme den Flächeninhalt der Figuren ohne zu messen.

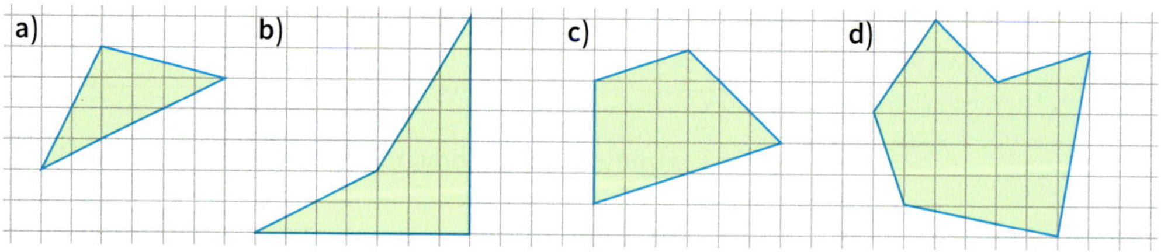

6. In einem Koordinatensystem (Einheit 1 cm) haben die Eckpunkte eines Fünfecks die Koordinaten A(2|6), B(4|2), C(7|1), D(9|6), E(5|9). Bestimme den Flächeninhalt des Fünfecks.

Herausfordern

7. Jelena zeichnet ein beliebiges Fünfeck. Zur Berechnung des Flächeninhalts zerlegt sie es geschickt in möglichst wenig Dreiecke.

a) Zeichne mehrere unterschiedliche Fünfecke und zerlege sie in Dreiecke. Wie viele Dreiecke benötigst du jeweils mindestens?

b) Wie viele Dreiecke benötigst du mindestens bei einer Zerlegung eines Siebenecks? Beschreibe dein Vorgehen.

c) Wie viele Dreiecke benötigst du mindestens bei einer Zerlegung eines beliebigen Vielecks? Begründe.

Arbeiten im Team

So wird gemeinsames Arbeiten effektiv!

Beim gemeinsamen Arbeiten in einer Gruppe muss darauf geachtet werden, dass sich jedes Gruppenmitglied gut beteiligen kann. Dies ist auch wichtig dafür, dass die Gruppe als Ganzes ein möglichst gutes Ergebnis erzielt.
Dafür ist die ganze Gruppe und nicht nur ein Teil oder sogar nur ein Einzelner verantwortlich.
Damit das alles reibungslos klappt, ist es sinnvoll, dass eine zusammen arbeitende Gruppe sich Regeln gibt. Unten seht ihr die Regeln, die zwei Gruppen aufgestellt haben.

- Was erscheint euch besonders wichtig? Was würdet ihr ergänzen? Setzt euch eigene Regeln für eure Gruppe.

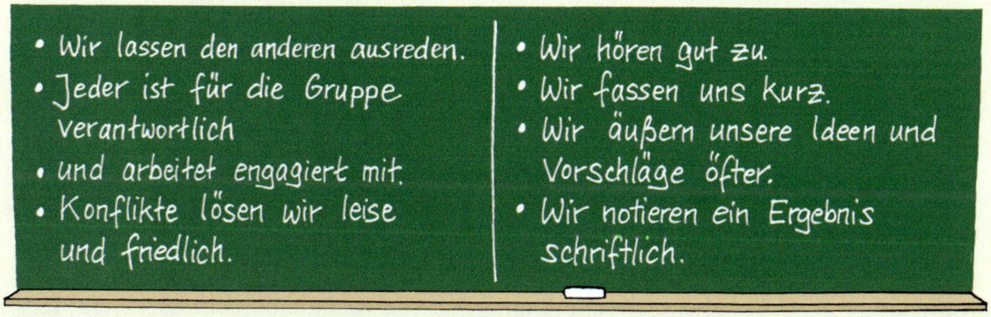

So gelingt das Vorstellen von Ergebnissen

Für das Vorstellen von Gruppenergebnissen in der Klasse gibt es einige wichtige Tipps:

- Plant gemeinsam, was ihr vorstellen wollt.
  Überlegt euch Hilfsmittel wie Plakate, Folien, Handzettel, …
- Teilt auf, wer was vorbereitet und wer was vorträgt.
- Spielt euren Vortrag einmal zur Probe durch.

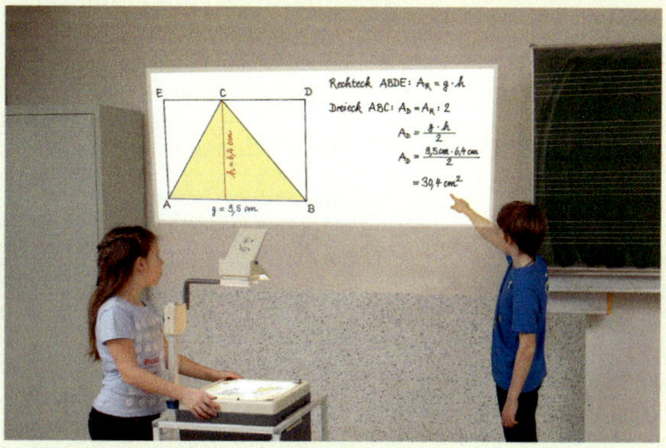

6.5 Umfang eines Kreises

Einstieg

Der Umfang von Vielecken ist einfach zu bestimmen und zu berechnen. Experimentiert mit runden Gegenständen, wie z. B. Münzen, Teelichter, Konservendosen, um Erkenntnisse über den Umfang eines Kreises zu gewinnen.

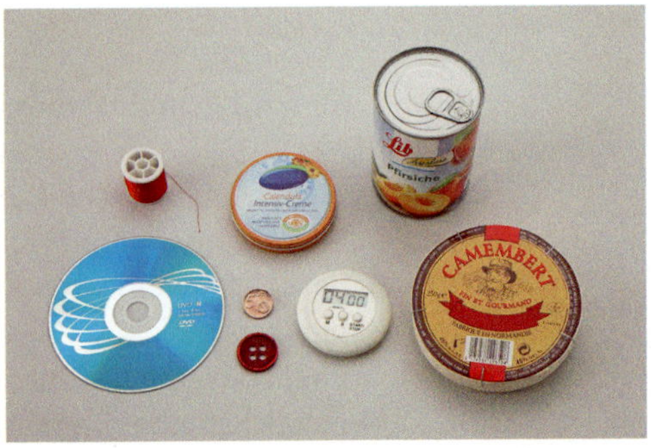

Aufgabe 1

1 Zoll
1" = 25,4 mm

Mirko hat einen Fahrradcomputer gekauft. Dieser kann die Geschwindigkeit bestimmen, indem er die Umdrehungen des Rades zählt und die Zeit misst. Nach der Montage muss der Fahrradcomputer noch auf den richtigen Radumfang eingestellt werden. Mirko hat ein 27"-Rad, d. h. der Durchmesser der Räder beträgt 27 Zoll. Leider ist der Umfang eines 27"-Rades nicht in der Bedienungsanleitung angegeben.

Fahrradcomputer

Um die Geschwindigkeit genau zu messen, muss der tatsächliche Radumfang gespeichert werden. Du kannst diesen messen oder der folgenden Tabelle entnehmen:

Raddurchmesser in Zoll	Radumfang in mm
20	1 596
22	1 756
24	1 915
26	2 075
28	2 234

a) Ermittle einen Schätzwert für den Umfang eines 27"-Rades.

b) Rechne den Raddurchmesser in mm um und untersuche, wie der Raddurchmesser vom -umfang abhängt.

Lösung

a) Der Tabelle entnimmt man: Wenn der Raddurchmesser um 2" vergrößert wird, vergrößert sich der Radumfang um 159 mm bis 160 mm. Daher schätzt man den Radumfang eines 27"-Rades auf $2\,075\text{ mm} + \frac{1}{2} \cdot 160\text{ mm}$, also 2 155 mm.

b) Zum Umrechnen multiplizieren wir die Maßzahlen der Angabe in Zoll mit 25,4 mm und stellen die Ergebnisse in einer Tabelle zusammen.

Raddurchmesser in Zoll	20	22	24	26	28
Raddurchmesser in mm	508	559	610	660	711
Radumfang in mm	1596	1756	1915	2075	2234

Der Umfang ist ungefähr dreimal so groß wie der Durchmesser. Zur genaueren Untersuchung bilden wir den Quotienten $\frac{\text{Radumfang}}{\text{Raddurchmesser}}$.

$\frac{\text{Radumfang}}{\text{Raddurchmesser}}$	3,142	3,141	3,139	3,144	3,142

Der Quotient beträgt in etwa 3,14. Es gilt also näherungsweise $u \approx 3{,}14 \cdot d$.

Information

Umfang eines Kreises

Der Umfang eines Kreises ist etwa 3-mal so groß wie sein Durchmesser. Den genauen Faktor bezeichnet man als die **Kreiszahl** π (gelesen: pi): $\pi \approx 3{,}14$
Die Kreiszahl π kann nur als ein unendlicher Dezimalbruch, der nicht periodisch ist, geschrieben werden.
Zum Rechnen verwendet man nur Näherungswerte.

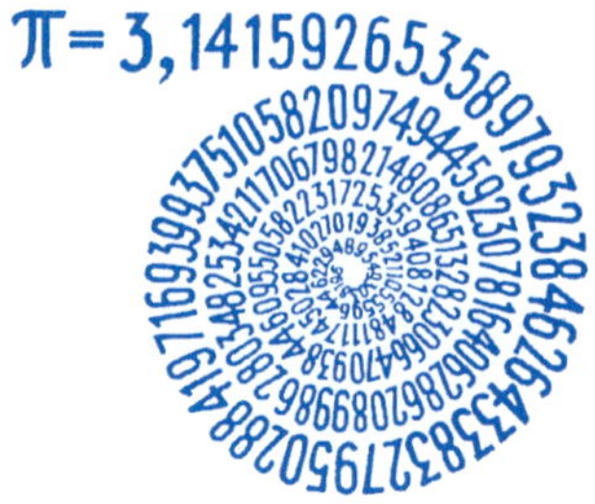

π
steht als Abkürzung für das griechische Wort περιφέρεια
Umkreis, Peripherie

Satz
Für den **Umfang u eines Kreises** mit dem Radius r bzw. dem Durchmesser d gilt:
$\mathbf{u = 2 \cdot \pi \cdot r}$ bzw. $\mathbf{u = \pi \cdot d}$

Zum Überschlag rechnet man: Der Umfang ist etwa das 3-fache des Durchmessers.

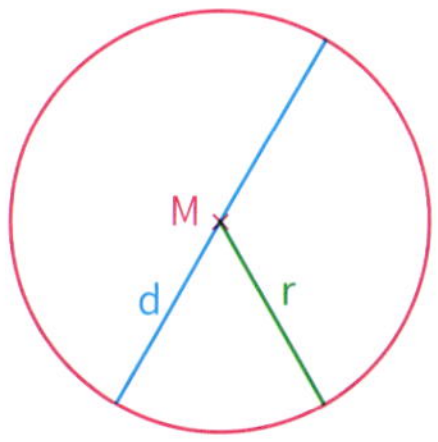

Beispiel:
$r = 1{,}4\,\text{cm}$
$u = 2 \cdot \pi \cdot 1{,}4\,\text{cm}$
$\approx 8{,}8\,\text{cm}$

Beachte: Auch der Taschenrechner liefert mit der Taste π nur einen Näherungswert für π.

Üben

2. Die Fahrstrecken der Modelleisenbahn beim Geschenkpaket sind Kreise unterschiedlicher Größe.
Es gibt Geschenkpakete für die Spur N mit folgenden Fahrstrecken:
120 cm; 140 cm; 250 cm; 270 cm.
Im Katalog sind die Radien der Kreise angegeben:
19,2 cm; 22,6 cm; 39,6 cm; 43 cm.
Untersuche, wie die Fahrstrecke vom Kurvenradius abhängt.

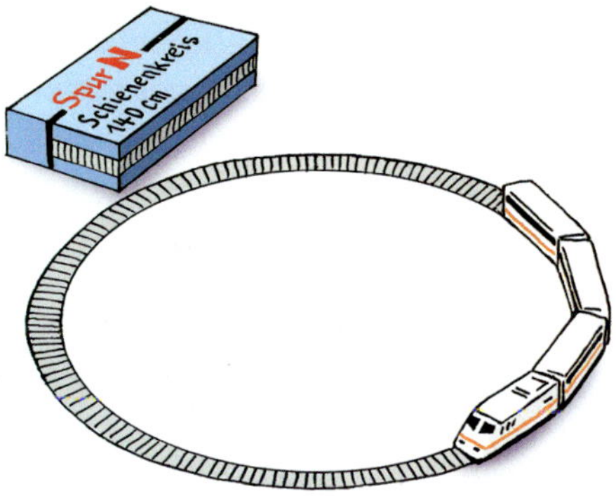

3. Berechne den Umfang eines Kreises mit dem Radius r bzw. Durchmesser d.
Überschlage zuerst im Kopf, bevor du schriftlich oder mit dem Taschenrechner rechnest.
a) $r = 2\,\text{m}$ **b)** $d = 34\,\text{cm}$ **c)** $r = 0{,}65\,\text{m}$ **d)** $r = 2\frac{1}{2}\,\text{m}$ **e)** $d = 12\,\text{mm}$ **f)** $d = 1{,}7\,\text{km}$

4. Berechne den Umfang des Gegenstandes. Überschlage zunächst.
a) Blu-ray Disc
$d = 12\,\text{cm}$
b) Basketball-Ring
$d = 45\,\text{cm}$
c) Meisterschale des DFB
$d = 59\,\text{cm}$
d) Inline-Skate-Rollen
$d = 72\,\text{mm}$

5. Ein Kreis hat den Umfang u. Wie groß sind Durchmesser und Radius? Überschlage zuerst im Kopf.
a) u = 27 cm b) u = 1,20 m c) u = 810 mm d) u = 12,3 m e) u = 10 m

6. Zeichne einen Kreis mit dem Umfang 33 cm.

7. Der Raddurchmesser (samt Reifen) bei einem Mountainbike ist 65 cm, beim Citybike 71 cm.
a) Wie weit ist das Mountainbike gerollt, wenn sich die Räder 50-mal gedreht haben?
b) Wie oft drehen sich auf der gleichen Strecke die Räder des Citybikes?

Vertiefen

8. a) Der Stamm einer Eiche hat einen Durchmesser von 90 cm. Berechne den Umfang. Überschlage zuerst.
b) Der Stamm einer Buche hat den Umfang 170 cm. Berechne den Durchmesser; überschlage zunächst.
c) Man kann das Alter eines Baumes an der Anzahl der Jahresringe erkennen. Die durchschnittliche Dicke eines Jahresringes beträgt 2 mm. Wie alt ist die Buche ungefähr?

9. Das Rad eines Förderturms hat einen Radius von 2,80 m. Bei einer Radumdrehung wird der Förderkorb um eine Strecke angehoben, die dem Umfang des Rades entspricht.
Wie viele Umdrehungen muss das Rad machen, damit der Förderkorb 500 m gehoben wird?

Riesenrad an der Themse
London. Das London Eye dreht sich mit einer Geschwindigkeit von 0,26 m pro Sekunde und hat eine Höhe von 135 m.

10. Betrachte die Angaben zum Riesenrad. Stelle selbst geeignete Aufgaben. Löse sie.

11. Ein Satellit umkreist die Erde auf einer Kreisbahn mit einer Geschwindigkeit von $8\,\frac{km}{s}$.
Für eine Erdumkreisung benötigt er 1 h 28 min.
In welcher Höhe fliegt der Satellit?

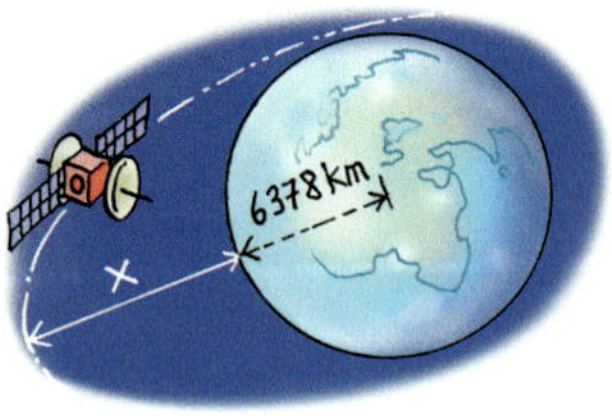

12. Eine Raumstation umkreist die Erde in 200 km Höhe in 90 Minuten. Welche Entfernung legt die Raumstation bei einem Erdumlauf zurück? Welche Entfernung legt sie in 1 Stunde zurück?

Herausfordern

13. a) Hannes hat einen Taillenumfang von 80 cm. Denke dir einen 1,80 m langen Gürtel um seine Taille gelegt. Wie weit steht er ab? Schätze zunächst.
b) Denke dir nun längs des Äquators ein Seil um die Erde gespannt. Seine Länge betrage genau 40 000 km. Denke dir nun das Seil um 1 m verlängert. Schätze zunächst, rechne dann: Ist jetzt genügend „Luft“ vorhanden, dass eine Maus zwischen Seil und Erdboden durchschlüpfen kann?
c) Formuliere eine Vermutung zu deinen Ergebnissen. Begründe sie.

6.6 Flächeninhalt eines Kreises

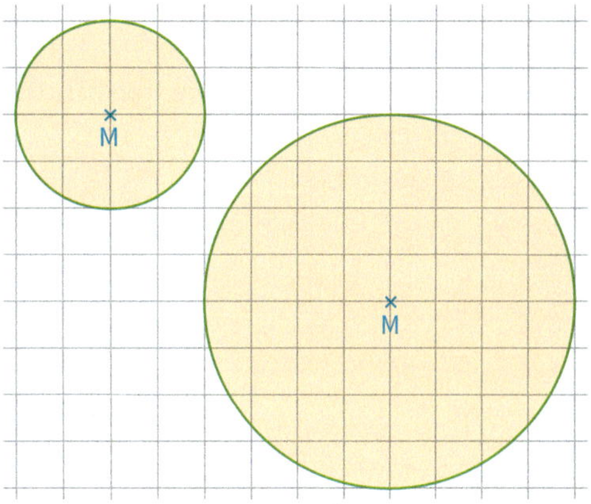

Einstieg

Zeichnet Kreise mit verschiedenen Durchmessern auf Karopapier und bestimmt den Flächeninhalt durch Auszählen der Kästchen. (Ihr könnt die Arbeit verringern, wenn ihr nur einen Viertelkreis auszählt.)
Könnt ihr Zusammenhänge zwischen dem Radius und dem Flächeninhalt entdecken?
Wie könnt ihr ein möglichst genaues Ergebnis erhalten?

Aufgabe 1

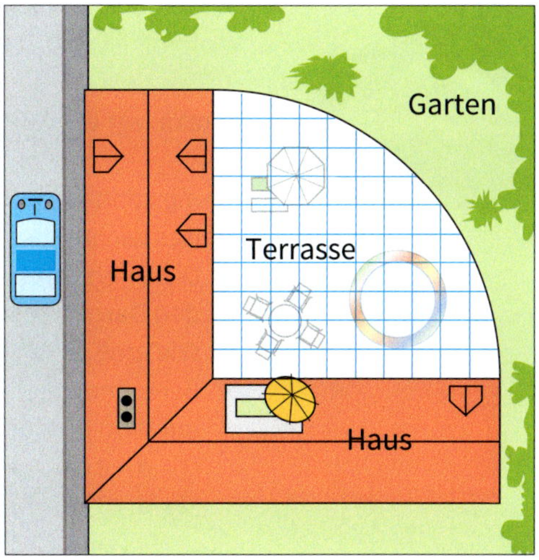

Beim Bungalow der Familie Erdmann soll an einer Gartenecke eine viertelkreisförmige Terrasse mit einem Radius von 5 m angelegt werden. Für den Belag hat sich die Familie für quadratische Platten mit einer Seitenlänge von 50 cm entschieden.

a) Entnimm dem Lageplan, wie viel m^2 Platten Herr Erdmann kaufen muss.
b) Wie viel m^2 Platten müssen nicht zerschnitten werden?
c) Für das Bauamt muss die Größe der Terrasse angegeben werden. Bestimme aus den obigen Werten einen Näherungswert.
d) Ermittle daraus einen Näherungswert für den Flächeninhalt eines Kreises mit dem Radius 5 m.
e) Vergleiche das Ergebnis von Teilaufgabe d) mit dem Flächeninhalt eines Quadrates mit der Seitenlänge 5 m.

Lösung

a) Wir zählen 86 Platten, die gekauft werden müssen, um den Viertelkreis zu überdecken.
Der Flächeninhalt einer einzelnen Platte beträgt:
$0{,}5\,m \cdot 0{,}5\,m$, also $0{,}25\,m^2$
Damit gilt für den gesamten Flächeninhalt der gekauften Platten:
$86 \cdot 0{,}25\,m^2 = 21{,}50\,m^2$
b) Wir zählen 69 unzerschnittene Platten. Für den Flächeninhalt der unzerschnittenen Platten ergibt sich:
$69 \cdot 0{,}25\,m^2 = 17{,}25\,m^2$
c) Als Näherungswert für die Größe der Terrasse kann der Mittelwert aus $21{,}5\,m^2$ und $17{,}25\,m^2$ genommen werden:
$(21{,}50\,m^2 + 17{,}25\,m^2) : 2 = 19{,}375\,m^2$
d) Da die Terrasse einen Viertelkreis bildet, erhalten wir als Näherungswert für den Flächeninhalt des vollen Kreises: $A_K \approx 4 \cdot 19{,}375\,m^2 = 77{,}5\,m^2$
e) Der Flächeninhalt eines Quadrates der Seitenlänge 5 m beträgt $5\,m \cdot 5\,m$, also $25\,m^2$.
Wegen $3 \cdot 25\,m^2 = 75\,m^2$, ist der Flächeninhalt des Kreises ein wenig größer als der Flächeninhalt dreier Quadrate mit der Seitenlänge 5 m.

Information

Satz

Der **Flächeninhalt A eines Kreises** mit dem Radius r beträgt:

$\mathbf{A = \pi \cdot r^2}$

Beispiel: r = 1,5 cm

$A = \pi \cdot (1{,}5\,\text{cm})^2 = \pi \cdot 2{,}25\,\text{cm}^2 \approx 7{,}07\,\text{cm}^2$

Zum Überschlagen rechnet man auch: $A \approx 3 \cdot r^2$

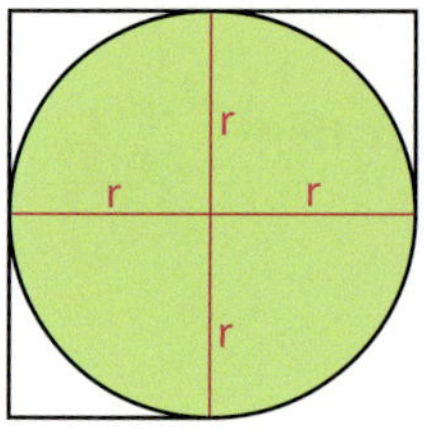

Üben

2. Berechne den Flächeninhalt des Kreises.

a) r = 5 cm b) r = 3 m c) r = 1,3 km d) d = 2,45 km

3. Der Aktionsradius eines Rettungshubschraubers beträgt 70 km. Wie groß ist das Gebiet, in dem er eingesetzt werden kann?

4. Annika legt ein rundes Blumenbeet mit einem Radius von 0,80 m an. Wie groß ist es?

5. Häufig kann man den Durchmesser d eines Kreises leichter bestimmen als den Radius.

a) Die Querschnittsfläche eines Bolzens hat den Durchmesser d = 2 cm. Wie groß ist die Querschnittsfläche?

b) Berechne den Flächeninhalt eines Kreises mit dem Durchmesser

(1) d = 8 cm (3) d = 2,2 cm

(2) d = 3 km (4) d = 0,5 km

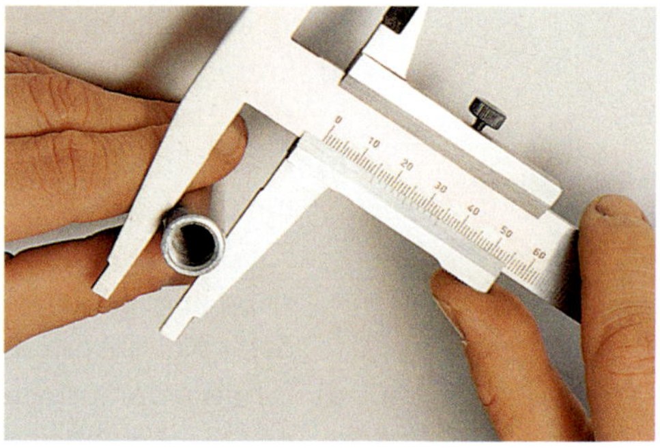

6. Ein kreisrunder Tisch hat den Durchmesser 1,40 m. Wie groß ist die Tischfläche?

7. Frau Siede kauft einen runden Esstisch mit einem Durchmesser von 1,20 m.

a) Wie groß ist die Tischfläche?

b) Die Tischdecke soll auf jeder Seite 20 cm überstehen. Wie groß ist deren Fläche?

c) Frau Siede möchte um die Decke eine Spitze nähen. Wie viel Spitze muss sie kaufen?

8. In der Tiefkühlabteilung werden zum gleichen Preis zwei verschiedene Packungen mit Pizzen angeboten: Die eine Packung enthält *zwei* Pizzen mit je 17 cm Durchmesser; die andere Packung enthält nur *eine* Pizza mit dem Durchmesser 25 cm.
Für welche Packung würdest du dich entscheiden, wenn du möglichst viel essen willst?

Vertiefen

9. Der Stamm einer Eiche hat den Durchmesser von 60 cm.

a) Berechne ihren Umfang.

b) Berechne die Größe der Querschnittfläche des Stammes.

c) Eine Linde hat einen Stamm mit dem Umfang 122 cm. Berechne die Größe der Querschnittsfläche.

10. Welchen Flächeninhalt hat ein Kreis mit dem Umfang u?

a) u = 18 m b) u = 15,6 cm c) u = 34 km d) u = 1 cm e) u = 1 km

11. Ein kreisförmiges Rasenstück (Durchmesser 32 m) soll gekalkt werden. Wie teuer ist das?

12. Aus einem rechteckigen Streifen Blech mit der Länge 32 cm und der Breite 8 cm werden vier Kreise mit dem Radius 3,8 cm ausgestanzt. Wie groß ist der Abfall?

13. Welche der vier Pizzas ist am preisgünstigsten?

Joeyes knusprige Pizza-Klassiker

Jeweils mit würziger Tomatensauce und herzhaftem Gouda.

Pizza	Junior Ø 20 cm	Classic Ø 28 cm	Maxi Ø 38 cm	Family 40 cm × 50 cm
Salami	4,30 €	5,90 €	10,50 €	16,90 €

14. Rebecca backt Plätzchen. Sie walzt einen Klumpen Teig auf dem Tisch zu einer fast kreisförmigen Schicht mit dem Durchmesser von etwa 30 cm aus. Mit einem kreisrunden Förmchen vom Durchmesser 4,5 cm sticht sie die Plätzchen aus. Den Rest des Teigs knetet sie noch einmal und rollt ihn wieder aus, formt Plätzchen und fährt so fort, bis kein Teig mehr da ist. Wie viele Plätzchen erhält sie ungefähr? Woran könnte es liegen, wenn die berechnete Zahl der Plätzchen von der tatsächlich erhaltenen *stark* abweicht?

15. In einem Park werden kreisrunde Beete mit dem Durchmesser $d = 4{,}90$ m angelegt.

a) Ein Beet soll mit Buchsbaum eingefasst werden. Man rechnet mit 5 Pflanzen pro Meter. Berechne die Kosten.

b) Ein Beet soll mit Rosen bepflanzt werden. Man rechnet mit 8 Rosen pro Quadratmeter. Berechne die Kosten.

c) Um das Beet wird ein 1,20 m breiter Weg angelegt. 1 m² kostet 26 € zuzüglich 19 % Mehrwertsteuer. Berechne die Kosten.

16. Die Skizze zeigt einen Sportplatz, der von einer Laufbahn begrenzt wird.

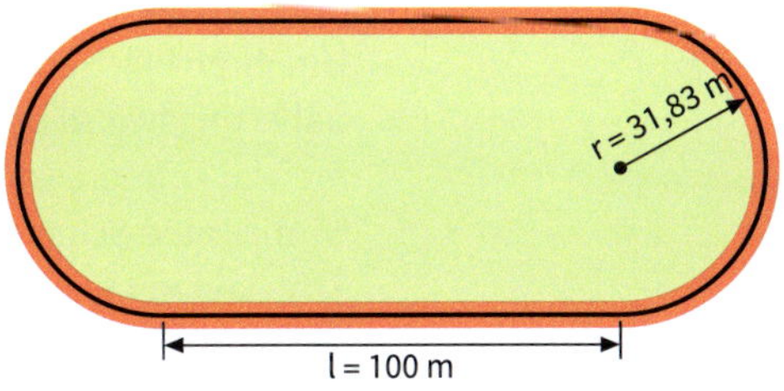

a) Berechne die Länge der Laufbahn.

b) Der innere rechteckige Teil des Sportplatzes wird als Fußballplatz genutzt. Welchen Flächeninhalt und welchen Umfang hat der Fußballplatz?

c) Im Sommer wird das gesamte Stadion als Konzertarena genutzt, dabei benötigt die Bühne 16 a. Wie groß ist der Zuschauerbereich?

Herausfordern

17. Berechne den Flächeninhalt und den Umfang der gefärbten Fläche.

a)
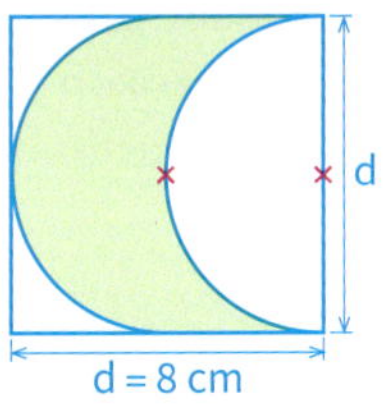

b)
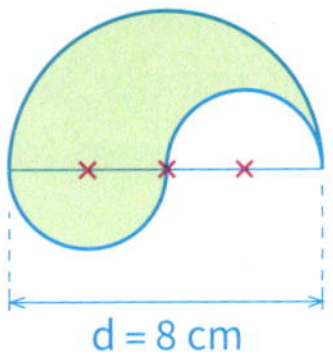

c)
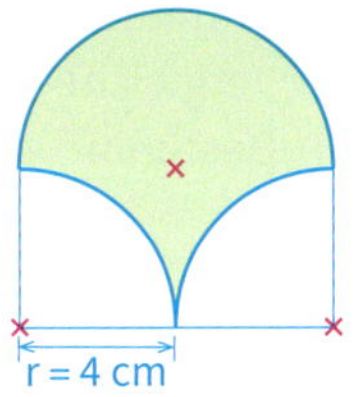

d)
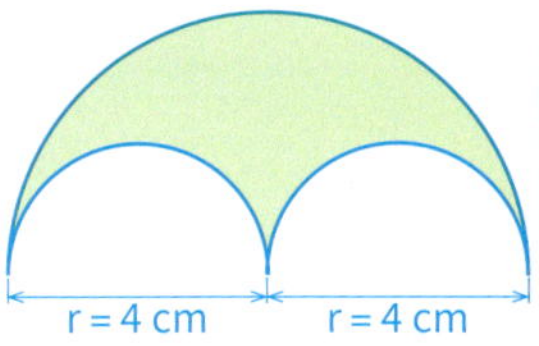

Flächeninhalt und Umfang krummlinig begrenzter Figuren

Mithilfe der Flächeninhaltsformeln für Parallelogramm, Dreieck und Trapez kann man den Flächeninhalt *aller* Figuren berechnen, die geradlinig begrenzt sind. Aber auch bei Figuren mit gekrümmtem Rand kann man damit Näherungswerte ermitteln.

1. Um die Größe der Nordsee-Insel Norderney abzuschätzen, überdecken wir sie in der Karte mit dem Maßstab 1 : 100 000 mit Dreiecken und Vierecken.
   a) Entnimm dem Kartenausschnitt die benötigten Maße und rechne.
   b) Vergleiche dein Ergebnis mit der Angabe in einem Lexikon oder Geographiebuch.
   c) Schätze auch die Länge der Küste von Norderney ab.

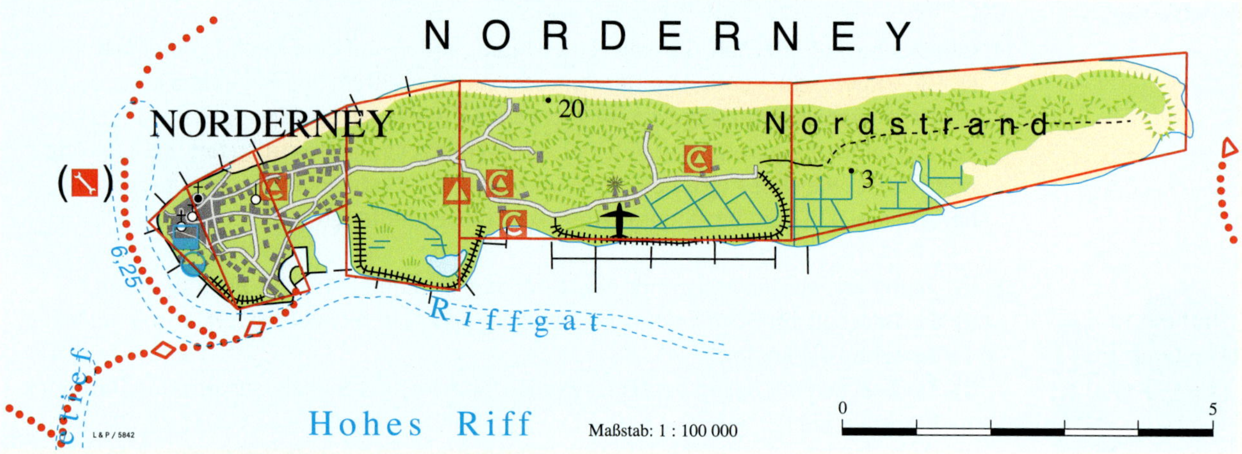

2. Der Kartenausschnitt zeigt die Nordsee-Insel Baltrum. Um ihren Flächeninhalt näherungsweise bestimmen zu können, ist in ihren Umriss eine Schar paralleler Strecken mit gleichem Abstand eingezeichnet. Verbindet man die Endpunkte benachbarter Strecken geradlinig, so erhalten wir Trapeze, die die Insel fast überdecken.

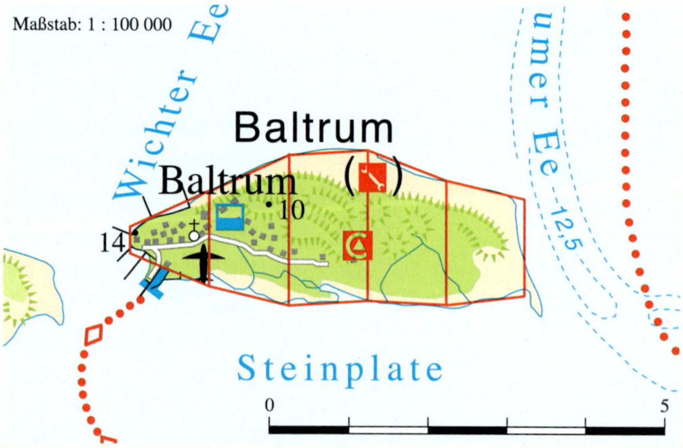

   a) Entnimm dem Kartenausschnitt die benötigten Maße und rechne.
   b) Vergleiche dein Ergebnis mit der Angabe in einem Lexikon oder Geographiebuch.
   c) Bestimme auch einen Schätzwert für die Länge der Küste von Baltrum.

Das Wichtigste auf einen Blick

Flächeninhalt eines Dreiecks

Der Flächeninhalt eines Dreiecks mit der Länge g einer Seite (Grundseite) und der zugehörigen Höhe h beträgt:

$A = \frac{1}{2} \cdot g \cdot h$

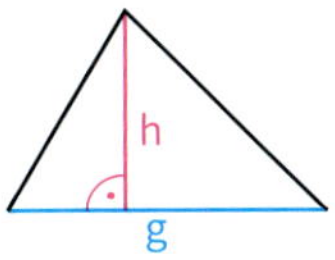

Beispiel:
$g = 4\,cm;\; h = 5\,cm;$
$A = \frac{1}{2} \cdot g \cdot h$
$A = \frac{1}{2} \cdot 4\,cm \cdot 5\,cm = 10\,cm^2$

Flächeninhalt eines Parallelogramms

Für ein Parallelogramm mit der Länge g einer Grundseite und der zugehörigen Höhe h gilt:
$A = g \cdot h$

Beispiel:
$g = 4\,cm;\; h = 5\,cm$
$A = 20\,cm^2$

Flächeninhalt eines Trapezes

Für ein Trapez mit den Längen a und c der zueinander parallelen Seiten und der Höhe h gilt:
$A = \frac{1}{2} \cdot (a + c) \cdot h$

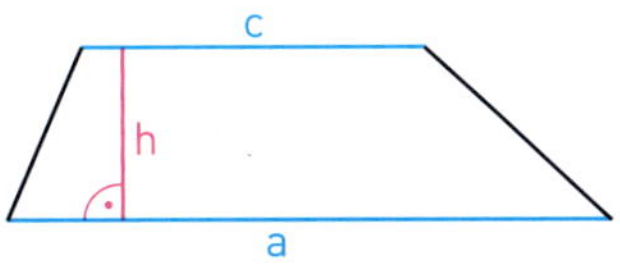

Beispiel:
$a = 4\,cm;\; c = 6\,cm;\; h = 5\,cm$
$A = \frac{1}{2} \cdot (4\,cm + 6\,cm) \cdot 5\,cm$
$= 25\,cm^2$

Flächeninhalt von Vielecken

Ein beliebiges Vieleck zerlegt man in Dreiecke, Rechtecke, … und addiert deren Flächeninhalte.
Man kann auch zu einer größeren Figur ergänzen und subtrahieren.

Beispiel:

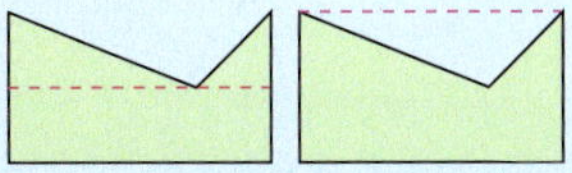

Umfang und Flächeninhalt eines Kreises

Ein Kreis mit dem Radius r hat den Umfang $u = 2 \cdot \pi \cdot r$ und den Flächeninhalt $A = \pi \cdot r^2$

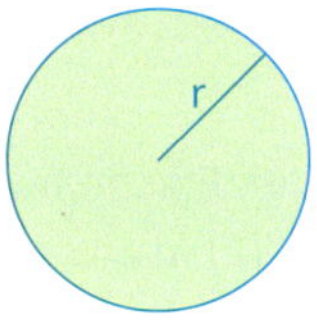

$r = 5\,cm;$
$u = 2 \cdot \pi \cdot 5\,cm = \pi \cdot 10\,cm$
$\approx 31{,}4\,cm$
$A = \pi \cdot (5\,cm)^2 = \pi \cdot 25\,cm^2$
$\approx 78{,}5\,cm^2$

Bist du fit?

1. Berechne den Flächeninhalt der Figuren.

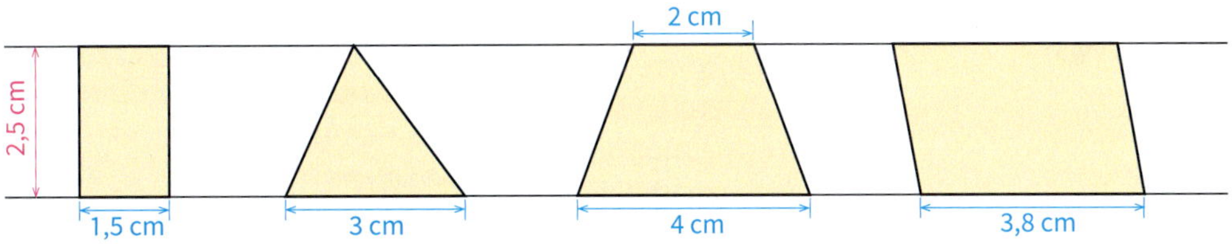

2. Rechne in die in Klammern angegebene Einheit um.

a) $600\,mm^2$ (cm^2)	**d)** $35\,dm^2$ (m^2)	**g)** 450 ha (km^2)	**j)** 2,3 ha (a)
b) $5\,dm^2$ (cm^2)	**e)** $4{,}5\,m^2$ (dm^2)	**h)** $1{,}3\,km^2$ (ha)	**k)** $0{,}7\,m^2$ (dm^2)
c) $3\,km^2$ (ha)	**f)** $27\,mm^2$ (cm^2)	**i)** 500 a (ha)	**l)** $0{,}06\,cm^2$ (mm^2)

3. Trage die Figur in ein Koordinatensystem mit der Einheit 1 cm ein. Um was für eine Figur handelt es sich? Berechne ohne mit dem Lineal zu messen den Flächeninhalt.

a) A(1|3); B(9|3); C(11|7); D(3|7)
b) A(4|1); B(13|1); C(10|9); D(6|9)
c) A(2|1); B(6|0); C(8|8); D(4|9)
d) A(5|4); B(8|1); C(8|6)
e) A(1|2); B(7|2); C(9|9)
f) A(1|1); B(5|3); C(7|6); D(5|9); E(3|7)

4. An einem Treppengeländer wird eine Metallgitterplatte montiert.
a) Berechne die Größe der Plattenfläche.
b) 1 m^2 kostet 56,80 €. Berechne die Kosten.

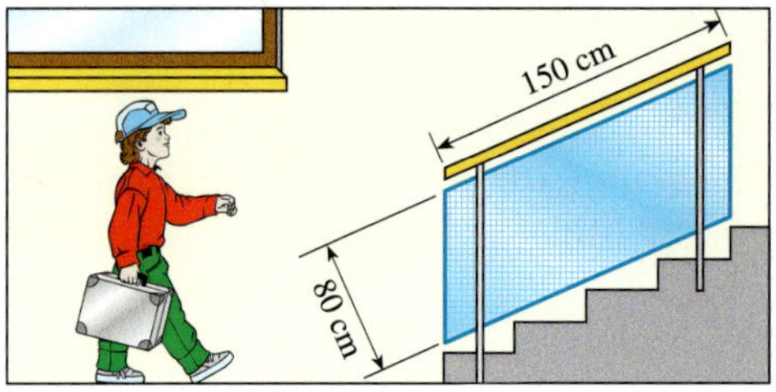

5. Berechne die Kosten für die Verglasung des Giebelfensters. 1 m^2 Isolierglas kostet 70 €.

a)

b)
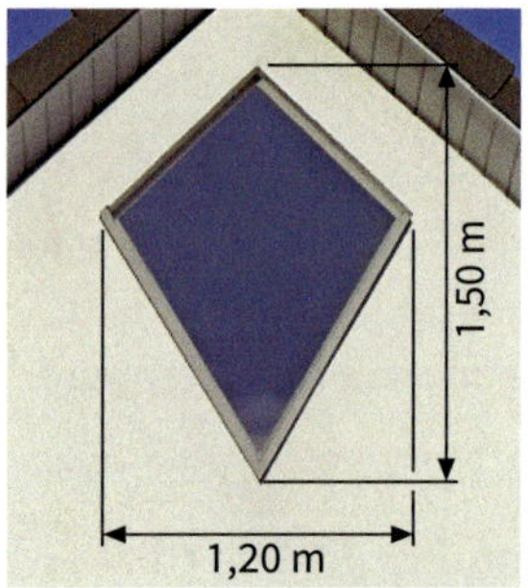

b)

6. **a)** Berechne den Flächeninhalt und den Umfang der Kreise:
(1) r = 3,5 cm **(2)** d = 17 mm
b) Welchen Radius hat ein Kreis mit dem Umfang u = 26 cm?

7. Ein Laufrad dient zum Messen von Entfernungen, z. B. bei Verkehrsunfällen. Der Durchmesser des Laufrades beträgt 15 cm.
Wie viele Umdrehungen macht das Rad beim Messen einer Weglänge von 7,54 m?

8. Ein Kreis hat den Umfang u = 38 cm. Wie groß ist sein Flächeninhalt?

9. Eine Firma für Gartengeräte bietet verschiedene Rasensprenger an. Prüfe, ob die Angaben im Katalog die Fläche angenähert richtig angeben.

Beregnungsanlage

Art des Sprengers

Sprühregner	*d = 11 m; 100 m²*
Kreisregner *(klein)*	*r = 8,5 m; 225 m²*
Kreisregner *(groß/variabel)*	*r = 3 – 12,5 m; 30 – 490 m²*

10. Ein Baumstamm hat einen Umfang von 1,90 m. Welchen Durchmesser hat er?

7. Rationale Zahlen

Aus dem Alltag weißt du, dass man für manche Größen bei den Angaben durch Zahlen auch Minus- und Pluszeichen verwendet.

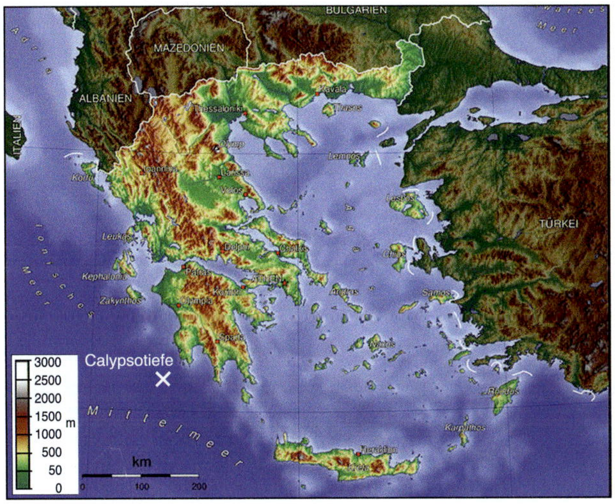

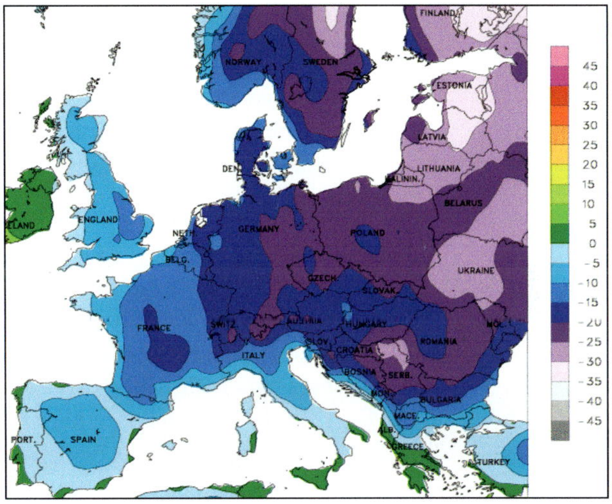

➜ Lies die Höhenangaben des Calypsotiefs, des Golfs von Korinth und einiger Berge ab.

➜ Lies die Temperaturen einiger europäischer Hauptstädte bei einem starken Kälteeinbruch ab.

In diesem Kapitel …
lernst du, wie man negative Zahlen zum Beschreiben von Sachsituationen verwenden kann und wie man mit ihnen rechnet.

Lernfeld: Zahlen unter Null

Zeitleiste

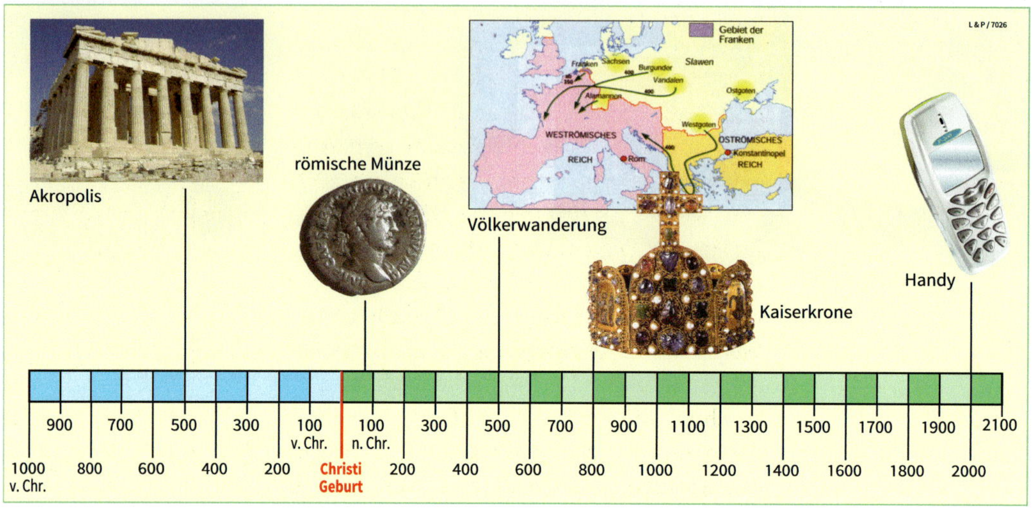

Die Darstellung von geschichtlichen Daten erfolgt oft in Zeitleisten, damit man einen schnellen Überblick über den zeitlichen Verlauf verschiedener Ereignisse hat.

→ Erstelle selbst eine solche Zeitleiste. Trage zum Beispiel berühmte Mathematiker, Herrscher im Römischen Reich oder andere Daten ein.

→ Nach dem 2. Weltkrieg im Jahr 1945 musste in Deutschland vieles neu aufgebaut werden. Man bezeichnet diesen Zeitpunkt auch als Stunde Null in der deutschen Geschichte. Zeichne eine Zeitleiste mit 1945 als Jahr Null und trage verschiedene Ereignisse ein.

→ Erstellt gemeinsam eine große Zeitleiste aus mehreren Blättern und hängt sie im Klassenraum aus.

Auf und ab mit dem Fahrstuhl

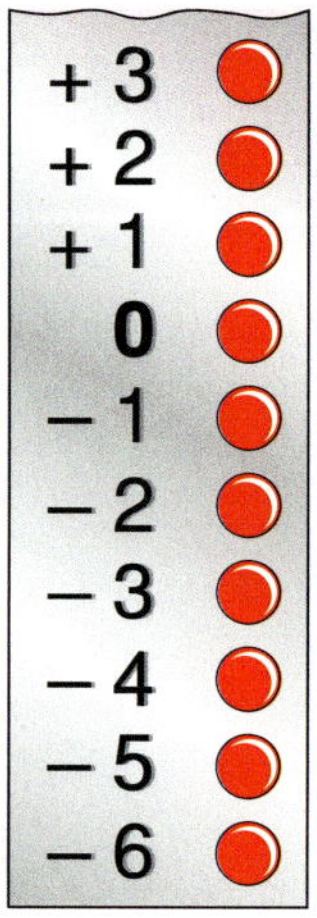

Vielleicht habt ihr schon in einem Hochhaus mit mehreren Kellergeschossen gesehen, dass die Geschosse mit natürlichen Zahlen und mit Zahlen mit einem Minuszeichen davor beschriftet sind. Hier sollt ihr ein Spiel dazu herstellen und spielen.
Zeichnet als Spielfeld das Bedienfeld eines Liftes mit Geschossen von −6 bis +15.
Stellt Karten mit den Geschossnummern von −6 bis +15 her.
Stellt einen Würfel her, der mit −2, −1, 0, +1, +2, +3 beschriftet ist.

→ Am Spielanfang stellt jeder Spieler seine Spielfigur in das Erdgeschoss und zieht verdeckt vier Geschosskarten. Seine Spielfigur muss dann die angegebenen Geschosse besuchen. Die Spieler würfeln reihum. Bei +1, +2 und +3 darf die Figur die gewürfelte Augenzahl aufwärts gehen, bei −1 und −2 abwärts. Bei 0 bleibt die Spielfigur stehen. Hat ein Spieler ein gezogenes Stockwerk erreicht, gibt er die entsprechende Geschosskarte zurück. Sieger ist, wer als erster alle gezogenen Stockwerke erreicht hat.

→ Von Monopoly und anderen Spielen kennt ihr Ereigniskarten. Erweitert das Spiel noch, indem ihr zusätzliche Ereigniskarten herstellt. Die angegebenen Ereignisse treten dann beim Werfen einer 0 ein.

7.1 Rationale Zahlen – Anordnung und Betrag

Einstieg

Für eine Fahrradtour in den Niederlanden haben Lena und Florian ein Höhenprofil erstellt.

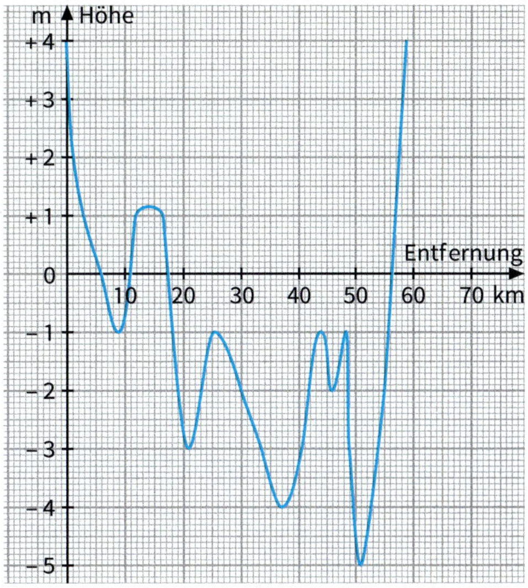

a) Was könnt ihr aus dem Diagramm ablesen?

b) Lest am Diagramm ab, wie hoch die beiden nach 5 km, 15 km, 25 km und 35 km sind.

c) Wie weit sind Lena und Florian vom Ausgangsort entfernt, wenn sie sich 2 m über NN bzw. wenn sie sich 2 m unter NN befinden?

d) Zu Hause angekommen wollen sie die Höhen einiger Orte ihrer Fahrradtour festhalten. Sie haben folgende Werte notiert: Naarden +4 m; Weesp −1 m; Amstelveen −2 m; Aalsmeer −2 m; Hoofddorp −5 m; Heemstede +4 m
Zeichne eine Skala für die Höhe von −5 m bis +5 m. Wähle 1 cm für 1 m. Markiere anschließend die Höhenangaben. Notiere auch die Orte.

e) Maria sagt: „Die Steigungen, die ihr gezeichnet habt, sehen steiler aus als Gebirgsstraßen. Da kommt man doch nicht mit dem Fahrrad hoch." Was meinst du dazu?

Aufgabe 1

Rationale Zahlen und ihre Anordnung

Die Schüler der Klasse 6 b haben in einem Projekt zum Thema Wetter die Temperatur über einen Tag hinweg gemessen. Dafür stand ihnen ein Temperaturschreiber zur Verfügung.

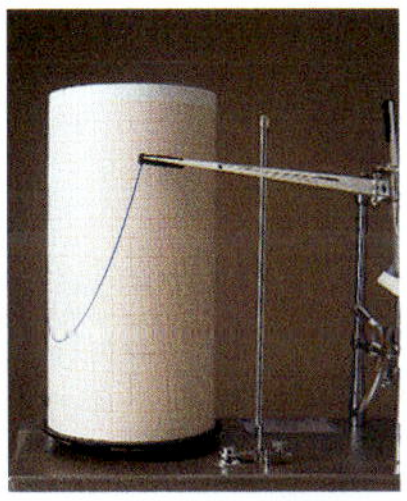

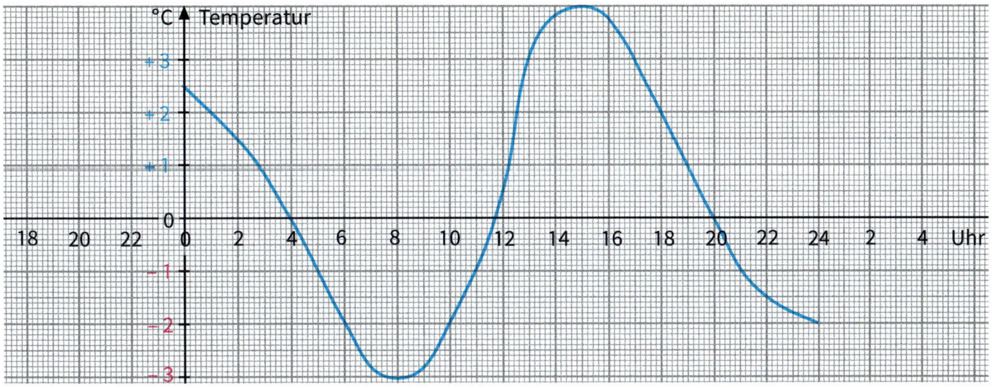

a) Was kannst du aus dem Diagramm ablesen? Gib verschiedene gebräuchliche Sprech- und Schreibweisen bei den Temperaturen an.

b) Lies am Diagramm die Temperaturen um 0 Uhr, 4 Uhr, 8 Uhr, 12 Uhr, 16 Uhr, 20 Uhr, 24 Uhr ab und trage sie in eine Tabelle ein.

c) Wann betrug die Temperatur **(1)** −1 °C; **(2)** +1,5 °C?

d) Um 10 Uhr wurde in einer Radiomeldung die Temperatur an verschiedenen Orten genannt:

Ort	Freiburg	Köln	Hannover	Berlin	Dresden
Temperatur (in °C)	−5,5	−1,0	+1,4	+0,7	+3,5

Zeichne eine Temperaturskala von −7 °C bis +7 °C. Wähle 1 cm für 1 °C. Markiere anschließend die angegebenen Temperaturen. Notiere auch die Orte.

Lösung

a) Von Mitternacht bis 8 Uhr morgens sank die Temperatur. Die niedrigste Temperatur betrug −3 °C; man sagt auch 3 °C unter null oder 3 Grad minus.
Danach stieg die Temperatur bis 15 Uhr wieder an. Die höchste Temperatur betrug +4 °C (4 °C über null; 4 Grad plus). Schließlich wurde es wieder kälter.

b)

Zeitpunkt der Messung	0 Uhr	4 Uhr	8 Uhr	12 Uhr	16 Uhr	20 Uhr	24 Uhr
Temperatur (in °C)	+2,5	0,0	−3,0	+0,5	+3,8	0,0	−2,0

c) (1) Um 5 Uhr, um 11 Uhr und um 21 Uhr betrug die Temperatur −1 °C.
(2) Um 2 Uhr, um 12.25 Uhr und um 18.30 Uhr betrug die Temperatur +1,5 °C.

d)

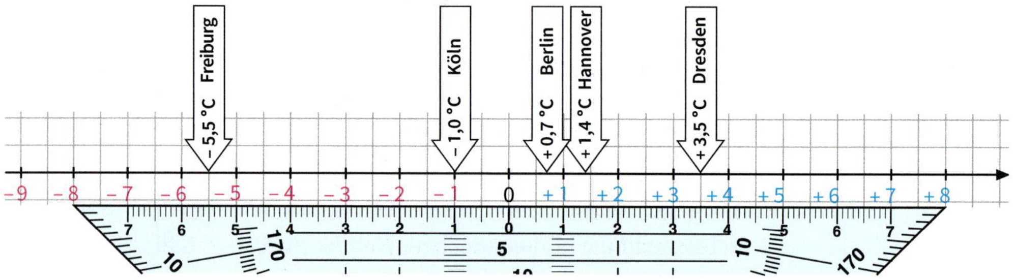

Information

Normalnull
mittlere Höhe des Meeresspiegels (in Amsterdam).

Haben
Der Kontoinhaber hat Geld auf dem Konto.

Soll
Der Kontoinhaber schuldet dem Geldinstitut Geld.

(1) Rationale Zahlen

Bei der Aufgabe 1 kommen Angaben vor, die wir mit den bisher bekannten Bruchzahlen nicht vollständig beschreiben können. Wir mussten eine zusätzliche Angabe hinzufügen, nämlich ob die Temperatur über null oder unter null liegt. Im täglichen Leben gibt es mehrere Beispiele, bei denen ähnliche Zusatzinformationen gegeben werden müssen:

- Temperaturen (über oder unter dem Gefrierpunkt von Wasser)
- Höhenangaben (über NN (Normalnull) oder darunter)
- Geldangaben auf Bankkonten (Haben oder Soll)

In der Mathematik unterscheidet man solche Zustände über und unter einem festgelegten Normalzustand (dem Nullpunkt) durch das **Vorzeichen** + (plus) oder − (minus).

Wir erweitern den *Zahlenstrahl der Bruchzahlen*

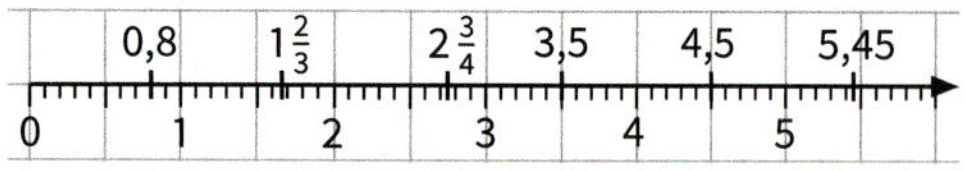

zur *Zahlengeraden*:

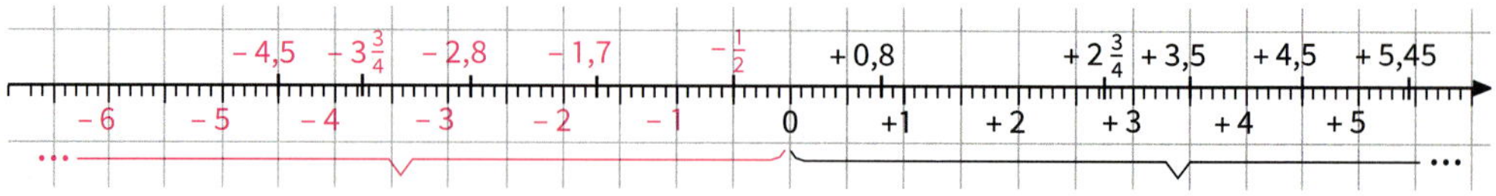

Für die Zahl 0 vereinbaren wir: $+0 = -0 = 0$

Zahlen wie $-\frac{1}{2}$; $-3\frac{3}{4}$; $+\frac{3}{4}$; −4,5; +3,5; 0; −7; +11 heißen **rationale Zahlen**.
Die Zahlen mit dem Vorzeichen + nennt man **positiv**, die Zahlen mit dem Vorzeichen − **negativ**.
Die Zahl 0 ist weder positiv noch negativ.
Natürliche Zahlen und Bruchzahlen sind besondere rationale Zahlen: Sie sind positiv oder null.

Das Vorzeichen + wird oft weggelassen.

(2) Besondere Zahlenmengen

Du kennst bereits die Menge der **natürlichen Zahlen**:

$\mathbb{N} = \{0;\ 1;\ 2;\ 3;\ 4;\ \ldots\}$.

Eine weitere Zahlenmenge ist die Menge der **ganzen Zahlen**:

$\mathbb{Z} = \{\ldots;\ -2;\ -1;\ 0;\ 1;\ 2;\ \ldots\}$.

Die natürlichen Zahlen sind eine Teilmenge der ganzen Zahlen.

Die Menge aller **rationalen Zahlen** wird mit $\mathbb{Q}$ bezeichnet. $\mathbb{Z}$ ist eine Teilmenge von $\mathbb{Q}$.

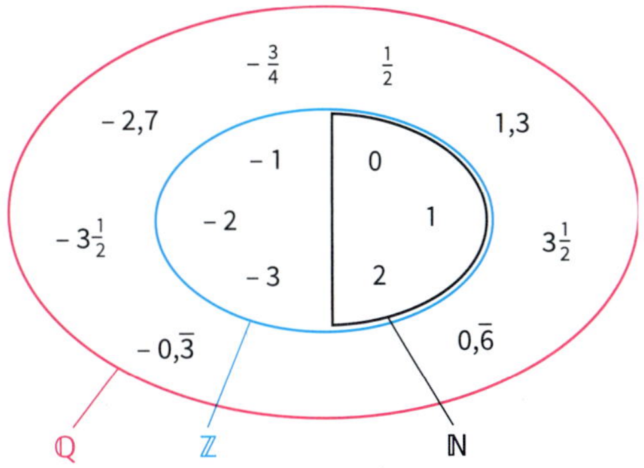

Weiterführende Aufgabe

Betrag einer rationalen Zahl – Gegenzahl einer rationalen Zahl

2. Markiere die Zahlen +4,5 und –4,5 auf der Zahlengeraden. Beschreibe ihre Lage zueinander.

Definition

(1) Ändert man bei einer Zahl das Vorzeichen, so erhält man ihre **Gegenzahl**.
Die Gegenzahl von 0 ist 0 selbst.
Beispiele:
Die Zahl –3 ist Gegenzahl zu der Zahl +3.
Ebenso ist +3 die Gegenzahl zu –3.

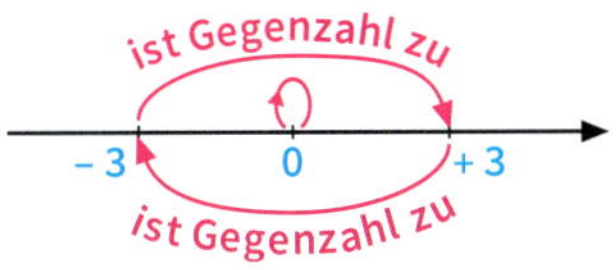

(2) Der Abstand einer Zahl von 0 heißt **Betrag** dieser Zahl.
Wir bezeichnen den Betrag einer rationalen Zahl mit |r| (gelesen: *Betrag von r*).
Beispiele: $|+3| = 3;\ |-3| = 3;\ |0| = 0$

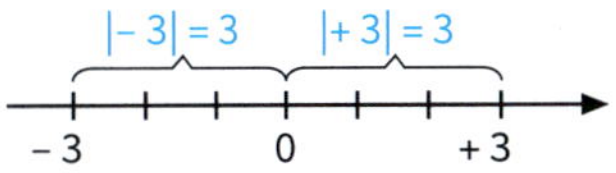

Üben

3. **a)** Was bedeuten die Zahlen +8; –8; –5; 0; –2; +2; –3,5 bei
(1) einem Thermometer; **(2)** Höhenangaben; **(3)** einem Kontoauszug?

b) Drücke mithilfe von Vorzeichen aus:
(1) 180 m über Normalnull
(2) 270 m unter Normalnull
(3) 12 °C unter null
(4) 23 °C über null
(5) 180,05 € Soll
(6) 270,73 € Haben

4. Ordne die Zahlen aus der Lösungskiste den richtigen Stellen an der Zahlengeraden zu.

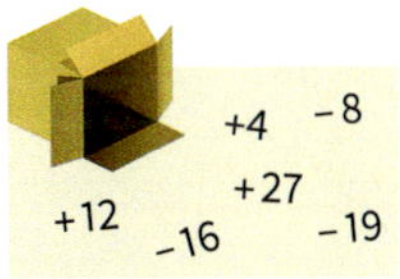

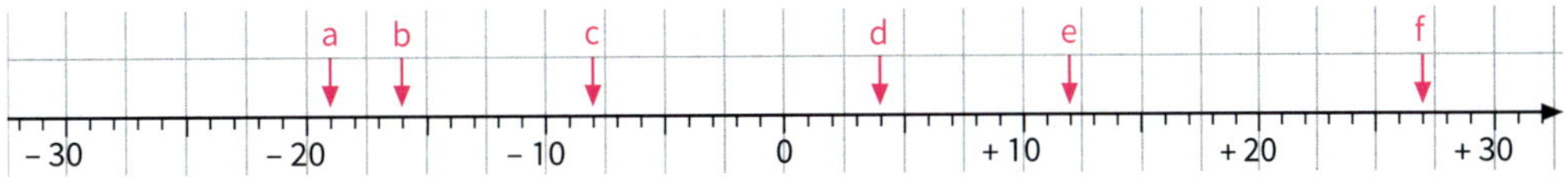

5. Auf der Zahlengeraden sind Zahlen durch Pfeile markiert. Notiere diese Zahlen.

a)

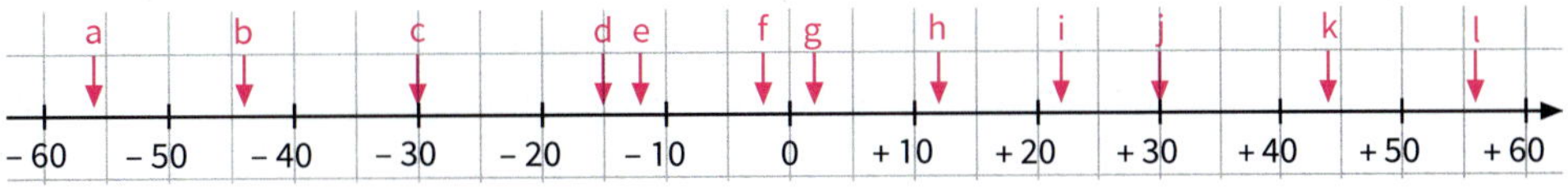

b)

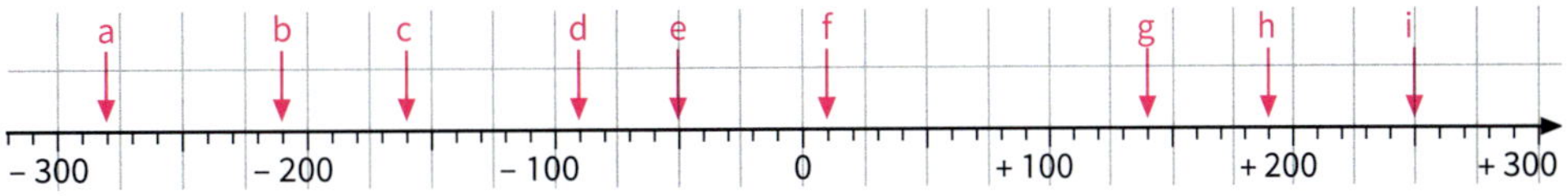

6. Auf der Zahlengeraden sind Zahlen durch Pfeile markiert. Notiere diese Zahlen.

a)

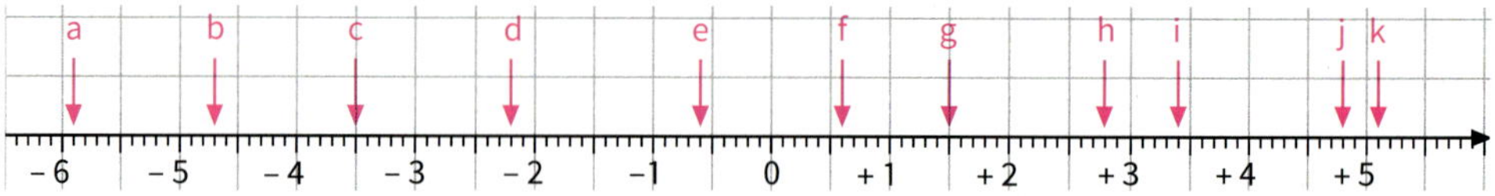

b)

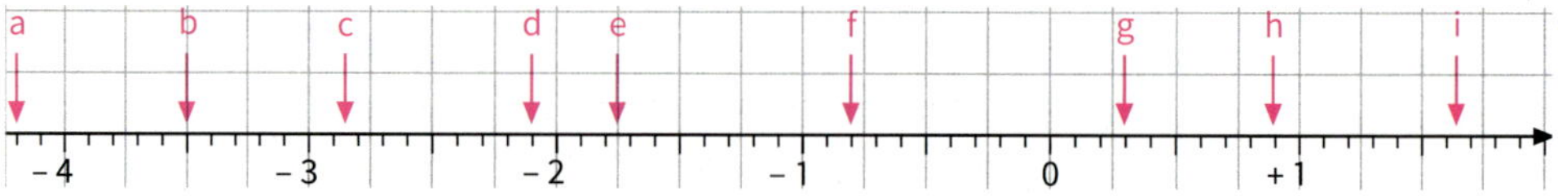

7. a) Wer knackt die Botschaft? Zu jeder Zahl gehört ein Buchstabe.
+0,5; −5,1; +3,7; −3,6; +1,8; −2,9; −3,4; +6,6; −0,3; +5,4; +4,2; −4,1; −2,3

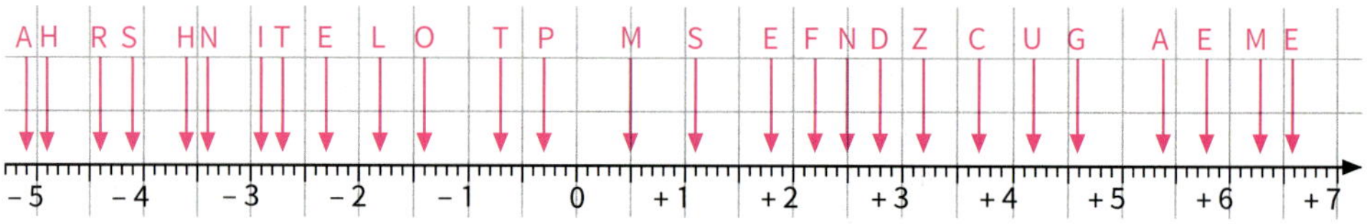

b) Verschlüssele deinem Nachbarn auf diese Art eine Botschaft. Er entschlüsselt deine Botschaft und du seine.

8. Markiere auf einer Zahlengeraden die rationalen Zahlen.

a) +1,8; −3,4; −2,8; +4,1; 0; −0,7

b) −25; +13; −3; +18; −8; −17

c) +50; +220; −130; −20; −290

d) +4; −0,4; +2,5; $+1\frac{1}{4}$; $-2\frac{1}{10}$; −3,75

9. Anna hat Zahlen auf der Geraden markiert und ihre Freundin Mia gebeten, das Blatt zu korrigieren. Die gibt es Anna zurück mit den Worten: „Du hast drei Fehler gemacht“.
Suche die Fehler und überlege, wie du Anna erklären könntest, was sie falsch gemacht hat.

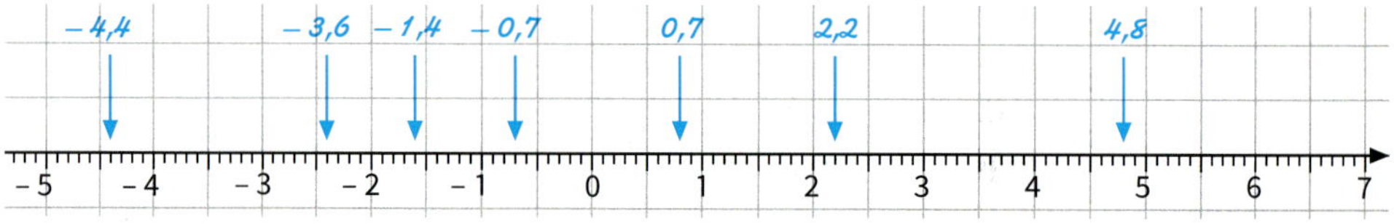

10. Schreibt eine kleine Zusammenfassung:
Wo kommen negative, positive, ganze, rationale Zahlen im Alltag vor?

11. a) Welche Zahl liegt von 0 ebenso weit entfernt wie −4; +1 000; −7,84; $+8\frac{2}{3}$; $-5\frac{3}{7}$?

b) Bestimme $|-7|$; $|+13|$; $|-13|$; $|+8{,}3|$; $|-14{,}8|$; $|-2\frac{3}{20}|$; $|+5\frac{4}{15}|$; $|-123|$.

c) Gib Zahlen mit folgenden Beträgen an: 11; 7,25; $4\frac{1}{2}$; 0; 1 000; −3.

12. a) Bestimme die Gegenzahl zu: −1 000; +82; +25,7; −15,34; $-7\frac{5}{8}$; $+12\frac{2}{3}$

b) Beschreibe an der Zahlengeraden: Wie liegen Zahl und Gegenzahl zueinander?

c) Für welche rationalen Zahlen ist die Gegenzahl
(1) negativ (2) positiv (3) null?

Vertiefen

13. a) Das Bild zeigt einen Querschnitt durch den Oslo-Fjord.
Lies ab:
(1) Höhe von Stokke
(2) Höhe von Sarpsborg
(3) Höhe des Wasserspiegels
(4) Tiefe des Fjords.

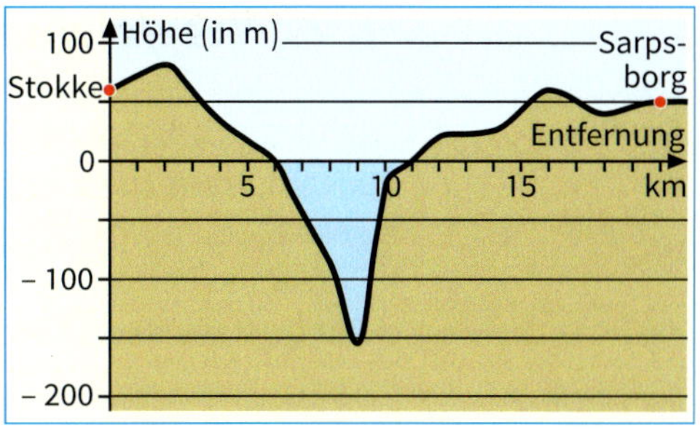

b) Hier sind die Höhen einiger Berge und die Tiefe einiger Tiefseegräben angegeben.
Unterscheide Angaben für Berge und Tiefseegräben durch Vorzeichen voneinander. Trage sie dazu auf einer gemeinsamen Skala ein.

Mount Everest	8 846 m	Marianengraben	11 034 m
Kilimandscharo	5 892 m	Philippinengraben	10 540 m
Mountblanc	4 807 m	Puerto-Rico-Graben	9 219 m
Matterhorn	4 478 m	Caymangraben	7 680 m
Zugspitze	2 962 m	Perugraben	6 262 m

c) Stellt euch gegenseitig Fragen und beantwortet sie.

14. Nenne drei
a) rationale Zahlen;
b) positive Zahlen;
c) negative Zahlen;
d) natürliche Zahlen;
e) ganze Zahlen;
f) Bruchzahlen.

€ (gelesen: ist Element von) bedeutet: gehört zu.

15. Zu welchen der Mengen $\mathbb{N}$, $\mathbb{Z}$, $\mathbb{Q}$ gehören folgende Zahlen? Gib jeweils alle Möglichkeiten an.
$-7;\ +\frac{2}{3};\ -\frac{18}{13};\ 0;\ -12;\ 43;\ +\frac{121}{11};\ -\frac{300}{15}$

$+3 \in \mathbb{N}$; $+3 \in \mathbb{Z}$; $+3 \in \mathbb{Q}$

16. Was ist mit den folgenden Zeitungsausschnitten gemeint?

Firma FLOTTIVA schreibt wieder schwarze Zahlen

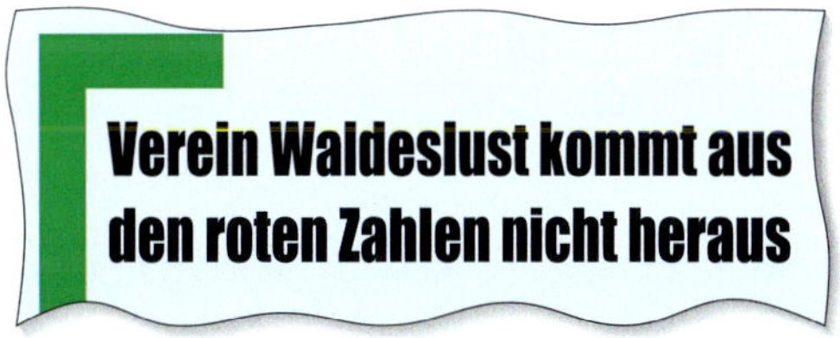
Verein Waldeslust kommt aus den roten Zahlen nicht heraus

Herausfordern

17. Begründe an der Zahlengeraden oder widerlege durch ein Beispiel.
a) Die Gegenzahl einer rationalen Zahl ist immer negativ.
b) Zahl und Gegenzahl sind stets verschieden.
c) Zahl und Gegenzahl haben denselben Betrag.
d) Bildet man die Gegenzahl der Gegenzahl einer Zahl r, so erhält man wieder die Zahl r.

Das kann ich noch!

A) Schreibe die Anteile sowohl als Bruch als auch als Prozentzsatz.
1) jeder Fünfte
2) zwei von 25
3) jeder Achte
4) drei von 200

B) Berechne. Kürze das Ergebnis so weit wie möglich.
1) $\frac{1}{2}+\frac{1}{3}$
2) $\frac{4}{5}-\frac{3}{8}$
3) $\frac{1}{9}\cdot\frac{3}{4}$
4) $\frac{3}{2}:\frac{1}{4}$
5) $\frac{7}{10}-\frac{1}{5}$
6) $\frac{25}{8}\cdot\frac{4}{5}$

7.2 Vergleichen und Ordnen

Einstieg

In den Niederlanden liegen einige Orte sehr niedrig, zum Teil sogar unter dem Meeresspiegel NN.
Ordne die Orte nach der Höhe; beginne dabei mit dem am niedrigsten gelegenen Ort.

Aufgabe 1

Die Abbildung rechts zeigt die mittlere Januar-Temperatur einiger Städte.

a) Zeichne eine Temperaturskala in dein Heft und trage die Temperaturen ein.

b) Ordne die Temperaturen, beginne mit der niedrigsten.
Verwende das Zeichen <.

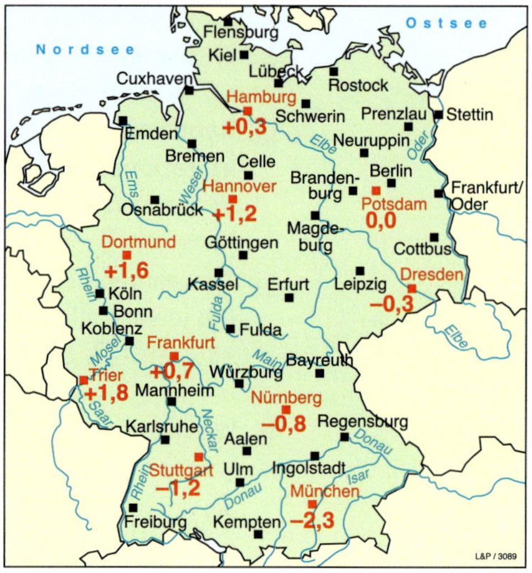

Lösung

a)

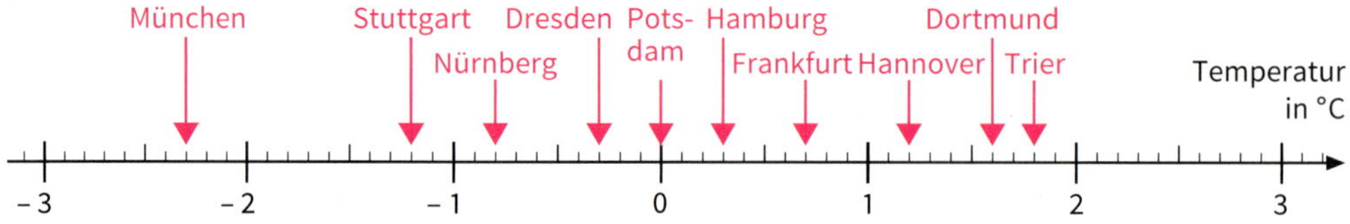

b) An der Temperaturskala kannst du unmittelbar die Ordnung ablesen: Der Ort ganz links auf der Skala hat die niedrigste, der Ort ganz rechts hat die höchste Temperatur.
$-2{,}3\,°C < -1{,}2\,°C < -0{,}8\,°C < -0{,}3\,°C < 0{,}0\,°C < +0{,}3\,°C < +0{,}7\,°C < +1{,}2\,°C < +1{,}6\,°C < +1{,}8\,°C$

Information

Temperaturen kann man mit „ist niedriger als" vergleichen. Auf einer waagerechten Skala liegt die niedrigere Temperatur links von der höheren. Für Bruchzahlen weißt du bereits, dass „ist kleiner als" auf einem waagerechten Zahlenstrahl **„liegt links von"** bedeutet. Die Temperaturskala zeigt, dass dies auch für negative Zahlen eine sinnvolle Festlegung ist.

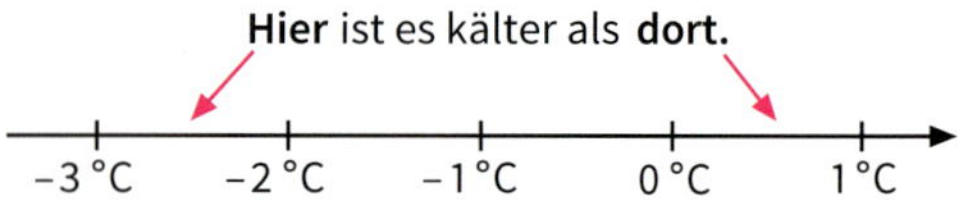

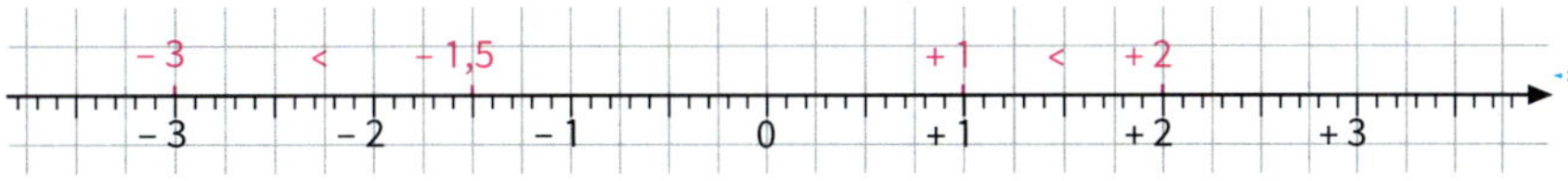

Nur eine Pfeilspitze in Richtung größerer Zahlen!

„Ist kleiner als" bedeutet „Ist niedriger als"

Positive und negative Zahlen kann man nach "ist kleiner als" ordnen.
In Richtung der Pfeilspitze des Zahlengerade werden die Zahlen größer. Auf der (waagerechten) Zahlengeraden liegt die kleinere von zwei Zahlen stets links, die größere von zwei Zahlen stets rechts.

Beachte: Die positiven Zahlen liegen dabei rechts von 0.

Beispiele: −3 liegt links von −1,5, also −3 < −1,5
1 liegt links von $2\frac{1}{4}$, also $1 < 2\frac{1}{4}$
−1,5 liegt links von 1, also −1,5 < 1

Beachte: Man kann Temperaturen auch mit „ist größer als" vergleichen. Auf einer waagerechten Skala liegt die größere Temperatur weiter rechts; z. B.: −1 liegt rechts von −3, also −1 > −3.

Üben

2. Ordne nach *ist niedriger als*.
a) Temperaturen: −3 °C; −4,2 °C; 0 °C; +2,7 °C; −5,0 °C; +4,2 °C
b) Höhenangaben: −2,5 m; +3,1 m; +0,31 m; −3,1 m; −4,0 m; −0,5 m
c) Kontostände: +2,30 €; −7,80 €; −7 €; +14,80 €; +0,50 €; −11,30 €

3. Trage die Zahlen auf einer Zahlengeraden ein. Ordne auf diese Weise nach *ist kleiner als*. Notiere dein Ergebnis als Kette mithilfe des Zeichens <.
a) −5; +4; −8; 0; −3; +2; −1 Zeichne die Zahlengerade waagerecht.
b) −3,7; +2,5; $-1\frac{1}{4}$; +2,8; −3,5 Zeichne die Zahlengerade senkrecht.

4. Setze < oder > im Heft ein. Du kannst z. B. an Temperaturen oder Höhenangaben denken.
a) −7 □ −9; −13 □ −11; −8 □ +2; +9 □ −7; +14 □ +5
b) −7,4 □ −7,1; −4,9 □ +0,9; −0,6 □ +0,8; +9,8 □ +9,1; +4,3 □ −2,8
c) $-\frac{1}{2}$ □ $+\frac{1}{3}$; $-\frac{1}{3}$ □ $-\frac{1}{2}$; $+\frac{1}{8}$ □ $+\frac{2}{3}$; 0 □ $-\frac{1}{4}$; −5 □ $-\frac{4}{5}$
d) −1,8 □ 2,3; 0 □ −0,1; −5,7 □ 0; $+2\frac{1}{2}$ □ $+2\frac{1}{4}$; $-2\frac{1}{2}$ □ $-2\frac{1}{4}$

5. Nimm Stellung zu folgenden Schüleräußerungen:

6. Kontrolliere Lenas Hausaufgaben. Berichtige gegebenenfalls.

−1,5 < −2; 3,5 < −4; −5,5 > −4,5; −3,5 < 2,5; 0 > −7,5

7. a) Liegt -3 oder $+4$ näher an 0?
b) Liegt $-2{,}75$ oder $+2{,}75$ näher an 0?
c) Liegt $-2{,}7$ näher an -2 oder an -3?
d) Liegt $+3\frac{2}{7}$ näher an $-3{,}1$ oder an $+3{,}2$?
e) Liegt $-0{,}35$ näher an $-1{,}2$ oder an $-0{,}53$?

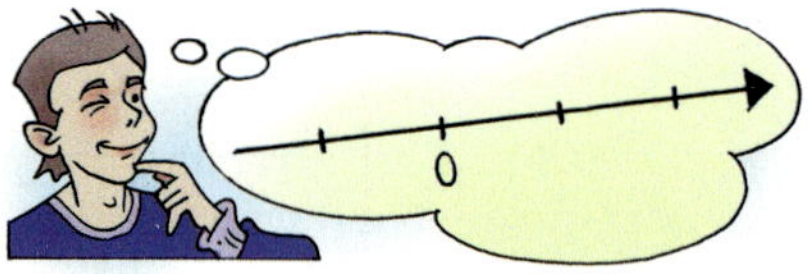

8. Gib zu jeder der Zahlen $-3{,}7$; $-7{,}1$; $+7{,}1$; $-5{,}9$ die nächstkleinere und die nächstgrößere ganze Zahl an.

$-3 < -2{,}8 < -2$

Vertiefen

9. a) Ordne die Zahlen nach der Größe.
(1) $-5; -7; 0; -2; +4; -8; +1$
(2) $+\frac{3}{4}; -4\frac{3}{10}; -5\frac{1}{4}; -2\frac{3}{5}; -2\frac{4}{5}; +2\frac{7}{10}$
b) Wie ändert sich die Reihenfolge, wenn du statt nach der Größe nach
(1) der Größe der Beträge ordnest;
(2) nach der Größe der Gegenzahlen ordnest? Formuliere eine Vermutung.
c) Überprüfe deine Vermutung anhand der folgenden Zahlen: $-6{,}3; +3{,}8; -6\frac{1}{3}; +3\frac{3}{4}; -6\frac{1}{4}$

10. Kontrolliere Sophies Hausaufgaben.

a) $|-7| < |-2|$ b) $-7 < -2$ c) $+8 < -8$ d) $|+8| < |-8|$ e) $5 < |-9|$ f) $|-4| < 0$

11. Vergleiche; setze anstelle von ■ das richtige Zeichen (<, >, =) im Heft ein.
a) $|-3|$ ■ 5 b) -2 ■ $|-2|$ c) $|-5|$ ■ $|+5|$ d) $|-3|$ ■ -2

12. Gib fünf Zahlen an, für die Folgendes gilt:
a) Sie sind kleiner als 2.
b) Sie sind größer als -3.
c) Ihre Beträge sind kleiner als 2.
d) Sie sind größer als -8, aber kleiner als -5.
e) Ihre Beträge sind größer als 5.
f) Ihre Beträge sind größer als 2, aber kleiner als 5.
Tausche die Ergebnisse mit deinem Nachbarn aus. Korrigiert euch gegenseitig.

13. a) Gib an, welchen Abstand die Zahlen auf der Zahlengeraden haben.
(1) -4 und 6
(2) $-4{,}5$ und $0{,}5$
(3) $-2{,}25$ und $0{,}25$
(4) $-\frac{2}{3}$ und $\frac{5}{6}$
b) Bestimme die rationale Zahl, die genau in der Mitte zwischen den beiden Zahlen aus (1) bis (4) von Teilaufgabe a) liegen.
c) Ermittle passende Zahlenpaare.
(1) Die beiden Zahlen haben den Abstand 2 auf der Zahlengeraden; in ihrer Mitte liegt die Zahl -2.
(2) $-0{,}5$ liegt in der Mitte der beiden Zahlen. Sie haben den Abstand 4 auf der Zahlengeraden.

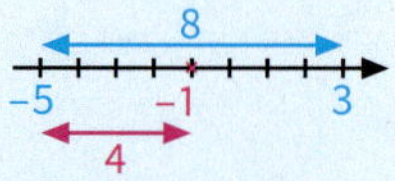

Abstand: 8
Zahl in der Mitte: -1

Herausfordern

14. Begründe an der Zahlengeraden oder widerlege mit einem Gegenbeispiel.
a) Jede negative Zahl ist kleiner als jede positive Zahl.
b) Von zwei positiven Zahlen ist diejenige die kleinere, die den größeren Betrag hat.
c) Von zwei negativen Zahlen ist diejenige die kleinere, die den größeren Betrag hat.
d) Wenn eine Zahl r kleiner ist als eine Zahl s, dann ist $|r|$ kleiner als $|s|$.
e) Wenn eine Zahl r kleiner ist als eine Zahl s, dann ist die Gegenzahl von r größer als die Gegenzahl von s.

7.3 Koordinatensystem

Ziel

In Klasse 5 hast du das Koordinatensystem für Punkte, deren Koordinaten natürliche Zahlen sind, kennen gelernt. Hier lernst du, wie man auch andere Punkte angeben kann.

Zum Erarbeiten

Erweitern des Koordinatensystems

Im Koordinatensystem ist das Dreieck mit den Eckpunkten A (1 | 3), B (7 | 1), C (6 | 5) gezeichnet.

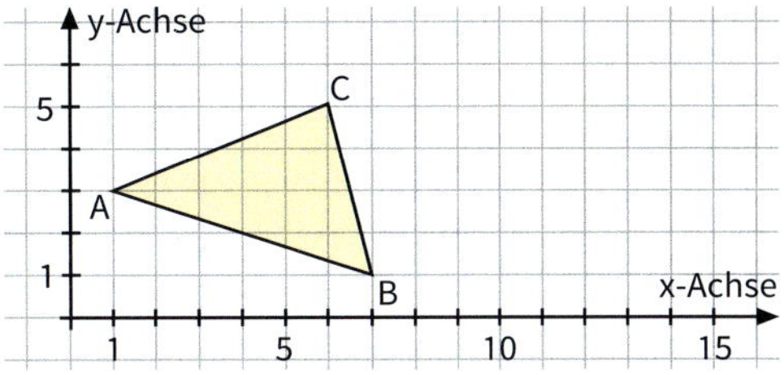

(1) Zeichne ein zum Dreieck ABC symmetrisch zur x-Achse liegendes Dreieck $A_1B_1C_1$. Bestimme die Koordinaten der Eckpunkte A_1, B_1 und C_1.

(2) Zeichne ein zum Dreieck ABC symmetrisch zur y-Achse liegendes Dreieck $A_2B_2C_2$. Bestimme die Koordinaten der Eckpunkte A_2, B_2 und C_2.

(3) Zeichne ein zum Dreieck $A_2B_2C_2$ symmetrisch zur x-Achse liegendes Dreieck $A_3B_3C_3$. Bestimme die Koordinaten der Eckpunkte A_3, B_3 und C_3.

→ Für die Lösung der Aufgaben (1), (2) und (3) müssen wir das Koordinatensystem erweitern. Die x-Achse und die y-Achse sind nicht mehr Zahlenstrahlen, sondern Zahlengeraden.

(1) Die Eckpunkte des Bilddreiecks haben die Koordinaten $A_1(1|-3)$, $B_1(7|-1)$, $C_1(6|-5)$.

(2) Die Eckpunkte des Bilddreiecks haben die Koordinaten $A_2(-1|3)$, $B_2(-7|1)$, $C_2(-6|5)$.

(3) Die Eckpunkte des Bilddreiecks haben die Koordinaten $A_3(-1|-3)$, $B_3(-7|-1)$, $C_3(-6|-5)$.

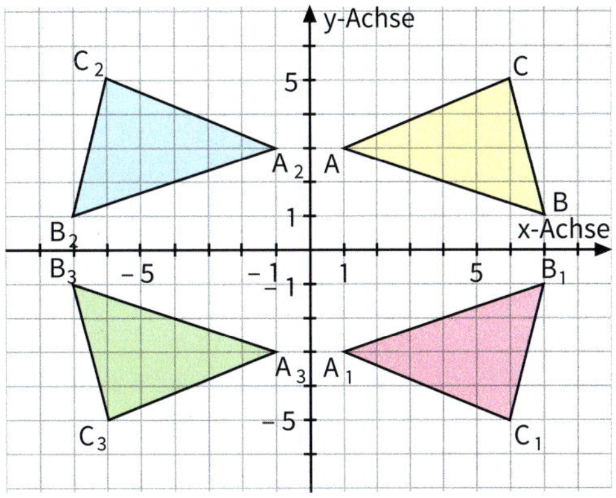

Information

Quadrant (lat.) der vierte Teil

Bei der Lösung der obigen Aufgabe entsteht ein vollständiges **Koordinatensystem**.

Es besteht aus zwei Zahlengeraden der x-Achse und der y-Achse . Sie schneiden sich orthogonal im Punkt O(0|0), dem Koordinatenursprung.

Wie die Koordinaten eines Punktes bestimmt werden, siehst du rechts. Der Punkt A hat die erste Koordinate −2,5 auf der x-Achse und die zweite Koordinate 0,5 auf der y-Achse.

Wir schreiben A(−2,5|0,5) (gelesen: Punkt A mit den Koordinaten −2,5 und 0,5).

Die Koordinatenachsen zerlegen die Ebene in vier Bereiche, die man die vier Quadranten nennt. Die Nummerierung der Quadranten entnimmst du der obigen Zeichnung. Jeder Punkt, der nicht auf einer der beiden Koordinatenachsen liegt, gehört genau einem Quadranten an.

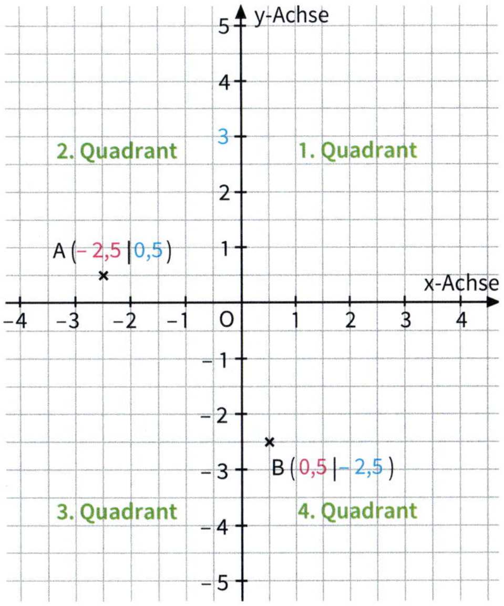

Üben

1. Lies die Koordinaten der Punkte ab und notiere sie, z. B. P(−2,5 | 1,8).

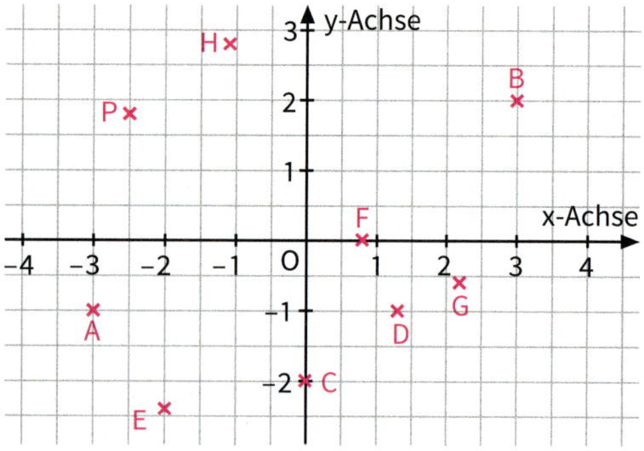

2. Zeichne ein Koordinatensystem mit der Einheit 1 cm und trage die Punkte ein. In welchem Quadranten liegen sie?
A(−4 | −2), B(3 | 7), C(4 | −2), D(2 | 5), E(−3 | 7), F(−1 | −1), G(0 | −7), H(−7 | 9), K(7 | −9), L(−1,3 | 3,6), M(−2,7 | 3,4), N(1,9 | −2,9), P(3,6 | 1,2).

3. a) Trage in ein Koordinatensystem die Punkte A(5 | −3), B(6 | 4), C(−6 | 9) und D(−7 | 2) ein. Verbinde sie der Reihe nach mit einem Lineal. Was für eine Figur entsteht?
b) Zeichne die Punkte A(−2 | −7), B(0 | −7), C(−1 | −5), D(1 | 0) und E(−3 | 0) in ein Koordinatensystem. Verbinde A mit B, B mit C, C mit D und D mit E jeweils geradlinig. Ergänze das Bild mit einer Strecke zu einer sinnvollen Figur.
c) Zeichne in ein Koordinatensystem eine schöne Figur (Maske, Schiff, …).
Teile deinem Nachbarn die Koordinaten mit, sodass er die Figur nachzeichnen kann.

4. a) Gegeben sind die Punkte A(2,4 | −3,8), B(−1 | 3,2), C(4,1 | 7,9), D(−4,6 | −8,2), E(−2 | 8,3), F(4,2 | −3,1). Gib an, in welchem Quadranten diese Punkte jeweils liegen.
b) Beschreibe, wie man an den Koordinaten eines Punktes erkennen kann, in welchem Quadranten er liegt.

Vertiefen

5. a) Ergänze zu einer symmetrischen Figur. Gib die Koordinaten der Punkte an.

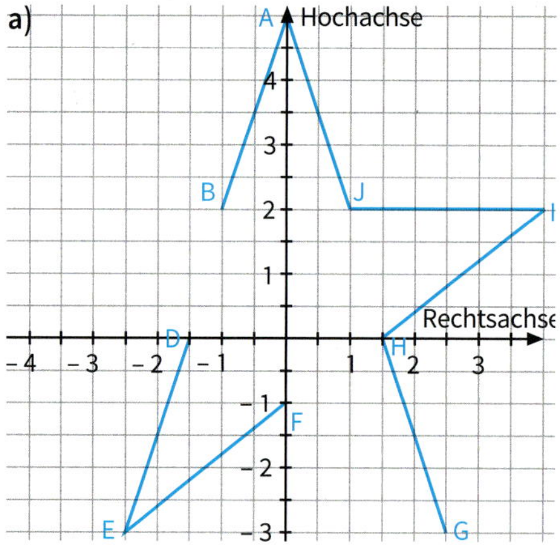

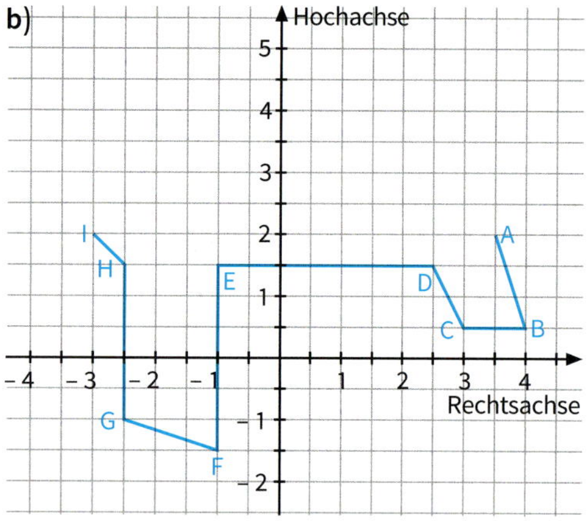

b) Vergleiche die Koordinaten eines Punktes mit denen seines Symmetriepartners.
Was fällt auf?
Zeichne eine Figur, die sowohl zur x-Achse als auch zur y-Achse symmetrisch ist. Vergleiche auch hier die Koordinaten eines Punktes mit denen seines Symmetriepartners.

Herausfordern

6. a) Zeichne das Dreieck mit den Eckpunkten A(−0,5 | −1,5), B(1,5 | −0,5), C(0,5 | 1,5) in ein Koordinatensystem. Bestimme einen Punkt D so, dass das Dreieck zum Quadrat wird und gib die Koordinaten von D an.
b) A(−2 | 4) ist ein Eckpunkt eines Quadrats. S(0 | 1) ist der Schnittpunkt der Diagonalen des Quadrats. Zeichne das Quadrat in ein Koordinatensystem und gib die Koordinaten der Eckpunkte B, C und D an.

7.4 Beschreiben von Zustandsänderungen

Einstieg

Pegel
Wasserstandsmesser

Im Radio wurde alle 2 Stunden durchgegeben, wie sich der Wasserstand (Pegelstand) ändert. Patricia hat mitgeschrieben:

Zeitpunkt	10 Uhr	12 Uhr	14 Uhr	16 Uhr
Durchsage	um 50 cm gefallen	um 40 cm gefallen	um 30 cm gestiegen	um 45 cm gestiegen

Um 8 Uhr betrug der Pegelstand 160 cm. Zeichne eine Wasserstandsskala und trage die Wasserstandsänderungen ein. Gib dann die Wasserstände zu den verschiedenen Zeitpunkten an.

Aufgabe 1

Zustandsänderungen beschreiben

Anna hat an einem Tag im Winter alle 2 Stunden die Temperatur gemessen:

Zeitpunkt der Messung	8 Uhr	10 Uhr	12 Uhr	14 Uhr	16 Uhr	18 Uhr	20 Uhr
Temperatur	−4 °C	−1 °C	+4 °C	+6 °C	+2 °C	−2 °C	−5 °C

Stelle die Temperaturänderungen zwischen benachbarten Messungen als Pfeile an der Zahlengeraden dar.

Lösung

Eine Möglichkeit ist folgende:

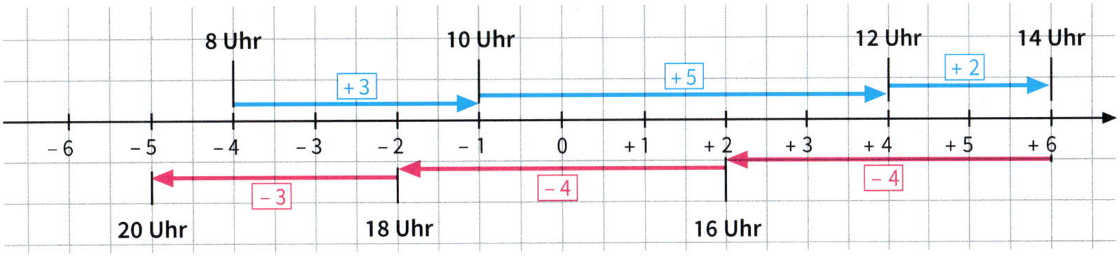

Information

Bisher haben wir mit den positiven und negativen Zahlen *Zustände* wie Temperaturen auf dem Thermometer, Soll und Haben beim Kontoauszug oder Höhenangaben in der Geografie bezeichnet. Mit positiven und negativen Zahlen kann man aber auch *Zustandsänderungen* wie z.B. das Steigen und Fallen der Temperatur (Temperaturänderungen), das Steigen und Fallen des Wasserstandes (Wasserstandsänderungen) oder das Buchen von Gutschrift und Lastschrift auf einem Konto (Kontostandsänderungen) beschreiben.

Das Vorzeichen + bedeutet Übergang zu einem höheren Zustand (Steigen), das Vorzeichen − bedeutet Übergang zu einem niedrigeren Zustand (Fallen).
An der Zahlengeraden bedeutet:

(1) Zustandsänderung +3:
Gehe 3 nach rechts, z.B.
$-2 \xrightarrow{+3} +1$

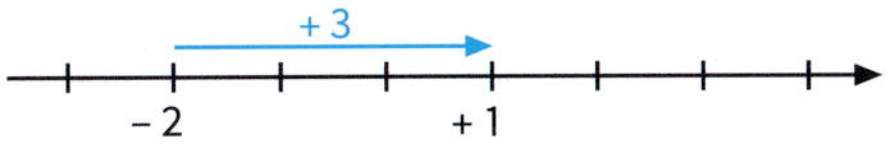

(2) Zustandsänderung −4:
Gehe 4 nach links, z.B.
$+3 \xrightarrow{-4} -1$

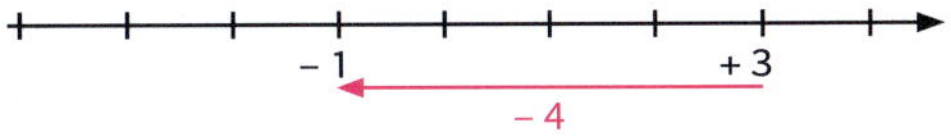

Der Betrag der rationalen Zahlen gibt die Größe der Änderung an.

Weiterführende Aufgabe

Drei Grundtypen zu Aufgaben mit Zustandsänderungen

2. Trage die gegebenen Angaben in das Schema ein und ermittle die fehlende Angabe.

a) Die Temperatur fällt von – 3,5 °C um 5 Grad.

b) Nach einer Buchung auf einem Konto sind aus 20 € Guthaben 30,40 € Soll geworden.

c) Nach dem Aufsteigen um 4 m befindet sich ein Tauchboot noch 6,5 m unter dem Meereswasserspiegel.

Üben

3. Gib den neuen Zustand an.

a) Ein Thermometer zeigt 2 °C unter null an. Die Temperatur steigt um 6 Grad.

b) Ein Thermometer zeigt 3 °C unter null an. Die Temperatur fällt um 5 Grad.

c) Ein Bankkonto weist 82 € Guthaben aus. 100 € werden bar abgehoben. Später trifft eine Gutschrift über 43 € ein.

d) Ein Bankkonto weist 15 € Soll aus. Es werden 160 € eingezahlt. Später werden noch 32 € abgebucht.

4. Bestimme jeweils die Zustandsänderung und notiere sie mithilfe einer rationalen Zahl.

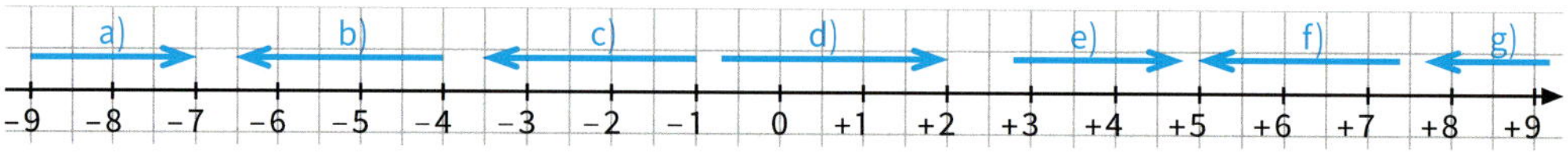

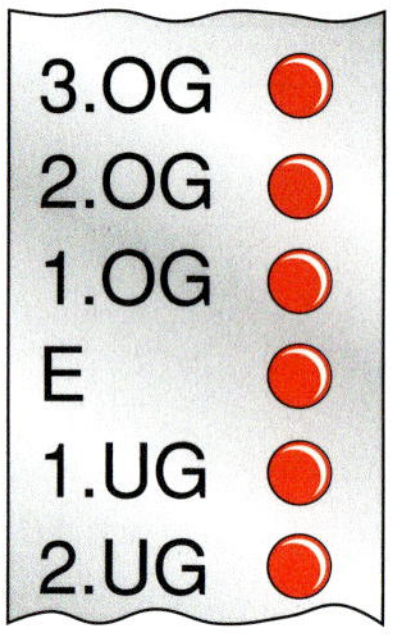

5. Ein Hochhaus hat 14 Obergeschosse und 4 Untergeschosse. Aus welchem Stockwerk kommt Julia, wenn sie

a) 4 Stockwerke nach unten gefahren ist und im 1. UG aussteigt;

b) im 4. OG aussteigt und 7 Stockwerke nach oben gefahren ist?

6. Gökhan gewinnt oder verliert bei einem Würfelspiel in jeder Runde einige Punkte. Er notiert aber nicht die in der jeweiligen Runde gewonnene bzw. verlorene Punktanzahl, sondern verrechnet diese sofort mit seinem Punktestand bis zu dieser Runde. Rechts siehst du seinen Spielzettel. Welche Punktzahl hat er in jeder einzelnen Spielrunde bekommen?

GLÜCKSWÜRFEL

	Gökhan	A
1. Spiel	+ 14	
2. Spiel	– 2	
3. Spiel	– 18	
4. Spiel	+ 3	
5. Spiel	+ 8	
6. Spiel	– 17	
7. Spiel	+ 1	

7. Ein Hubschrauber schwebt 480 m über dem Mittelmeer (ü. M.). Wie hat er seine Höhe insgesamt geändert, wenn er nach dem Flug gelandet ist

a) in Jerusalem;

b) in Nazareth;

c) am See Genezareth;

d) am Toten Meer?

Vertiefen

8. a) Stellt Fragen und beantwortet sie.

(1) Ein Thermometer zeigt 3 °C unter null an. Die Temperatur steigt um 9,5 Grad.
(2) Über Nacht ist die Temperatur um 8,5 Grad gefallen. Morgens sind es −3 °C.
(3) Nach einer Gutschrift von 28 € betrug der Kontostand 52 €.
(4) Ein Tauchboot sank um 156 m auf nun 233 m unter dem Meeresspiegel.
(5) Nach einem Hochwasser ist der Pegelstand von +150 cm auf −10 cm gesunken.

b) In dem Schema ist die Änderung eines Zustandes dargestellt. Fülle die Lücken aus. Du kannst die Zahlengerade benutzen und z. B. auch an Temperaturen denken.

(1) $\square \xrightarrow{+8} +5$	(4) $-4{,}1 \xrightarrow{\square} -7{,}3$	(7) $-6{,}3 \xrightarrow{+8{,}4} \square$	(10) $5{,}7 \xrightarrow{\square} -1{,}4$
(2) $\square \xrightarrow{-6} -2$	(5) $\square \xrightarrow{+3{,}7} -8{,}4$	(8) $-3\frac{1}{4} \xrightarrow{+8} \square$	(11) $\square \xrightarrow{-4{,}9} 13{,}2$
(3) $+7{,}1 \xrightarrow{\square} +3{,}1$	(6) $\square \xrightarrow{-2{,}8} -5{,}2$	(9) $-24 \xrightarrow{-30{,}4} \square$	(12) $-8{,}8 \xrightarrow{-2{,}7} \square$

9. Die Position des Förderkorbs auf Straßenhöhe soll mit 0 m angegeben werden. Positionen in der Grube sind negativ, Positionen oberhalb der Straße positiv.

a) Welche Positionsänderung muss jeweils vorgenommen werden?

(1) von −4 m auf +6 m
(2) von +8 m auf −3 m
(3) von −2 m auf −5 m
(4) von −5 m auf −1,30 m
(5) von +6 m auf +2,60 m
(6) von −3 m auf +3,10 m

b) Welche Endposition erreicht der Förderkorb jeweils?

(1) von +3 m um −7 m
(2) von −4 m um +6 m
(3) von +7 m um −4 m
(4) von −2 m um −4,70 m
(5) von −8 m um +3,50 m
(6) von +4,70 m um −4 m

10. Eine Transportfirma hat im letzten Jahr folgende Gewinne und Verluste erwirtschaftet.

Jan. – März	2 000 € Gewinn
April – Juni	4 000 € Verlust
Juli – Sept.	15 000 € Gewinn
Okt. – Dez.	3 000 € Verlust

a) Welche Änderungen traten zwischen den einzelnen 3-Monats-Abschnitten (sogenannten Quartalen) auf?

b) Wann war der Gewinnzuwachs am größten, wann war er am kleinsten?

11. Du hast an verschiedenen Stellen unterschiedliche Verwendungsmöglichkeiten für positive und negative Zahlen kennen gelernt. Schreibe eine kleine Zusammenfassung.

12. a) Ein Bankkonto hat ein Guthaben von 72,50 €. Wie lautet der Kontostand, wenn eine Überweisung (Bezahlen einer Rechnung) über 91,25 € ausgeführt wurde?

b) Der Wasserstand in einem Stausee liegt 2,4 dm unter dem Richtwert. Welche Änderung ist nötig, damit der Wasserstand 0,5 dm über dem Richtwert erreicht?

c) Marc hat zu viel Pizza zubereitet, der Rest wird eingefroren: Die 27,4 °C warme Pizza kommt in den Gefrierschrank, in dem eine Temperatur von −14,5 °C herrscht. Um wie viel Grad wird das Pizza-Stück abgekühlt?

Herausfordern

13. Ein Konto hat ein Guthaben von 30,50 €. Der Kontostand ändert sich zunächst um 35,50 € und dann um 80 €.
Welchen Endstand kann das Konto haben? Gib alle Möglichkeiten an.

7.5 Addieren rationaler Zahlen

7.5.1 Einführung der Addition – Additionsregel

Einstieg

a) An den folgenden Aufgaben könnt ihr erarbeiten, wie man rationale Zahlen addiert.

(1)	**(2)**	**(3)**
$(+2)+(+2)=$	$(+2)+(+2)=$	$(+2)+(-1)=$
$(+2)+(+1)=$	$(+1)+(+2)=$	$(+1)+(-1)=$
$(+2)+\ \ 0\ =$	$0\ +(+2)=$	$0\ +(-1)=$
$(+2)+(-1)=$	$(-1)+(+2)=$	$(-1)+(-1)=$
$(+2)+(-2)=$	$(-2)+(+2)=$	$(-2)+(-1)=$
$(+2)+(-3)=$	$(-3)+(+2)=$	$(-3)+(-1)=$

Berechnet zunächst in dem ersten Block die blauen Aufgaben. Welche Gesetzmäßigkeiten erkennt ihr von einer Aufgabe zur nächsten? Wendet diese Gesetzmäßigkeit zur Berechnung der roten Aufgaben an. Verfahrt entsprechend bei den anderen Blöcken.

b) Bildet selbst Beispiele für solche Blöcke.

Aufgabe 1

Die Änderung des Wasserstandes eines Stausees wird täglich gemessen. Fasse die Wasserstandsänderungen zweier aufeinander folgender Tage zu *einer* Gesamtänderung von einem zum übernächsten Tag zusammen. Zeichne und rechne.

a) Der Wasserstand fällt am ersten Tag um 2 cm, am zweiten Tag um 6,5 cm.

b) Der Wasserstand steigt am ersten Tag um 4,5 cm, am zweiten Tag um 3 cm an.

c) Der Wasserstand fällt am ersten Tag um 8 cm und steigt am zweiten Tag um 3,5 cm an.

d) Der Wasserstand steigt am ersten Tag um 8,5 cm und fällt am zweiten Tag um 6 cm.

Lösung

Die Wasserstandsänderungen lassen sich durch Pfeile darstellen. Diese werden so aneinander gelegt, dass der zweite dort beginnt, wo der erste endet.
Bei den Bruchzahlen veranschaulicht die Aneinanderlegung von *Strecken* die Addition. Auch bei den rationalen Zahlen wollen wir das Aneinanderlegen von *Pfeilen* als Addition auffassen.

Hier kommt das Pluszeichen in doppelter Bedeutung vor:
- als Vorzeichen positiver Zahlen
- als Rechenzeichen für das Addieren.

a) Der Wasserstand fällt am ersten Tag um 2 cm, am zweiten Tag um 6,5 cm.

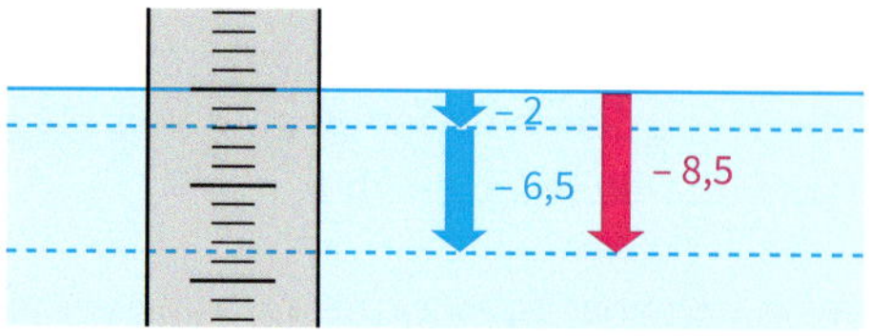

Additionsaufgabe: $(-2)+(-6{,}5)=-8{,}5$
Die Gesamtänderung beträgt – 8,5 cm.

b) Der Wasserstand steigt am ersten Tag um 4,5 cm, am zweiten Tag um 3 cm.

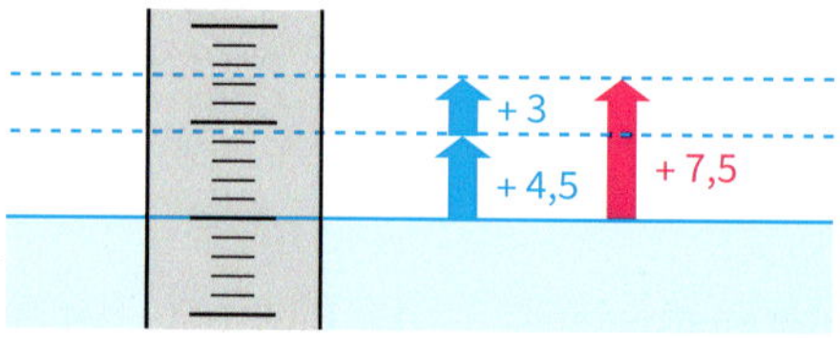

Additionsaufgabe: $(+4{,}5)+(+3)=+7{,}5$
Die Gesamtänderung beträgt + 7,5 cm.

c) Der Wasserstand fällt am ersten Tag um 8 cm und steigt am zweiten Tag um 3,5 cm an.

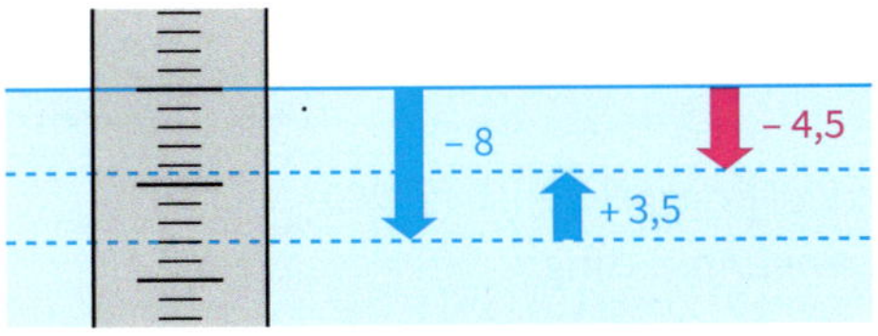

Additionsaufgabe: $(-8) + (+3{,}5) = -4{,}5$
Die Gesamtänderung beträgt $-4{,}5$ cm.

d) Der Wasserstand steigt am ersten Tag um 8,5 cm und fällt am zweiten Tag um 6 cm.

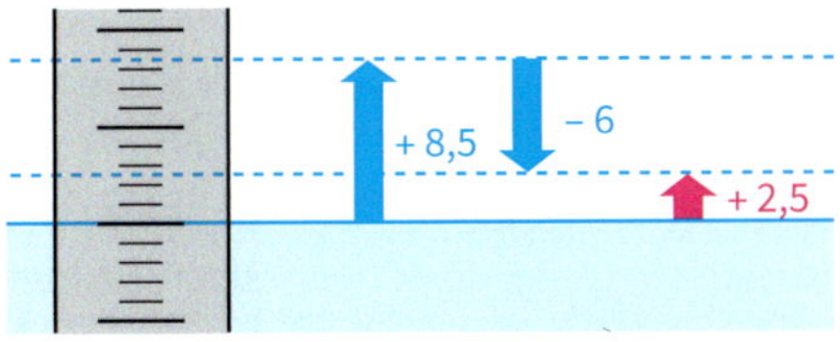

Additionsaufgabe: $(+8{,}5) + (-6) = +2{,}5$
Die Gesamtänderung beträgt $+2{,}5$ cm.

Beachte: Um Vorzeichen und Rechenzeichen voneinander zu trennen, haben wir Klammern um die Zahlen gesetzt.

Information

In Aufgabe 1 hast du gesehen, dass man beim Zusammenfassen von Wasserstandsänderungen darauf achten muss, ob beide gleich gerichtet sind oder nicht. Daher muss man beim Addieren rationaler Zahlen zwei Fälle unterscheiden:

Additionsregel für rationale Zahlen

Haben die Summanden *gleiche* Vorzeichen, so addiert man wie folgt:
Man setzt das gemeinsame Vorzeichen und man addiert die Beträge.

Beispiel:
$(-2{,}5) + (-6) = -8{,}5$ $\quad$ $(+4) + (+3{,}5) = +7{,}5$

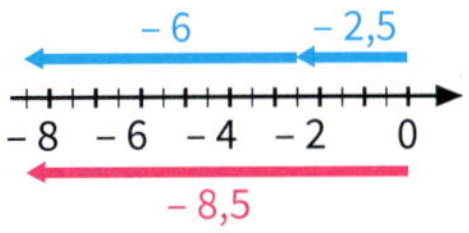

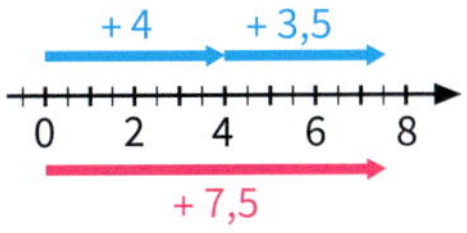

Haben die Summanden *verschiedene* Vorzeichen und *verschiedene* Beträge, so addiert man wie folgt:
Man setzt das Vorzeichen, das bei dem größeren Betrag steht. Dann subtrahiert man den kleineren Betrag von dem größeren Betrag.

Beispiel:
$(-6{,}5) + (+3) = -3{,}5$ $\quad$ $(+7{,}5) + (-6) = +1{,}5$

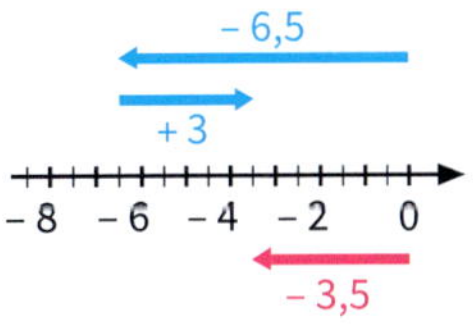

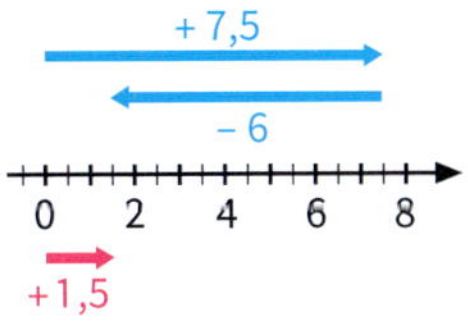

Beachte auch folgende Sonderfälle beim Addieren von rationalen Zahlen:

(1) Haben die Summanden *verschiedene* Vorzeichen, aber *gleiche* Beträge, so ist die Summe 0.

$(+2{,}6) + (-2{,}6) = 0$

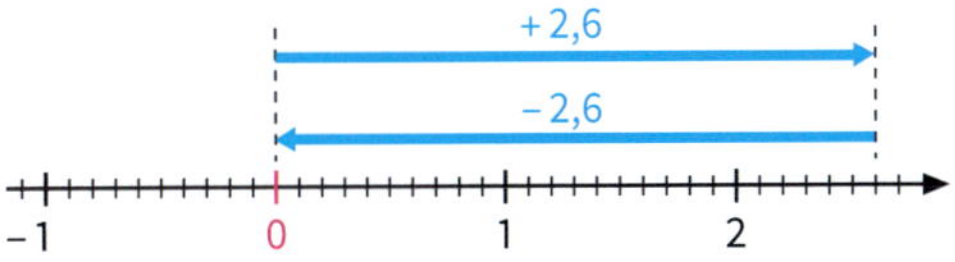

(2) Ist ein Summand 0, so ist die Summe gleich dem anderen Summanden:
$0 + (-3) = -3;$
Entsprechend gilt z. B.
$(-7) + 0 = -7;\quad 0 + 0 = 0$

Weiterführende Aufgaben

Unterschiedliche Deutung der Addition rationaler Zahlen

2. Frau König eröffnet ein Konto und zahlt 500 € ein. Danach erteilt sie einen Überweisungsauftrag von 650 €, um eine Rechnung zu bezahlen. Die 650 € gehen zulasten ihres Kontos.

(1) Fasse die Gutschrift (Einzahlung) und die Lastschrift (Überweisung) zu *einer* Buchung zusammen.
Beachte: Hier werden zwei Kontostandsänderungen zu *einer* Änderung zusammengefasst.

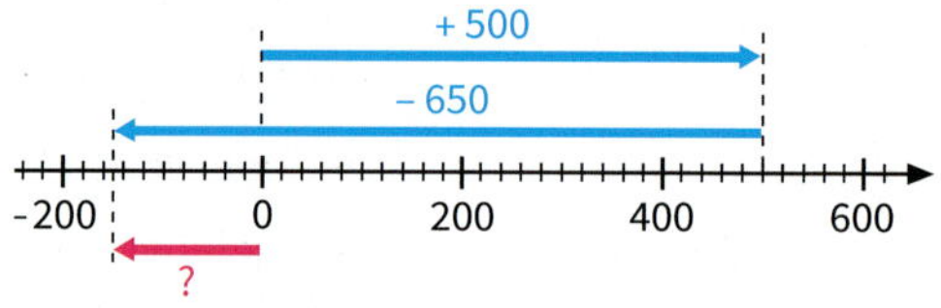

(2) Der Kontostand nach der Einzahlung wird durch die Lastschrift verändert. Berechne den neuen Kontostand.
Beachte: Hier berechnest du aus einem Kontostand und einer Änderung einen neuen Kontostand.

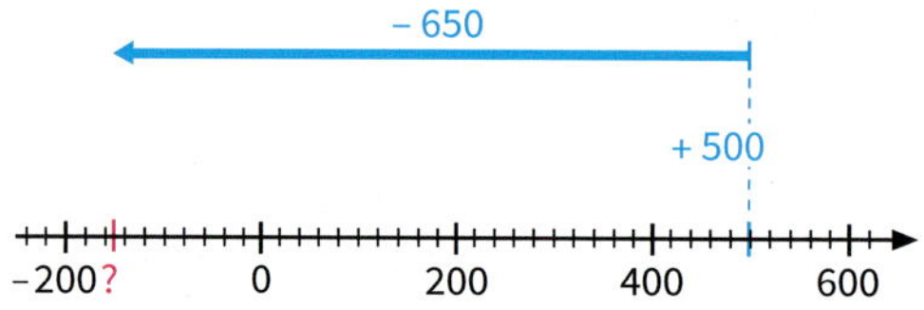

Notiere in beiden Fällen eine Summe mit rationalen Zahlen. Was stellst du fest?

Anschauliche Deutung der Addition rationaler Zahlen

Das Addieren rationaler Zahlen kann man auf zweifache Weise deuten:

a) *Zwei Zustandsänderungen werden zu einer Änderung zusammengefasst.*

$(+3) + (-7{,}5) = -4{,}5$

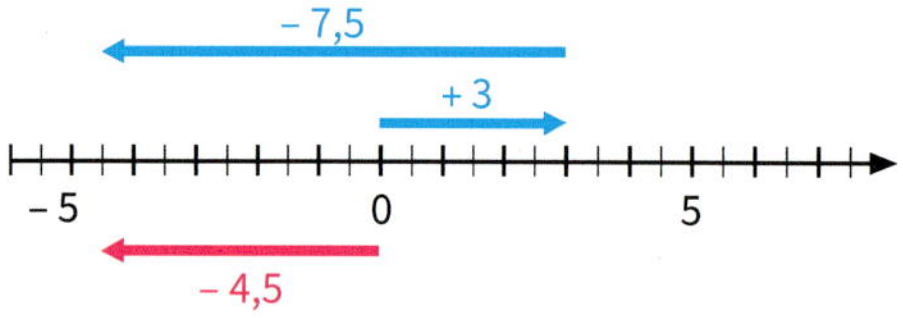

b) *Auf einen Zustand wird eine Änderung angewandt; man erhält einen neuen Zustand.*

$(+3) + (-7{,}5) = -4{,}5$

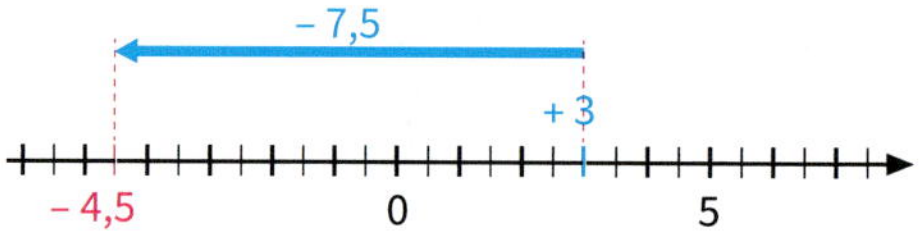

Richtiger Gebrauch des Gleichheitszeichens

3. Anna und Sarah haben ihre Hausaufgabe von Felix kontrollieren lassen. Beide haben dasselbe Endergebnis. Dennoch hat Felix eine Aufgabe als falsch durchgestrichen. Warum?

Anna:
$(-18) + (-24) + (-19) + (+10)$
$= (-42) + (-19) + (+10)$
$= (-61) + (+10)$
$= -51$

Sarah: (durchgestrichen)
$(-18) + (-24) + (-19) + (+10)$
$= (-42) + (-19)$
$= (-61) + (+10)$
$= -51$

Richtiger Gebrauch des Gleichheitszeichens

Beim Berechnen eines Zahlterms muss man darauf achten, dass das Gleichheitszeichen richtig gebraucht wird.
Beim richtigen Gebrauch des Gleichheitszeichens stehen vor und hinter dem Gleichheitszeichen Zahlterme mit demselben Wert.

Beispiel:

$(+317) + (-67) + (+24) + (-19)$ — Wert: +255
$= (+250) + (+24) + (-19)$ — Wert: +255
$= (+274) + (-19)$ — Wert: +255
$= +255$

Üben

4. Eine Klima-Arbeitsgemeinschaft misst an verschiedenen Tagen die Temperaturänderung nachts (von 18 Uhr bis 8 Uhr) und die Temperaturänderung tagsüber (von 8 Uhr bis 18 Uhr).

Tag	Montag	Dienstag	Mittwoch	Donnerstag	Freitag
Temperaturänderung nachts	−2,5 °C	+1 °C	−2,5 °C	+0,5 °C	±0 °C
Temperaturänderung tagsüber	−1 °C	+4,5 °C	+3,5 °C	−1,5 °C	+4,5 °C

Fasse für jeden Tag die Temperaturänderungen nachts und tagsüber zu einer Änderung von einem zum nächsten Tag zusammen. Zeichne dazu für jeden Tag eine Temperaturskala mit den Pfeilen für die einzelnen Temperaturänderungen und die Gesamtänderung.

5. Fasse die Buchungen zusammen und notiere dazu eine Additionsaufgabe:

a) eine Lastschrift über 4,20 € und eine Lastschrift über 10,90 €;

b) eine Lastschrift über 3,70 € und eine Gutschrift über 12,40 €;

6. Hier ist eine Additionsaufgabe dargestellt. Notiere sie und gib das Ergebnis an.

a)
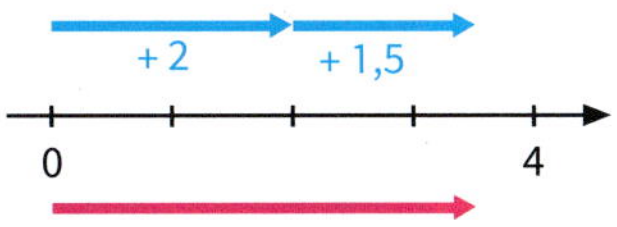

c)
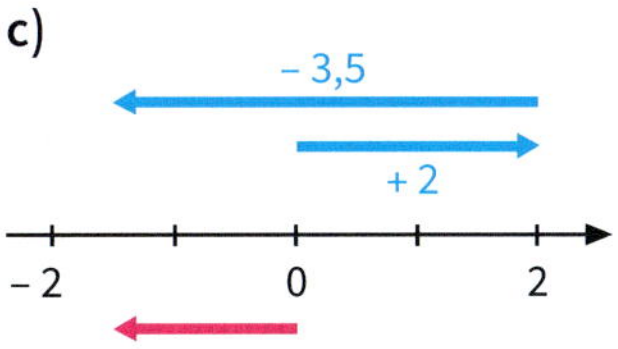

e)
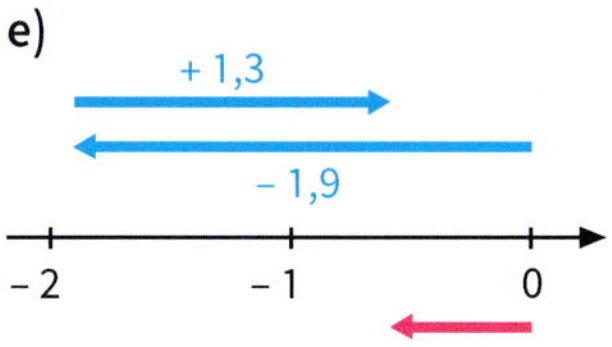

b)
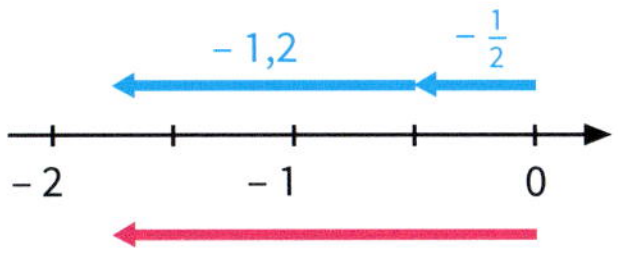

d)
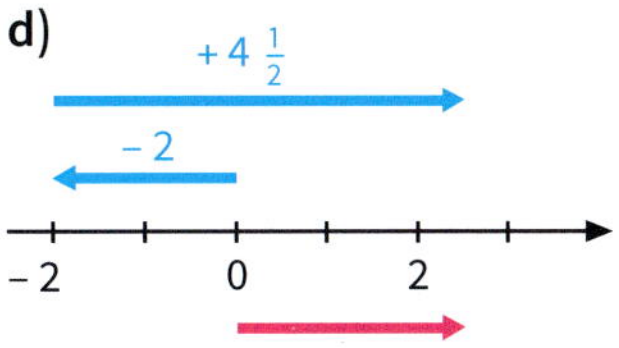

f)
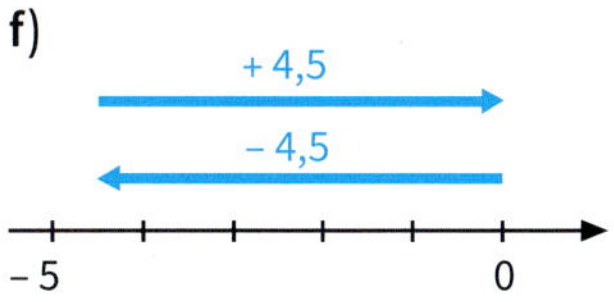

7. Rechne im Kopf.

a) (−53) + (−31)	e) (−360) + (−150)	i) (+6,5) + (+4,6)	m) (−11,8) + (+9,9)
b) (−22) + (+65)	f) (+170) + (−450)	j) (−8,9) + (−3,4)	n) (+8,7) + (−5,8)
c) (−32) + (−55)	g) 0 + (−290)	k) (+2,7) + (−9,4)	o) (−6,3) + (+6,3)
d) (+43) + (+28)	h) (+321) + 0	l) (−7,6) + (+3,9)	p) (+5,4) + (−9,8)

8. Untersuche, ob richtig gerechnet wurde. Korrigiere jedes falsche Ergebnis.

a) $(-9)+(+4)=-5$	*d)* $(+1{,}6)+(-2{,}1)=+0{,}5$	*g)* $\left(-\frac{1}{4}\right)+\left(+\frac{1}{5}\right)=-\frac{1}{20}$
b) $(-9)+(-2)=+11$	*e)* $(-4{,}4)+(+5{,}4)=+0{,}1$	*h)* $\left(+\frac{1}{3}\right)+\left(-\frac{1}{2}\right)=+\frac{1}{6}$
c) $(+8)+(-15)=-23$	*f)* $(-6{,}6)+(-6{,}6)=-12{,}12$	

9.

a) $\left(-\frac{2}{9}\right)+\left(+\frac{7}{9}\right)$	d) $\left(+\frac{2}{3}\right)+\left(+\frac{1}{6}\right)$	g) $\left(-\frac{9}{10}\right)+\left(+\frac{4}{15}\right)$	j) $\left(-2\frac{3}{5}\right)+\left(+3\frac{4}{5}\right)$
b) $\left(-\frac{2}{9}\right)+\left(-\frac{7}{9}\right)$	e) $\left(-\frac{5}{4}\right)+\left(-\frac{5}{6}\right)$	h) $\left(-\frac{5}{12}\right)+\left(-\frac{14}{15}\right)$	k) $\left(+4\frac{1}{5}\right)+(-4{,}2)$
c) $\left(-\frac{3}{8}\right)+\left(+\frac{1}{4}\right)$	f) $\left(+\frac{4}{5}\right)+\left(-\frac{2}{7}\right)$	i) $\left(+\frac{3}{4}\right)+\left(-\frac{5}{8}\right)$	l) $(-14{,}25)+\left(3\frac{1}{4}\right)$

10. Setze im Heft für ▪ das passende Zeichen >, < bzw. =.

a) (+23) + (−19) ▪ +23	c) 0 ▪ (−22) + (−22)	e) (−0,9) + (+8,3) ▪ +8,3
b) (−2,8) + (−0,7) ▪ −2,8	d) 0 ▪ (−4,8) + (−4,8)	f) 0 ▪ $(+0{,}3)+\left(-\frac{1}{3}\right)$

11. a) Von einem Konto mit 437,75 € Guthaben wurden 750,00 € abgehoben. Gib den Kontostand an.

b) Auf einem Bankkonto werden nacheinander eine Lastschrift von 36,78 € und eine Gutschrift von 203,50 € verbucht. Fasse beide Buchungen zusammen.

c) Lies noch einmal den roten Kasten zur anschaulichen Deutung auf Seite 232. Zu welchem Typ gehört die Teilaufgabe a), zu welchem die Teilaufgabe b)?

Vertiefen

12. a) Formuliere vier verschiedene Additionsaufgaben mit dem Ergebnis – 25.

b) Schreibe, falls möglich, die Zahl – 1 so als Summe zweier rationalen Zahlen, dass
(1) ein Summand positiv und einer negativ ist;
(2) beide Summanden negativ sind;
(3) beide Summanden positiv sind.

c) Vervollständige zu einer richtigen Aussage: „Die Summe zweier rationalen Zahlen kann nur negativ sein, wenn …“.

13. Rechts wurden mit dem Schwamm ein paar Zahlen weggewischt. Wie lauten sie? Notiere die vollständigen Aufgaben im Heft.

14. a) Formuliere jeweils eine sinnvolle Frage und beantworte mithilfe einer Rechenaufgabe.
(1) Die heutige Sturmflut hat zum höchsten Wasserstand in diesem Jahr geführt: 3,80 m über Normalnull. Man rechnet damit, dass das Wasser noch um weitere 50 cm ansteigt.
(2) Nachdem der Wasserstand heute Nacht um 60 cm gefallen war, stieg er heute im Laufe des Tages wieder um 20 cm.
(3) Von Frau Siedes Konto werden zum Monatsersten die Miete von 675 € abgebucht und als Nachschlagszahlung für Strom und Wasser 58,30 €.

b) Formuliere jeweils eine passende Rechengeschichte.
(1) (– 77 m) + (– 156 m) (2) (– 12° C) + (+ 4°C) (3) (– 38°C) + (– 47°C)

15. In den Bildern ist die Zusammenfassung zweier Zustandsänderungen oder die Änderung eines Zustands dargestellt.

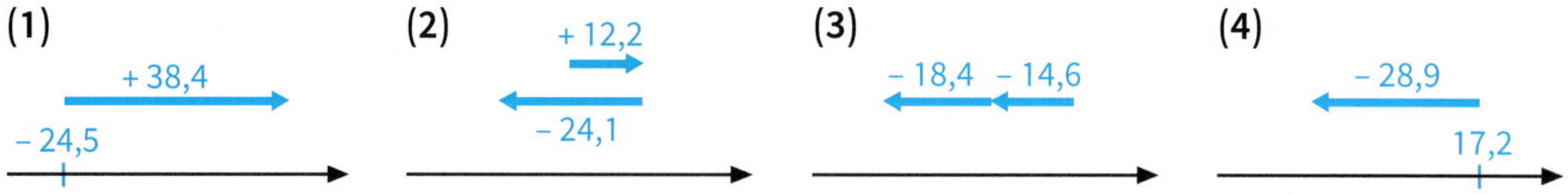

a) Schreibe zu jedem Bild eine Summe und gib den Wert der Summe an.

b) Schreibe zu jedem Bild eine Rechengeschichte. Denke dabei z. B. an Temperaturen, Buchungen, Kontostände, Wasserstände und Höhenangaben. Lasse sie von deinem Nachbarn kontrollieren. Vergleicht anschließend eure Rechengeschichten.

16. Achte auf richtigen Gebrauch des Gleichheitszeichens beim Notieren des Rechenweges.

a) (– 67) + (+ 58) + (– 96)
b) (+ 93) + (– 68) + (– 47)
c) (– 0,7) + (– 0,5) + (+ 3,2)
d) $\left(-\frac{3}{5}\right) + \left(+\frac{1}{2}\right) + (+0{,}1)$
e) (– 20) + (+ 40) + (– 50) + (– 10)
f) (– 27) + (– 50) + (– 46) + (+ 72)
g) (– 1,2) + (+ 1,8) + (– 4,2) + (– 4)
h) $\left(-\frac{1}{2}\right) + \left(-\frac{1}{4}\right) + (+1) + (-0{,}7)$

17. Addiert man zwei Bruchzahlen, so ist das Ergebnis größer als beide Summanden. Überprüfe an Beispielen, ob das auch für rationale Zahlen so ist.

18. a) Eine Summe besteht aus drei Summanden und hat den Wert null. Der erste Summand ist die Gegenzahl des dritten Summanden. Wie groß ist der zweite Summand?
b) Die Summe ist so groß wie jeder der beiden Summanden. Bestimme die Summanden.

Herausfordern

19. Ist die Behauptung richtig? Begründe die Antwort.
a) Die Summe zweier negativer Zahlen ist kleiner als jeder der Summanden.
b) Damit die Summe positiv ist, muss mindestens ein Summand positiv sein.
c) Wenn keiner der Summanden null ist, kann auch die Summe nicht gleich null sein.

20. In welchem Bereich kann null liegen?

a)

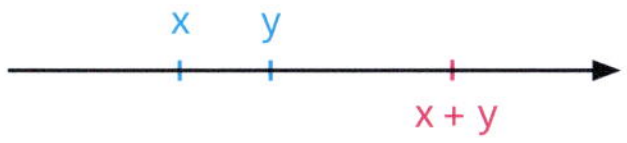

b)

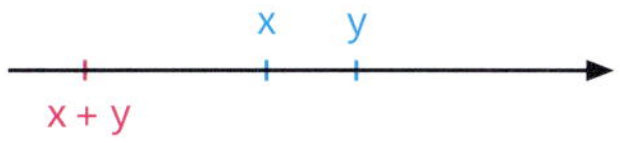

c)

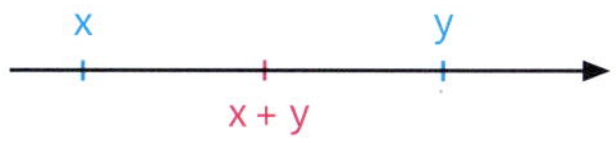

21. Gibt es Zahlen a und b, für die gilt: (1) $|a + b| = |a| + |b|$ (2) $|a + b| < |a| + |b|$

7.5.2 Rechengesetze für die Addition rationaler Zahlen

Einstieg

Hier seht ihr einen Weg zur Berechnung von (+3,8) + (−7,6) + (+2,2).
Erläutert, wie vorgegangen wurde.

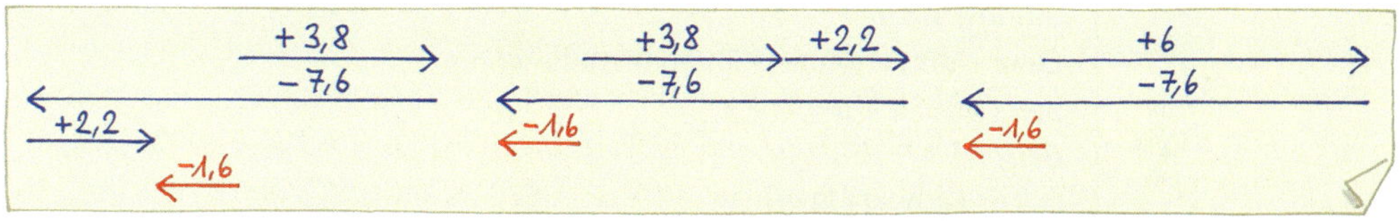

Aufgabe 1

Wie kannst du die Aufgaben rechts vorteilhaft im Kopf lösen?
Welche Rechengesetze verwendest du dabei?

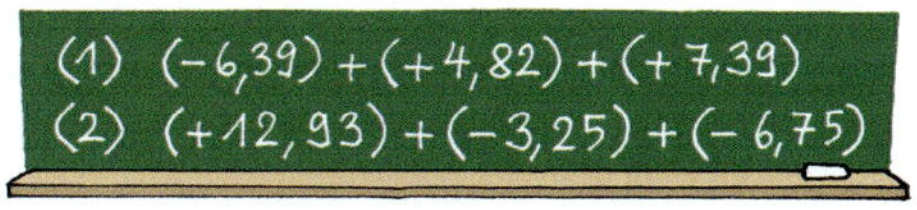

Lösung

(1)

Vertausche erst den 2. und 3. Summanden

(−6,39) + (+4,82) + (+7,39)
= (−6,39) + (+7,39) + (+4,82)
= +1 + (+4,82)
= +5,82

Es wurde das *Kommutativgesetz (Vertauschungsgesetz)* der Addition angewandt.

(2)

Rechne nicht von links nach rechts, sondern verbinde die beiden letzten Summanden

(+12,93) + (−3,25) + (−6,75)
= (+12,93) + [(−3,25) + (−6,75)]
= (+12,93) + (−10)
= +2,93

Es wurde das *Assoziativgesetz (Verbindungsgesetz)* der Addition angewandt.

Information

(1) Zahlklammern und Rechenklammern

Bei Zahltermen verwenden wir zwei Arten von Klammern:

- *Zahlklammern* stehen um eine rationale Zahl mit ihrem Vorzeichen. Dadurch folgen nicht mehrere Plus- oder Minuszeichen aufeinander. Man kann dann den Aufbau des Zahlterms klarer erkennen.
- *Rechenklammern* schreiben die Reihenfolge der Berechnungen im Zahlterm vor.

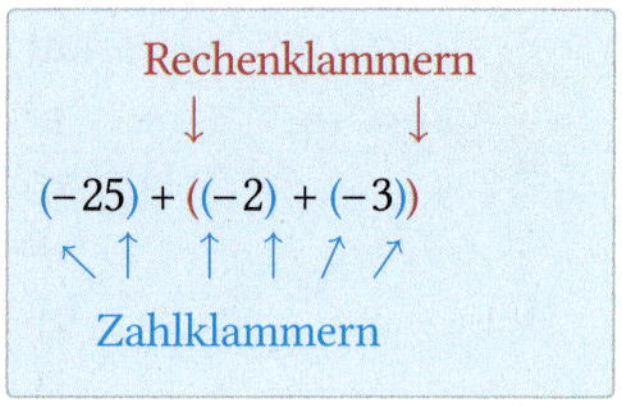

Um einen Zahlterm besser überblicken zu können, verwendet man für die Rechenklammern häufig auch eckige Klammern, z.B. schreibt man dann (−25)+ [(−2) + (−3)].

Vereinbarung: Was in (Rechen-)Klammern steht, wird zuerst ausgerechnet.

(2) Einsparen von Zahlklammern bei positiven Zahlen

Wir wissen: Bei einer positiven Zahl darf man das Vorzeichen weglassen. Dann dürfen wir auch die (Zahl-)Klammern um diese Zahl weglassen.

Beispiel: (+7,6) + (−4,5) + (+2,9) = 7,6 + (−4,5) + 2,9 = 6

(3) Assoziativgesetz und Kommutativgesetz

Das Assoziativgesetz für die Addition und das Kommutativgesetz für die Addition gelten auch für rationale Zahlen. Man verwendet die Gesetze häufig zum vorteilhaften Rechnen.

kommutativ (lat.) vertauschbar

Kommutativgesetz (Vertauschungsgesetz) für die Addition

In einer Summe darf man die Summanden vertauschen. Dabei ändert sich der Wert der Summe nicht.

Denke dir rationale Zahlen anstelle von a, b.

Stets gilt: **a + b = b + a**

Beispiel:

(−2) + (+3) = (+3) + (−2)

Begründung des Kommutativgesetzes (mithilfe eines Sachverhalts)

Wir deuten das Addieren rationaler Zahlen als ein Zusammenfassen von Buchungen auf einem Konto: Wenn zwei Buchungen auf einem Konto hintereinander ausgeführt werden sollen, dann hängt die gesamte Änderung des Kontostandes nicht davon ab, in welcher Reihenfolge die Buchungen ausgeführt werden (Kommutativgesetz).

assoziativ (lat.) verbindend

Assoziativgesetz (Verbindungsgesetz) für die Addition

In einer Summe aus drei Summanden darf man Klammern beliebig setzen. Dabei ändert sich der Wert der Summe nicht. Denke dir rationale Zahlen anstelle von a, b, c.

Stets gilt:

(a + b) + c = a + (b + c)

Daher kann man die Klammern auch weglassen: **a + b + c**

Beispiel:

[(−5) + (+7)] + (−4) = (−5) + [(+7) + (−4)] = (−5) + (+7) + (−4)

Üben

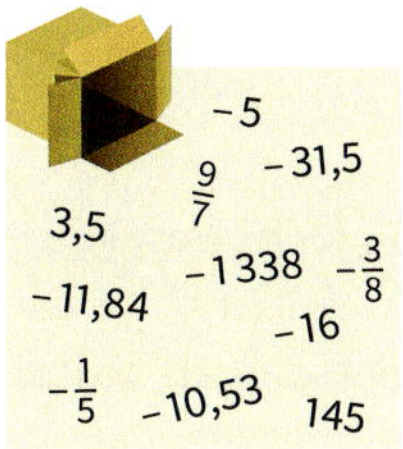

2. Rechne vorteilhaft.

a) $(+697) + (-355) + (-197)$
b) $(-499) + (-538) + (-301)$
c) $(-2{,}35) + (-9{,}84) + (+0{,}35)$
d) $(-8{,}91) + (+2{,}91) + (-4{,}53)$
e) $(+4{,}63) + (-1{,}5) + (+0{,}37)$
f) $(-19{,}5) + (-8{,}4) + (-3{,}6)$
g) $\left(-\frac{1}{2}\right) + \left(+\frac{4}{5}\right) + \left(-\frac{1}{2}\right)$
h) $\left(-\frac{2}{3}\right) + \left(-\frac{3}{9}\right) + \left(+\frac{5}{8}\right)$
i) $(+1{,}25) + \left(+\frac{2}{7}\right) + \left(-\frac{1}{4}\right)$
j) $(-12{,}04) + (-0{,}83) + (-7{,}96) + (+4{,}83)$
k) $(+6{,}55) + (-7{,}55) + (+2{,}26) + (-6{,}26)$

3. Vereinfache die Schreibweise durch Weglassen von Klammern. Begründe. Berechne dann.

a) $(+2) + (-4) + (+7)$
b) $(-4) + (+2) + (+9)$
c) $(-9) + (-3) + (+11)$
d) $[(-3) + (+2)] + (+5)$
e) $(-5) + [(-3) + (+6)]$
f) $(+9) + [(-3) + (+4)]$
g) $[(-2) + (+3)] + [(+3) + (+2)]$
h) $[(-1) + (+2)] + [(-3) + (+5)]$
i) $[(+7) + (-2) + (-4)] + (+3)$

4.
a) $195 + (-37) + (-63)$
b) $(-571) + (-271) + 571$
c) $4{,}7 + (-1{,}8) + 6{,}8 + (-4{,}7)$
d) $(-3{,}1) + 1{,}4 + (-9{,}4) + 6{,}1$
e) $\left(-\frac{1}{3}\right) + \frac{1}{2} + \left(-\frac{6}{9}\right)$
f) $\frac{3}{4} + \left(-\frac{5}{8}\right) + \left(-\frac{1}{2}\right)$
g) $\left(-\frac{4}{5}\right) + \frac{1}{4} + \left(-\frac{7}{10}\right)$
h) $\frac{3}{5} + (-3{,}1) + 1\frac{1}{2}$
i) $(-0{,}125) + (-0{,}75) + \frac{7}{8}$
j) $0{,}5 + \frac{2}{3} + (-1{,}5)$

Vertiefen

5. a) Stelle zunächst den Zahlterm auf. Berechne ihn dann geschickt, indem du Rechengesetze anwendest.

(1) Addiere die Summen der Zahlen −347 und 576 zur Zahl −453.

(2) Addiere die Summen der Zahlen −0,25 und 0,75 zur Summe der Zahlen $-\frac{3}{4}$ und $\frac{1}{5}$.

b) Welche Zahl musst du für □ einsetzen, damit die Aussage richtig ist? Begründe.

(1) $(-9{,}846) + \square = 16{,}07 + (-9{,}846)$

(2) $(-4{,}9) + \square + 8\frac{1}{2} = 8\frac{1}{2} + (-4{,}9) + \left(-\frac{1}{3}\right)$

Herausfordern

6. Versuche, das Assoziativgesetz an einem Sachverhalt zu begründen.

Das kann ich noch!

A) Übertrage in dein Heft und untersuche, mit welcher Abbildung die grüne aus der gelben Figur entsteht.

Ebbe und Flut

Das Leben an der Nordseeküste wird von den Gezeiten bestimmt, wobei sich Hoch- und Niedrigwasser regelmäßig abwechseln. Das Ansteigen des Wassers heißt Flut, das Ablaufen Ebbe. Die Differenz zwischen den Wasserständen bei Hoch- und Niedrigwasser bezeichnet man als Tidenhub. Entlang der Küsten werden die Wasserstände an vielen Pegelanlagen kontinuierlich gemessen und aufgezeichnet.

1. Für den Pegel Pellworm gilt: Das mittlere Hochwasser liegt 6,40 m über dem Pegelnullpunkt (PNP).

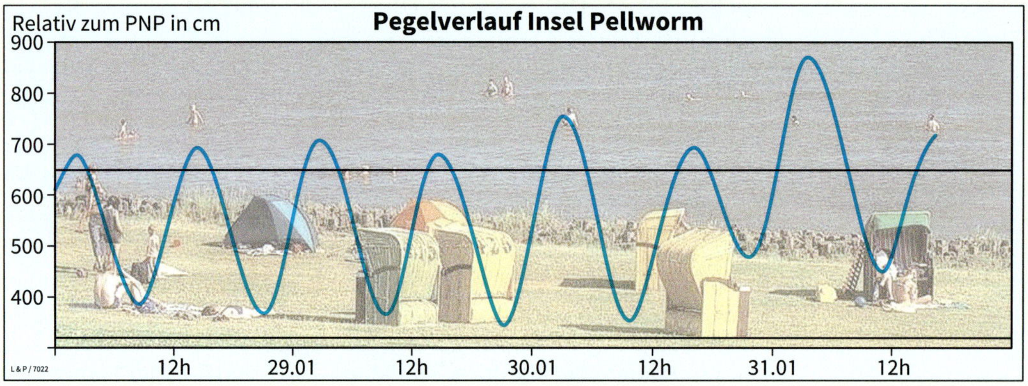

a) Vergleiche das mittlere Hochwasser mit den hier aufgezeichneten Wasserständen.

b) Was lässt sich darüber hinaus über den Verlauf der Gezeiten aus der hier abgebildeten Pegelaufzeichnung ablesen? (Zum Beispiel: mittlerer Wasserstand, Tidenhub, Dauer von Ebbe und Flut, …)

2. Für die Bewohner von Halligen sind die Gezeiten von besonderer Bedeutung. Halligen haben nur flache Sommerdeiche und werden deshalb bei besonders starken Fluten (Sturmfluten) überspült. Dann herrscht „Landunter" und nur noch die Häuser schauen aus dem Wasser. Sie stehen alle auf kleinen Hügeln, den Warften.
Beschreibe anhand der Fotos, welche Auswirkungen die Gezeiten auf das Leben der Halligbewohner haben. Denke auch an die Schifffahrt.

3. Auch für die Schifffahrt im Wattenmeer spielen die Gezeiten eine große Rolle, da sich die Wassertiefe mit Ebbe und Flut ständig ändert. Das Wattenmeer ist so flach, dass manche Bereiche nur bei Hochwasser überspült werden; an anderen Stellen liegt der Meeresgrund auch bei Niedrigwasser noch einige Meter unter dem Wasserspiegel. Diese Informationen sind für die Schifffahrt extrem wichtig und deshalb in allen Seekarten eingetragen. Als Bezugspunkt dient bei Seekarten nicht wie bei Landkarten Normalnull (NN), sondern Seekartennull (SKN). Dies ist der niedrigst mögliche Gezeitenstand.

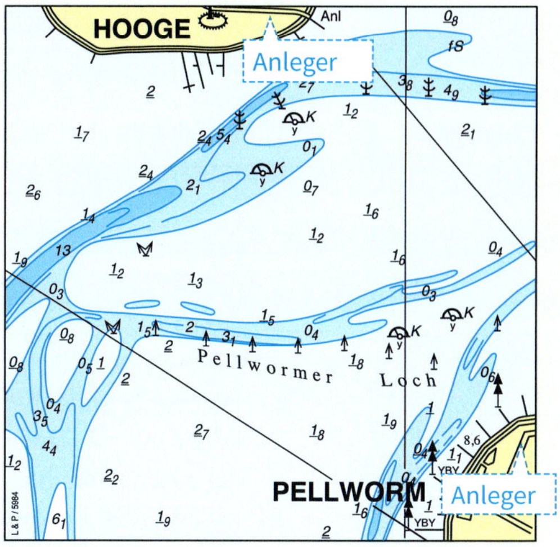

2_1 in der Seekarte bedeutet: Hier liegt der Meeresgrund 2,1 m unter SKN.
Dagegen bedeutet $\underline{2}_1$, der Meeresgrund liegt 2,1 m über SKN.
Um herauszufinden, wie tief das Wasser ist, muss man zusätzlich im Tidenkalender nachschauen, wie hoch der Wasserstand an diesem Ort bei mittlerem Niedrigwasser und bei mittlerem Hochwasser ist.
Die folgende Tabelle zeigt einen Ausschnitt aus dem Tidenkalender.

Ort	MHW		MTH	MNW	
	NN	SKN		NN	SKN
Hooge, Anleger	1,4	3,5	2,8	-1,4	0,7

(MHW: mittleres Hochwasser, MTH: mittlerer Tidenhub, MNW: mittleres Niedrigwasser)

a) Entnimm der Seekarte, welche Bereiche niemals trocken fallen und wo man bei mittlerem Niedrigwasser laufen könnte.

b) Welchen Tiefgang darf ein Boot haben, mit dem man bei Hochwasser auf direktem Wege vom Anleger Pellworm zum Anleger Hooge fahren kann?

c) Eine Gruppe Seekajakfahrer möchte drei Stunden nach Niedrigwasser vom Anleger Pellworm zum Anleger Hooge paddeln. Ein Kajak benötigt einen Wasserstand von etwa 50 cm. Welchen Weg sollte sie nehmen?

4. Da Pellworm und Hooge benachbart sind, sind die Wasserstände dort etwa gleich.

a) Ermittle die Lage der verschiedenen Nullpunkte (PNP, SKN, NN) anhand der Angaben zum mittleren Hochwasser. Zeichne eine geeignete Messlatte und trage die drei Nullpunkte maßstabsgetreu ein.

b) Die Hallig Hooge liegt nur 0,5 – 1 m über NN. Ein Sturmflutpfahl zeigt die Höhe der schwersten Sturmfluten auf der Hallig. Der bisher höchste Wasserstand auf Hooge wurde bei der Sturmflut am 3. 1. 1976 mit 4,44 m über NN gemessen.
Gib diesen Wasserstand bezüglich Pegelnull und bezüglich Seekartennull an. Um wie viel war er höher als das mittlere Hochwasser?

7.6 Subtrahieren rationaler Zahlen

7.6.1 Einführung der Subtraktion – Subtraktionsregel

Einstieg

Hier findet ihr drei Blöcke von Subtraktionsaufgaben.

(1)	(2)	(3)
(+3) – (+2) =	(+2) – (+2) =	(+2) – (–1) =
(+3) – (+1) =	(+1) – (+2) =	(+1) – (–1) =
(+3) – 0 =	0 – (+2) =	0 – (–1) =
(+3) – (–1) =	(–1) – (+2) =	(–1) – (–1) =
(+3) – (–2) =	(–2) – (+2) =	(–2) – (–1) =
(+3) – (–3) =	(–3) – (+2) =	(–3) – (–1) =

a) Berechnet zunächst in dem ersten Block die blauen Aufgaben. Welche Gesetzmäßigkeit erkennt ihr von einer Aufgabe zur nächsten? Wendet diese Gesetzmäßigkeit zur Berechnung der roten Aufgaben an. Verfahrt entsprechend bei den anderen Blöcken.

b) Bildet selbst Beispiele für solche Blöcke.

c) Welche Regeln erkennt ihr für das Subtrahieren rationaler Zahlen?

Einführung

Für ein Konto liegt bei einer Bank ein Sammelauftrag aus mehreren Buchungsanweisungen vor. Die letzte Anweisung, eine Lastschrift über 20 €, ist irrtümlich ausgestellt worden.
Wie kann man diesen Irrtum bereinigen?

(1) Wenn die Buchung noch nicht ausgeführt ist, wird die Anweisung –20 € einfach von dem Sammelauftrag weggenommen.

(2) Wenn die Fehlanweisung schon gebucht ist, wird die Gegenanweisung +20 € dem Sammelauftrag noch hinzugefügt.

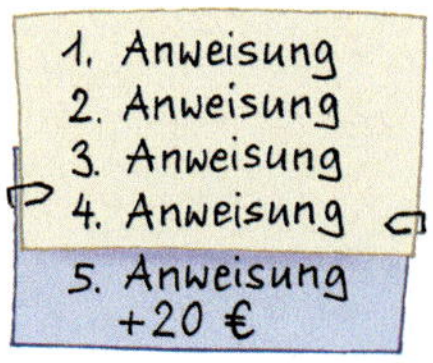

Statt die Anweisung –20 € *wegzunehmen,* kann man die Gegenanweisung +20 € hinzufügen.
Das *Wegnehmen* einer Anweisung deuten wir als *Subtrahieren*, das *Hinzufügen* als *Addieren*.
Wir erkennen: Das Subtrahieren einer Zahl bewirkt dasselbe wie das Addieren ihrer Gegenzahl.

Aufgabe 1

Ein Sammelauftrag lautet insgesamt auf – 83 €. In dem Sammelauftrag ist irrtümlich eine Lastschrift über 30 € enthalten. Wie lautet der neue, berichtigte Sammelauftrag?

Lösung

(– 83) – (– 30) = (– 83) + (+ 30) = – 53
Ergebnis: Der berichtigte Sammelauftrag lautet – 53 €.

Information

Da das Subtrahieren das Addieren auch für rationale Zahlen rückgangig machen soll, vereinbaren wir:

Subtraktionsregel für rationale Zahlen
Eine rationale Zahl subtrahieren heißt, ihre Gegenzahl addieren.
(+8) – (+2) = (+8) + (–2) = +6
(+3) – (–6) = (+3) + (+6) = +9
(–4) – (+7) = (–4) + (–7) = –11
(–5) – (–3) = (–5) + (+3) = –2

Hier kommt das Minuszeichen in doppelter Bedeutung vor:
- als Vorzeichen negativer Zahlen
- als Rechenzeichen für die Subtraktion.

Weiterführende Aufgaben

Zusammenhang zwischen Addition und Subtraktion

2. Beim Rechnen mit natürlichen Zahlen und mit Bruchzahlen wissen wir: Das Subtrahieren einer Zahl wird durch das Addieren der Zahl rückgängig gemacht (und umgekehrt). Prüfe an selbstgewählten Beispielen, ob dies auch für rationale Zahlen und damit auch für negative Zahlen gilt.

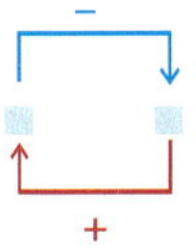

Umwandeln in eine Summe rationaler Zahlen

3. Schreibe als Summe rationaler Zahlen, berechne dann.

(1) $12 + (-17) - (+3{,}8)$
(2) $0{,}9 - (-1{,}1) - (+0{,}3)$
(3) $(-6{,}5) - (+4{,}2) - (-0{,}9) + (-3{,}6)$

$3 - (-5) - (+4)$
$= 3 + (+5) + (-4)$ ← Summe rationaler Zahlen
$= 8 \quad + (-4)$
$= 4$

Ein Zahlterm, in dem rationale Zahlen addiert oder subtrahiert werden, kann stets so umgeformt werden, dass nur Additionen vorkommen.

Üben

Storno (lat.) Rückbuchung Löschung

4. **a)** Rechts siehst du zwei Möglichkeiten, einen Kassenbon mit einem fehlerhaft eingetippten Betrag zu korrigieren. Vergleiche die Möglichkeiten.
Schreibe auch jeweils eine Rechenaufgabe für die Korrekturmöglichkeit.

b) Auf dem Kassenbon ist das Rückgeld für Pfand irrtümlich enthalten.
Korrigiere auf zwei Weisen im Heft und schreibe jeweils die Rechenaufgabe.

5. Rechne im Kopf.

a) $(-9) - (-3)$
b) $(+6) - (-7)$
c) $(-5) - (+9)$
d) $(-12) - (+3)$
e) $(-19) - (-12)$
f) $(+5) - (+13)$
g) $(-8) - (-17)$
h) $(+5) - (+23)$
i) $(-15) - (+9)$
j) $(-17) - (-14)$
k) $(+19) - (+31)$
l) $(-12) - (-29)$
m) $(+42) - (+15)$
n) $(-73) - (-25)$
o) $(-58) - (+17)$
p) $(-234) - (+174)$
q) $(-325) - 0$
r) $(+218) - (-82)$
s) $(+8{,}3) - (-2{,}5)$
t) $(-4{,}3) - (-12{,}8)$
u) $(-15{,}4) - (+18{,}2)$
v) $0 - (-3{,}7)$
w) $-5{,}8 - (-5{,}8)$
x) $-2{,}9 - (+2{,}9)$

Erinnere dich: Bei positiven Zahlen kann man das Vorzeichen und die Zahlklammern weglassen.

6. Wende die Subtraktionsregel an.

a) $(+237) - (-54)$
b) $(-319) - (+98)$
c) $(+416) - (-87)$
d) $(-534) - (-79)$
e) $(+765) - (+235)$
f) $(+254) - (-310)$
g) $(-561) - (+127)$
h) $(-876) - (-161)$
i) $(+56{,}7) - (-88{,}6)$
j) $(-45{,}9) - (+95{,}4)$
k) $(-16{,}2) - (-62{,}1)$
l) $(+30{,}2) - (-92{,}8)$
m) $15{,}8 - 21{,}45$
n) $(-0{,}306) - (-15{,}11)$
o) $300 - (-4{,}862)$
p) $43{,}85 - 85{,}43$

7. Berechne

a) $\left(+\frac{2}{5}\right) - \left(-\frac{1}{5}\right)$
b) $\left(-\frac{7}{8}\right) - \left(+\frac{3}{4}\right)$
c) $\left(+\frac{2}{7}\right) - \left(+\frac{6}{7}\right)$
d) $\left(-\frac{5}{6}\right) - \left(-\frac{4}{9}\right)$

8. Schreibe die Summe als Differenz.

a) $(+20) + (-14)$
b) $(-11) + (-30)$
c) $-8 + 12$
d) $-11 + 9$
e) $-27 + 0$
f) $0 + 29$

$(+7) + (-3) = (+7) - (+3)$

Vertiefen

9. a) Bilde – 7, + 3, – 8 und 0 jeweils als Differenz und als Summe der Zahlen zweier Kärtchen.

b) Bilde mit den Zahlen auf den Kärtchen eine Differenz mit möglichst großem Wert und eine Differenz mit möglichst kleinem Wert.

10. a) Berechne jeweils die gesuchte Zahl.

(1) □ – 4,5 = – 1,9 (2) □ – (– 2,7) = 6,3 (3) 12,5 – □ = – 8,7

b) Schreibe zunächst als Zahlterm mit Kästchen wie in Teilaufgabe a) und berechne dann.

(1) Der Minuend ist –3,7; die Differenz hat den Wert 1,1. Wie lautet der Subtrahend?

(2) Der Minuend ist die Gegenzahl des Subtrahenden; der Subtrahend ist 2,5. Welchen Wert hat die Differenz?

11. a) Beginne mit der Zahl 2,5. Subtrahiere die Zahl 1,7 so lange, bis das Ergebnis eine ganze Zahl ist. Gib diese Zahl an.

b) Beginne mit der Zahl – 9,7. Subtrahiere die Zahl – 2,8 so lange, bis das Ergebnis größer als 5 ist. Gib das Ergebnis an.

12. Schreibe als Summe und berechne.

a) (– 4) – (+ 12) – (– 8)

b) 2,5 – (– 1,3) + (– 8,1)

c) 4,25 – (– 2,75) – 6,39 + (– 1,61)

d) $\left(-\frac{1}{2}\right) - \left(-\frac{1}{4}\right) - \frac{3}{5} - \left(-\frac{7}{10}\right)$

13. a) Setze bei den Aufgaben rechts das passende Rechenzeichen + oder – ein.

b) Denke dir dann selbst solche Aufgaben aus und stelle sie deinem Nachbarn.

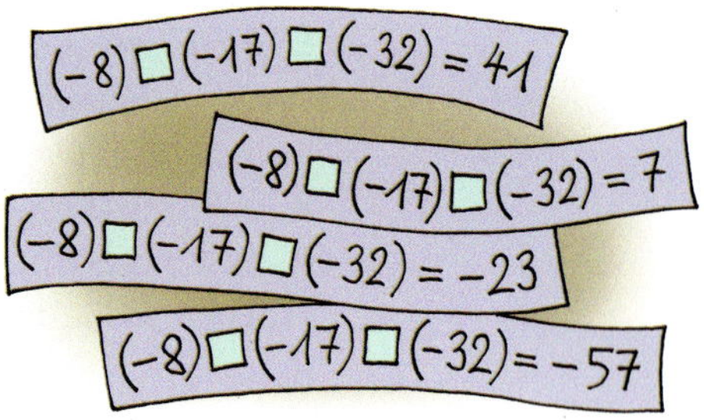

14. Subtrahiert man eine Bruchzahl von einer anderen, so wird diese verkleinert. Prüfe an Zahlenbeispielen, ob das auch bei rationalen Zahlen so ist.

Herausfordern

15. Gibt es Zahlen r und s, für die gilt: a) $|r| - |s| = |r - s|$; b) $|r - s| > |r| - |s|$?

7.6.2 Auflösen von Zahlklammern – Vereinfachen eines Zahlterms

Einstieg

a) Einige der nebenstehenden Zahlterme sind wertgleich. Findest du sie? Kannst du die Wertgleichheit erkennen, ohne die Zahlterme zu berechnen?

b) Diskutiere mit deinem Nachbarn darüber, ob man jeden Zahlterm, in dem nur addiert und subtrahiert wird, so umformen kann, dass man ohne Zahlklammern auskommt. Begründet eure Auffassung.

Aufgabe 1

Du weißt: Zahlklammern und Vorzeichen darf man bei positiven Zahlen fortlassen. Dadurch lässt sich ein Zahlterm vereinfachen.

$(+7{,}5) - (+3{,}2) = 7{,}5 - 3{,}2$

Forme die folgenden Zahlterme mit negativen Zahlen so um, dass keine Zahlklammer mehr vorkommt, die Zahlklammer also aufgelöst wird. Begründe dein Vorgehen.

a) $9 - (-5)$

b) $9 + (-5)$

Lösung

a) $9 - (-5) = 9 + (+5) = 9 + 5$
Begründung: Subtrahieren von -5 bewirkt nach der Subtraktionsregel dasselbe wie das Addieren von $+5$, also von 5.

b) $9 + (-5) = 9 - (+5) = 9 - 5$
Begründung: Addieren von -5 bewirkt nach der Subtraktionsregel dasselbe wie das Subtrahieren von $+5$, also von 5.

Information

Einsparen von Zahlklammern

Ein Zahlterm, in dem rationale Zahlen addiert oder subtrahiert werden, kann so geschrieben werden, dass nur *positive* Zahlen addiert bzw. subtrahiert werden. Dann kann man die Zahlklammern und Vorzeichen der positiven Zahlen weglassen.

Beispiel: $(+7) + (-4{,}5) - (+2{,}1) - (-8{,}6)$
$= (+7) - (+4{,}5) - (+2{,}1) + (+8{,}6)$ ← Nur noch + in den Zahlklammern
$= 7 - 4{,}5 - 2{,}1 + 8{,}6$

Hierbei steht vor einem Betrag jeweils nur eines der Zeichen + oder −.
Das jeweilige Zeichen kann aufgefasst werden als Rechenzeichen vor einer positiven Zahl oder als Vorzeichen einer rationalen Zahl, die addiert wird.

Regel über das Auflösen einer Zahlklammer

Beim Auflösen einer Zahlklammer setzt man
- ein Pluszeichen, falls gleiche Zeichen nebeneinander stehen, und
- ein Minuszeichen, falls verschiedene Zeichen nebeneinander stehen.

Gleiche Zeichen, also +

$7 + (+4) = 7 + 4 \qquad 7 - (-4) = 7 + 4$

$7 - (+4) = 7 - 4 \qquad 7 + (-4) = 7 - 4$

Verschiedene Zeichen, also −

Wir vereinbaren außerdem:
Steht eine negative Zahl am Anfang, so darf man die Klammer um die Zahl fortlassen.
Beispiel: $(-0{,}8) + (-7{,}2) + (+3) = -0{,}8 - 7{,}2 + 3 = -5$

Weiterführende Aufgabe

Vertauschen von Additions- und Subtraktionsschritten zum vorteilhaften Rechnen

2. Berechne und vergleiche. Welcher der beiden Rechenwege ist günstiger?

a) $(-12) - (-9) + (-8)$
$(-12) + (-8) - (-9)$

b) $4{,}3 - 9{,}2 - 5{,}8 + 6{,}7$
$4{,}3 + 6{,}7 - 9{,}2 - 5{,}8$

Begründe, warum man die Rechenschritte vertauschen darf. Beachte dazu die Subtraktionsregel für rationale Zahlen. Du kannst die Zahlterme auch als eine Folge von Buchungsanweisungen deuten, die hinzugefügt oder weggenommen werden.

> Aufeinander folgende Additions- und Subtraktionsschritte darf man vertauschen.
> Dabei ändert sich der Wert des Zahlterms nicht.
> Denke dir rationale Zahlen anstelle von a, b und c. Stets gilt:
> **a + b − c = a − c + b** **a − b − c = a − c − b**
> *Beispiele:* (+2) + (−3) − (−7) = (+2) − (−7) + (−3)
> (+7) − (−2) − (+6) = (+7) − (+6) − (−2)
> 5 − 7 + 3 − 1 = 5 + 3 − 1 − 7

Üben

3. Löse die Zahlklammern auf und begründe die Umformung. Berechne dann.

a) 19 − (−4) d) −20 + (−31) g) (−84) + (+9) − (−2)
b) −43 − (−18) e) 12 − (+19) h) 31 + (−19) − (+24)
c) 78 + (−84) f) −14 − (−12) + (−13) i) 28 − (+12) + (−42)

4. Schreibe ausführlich als Summe und berechne.

a) 3 − 5 c) −9 − 13 e) −9 + 5 − 3 g) 1 − 2 + 3 − 4
b) −11 + 7 d) 9 − 13 + 11 f) −6 − 5 − 13 h) −1 + 2 + 3 − 4

5. Vereinfache die Schreibweise und berechne.

a) 36 + (−19) d) −8,5 + (−4,5) g) 44 − (+35) − 20 j) 3,5 − (−7,5) − 14,1
b) 24 + (−70) e) 12,3 + (−15,4) h) 59 + (−81) + 34 k) −8,2 − (+9,7) + 17,9
c) 11 − (+83) f) 21,8 − (+28,1) i) −16 − (−63) − 17 l) 0 + (−24,6) + 26,4

Vertiefen

6. a) Setze Vorzeichen und Rechenzeichen so in die Lücken ein, dass die Rechnung stimmt.

(1) (□16) − (□9) = 25 (2) (□1,75) □ (□3,25) = −5 (3) $-5\frac{1}{2}$ □ $3\frac{7}{8}$ = □ $1\frac{5}{8}$

b) Setze die Zahlen −5,5; 11; −2,5 jeweils so in die Kästchen ein, dass die Rechnung stimmt.

(1) □ − □ + □ = 8 (2) □ + □ − □ = 14 (3) □ − □ − □ = −8

7. Begründe durch Umwandlung in eine Summe: −8 + 5 − 12 − 13 + 15 = 5 + 15 − 8 − 12 − 13

8. Niklas und Anna kommen zu unterschiedlichen Ergebnissen. Wer hat richtig gerechnet? Erkläre, worin der Fehler besteht.

Niklas:
$12,5 - 3\frac{1}{4} + 0,75$
$= 12,5 - 4$
$= 8,5$

Anna:
$12,5 - 3\frac{1}{4} + 0,75$
$= 9,25 \quad + 0,75$
$= 10$

9. Rechne vorteilhaft.

a) 86 − 39 + 14 − 11 c) 3,12 − 3,38 − 4,52 + 2,78 e) $-\frac{3}{8} + \frac{2}{5} - \frac{5}{8} - \frac{6}{7} + \frac{3}{5}$
b) −4,8 + 3,5 − 3,2 + 6,5 d) −12,3 + 8,8 − 5,6 − 3,7 + 1,2 − 4,4 f) $-\frac{1}{2} + \frac{3}{5} + \frac{1}{4} + \frac{6}{15} - \frac{3}{8}$

Herausfordern

10. a) Berechne: 1 − 2; 1 − 2 + 3; 1 − 2 + 3 − 4; 1 − 2 + 3 − 4 + 5; …
Begründe, welche ganzen Zahlen man als Ergebnis einer solchen Aufgabe erhalten kann.

b) Was ändert sich, wenn man das abwechselnde Addieren und Subtrahieren nicht mit 1, sondern mit 0 beginnt?

7.7 Multiplizieren rationaler Zahlen

7.7.1 Einführung der Multiplikation – Multiplikationsregel

Einstieg

An den folgenden Aufgaben könnt ihr erarbeiten, wie man rationale Zahlen multipliziert.

(1)	(2)	(3)	(4)
$(+3{,}5) \cdot (+3) =$	$(+3) \cdot (+1{,}5) =$	$(+2{,}5) \cdot (+3) =$	$(-2{,}5) \cdot (+3) =$
$(+2{,}5) \cdot (+3) =$	$(+2) \cdot (+1{,}5) =$	$(+2{,}5) \cdot (+2) =$	$(-2{,}5) \cdot (+2) =$
$(+1{,}5) \cdot (+3) =$	$(+1) \cdot (+1{,}5) =$	$(+2{,}5) \cdot (+1) =$	$(-2{,}5) \cdot (+1) =$
$(+0{,}5) \cdot (+3) =$	$0 \cdot (+1{,}5) =$	$(+2{,}5) \cdot 0 =$	$(-2{,}5) \cdot 0 =$
$(-0{,}5) \cdot (+3) =$	$(-1) \cdot (+1{,}5) =$	$(+2{,}5) \cdot (-1) =$	$(-2{,}5) \cdot (-1) =$
$(-1{,}5) \cdot (+3) =$	$(-2) \cdot (+1{,}5) =$	$(+2{,}5) \cdot (-2) =$	$(-2{,}5) \cdot (-2) =$
$(-2{,}5) \cdot (+3) =$	$(-3) \cdot (+1{,}5) =$	$(+2{,}5) \cdot (-3) =$	$(-2{,}5) \cdot (-3) =$

a) Berechnet zunächst in dem ersten Block die blauen Aufgaben. Welche Gesetzmäßigkeit erkennt ihr von einer Aufgabe zur nächsten? Wendet diese Gesetzmäßigkeit zur Berechnung der roten Aufgaben an. Verfahrt entsprechend bei den anderen Blöcken.

b) Bildet selbst Beispiele für solche Blöcke.

c) Welche Regeln erkennt ihr für das Multiplizieren rationaler Zahlen?

Einführung

(1) Der zweite Faktor ist positiv

Um eine allgemeine Regel für das Multiplizieren rationaler Zahlen zu erarbeiten, unterscheiden wir zwei Fälle. Zunächst betrachten wir nur den Fall, dass der zweite Faktor des Produkts positiv ist.

Ramin spendet einem Tierschutzverein vierteljährlich einen Betrag von 2,50 €, der von seinem Konto abgebucht wird. Wie viel Euro werden dafür im Jahr insgesamt von seinem Konto abgebucht?

Wir können auf zwei Weisen rechnen:

durch Addieren: $(-2{,}50) + (-2{,}50) + (-2{,}50) + (-2{,}50) = -10$;

durch Multiplizieren: $(-2{,}5) \cdot 4 = -10$

Beide Rechnungen können wir an der Zahlengeraden veranschaulichen:

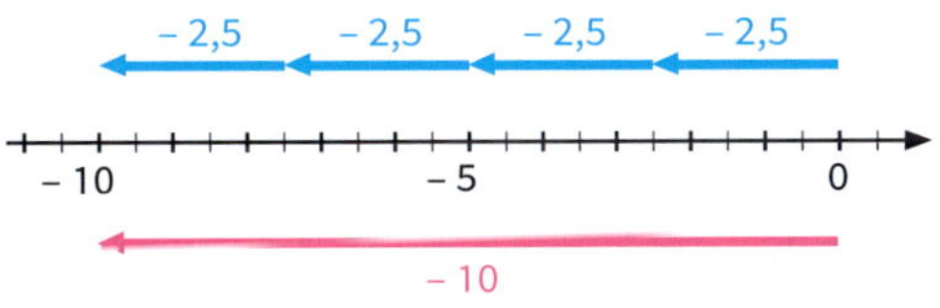

4 Pfeile für –2,5 werden aneinander gelegt.

Die Länge des Pfeils wird vervierfacht. Oder auch: Der Pfeil für –2,5 wird mit dem Faktor 4 gestreckt.

Der zweite Faktor, die 4, gibt die Veränderung des Pfeiles an.

Erster Faktor: Pfeil

Zweiter Faktor: Veränderung des Pfeils

Das Strecken mit einem positiven Faktor kleiner als 1 nennt man auch Stauchen.

Anschauliche Deutung des Multiplizierens einer rationalen Zahl mit einer positiven Zahl

Das Multiplizieren einer beliebigen Zahl mit einer *positiven* Zahl entspricht einem Strecken des Pfeils für die beliebige Zahl mit der positiven Zahl.

Beispiel: $(-8) \cdot 2{,}5 = -20$

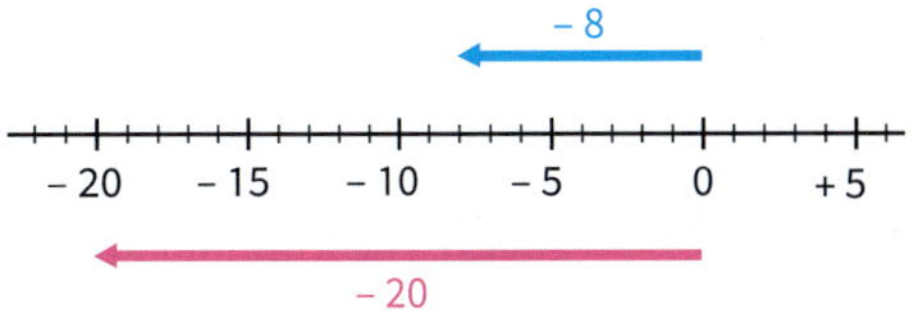

Für $(-8) \cdot \frac{3}{4} = -6$ gilt:

Der Pfeil wird auf drei Viertel seiner Länge verkürzt (gestaucht). Wir sagen auch:

Der Pfeil für –8 wird mit dem Faktor $\frac{3}{4}$ gestreckt.

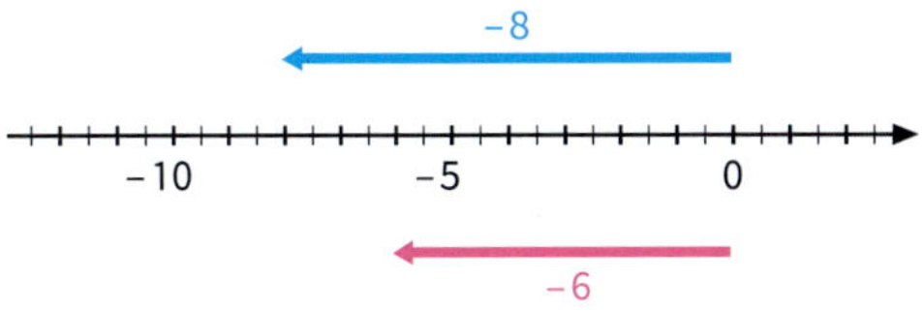

(2) Der zweite Faktor ist negativ

Es gilt: $(-2) \cdot (+3{,}5) = -7$. Was aber bedeutet $(+3{,}5) \cdot (-2)$?
Dazu vereinbaren wir: Das Kommutativgesetz soll auch für die Multiplikation rationaler Zahlen gelten: $(+3{,}5) \cdot (-2) = (-2) \cdot (+3{,}5) = -7$.
Auch bei der Multiplikationsaufgabe $(+3{,}5) \cdot (-2)$ wollen wir den ersten Faktor $(+3{,}5)$ als Pfeil darstellen und den zweiten Faktor (-2) als Veränderung dieses Pfeils.
Wie erhält man dann an der Zahlengeraden aus dem Pfeil für $+3{,}5$ den Pfeil für -7?

Erst strecken, dann spiegeln.

Spiegeln am Nullpunkt bedeutet Richtungsumkehr bzw. Vorzeichenwechsel.

Der Pfeil für $+3{,}5$ wird zunächst mit dem Faktor 2 gestreckt und dann am Nullpunkt gespiegelt.
Wir sagen kurz: Es wird ein Strecken am Nullpunkt mit Richtungsumkehr durchgeführt.
Wir setzen daher fest:

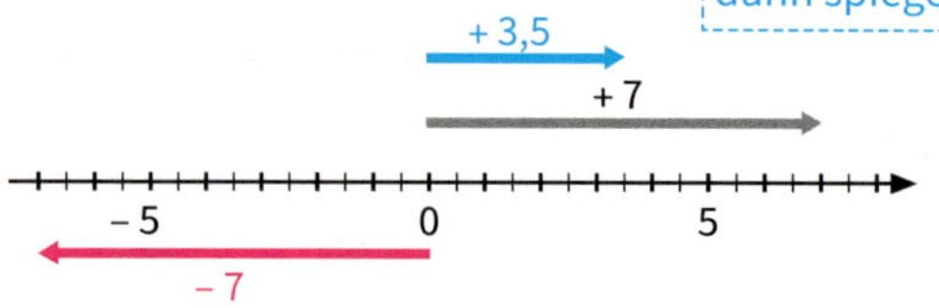

Anschauliche Deutung des Multiplizierens einer rationalen Zahl mit einer negativen Zahl

Das Multiplizieren einer beliebigen Zahl mit einer negativen Zahl entspricht einem *Strecken mit Richtungsumkehr* des Pfeils für die beliebige Zahl mit dem Betrag der negativen Zahl.

Beispiel: $(+1{,}5) \cdot (-3) = -4{,}5$

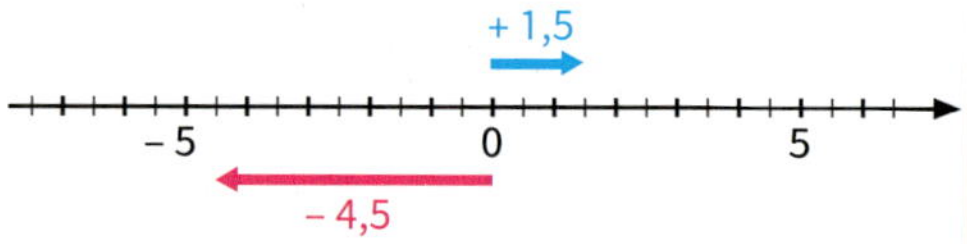

Mit dieser Deutung kann man auch das Produkt von zwei negativen Zahlen erhalten:
$(-1{,}5) \cdot (-2) = +3$

Als Pfeil zeichnen

Strecken mit 2 und Richtungsumkehr

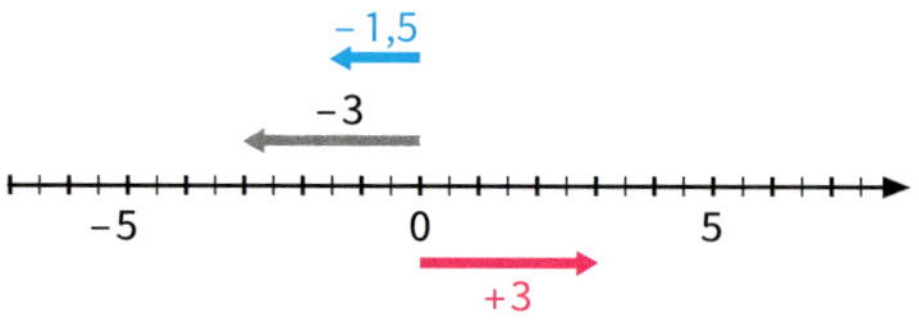

Information

(1) Regel für das Multiplizieren rationaler Zahlen

Man multipliziert zwei rationale Zahlen, indem man ihre Beträge miteinander multipliziert und das Vorzeichen nach folgender Regel setzt:
Bei gleichen Vorzeichen der Faktoren ist das Produkt positiv, bei verschiedenen Vorzeichen ist das Produkt negativ.
Außerdem gilt: Ist ein Faktor 0, dann ist das Produkt 0.
Beispiel: $(-2{,}5) \cdot 0 = 0$

plus mal plus ergibt plus
minus mal minus ergibt plus
plus mal minus ergibt minus
minus mal plus ergibt minus

Beispiele:
$(+2{,}5) \cdot (+4) = +(2{,}5 \cdot 4) = +10$
$(-2{,}5) \cdot (-4) = +(2{,}5 \cdot 4) = +10$
$(+2{,}5) \cdot (-4) = -(2{,}5 \cdot 4) = -10$
$(-2{,}5) \cdot (+4) = -(2{,}5 \cdot 4) = -10$

(2) Begründung der Multiplikationsregel für rationale Zahlen

(a) Die Multiplikation der Beträge der beiden Zahlen ergibt sich aus der anschaulichen Bedeutung der Multiplikation als Streckung (gegebenenfalls mit Richtungsumkehr)

(b) Das Vorzeichen ergibt sich so: Ist der zweite Faktor positiv, so findet nur eine Streckung statt. Das Vorzeichen des ersten Faktors bleibt bestehen.
Ist der zweite Faktor negativ, so findet außerdem noch eine Spiegelung am Nullpunkt statt. Das Vorzeichen des ersten Faktors wird geändert.

Weiterführende Aufgaben

Multiplikation mit (– 1)

1. Multipliziere verschiedene rationale Zahlen mit (– 1). Was stellst du fest? Begründe auch.

> Die Multiplikation einer rationalen Zahl mit (–1) ergibt deren Gegenzahl.

Es ist üblich, die Multiplikation mit (–1) durch ein vorgesetztes Minuszeichen abzukürzen.

Beispiele: $-(-7) = (-1) \cdot (-7) = +7$ ist die Gegenzahl zu -7

$-(+5) = (-1) \cdot (+5) = -5$ ist die Gegenzahl zu $+5$

Potenzen mit rationalen Zahlen als Basis

2. Du weißt: Eine Potenz ist ein Produkt aus gleichen Faktoren. Dabei ist die Basis (die Grundzahl) der mehrfach auftretende Faktor.
Der Exponent (die Hochzahl) gibt an, wie oft der gleiche Faktor vorkommt.
Wie für natürliche Zahlen gilt auch für negative Zahlen als Basis:
$(-7)^0 = 1 \qquad (-7)^1 = -7$

> $(-2)^4 = (-2) \cdot (-2) \cdot (-2) \cdot (-2) = 16$
>
> Potenz $(-2)^4 = 16$
>
> Basis (Grundzahl) — Exponent (Hochzahl) — Wert der Potenz

a) Schreibe als Produkt und berechne.

(1) $(-2)^5$; $(-6)^2$; $(+5)^4$ (2) $(-0{,}5)^3$; $(-1{,}5)^3$; $(-1)^7$ (3) $(-1)^6$; 0^4; $\left(-\frac{2}{3}\right)^2$; $(-2)^0$

b) Schreibe als Potenz und berechne.

(1) $(-3) \cdot (-3) \cdot (-3) \cdot (-3) \cdot (-3)$ (2) $\left(+\frac{2}{7}\right) \cdot \left(+\frac{2}{7}\right) \cdot \left(+\frac{2}{7}\right)$ (3) $(-1{,}5) \cdot (-1{,}5)$

Üben

3. Deute an der Zahlengeraden. Rechne auch.

a) $(+2{,}5) \cdot (+3)$ **b)** $(-1{,}5) \cdot (+4)$ **c)** $(-4) \cdot (+0{,}5)$ **d)** $(-6) \cdot \left(+\frac{2}{3}\right)$

4. Deute an der Zahlengeraden. Rechne auch.

a) $(+1{,}5) \cdot (-4)$ **b)** $(+4) \cdot (-1{,}5)$ **c)** $(-2{,}5) \cdot (-4)$ **d)** $(-7{,}5) \cdot \left(-\frac{1}{3}\right)$

5. Der blaue Pfeil ist in den roten Pfeil übergegangen. Beschreibe die Veränderung. Notiere dann eine Gleichung.

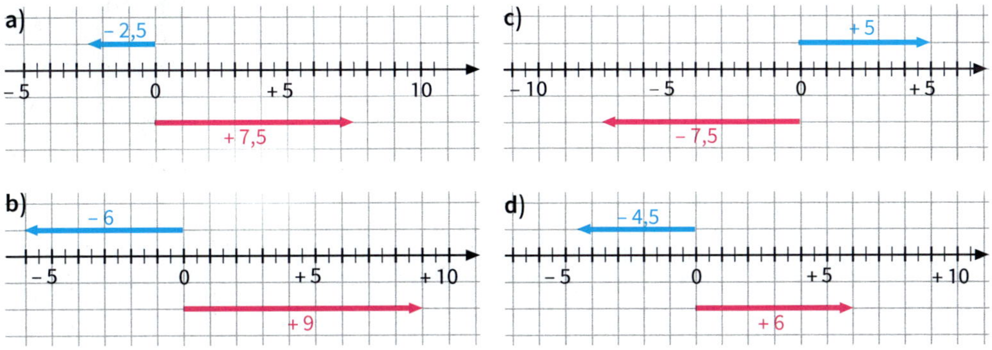

6. a) $(-4)\cdot(+7)$; $(+4)\cdot(-7)$; $(+4)\cdot(+7)$; $(-4)\cdot(-7)$
b) $(-3{,}5)\cdot(-2)$; $(+3{,}5)\cdot(+2)$; $(-3{,}5)\cdot(+2)$; $(+3{,}5)\cdot(-2)$
c) $(-1{,}7)\cdot(+3)$; $(+1{,}7)\cdot(-3)$; $(-1{,}7)\cdot(-3)$; $(+1{,}7)\cdot(+3)$
d) $(+0{,}5)\cdot(+0{,}2)$; $(-0{,}5)\cdot(+0{,}2)$; $(+0{,}5)\cdot(-0{,}2)$; $(-0{,}5)\cdot(-0{,}2)$

Erinnere dich: Bei positiven Zahlen kann man das Vorzeichen und die Zahlklammern weglassen.

7. a) $\left(-\frac{2}{3}\right)\cdot\left(-\frac{3}{4}\right)$; $\left(+\frac{2}{3}\right)\cdot\left(-\frac{3}{4}\right)$; $\left(-\frac{2}{3}\right)\cdot\left(+\frac{3}{4}\right)$; $\left(+\frac{2}{3}\right)\cdot\left(+\frac{3}{4}\right)$
b) $\left(+\frac{1}{3}\right)\cdot\left(-\frac{2}{7}\right)$; $\left(+\frac{2}{9}\right)\cdot\left(-\frac{3}{4}\right)$; $\left(+\frac{7}{9}\right)\cdot\left(-\frac{1}{2}\right)$; $\left(+\frac{5}{8}\right)\cdot\left(-\frac{2}{15}\right)$
c) $\frac{3}{4}\cdot\left(-\frac{12}{21}\right)$; $\frac{7}{4}\cdot\left(-\frac{20}{49}\right)$; $\frac{14}{33}\cdot\left(-\frac{121}{98}\right)$; $\frac{24}{65}\cdot\left(-\frac{91}{60}\right)$
d) $\left(-\frac{1}{2}\right)\cdot(-2)$; $\frac{1}{3}\cdot(-6)$; $\left(-\frac{4}{7}\right)\cdot(-14)$; $\left(-\frac{3}{4}\right)\cdot 28$

8. a) $-(+2)$ b) $-\left(-\frac{2}{3}\right)$ c) $-(-1)$ d) $-(-0)$ e) $-\left(-\frac{1}{3}\right)$ f) $-(-(-7))$

9. Anna und Lukas sind verschiedener Meinung. Erklärt beiden, wer Recht hat.

10. a) $(-3)^4$ b) -3^4 c) $(+7)^3$ d) $(-2)^7$
e) -2^7 f) $(+2)^0$ g) $(-6)^1$ h) 0^{12}
i) $(-0{,}2)^5$ j) $(-0{,}3)^0$ k) $-2{,}5^2$ l) $\left(-\frac{1}{2}\right)^6$
m) $(-0{,}5)^3$ n) $-0{,}5^3$ o) $(-0{,}5)^2$ p) $-0{,}5^2$

Vertiefen

11. a) (1) $(-12)\cdot\left(-\frac{1}{3}\right)$ (2) $(+12)\cdot\left(+\frac{1}{3}\right)$ (3) $(-2)\cdot(-2)$ (4) $4\cdot 1$
b) Schreibe die vorgegebene Zahl auf vier Weisen als Produkt.
(1) 36 (2) -36 (3) 2 (4) -2 (5) $\frac{1}{8}$ (6) $-\frac{1}{8}$ (7) $\frac{1}{3}$ (8) $-\frac{1}{3}$
c) Fatima behauptet, dass man jede rationale Zahl als Produkt von negativen Zahlen schreiben kann. Überprüfe diese Behauptung.

12. a) Führe die Berechnung von $(-1{,}2)\cdot\left(+\frac{3}{4}\right)$ auf den drei angegebenen Wegen durch.
b) Berechne möglichst geschickt.
(1) $(-3{,}5)\cdot\left(+\frac{3}{5}\right)$ (5) $\left(-\frac{9}{2}\right)\cdot(-0{,}5)$
(2) $(+0{,}16)\cdot\left(-\frac{5}{8}\right)$ (6) $\left(-\frac{13}{4}\right)\cdot(-0{,}2)$
(3) $(-0{,}36)\cdot\left(+\frac{2}{3}\right)$ (7) $\left(-\frac{3}{5}\right)\cdot(-2{,}25)$
(4) $(-4{,}9)\cdot\left(-\frac{4}{7}\right)$ (8) $\left(-\frac{3}{8}\right)\cdot 0$
c) Erfinde je eine Aufgabe, für die der 1. Weg, der 2. Weg, der 3. Weg am günstigsten ist.

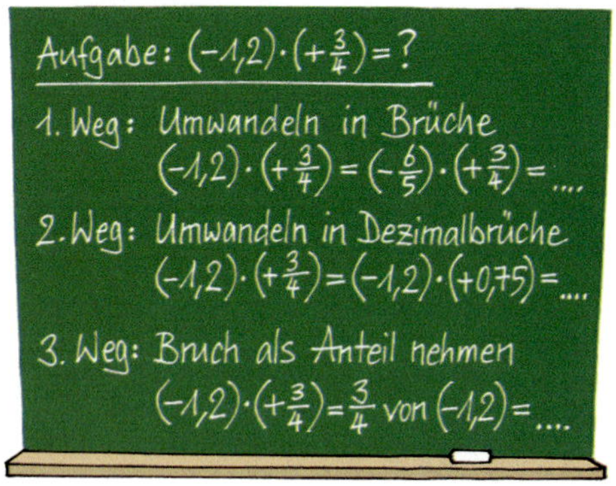

13. Ein Partner überschlägt die Aufgabe im Kopf, der zweite berechnet sie mit dem Taschenrechner. Vergleicht die Ergebnisse und wechselt euch nach jedem Aufgabenblock ab.
a) $(-2{,}35)\cdot(-6{,}97)$ b) $(-7{,}34)\cdot 2{,}8$ c) $21{,}5\cdot 1{,}93$
d) $(-6{,}73)\cdot(-2{,}1)$ e) $(-14{,}9)\cdot 0$ f) $2{,}17\cdot(-3{,}49)$
g) $(-374)\cdot 194$ h) $(-354)\cdot(-891)$ i) $(-44{,}7)\cdot(-7{,}49)$
j) $(-3{,}85)\cdot 6{,}67$ k) $(-74{,}3)\cdot 0$ l) $7{,}96\cdot(-6{,}95)$

14. In welchem Bereich liegt das Ergebnis? Überlege im Kopf.

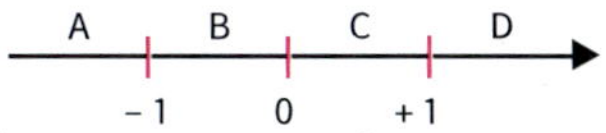

a) $(-3{,}7)\cdot(+0{,}01)$ b) $\left(+10\frac{2}{3}\right)\cdot\left(-\frac{8}{5}\right)$ c) $\left(-\frac{1}{10}\right)\cdot\left(-\frac{11}{9}\right)$

15. a) $-((-23)+(-43))$ c) $-[(-12)\cdot 3]$ e) $-[-((-2{,}4)+(-1{,}7))]$
b) $-((+27)-(-86))$ d) $-[-17\cdot(-4)]$ f) $-(-2{,}3)\cdot[(-3{,}5)\cdot(-(-1{,}4))]$

16. Jetzt kennst du drei verschiedene Bedeutungen für das Minuszeichen:
- als Vorzeichen einer Zahl
- als Rechenzeichen für die Subtraktion
- als Zeichen für das Bilden der Gegenzahl

a) Schreibe für jede Bedeutung einen Zahlterm, in dem nur ein Minuszeichen vorkommt.
b) Schreibe einen Zahlterm, in dem das Minuszeichen in jeder Bedeutung einmal vorkommt.

17. Multipliziere nebeneinander stehende Zahlen. Schreibe das Ergebnis im Heft in das Feld darüber.

a)

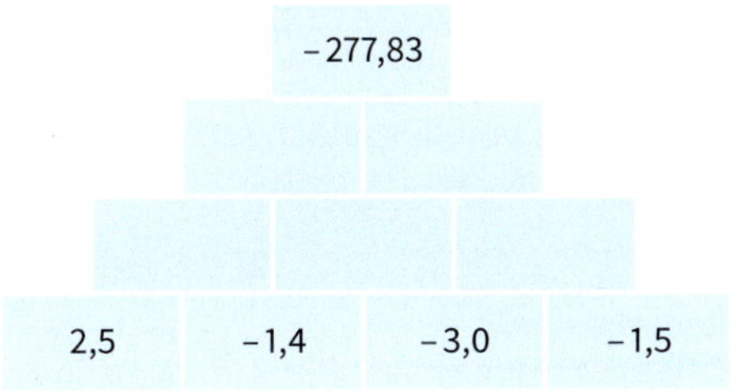

b)

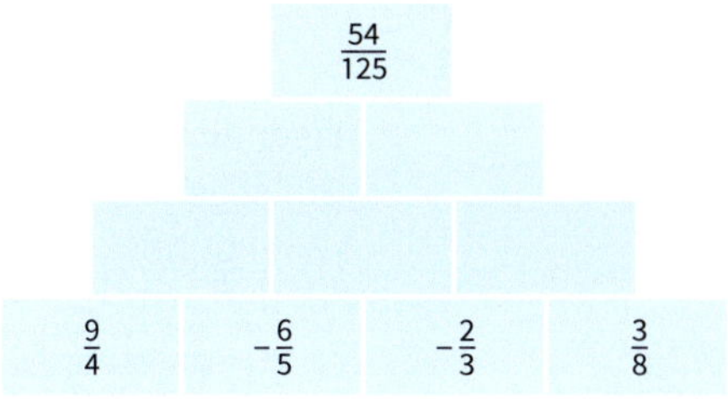

18. Schreibe als Potenz. Berechne auch den Wert der Potenz.

a) $(-1)\cdot(-1)\cdot(-1)\cdot(-1)\cdot(-1)\cdot(-1)\cdot(-1)\cdot(-1)$ d) $(-4)\cdot(-4)\cdot(-4)\cdot(-4)\cdot(-4)$
b) $(-10)\cdot(-10)\cdot(-10)\cdot(-10)\cdot(-10)\cdot(-10)\cdot(-10)$ e) $\left(-\frac{1}{3}\right)\cdot\left(-\frac{1}{3}\right)\cdot\left(-\frac{1}{3}\right)$
c) $(-0{,}1)\cdot(-0{,}1)\cdot(-0{,}1)\cdot(-0{,}1)\cdot(-0{,}1)$ f) $\left(+\frac{2}{5}\right)\cdot\left(+\frac{2}{5}\right)\cdot\left(+\frac{2}{5}\right)$

19. Julian wollte −35 mit 6 potenzieren. Das Ergebnis des Taschenrechners überrascht ihn. Was meinst du dazu?

20. Entscheide, ob die Aussage falsch oder richtig ist. Begründe.

a) $(-9)^{75}$ ist negativ c) $(-91)^{21} > 0$ e) $(-715)^{39} > 0^5$ g) $(-12)^6 < (-17)^6$
b) -47^{28} ist positiv d) $(-276)^{48} < 0$ f) $(-23)^5 < (-34)^5$ h) $(-15)^4 < (-15)^6$

Herausfordern

21. Entscheide, ob falsch oder richtig. Begründe.

a) Eine Potenz mit ungeradem Exponenten ist stets negativ.
b) Eine Potenz mit geradem Exponenten ist stets positiv.
c) Ist eine Potenz negativ, so ist der Exponent ungerade.
d) Ist eine Potenz positiv, so ist der Exponent gerade.
e) Ist eine Potenz null, so ist der Exponent gerade.
f) Ist eine Potenz null, so ist die Basis null.

7.7.2 Rechengesetze der Multiplikation

Einstieg

Ronja und Robin haben eine Aufgabe gelöst. Vergleicht ihre Wege und erläutert ihr Vorgehen.

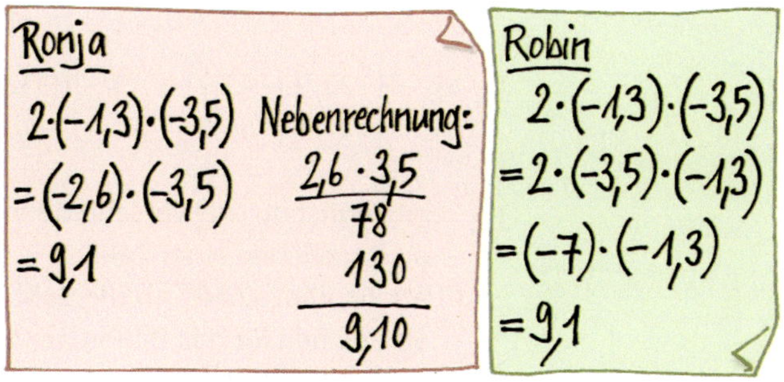

Aufgabe 1

Wie kannst du ohne viel zu rechnen die Aufgaben rechts im Kopf vorteilhaft lösen? Welche Rechengesetze wendest du dabei an?

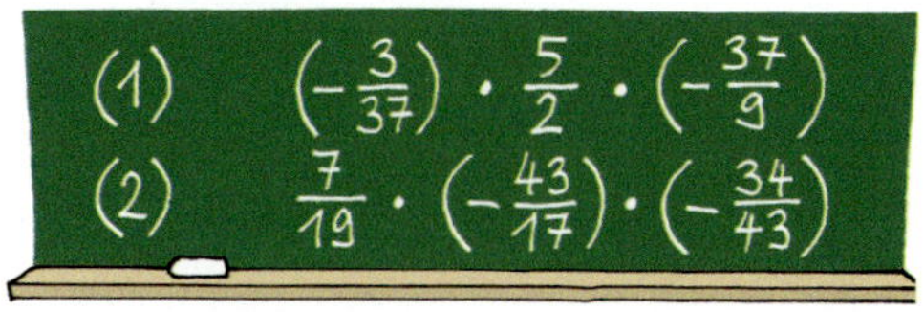

Lösung

Eigentlich müsste man die Zahlterme von links nach rechts berechnen.
Günstiger ist folgendes Vorgehen:

(1) $\left(-\frac{3}{37}\right)\cdot\frac{5}{2}\cdot\left(-\frac{37}{9}\right)$

$=\left(-\frac{3}{37}\right)\cdot\left(-\frac{37}{9}\right)\cdot\frac{5}{2}$ ← Vertausche den 2. und den 3. Faktor.

$=\frac{\overset{1}{\cancel{3}}\cdot\overset{1}{\cancel{37}}}{\underset{1}{\cancel{37}}\cdot\underset{3}{\cancel{9}}}\cdot\frac{5}{2}$

$=\frac{5}{3\cdot 2}=\frac{5}{6}$

Es wurde das Kommutativgesetz (Vertauschungsgesetz) der Multiplikation angewandt.

(2) $\frac{7}{19}\cdot\left(-\frac{43}{17}\right)\cdot\left(-\frac{34}{43}\right)$

$=\frac{7}{19}\cdot\left[\left(-\frac{43}{17}\right)\cdot\left(-\frac{34}{43}\right)\right]$ ← Rechne nicht von links nach rechts.

$=\frac{7}{19}\cdot\left(+\frac{\overset{1}{\cancel{43}}\cdot\overset{2}{\cancel{34}}}{\underset{1}{\cancel{17}}\cdot\underset{1}{\cancel{43}}}\right)$

$=\frac{7}{19}\cdot\frac{2}{1}=\frac{14}{19}$

Es wurde das Assoziativgesetz (Verbindungsgesetz) der Multiplikation angewandt.

Information

Kommutativgesetz und Assoziativgesetz der Multiplikation für rationale Zahlen
Diese Gesetze gelten nicht nur für Bruchzahlen, sondern auch für rationale Zahlen.

> **Kommutativgesetz (Vertauschungsgesetz) für die Multiplikation**
> In einem Produkt darf man die Faktoren vertauschen. Der Wert des Produktes ändert sich dabei nicht.
> Denke dir rationale Zahlen anstelle von a und b. Stets gilt:
> $\mathbf{a \cdot b = b \cdot a}$
> *Beispiel:* $(-4)\cdot(+6)=(+6)\cdot(-4)$

Begründung des Kommutativgesetzes (Vertauschungsgesetzes)
Bei der Multiplikation rationaler Zahlen werden die Beträge multipliziert.
Für das Multiplizieren dieser Bruchzahlen gilt das Kommutativgesetz. Außerdem ändert sich beim Vertauschen das Vorzeichen im Ergebnis nicht.

	+	−
+	+	−
−	−	+

Assoziativgesetz (Verbindungsgesetz) für die Multiplikation
In einem Produkt aus drei Faktoren darf man Klammern beliebig setzen oder auch weglassen. Der Wert des Produktes ändert sich dabei nicht.
Denke dir rationale Zahlen anstelle von a, b, c. Stets gilt:
$(\mathbf{a} \cdot \mathbf{b}) \cdot \mathbf{c} = \mathbf{a} \cdot (\mathbf{b} \cdot \mathbf{c})$
Daher kann man die Klammern auch weglassen: $\mathbf{a} \cdot \mathbf{b} \cdot \mathbf{c}$
Beispiel: $[(+2) \cdot (-3)] \cdot (+5) = +2 \cdot [(-3) \cdot (+5)] = (+2) \cdot (-3) \cdot (+5)$

Begründung des Assoziativgesetzes (Verbindungsgesetzes)
Beim Multiplizieren dreier rationaler Zahlen werden die Beträge multipliziert. Für die Multiplikation dieser Bruchzahlen gilt das Assoziativgesetz. Das Vorzeichen des Produktes hängt nur von den Vorzeichen der Faktoren ab, nicht aber davon, wie die Faktoren durch Klammern verbunden sind.

Üben

2. Berechne möglichst vorteilhaft.
a) $11 \cdot (-4) \cdot 25$
b) $(-13) \cdot 25 \cdot (-12)$
c) $(-125) \cdot (-7) \cdot (-8)$
d) $2{,}5 \cdot (-1{,}5) \cdot 8$
e) $(-0{,}8) \cdot (-3{,}7) \cdot 1{,}25$
f) $(-0{,}1) \cdot (-0{,}02) \cdot (-0{,}05)$
g) $\left(-\frac{2}{9}\right) \cdot \left(-\frac{3}{8}\right) \cdot \frac{3}{2}$
h) $\frac{5}{7} \cdot \frac{4}{9} \cdot \left(-\frac{7}{10}\right)$
i) $\left(-2\frac{1}{2}\right) \cdot \left(-\frac{3}{11}\right) \cdot \frac{4}{5}$

3. Berechne möglichst vorteilhaft. Welche Gesetze wendest du dabei an?
a) $\left(\frac{17}{37} \cdot \frac{2}{3}\right) \cdot \left(-\frac{37}{17}\right)$
b) $\left(-\frac{4}{6}\right) \cdot \left(\frac{3}{4} \cdot \frac{1}{7}\right)$
c) $\frac{8}{11} \cdot \left(\frac{2}{3} \cdot \frac{22}{8}\right)$
d) $\left(-\frac{2}{3}\right) \cdot \left(\left(\frac{-5}{11}\right) \cdot \left(-\frac{3}{2}\right)\right)$

4. a) $0{,}7 \cdot (-20) \cdot (-0{,}3) \cdot (-5)$ b) $1{,}2 \cdot (-25) \cdot (-1{,}5) \cdot (-40)$ c) $4 \cdot (-7) \cdot \frac{1}{14} \cdot (-1)$

Vertiefen

5. a) Berechne und vergleiche.
(1) $(-1{,}25) \cdot (-2{,}9)(-4)$ (2) $(-1{,}25) \cdot (-4)(-2{,}9)$ (3) $1{,}25 \cdot 4(-2{,}9)$ (4) $-(1{,}25) \cdot 4 \cdot 2{,}9$
b) Idina erklärt: „Wenn ich ein Produkt aus mehreren rationalen Zahlen berechnen soll, bestimme ich zuerst das Vorzeichen des Ergebnisses. Dann muss ich nur noch positive Zahlen multiplizieren.
Erläutere Idinas Vorgehen an der Aufgabe $(-5)(+3) \cdot (-4)(-7)(+2)$.

Herausfordern

6. Das Assoziativgesetz gilt für ein Produkt aus drei Faktoren. Überlege, ob es auch für Produkte aus vier Faktoren gilt.

Das kann ich noch!

A) Rechts siehst du einen Würfel, bei dem eine Ecke gefärbt ist. Skizziere die gezeichneten Netze in dein Heft und markiere alle Quadratecken, die an der gefärbten Ecke zusammen stoßen.

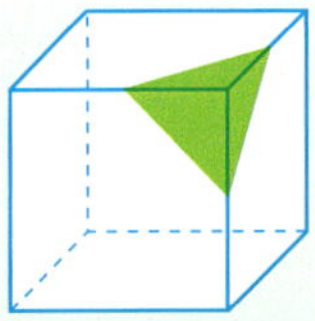

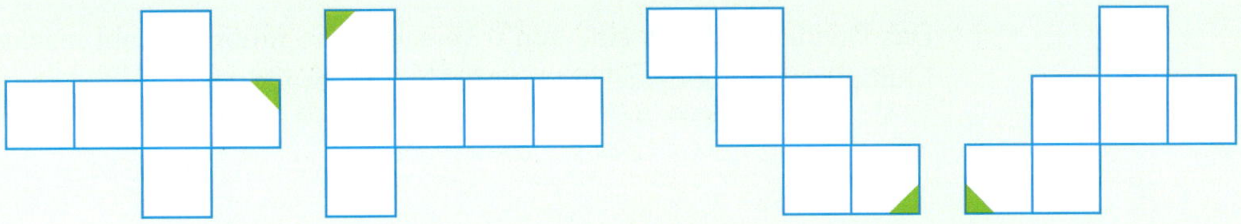

7.8 Dividieren rationaler Zahlen

Einstieg

a) Bestimmt die Zahl, die Marie sich gedacht hat. Schreibt eine Rechnung dazu auf. Wie könnt ihr euer Ergebnis überprüfen?

b) Denke dir selbst entsprechende Multiplikationsaufgaben aus, schreibe sie auf und stelle sie deinem Partner. Wechselt euch nach jeder Aufgabe ab.

c) Seht euch eure Aufgaben noch einmal gemeinsam an und versucht, eine Regel für die Divi-sion rationaler Zahlen zu formulieren.

Aufgabe 1

Regel für das Dividieren rationaler Zahlen

a) Toms Eltern haben eine Tageszeitung für 348 € im Jahr abonniert. Toms Mutter möchte im kommenden Jahr das Abonnement monatlich bezahlen. Rechne mit negativen Zahlen. Kontrolliere dein Ergebnis mithilfe der entgegengesetzten Rechenart.

GiroBusiness 85987 BLZ 280 556 20 — Kontoauszug 7
Sparkasse Elbtal — Blatt 1

Datum	Betrag
Kontostand in Euro am 10.09.2013	2.298,21+
11.09 Lastschrift Wert: 11.09.2013 Tageszeitung Jahresabonnement Bezahlung per Bankeinzug BLZ: 87654961 Kto: 23005	348,00−
Kontostand in Euro am 11.09.2013, 20:03 Uhr	1.950,21+

Ihr Kreditlimit 5.000,00 Euro

b) Welche Ergebnisse vermutest du für folgende Aufgaben:
(1) $(+144):(-6)$, (2) $(-98):(-14)$ (3) $(-96):(+12)$?
Kontrolliere jeweils mithilfe der entgegengesetzten Rechenart.

Lösung

a) Der Jahresbetrag ist durch Verzwölffachen des Monatsbetrages entstanden.
Also muss jetzt durch 12 dividiert werden: $(-348):12=-29$
Ergebnis: Monatlich müssen 29 € abgebucht werden.
Kontrolle: Verzwölffacht man die monatliche Abbuchung, so muss sich die jährliche Abbuchung ergeben: $(-29)\cdot 12=-348$

b) (1) $(+144):(-6)=-24$, denn $(-24)\cdot(-6)=+144$
(2) $(-98):(-14)=+7$, denn $(+7)\cdot(-14)=-98$
(3) $(-96):(+12)=-8$, denn $(-8)\cdot(+12)=-96$

Information

(1) Dividieren macht Multiplizieren rückgängig

Bei Bruchzahlen, also positiven rationalen Zahlen gilt:
Die Division macht rückgängig, was die Multiplikation bewirkt.

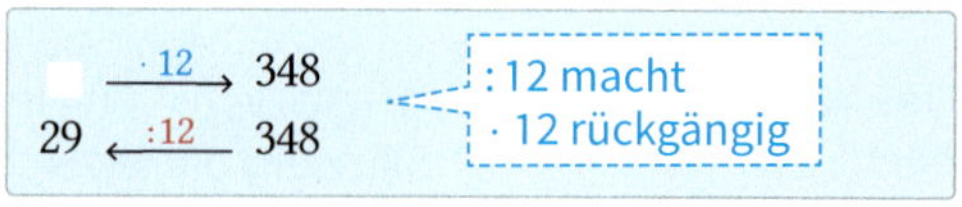

Das soll auch bei negativen Zahlen, also bei allen rationalen Zahlen gelten.

Das Dividieren durch eine von 0 verschiedene rationale Zahl macht rückgängig, was das Multiplizieren mit derselben rationalen Zahl bewirkt hat.

(2) Divisionsregel

Die Kontrolle der Beispiele in der Aufgabe zeigt, dass für das Dividieren die entsprechende Vorzeichenregel wie beim Multiplizieren gelten muss.

Regel für die Division rationaler Zahlen

Man dividiert eine rationale Zahl durch eine von 0 verschiedene rationale Zahl, indem man die Beträge dividiert und das Vorzeichen nach folgender Regel setzt:
Bei gleichen Vorzeichen von Dividend und Divisor ist der Quotient positiv;
bei verschiedenen Vorzeichen von Dividend und Divisor ist der Quotient negativ.

plus durch plus ergibt plus
minus durch minus ergibt plus
plus durch minus ergibt minus
minus durch plus ergibt minus

Beispiele:
$(+21):(+3) = +(21:3) = +7$
$(-21):(-3) = +(21:3) = +7$
$(-21):(+3) = -(21:3) = -7$
$(+21):(-3) = -(21:3) = -7$

Weiterführende Aufgaben

Division durch null

2. Untersuche, ob folgende Aufgaben ein eindeutiges Ergebnis haben.
Mache dazu stets die Kontrolle durch Multiplikation.

a) $0:(-5)$ b) $(-5):0$ c) $0:0$

Durch 0 kann man nicht dividieren.
$(-3):0$ und $0:0$ bezeichnen keine rationale Zahl.

Division rationaler Zahlen, die mit Brüchen geschrieben sind

3. a) Erläutere die Rechnung rechts.

$$\left(+\frac{4}{9}\right):\left(-\frac{5}{6}\right) = -\left(\frac{4}{9}:\frac{5}{6}\right) = -\left(\frac{4}{\cancel{9}_3}\cdot\frac{\cancel{6}^2}{5}\right) = -\frac{8}{15}$$

b) Rechne ebenso:

(1) $\left(-\frac{2}{3}\right):\left(-\frac{7}{3}\right)$ (2) $\left(-\frac{4}{9}\right):(+5)$ (3) $\left(-1\frac{1}{2}\right):\left(-\frac{1}{5}\right)$

c) Du weißt, dass man bei Bruchzahlen anstelle einer Division auch die Multiplikation mit dem Kehrwert des Divisors durchführen kann.
Welche Multiplikationsaufgabe ist gleichbedeutend mit $\left(+\frac{4}{9}\right):\left(-\frac{5}{6}\right)$?

(1) Man erhält den **Kehrwert** einer rationalen Zahl (ungleich 0), indem man Zähler und Nenner vertauscht und das Vorzeichen beibehält.
Beispiele: $-\frac{9}{2}$ ist der Kehrwert von $-\frac{2}{9}$; $+\frac{5}{2}$ ist der Kehrwert von $+\frac{2}{5}$

(2) Durch eine (von 0 verschiedene) Zahl wird dividiert, indem man mit dem Kehrwert multipliziert.
Beispiele:

$\left(+\frac{2}{5}\right):\left(-\frac{3}{4}\right) = \left(+\frac{2}{5}\right)\cdot\left(-\frac{4}{3}\right) = -\frac{8}{15}$

$\left(-\frac{3}{8}\right):\left(+\frac{2}{5}\right) = \left(-\frac{3}{8}\right)\cdot\left(+\frac{5}{2}\right) = -\frac{15}{6}$

$6:\left(-1\frac{1}{2}\right) = 6:\left(-\frac{3}{2}\right) = 6\cdot\left(-\frac{2}{3}\right) = -4$

$(-24):(+6) = (-24)\cdot\left(+\frac{1}{6}\right) = -4$

Vertauschen von Multiplikations- und Divisionsschritten zum vorteilhaften Rechnen

4. **a)** Berechne von links nach rechts.
Kannst du das Ergebnis auch einfacher erhalten?

(1) $(-46) \cdot 7 : (-23)$ **(2)** $\left|-20\frac{2}{3}\right| : (-4) : 10\frac{1}{3}$

b) Begründe die folgende Regel.
Ersetze dazu jeden Divisionsschritt durch den Multiplikationsschritt mit dem Kehrwert.

Aufeinander folgende Multiplikations- und Divisionsschritte darf man vertauschen.
Dabei ändert sich der Wert des Zahlterms nicht.
Denke dir rationale Zahlen für a, b, c. Stets gilt:

$\mathbf{a \cdot b : c = a : c \cdot b}$ (für $c \neq 0$) $\mathbf{a : b : c = a : c : b}$ (für $b \neq 0$ und $c \neq 0$)

Beispiel: $(-8) \cdot (-3) : (+2) = (-8) : (+2) \cdot (-3)$ $36 : (-4) : 3 = 36 : 3 : (-4)$

Üben

5. Berechne die durchschnittliche monatliche Schuldenaufnahme der Gemeinde Neuhausen. Notiere eine Aufgabe mit negativen Zahlen.

Finanzmisere in Neuhausen
Zum Jahresbeginn stand die Gemeinde Neuhausen noch schuldenfrei da. Der Ausbau neuer Wohngebiete erforderte in nur einem Vierteljahr eine Verschuldung von 300 000 €.

6. Von Herrn Lehmanns Konto wird einmal im Jahr 192 € als Familienbeitrag für den Sportverein abgebucht. Man kann den Beitrag auch in monatlichen Raten abbuchen lassen.
Wie hoch wäre die monatliche Abbuchung? Notiere eine Aufgabe mit negativen Zahlen.

7. Jeder Partner berechnet die angegebenen Quotienten und lässt sich die Ergebnisse von seinem Partner mit der entgegengesetzten Rechenart kontrollieren.

Partner A	Partner B	Partner A	Partner B
$(+32) : (-4)$	$(-21) : (-3)$	$(-56) : (-7)$	$(-72) : (+6)$
$(+32) : (+4)$	$(+21) : (-3)$	$(+56) : (-7)$	$(-72) : (-6)$
$(-32) : (+4)$	$(+21) : (+3)$	$(+56) : (+7)$	$(+72) : (+6)$
$(-32) : (-4)$	$(-21) : (+3)$	$(-56) : (+7)$	$(+72) : (-6)$

8. Berechne.

a) $(-45) : (-9)$	**e)** $(-280) : (-4)$	**i)** $(-270) : (-90)$	**m)** $(-96) : (-12)$
b) $(+77) : (-7)$	**f)** $(+360) : (+2)$	**j)** $(-240) : (+60)$	**n)** $(-169) : (+13)$
c) $(-96) : (-3)$	**g)** $(+480) : (-8)$	**k)** $(+480) : (-60)$	**o)** $(+144) : (-8)$
d) $(+54) : (+6)$	**h)** $(-360) : (+3)$	**l)** $(+630) : (+70)$	**p)** $(+121) : (+11)$

Erinnere dich: Bei positiven Zahlen kann man das Vorzeichen und die Zahlklammern weglassen.

9.

a) $(-3) : 8$	**e)** $(-1{,}5) : 3$	**i)** $(-1{,}5) : (-0{,}5)$	**m)** $12 : (-0{,}5)$
b) $(-4) : (-1)$	**f)** $(-0{,}72) : (-6)$	**j)** $4{,}2 : 2{,}1$	**n)** $(-6) : (-0{,}1)$
c) $6 : (-6)$	**g)** $6 : (-0{,}3)$	**k)** $(-3{,}6) : 0{,}9$	**o)** $5 : 0{,}2$
d) $(-6) : 8$	**h)** $(-4) : (-0{,}75)$	**l)** $6{,}8 : (-1{,}7)$	**p)** $(-9) : 0{,}3$

10. Fülle folgende Tabelle in deinem Heft aus.

Zahl a	$-\frac{2}{3}$	$+\frac{3}{4}$		$+\frac{12}{5}$		+4	$-\frac{1}{4}$	$+\frac{1}{4}$	+0,5	
Kehrwert von a	$-\frac{3}{2}$							+3		−1,5
Gegenzahl von a	$+\frac{2}{3}$		$-\frac{7}{9}$		+3					

11. a) $\left(-\frac{3}{4}\right):\frac{2}{7}$ d) $\frac{7}{8}:\left(-\frac{2}{3}\right)$ g) $\frac{2}{3}:\left(-\frac{5}{2}\right)$ j) $\left(-1\frac{1}{2}\right):2\frac{3}{5}$
b) $\left(-\frac{2}{9}\right):\frac{8}{5}$ e) $\frac{5}{9}:\frac{8}{3}$ h) $\left(-\frac{2}{3}\right):\frac{5}{3}$ k) $\left(-3\frac{2}{3}\right):1\frac{3}{4}$
c) $\left(-\frac{1}{2}\right):\frac{3}{2}$ f) $\left(-\frac{5}{9}\right):\frac{25}{18}$ i) $\left(-\frac{2}{3}\right):\left(-\frac{5}{2}\right)$ l) $\left(-2\frac{2}{3}\right):\left(-1\frac{1}{2}\right)$

12. Berechne, wenn möglich. Gib den Grund an, wenn du nicht weiterrechnen kannst.
a) $0:(-5)$ b) $(-7):0$ c) $0:0$ d) $0:\left(-\frac{2}{3}\right)$ e) $\left(-\frac{2}{3}\right):0$

Vertiefen

13. a) Berechne und vergleiche: (1) $(-7{,}2\cdot 2{,}1:(-0{,}8)$ (2) $(-7{,}2:(-0{,}8)\cdot 2{,}1$
b) Berechne möglichst vorteilhaft.
(1) $(-8{,}4)\cdot 1{,}5:2{,}1$ (3) $(-2{,}5):0{,}8\cdot(-4)$ (5) $17\frac{1}{4}\cdot\left(-1\frac{1}{6}\right):5\frac{3}{4}$
(2) $6{,}4:(-3):0{,}8$ (4) $165:(-0{,}3):(-5)$ (6) $8\frac{4}{5}:4\frac{1}{8}:\left(-3\frac{2}{3}\right)$

14. Kontrolliere Hendriks Hausaufgaben. Welche Fehler hat er gemacht?

a) $(-10):2=2\cdot(-10)$ *c)* $-\frac{15}{8}:5=-(15:5:8)$
b) $(-16)\cdot(-2):8=(-16)\cdot 8\cdot(-2)$ *d)* $(-3)\cdot 4+5=(-3)\cdot 5+4$

15. Merle wollte −518 durch $\frac{1}{2}$ dividieren.
Das Ergebnis überrascht sie. Was meinst du dazu?

16. Berechne mit dem Taschenrechner. Runde das Ergebnis auf zwei Nachkommastellen.
a) $(-4{,}753):(-7{,}25)$ c) $(-34{,}795):(-21{,}76)$ e) $194{,}764:(-13{,}85)$
b) $(-3{,}49):2{,}85$ d) $(-42{,}76):12{,}47$ f) $18{,}734:73{,}66$

17. a) $(-0{,}6):\frac{1}{2}$ d) $1{,}75:\left(-\frac{3}{4}\right)$ g) $\frac{2}{3}:(-0{,}6)$ j) $0{,}9:\left(-\frac{2}{7}\right)$
b) $\frac{7}{8}:(-0{,}25)$ e) $\left(-\frac{2}{3}\right):0{,}5$ h) $(-0{,}4):\left(-1\frac{2}{3}\right)$ k) $1\frac{1}{7}:(-1{,}2)$
c) $\left(-2\frac{1}{4}\right):(-0{,}75)$ f) $\left(-\frac{1}{3}\right):(-0{,}2)$ i) $-\frac{4}{7}:0{,}8$ l) $(-2{,}5):\left(-\frac{5}{7}\right)$

18. Was für eine Zahl erhält man, wenn man eine Zahl a durch (−1) dividiert?

Herausfordern

19. Entscheide, ob falsch oder richtig. Begründe.
a) Wenn man in einem Quotienten zum Dividenden +1 und zum Divisor −1 addiert, ändert sich der Wert des Quotienten nicht.
b) Wenn man in einem Quotienten den Dividenden mit −1 multipliziert und den Divisor durch −1 dividiert, ändert sich der Wert des Quotienten nicht.
c) Wenn man in einem Quotienten den Divisor mit −2 multipliziert, verdoppelt sich der Wert des Quotienten und wechselt sein Vorzeichen.

Mindmaps

Übersichtliches kann man besser lernen

Kevin stöhnt: „Jetzt haben wir schon so vieles über rationale Zahlen gelernt. Das soll man sich alles merken und nicht durcheinander bringen. Wie kann man da nur den Überblick behalten?" Seine große Schwester Lina entgegnet: „Ich ordne meine Gedanken immer mit einer Mindmap – das ist so etwas wie eine Gedächtnis-Landkarte. Da werden Zusammenhänge deutlich – und wenn ich mir ein bisschen Mühe gebe, sieht es so gut aus, dass ich mich sofort über das Aussehen an die Inhalte erinnere." Gemeinsam entwickeln sie eine solche Mindmap:

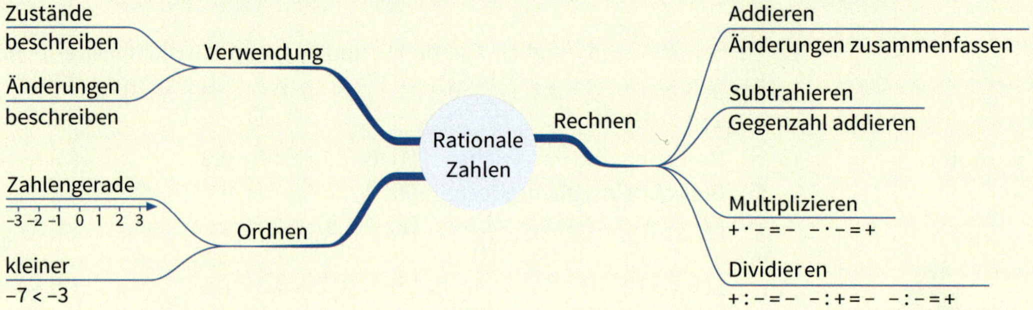

Mindmaps

Mindmaps können helfen, Ideen zu sammeln und Wissen strukturiert zusammenzufassen.

Regeln für das Anfertigen einer Mindmap:

1. Verwende ein weißes Blatt im Querformat.
2. Schreibe in die Mitte das Thema oder das Problem in einen Kreis, eine Wolke o. ä.
3. Von diesem Kreis führen Linien (Hauptäste) ab, auf denen jeweils ein Begriff in Druckbuchstaben notiert wird.
4. Von diesen Hauptästen können Nebenäste abzweigen.
5. Farben, Symbole und Bilder können die Struktur optisch unterstützen.

1. Vergleiche die folgende Mindmap mit der obigen:
Wäge Vor- und Nachteile gegeneinander ab.

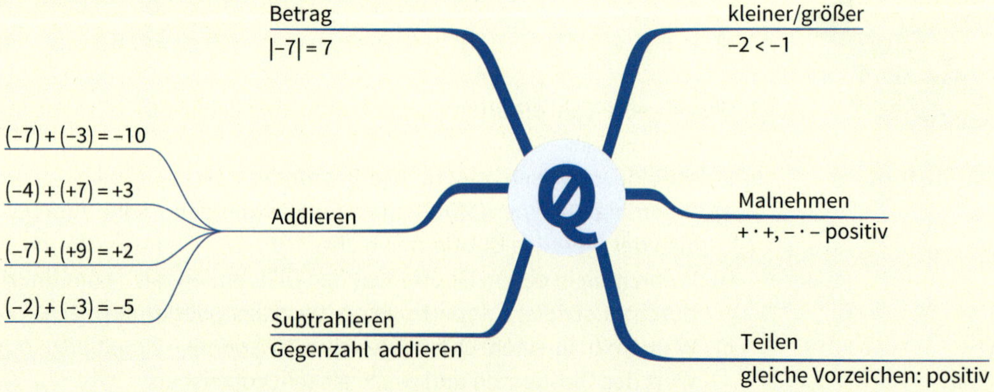

7.9 Vermischte Übungen zu den Grundrechenarten

1.
a) $(-48)+(-12)$, $(-48)-(-12)$, $(-48)\cdot(-12)$, $(-48):(-12)$
b) $36+(-9)$, $36-(-9)$, $36\cdot(-9)$, $36:(-9)$
c) $(-21)+7$, $(-21)-7$, $(-21)\cdot 7$, $(-21):7$
d) $(-4{,}5)+(-5)$, $(-4{,}5)-(-5)$, $(-4{,}5)\cdot(-5)$, $(-4{,}5):(-5)$

2. Die Buchstaben ergeben in der Reihenfolge der Ergebnisse ein Wort.
a) $5\cdot(-7)$
b) $(-8)\cdot 4$
c) $7+(-5)$
d) $12:(-3)$
e) $(-4)\cdot(-6)$
f) $-7+4$
g) $(-18):3$
h) $-2-14$

3.
a) $(-3):8$
b) $(-4)\cdot(-1)$
c) $(+6)+(-6)$
d) $(-1{,}5)-(-0{,}5)$
e) $4{,}2:2{,}1$
f) $\left(-1\frac{1}{2}\right)\cdot 2\frac{3}{5}$
g) $\left(-\frac{3}{4}\right)\cdot\frac{2}{7}$
h) $\left(-\frac{2}{9}\right)-\frac{8}{5}$
i) $\frac{7}{8}:\frac{2}{3}$
j) $\frac{5}{9}+\frac{8}{3}$
k) $\left(-\frac{3}{2}\right)-\frac{5}{2}$
l) $\left(-\frac{3}{2}\right):\left(-\frac{5}{2}\right)$

4.
a) $|8-12|$
b) $|-8-12|$
c) $|-8+12|$
d) $|8+12|$
e) $|-2+5|-|-2|$
f) $|5-7|-|7-5|$

$|7-9|=|-2|=2$

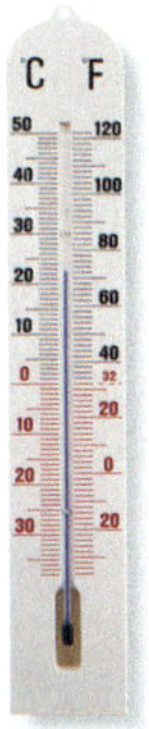

5. Formuliere eine Frage und beantworte mithilfe einer Aufgabe mit negativen Zahlen.
a) Nachdem der Wasserstand um 1,40 m gefallen war, stieg er wieder um 0,50 m an.
b) Die tiefste Temperatur nachts betrug –15,5 °C, tagsüber war es höchstens um 8 °C wärmer.
c) Eine Tiefenbohrung beginnt bei Normalnull. Jeden Tag werden 15 m gebohrt. Nach 14 Tagen sollen die Bohrungen beendet sein.
d) Heute wurden viele Buchungen auf Herrn Meiers Konto durchgeführt. Insgesamt wurden 367,20 € abgebucht. Darunter befindet sich eine Fehlbuchung: eine Lastschrift von 33,10 €.
e) Maries Beitrag zum Pferdesportverein wird einmal im Jahr abgebucht: 96 €. Sarah möchte auch in den Verein eintreten, aber vierteljährlich zahlen.
f) Marc möchte seinem amerikanischen Brieffreund schreiben, dass es zurzeit in Deutschland sehr kalt ist: –13,5 °C. In Amerika wird die Temperatur in Grad Fahrenheit (°F) gemessen.

Umrechnen von °C in °F: Multipliziere mit $\frac{9}{5}$ und addiere dann 32.

6. Berechne, wenn möglich. Gib den Grund an, wenn du nicht weiterrechnen kannst.
a) $0:(-2)$
b) $0\cdot(-4{,}2)$
c) $(-3)\cdot 0$
d) $0-(-1{,}5)$
e) $0:0$
f) $(-3)+0$
g) $0\cdot 0$
h) $(-7{,}2):0$

7.
a) Addiere zu 75 die Zahl –14,4. Addiere zu dem Ergebnis wieder –14,4. Fahre so fort, bis das Ergebnis negativ ist. Wie heißt dann das letzte Ergebnis?
b) Multipliziere 75 mit –0,4. Multipliziere das Ergebnis wieder mit –0,4. Fahre so fort, bis der Betrag des Ergebnisses kleiner als 1 ist. Wie heißt dann das letzte Ergebnis?
c) Subtrahiere von –100 die Zahl –13,5. Subtrahiere von dem Ergebnis wieder –13,5. Fahre so fort, bis das Ergebnis positiv ist. Wie heißt dann das letzte Ergebnis?
d) Dividiere –1 durch –0,25. Dividiere das Ergebnis wieder durch –0,25. Fahre so fort, bis der Betrag des Ergebnisses größer als 100 ist. Wie heißt dann das letzte Ergebnis?

7.10 Zahlterme – Distributivgesetz

7.10.1 Regeln für das Berechnen von Zahltermen

Einstieg

Pumpspeicherwerk

In Pumpspeicherwerken wird nachts mithilfe überschüssiger elektrischer Energie Wasser in ein höheres Becken gepumpt. In der Mittagszeit wird wegen des hohen Bedarfs Wasser zur Stromerzeugung in das untere Becken abgelassen. Dabei wird eine Turbine angetrieben und elektrische Energie in das Stromnetz eingespeist.

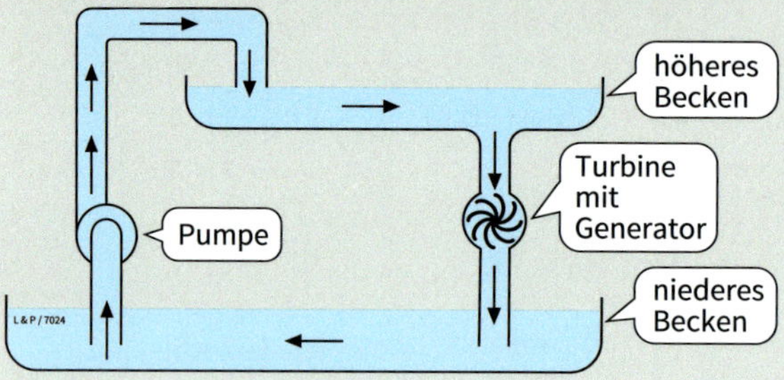

An einem bestimmten Tag betrug der Wasserstand im höheren Becken 18,5 m über dem Beckenboden. Am folgenden Tag wurde nachts Wasser hochgepumpt, sodass der Wasserstand um 5,5 m anstieg. Abgelassen wurden tagsüber 7,5 m. An den nächsten beiden Tagen wurden genau dieselben Veränderungen des Wasserstandes vorgenommen.
Wie hoch war der Wasserstand nach den drei Tagen? Schreibt den Rechenweg als einen Zahlterm.

Aufgabe 1

Punkt- vor Strichrechnung

Notiere zu den folgenden Wort-Formen eines Zahlterms den Rechenbaum und den Zahlterm. Berechne ihn auch.

(1) Addiere (–3) und 5 und multipliziere das Ergebnis mit (–2).

(2) Addiere zu –3 das Produkt von 5 und (–2).

Lösung

Wir zeichnen zunächst die Rechenbäume zu den Wort-Formen.

(1)
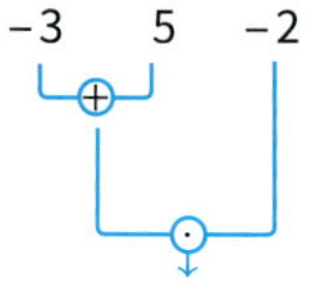

(2)
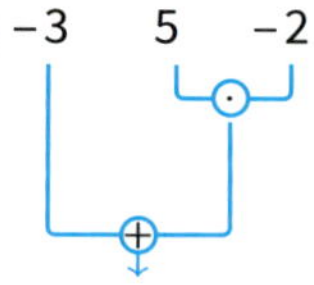

Aus den Rechenbäumen kann man sofort die Zahlterme ablesen:

(1) $[(-3)+5]\cdot(-2) = 2\cdot(-2) = -4$

Damit erst die Summe aus (–3) und 5 gebildet wird, müssen Klammern darum gesetzt werden.

(2) $(-3)+5\cdot(-2) = -3+(-10) = -13$

Bei diesem Zahlterm wird erst das Produkt aus 5 und (–2) gebildet, bevor addiert wird.
Man könnte daher das Produkt $5\cdot(-2)$ in Klammern setzen.
Das ist aber nicht nötig, da man vereinbart hat, dass Punktrechnungen vor Strichrechnungen ausgeführt werden sollen.

Weiterführende Aufgaben

Zahlterme mit Potenzen, verschachtelten Klammern sowie gleichberechtigten Rechenarten

2. a) $4{,}5 - 7 + 8 \cdot (-0{,}5)^3$ (Potenz zuerst)
b) $0{,}5 : [-4 - (2{,}5 + 3{,}5)]$ (innere Klammer zuerst)
c) $6 : (-4) : (-2)$ (von links nach rechts)

Quotient als Bruch geschrieben

3. Du hast gelernt, dass man den Quotienten zweier Zahlterme auch als Bruch schreiben kann, z.B.: $\frac{4+\frac{1}{2}}{3\cdot\frac{1}{2}}$ anstelle von $\left(4+\frac{1}{2}\right) : \left(3\cdot\frac{1}{2}\right)$.
Der Hauptbruchstrich ersetzt das Divisionszeichen und die Klammern um Zähler und Nenner. Diese Schreibweise wollen wir auch bei rationalen Zahlen verwenden.
Berechne:
a) $\frac{3-8}{-2\cdot(-3)}$
b) $\frac{-\frac{2}{5}\cdot\frac{3}{10}}{-1+\frac{1}{3}}$
c) $\frac{\left(-\frac{1}{2}\right)}{-0{,}5\cdot 3}$

$$\frac{3\cdot\left(-\frac{1}{2}\right)}{\frac{1}{2}+\frac{1}{4}} = \frac{-\frac{3}{2}}{\frac{3}{4}} = \left(-\frac{3}{2}\right) : \left(+\frac{3}{4}\right) = -2$$

Hauptbruchstrich

Rechenbaum

4. Die Reihenfolge der Berechnungen in einem Zahlterm kann man gut mit einem Rechenbaum veranschaulichen.
a) Erstelle den Zahlterm zum Rechenbaum rechts.
b) Zeichne den Rechenbaum für den Zahlterm $-5 - (-4 + 1) \cdot \frac{1}{2}$.

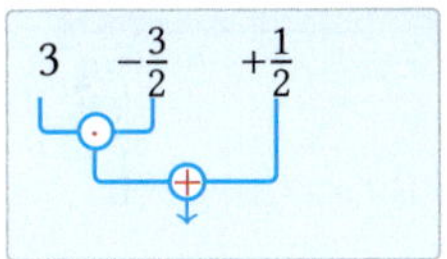

Information

Vorrangregeln für das Berechnen von Zahltermen

Zahlterme enthalten einen Rechenweg zu ihrer Berechnung, den man auf einen Blick erkennen kann. Für das Berechnen von Zahltermen mit Bruchzahlen hast du Regeln kennen gelernt, die auf Vereinbarungen beruhen (z. B. Punktrechnung geht vor Strichrechnung). Diese Vereinbarungen für die Reihenfolge des Berechnens wollen wir auch für das Rechnen mit rationalen Zahlen beibehalten.

Vorrangregeln für das Berechnen von Zahltermen
- Das Innere einer Rechenklammer wird zuerst berechnet.
- Bei verschachtelten Rechenklammern wird die innerste Rechenklammer zuerst berechnet.
- Wo keine Rechenklammer steht, geht Punktrechnung vor Strichrechnung.
- Das Berechnen einer Potenz geht noch vor Punkt- und Strichrechnung.
- Sonst wird von links nach rechts gerechnet.

Üben

5. a) $(-7-3)\cdot(-5)$
b) $(-4) : (3-11)$
c) $12 + 8 : (-2)$
d) $(-2)^4 - 24$
e) $-6 + (-4)^3$
f) $14 - 4\cdot(-2)^5$
g) $(-12)\cdot(-5)\cdot(-9)\cdot(-1)$
h) $200 : (-40) : 5$
i) $-7 + 48 - 100 + 50 - 99$

6. Carolins Rechnung ist fehlerhaft. Finde den Fehler und korrigiere die Rechnung.

a) $2{,}5 - 12{,}5 : 0{,}4$
$= -10 : 0{,}4$
$= -25$

b) $-\frac{1}{3} - 2 + \frac{1}{6}$
$= -\frac{1}{3} - 2\frac{1}{6}$
$= -2\frac{1}{2}$

c) $1 - 1{,}2 \cdot 0{,}5^2$
$= 1 - 0{,}6^2$
$= 1 - 0{,}36$
$= 0{,}64$

7. a) $(-2{,}4+1{,}4):(-0{,}1)$
b) $(-0{,}25)\cdot(7-9{,}2-4{,}8)$
c) $1-\frac{1}{2}\cdot\frac{14}{5}-\frac{4}{5}$
d) $-\frac{1}{2}+\left(-\frac{2}{3}\right):\left(-\frac{8}{9}\right)$
e) $\left(-\frac{1}{6}\right)\cdot\frac{6}{7}+\frac{1}{4}\cdot\left(-\frac{4}{7}\right)$
f) $\left(-3\frac{3}{4}+4{,}5-1\frac{3}{4}\right)^2$
g) $\left(\frac{1}{2}-\frac{4}{5}\right)^2-\frac{4}{5}:10$
h) $8\cdot(-0{,}75)^2-4\cdot 1{,}5^3$
i) $(-15)\cdot[-4-(1-3)]+1$
j) $[-80+(-7-3)\cdot 2]:(-5)$
k) $-\frac{1}{24}-\left[\frac{1}{18}+\left(\frac{3}{4}\cdot\frac{2}{9}\right)^2\right]$
l) $\left(\frac{1}{3}-\frac{7}{9}\right):\left(-\frac{2}{5}:\frac{3}{10}\right)$

Vertiefen

8. Spiel: Ein Spieler gibt einen Rechenbaum mit Platzhaltern für die Zahlen vor. Die übrigen Spieler versuchen, die Lücken so mit den Zahlen von den Kärtchen links zu füllen, dass sich ein
(1) möglichst großer; **(2)** möglichst kleiner Wert ergibt.
Der Gewinner erhält einen Punkt und gibt den nächsten Rechenbaum vor.

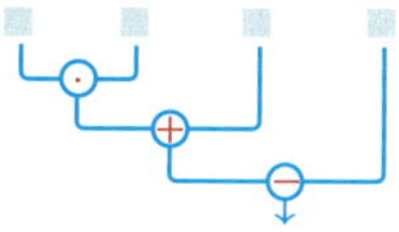

9. Notiere in Wortform und zeichne den Rechenbaum. Berechne auch.
a) $5\cdot(-7{,}2)+14$ b) $6{,}4-(3{,}2+2{,}3)$ c) $(1{,}3-9{,}5):4{,}1$ d) $\left(-\frac{2}{3}+\frac{1}{2}\right)\cdot\left(-\frac{2}{3}\right)$

10. a) $\dfrac{\frac{3}{4}+1}{\frac{3}{4}-1}$ b) $\dfrac{-0{,}5+\frac{2}{5}}{(-0{,}5)\cdot\frac{3}{5}}$ c) $\dfrac{\frac{5}{12}-\frac{5}{8}}{\frac{5}{9}:\frac{5}{6}}$ d) $\dfrac{3\cdot\left(-\frac{1}{2}\right)+1}{3\cdot\left(-\frac{1}{2}+1\right)}$ e) $\dfrac{-\frac{2}{5}:\left(-\frac{5}{2}\right)}{\frac{2}{5}:\left(-\frac{5}{2}+3\right)}$

Herausfordern

11. Der Zahlterm $\frac{-32\cdot 18}{8-4}$ soll mit einem Taschenrechner berechnet werden.
Entscheide, welche der folgenden Eingaben richtig sind.

`-32*18/8-4` `((-32)*18)/(8-4)` `-32*18/(8-4)`

7.10.2 Distributivgesetz

Einstieg

Fabian erhält auf sein Konto monatlich 15 € Taschengeld überwiesen. Er hebt jeden Monat 8 € ab, um sie auszugeben. Den Rest spart er auf dem Konto.
Wie ändert sich sein Kontostand innerhalb eines Jahres?
Gebt mehrere mögliche Zahlterme dazu an.

Aufgabe 1

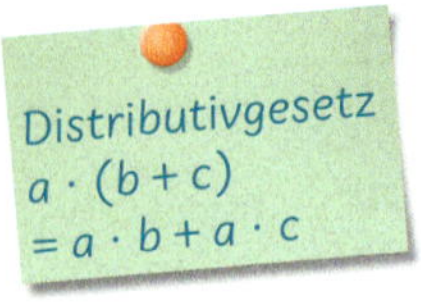

Distributivgesetz für die Multiplikation und Addition
Für natürliche Zahlen und für Bruchzahlen kennst du schon das Distributivgesetz.
Prüfe, ob dieses Gesetz auch für rationale Zahlen gilt.
Berechne dazu $(-3)\cdot[(+5)+(-9)]$ und $(-3)\cdot(+5)+(-3)\cdot(-9)$.
Vergleiche anschließend die Ergebnisse.

Lösung

$(-3)\cdot[(+5)+(-9)]$
$=(-3)\cdot\quad(-4)$ — Klammer zuerst
$=+12$

$(-3)\cdot(+5)+(-3)\cdot(-9)$
$=(-15)\quad+\quad(+27)$ — Punkt- vor Strichrechnung
$=+12$

Die Ergebnisse stimmen überein. Also gilt: $(-3)\cdot[(+5)+(-9)]=(-3)\cdot(+5)+(-3)\cdot(-9)$

Information

(1) Distributivgesetz

Die Beispiele aus der obigen Aufgabe zeigen:

> **Distributivgesetz (Verteilungsgesetz) für die Multiplikation und Addition**
> Es ist gleichgültig, ob man eine Summe von Zahlen mit einer Zahl multipliziert oder ob man jeden Summanden einzeln mit der Zahl multipliziert und dann die Teilprodukte addiert.
> Denke dir rationale Zahlen anstelle von a, b, c. Stets gilt:
> $\mathbf{a \cdot (b + c) = a \cdot b + a \cdot c}$
> Da man die Faktoren eines Produktes vertauschen darf, gilt auch:
> $\mathbf{(a + b) \cdot c = a \cdot c + b \cdot c}$
> *Beispiel:* $(-3) \cdot \left[4 + \left(-\frac{1}{3}\right)\right] = (-3) \cdot 4 + (-3) \cdot \left(-\frac{1}{3}\right)$

(2) Anschauliche Begründung für das Distributivgesetz

Wir deuten das Addieren als Aneinanderlegen von Pfeilen, das Multiplizieren als Strecken von Pfeilen (mit Richtungsumkehr gegebenenfalls). Hierbei ist es günstiger, die Summe als ersten Faktor zu haben. Das ist nach dem Kommutativgesetz für das Multiplizieren möglich.
Beispiel: $[(+5) + (-3)] \cdot (-2) = (+5) \cdot (-2) + (-3) \cdot (-2)$

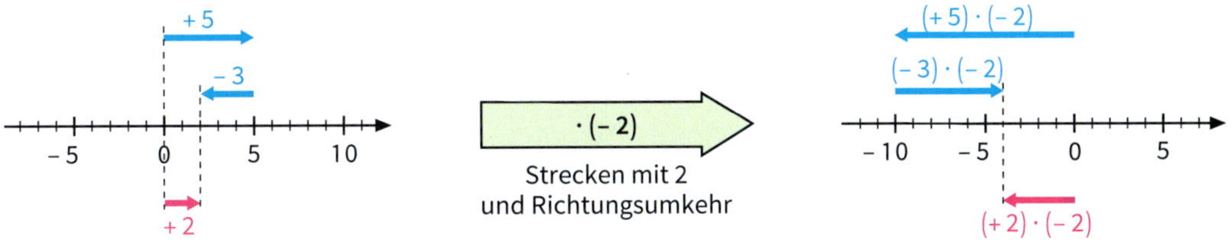

Auch nach dem Strecken und Spiegeln passen die Pfeile genau aneinander. Daher ist es gleichgültig, ob man erst addiert und dann streckt (und gegebenenfalls spiegelt) oder in umgekehrter Reihenfolge vorgeht.

Weiterführende Aufgabe

Weitere Formen des Distributivgesetzes

2. Rechne günstig.

a) $(-6) \cdot \left[\frac{1}{2} - \left(-\frac{1}{3}\right)\right]$

b) $[393 + (-186)] : (-3)$

c) $[(-484) - (-248)] : (-4)$

Information

(3) Weitere Formen des Distributivgesetztes

Da jede Subtraktion auch als Addition geschrieben werden kann und jede Division als Multiplikation, ergibt sich aus dem Distributivgesetz auch:

> Denke dir rationale Zahlen anstelle von a, b, c. Stets gilt:
> $\mathbf{a \cdot (b - c) = a \cdot b - a \cdot c}$
> $\mathbf{(a + b) : c = a : c + b : c}$ falls $c \neq 0$
> $\mathbf{(a - b) : c = a : c - b : c}$ falls $c \neq 0$

(4) Anwenden eines Rechengesetzes zum Berechnen eines Zahlterms

Manchmal ist es vorteilhafter, zur Berechnung eines Zahlterms ein Rechengesetz anzuwenden (siehe Beispiel rechts). Man weicht dann von dem Rechenweg ab, den der Term beschreibt.

$$(-35) \cdot \left(\frac{1}{5} + \frac{1}{7}\right) = (-35) \cdot \frac{1}{5} + (-35) \cdot \frac{1}{7}$$
$$= -7 + (-5)$$
$$= -12$$

Distributivgesetz

Üben

3. Rechne und vergleiche.

a) $-2{,}5 \cdot (-7{,}2 + 17{,}2)$
$-2{,}5 \cdot (-7{,}2) + (-2{,}5) \cdot 17{,}2$

b) $(2{,}2 - 7{,}7) : 1{,}1$
$2{,}2 : 1{,}1 - 7{,}7 : 1{,}1$

c) $(-6{,}9 + 3{,}1) : (-5)$
$-6{,}9 : (-5) + 3{,}1 : (-5)$

4. Max und Marie haben eine Aufgabe gelöst. Erläutert und vergleicht ihr Vorgehen.

Max
$\frac{1}{3} \cdot \left(-\frac{4}{7}\right) + \frac{1}{3} \cdot \frac{1}{7}$
$= \frac{1}{3} \cdot \left(-\frac{4}{7} + \frac{1}{7}\right)$
$= \frac{1}{3} \cdot \left(-\frac{3}{7}\right)$
$= -\frac{1}{7}$

Marie
$\frac{1}{3} \cdot \left(-\frac{4}{7}\right) + \frac{1}{3} \cdot \frac{1}{7}$
$= -\frac{4}{21} + \frac{1}{21}$
$= -\frac{3}{21}$
$= -\frac{1}{7}$

5. Rechne günstig.

a) $(-100 + 4) \cdot 0{,}2$
b) $1{,}5 \cdot (-10 - 0{,}1)$
c) $(-42 + 0{,}7) : 0{,}7$
d) $(0{,}09 - 0{,}35) : (-0{,}01)$
e) $-1{,}9 \cdot 3{,}3 + 1{,}9 \cdot 8{,}3$
f) $-4{,}13 \cdot 9 - 1{,}87 \cdot 9$
g) $-1{,}12 : 3 + 1{,}3 : 3$
h) $-8{,}72 : 1{,}2 - 3{,}28 : 1{,}2$
i) $-24 \cdot \left(\frac{7}{8} + \frac{5}{6}\right)$
j) $\left(\frac{1}{3} - \frac{1}{2}\right) : \left(-\frac{1}{6}\right)$
k) $14 \cdot \frac{5}{6} - 14 \cdot \frac{4}{3}$
l) $-1{,}4 : \frac{2}{5} + 7{,}4 : \frac{2}{5}$

6. Nicks Rechnung ist fehlerhaft. Finde Fehler und korrigiere.

a) $\left(\frac{3}{5} - \frac{4}{3}\right) : (-30) = -18 - 40 = -58$
b) $(-14{,}1 + 1{,}3) : (-0{,}1) = 141 - 13 = 118$
c) $(45 - 35) : (-5) = -9 + 35 = -44$
d) $\left(\frac{2}{3} - 4\right) : \frac{1}{3} = 2 - \frac{4}{3} = \frac{2}{3}$

Vertiefen

7. Korrigiere die gegebenen Zahlterme so, dass sie zu den gegebenen Aufgabentexten passen. Berechne anschließend die Zahlterme.

a) Addiere zum Quotienten aus $-\frac{12}{25}$ und $\frac{4}{5}$ die Differenz aus $\frac{8}{25}$ und $\frac{7}{15}$

b) Multipliziere die Differenz aus $\frac{5}{2}$ und $\frac{2}{5}$ mit $-\frac{5}{7}$ und subtrahiere anschließend die Differenz aus $\frac{17}{6}$ und $-\frac{3}{2}$.

c) Multipliziere die Summe aus $\frac{7}{8}$ und $\frac{5}{2}$ mit der Differenz aus $\frac{11}{6}$ und $\frac{4}{3}$

(1) $\left(\frac{7}{8} + \frac{5}{2}\right) \cdot \left(\frac{11}{6} - \frac{4}{3}\right)$

(2) $\left(-\frac{12}{25} \cdot \frac{4}{5}\right) + \left(\frac{8}{25} - \left(-\frac{7}{15}\right)\right)$

(3) $\left(\frac{5}{2} - \frac{2}{5}\right) \cdot \left(-\frac{5}{7}\right) - \frac{17}{6} - \frac{3}{2}$

Herausfordern

8. Setze eine Klammer mithilfe eines Distributivgesetzes. Berechne dann den Zahlterm.

a) $-\frac{3}{11} \cdot 4{,}9 + \frac{14}{11} \cdot 4{,}9$
b) $\frac{14}{9} : \left(-\frac{1}{25}\right) + \frac{4}{9} : \left(-\frac{1}{25}\right)$
c) $-7{,}13 \cdot \left(-\frac{5}{6}\right) - 4{,}87 \cdot \left(-\frac{5}{6}\right)$
d) $2{,}21 \cdot (-3{,}42) + 2{,}79 \cdot (-3{,}42)$
e) $1{,}39 : 0{,}25 - 6{,}39 : 0{,}25$
f) $1{,}9 : 1{,}5 + 2{,}6 : 1{,}5$

$4\frac{1}{7} \cdot \left(-\frac{3}{5}\right) + 5\frac{6}{7} \cdot \left(-\frac{3}{5}\right)$
$= \left[4\frac{1}{7} + 5\frac{6}{7}\right] \cdot \left(-\frac{3}{5}\right)$
$= 10 \cdot \left(-\frac{3}{5}\right)$
$= -6$

7.11 Vergleich der Zahlbereiche ℕ, $\mathbb{Q}_+$, ℚ und ℤ

Einführung

Bis zur Klasse 5 hast du dich mit dem Zahlbereich der natürlichen Zahlen beschäftigt: ℕ = {0; 1; 2; 3; ...}. Danach haben wir diesen Bereich schrittweise erweitert.
Zunächst hast du in Klasse 5 und in Klasse 6 die Bruchzahlen betrachtet. In diesem Kapitel hast du die Menge der rationalen Zahlen ℚ kennen gelernt.
Wir wollen Unterschiede und Gemeinsamkeiten beim Rechnen in diesen Zahlbereichen vergleichen.

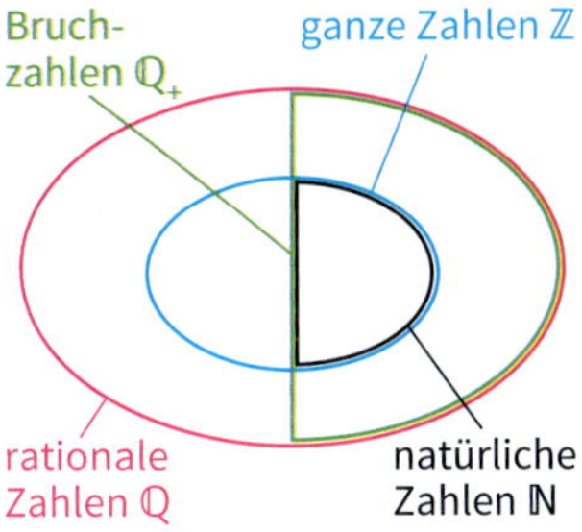

1. **Zahlbereich ℕ der natürlichen Zahlen**
Wenn man zwei natürliche Zahlen addiert oder multipliziert, erhält man immer wieder eine natürliche Zahl. Man sagt auch:
Das Addieren und Multiplizieren ist im Bereich der natürlichen Zahlen immer ausführbar.
Beim Subtrahieren und Dividieren erhältst du *nicht immer* eine natürliche Zahl.
$3 - 7$ und $2:5$ ergeben zum Beispiel keine natürlichen Zahlen.

2. **Zahlbereich $\mathbb{Q}_+$ der Bruchzahlen**
Das Addieren, Multiplizieren und Dividieren (durch eine Zahl ungleich 0) ist im Bereich der Bruchzahlen immer ausführbar.
Beim Subtrahieren erhältst du nicht immer eine Bruchzahl. Nenne ein Beispiel.

3. **Zahlbereich ℚ der rationalen Zahlen**
Das Addieren, Multiplizieren, Subtrahieren und Dividieren (durch eine Zahl ungleich 0) ist im Bereich der rationalen Zahlen immer ausführbar.

4. **Eigenschaften für alle Zahlbereiche**
Es gibt auch Eigenschaften, die für alle vier Zahlbereiche gelten: Die Kommutativgesetze der Addition und Multiplikation, die Assoziativgesetze der Addition und Multiplikation und das Distributivgesetz gelten in allen vier Zahlbereichen.

Üben

1. Betrachte den Zahlbereich der ganzen Zahlen: ℤ = {...; −3; −2; −1; 0; 1; 2; 3; ...}.
Welche Rechenarten sind im Zahlbereich der ganzen Zahlen immer ausführbar, welche nicht?

2. In welchen der Zahlbereiche ℕ, $\mathbb{Q}_+$, ℤ und ℚ gilt folgende Eigenschaft?
a) Zu jeder Zahl findet man die Gegenzahl im gleichen Zahlbereich.
b) Zu jeder Zahl außer null findet man den Kehrwert im gleichen Zahlbereich.
c) Die Summe zweier Zahlen ist mindestens so groß wie jeder einzelne Summand.
d) Das Produkt zweier Zahlen ist mindestens so groß wie jeder einzelne Faktor.

Vertiefen

3. In welchen der Zahlbereiche ℕ, $\mathbb{Q}_+$, ℤ und ℚ findest du
a) zu jeder Zahl den (unmittelbaren) **(1)** Nachfolger **(2)** Vorgänger;
b) eine **(1)** kleinste Zahl **(2)** größte Zahl;
c) zu je zwei Zahlen die genau in der Mitte zwischen ihnen liegende Zahl?

7.12 Aufgaben zur Vertiefung

$+5 \xrightarrow{\cdot(-3)} (-15) \xrightarrow{\cdot(-3)} (+45) \xrightarrow{\cdot(-3)} \ldots$

1. Berechne die nächsten 10 Zahlen der Folge.

a) Startwert: 4 Vorschrift: $\xrightarrow{-5}$

b) Startwert: −3 Vorschrift: $\xrightarrow{\cdot(-2)}$

c) Startwert: −1024 Vorschrift: $\xrightarrow{:2}$

2. Bestimme die nächsten 5 Zahlen der Folge. Gib auch die Vorschrift an.

a) −7; −3; 1; 5; 9; …

b) 3; −4; −11; −18; −25; …

c) −4; 8; −16; 32; −64; …

d) $\frac{7}{16}$; $-\frac{7}{8}$; $\frac{7}{4}$; $-\frac{7}{2}$; 7; …

e) $\frac{5}{4}$; $\frac{3}{4}$; $\frac{1}{4}$; $-\frac{1}{4}$; $-\frac{3}{4}$; …

f) $-\frac{4}{27}$; $\frac{4}{9}$; $-\frac{4}{3}$; 4; −12; …

3. Eine im Koordinatensystem durchgeführte Verschiebung kann man bequem mithilfe rationaler Zahlen beschreiben:
Z. B. schreibt man für die Verschiebung um 6 Einheiten nach rechts und 5 Einheiten nach unten kurz $\begin{pmatrix} 6 \\ -5 \end{pmatrix}$.

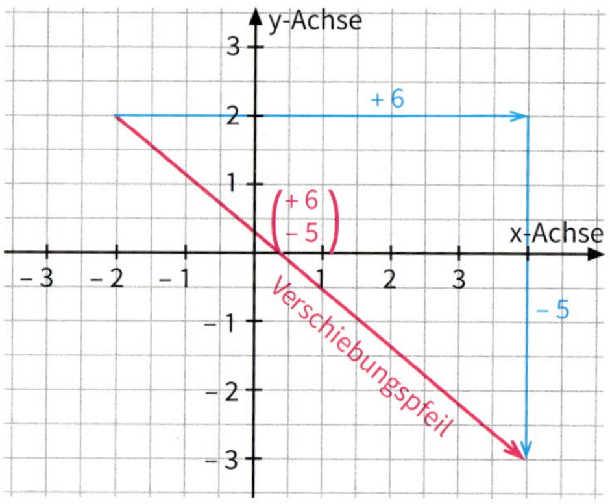

a) Ein Dreieck ABC hat die Eckpunkte A(−2|−1), B(3|0) und C(−3|3).
Führe die Verschiebung $\begin{pmatrix} 6 \\ -5 \end{pmatrix}$ durch.
Lies die Koordinaten der Eckpunkte des Bilddreiecks A′B′C′ aus der Zeichnung ab.
Überlege, wie man sie aus den Koordinaten der Punkte und der Verschiebung berechnen kann.

b) Das Bilddreieck A′B′C′ wird mit $\begin{pmatrix} -3 \\ 4 \end{pmatrix}$ verschoben. Bestimme die Koordinaten des Bilddreiecks A″B″C″ zunächst rechnerisch. Kontrolliere dann zeichnerisch.

c) Bestimme die Verschiebung, mit der man das Dreieck ABC in einem Schritt auf das Bilddreieck A″B″C″ abbilden kann. Wie kann man diese Verschiebung aus den beiden zuerst durchgeführten berechnen?

4. Eine Molkerei kontrolliert ihre Abfüllmaschinen und wiegt 10 Milchtüten, die 1 ℓ Milch enthalten sollen:
1,005 ℓ; 0,997 ℓ; 1,010 ℓ; 0,999 ℓ; 1,003 ℓ; 1,007 ℓ; 0,995 ℓ; 0,998 ℓ; 1,003 ℓ; 1,009 ℓ

(1) Bestimme die Abweichung der Füllung von Sollwert 1 ℓ mithilfe rationaler Zahlen. Rechne Abweichungen nach oben positiv, solche nach unten negativ.

(2) Bestimme daraus das arithmetische Mittel der Abweichungen.

(3) Ermittle daraus das arithmetische Mittel des Inhalts der untersuchten Milchtüten.

Das Wichtigste auf einen Blick

Rationale Zahlen

Zahlen wie $-\frac{5}{6}$; $+4{,}5$; $-1\frac{2}{3}$; $-0{,}6$; 0 sind *rationale Zahlen*. Es gibt positive und negative rationale Zahlen. Die Menge der *rationalen Zahlen* wird mit $\mathbb{Q}$ bezeichnet. Die natürlichen Zahlen $\mathbb{N}$ und die Menge der ganzen Zahlen $\mathbb{Z}$ sind Teilmengen von $\mathbb{Q}$.

Beispiele:
$+5$; $+6{,}25$; $+\frac{2}{3}$ sind positiv.
-7; $-0{,}5$; $-1\frac{1}{2}$ sind negativ.
0 ist weder positiv noch negativ

Gegenzahl und Betrag

Wird bei einer rationalen Zahl das Vorzeichen geändert, so erhält man die **Gegenzahl**. Der Abstand einer Zahl a von 0 heißt **Betrag** $|a|$ dieser Zahl.

Beispiele:
Zahl: $-4{,}5$, Gegenzahl: $+4{,}5$
$|-4{,}5| = |+4{,}5| = 4{,}5$

Vergleichen und Ordnen

Rationale Zahlen kann man nach „ist kleiner als“ ordnen. Auf der nach rechts gerichteten Zahlengerade liegt die kleinere Zahl links von der größeren.

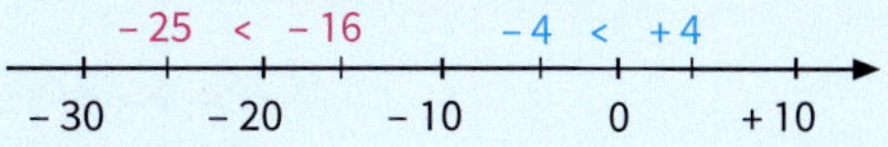

Addieren

(1) Gleiche Vorzeichen: Setze das gemeinsame Vorzeichen und addiere die Beträge der Zahlen.
(2) Verschiedene Vorzeichen: Setze das Vorzeichen der betragsmäßig größeren Zahl und subtrahiere den kleineren Betrag vom größeren.

Beispiele:
$(+6{,}3) + (+8) = +14{,}3$
$(-11{,}5) + (-7) = -18{,}5$
$(+2{,}2) + (-7) = -4{,}8$
$(+9) + (-5{,}4) = +3{,}6$

Subtrahieren

Eine rationale Zahl wird *subtrahiert*, indem man ihre *Gegenzahl addiert.*

Beispiel:
$(-6{,}2) - (-3) = (-6{,}2) + (+3) = -3{,}2$

Multiplizieren

Multipliziere die Beträge der Faktoren.
Sind die Vorzeichen der beiden Faktoren:
- *gleich*, so ist das Produkt *positiv*;
- *verschieden*, so ist das Produkt *negativ.*

Beispiele:
$(+4{,}2) \cdot (+5) = +21$; $(-3{,}5) \cdot (-8) = +28$
$(+4{,}2) \cdot (-5) = -21$; $(-3{,}5) \cdot (+8) = -28$

Dividieren

Dividiere die Beträge.
Sind die Vorzeichen von Dividend und Divisor:
- *gleich*, so ist der Quotient *positiv*;
- *verschieden*, so ist der Quotient *negativ.*

Beispiele:
$(+4{,}8):(+4) = +1{,}2$; $(-5{,}6):(-7) = +0{,}8$
$(+4{,}8):(-4) = -1{,}2$; $(-5{,}6):(+7) = -0{,}8$
$(-4):0$ ist nicht definiert!

Kehrwert

Den *Kehrwert* einer rationalen Zahl (ungleich 0) erhält man durch Vertauschen von Zähler und Nenner. Durch eine Zahl (ungleich 0) *dividiert* man, indem man mit dem Kehrwert multipliziert.

Beispiele:
Zahl: $-\frac{6}{7}$, Kehrwert: $-\frac{7}{6}$
$\frac{4}{9}:\left(-\frac{6}{7}\right) = \frac{4}{9} \cdot \left(-\frac{7}{6}\right) = -\frac{14}{27}$

Rechengesetze

Auch bei der *Addition* und *Multiplikation* rationaler Zahlen gelten die **Kommutativ-**, **Assoziativ-** und **Distributivgesetze**.

$\mathbf{a + b = b + a}$; $\mathbf{(a + b) + c = a + (b + c)}$
$\mathbf{a \cdot b = b \cdot a}$; $\mathbf{(a \cdot b) \cdot c = a \cdot (b \cdot c)}$
$\mathbf{a \cdot (b + c) = a \cdot b + a \cdot c}$

Berechnen von Zahltermen

Berechne zuerst, was in Klammern steht.
Ohne Klammern geht Punkt- vor Strichrechnung.
Potenzieren geht vor Punkt- und Strichrechnung.
Sonst rechne von links nach rechts.

Beispiel:
$[(-8{,}3) + (+2{,}1)] \cdot (-3{,}5) - (-1{,}3)$
$= (-6{,}2) \cdot (-3{,}5) - (-1{,}3)$
$= (+21{,}7) - (-1{,}3) = +23{,}5$

Bist du fit?

1. a) Ordne die Zahlen nach der Größe. Beginne mit der kleinsten.
$-3{,}5$; $+2{,}8$; $-0{,}1$; $-3\frac{1}{2}$; $\frac{13}{5}$; $-\frac{1}{9}$; 0; $-3{,}4$
b) Bilde die Beträge der Zahlen aus Teilaufgabe a) und ordne erneut.

2. Zeichne in ein Koordinatensystem mit der Einheit 1 cm die Punkte A $(-3{,}5\,|\,-2)$, B $(6\,|\,6{,}5)$, C $(2\,|\,7{,}5)$, D $(1{,}5\,|\,5{,}5)$, E $(-5{,}5\,|\,4{,}5)$ und verbinde sie zum Fünfeck ABCDE. Spiegele das Fünfeck an der Geraden AB und gib die Bildpunkte durch ihre ungefähren Koordinaten an.

3.

a)	b)	c)	d)	e)
$(-36)+(-12)$	$45+(-9)$	$(-4{,}2)+7$	$(-4{,}5)+(-9)$	$\left(-\frac{3}{4}\right)+\left(-\frac{5}{4}\right)$
$(-36)-(-12)$	$45-(-9)$	$(-4{,}2)-7$	$(-4{,}5)-(-9)$	$\left(-\frac{3}{4}\right)-\left(-\frac{5}{4}\right)$
$(-36)\cdot(-12)$	$45\cdot(-9)$	$(-4{,}2)\cdot 7$	$(-4{,}5)\cdot(-9)$	$\left(-\frac{3}{4}\right)\cdot\left(-\frac{5}{4}\right)$
$(-36):(-12)$	$45:(-9)$	$(-4{,}2):7$	$(-4{,}5):(-9)$	$\left(-\frac{3}{4}\right):\left(-\frac{5}{4}\right)$

4.
a) $3\cdot(-8)$
b) $-48-16$
c) $19-(-16)$
d) $\left(-\frac{1}{3}\right)\cdot\left(-\frac{1}{4}\right)$
e) $73+22$
f) $(-49):(-7)$
g) $5{,}5-2{,}5$
h) $(-49):7$
i) $-3{,}5+(-1{,}5)$
j) $12:(-4)$
k) $\frac{8}{7}\cdot\left(-\frac{14}{32}\right)$
l) $4{,}5:(-1{,}5)$
m) $(-4{,}7)\cdot 0$
n) $-2{,}3+8{,}1$
o) $1:\left(-\frac{4}{7}\right)$
p) $(-1{,}6):(-4)$
q) $(-1)\cdot(-7{,}4)$
r) $(-8{,}5)-(-8{,}5)$
s) $0:(-4{,}2)$
t) $(-5)^2$

5. Beantworte die Frage; notiere dazu eine Aufgabe mit negativen Zahlen.
a) Von Frau Davids Konto werden monatlich 29 € für Strom abgebucht. Wie viel wird in einem Jahr abgebucht?
b) Nachdem die Temperatur in der Nacht um 7,1 Grad gefallen war, stieg sie tagsüber wieder um 4,9 Grad an. Wie hoch ist die Temperaturänderung insgesamt?
c) In den letzten fünf Stunden ist der Wasserstand um 1,5 dm gesunken. Um wie viel ist er durchschnittlich pro Stunde gesunken?
d) Von Herrn Knechts Konto wurden insgesamt 791 € abgebucht. Darunter war eine irrtümliche Lastschrift von 92 €. Welche Buchung hätte korrekt erfolgen müssen?

6.
a) $[(-3{,}5)+6{,}8]\cdot(-4)$
b) $2{,}1\cdot(-5)-0{,}8\cdot(-6)$
c) $[(-2{,}5)+(-6{,}3)]:(-4)$
d) $\left(-\frac{4}{5}\right)+\frac{1}{2}\cdot(-3)$
e) $[(-8)-(-5)]^2$
f) $(-10)^3-(-5)^2$
g) $\dfrac{-\frac{7}{10}}{-\frac{3}{5}}$
h) $\dfrac{(-12)+(-37)}{-7}$
i) $\dfrac{6\cdot(-23)}{(-13)-(-15)}$

7. Rechne vorteilhaft.
a) $(-2{,}5)\cdot(-0{,}33)\cdot 8$
b) $(-6)\cdot\left[-\frac{1}{6}+\left(-\frac{1}{2}\right)\right]$
c) $1{,}25\cdot(-3{,}7)+1{,}25\cdot(-6{,}3)$
d) $(-1{,}957)+(+3{,}4891)+(+2{,}957)$
e) $[(-1{,}1)+55]:11$
f) $(-0{,}35):7+(-13{,}65):7$
g) $21\frac{7}{10}:(-7)$
h) $5\frac{1}{3}-3\frac{2}{5}-3\frac{1}{6}+1\frac{1}{10}+2\frac{2}{3}-1\frac{5}{6}-4\frac{4}{10}$

8. Entscheide, ob die Aussage wahr oder falsch ist. Begründe.
a) Ist der Wert eines Quotienten null, so muss der Divisor null sein.
b) Die Summe zweier rationaler Zahlen ist immer größer als ihre Differenz.

Lösungen zu Bist du fit?

Seite 62

1. 0,2 = 0,20 = 0,200; 0,02 = 0,020; 0,202 = 0,2020

2. $0{,}06 = \frac{6}{100} = \frac{3}{50}$; $0{,}15 = \frac{15}{100} = \frac{3}{20}$; $0{,}29 = \frac{29}{100}$; $0{,}92 = \frac{92}{100} = \frac{23}{25}$; $1{,}21 = \frac{121}{100} = 1\frac{23}{100}$; $1{,}5 = \frac{150}{100} = \frac{3}{2} = 1\frac{1}{2}$;
$1{,}84 = \frac{184}{100} = \frac{46}{25} = 1\frac{21}{25}$; $2{,}08 = \frac{208}{100} = \frac{52}{25} = 2\frac{2}{25}$; $2{,}36 = \frac{236}{100} = \frac{59}{25} = 2\frac{9}{25}$

3. a) 2,769 b) 5,79 c) 0,09 d) 7,8 e) 4 f) 7,1

4. Wir wählen 1 mm für 1 Million Einwohner. Vorher runden wir auf ganze Millionen.

Deutschland	82 Mio.;
Frankreich	65 Mio.;
Spanien	47 Mio.;
Niederlande	17 Mio.;
Schweden	10 Mio.;
Dänemark	6 Mio.

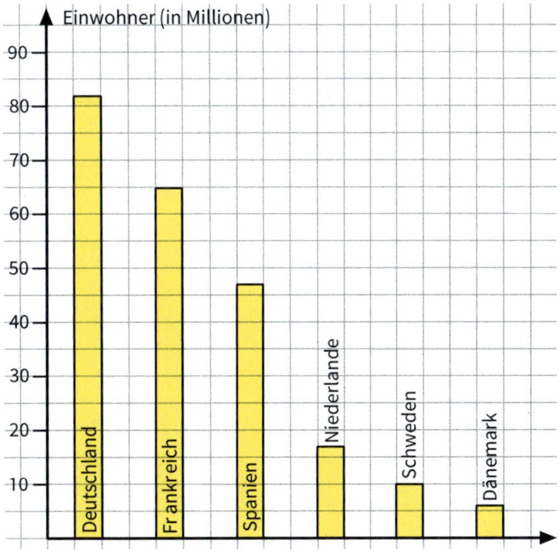

5. 0,07 < 0,25 < 0,52 < 1,03 < 1,0998 < 1,3 = 1,30 < 1,976 < 1,98 < 1,984 < 2,75

6. a) 7,5 d) 4,94
b) 5,7 e) 6,48
c) 1,15 f) 1,18

7. a) 27,246 c) 27,428
b) 1,0215 d) 56,517

8. a) 156,7 d) 3,69
b) 0,7834 e) 15
c) 0,034711 f) 3,74

9. a) 397,76 c) 220,11 e) 13,56 g) 15,37
b) 62,04 d) 321,526 f) 0,27 h) 56

10. a) 51,75 € : 25 = 2,07 € Jeder muss 2,07 € bezahlen.
b) 3 t : 2,5 kg = 3 000 kg : 2,5 kg = 1200 Es können 1200 Dachziegel geladen werden.

11. a) $A = 9{,}60\,m \cdot 4{,}50\,m + 2 \cdot (9{,}60\,m + 4{,}50\,m) \cdot 1{,}80\,m = 93{,}96\,m^2$
$93{,}96\,m^2 \approx 94\,m^2$ müssen gestrichen werden.
b) $V = 9{,}60\,m \cdot 4{,}50\,m \cdot (1{,}80\,m - 0{,}20\,m) = 69{,}12\,m^3$
Es werden $69{,}12\,m^3 = 69120\,\ell$ Wasser benötigt.

12. a) $0{,}\overline{5}$; $0{,}8\overline{3}$; $0{,}2\overline{142857}$; $1{,}\overline{81}$; $1{,}\overline{285714}$ b) $2\frac{7}{9}$; $2\frac{7}{99}$; $2\frac{108}{999}$

Seite 104

1. An den Orten B, D und G hat man Empfang. Die Orte A, C, E und F liegen alle außerhalb eines Kreises um S mit dem Radius 35 km (7 Kästchen). Die Punkte B, D und G liegen innerhalb des Kreises. Der Punkt H liegt fast auf dem Kreis, bei genauem Zeichnen aber doch etwas außerhalb. Man wird wohl aber doch noch Empfang haben.

2. –

3. Winkel mit den Schenkeln $\overrightarrow{OA}$ und $\overrightarrow{OB}$: 43° Winkel mit den Schenkeln $\overrightarrow{QP}$ und $\overrightarrow{QR}$: 129°

4. a) Achsensymmetrisch: alle Punktsymmetrisch: Israel
b) Bahamas: Das Dreieck bzw. der gelbe Streifen weisen Achsensymmetrie auf. Israel: Der Stern weist Achsensymmetrie, Drehsymmetrie und Punktsymmetrie auf. Bangladesch: Das grüne Feld weist Achsensymmetrie auf. Der rote Punkt weist Achsensymmetrie, Drehsymmetrie und Punktsymmetrie auf. Dänemark: Die roten Felder weisen jeweils Achsen- und Punktsymmetrie auf. Die weißen Streifen weisen einzeln Achsen- und Punktsymmetrie auf, insgesamt zusammen aber nur Achsensymmetrie.

Seite 104

5\. a) 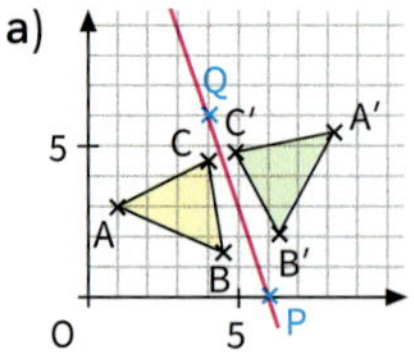

b) 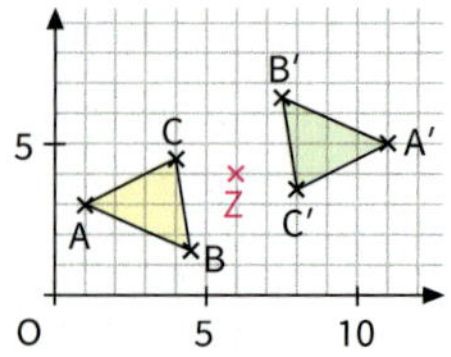

6\. a) 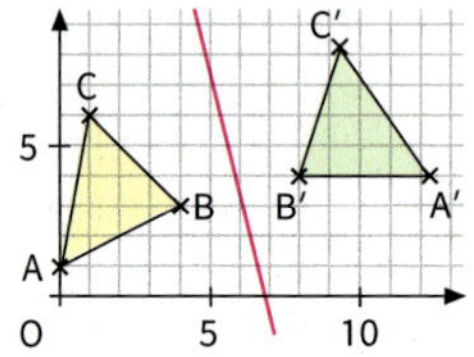

b) 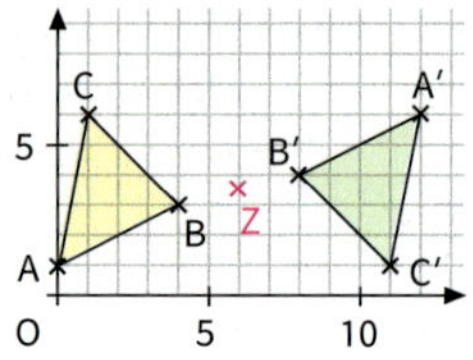

7\. a) rechtwinklig b) gleichschenklig c) rechtwinklig-gleichschenklig d) gleichschenklig

8\. a) 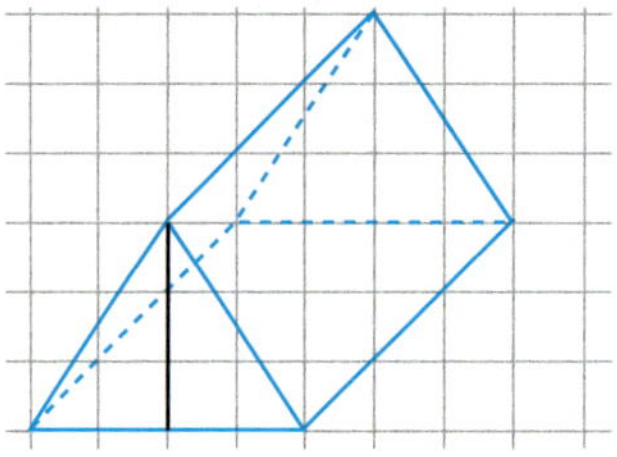

b) 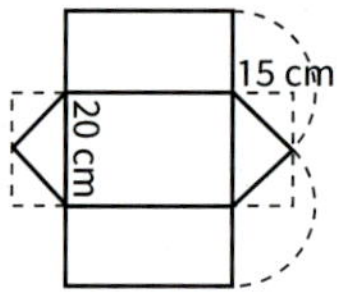

Seite 137

1\. a) $\frac{7}{2} = 3\frac{1}{2}$ b) $\frac{16}{3} = 5\frac{1}{3}$ c) $\frac{35}{72}$ d) $\frac{8}{5} = 1\frac{3}{5}$ e) $\frac{3}{20}$ f) $\frac{15}{28}$

Seite 138

2\. a) $\frac{25}{12} = 2\frac{1}{12}$ c) $\frac{14}{15}$ e) $\frac{81}{56} = 1\frac{25}{56}$ g) $\frac{4}{9}$ i) $\frac{2}{3}$ k) $\frac{4}{9}$

b) $\frac{5}{6}$ d) $\frac{10}{7} = 1\frac{3}{7}$ f) $\frac{9}{20}$ h) 48 j) $\frac{1}{4}$ l) $\frac{49}{16} = 3\frac{1}{16}$

3\. a) $\frac{2}{9}$ b) $\frac{2}{3}$ c) $\frac{5}{6}$ d) $\frac{1}{3}$ e) $\frac{5}{9}$

4\. $1\frac{1}{2}\,\ell \cdot 6 = 9\,\ell$; $9\,\ell : 0{,}2\,\ell = 45$, also 45 Gläser

5\. a) $1\frac{1}{4}$ kg b) $\frac{3}{8}\,\ell$ c) $3\frac{3}{4}$ Unzen

6\. 128 km

7\. a) $1\,t = 1000\,kg$; $1\frac{1}{4}\,t = 1250\,kg$; $1250\,kg : 12\frac{1}{2}\,kg = 100$ Sie erhält 100 Säcke.

b) $1\frac{1}{4}\,t \cdot 2\frac{1}{2} = 3\frac{1}{8}\,t = 3125\,kg$ blaue Kartoffeln Insgesamt: $1\frac{1}{4}\,t + 3\frac{1}{8}\,t = 4\frac{3}{8}\,t$

8\. a) $\frac{1}{18}$ c) $2\frac{1}{8}$ e) $1\frac{1}{2}$ g) 7,7 i) $2\frac{19}{50}$ k) $2\frac{1}{20}$ m) $\frac{5}{6}$ o) 25

b) $2\frac{1}{2}$ d) 1,92 f) 0,5 h) $\frac{11}{12}$ j) $2\frac{1}{6}$ l) $\frac{2}{15}$ n) 4 p) $2\frac{1}{3}$

9\. a) $\left(\frac{5}{9} + \frac{5}{6}\right) \cdot 1\frac{4}{5} = \frac{25}{18} \cdot 1\frac{4}{5} = \frac{5}{2} = 2\frac{1}{2}$

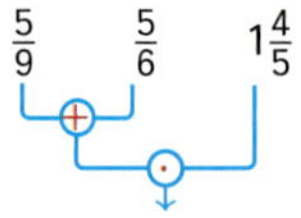

c) $8{,}9 - 5{,}5 \cdot 1{,}2 = 8{,}9 - 6{,}6 = 2{,}3$

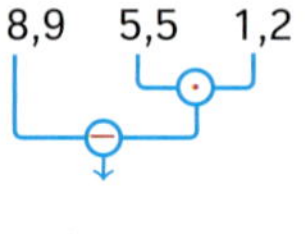

b) $10 : \left(2\frac{1}{2} - 1\frac{2}{3}\right) = 10 : \frac{5}{6} = 12$

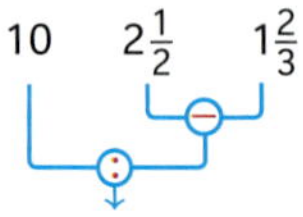

d) $\left(\frac{9}{10}\right)^2 + 6\frac{3}{5} : 3\frac{1}{7} = \frac{81}{100} + \frac{21}{10} = \frac{81}{100} + \frac{210}{100} = 2\frac{91}{100}$

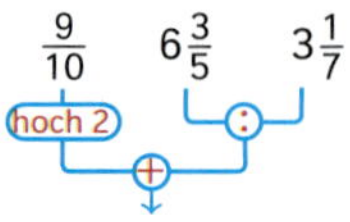

10\. a) $12\frac{1}{9}$ b) $12\frac{2}{3}$ c) $5\frac{1}{2}$ d) 9,1

Seite 138

11. $7 \cdot 2\frac{3}{4}\,\text{kg} + 9 \cdot 1\frac{4}{5}\,\text{kg} = \frac{77}{4}\,\text{kg} + \frac{81}{5}\,\text{kg} = \frac{709}{20}\,\text{kg} = 35\frac{9}{20}\,\text{kg}$ Das Gesamtgewicht beträgt $35\frac{9}{20}\,\text{kg}$.

12. Gilt $a:(b+c) = a:b + a:c$? Beispiel für $a = 4,\ b = 2,\ c = 3$:
$4:(2+3) = 4:5 = \frac{4}{5}$ und $4:2 + 4:3 = 2 + 1\frac{1}{3} = 3\frac{1}{3}$ Dieses Distributivgesetz gilt nicht.

Seite 170

1. a) (1) Die Zuordnung ist antiproportional, denn zur dreifachen, fünffachen, sechsfachen Länge gehört der 3. Teil, der 5. Teil, der 6. Teil der Breite.
(2) Die Zuordnung ist proportional, denn zur doppelten, fünffachen, zehnfachen Menge gehört der doppelte, fünffache, zehnfache Preis.
(3) Die Zuordnung ist nicht proportional, denn zum Beispiel gehört zur dreifachen Entfernung ($3 \cdot 2\,\text{km} = 6\,\text{km}$) nicht der dreifache Preis ($3 \cdot 3{,}60\,€ = 10{,}80\,€ \neq 6{,}80\,€$).
(4) Die Zuordnung ist nicht antiproportional, denn der Vorrat reicht für eine Person bei den ersten drei Werten 1344 Tage, beim letzten Wert aber 1428 Tage.
(5) Die Zuordnung ist proportional, denn zu allen Werten gehört der Proportionalitätsfaktor $3{,}80\frac{€}{\text{kg}}$.
(6) Die Zuordnung ist nicht antiproportional, denn die gesamten Kosten (Gesamtgröße) betragen beim 1. und 4. Wert 1320 €, beim 2. Wert 1250,20 € und beim 3. Wert 1336,10 €.

b) Graph zu (1): Siehe Bild rechts.
Graph zu (2): Halbgerade von O(0|0) aus durch P(10|19,90).
Graph zu (3): Halbgerade von P(0|2) durch Q(14|13,20).

Graph zu (1)

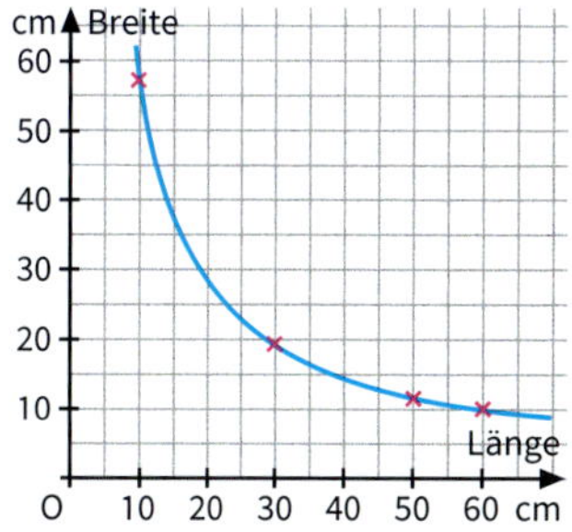

2. Proportionale Zuordnung; 4 kg

3. Antiproportionale Zuordnung; 71 – 5 h = 7 h 12 min

4. Proportionale Zuordnung; 1250 mℓ

5. Antiproportionale Zuordnung; 175 Tage

6. Proportionale Zuordnung; ungefähr 70 g Paprika

7. In dem Reisepreis ist einmalig der Hin- und Rückflug (einschließlich An- und Abreise Flughafen – Hotel) sowie die Unterbringung und Verpflegung pro Tag enthalten. Man kann also davon ausgehen, dass die Differenz der Preise zwischen den Angeboten die Unterbringung und Verpflegung für die weiteren 7 Tage beinhaltet, das sind 161 € für 7 Tage, also 23 € pro Tag. Flug usw. kosten dann einmalig 213 €.

a) $213\,€ + 21 \cdot 23\,€ = 696\,€$ Herr Lang muss mit 696 € rechnen.

b) $213\,€ + 10 \cdot 23\,€ = 443\,€$ Frau Kurz muss mit 443 € rechnen.

c) Die Zuordnung ist nicht proportional, denn für eine 14-tägige Reise zahlt man nicht doppelt so viel wie für eine 7-tägige Reise.

Bild zu 7c):

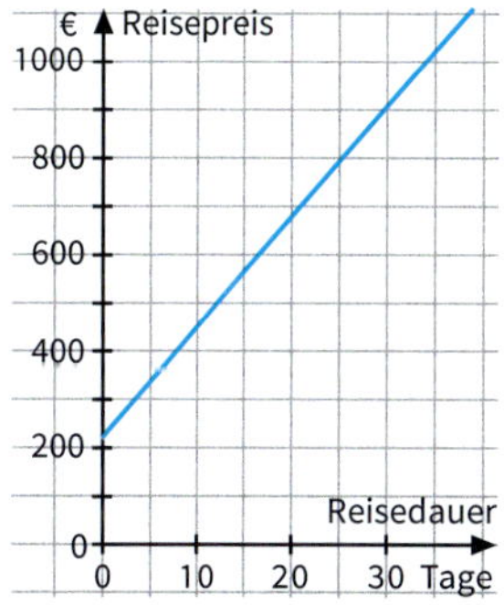

Seite 190

1. a) Grundgesamtheit: 925 Schüler
Umfang der Stichprobe: 111 Schüler

b) Hausaufgabenbetreuung: $\frac{24}{111} \approx 21{,}6\,\%$
Computerkurse: $\frac{38}{111} \approx 34{,}2\,\%$
Sport: $\frac{1}{111} \approx 0{,}9\,\%$
kein Angebot: $\frac{48}{111} \approx 43{,}2\,\%$
Interesse an einem der drei Angebote:
$\frac{24+38+1}{111} = \frac{63}{111} = \frac{21}{37} \approx 0{,}568 = 56{,}8\,\%$

c) Siehe Bild.

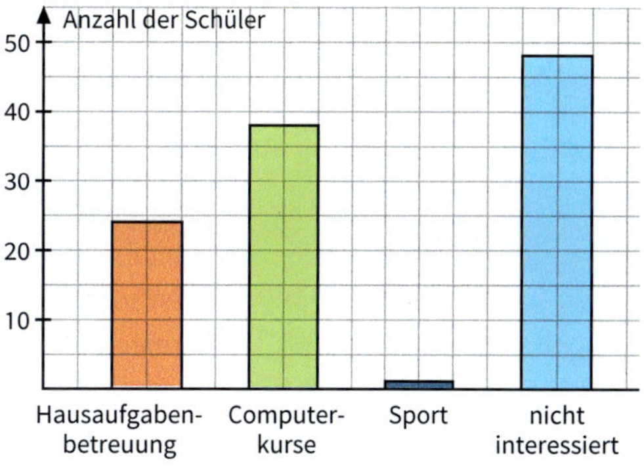

d) Hausaufgabenbetreuung: $925 \cdot \frac{24}{111} \approx 200$
Computerkurse: $925 \cdot \frac{38}{111} \approx 317$
Sport: $925 \cdot \frac{1}{111} \approx 8$
kein Angebot: $925 \cdot \frac{48}{111} \approx 400$

Seite 190

2. a) $(2 \cdot 995\,m\ell + 3 \cdot 996\,m\ell + 5 \cdot 997\,m\ell + 10 \cdot 998\,m\ell + 15 \cdot 999\,m\ell + 21 \cdot 1000\,m\ell + 20 \cdot 1001\,m\ell + 11 \cdot 1002\,m\ell + 5 \cdot 1003\,m\ell + 4 \cdot 1004\,m\ell + 2 \cdot 1005\,m\ell) : (2 + 3 + 5 + 10 + 15 + 21 + 20 + 11 + 5 + 4 + 2) = 98\,011\,m\ell : 98 \approx 1000\,m\ell$
   b) Der Mittelwert liegt bei ungefähr 1000 mℓ.

Seite 213

1. 3,75 cm²; 3,75 cm²; 7,5 cm²; 9,5 cm²

2. a) 6 cm²; b) 500 cm²; c) 300 ha; d) 0,35 m²; e) 450 dm²; f) 0,27 cm²; g) 4,5 km²; h) 130 ha; i) 5 ha; j) 230 a; k) 70 dm²; l) 6 mm²

Seite 214

3. a) Parallelogramm; 32 cm²; b) Trapez; 52 cm²; c) Rechteck; 34 cm²; d) Dreieck; 7,5 cm²; e) Dreieck; 21 cm²; f) Fünfeck; 22 cm²

4. a) 1,2 m²; b) 68,16 €

5. a) $A = 1{,}235\,m^2$; b) $A = 0{,}825\,m^2$; c) $A = 0$

6. a) (1) $A \approx 38{,}48\,cm^2$; $u \approx 22{,}0\,cm$
   (2) $A \approx 226{,}48\,mm^2 \approx 2{,}27\,cm^2$; $u \approx 53{,}4\,mm \approx 5{,}3\,cm$
   b) $4{,}14\,cm \approx 4{,}1\,cm$

7. 16 Umdrehungen

8. a) $A_{Kreis} \approx 114{,}91\,cm^2 \approx 115\,cm^2$ b) $A_{Quadrat} = 90{,}25\,cm^2$; ungefähr 27,3 %

9. Sprühregner: $A \approx 95{,}0\,m^2$
   Kreisregner (klein): $A \approx 227{,}0\,m^2$
   Kreisregner (groß, variabel): $A \approx 28{,}3$ bis $490{,}9\,m^2$

10. Ungefähr 60 cm.

Verzeichnis mathematischer Symbole

$a = b$	a gleich b
$a \neq b$	a ungleich b
$a < b$	a kleiner b
$a > b$	a größer b
$a \approx b$	a ungefähr gleich b
$a + b$	a plus b; Summe aus a und b
$a - b$	a minus b; Differenz aus a und b
$a \cdot b$	a mal b; Produkt aus a und b
$a : b$	a durch b; Quotient aus a und b
a^n	a hoch n; Potenz aus Basis (Grundzahl) a und Exponent (Hochzahl) n
{1; 5; 8}	Menge mit den Elementen 1, 5, 8
{ }	leere Menge
$\mathbb{N}$	Menge der natürlichen Zahlen: {0: 1; 2; 3; ...}
AB	Verbindungsgerade durch die Punkte A und B; Gerade durch A und B
$\overline{AB}$	Verbindungsstrecke der Punkte A und B; Strecke mit den Endpunkten A und B
$\lvert AB \rvert$	Länge der Strecke $\overline{AB}$
$g \parallel h$	g ist parallel zu h
$g \nparallel h$	g ist nicht parallel zu h
$g \perp h$	g ist orthogonal zu h
$g \not\perp h$	g ist nicht orthogonal zu h
ABC	Dreieck mit den Eckpunkten A, B und C
ABCD	Viereck mit den Eckpunkten A, B, C und D
$A(a \mid b)$	Punkt mit dem Rechtswert a und dem Hochwert b. a ist die 1. Koordinate, b die 2. Koordinate von A.

Stichwortverzeichnis

Bildquellenverzeichnis

Umschlag: mauritius images, Mittenwald (Danita Delimont); 3.1, 6.1: Imago, Berlin (Xinhua); 3.2, 63.1: Getty Images, München (Christophe Boisvieux); 4.1, 105.1: Getty Images, München (Sami Sarkis); 4.2, 139.1: Thinkstock, Sandyford/Dublin (Getty images); 4.3, 171.1: iStockphoto.com, Calgary (Henrik5000); 4.4, 191.1: iStockphoto.com, Calgary (Elenathewise); 5.1, 215.1: Thinkstock, Sandyford/Dublin; 12.2: panthermedia.net, München (Flavio Vieri); 13.2: Imago, Berlin (STAR-MEDIA); 13.3: Langner & Partner, Hemmingen; 13.4: Friedrich Suhr, Lüneburg; 14.1: Imago, Berlin (GEPA pictures); 14.2: Picture-Alliance, Frankfurt (dpa/Peter Kneffel); 16.1: Langner & Partner, Hemmingen; 18.1: iStockphoto.com, Calgary (TebNad); 18.2: Corbis, Berlin (Lothar Lenz); 18.3: Corbis, Berlin (Hackenberg/zefa); 18.4: mauritius images, Mittenwald; 19.1ff.: Getty Images, München (Dorling Kindersley); 20.1: Michael Fabian, Hannover; 22.1: Picture-Alliance, Frankfurt (dpa/Andrew Gombert); 24.1: Friedrich Suhr, Lüneburg; 26.1: Michael Fabian, Hannover; 27.1: Imago, Berlin (Baering); 28.1-3, 29.1-4: Michael Fabian, Hannover; 30.1ff.: Getty Images, München (iStockvectors/Tom Nulens); 30.2: Andreas Franke, Welzow; 31.1ff.: Getty Images, München (iStockvectors); 34.1: Getty Images, München (Karl Johaentges); 34.2, 190.1: fotolia.com, New York (gradt); 35.1: Michael Fabian, Hannover; 35.2: Torsten Warmuth, Berlin; 36.1: Agentur Focus, Hamburg (SPL/Robert Markus); 37.1, 38.1: Michael Fabian, Hannover; 39.1: Langner & Partner, Hemmingen; 43.1: Torsten Warmuth, Berlin; 46.1: Michael Fabian, Hannover; 51.1: Druwe & Polastri, Cremlingen/Weddel; 52.1: iStockphoto.com, Calgary (frytka); 52.2: Michael Fabian, Hannover; 53.1: TopicMedia Service, Putzbrunn (Stephan Goerlich); 54.1: Getty Images, München (Clive Rose); 63.2: The M.C. Escher Company B.V., Baarn (M.C. Escher's "Symmetry Drawing E21" © 2015 The M.C. Escher Company-The Netherlands. All rights reserved. www.mcescher.com); 63.3: The M.C. Escher Company B.V., Baarn (M. C. Escher's "Symmetry Drawing E18" © 2015 The M.C. Escher Company-The Netherlands. All rights reserved. www.mcescher.com); 63.4: The M.C. Escher Company B.V., Baarn (M. C. Escher's "Symmetry Drawing E107" © 2015 The M.C. Escher Company-The Netherlands. All rights reserved. www.mcescher.com); 64.1: TopicMedia Service, Putzbrunn (Lothar Lenz); 64.2-4: Michael Fabian, Hannover; 65.1: Picture-Alliance, Frankfurt (dpa); 65.2-3: Torsten Warmuth, Berlin; 67.1: mauritius images, Mittenwald (Muth); 68.1: Bildagentur Schapowalow, Stuttgart (Boelter); 68.2: Imago, Berlin (Imagebroker); 68.3: mauritius images, Mittenwald (Christian Bäck); 69.1: Imago, Berlin (Mc Photo/Ingo Schulz); 69.2: Thomas Semmler, Lünen; 70.1-2; 72.1: Michael Fabian, Hannover; 78.1: Picture-Alliance, Frankfurt (dpa/lbn/Rainer Jensen); 78.2: LAV Elstertal Bad Köstritz e.V; 79.1: fotolia.com, New York (Florian Andronache); 80.1: Magdalena Tooren-Wolff, Hannover; 81.1: fotolia.com, New York (SyB); 82.1: V. Wenzel, Löhne; 84.1: Hans Tegen, Hambühren; 84.2: S. Werner, Hannover; 85.1: Hans Tegen, Hambühren; 86.1: Michael Fabian, Hannover; 86.2: Picture-Alliance, Frankfurt (dpa/Rolf Hai); 93.1: Imago, Berlin (blickwinkel); 93.2: Naturfotografie - Kerstin & Werner Layer, Mannheim; 93.3: mauritius images, Mittenwald (Dr. Eckart Pott); 95.1-2: Dr. Eckhard Globig, Jülich; 96.1-3: Michael Fabian, Hannover; 96.4: Friedrich Suhr, Lüneburg; 101.1-2: Florian Schlimmer, Berlin; 106.1: Panthermedia.net, München (Kati Neudert); 106.2, 107.1: Michael Fabian, Hannover; 109.1: fotolia.com, New York (HLPhoto); 112.1: Imago, Berlin (imagebroker); 112.2: Langner & Partner, Hemmingen; 115.1: Michael Fabian, Hannover; 117.1: Langner & Partner, Hemmingen; 118.1: Bernhard Euler, Stuttgart; 118.2-7: Langner & Partner, Hemmingen; 118.8: Staatsarchiv Bremen, Bremen; 123.1-2: Michael Fabian, Hannover; 136.1: Langner & Partner, Hemmingen; 138.1-2: Michael Fabian, Hannover; 140.1: Langner & Partner, Hemmingen; 143.1: iStockphoto.com, Calgary (Abel Mitja Varela); 143.2: Bernhard Euler, Stuttgart; 143.3: eisele photos, Walchensee; 143.4: Peter Roggenthin, Nürnberg; 143.5: WaterFrame, München (Reinhard Dirscherl); 144.1: Langner & Partner, Hemmingen; 146.1: Michael Fabian, Hannover; 146.2: Birgit + Olaf Schlierf, Lachendorf; 156.1: fotolia.com, New York (M. Schuppich); 156.2: fotolia.com, New York (kab-vision); 156.3: mauritius images, Mittenwald (Harald Schön); 159.1: Bernhard Euler, Stuttgart; 160.1: fotolia.com, New York (Margit Power); 161.1-2: Michael Fabian, Hannover; 164.1: altro, Regensburg; 165.1: Langner & Partner, Hemmingen; 166.1: fotolia.com, New York (tr3gi); 168.1: fotolia.com, New York (sergemi); 170.1: CLAAS, Harsewinkel; 171.2: Druwe & Polastri, Cremlingen/Weddel; 174.1, 177.1: Michael Fabian, Hannover; 178.1: dreamstime.com, Brentwood (Markus Gann); 179.1: Michael Fabian, Hannover; 182.1, 183.1, 184.1: Langner & Partner, Hemmingen; 186.1, 187.1, 188.1: Michael Fabian, Hannover; 188.2: Picture-Alliance, Frankfurt (AP/Matt Dunham); 192.1: Michael Fabian, Hannover; 192.2: TopicMedia Service, Putzbrunn (Martin Moxter); 199.1: Okapia, Frankfurt (Maria Breuer/imageBROKER); 205.1, 205.2, 206.1: Michael Fabian, Hannover; 206.2: Langner & Partner, Hemmingen; 207.1: Michael Fabian, Hannover; 207.2: TopicMedia Service, Putzbrunn (Silvestris); 207.3: TopicMedia Service, Putzbrunn (Michael Weber); 207.3: Getty Images, München (Imre Cikajlo); 207.4: TopicMedia Service, Putzbrunn (Silvestris); 208.1: Greenpeace Deutschland, Hamburg (Ulrich Baatz); 208.2: fotolia.com, New York (lofik); 208.3: Getty Images, München (Jon Bower at Apexphotos); 210.1: mauritius images, Mittenwald (ib/Thomas Jentzsch); 210.2: Torsten Warmuth, Berlin; 211.1: Getty Images, München (Paul Moore); 214.1: Michael Fabian, Hannover; 214.2: Michael Fabian, Hannover; 214.3: Langner & Partner, Hemmingen; 214.4: Torsten Warmuth, Berlin; 214.5, 216.1-4: Langner & Partner, Hemmingen; 217.1: Michael Fabian, Hannover; 227.1: Torsten Warmuth, Berlin; 229.1: Michael Fabian, Hannover; 230.1: fotolia.com, New York (Ralph Klein); 233.1: fotolia.com, New York (vlabo); 238.1: Langner & Partner, Hemmingen; 238.2: TopicMedia Service, Putzbrunn (Wolfgang Diederich); 238.3-4: Das Luftbild-Archiv, Wennigsen; 239.2: Getty Images, München (Peter Dennen); 239.3: Dr. Beate Goetz, Wedel; 257.1: Michael Fabian, Hannover; 258.1: Gerhard Launer WFL, Würzburg; 264.1: wolterfoto.de, Bonn (Jörn Wolter).

Es war nicht in allen Fällen möglich, die Inhaber der Bildrechte ausfindig zu machen und um Abdruckgenehmigung zu bitten. Berechtigte
Ansprüche werden selbstverständlich im Rahmen der üblichen Konditionen abgegolten.